三國史記 잡지·열전의 원전과 편찬

三國史記 잡지·열전의 원전과 편찬

지은이 | 전덕재

펴낸이 | 최병식

펴낸날 | 2021년 6월 15일

펴낸곳 | 주류성출판사

서울특별시 서초구 강남대로 435 15층

TEL | 02-3481-1024 (대표전화) • FAX | 02-3482-0656

www.juluesung.co.kr | juluesung@daum.net

값 30,000원

잘못된 책은 교환해 드립니다.

ISBN 978-89-6246-441-2   93910

三國史記 잡지·열전의 원전과 편찬

전덕재 지음

한국고대사 연구의 핵심 자료는 『삼국사기』이다. 본인이 『삼국사기』를 처음 접한 것은 학부 2학년 때였다. 선배와 동기 몇 명이 모여 『삼국사기』 신라본기를 강독하였다. 한문에 대한 이해도도 낮았을 뿐만 아니라 신라 사에 대한 지식도 굉장히 얕았기 때문에 신라본기의 강독은 본인의 흥미 를 별로 끌지 못하였다. 그러나 학부 2학년 때의 『삼국사기』 신라본기 강 독은 향후 신라사 연구의 귀중한 밑거름이 되었다.

1987년 여름에 '상고기 신라의 팽창과 주변 제소국의 편제'라는 제목으 로 석사학위논문을 제출하였다. 석사학위논문을 작성할 때, 울진봉평신 라비와 영일냉수리신라비를 사료로 활용할 수 없었다. 석사학위논문 취득 이후에 그것들이 발견되었기 때문이다. 석사학위논문은 『삼국사기』 신라 본기 기록을 중심으로 작성하지 않을 수 없었다.

1988년과 1989년에 울진봉평신라비와 영일냉수리신라비가 발견되었다. 본인은 1995년에 두 비문과 『삼국사기』 신라본기에 전하는 6부 관련 기록 을 기본 사료로 활용하여 '신라 6부체제 연구'를 박사학위논문으로 제출하 였다.

석·박사학위논문을 작성하면서 본인은 『삼국사기』 신라본기 초기 기록 에 대해 어떻게 접근할 것인가를 심각하게 고민하였다. 신라본기 초기 기 록에는 마립간이란 왕호를 사용하기 이전 시기, 즉 4세기 후반 이전 시기 의 역사적 사실이 기술되어 있다. 그런데 신라본기 초기 기록 가운데 기년 이나 사실성에서 의문이 제기되는 것들이 다수 발견되고 있어 초기 기록 을 사료로 활용하는 것은 조심하지 않을 수 없기 때문이다.

신라본기 초기 기록을 사료로서 활용하기 위해서는 이사금시기 신라본기 기록의 사실성에 대해 검증할 필요가 있다. 이를 위해서는 금석문 및 4세기 후반 이전 시기의 역사적 사실을 반영하고 있는 『삼국지(三國志)』와 『진서(晉書)』, 『일본서기(日本書紀)』에 전하는 기록과의 비교 검토가 요구된다.

　　현재까지 4세기 후반 이전에 건립된 신라의 비석이 발견되지 않았다. 『일본서기』의 초기 기록 역시 부회·왜곡된 내용이 많아 『일본서기』와 『삼국사기』 기사와의 비교 검토를 통한 방법론을 활용하여 신라본기 초기 기록의 사실성을 검증하기가 쉽지 않은 실정이다. 『삼국지』와 『진서』에 진한(辰韓)에 관한 정보가 전하기는 하지만, 이들 사서에 신라 초기의 역사적 전개과정을 살필 수 있는 내용이 전하지 않기 때문에 중국 사서와 『삼국사기』 신라본기에 전하는 기록과의 비교 검토를 기초로 신라본기 초기 기록의 사실성을 검증하는 작업도 여의치 않은 상황이다. 물론 신라본기 기록과 백제본기 및 고구려본기 기록과의 비교 검토를 통해 사실성을 검증할 수도 있지만, 백제본기와 고구려본기 초기 기록 역시 문제가 많기 때문에 이마저 별로 도움이 되지 않는다고 볼 수 있다.

　　본인은 신라본기 초기 기록의 사실성을 검증하기가 쉽지 않다는 사실을 인지하고, 초기 기록을 사료로써 활용할 수 있는 대안을 탐색하기 시작하였다. 그 결과 마침내 『삼국사기』 기록의 원전(原典)을 체계적으로 검토하는 방법과 『삼국사기』에 수록되어 있는 개별 기록의 전록과정(傳錄過程)을 추적하는 방법이 『삼국사기』에 전하는 기록의 사실성을 검증하는 하나의 대안이 될 수 있음을 깨달았다.

　　『삼국사기』의 전거자료, 즉 원전 가운데 세주(細注)와 원문(原文)에 적지 않게 인용된 것이 고기류(古記類)였다. 이외에 『삼국사기』 찬자가 참조한 소전(所傳)으로서 『한서』 등을 비롯한 중국 정사 25사 및 『자치통감(資治通鑑)』과 『책부원귀(册府元龜)』 등의 중국 사서, 김유신행록(10권)과 『화랑세기(花郞世記)』, 김유신비를 비롯한 여러 금석문 등이 확인되고 있다. 『삼국사기』 찬자가 활용한 전거자료에 대한 이해가 확대된다면, 『삼국사기』 기록의 신빙성 문제를 해결할 수 있는 실마리를 찾을 수 있을 것으로 기대된다.

현재 우리가 접할 수 있는 기사는 『삼국사기』 찬자가 최종적으로 정리한 것이다. 이 과정에서 일부 표현이나 내용에 대한 가감(加減)이 이루어졌을 뿐만 아니라 그들의 역사관에 입각하여 일부 표현이나 내용에 대해 개서(改書) 가능성을 충분히 예상해볼 수 있다. 『삼국사기』 본기와 잡지, 열전에 실린 각각의 기사가 처음에 어떠한 사서 또는 고기류 및 전승자료에 수록되었고, 그것이 어떠한 과정을 거쳐 최종적으로 『삼국사기』에 수록되었는가를 치밀하게 추적한다면, 각각의 기록에 대한 사실성 여부를 판별할 수 있는 나름의 단서를 확보할 수 있을 것으로 판단된다.

본인은 『삼국사기』 신라본기 초기 기록의 사실성을 검증하기 위한 연구방법론을 『삼국사기』 전체 기록의 사실성 여부를 검증할 수 있는 연구방법론으로 확대할 수 있음을 깨닫고, 이와 같은 연구방법론을 활용하여 2013년부터 본격적으로 『삼국사기』 원전과 편찬과정을 탐구하기 시작하였다.

본인이 제일 먼저 연구에 착수한 것은 학계에서 논란이 많은 상고기(上古期) 신라본기 기록의 원전과 찬술에 관해서였다. 본인은 상고기 신라본기 기록의 기본원전은 545년(진흥왕 6)에 편찬한 『국사(國史)』의 기록이었고, 이후 신라 중대에 『국사』의 기록을 개수(改修)하였음을 논증하였다. 나아가 고려 초기에 『구삼국사』 찬자가 중대에 개수한 『국사』의 기록을 전거자료로 삼아 『구삼국사』 신라 기록을 찬술하였고, 『삼국사기』 찬자는 『구삼국사』 기록을 대체로 전재(轉載)하면서도 다른 자료에 전하는 기록을 추가하여 상고기 신라본기 기록을 완성한 사실을 규명할 수 있었다. 본인은 이와 같은 연구결과를 2014년 5월에 「『삼국사기』 신라본기 상고기 기록의 원전과 개찬」(『동양학』 56)으로 학계에 발표하였다. 이 논고에서 본인은 신라본기 초기 기록의 내용과 기년 등은 545년에 『국사』를 편찬한 거칠부(居柒夫) 등의 인식을 반영한 것이라는 의견을 제시하여, 신라본기 초기 기록의 사실성 검증을 위한 새로운 계기를 마련하였다는 평가를 받았다.

본인은 2014년과 2015년에 걸쳐 중고기와 중·하대 신라본기 기록 원전과 편찬과정에 대한 연구를 계속 진행하여, 2015년 6월과 8월에 「『삼국사기』 신라본기 중고기 기록의 원전과 완성」(『역사학보』 226), 「『삼국사기』 신라본기 중·하대 기록의 원전과 완성」(『대구사학』 120)을 학계에 발표하였다. 본인은 두 논고에서 『삼국사기』 찬자가 『구삼국사』 신라 기록을 주요 전거자료로 삼고, 『책부원귀(册府元龜)』를 중심으로 하는 중국 사서에 전하는 사신(使臣) 파견과 책봉(册封) 관련 기록을 추가하여 중고기와 중·하대 신라본기 기록을 완성하였음을 밝혔다.

2015년과 2016년에 걸쳐 고구려본기 기록의 원전과 편찬에 대해서 검토하였다. 본인의 연구 결과, 4세기 전반 미천왕(美川王) 때까지의 고구려본기 기록의 기본원전은 『유기(留記)』 100권을 축약한 『신집(新集)』 5권에 전하는 기록이었고, 장수왕대 이후 고구려본기 기록 가운데 고구려 자체의 전승기록이 원전인 경우는 소수였음에 반해, 『자치통감』을 중심으로 하는 중국 사서 및 신라·백제본기의 기록이 원전인 경우가 대부분을 차지하였음을 밝힐 수 있었다. 668년에 고구려가 나당연합군에게 멸망하여 고구려인들이 자국의 역사를 정리할 기회를 가질 수 없었기 때문에 장수왕대 이후 고구려본기 기록 가운데 고구려 자체 전승기록이 원전인 경우가 소수에 불과하였다고 진단하면서, 본인은 당혹감과 아쉬움을 못내 감추지 못하였던 것이 기억이 난다. 본인은 2016년 7월과 8월에 「『삼국사기』 고구려본기의 원전과 완성-광개토왕대 이전 기록을 중심으로-」(『동양학』 64), 「『삼국사기』 고구려본기의 원전과 찬술-장수왕대 이후 기록을 중심으로-」(『백산학보』 105)를 학계에 발표하였다.

2016년에 고구려본기의 원전과 편찬에 대한 연구와 더불어 백제본기의 원전과 편찬에 대한 연구를 병행하여 진행하였는데, 처음에는 백제본기를 분석한 연구를 하나의 논고로 작성할 예정이었지만, 분량이 너무 많아 부득이하게 2개의 논고로 나누어 학계에 발표하였다. 하나는 백제본기의 기록 가운데 중국 사서와 신라·고구려본기에서 발췌·인용한 기록을 집중적으로 검토하여, 『삼국사기』 찬자의 중국 사서 및 신라·고구려본기 기록의 인용 태도와 추이를 검토한 논고(「『삼국사기』 백제본기의 원전에 대한 검토-중국 사서와 국내 자료 인용 기록을 중심으로-」(『사학지』 53, 2016.12))였다. 또 다른 하나는 근초고왕대 이전 백제본기 기록의 기본원전은 『서기(書記)』에 전하는 기록이었고, 『구삼국사』 찬자는 630년대 후반 무왕대와 640년대 전반 의자왕대 사이에 백제인이 찬술한 사서를 전거로 하여 『구삼국사』 백제 기록을 찬술하였으며, 『삼국사기』 찬자는 『구삼국사』 백제 기록을 기본 골격으로 삼은 다음, 신라본기와 고기류, 중국 사서에 전하는 기록을 추가하여 백제본기를 완성하였음을 논증한 논고이다(「『삼국사기』 백제본기 기록의 기본원전과 개찬」(『역사와 담론』 80, 2016.10)). 백제본기의 원전을 검토하면서, 의외로 중국 사서가 아니라 백제 자체의 전승기록이 원전인 경우가 비율이 더 높았던 사실에 적이 놀라움을 감추지 못하였다.

본인은 백제본기의 원전과 편찬에 관한 연구성과를 학계에 발표한 이후, 신라본기와 고구려본기, 백제본기 원전을 탐색한 연구성과를 하나로 묶어 단행본(『삼국사기 본기의 원전과 편찬』(주류성, 2018.6))으로 출간하였다. 단행본에 2006년 12월에 학계에 발표하였던 「민족주의 사학자의 『삼국사기』 인식」(『역사와 현실』 62)이란 논고에 조선시대 유학자와 식민사학자의 『삼국사기』 인식에 관한 내용을 추가한 글과 「『삼국사기』 신라본기 초기 기록의 원전과 활용」(『한국고대사연구의 자료와 해석』, 사계절, 2014)이란 논고 가운데 일부 내용을 발췌, 수정한 글(「『삼국사기』 신라본기 초기 기록의 사료비판과 활용」)을 보론으로 추가하였다.

본인은 『삼국사기』 본기의 원전과 편찬에 대한 연구를 진행하면서, 본기의 중요한 전거자료가 『구삼국사』였을 뿐만 아니라 『구삼국사』에 잡지와 열전이란 편목이 존재하지 않았을 가능성이 높다는 사실을 어렴풋이나마 짐작할 수 있었다. 이와 같은 본인의 생각을 잡지·열전의 원전 검토를 통해 입증할 수 있을 것이라는 기대감을 가지고 2016년 하반기부터 잡지의 원전과 편찬과정을 검토하는 연구를 본격적으로 진행하였다.

2016년 겨울부터 잡지의 원전과 편찬에 대해 검토하기 시작하였다. 잡지 가운데 본인이 이전부터 지리고증에 관심을 많이 가지고 있었고, 지리지의 원전과 편찬과정을 종합적으로 살핀 연구성과가 제출되었기 때문에 본인은 먼저 지리지의 원전과 편찬에 대한 연구를 진행하였다. 잡지의 여러 항목 가운데 지리지의 내용이 가장 많기 때문에 논고 하나에 신라지(잡지제3~5) 및 잡지제6에 전하는 고구려지·백제지, 삼국유명미상지분(三國有名未詳地分)조의 원전과 편찬과정 등을 깔끔하게 담아내기가 쉽지 않았다. 이에 3권으로 구성된 신라지의 원전과 찬술에 대한 연구를 우선 착수하여 2017년 11월에 「『삼국사기』 지리지의 원전과 편찬－신라지를 중심으로－」(『대구사학』 129)를 학계에 발표하였다. 본 논고에서 본인은 신라지의 원전이 경문왕대 또는 헌강왕대에 찬술한 읍지 또는 지리지와 같은 형식

의 전승자료였음을 논증한 다음, 신라지의 사료적 가치, 신라지에 전하는
여러 가지 오류 등을 정리하였다.

고구려지·백제지의 원전과 찬술에 대한 검토는 신라지의 그것에 비하여
상당한 애로가 있었다. 고구려·백제지의 내용이 체계적이지 않을 뿐만 아
니라 『삼국사기』 찬자가 다양한 전승자료를 참고하였기 때문이었다. 이에
따라 고구려지·백제지의 원전을 검토할 때에 많은 시행착오를 거치지 않
을 수 없었다. 본인은 고심 끝에 『삼국사기』 찬자가 신문왕 9년(689)에서
성덕왕대 전반 사이에 고구려와 백제의 지명을 정리한 저본자료와 이외에
다양한 여러 전승자료를 토대로 하여 고구려지·백제지를 편찬하였다는 잠
정적인 결론을 도출하였다. 이어 삼국유명미상지분조에 전하는 신라와 고
구려, 백제지명이 수록된 전승자료를 추적하였다. 이와 같은 연구결과를
2018년 4월에 「『삼국사기』 지리지의 원전과 찬술에 대한 고찰-고구려지와
백제지, 삼국유명미상지분조를 중심으로-」(『백산학보』 110)란 제목으로
학계에 발표하였다.

지리지의 원전과 편찬에 관한 연구를 진행하면서 동시에 직관지의 원전
과 편찬에 대해 연구를 함께 병행하였다. 직관지의 내용은 직관(상) 17관
등과 중앙행정관부 관련 기록, 직관(중) 내성(內省)과 동궁관(東宮官) 예하
의 내정관부(內廷官府) 관련 기록, 직관(하) 무관조와 외관조 기록으로 크
게 분류할 수 있다. 각각의 기록이 편차가 적지 않았기 때문에 하나의 논
고에서 직관지의 원전과 편찬에 대하여 깔끔하게 정리하는 것이 불가능
하였다. 이에 본인은 직관(상)과 직관(중)에 전하는 17관등 및 중앙행정관
부, 내정관부 관련 기록의 원전과 편찬을 먼저 검토하고, 이어 무관조와
외관조의 그것에 대해 검토하는 순으로 연구를 진행하였다. 17관등·중앙
행정관부, 내정관부 기록의 원전과 편찬에 대한 연구를 진행하여, 각각 그

원전이 중대에 널리 사용된 관등 표기를 그대로 수용하였거나 또는 중대에 17관등 명칭을 정리한 전승자료, 흥덕왕 4년(829)에서 헌안왕 즉위년 (857) 사이에 왕교(王敎)나 격(格)에 전하는 정보를 바탕으로 정리한 어떤 자료와 관직에 대한 관등규정을 정리한 문서를 합한 전승자료, 흥덕왕 4 년에서 문성왕 17년(855) 사이에 내정관부에 대해 정리한 전승자료였음을 해명할 수 있었다.

직관지 원전과 편찬에 대한 연구내용이 워낙 방대하였기 때문에 학계에는 중앙행정관부 관련 기록의 원전과 편찬에 대해 정리한 것(「『삼국사기』 직관지의 원전과 찬술에 대한 고찰—중앙행정관부 기록을 중심으로—」 (『한국사연구』 183, 2018.12)), 무관조 가운데 제군관(諸軍官)·범군호(凡軍號)조의 원전과 찬술에 대해 검토한 것(「『삼국사기』 직관지 무관조의 원전과 찬술에 대한 고찰—제군관·범군호 기록을 중심으로—」(『한국문화』 86, 2019.6)), 직관지 외관조 가운데 고구려와 백제 관제 관련 기록을 제외한 나머지 기록의 원전과 편찬에 대하여 고찰한 것(「『삼국사기』 직관지의 원전과 편찬—외관과 패강진전, 외위, 미상관제 기록을 중심으로—」(『역사문화연구』 70, 2019.5))만을 정리하여 학계에 발표하였다.

본인은 직관지의 원전과 편찬을 연구함과 동시에 제사지와 악지 및 색복·거기·기용·옥사지의 원전에 대해 검토하였다. 이에 관한 연구내용이 방대한 관계로 하나의 논고로 묶어 학계에 발표하기가 여의치 않았다. 이에 본인은 제사지의 원전과 편찬에 대해 정리한 내용만을 『한국고대사연구』 94(「『삼국사기』 제사지의 원전과 편찬」, 2019.6)에 게재하였다. 이후 대가야의 음악과 전승에 대해 정리할 기회가 생겨, 악지의 원전과 편찬에 대하여 연구한 내용 가운데 일부를 거기에 포함시켜 발표하였다(「대가야의 음악과 전승」(『대가야의 악(樂)—가야금과 우륵 12곡』, 2020.1)).

잡지의 원전과 편찬에 대한 연구를 마무리한 후, 본인은 열전의 원전과 편찬에 대한 연구에 착수하였다. 열전을 크게 김유신열전, 신라 인물 열전, 고구려와 백제 인물 열전, 궁예와 견훤열전으로 나누어 연구를 진행하였다. 먼저 본인은 김유신행록을 저본으로 하여 찬술된 김유신열전에 대하여 연구하였다. 그 결과 『삼국사기』 찬자가 김유신행록 이외에 고기(古記)를 비롯한 다양한 전승자료를 참조하여 김유신열전을 찬술하였음을 살필 수 있었고, 김장청(金長淸)이 9세기 후반 경문왕대 또는 헌강왕대에 『화랑세기』를 비롯한 다양한 전승자료를 활용하여 김유신행록을 편찬하였음을 고증할 수 있었다. 이와 같은 연구내용을 정리하여 2020년 9월에 「『삼국사기』 김유신열전의 원전과 그 성격」(『사학연구』 139)으로 학계에 발표하였다. 그리고 이와 동시에 2020년 9월에 궁예·견훤열전의 원전과 편찬에 대하여 검토한 「『삼국사기』 궁예·견훤열전의 원전과 편찬」(『역사와 경계』 116)을 발표하였다. 본 논고에서 본인은 궁예열전의 원전은 광종대에서 현종 17년(1027) 이전 어느 시기에 궁예의 행적을 시간 순으로 정리한 전기류의 전승자료였고, 견훤열전의 원전은 광종대에서 현종 17년 이전 시기에 정리한 견훤과 관련된 다양한 전승자료였음을 밝힌 바 있다.

『삼국사기』 열전에 입전(立傳)된 인물은 모두 51명이다. 이 가운데 고구려와 백제 인물은 11명에 불과하다. 고구려 인물 열전의 원전은 고구려본기 또는 중국 사서, 고기(古記)에 전하는 기록이고, 백제 인물 열전의 원전은 고기 또는 중국 사서에 전하는 기록이었다. 고구려·백제 인물 열전의 원전과 편찬에 대한 연구를 진행한 후에, 이것은 별도의 논고로서 발표하지 않을 예정이었다. 그러나 송기호선생님 정년기념논총을 간행하면서 원고를 부탁하였으므로, 이에 거기에 투고하여 게재하였다. 열전에 입전된 51명 가운데 김유신과 궁예, 견훤을 제외하고 신라 인물이 37명이나 되었다. 하나의 논고로서 신라 인물 열전의 원전과 편찬을 검토하는 것은 무리라고 느꼈다.

그러나 신라 인물 열전과 신라본기의 기록을 비교 검토하는 과정에서 시기에 따라 신라 인물 열전 원전의 내용과 성격이 차이를 보이고 있음을 인지할 수 있었다. 이에 본인은 신라 인물을 상고기와 중고기, 중·하대 인물로 크게 분류한 다음, 각 시기에 따라 열전 원전의 내용과 성격이 어떻게 달라지는가에 초점을 맞추어 연구를 진행하였고, 그 결과를 2020년 10월에 「『삼국사기』 신라 인물 열전의 원전과 편찬」(『동양학』 81)이란 제목으로 학계에 발표하였다. 본 논고에서 본인은 신라 인물 열전의 원전이 김유신 행록과 『화랑세기』, 『계림잡전(鷄林雜傳)』, 개인의 행적을 정리한 행장(行狀) 또는 간단한 전승자료였음을 규명하고, 아울러 『삼국사기』 찬자가 신라본기를 찬술할 때에 중고기 인물 열전이나 그 원전의 기록을 참조한 반면, 상고기와 중·하대 인물 열전 또는 그 원전을 거의 참조하지 않았음을 밝힐 수 있었다. 뿐만 아니라 『삼국사기』 찬자가 신라 인물의 열전을 찬술하면서 신라본기의 저본자료인 『구삼국사』의 기록을 전혀 참조하지 않았던 사실도 해명할 수 있었다.

본서는 앞에서 잡지 및 열전의 원전과 편찬에 대하여 검토하여 학계에 발표한 논고들과 학계에 발표하지 않은 연구내용을 추가하여 구성한 것이다. 본서를 준비하면서 미흡한 사항을 보충하고, 중복되는 내용을 줄이는 한편, 체계의 완결성을 최대한 높이려고 노력하였다. 그럼에도 불구하고 여전히 부분적으로 미흡하고 부족한 점이 적지 않음을 고백하지 않을 수 없다. 또한 잡지·열전을 비롯한 『삼국사기』 원전에 대해 검토한 연구성과를 두루 섭렵하여 본서에 충실하게 반영하지 못하였다는 사실도 고백하지 않을 수 없다. 이와 같은 문제점은 앞으로 연구를 더 진행하여 보완하도록 하겠다.

　본인은 선학들이 대체로 『삼국사기』에 대해 부정적으로 인식한 결과, 『삼국사기』 기록의 원전에 대한 연구를 소홀히 한 것에 대해 많은 안타까움을 느꼈다. 또한 근래에 이르기까지 『삼국사기』 기록의 신빙성 여부, 『삼국사기』에 담긴 역사인식 등에 대해 지나치게 집중하는 학계의 동향에 대해서도 못내 아쉬움이 적지 않았다. 이에 본인은 학계에서 정사(正史)인 『삼국사기』에 대해 객관적, 과학적으로 접근할 수 있는 계기가 마련될 필요가 있다는 사명감을 가지고 『삼국사기』 원전에 대한 연구를 시작하였다. 향후 본서에서 활용한 연구방법론이 학계에서 널리 받아들여져 한국고대사 연구의 지평이 한층 더 확대되기를 바라 마지않는다. 아울러 본서가 한국고대사를 전문적으로 연구하려는 젊은 연구자들의 필독서가 되어 그들의 시야와 안목을 높이는 데에 조금이나마 도움이 되기를 간절하게 바라는 바이다. 나아가 본서의 출간을 계기로 『구삼국사』의 성격과 체재, 그리고 『삼국유사』 원전에 대한 연구가 활성화되기를 기대해본다.

　본서를 출간하면서 여러분들의 도움을 받았다. 일일이 거명하지 않겠지만, 이번 기회를 통하여 진심으로 감사의 말씀을 올리는 바이다. 아울러 어려운 출판 환경 속에서도 본서의 출간을 기꺼이 허락해주신 최병식사장님과 본서를 편집하고 출간하는 데에 온갖 정성을 아끼지 않은 이준이사님께 진심으로 감사의 말씀을 올린다. 이와 더불어 항상 격려와 충고를 아끼지 않으신 주위의 여러 선생님들과 선배, 동료, 사랑하는 가족들에게 이 기회를 빌어 감사의 말을 전하고 싶다.

2021년 3월 著者識.

서론

1. 잡지·열전의 원전과 편찬을 둘러싼 연구동향과 문제점

기전체(紀傳體) 역사서의 체재는 본기(本紀), 열전(列傳), 표(表), 지(志)로 이루어졌다. 『사기(史記)』와 『한서(漢書)』를 비롯한 중국 역대 왕조의 정사(正史)로 편찬된 25사(史)가 모두 기전체였다. 현전하는 우리나라의 사서 가운데 가장 오래된 『삼국사기(三國史記)』 역시 기전체의 체재를 따랐다. 구체적으로 본기 28권, 연표 3권, 잡지 9권, 열전 10권 등 총 50권으로 구성되었다. 여러 편목 가운데 지(志)는 국가 대체(大體)의 기록 또는 전장(典章)·제도(制度)의 전사(專史)로서 사회와 역사의 횡단면적 분석을 보여주는 일종의 주제별 분류사적으로 서술한 편목의 명칭이다.[1] 기년체 사서에서 편목의 명칭을 통상 '지(志)'라고 표현하였지만, 『삼국사기』에서는 다른 사서와 달리 '잡지(雜志)'라고 표현하였다. 종래에 『삼국사기』 찬자가 자료의 부족으로 인하여 정사에서 다룬 지(志)를 모두 설정할 수 없고, 한 가지 종류의 자료로 한 권의 지를 독립하여 쓸 수 없었기 때문에 부득이하게 편목의 명칭을 '잡지'라고 명명하였다고 이해하는 견해와[2] 본기 등에 비해서는 중요성이 덜할 뿐만 아니라 8개 항목으로 분류되어 여러 가지 다양한 내용을 담고 있다는 의미에서 편목의 명칭을 '잡지'라고 표현하였다고 이해하는 견해가[3] 제기된 바 있다.

『삼국사기』 잡지는 제사(祭祀)·악(樂)·색복(色服)·거기(車騎)·기용(器用)·옥사(屋舍)·지리(地理)·직관(職官)의 8개 항목으로 구성되어 있다. 이와 같은 항목 구성은 다른 여타 사서의 그것과 약간 차이가 있다. 다음 〈표〉는 『수서(隋書)』와 『구당서(舊唐書)』, 『신당서(新唐書)』, 『고려사(高麗史)』 지(志)의 항목 구성을 정리한 것이다.

〈표〉 『수서』·『구당서』·『신당서』·『고려사』 지(志)의 항목 구성

사서명	항목 구성
『수서』	예의(禮儀)·음악(音樂)·율력(律曆)·천문(天文)·오행(五行)·식화(食貨)·형법(刑法)·백관(百官)·지리(地理)·경적(經籍)
『구당서』	예의·음악·역(曆)·천문·오행·지리·직관·여복(輿服)·경적·식화·형법
『신당서』	예악(禮樂)·의위(儀衛)·거복(車服)·역·천문·오행·지리·선거(選擧)·백관·병(兵)·식화·형법·예문(藝文)
『고려사』	천문·역·오행·지리·예·악·여복·선거·백관·식화·병

『삼국사기』 잡지에는 일반 기전체 사서 지(志)의 항목으로 편제된 역

---

1) 이문기, 2006 「『삼국사기』 잡지의 구성과 전거자료의 성격」 『한국고대사연구』 43, 199쪽.

2) 정구복, 2012 「삼국사기 해제」 『개정증보 역주 삼국사기』 1(감교원문편), 한국학중앙연구원출판부, 36쪽.

3) 이문기, 2006 앞의 논문, 205쪽.

(율력), 천문, 오행, 식화, 형법, 경적(예문), 선거 항목이 보이지 않는 대신, 다른 사서에 보이지 않는 제사·기용·옥사 항목이 보이는 것을 확인할 수 있다. 색복과 거기 항목은 다른 사서의 여복(興服) 또는 거복(車服)에 대응되고, 직관지(職官志) 무관(武官)조는 다른 사서의 병지(兵志)에 대응시킬 수 있다. 한편 『삼국사기』 잡지의 색복·거기·기용·옥사지는 거의 대부분이 흥덕왕 9년(834)에 내린 하교(下敎), 즉 교령(敎令)의 내용을 기술한 것인데, 잡지의 찬자가 흥덕왕 9년 하교의 내용을 색복, 거기, 기용, 옥사로 분류하여 잡지에 기입하면서 항목으로 설정된 측면이 강하다고 볼 수 있기 때문에 이들 항목이 존재한 사실을 『삼국사기』 잡지 체재의 특징적인 면모라고 지나치게 강조하는 것은 바람직하지 않다고 판단된다.

　『수서』와 『구당서』, 『신당서』, 『고려사』에는 제사지가 보이지 않는다. 다만 『후한서(後漢書)』에 제사지가 편성되어 있음을 확인할 수 있는데, 종래에 이를 본받아 제사지를 설정하였다고 이해하기도 하였다.[4] 중국 사서와 『고려사』 등에서 일반적으로 제사와 관련된 내용은 예지(禮志) 또는 예의지(禮儀志)에서 소개하였다는 점, 흥덕왕 9년에 내린 하교의 내용을 색복·거기·기용·옥사로 분류하여 기술한 사실 등을 두루 감안하건대, 『삼국사기』 찬자는 예제(禮制)와 관련된 전거자료가 불비(不備)하였기 때문에 예지 또는 예의지를 편성하지 못하고, 부득이하게 제사지를 편성하였다고 보는 것이 보다 더 합리적일 것이다. 『삼국사기』의 찬자가 잡지에 역(율력), 천문, 오행, 식화, 형법, 경적(예문), 선거 항목을 편성하여 기술하지 않은 이유 역시 동일한 맥락에서 이해할 수 있음은 물론이다.

　『삼국사기』 색복지에 '신(臣)'이 중국에 사신으로 세 번 갔었는데, 일행

---

4) 이문기, 위의 논문, 206쪽.

의 의관(衣冠)이 송나라 사람과 다름이 없었다. 일찍이 조정에 알현하려 들어가다가 아직 일러서 자신전(紫宸殿) 문 앞에 서 있었는데, 한 합문원(閤門員)이 와서 누가 고려 사신입니까? 라고 물으므로, "나요"라고 대답하니, (그가) 웃고 갔었다.'라는 기록이 전한다. 여기서 신은 바로 김부식을 가리킨다. 이에 따르면, 색복지는 김부식이 직접 천술하였다고 볼 수 있을 것이다. 그러나 나머지 항목 역시 모두 김부식이 찬술하였는가에 대해서는 단언하기 어렵다. 기존에 4그룹이 제사지와 지리지 고구려조(고구려지), 색복지와 직관지, 지리지 신라조(신라지), 지리지 백제조(백제지) 등을 분담하여 찬술하였다고 보는 견해,[5] 제사지와 지리지 고구려조(고구려지), 색복·거기·기용·옥사지와 직관지, 지리지 신라조(신라지), 지리지 백제조(백제지), 악지 등 5개 부문으로 『삼국사기』 찬자들이 분담하여 집필하였다고 보는 견해가[6] 제시되었으나, 단언하기 어렵다. 향후 이에 대한 세밀한 검토가 요구된다고 하겠다.

　『삼국사기』 잡지 가운데 지리지와 직관지의 내용이 상대적으로 풍부한 편이고, 제사지와 악지, 색복지 등은 내용이 소략한 편이다. 한편 잡지에 소개된 내용의 대부분은 신라에 관한 것이고, 고구려와 백제에 관한 내용은 적은 편이다. 더구나 신라에 관한 서술은 중국 사서에서 인용된 것이 거의 없는 반면, 고구려·백제와 관련된 내용의 대부분은 중국 사서에서 인용된 것이어서 대조를 이루고 있다. 이러한 현상은 고려 중기까지 잡지 서술에 활용할 수 있는 전거자료의 대부분이 신라에 관한 것이었고, 고구려·백제와 관련된 전거자료가 거의 남아 있지 않았던 데서 기인하였음을 반영한다.

---

5) 田中俊明, 1982 「『三國史記』中國史書引用記事の再檢討」『朝鮮學報』 104, 46～47쪽.
6) 이문기, 2006 앞의 논문, 211～213쪽.

지금까지 『삼국사기』 잡지의 구성과 전거자료를 살핀 연구가 다수 발표되어[7] 이에 대한 대강의 이해가 어느 정도 가능해졌다고 말할 수 있다. 한편 『삼국사기』 잡지에 전하는 내용이 삼국의 문물과 제도, 지리 등을 연구할 때에 가장 필수적인 사료였기 때문에 잡지의 개별 항목을 체계적으로 분석하거나 사료적 성격을 규명하기 위한 연구가 매우 활발하게 전개되었다고 평가할 수 있다.[8] 특히 지리지와 직관지의 전거자료 및 그 편찬과정을 살핀 종합적인 연구가 학계에 발표되어 지리지와 직관지에 대한 이해가 심화되기도 하였다. 그러나 이럼에도 불구하고 여전히 지리지와 직관지의 원전에 대한 연구가 만족할만한 수준에 이르렀다고 단정하기가 쉽지 않은 실정이다. 게다가 지리지와 직관지 이외의 항목의 전거자료, 즉 원전과 그 편찬과정에 대한 연구가 상대적으로 부진한 편이어서 이에 대한 연구와 이해의 진전을 위해 더 많은 노력을 경주할 필요가 있음은 물론이다.

종래에 제사지의 기록을 기초로 하여 신라 국가제사의 성격과 변천, 그리고 사전체계에 대한 연구가 활발하게 진행되어, 이에 대한 이해가 상당히 심화되었다고 평가할 수 있다. 제사지의 원전과 관련하여 종래에 신라에서 편술한 단편적인 내용의 사전(祀典)을 주목하였다.[9] 그러나 현재까

---

7) 신형식, 1981 『삼국사기』 지의 분석 「삼국사기 연구」, 일조각; 정구복, 2012 앞의 글; 이문기, 2006 앞의 논문; 이강래, 2007 「삼국사기론, 그 100년의 궤적」 「삼국사기 형성론」, 신서원.

8) 개별 항목의 전거자료와 그 편찬과정을 살핀 논고에 대해서는 논지를 전개하면서 제시할 예정이다.

9) 종래에 제사지의 원전에 대해 단편적으로 살핀 대표적인 연구성과를 소개하면 다음과 같다.
서영대, 1985 『삼국사기』와 원시종교 「역사학보」 105; 신종원, 1984 「삼국사기 제사지 연구-신라 사전의 연혁·내용·의의를 중심으로-」 「사학연구」 38; 나희라, 2003 『신라의 국가제사』, 지식산업사, 38~68쪽; 채미하, 2008 『신라 국가제사와 왕권』, 혜안, 47~61쪽.

지 사전의 내용이나 성격을 세밀하게 검토한 연구성과를 찾기가 쉽지 않다. 또한 제사지에 전하는 다양한 국가제사에 관해 기술한 기록의 기본원전 및 그것의 편찬과정과 시점을 세밀하게 추적한 연구도 거의 없다고 하여도 과언이 아니다.

일찍이 악지의 기록을 분석하여 고대 악기의 성격과 전승, 신라 음악의 특징 등을 살핀 논고와[10] 악지에 전하는 다양한 기록의 전거자료를 세밀하게 점검한 논고가[11] 발표되었다. 특히 후자에서는 악지의 찬자가 중국 문헌에서 인용한 기록과 실제 중국 문헌에 전하는 원기록을 세밀하게 비교 검토하여, 악지에 전하는 기록이 사료적 신빙성이 높다는 사실을 규명하였을 뿐만 아니라 악지에서 인용된 국내 전거자료의 성격, 악지의 구성상의 특징적인 면모 등을 세밀하게 천착하여 악지의 전거자료와 그 성격에 대한 이해의 진전에 크게 기여하였다고 평가할 수 있다. 더구나 논고의 말미에 악지 기록에 대한 치밀한 역주를 제시하여, 악지를 기초로 하는 삼국 음악 연구의 진전에도 크게 이바지하였음은 물론이다.

후자의 논고에서 필자는 악지의 찬자가 직접 중국 문헌에 전하는 원기록을 인용하였다고 주장하였지만, 그러나 악지에서 인용한 기록과 『금조(琴操)』·『풍속통(風俗通)』 등의 중국 문헌에 전하는 원문을 대조한 결과 상이한 사례가 다수 발견되기 때문에 이러한 견해를 그대로 수용하기 어렵다. 악지에서 인용한 기록과 중국 문헌에 전하는 기록이 차이가 나는 것은 악지의 찬자가 『금조』 등의 중국문헌에 전하는 원문을 직접 인용한 것이 아니라 『초학기(初學記)』에서 인용한 데서 비롯되었음을 확인할 수

---

10) 장사훈, 1981 「삼국사기 악지의 신연구」『신라문화제학술발표논문집』 2.
11) 송방송, 1981 「삼국사기 악지의 음악학적 연구-사료적 성격을 중심으로-」『한국음악연구』 11.

있다.[12] 또한 후자의 논고에서 악지의 찬자가 인용한 신라고기(新羅古記), 나고기(羅古記), 고기(古記)의 기록을 세밀하게 분석하여, 그것을 그대로 신뢰할 수 있음을 밝힌 점은 높게 평가할 수 있지만, 그러나 이들의 기본원전이나 찬술 시기, 각각의 역사적 의의 등에 대해 치밀하게 천착하지 않아, 악지의 전거자료에 대한 이해를 한 단계 더 심화시키는 데에 한계를 노정하였다는 점도 지적하지 않을 수 없다.

종래에 색복·거기·기용·옥사지에 전하는 기록을 바탕으로 고대사학계뿐만 아니라 복식사와 건축사, 생활사 분야에서도 연구가 활발하게 진행되었다. 이러한 연구성과에 힘입어 고대의 복식과 건축, 생활에 대한 이해가 크게 진전되었다고 평가할 수 있다.[13] 그러나 종래에 색복지에 전하는 공복제(公服制) 및 관제(冠制) 규정과 관련된 기록의 기본원전이나 그 전거자료, 흥덕왕 9년(834)에 내린 교령의 성격이나 전거자료에 대하여 세밀하게 검토한 연구성과를 찾아보기 어렵다. 공복제와 관제 규정에 기초한 신라 골품제와 복식제도 연구를 한 단계 더 진전시키기 위해서는

---

12) 이에 대해서는 본서 1부 1장 2절에서 자세하게 검토할 예정이다.

13) 색복·거기·기용·옥사지의 기록을 기초로 하여 연구한 대표적인 논저를 제시하면 다음과 같다.
김기웅, 1981 「삼국사기의 거기 「신라조」고-고분벽화와 출토유물을 중심으로-」 『신라문화제학술발표논문집』 2; 이은창, 1981 「신라의 기용에 관한 연구-제사용기와 사치용기를 중심으로-」 『신라문화제학술발표논문집』 2; 신숙, 2017 「신라 흥덕왕 교서에 보이는 공예장식과 국제교역」 『한국고대사탐구』 25; 김정기, 1981 「삼국사기 옥사조 신연구」 『신라문화제학술발표논문집』 2; 이상해, 1995 「삼국사기 옥사조의 재고찰」 『건축역사연구』 4-2; 양정석, 2007 「營繕令을 통해 본 『삼국사기』 옥사조」 『한국사학보』 28; 김동욱, 1971 「흥덕왕 복식 금제의 연구-신라 말기 복식 재구를 중심으로-」 『동양학』 1; 김동욱, 1981 「삼국사기 색복조의 신연구」 『신라문화제학술발표논문집』 2; 전혜실·강순제, 2013 「흥덕왕 복식제도 원전 고찰 및 복식」 『복식』 63-5; 권준희, 2001 「신라 복식의 변천 연구」, 서울대학교 대학원 의류학과 박사학위논문; 권준희, 2002 「삼국시대 품급별 복색제도의 제정시기에 관한 연구」 『한복문화』 5-1; 정덕기, 2017 「신라 중고기 공복제와 복색존비」 『신라사학보』 39; 전덕재, 1996, 『신라육부체제연구』, 일조각, 160~182쪽; 전덕재, 2000 「7세기 중반 관위규정의 정비와 골품제의 확립」 『한국 고대의 신분제와 관등제』, 아카넷; 木村誠, 1976 「6世紀における骨品制の成立」 『歷史學研究』 428.

공복제 및 관제 관련 기록에 대한 치밀한 사료비판과 더불어 그것의 기본 원전, 공복제와 관제 규정을 제정한 시기에 대한 정밀한 고증이 필요하다는 점에서 색복지 기록의 원전과 편찬과정에 대한 연구의 활성화가 시급하게 요청된다고 하겠다.

『삼국사기』 지리지는 통일신라의 왕도(왕경), 9주·5소경, 9주 예하 여러 군·현의 현황과 영속관계(領屬關係), 경덕왕대 개명(改名) 사실, 통일신라 주·군·현에 해당하는 고려시대의 지명 등을 정리한 부분, 고구려와 백제의 군·현에 대한 현황을 제시한 부분, 지명은 전하나 그 위치를 상고(詳考)할 수 없는 지명을 나열한 부분으로 구성되었다. 이러한 내용으로 이루어진 『삼국사기』 지리지는 삼국과 통일신라, 고려 전기의 역사지리와 우리나라 고대 언어의 연구에서 매우 소중한 사료(史料)로서 뿐만 아니라 고대국가의 성장과 발전 및 삼국과 통일신라의 지방통치조직에 대한 연구에도 더 없이 귀중한 사료로서 활용되고 있다.

현재까지 본기(本紀)와 더불어 지리지 기록을 활용한 연구가 매우 활발하게 진행되어 이에 대한 연구성과를 일일이 다 거명하기조차 힘겨운 실정이다. 지리지 기록 자체만을 심층적으로 분석한 연구성과도 적지 않게 제출되었는데, 이 가운데 특히 이노우에 히데오(井上秀雄)와 김태식의 연구가 학계의 주목을 받았다. 이노우에 히데오는 1960년대 초에 처음으로 『삼국사기』 지리지 기록에 대한 종합적인 연구를 진행하여, 지리지 기록이 지닌 사료적 성격과 가치, 문제점을 규명함으로써 지리지 연구의 기초를 닦았다고 평가받고 있다.[14] 이후 한동안 지리지에 대한 본격적인 연구가 진행되지 않다가 1990년대 후반에 김태식에 의해서 『삼국사

---

14) 井上秀雄, 1961 「三國史記地理志の史料批判」 『朝鮮學報』 21·22合; 1974 『新羅史基礎研究』, 東出版.

기』지리지 찬술의 저본자료, 즉 원전(原典)에 대한 체계적인 정리가 이루어졌다.[15] 김태식은『삼국사기』지리지에 전하는 신라지, 고구려지, 백제지의 원전과 그것의 찬술 시점 및 개찬과정(改撰過程), 지리지 찬자의 편찬 태도 및 그것이 지닌 사료(史料)로서의 문제점 등을 체계적, 종합적으로 검토하여 지리지 연구의 획기를 마련하였다고 이해되고 있다. 이밖에도 여러 연구자들이 지리지의 저본자료, 지리지의 사료 환경과 그것의 한계 등에 대한 검토를 진행하여 현재『삼국사기』지리지에 대한 이해가 매우 심화되었음은 물론이다.[16]

그러나 여러 연구자들의 의욕적이고 활발한 연구에도 불구하고 여전히 지리지의 원전과 그 찬술 시기에 대한 해명이 만족스럽다고 보기 어렵고, 게다가 지리지의 찬자가 지리지의 저본자료, 즉 원전(原典)을 어떻게 활용하였는가, 지리지의 찬자가 원전에서 인용한 자료와 그들이 직접 작문(作文)한 내용이 무엇인가에 대한 고찰도 아직 미흡한 편이라고 볼 수 있다. 나아가 지리지의 편찬과정에 대한 연구도 활발하게 진행되지 않은 편이어서 그에 대한 이해 역시 심화되었다고 평가하기가 쉽지 않은 실정이다.

한편 종래에 지명은 전하나 그 위치를 상고(詳考)할 수 없는 것을 나열한 부분, 즉 삼국유명미상지분(三國有名未詳地分)조에 전하는 신라와 고구려, 백제지명의 배열 순서를 주목하여, 신라본기와 고구려본기, 백제본기의 원전을 추적하는 연구가 활발하게 진행되었다. 이 결과『삼국사기』본기의 원전에 대한 이해가 한층 심화되었다고 평가하여도 지나치지 않을 것이다.[17] 그러나 기존에 삼국유명미상지분조에 전하는 지명을 활

---

15) 김태식, 1995 「『삼국사기』지리지 신라조의 사료적 검토-원전 편찬 시기를 중심으로-」 『삼국사기의 원전 검토』, 한국정신문화연구원; 김태식, 1997 「삼국사기 지리지 고구려조 의 사료적 검토」『역사학보』154.

16) 구체적인 연구성과는 본문에서 언급할 예정이다.

용하여 본기의 원전 및 찬술과정을 고구(考究)하는 것에 집중한 나머지, 정작 삼국유명미상지분조에 전하는 지명 자체의 출전 기록 및 그것의 원전, 그리고 그 찬술과정에 대해서는 소홀한 감이 없지 않았기 때문에 삼국유명미상지분조 찬술의 저본자료 및 그것의 찬술과정에 대한 이해는 여전히 초보적인 수준을 벗어났다고 말하기 어려운 것이 현실이다.

『삼국사기』 직관(상)에서는 서문(序文)을 맨 앞에 제시하고, 이어 17관등, 상대등(上大等), 대각간(大角干), 태대각간(太大角干)에 대해 기술한 다음, 그 뒤에 집사성(執事省)을 비롯한 중앙행정관부를 소개하였다. 직관지의 찬자는 서문에서 '처음 설치하였을 때, 반드시 직(職)마다 일정하게 맡은 바 임무가 있었고, 위(位)마다 정해진 인원이 있어서(必也職有常守 位有定員), 그 높고 낮음을 분별하고 그 사람의 재주의 많고 적음을 따져 대우하였다. (그러나) 세월이 오래 되고 기록들이 결락(缺落)하여 가히 세밀하게 살펴 두루 상세하게 밝힐 수가 없다. …… 지금 가히 고찰할 수 있는 것을 모아 본편에 수록하였다.'고 언급하였다. 서문을 통해 『삼국사기』 편찬 당시에 신라의 직관(職官)에 대한 자료가 많이 산실(散失)되어 신라 관제에 대한 자세한 내용을 상고(詳考)하기 어려웠음을 짐작해볼 수 있다.

종래에 직관(상)의 중앙행정관부 기록은 기본적으로 『구당서』 직관지의 체재를 따랐으며, 직관지 찬자들은 행정관부의 연혁과 소속 관직 및 관원구성을 함께 기록한 직원령(職員令)과 같은 전장류(典章類)를 참조하여 직관(상) 중앙행정관부 기록을 찬술하였다고 이해한 견해가 제기되었

---

17) 井上秀雄, 1968 「三國史記の原典をもとめて」 『朝鮮學報』 48; 1974 『新羅史基礎研究』, 東 出版; 高寬敏, 1996 『三國史記の原典的研究』, 雄山閣; 임기환, 2006 「고구려본기 전거 자료의 계통과 성격」 『한국고대사연구』 42.

다.[18] 근래에 중앙행정관부 기록의 형식과 기재방식을 세밀하게 검토하여, 직관지 찬자가 참조한 전거자료는 최종 정리된 형태의 직관지류나 특정 시점에 일괄로 정리한 법전 혹은 전장류가 아니라 관제에 대한 왕의 교시나 그 교시를 모아 법조문화한 격(格) 혹은 그것을 바탕으로 정리한 전승자료들이었다는 견해가 제기되어 주목을 받았고,[19] 최근에 이러한 견해에 대해 의문을 제기하면서 관부 명칭과 연혁을 서술한 전승자료와 관직별로 소속 관부의 관등규정을 서술한 전승자료 등이 별도로 존재하였을 가능성이 높으며, 직관지 찬자는 이미 착란(錯綜)이나 결락(缺落)이 적지 않은 이와 같은 여러 전거자료를 종합하여 직관(상) 중앙행정관부 기록을 찬술하였다는 견해를 제기한 바 있다.[20]

이와 같은 기존의 연구들에 힘입어 직관(상) 중앙행정관부 기록의 전거자료에 대한 대강의 이해가 가능해졌다고 말할 수 있다. 다만 종래의 연구에서는 직관지 찬자가 참조한 전거자료의 성격에 대해 치밀하게 분석하지 않아 그들이 참조한 전거자료의 원전(原典)과 그것의 편찬과정을 제대로 해명하였다고 보기 어려운 측면이 없지 않았다. 이와 더불어 신라본기에 전하는 중앙행정관부 관련 기록과 직관(상)에 전하는 기록을 세밀하게 비교 검토하지 않은 관계로 직관지 찬자의 편찬 태도를 정확하게 규명하지 못하였다는 느낌도 지울 수 없다.

『삼국사기』 직관(하) 무관조는 신라 군사조직에 대해 종합적이면서도 체계적으로 전하고 있는 사료이다. 종래에 무관조와 군사조직 관련 신라본기의 기록을 기초로 신라 군사조직에 대한 연구를 활발하게 진행하여,

---

18) 이문기, 2006 앞의 논문.
19) 홍승우, 2015 「『삼국사기』 직관지의 전거자료와 신라의 관제 정비 과정」『신라문화』 45.
20) 박수정, 2016 「『삼국사기』 직관지 연구」, 고려대학교 박사학위논문.

나름대로 상당한 성과를 거두었다고 평가할 수 있다. 반면에 신라 군사조직에 대한 정확한 실상과 변천, 그리고 그것에 대한 이해를 좀 더 심화시키기 위해서는 무관조의 전거자료와 찬술과정에 대한 치밀한 분석과 정리가 필수적임에도 불구하고, 지금까지 이를 둘러싼 연구가 활발한 편이었다고 보기 어려운 실정이다.

일찍이 스에마쓰 야스카즈(末松保和)는 『삼국사기』 찬자들이 알고 있었던 모든 지식을 동원하여 무관조를 편찬하였거나 또는 『삼국사기』를 편찬할 때에 이용하였던 사료(史料)에 열거되어 있었던 것을 기초로 하여 무관조를 찬술하였을 것이라고 추정한 바 있다.[21] 또한 이노우에 히데오(井上秀雄)는 무관조의 전거자료는 신라본기에 전하는 군사조직 관련 기록과는 별개로서, 신문왕대에서 그리 멀지 않은 중대(中代)에 정리되었을 가능성이 높다고 추정하였다.[22] 이와 같은 일본인 학자의 연구를 기초로 하여, 최초로 무관조의 전거자료와 찬술과정을 체계적으로 검토한 연구자가 바로 이문기였다. 이문기는 직관지 찬자가 신문왕대에서 경덕왕대 사이에 존재하였던 군단(軍團)과 군관(軍官)들에 관해 정리한 기본 전거자료의 내용을 대체로 전재(轉載)하여 무관조의 기본 골격으로 삼은 다음, 거기에 경덕왕대 이후에 새로 창설한 군단에 관한 전승자료 및 군단과 군관, 금(衿)과 군관화(軍官花)에 대한 단편적인 정보를 정리한 전승자료에 전하는 내용을 추가하여 무관조를 편술하였다는 견해를 제기하였다.[23]

이문기의 연구에 의하여, 무관조 제군관·범군호조의 전거자료와 찬술과정에 대한 기본적인 이해가 가능해졌다고 말할 수 있다. 이후의 연구는

---

21) 末松保和, 1954 「新羅幢停考」 『新羅史の諸問題』, 東洋文庫, 311쪽.
22) 井上秀雄, 1974 「新羅兵制考」 『新羅史基礎硏究』, 東出版, 137쪽.
23) 이문기, 1997 『신라병제사연구』, 일조각, 28~57쪽.

주로 직관지 찬자가 참조한 무관조 전거자료의 성격을 추적하는 것에 초점이 맞추어졌다. 홍승우는 무관 제군관조의 전거자료는 직관(상)의 전거자료와 마찬가지로 군관직에 대한 규정을 담은 '격(格)' 형식의 법조문 혹은 그것을 정리한 자료였고, 범군호조의 전거자료는 특정 시기의 법조문을 그대로 전재한 것이었다고 이해하였다. 아울러 직관지 찬자는 기본 전거자료 이외에 군관직의 정원과 관등규정, 금(衿)에 대해 정리한 별도의 추가자료를 참조하여 제군관 기록을 완비하였고, 범군호 기록의 경우는 기본 전거자료 이외에 별도의 추가자료에 전하는 금(衿)에 대한 정보를 추가하여 완성하였다고 파악하였다.[24] 한편 최근에 박수정은 직관지 찬자는 무열왕·문무왕대 정벌군 편성의 임시적 군관 배치상황을 전하는 전승자료를 주요한 전거자료로 활용하여 제군관 기록의 기본 골격으로 삼은 다음, 이밖에 여러 차례에 걸쳐 재정리 과정을 거친 전승자료에 전하는 무관 관련 사료 등을 두루 참조하여 제군관 기록을 완비하였고, 범군호조의 경우는 특정 시점에 성립되어 있던 부대명을 일괄적으로 전하는 전승자료가 아니라 이미 산실된 자료를 후대에 재정리한 어떤 전승자료에 기초하여 정리하였다는 견해를 제기하였다.[25]

이상에서 열거한 기존의 연구성과에 힘입어 직관(하) 무관조 전거자료의 성격에 대한 기초적인 이해가 어느 정도 가능해졌다고 평가할 수 있다. 그러나 종래의 연구에서 무관조 원전의 성격이나 내용, 그리고 그것의 찬술 시점이나 과정에 대해 충분히 밝혔다고 보기 어려운 점이 없지 않다. 이 때문에 무관조의 찬술과정이나 직관지 찬자의 편찬 태도 등에 대한 이해를 심화시키는 데에도 한계를 노정시켰음은 물론이다.

---

24) 홍승우, 2015 「『삼국사기』 직관지 무관조의 기재방식과 전거자료」 『사학연구』 117.
25) 박수정, 2016 앞의 논문, 80~89쪽.

『삼국사기』 직관(하) 외관(外官)조는 신라의 지방관, 패강진전(浿江鎭典)에 대한 기록, 경위(京位)와 외위(外位), 고구려·백제 관등과 견준 기록으로 구성되었다. 직관지 찬자는 외관조 다음에 설치 시점과 위계(位階)의 높고 낮음을 알 수 없는 신라 관제, 고구려와 백제, 태봉의 관제에 관한 내용을 제시하였다. 종래에 신라본기와 외관조에 전하는 기록을 기초로 하여 신라의 지방제도와 지방관에 관한 연구가 활발하게 이루어졌으나, 정작 직관지 외관조의 저본자료와 편찬과정에 대해 세밀하게 천착한 연구성과가 매우 드문 편이라고 평가할 수 있다. 최근에 직관지에 대해 체계적으로 연구한 논고에서 외관조의 저본자료와 그 성격을 종합적으로 검토한 결과, 외관조의 저본자료에 대한 대강의 이해가 가능해졌다고 볼 수 있다.[26] 또한 미상관제(未詳官制)에 대해 종합적으로 검토한 연구성과를 통해 이들 관제의 출전(出典)과 직관지 찬자의 역사인식에 대한 이해를 진전시킬 수 있었다.[27] 그러나 기존의 연구에서 직관지 찬자가 신라의 지방관과 패강진전에 관한 기록 및 경위와 외위, 고구려·백제 관등을 견준 기록을 찬술할 때에 참조한 저본자료를 세밀하게 천착하였다고 보기 어려울 뿐만 아니라, 이로 말미암아 결과적으로 각 기록의 저본자료, 즉 원전의 성격 및 편찬과정에 대한 이해의 진전에도 한계가 있었음을 인정하지 않을 수 없다. 게다가 종래에 미상관제의 출전을 고찰하였으나, 여전히 미진한 점이 적지 않았다.

기전체 사서에서 열전(列傳)은 국왕을 보필한 관료나 특수한 개인, 반역자 등 개인에 관한 기록을 이른다. 『삼국사기』 열전에서는 중국 정사 또는 『고려사』와 같이 분류 명칭을 별도로 달지 않았지만, 인물의 특성을

---

26) 박수정, 위의 논문, 95~113쪽.
27) 김희만, 2017 「『삼국사기』 직관지 미상조와 편찬자의 역사인식」 『신라문화』 49.

여러 범주로 분류한 다음, 동일한 범주의 인물을 한 권으로 묶어 서술하였다. 중국 정사 또는 『고려사』 열전과 『삼국사기』 열전의 체재를 비교하면, 후자에는 종실열전(宗室列傳)이나 후비열전(后妃列傳)이 편성되어 있지 않음을 살필 수 있다. 종래에 종실이 관료로 진출하는 데에 전혀 지장이 없었기 때문에 굳이 별도로 종실열전을 편성할 필요가 없었고, 후비는 족내혼이 주로 행해졌기 때문에 후비열전을 편성하지 않았을 것이라는 견해가 제기되었다.[28]

『삼국사기』 열전은 10권으로 구성되었다. 이 가운데 김유신열전이 3권 (권41~43)을 차지하였다. 나머지 7권에 50명을 입전(立傳)하였다. 대체로 44권에는 명장(名將) 9명, 45권에는 현상(賢相)·충신(忠臣) 10명, 46권에는 유학자 3명(강수·설총·최치원), 47권에는 순국열사(殉國烈士) 13명, 48권에는 효행(孝行)·열녀(烈女)·은일(隱逸)·명인(名人) 11명, 49권에는 왕을 시해한 역신(逆臣) 2명(창조리(倉助利)·개소문(蓋蘇文)), 50권에는 신라국가를 배반하고 독립적으로 나라를 세운 반역(叛逆) 2명(궁예(弓裔)·견훤(甄萱))을 배치하였다.

이밖에 김유신열전에 원술(元述)과 윤중(允中), 김암(金巖)을 부기(附記)하여 입전(立傳)하였고, 또한 김인문열전(金仁問列傳)에 양도(良圖), 열기열전(裂起列傳)에 구근(仇近), 설총열전(薛聰列傳)에 최승우(崔承祐)·최언위(崔彦撝)·김대문(金大問), 김생열전(金生列傳)에 요극일(姚克一), 개소문열전(蓋蘇文列傳)에 남생(男生)·헌성(獻誠)을 부기하여 입전하였음을 확인할 수 있다. 열전에 입전된 인물 가운데 고구려인이 8명(을지문덕(乙支文德)·을파소(乙巴素)·밀우(密友)·유유(紐由)·명림답부(明臨答夫)·온달(溫達)·창조리·개소문), 백제인이 3명(흑치상지(黑齒

---

28) 정구복, 2012 앞의 글, 38쪽.

常之)·계백(階伯)·도미(都彌)]이고, 나머지 김유신을 비롯한 신라인이 40명을 차지한다. 이밖에 부기한 인물 가운데 남생과 헌성만이 고구려인이고, 나머지는 모두 신라인이다. 삼국 가운데 신라인이 압도적인 비중을 차지하였다고 볼 수 있다.

『삼국사기』 열전 10권 가운데 김유신열전이 3권을 차지할 정도로 분량이 많다. 그 이유는 일차적으로 『삼국사기』 찬자가 신라의 삼국통일에 큰 공을 세운 김유신을 매우 숭앙(崇仰)하였던 것에서 찾을 수 있다. 그들은 김유신열전 말미에 기술한 사론(史論)에서 '비록 을지문덕(乙支文德)의 지략(智略)과 장보고(張保皐)의 의용(義勇)이 있더라도 중국의 서적이 아니었다면, 기록이 없어 알려지지 않을 뻔하였다. 그런데 유신과 같은 이는 우리나라 사람들이 칭송함이 지금[고려]까지 끊이지 않고 있으니, 사대부가 알아주는 것은 당연할 뿐만 아니라 (심지어) 꼴 베고 나무하는 어린아이조차도 능히 알고 있으므로, 그 사람됨이 반드시 다른 이들과 차이가 있었기 때문이다.'라고 언급하였다. 고려 사람들이 김유신을 역사를 빛낸 위대한 위인(偉人)으로 칭송하였음을 단적으로 보여주는 자료인데, 이러한 이유에서 『삼국사기』 열전의 찬자는 후세 사람들이 전범(典範)으로 삼도록 하기 위해 김유신의 전기를 자세하게 기술하였다고 짐작해볼 수 있다. 두 번째 이유는 김유신에 관한 전승자료가 많이 전하였던 것에서 찾을 수 있다. 고려 중기까지 유신의 현손(玄孫) 장청(長淸)이 지은 김유신행록〔金庾信行錄 또는 흥무대왕행록(興武大王行錄): 이하 김유신행록으로 통일함〕 10권과 김유신비(金庾信碑)를 비롯한 다양한 전승자료가 전하고 있었음이 확인된다.

종래에 김유신열전을 주요 사료로 활용하여 김유신 및 그 후손들에 대한 연구가 매우 활발하게 이루어졌다. 이에 따라 김유신의 활동 및 그에 대한 평가를 둘러싸고 다양한 의견이 제출되어 김유신에 대한 종합적이고 체계적인 이해가 가능해졌을 뿐만 아니라 중대와 하대 김유신후손들의 동향에 대한 이해도 크게 진전되었다고 보아도 과언이 아닐 것이다. 특히 학계에서는 하대에 이르러 전통적인 김씨 왕실이 김유신계를 신김씨(新金氏)라고 부르며 차별 대우하였던 실상에 대해 널리 주목하기도 하였다.[29] 이에 반해 김유신열전의 원전과 그 편찬과정에 대한 연구는 비교적 적은 편에 속한다. 주요한 원인은 『삼국사기』 열전의 찬자가 김유신열전에서 '(김유신행록에는) 꾸며 만든 말[양사(釀辭)]이 자못 많아 이를 줄여 그중에서 기록할 만한 것을 취해 전(傳)을 지었다.'고 분명히 밝혔던 것에서 찾을 수 있다. 이처럼 『삼국사기』 열전의 찬자가 김유신행록을 토대로 하여 김유신열전을 찬술하였다고 분명하게 언급하였기 때문에 그것의 원전에 대해 깊게 숙고하지 않았던 것이다.[30]

그런데 김유신열전의 기록을 세밀하게 살펴보면, 김유신의 아들 원술(元述) 및 그의 적손(嫡孫) 윤중(允中)과 윤중의 서손(庶孫) 김암(金巖)에 대한 전기(傳記)의 원전(原典)이 김유신행록이었는가에 대해서는 재고의 여지가 없지 않음을 알 수 있다. 이밖에 김유신열전에 전하는 일부 기록 가운데 김유신행록에서 인용하였다고 보기 어려운 것을 여러 개 발

---

29) 근래에 제출된 김유신과 그의 후손들에 대해 고찰한 대표적인 연구성과로서 주보돈 등, 2011 『흥무대왕 김유신 연구』, 경인문화사; 이현태, 2006 「新羅 中代 新金氏의 登場과 그 背景」『한국고대사연구』 42; 김복순, 2008 「김유신활동(595~673)의 사상적 배경」『신라문화』 31; 김수미, 2009 「신라 김유신계의 정치적 위상과 추이」『역사학연구』 35; 채미하, 2015 「신라 왕실의 김유신에 대한 인식 변화와 그 推尊」『한국사학보』 61; 박승범, 2015 「김유신의 생애와 역사적 의의—그 가계와 활동을 중심으로—」『동양고전연구』 61; 박찬홍, 2018 「김유신 관련 사료를 통해 본 시기별 인식」『동양고전연구』 72 등을 들 수 있다.

30) 황형주, 2002 『삼국사기·열전』 찬술과정의 연구—자료적 원천의 탐색—, 성균관대학교 박사학위논문, 31쪽에서 『삼국사기』 찬자가 김유신행록을 원자료로 삼고, 김유신비를 참조하여 김유신열전을 찬술하였다고 주장하였다. 황형주는 김유신비를 인용한 기록 이외의 김유신열전 기록의 원전을 김유신행록에 전하는 기록이라고 이해하였다.

견할 수 있다. 김유신행록에 전하는 내용을 산략(刪略)하여 김유신열전을 찬술하였다고 이해하였기 때문에 김유신열전의 찬술과정에 대해서도 크게 관심을 기울이지 않았음은 물론이다.

한편 김유신행록은 집사랑(執事郎) 김장청(金長淸)이 지은 것으로 전하는데, 종래에 김장청이 8세기 후반 혜공왕대 또는 혜공왕대에서 김유신을 흥무대왕(興武大王)이라고 추봉(追封)한 9세기 전반 흥덕왕대 사이에 김유신행록을 찬술하였다고 이해하는 것이 일반적이었다.[31] 아울러 이에 근거하여 김장청이 770년 김융의 반란 이후 몰락의 길을 걷고 있었던 김유신계의 위상을 회복시키려는 의도에서 김유신행록을 찬술하였다고 파악하기도 하였다.[32] 그러나 경덕왕대에 한식(漢式)으로 개명한 중앙행정관서 및 관직명을 혜공왕대에 다시 예전의 명칭으로 되돌렸음을 염두에 둔다면, 한식 명칭인 집사랑(執事郎)이란 관직에 임명되었던 김

31) 기존에 이기백, 1987「김대문과 김장청」『한국사시민강좌』1, 일조각, 100쪽에서 金長淸은 金巖과 같은 세대로서 혜공왕대에 활동하였다고 이해하는 견해를 제기한 바 있다. 또한 金巖傳記의 원전이 김유신행록이라는 전제하에 김유신의 후손인 김암이 779년(혜공왕 15) 일본에 간 시기를 상한으로 하고, 김유신을 興武大王으로 追封한 흥덕왕 10년(835)을 하한으로 하는 시기 사이에 김장청이 김유신행록을 편찬하였다는 견해를 제기하기도 하였다(주보돈, 2007「김유신의 정치지향-연구의 활성화를 기대하며-」『신라사학보』11; 2018『김춘추와 그의 사람들』, 지식산업사, 283쪽 및 박승범, 2015 앞의 논문, 358쪽; 김호동, 2011「김유신의 추숭에 관한 연구」『신라사학보』22, 302~303쪽). 이밖에 선덕왕 재위 시기(780~785)나 늦어도 원성왕 재위 시기(785~798)에 김장청이 김유신행록을 편찬하였다고 이해하는 견해도 제기되었다(황형주, 2002 앞의 논문, 91쪽).

32) 이기백, 1987 앞의 논문, 111~112쪽; 황형주, 2002 앞의 논문, 92쪽; 주보돈, 2007 앞의 논문(2018 앞의 책, 283쪽); 선석열, 2001「신라사 속의 가야인들-김해김씨와 경주김씨-」『한국고대사 속의 가야』, 혜안, 551쪽; 이문기, 2004「금관가야계의 시조출자전승과 칭성의 변화」『신라문화제학술논문집』25, 45쪽.
한편 김장청이 이상적인 군신관계를 드러내 하대 혼란기의 군주와 신하로 하여금 그 이상을 따르게 하려는 의도에서 김유신행록을 찬술하였다고 이해한 견해(Vladimir M.Tikhonov, 1995「『삼국사기』김유신조가 내포하는 의의」『이화사학연구』22, 256쪽), 태종무열왕계의 정치적 독주가 끝나고, 하대 진골귀족들의 치열한 왕위쟁탈전의 와중에서 김장청이 김유신의 현창을 통해 김유신가문의 정치적 결속을 꾀하기 위해 김유신행록을 편찬하였다는 견해(김호동, 2011 앞의 논문, 302~303쪽)도 제기되었다.

장청이 8세기 후반 혜공왕대 또는 혜공왕대에서 흥덕왕대 사이에 김유신 행록을 찬술하였다고 이해하는 것은 재고의 여지가 있다고 보인다. 여기 다가 종래에 김유신행록에서 인용한 김유신열전의 기록을 치밀하게 분석 하여, 김장청의 역사인식이나 김유신행록의 편찬 태도 등을 규명하는 데 에도 거의 관심을 두지 않았다고 하여도 과언이 아니다.

김유신과 궁예, 견훤을 제외하고, 열전에 입전(立傳)된 신라 인물은 모 두 37명이다. 신라 인물 가운데 신라본기를 활용하여 열전에 입전한 경 우를 하나도 발견할 수 없다. 장보고와 최치원을 제외하고 중국측의 문헌 자료를 활용하였다는 적극적인 증거도 찾기 어렵다. 대체로 김유신행록 이나 『화랑세기(花郎世記)』와 『계림잡전(鷄林雜傳)』과 같은 문헌이나 각 인물의 행적을 정리한 전승자료를 참조하여 전기를 찬술하였다. 기존에 『삼국사기』 찬자가 신라 인물 열전을 찬술할 때에 활용한 저본자료에 대 해 체계적으로 살핀 연구성과가 다수 제출되었다.[33] 기존의 연구에 힘입 어 열전의 찬술에 활용된 저본자료에 대한 대강의 이해가 가능해졌다고 평가할 수 있다. 그러나 기존에 『삼국사기』 본기와 중국 사서에 전하는 기록과 열전에 전하는 기록을 치밀하게 비교 검토하여, 본기와 중국 사서 에 전하는 기록의 원전을 적극적으로 활용하였는가의 여부 및 개별 인물 열전의 찬술과정에 대해 체계적으로 고구(考究)한 연구성과를 거의 찾기 어렵다. 더구나 『삼국사기』에 단편적으로 전하는 김유신행록 또는 김대문 의 여러 저술, 그리고 고기류(古記類)의 성격을 규명한 다음, 이와 같은

---

33) 황형주, 2002 앞의 논문; 이강래, 2006 「『삼국사기』 열전의 자료계통」『한국고대사연구』 42; 2007 『삼국사기 형성론』, 신서원; 윤재운, 2004 「『삼국사기』 장보고열전에 보이는 장보고상」『신라문화제학술논문집』 25; 김복순, 2004 「신라의 유학자-『삼국사기』 유학자 전을 중심으로-」『신라문화제학술논문집』 25.
이밖에도 개별 인물 열전의 저본자료에 대해 검토한 논고가 다수 발표되었으나 그에 대 해서는 더 이상 거명하지 않았다.

작업을 기초로 하여 개별 인물 열전의 원전을 탐구하려는 시도가 활발하게 이루어졌다고 평가하기 힘들다.

열전에 입전된 백제인 계백과 도미는 고기(古記)라고 불리는 백제 자체의 전승자료, 흑치상지는 중국 사서에 전하는 기록을 활용하여 입전하였다. 고구려인의 경우는 주로 『삼국사기』 고구려본기와 중국 사서에 전하는 기록을 활용하여 입전하였고, 다만 온달의 경우에만 고기에 전하는 기록을 인용하여 전기(傳記)를 구성하였다. 기존에 고구려와 백제 인물 열전의 원전과 그것들의 찬술과정을 살펴본 연구성과가 다수 발표되어, 이들 인물 열전의 원전 및 찬술과정에 대한 이해가 어느 정도 가능해졌다고 평가할 수 있다.[34] 그러나 열전과 고구려본기 및 중국 사서에 전하는 기록을 세밀하게 대조하여 『삼국사기』 찬자가 저본자료를 어떻게 활용하여 열전을 찬술하였는가를 고찰한 연구성과는 거의 찾아보기 어렵다. 게다가 일부 인물 열전의 원전에 대해서도 세밀하게 천착하였다고 평가하기도 쉽지 않은 실정이다.

신라 인물의 열전과 마찬가지로 궁예·견훤열전의 원전 역시 이들 두 사람의 행적을 정리한 국내의 여러 전승자료였다고 추정된다. 종래에 이와 같은 성격을 지닌 궁예·견훤열전의 원전과 이것들의 찬술과정을 고찰한 연구성과가 다수 발표되어, 이들 인물 열전의 원전 및 찬술과정에 대한 이해가 심화되었다고 볼 수 있다.[35] 그러나 기존에 궁예·견훤열전의

---

34) 이홍직, 1971 「삼국사기 고구려인전의 검토」 『한국고대사의 연구』, 신구문화사; 양기석, 1986 「『삼국사기』 도미열전 소고」 『이원순교수화갑기념사학논총』, 교학사; 황형주, 2002 앞의 논문; 이강래, 2006 앞의 논문; 2007 앞의 책.

35) 신호철, 1995 「후백제 견훤 연구(Ⅰ)-관계문헌의 예비적 검토-」 『백제논총』 1; 1993 『후백제 견훤정권 연구』, 일조각, 178~201쪽; 황형주, 2002 앞의 논문; 이강래, 2006 앞의 논문; 2007 앞의 책; 홍창우, 2017 「『삼국사기』 후고구려·태봉 관련 기록의 계통 검토」 『한국고대사탐구』 27.

기록과 『삼국사기』 신라본기 및 『고려사』 태조세가의 기록을 면밀하게 비교 검토하는 방법론을 적극 활용하여 이들 열전의 원전과 찬술과정을 세밀하게 고찰한 연구성과는 거의 없다고 하여도 과언이 아니다. 더구나 종래에 궁예·견훤열전의 원전과 찬술과정에 대한 체계적인 이해가 결여된 상황에서 궁예와 견훤의 활동 및 고구려·후백제의 역사를 탐색하는 것이 일반적이었기 때문에 사료의 활용과정에서 약간의 오해와 혼동이 초래되는 사례가 적지 않게 발생하기도 하였다.[36]

2. 연구방법론

현재까지 『삼국사기(三國史記)』 본기(本紀)의 전거자료는 고려 초기에 편찬된 『구삼국사(舊三國史)』로 이해하는 것이 일반적이다. 『구삼국사』 찬자는 고구려의 『신집(新集)』, 백제의 『서기(書記)』, 신라의 『국사(國史)』를 전거자료로 활용하였거나 또는 이들을 기본원전으로 하여 찬술된 어떤 사서를 전거자료로 활용하였을 것으로 짐작된다. 이밖에 그들은 삼국 및 통일신라의 역사를 서술할 때에 실록류(實錄類)의 사서나 다양한 고기류를 활용하였을 것으로 추정된다.

그렇다면 『삼국사기』 찬자가 잡지와 열전을 찬술할 때에 『구삼국사』의 기록을 저본자료로 활용하였는가가 궁금하다. 현재 『구삼국사』가 전하지 않은 관계로 잡지·열전의 기록과 『구삼국사』 기록을 상호 비교 검토하는

---

36) 자료마다 弓裔가 北原賊 梁吉에게 의탁한 시기, 후고구려가 錦城郡을 攻略하고 羅州로 改稱한 시기 및 非惱城戰鬪의 발발 시점에 대해 다르게 전하는데, 종래에 이와 관련된 자료의 원전에 대해 충분하게 검토하지 않고 이것들에 접근하였기 때문에 후고구려(태봉)의 성립과정과 전개를 둘러싸고 논란이 분분하였던 사실을 대표적인 사례로 들 수 있다.

방법론을 활용하여 이 문제에 접근하는 것은 불가능하다. 그러나 『삼국사기』 본기의 저본자료가 『구삼국사』 기록이었다는 학계의 통설에 유의한다면, 잡지·열전에 전하는 기록과 본기에 전하는 기록과의 비교 검토를 통해, 『삼국사기』 찬자가 잡지와 열전을 찬술할 때, 『구삼국사』 기록을 저본자료로 활용하였는가의 여부를 우회적으로나마 가늠해볼 수 있을 것으로 기대된다.

잡지와 열전에 전하는 기록의 대부분은 신라에 관한 것이다. 신라본기에 잡지와 열전에 전하는 기록과 관련된 내용이 상당히 많이 전하는 편이다. 신라본기에 전하는 기록과 잡지·열전에 전하는 기록을 정밀하게 대조하여 비교 검토한다면, 잡지·열전의 찬자가 신라본기의 기록을 참조하였는가의 여부를 판별할 수 있을 것이다. 역으로 본기의 찬자가 신라본기를 찬술할 때에 잡지·열전의 기록을 참조하였느냐의 여부를 확인할 수 있음은 물론이다. 필자는 본서에서 일차적으로 잡지와 열전의 원전을 탐색하기 위하여 신라본기와 잡지·열전에 전하는 기록을 상호 비교 검토하는 방법론을 적극 활용할 예정이다. 한편 직관지 및 궁예·견훤열전의 원전을 검토할 때에는 이것들에 전하는 기록과 『고려사』 태조세가 및 『고려사절요』 태조대의 기록과의 비교 검토도 요구된다. 따라서 필자는 신라본기뿐만 아니라 『고려사』 태조세가 및 『고려사절요』 태조대의 기록과의 비교 검토를 통한 잡지·열전의 원전을 탐색하는 방법론도 적극 활용할 것이다. 이와 같은 연구방법론을 활용하여 연구하면, 일차적으로 『삼국사기』 찬자가 잡지와 열전을 찬술할 때에 『구삼국사』 및 『고려사』 태조세가와 『고려사절요』 태조대 기록의 원전인 『태조실록(太祖實錄)』을 저본자료로서 적극 활용하였는가를 판별할 수 있는 준거를 얻을 수 있을 것이다.[37]

『삼국사기』찬자가 잡지와 열전을 찬술할 때에 활용한 전거자료의 성격을 올바로 이해하기 위해서는 전거자료의 찬술 시점을 규명하는 것이 전제된다. 전거자료의 찬술 시점을 명확하게 알 수 있다면, 전거자료의 찬술 주체와 의도, 그 배경 및 그것이 지니는 역사적 의미 등을 파악할 수 있는 단서를 확보할 수 있다. 그러나 잡지와 열전에서 전거자료의 찬술 시점을 명확하게 밝힌 경우는 거의 없다고 하여도 과언이 아니다. 그렇다면 전거자료의 찬술 시점을 규명할 수 있는 방법은 무엇일까가 궁금하다. 필자는 전거자료의 찬술 시점을 밝힐 수 있는 관건으로서 관제(官制) 및 관직(官職)의 명칭, 지명(地名), 관등·인명 표기의 변동 추이를 주목하였다.

신라는 경덕왕 때에 행정관부와 관직의 명칭을 한식(漢式)으로 개정하였다가 혜공왕대에 다시 원래대로 복고하였다. 9세기 후반 경문왕과 헌강왕대에 다시 관제와 관직의 명칭을 한식으로 고쳐 불렀음을 확인할 수 있다.[38] 또한 관등과 인명의 표기가 시기마다 약간의 변동이 있었던 것으로 알려졌다.[39] 지명 역시 경덕왕대에 한식으로 개정하였다가 혜공왕대 이후에 개정 지명과 본래의 지명을 함께 사용하였다.[40] 또한 『삼국사기』와 『고려사』지리지를 통해 고려 태조대에 지명을 대대적으로 개정하

---

37) 필자가 이와 같은 연구방법론을 활용하여 연구한 결과, 『삼국사기』찬자가 잡지와 열전을 찬술할 때에 『구삼국사』와 『태조실록』 등을 전거자료로 활용하였다는 구체적인 증거를 찾을 수 없었다. 이러한 측면에서 『구삼국사』는 잡지와 열전의 편목이 없는, 즉 본기만으로 구성된 편년체의 역사서일 가능성이 높지 않을까 한다. 이에 대해서는 추후에 보다 정밀하게 연구할 계획이다.
38) 전덕재, 2011 「신라 경문왕·헌강왕대 한화정책의 추진과 그 한계」 『동양학』 50.
39) 전덕재, 2018 『삼국사기 본기의 원전과 편찬』, 주류성, 38~46쪽.
40) 김태식, 1995 앞의 논문.
    한편 문성왕 17년(855) 이후부터 헌강왕대까지 한식으로 개정한 지명을 널리 사용한 추세를 확인할 수 있다. 이에 대한 자세한 내용은 본문에서 검토할 예정이다.

였음을 알 수 있다. 한편 신라본기와 잡지에 관제와 관직의 설치 시기에 대한 정보가 전한다. 이와 더불어 금석문, 중국 사서, 고문서, 최치원(崔致遠)의 여러 저술 등을 통해 시기마다 사용된 관제·관직 명칭과 지명, 관등명, 그리고 그것들의 표기방식이 어떠하였는가를 살필 수 있다. 이상에서 열거한 다양한 정보를 모두 취합한 토대 위에서 전거자료에 전하는 관제와 관직의 명칭 및 지명 등을 관찰하면, 전거자료의 찬술 시점 및 그것의 찬술과정을 추적할 수 있는 단서가 확보되리라고 기대된다. 필자는 본서에서 이와 같은 연구방법론을 적극 활용하여 잡지와 열전을 찬술할 때에 참조한 전거자료의 찬술 시점을 규명할 뿐만 아니라, 전거자료 및 잡지·열전의 찬술과정을 고구(考究)할 예정이다.

『삼국사기』 잡지와 열전에 전하는 기록과 관련된 내용이 『삼국유사』와 금석문, 조선시대에 편찬된 각종 지리서 등에 전하는 경우가 적지 않다. 그런데 『삼국유사』 및 금석문, 『조선시대』에 편찬된 각종 지리서와 잡지·열전에 전하는 기록이 서로 차이가 나는 경우를 다수 발견할 수 있다. 이러한 현상은 『삼국사기』 찬자가 잡지와 열전을 찬술하면서 여러 전거자료 가운데 하나 또는 일부를 취사선택하였던 데에서 기인하였다고 말할 수 있다. 게다가 『삼국유사』의 기록을 통해 고기(古記)에 전하는 기록을 『삼국사기』 찬자가 요약 발췌하여 잡지와 열전에 기술한 경우도 찾을 수 있다. 예를 들어 『삼국사기』 악지에 만파식적설화(萬波息笛說話)가 전하는데, 이것은 『삼국유사』에 전하는 만파식적설화를 압축한 것이었음이 밝혀졌다. 『삼국사기』 악지에서 찬자는 '비록 이러한 설이 있으나 괴이하여 믿을 수 없다.'고 언급하였는데, 이를 통해 그들이 악지에 만파식적설화를 압축하여 기술한 의도를 엿볼 수 있다. 이와 같은 사례를 참조하건대, 잡지·열전의 기록과 『삼국유사』 및 금석문, 여러 지리서의 기록을 상호 비교 검토함으로써 『삼국사기』 찬자의 역사인식 및 잡지·열전의 찬술 태도를 규명할 수 있는 단서를 얻을 수 있다는 기대감을 가져볼 수 있지 않을까 한다. 필자는 본서에서 이와 같은 방법론을 활용하여 『삼국사기』 찬자의 잡지·열전의 찬술 태도 및 역사인식의 일단을 탐색할 예정이다.

『삼국유사』에는 『삼국사기』에 수록되지 않으면서도 고려 후기까지 전승된 삼국에 관한 사적(事蹟)이 적지 않게 실려 있다. 그리고 금석문과 조선시대 지리서 등에서 잡지와 열전에 전하는 기록과 관련된 내용을 다수 확인할 수 있다. 예를 들어 설총열전에서 『삼국사기』 찬자들은 설총 아들의 이름을 알 수 없다고 언급하면서 단지 설판관(薛判官)이라고 기술하였는데, 고선사서당화상비(高仙寺誓幢和尙碑)에서 설총의 아들이 설중업(薛仲業)이라고 밝히고 있음을 살필 수 있다. 이러한 사례는 『삼국사기』 찬자들이 잡지와 열전을 찬술할 때에 전거자료를 폭넓게 수집하지 않았음을 시사해주는 측면으로 유의된다. 물론 직관지 미상관제(未詳官制) 조에서 지장선원낭원대사오진탑비(知藏禪院朗圓大師悟眞塔碑) 등을 참조하였음을 확인할 수 있기 때문에 『삼국사기』 찬자들이 금석문을 전거자료로서 전혀 활용하지 않은 것은 아니었음을 입증할 수 있지만, 그러나 『삼국유사』와 조선시대 지리서 등에 잡지와 열전에 전하는 것 이외의 정보가 적기되어 있다는 사실을 주목한다면, 그들이 잡지와 열전을 찬술할 때에 금석문을 폭넓게 수집하여 전거자료로서 활용하였다고 평가하기가 쉽지 않을 듯싶다.

한편 잡지에서 고구려와 백제의 제도를 소개할 때에 대체로 중국 사서에 전하는 기록을 인용하였음을 발견할 수 있다. 중국 사서 가운데 『책부원귀(冊府元龜)』, 『북사(北史)』, 『통전(通典)』 등이 보이고 있다. 그런데 이들 사서의 기록은 기존 사서에 전하는 기록을 그대로 인용한 것이거나 또는 여러 사서에 전하는 기록을 적절하게 편집하여 기술한 것이었다. 본서에서 필자는 잡지에 인용된 중국 사서의 기록과 중국 사서에 전하는 원문을 상호 비교 검토하는 한편, 『책부원귀』 등에 전하는 기록의 원전을 추적하여 『삼국사기』 찬자의 중국 사서 기록의 인용 태도와 문제점 등에 대해 정리할 것이다. 마지막으로 필자는 본서에서 잡지와 열전에 전하는 세주(細注)에 대해 많은 주의를 기울이려고 한다. 세주에 대한 분석을 통해 『삼국사기』 찬자가 잡지·열전을 찬술할 때에 활용한 주요 전거자료 이외에 또 다른 전거자료를 참조하였음을 확인할 수 있을 뿐만 아니라 주요 전거자료의 성격을 규명하는 단서를 얻을 수 있기 때문이다. 또한 세주의 내용을 여러 범주로 나누어 분석함으로써 잡지·열전 기록의 찬술과정을 엿볼 수 있는 단서를 확보할 수 있다는 점도 유의할 필요가 있기 때문이다.

이상에서 언급한 다양한 연구방법론을 바탕으로 『삼국사기』 잡지·열전의 원전과 편찬과정을 검증하는 작업은 사서로서의 『삼국사기』의 성격과 그것이 지니는 역사적 의의에 대한 이해의 진전에 밑거름이 되리라고 확신한다. 따라서 이상에서 언급한 여러 연구방법론을 활용한 『삼국사기』 잡지·열전의 원전에 대한 연구가 소기의 목적을 달성한다면, 『삼국사기』 잡지와 열전 기록의 활용을 통한 한국고대사 연구의 지평이 크게 확대될 뿐만 아니라 정치한 사료비판을 통한 과학적이고 체계적인 한국고대사 연구를 위한 토대가 마련될 것으로 기대된다.

3. 본서의 내용과 구성

본서는 잡지와 열전의 원전 및 그 찬술과정을 고찰하기 위해 준비된 것이다. 필자는 본서를 크게 2부로 구성하였다. 1부에서는 잡지의 원전과 편찬과정을 검토하고, 2부에서는 열전의 원전과 그 성격, 그리고 개별 인물 열전의 편찬과정을 고찰할 것이다. 먼저 1부에서는 『삼국사기』 찬자가 제사지와 악지, 색복지, 지리지와 직관지를 찬술할 때에 활용한 전거자료의 기본원전, 그것의 성격과 전승, 각 지(志)의 편찬과정 등을 집중적으로 살필 예정이다. 1부 1장에서는 제사지와 악지, 색복·거기·기용·옥사지의 원전과 편찬에 대해 조명할 것이다. 1장 1절에서는 먼저 신라 국가제사 관련 기록의 원전과 이것의 편찬 시점을 살펴본 다음, 이를 기초로 하여 신라 국가제사 기록의 찬술과정과 제사지 찬자의 찬술 태도 등을 천착할 예정이다. 여기서는 신라본기와 제사지 기록의 비교, 지명 표기의 변천 과정 등에 유의하여, 신라 국가제사 기록의 편찬 시점을 고구(考究)한 다음, 각 기록의 저본자료, 즉 원전의 성격을 검토하는 순으로 논의를 진행할 것이다. 그리고 이어서 고구려와 백제의 제사 관련 기록의 원전과 편찬에 대해 고찰할 예정인데, 특히 여기서는 제사지 찬자가 인용한 중국 사서의 기록과 중국 사서에 전하는 기록을 상호 비교하여, 제사지 찬자의 인용 태도를 고찰하고, 제사지 찬자가 활용한 고구려와 백제 제사 관련 고기(古記)의 성격에 대해 검토하는 데에 초점을 맞출 것이다.

1장 2절에서는 악지 및 색복·거기·기용·옥사지의 원전과 찬술에 대해 검토할 것이다. 여기서는 먼저 악기의 개요를 설명할 때에 악지의 찬자가 『초학기(初學記)』의 기록을 인용한 사실, 악기의 전승과 유래를 설명할 때에 악지의 찬자가 활용한 여러 고기류의 사료적 성격과 찬술 시점, 고구려와 백제 음악을 설명하기 위해 인용한 중국 사서 기록의 원전 등을 규명할 것이다. 계속해서 색복지에 전하는 공복제와 관제(冠制) 규정 관련 기록의 기본원전은 의복령(衣服令) 조문(條文)이었고, 의복령 가운데 공복제와 관제에 관한 규정만이 다른 전승자료에 기술되어 고려시대까지 전해졌던 사실, 홍덕왕 9년에 내린 교령(敎令)의 내용과 성격, 그것의 기본원전이 신문왕대에 골품에 따른 색복과 기용, 옥사에 관한 규정을 개정한 법령이거나 또는 이것을 개정한 교령이었던 사실, 그리고 고구려·백제 의관과 관련하여 인용한 중국 사서 기록의 원전 등에 대해 고찰할 것이다.

1부 2장에서는 지리지의 원전과 편찬과정에 대해 살필 예정이다. 2장 1절에서는 지리지 가운데 신라지(新羅志; 잡지제3~5)의 원전(原典)과 찬술과정, 사료적 성격과 가치에 대하여 검토할 것이다. 여기서는 먼저 신라지의 원전은 9세기 후반 경문왕대 또는 헌강왕대에 찬술된 읍지(邑誌) 또는 지리지(地理志)와 같은 형식의 전승자료였음을 고증하고, 이어 신라지의 편찬과정 및 사료적 가치와 한계 등에 대해 고찰하는 순으로 논지를 전개할 것이다. 2장 2절에서는 지리지 찬자가 어떠한 자료들을 활용하여 고구려·백제지 서문(序文)을 기술하였는가를 먼저 살펴보고, 신라지에 전하는 경덕왕대 개정 지명과 본래의 읍호명칭, 그리고 고구려·백제지에 전하는 지명들을 비교 검토하여, 고구려·백제지의 원전 및 그것의 찬술시기와 과정을 고찰할 것이다. 이어 삼국유명미상지분(三國有名未詳地分)조에 전하는 지명의 출전 기록과 그것의 원전, 삼국유명미상지분조의 찬술과정을 검토할 예정이다. 이 절에서는 지리지의 찬자가 신문왕 9년(689)에서 성덕왕대 전반 사이에 고구려와 백제의 지명에 대해 정리한 저본자료를 고구려·백제지의 기본 골격으로 삼은 다음, 고구려지에 경덕왕과 그 이후에 새로 편제한 군·현에 대한 정보를 추가하고, 다양한 전승자료에 전하는 지명의 이칭(異稱)이나 별칭(別稱), 이표기(異表記) 등을 세주(細注)로 제시하여 고구려·백제지를 완성하였음을 밝히는 데에 초점을 맞출 것이다.

1부 3장에서는 직관지에 전하는 내정관부·중앙행정관부 기록, 무관조·외관조의 원전 및 편찬에 대해 살필 것이다. 3장 1절에서는 17관등 관련 기록의 출전, 직관(중)의 내정관부 기록 및 직관(상)의 중앙행정관부 기록의 원전 및 그 성격, 편찬과정에 대해 고찰할 것이다. 여기서는 흥덕왕 4년(829) 이후에서 문성왕 17년(855) 사이에 왕교(王敎) 또는 격(格)에 전하는 정보에 의거하여 여러 관부에 대해 정리한 전승자료와 관직에 대한 관등규정을 정리한 문서가 직관(상) 중앙행정관부 기록의 기본 원전이었다는 사실과 직관지 찬자는 중앙행정관부 기록의 원전에 전하는 내용을 직관(상)에 대체로 인용하고, 원전과는 별도의 전승자료에 전하는 육부소감전(六部少監典)을 비롯한 5개 관부에 관한 내용을 직관(상)의 말미에 추가로 첨입(添入)함으로써 중앙행정관부 기록을 완성하였음을 규명하는 데에 초점을 맞출 것이다.

3장 2절에서는 직관(하) 무관조의 찬술과정, 이것의 원전과 그 성격, 원전의 찬술 시점과 과정 등에 대하여 고찰할 예정이다. 이 절에서는 먼저 직관지 찬자가 무관 제군관·범군호 기록 원전에 전하는 내용을 대체로 인용한 다음, 거기에 별도의 전승자료에 전하는 일부 내용을 추가하여 제군관·범군호 기록을 찬술하였음을 살피고, 이어서 제군관·범군호 기록 원전의 성격, 그것의 찬술 시점과 과정을 논증하는 데에 초점을 맞출 것이다. 이어 3장 3절에서는 직관(하) 외관조에 전하는 여러 기록의 원전과 그 성격, 직관지 찬자의 외관조 편찬 과정과 태도 등을 검토할 예정이다. 여기서는 먼저 외관조 지방관에 관한 기록의 원전은 헌덕왕 14년(822)에서 문성왕 4년(842) 또는 늦어도 문성왕 17년(855) 사이에 찬술되었다는 사실, 경위(京位)와 외위(外位), 고구려·백제 관등을 견준 기록의 기본원전이 흥덕왕 4년(829)에서 문성왕 17년(855) 사이에 격문(格文)에 전하는 교령(敎令)을 발췌하여 정리한 전승자료였음을 논증하는 데에 초점을 맞추려고 한다.

2부에서는 열전의 원전과 편찬에 대해 살필 예정이다. 2부 1장에서는 『삼국사기』 찬자가 김유신행록 이외의 어떤 전승자료를 참조하여 김유신 열전을 찬술하였고, 김장청이 김유신행록을 언제 편찬하였으며, 그가 어떠한 태도를 가지고 김유신행록을 찬술하였는가를 검토할 것이다. 여기서는 먼저 『삼국사기』 열전의 찬자가 김유신행록 이외에 어떠한 전승자료를 참조하여 김유신열전을 찬술하였는가를 고찰한 다음, 이어 김유신행록에서 인용한 김유신열전의 기록을 분석하여 김장청(金長淸)이 경문왕대 또는 헌강왕대에 김유신행록을 편찬하였고, 비록 신이(神異)한 내용이라고 하더라도 저본자료에 전하는 내용을 크게 개서(改書)하거나 산삭(刪削)하지 않고 김유신행록에 그대로 전재(轉載)하였으며, 하대(下代)에 들어 몰락의 길을 걸었던 김유신후손들의 정치적 위상을 제고시키려는 의도에서 김유신행록을 찬술하였음을 밝히는 데에 집중할 예정이다.

2부 2장에서는 신라 인물 열전의 원전과 찬술에 대하여 살필 것이다. 이 장에서는 먼저 상고기와 중고기 인물 열전을 분석하여, 상고기 인물 열전의 원전은 『국사(國史)』의 찬자가 활용한 전거자료와 별도의 전승자료에 전하는 기록이었고, 개별 인물과 관련된 다양한 계통의 전승자료가 고려시대까지 전해졌음을 규명할 것이다. 이어 『삼국사기』의 찬자가 신라 본기를 찬술할 때에 중고기 인물 열전이나 그것의 원전을 적극 참조하였을 뿐만 아니라 개별 인물 열전을 찬술할 때에 『화랑세기』와 김유신행록 및 개인의 행적을 정리한 전승자료를 활용하였음을 정리할 것이다. 또한 중·하대 인물 열전의 원전과 찬술에 대해 검토할 것인데, 여기서는 『삼국사기』 열전의 찬자가 열전을 찬술할 때에 『구삼국사』 신라 기록을 거의 참조하지 않고, 『화랑세기(花郎世記)』와 『계림잡전(鷄林雜傳)』 및 개별 인물의 행적을 정리한 전승자료를 적극 참조하였다는 사실, 국내 자료뿐만 아니라 중국 사서에 전하는 기록을 참조하였다는 점 등에 대해 논증할 예정이다.

2부 3장에서는 고구려와 백제 인물 열전의 원전과 찬술과정을 살필 것이다. 『삼국사기』 고구려·백제 인물 열전의 원전을 4가지 유형으로 분류가 가능하다. 첫 번째는 고려시대까지 전승된 고기류가 원전에 해당하는 유형이다. 온달과 도미, 계백열전의 원전이 이러한 유형에 속한다. 두 번째는 고구려본기의 기록이 원전에 해당하는 유형인데, 을파소, 밀우·유유, 명림답부, 창조리열전의 원전 등을 바로 이러한 유형으로 이해할 수 있다. 세 번째 유형은 고구려본기와 중국 사서에 전하는 기록을 전거로 삼아 찬술한 경우인데, 을지문덕·개소문열전이 여기에 속한다. 마지막으로 네 번째 유형은 남생·헌성전기처럼 중국 사서의 기록이 원전인 경우이다. 이 장에서는 『삼국사기』 찬자가 4가지 유형의 저본자료를 어떻게 활용하여 인물의 전기를 찬술하였는가를 고찰하는 순으로 논지를 전개할 예정이다.

마지막으로 2부 4장에서는 궁예·견훤열전의 원전 및 찬술에 대하여 검토할 것이다. 여기에서는 먼저 궁예열전의 기록과 신라본기 및 『고려사』 태조세가의 기록을 상호 비교하여 궁예열전의 원전이 시간의 흐름에 따라 궁예의 행적을 정리한 전기류의 성격을 지닌 전승자료였음을 도출한 다음, 그것은 광종대에서 현종 18년(1027) 이전의 어느 시기에 찬술되었음을 고찰할 예정이다. 이어 견훤열전의 기록과 신라본기 및 『고려사』 태조세가의 기록을 상호 비교하여, 『삼국사기』 열전의 찬자가 견훤열전을 찬술할 때에 신라본기의 원전인 『구삼국사』 및 『고려사』 태조세가의 원전인 『태조실록』의 기록을 거의 참조하지 않았음을 고찰하고, 계속해서 견훤열전의 구성과 내용을 면밀하게 분석하여, 『삼국사기』 찬자가 견훤 또는 후백제와 관련된 다양한 전승자료를 전거로 삼아 견훤열전을 찬술하였음을 검증할 것이다.

필자는 본서에서 『삼국사기』 잡지·열전의 원전과 편찬과정을 나름대로 정리하여 향후 『삼국사기』 잡지와 열전의 기록을 활용한 고대사 연구의 진전에 조금이나마 도움을 주고자 하였다. 『구삼국사』, 김대문(金大問)이 찬술한 『화랑세기』와 『계림잡전』, 김장청이 찬술한 김유신행록 등의 문헌, 개별 인물의 행적을 정리한 행장(行狀) 및 가승류(家乘類)의 전승자료, 율령(律令)과 왕교(王敎)를 집성(集成)한 격(格) 등이 현존하지 않은 상황에서 『삼국사기』 찬자가 이들 자료에 전하는 기록을 전거로 삼아 잡지와 열전을 찬술하였다고 이해하였기 때문에 여전히 필자의 논지는 추정의 영역을 벗어났다고 단언하기가 쉽지 않은 것이 사실이다. 게다가 잡지·열전 기록의 원전을 추적할 수 있는 자료가 매우 소략하였기 때문에 논지의 전개과정에서 추론과 논리적 비약이 많을 수밖에 없었다. 더구나 잡지·열전의 기록과 『삼국유사』의 기록을 정밀하게 대조하여 검토하지 못한 관계로 잡지·열전의 기록과 관련된 풍부한 정보를 제공할 수 없었다. 이밖에 잡지와 열전에 전하는 기록을 사료로써 활용하여 진행된 한국고대사 연구성과를 두루 섭렵하지 못한 상황에서 잡지·열전 기록의 원전과 편찬과정을 탐구하였기 때문에 여러 가지 미진한 점이 적지 않았음을 고백하지 않을 수 없다. 이와 같은 한계는 추후에 수정, 보완할 예정이다. 많은 질정을 바란다.

잡지의 원전과 편찬

1

제사·악·색복지의 원전과 편찬

1. 제사지의 원전과 편찬

1) 신라 제사 기록의 원전과 편찬

제사지(祭祀志)는 신라와 고구려·백제 제사에 대해 기술한 내용으로 구성되었다. 신라의 제사를 기술한 부분에서는 종묘(宗廟), 교제(郊祭), 산천제사(山川祭祀), 별도의 규정에 의거한 제사에 대해 소개하였다. 제사지 찬자는 시조묘(始祖廟)와 신궁(神宮), 오묘(五廟)를 신라의 종묘라고 밝혔는데, 〈표 1〉은 제사지와 신라본기에 전하는 종묘 관련 기록을 정리한 것이다.

I-①의 신라본기에는 시조묘를 남해차차웅 3년 봄 정월에 건립하였다고 전하나, 제사지에는 단지 남해왕 3년 봄에 건립하였다고 전하여 차이

<표 1> 제사지와 신라본기에 전하는 시조묘, 신궁, 오묘 관련 기록 비교

번호		제사지	신라본기
Ⅰ	①	第二代南解王 三年 春始立始祖赫居世廟 四時祭之 以親妹阿老主祭.	南解次次雄 三年 春正月 立始祖廟.
	②	第二十二代智證王 於始祖誕降之地奈乙 創立神宮以享之.	炤知麻立干 九年 春二月 置神宮於奈乙 奈乙始祖初生之處也. 炤知麻立干 十七年 春正月 王親祀神宮. 智證麻立干 三年 春三月 親祀神宮.
	③	至第三十六代惠恭王 始定五廟 以味鄒王爲金姓始祖 以太宗大王·文武大王平百濟·高句麗有大功德 並爲世世不毁之宗 兼親廟二爲五廟.	神文王 七年 夏四月 遣大臣於祖廟. 致祭曰 王某稽首再拜 謹言太祖大王·眞智大王·文興大王·太宗大王·文武大王之靈. 元聖王 元年 二月 毁聖德大王·開聖大王二廟 以始祖大王·太宗大王·文武大王及祖興平大王·考明德大王爲五廟. 哀莊王 二年 春二月 別立太宗大王·文武大王二廟. 以始祖大王及王高祖明德大王·曾祖元聖大王·皇祖惠忠大王·皇考昭聖大王爲五廟.

를 보인다. 그리고 후자에는 매년 사시(四時)에 시조묘에 제사를 지냈고, 남해(南解)의 여동생 아로(阿老)가 제사를 주관하였다고 전하나, 전자에는 이에 관한 내용이 보이지 않는다. 한편 Ⅰ-②의 신라본기에는 소지마립간 9년 2월에 신궁을 건립하였다고 전하나, 제사지에는 지증왕대에 신궁을 창립(創立)하였다고 전하여 차이를 보인다. 그리고 전자에는 나을(奈乙)이 시조가 탄강(誕降)한 곳이라고 전하는 반면, 후자에는 시조가 초생(初生)한 곳이라고 전한다. 이밖에 Ⅰ-③의 제사지에는 혜공왕대에 오묘를 '처음으로 제정하였다(始定)'고 전하지만, 신라본기에서 이미 신문왕 7년 4월에 오묘에 제사를 지낸 사실을 발견할 수 있다. 따라서 제사지에 혜공왕대에 오묘를 처음으로 제정하였다고 전하는 것은 그대로 믿기 어려울 것이다. 이처럼 제사지와 신라본기에 전하는 내용이 달랐던 바, 제사지 찬자는 신라본기의 원전(原典)인 『구삼국사』 신라 기록이 아니라 이

것과는 별도의 전승자료를 참조하였다고 볼 수 있다.

제사지 찬자가 참조한 전거자료의 성격과 관련하여 제사지에서 왕명(王名)을 '第~代~王'의 형식으로 표기한 사실을 주목할 필요가 있다. 『삼국사기』에서 이와 같은 형식으로 왕명을 표기한 사례는 오직 제사지의 종묘와 사직단에 관해 기술한 부분에서만 발견되고 있다.[1] 색복지에 '제삼십엽법흥왕(第二十三葉法興王)'이란 표현이 보인다. 그런데 지리지에서 '제사엽광종(第四葉光宗)', '제십일엽문종대(第十一葉文宗代)'란 표현을 발견할 수 있다. 이것은 『삼국사기』를 편찬할 때에 지리지의 찬자가 직접 기재한 구절에 해당한다. 동일한 맥락에서 '제이십삼엽법흥왕(第二十三葉法興王)'이란 표현 역시 색복지의 찬자가 직접 기재하였다고 추정해볼 수 있다. 이처럼 지리지와 색복지의 찬자가 왕명을 '第~葉~王'이라는 형식으로 표기하였음을 염두에 둔다면, 王名을 '第~代~王'이라는 형식으로 표기되어 있는 제사지의 기록은 『삼국사기』를 편찬할 때에 제사지의 찬자가 직접 기술한 것으로 보기보다는 그들이 참조한 전거자료에 전하는 표현을 그대로 전재(轉載)한 것이라고 봄이 더 자연스럽지 않을까 한다. 이와 같은 추론이 허락된다면, 제사지의 찬자가 시조묘와 신궁, 오묘에 대해 정리한 전승자료에 전하는 기록을 제사지에 인용하여 첨입(添入)하였다고 이해하여도 무방할 것이다.

한편 제사지에 '제삼십칠대선덕왕(第三十七代宣德王)에 이르러 사직단(社稷壇)을 건립하였다.'고 전한다. 왕명을 '第~代~王'이라고 표현한 것으로 보건대, 시조묘와 신궁, 오묘에 대해 정리한 전승자료에 이에 관한 내용이 포함되었을 것으로 추정된다. 그런데 『삼국사절요(三國史節

---

1) 참고로 『삼국사기』 잡지제7 직관(상)에서 '第二南解王'과 '第三儒理王', 열전제10 궁예조에서 '第四十七憲安王誼靖', '四十八景文王膺廉'이라는 표현을 발견할 수 있다.

要)』권10 본기(本紀) 계해년(783)조에 선덕왕(宣德王) 4년에 '사직단 (社稷壇)을 건립하였다. 또한 사전(祀典)을 고쳐 정비하였다(立社稷壇 又修祀典).'고 전한다. 제사지에는 사직단을 건립한 연대가 선덕왕 4년 이었고, 같은 해에 사전을 고쳐 정비하였다는 내용이 보이지 않는다. 이 에서 1476년(성종 7)『삼국사절요』를 편찬할 때에 노사신(盧思愼)·서거 정(徐居正) 등이『삼국사기』제사지 이외의 어떤 전승자료를 참조하였음 을 추론할 수 있는데, 그것이 구체적으로 어떠한 성격을 지녔는지에 대해 서는 고구(考究)하기 어렵다. 결국 제사지 찬자는 서두(序頭)에 '안신라 종묘지제(按新羅宗廟之制)'라고 직접 기술한 다음, 그것을 이어 시조묘 와 신궁, 오묘, 사직단에 대해 기술한 전승자료에 전하는 내용을 인용하 여 제사지에 첨입하였다고 정리할 수 있을 것이다.

신라본기에서 애장왕 2년 봄 2월에 태종대왕(太宗大王)과 문무대왕 (文武大王)을 별묘(別廟)에 봉안하고, 시조대왕과 왕의 직계 사친(四親) 을 오묘(五廟)에 모셨다고 하였다. 그런데 이에 관한 내용이 제사지에 전 하지 않는다. 따라서 종묘와 사직단에 대해 기술한 전승자료는 선덕왕 4 년(783)에서 애장왕 2년(801) 사이에 찬술되었다고 짐작해볼 수 있다. 신라본기에 시조묘와 신궁, 오묘제사에 대한 기록이 적지 않게 전한다. 그런데 제사지에서는 단지 시조묘와 신궁의 창립, 오묘의 시정(始定)에 관해 언급한 내용만을 기술하였을 뿐이다. 더구나 제사지에서는 신궁을 창립한 연대와 오묘를 시정(始定)한 연대를 구체적으로 제시하지 않고, 단지 '지증왕대(智證王代)', '혜공왕대(惠恭王代)'라고만 밝혔다. 이에 따 른다면, 제사지의 찬자가 참조한 전승자료에는 시조묘와 신궁, 오묘에 관 한 포괄적인 내용이 전하는 것이 아니라 시조묘와 신궁의 창립, 오묘의 시정 등에 대해 간략하게 기술한 내용만이 전하였을 가능성이 높다고 판단된다. 이러한 추론은 제사지에 오묘제의 변천에 관한 내용이 전혀 보이지 않는 사실을 통해서도 뒷받침할 수 있을 것이다.[2]

제사지 찬자는 신라의 종묘와 사직단에 대해 서술하고, 이어서 신라의 다양한 제사에 대해 소개하였다. 이에 관한 내용은 크게 신라 사전(祀典)에 대해 찬자의 견해를 밝히고, 그에 대해 간단하게 논평한 부분과 신라의 여러 제사에 대해 기술한 부분으로 나눌 수 있고, 다시 후자의 경우는 제일(祭日)이 정해진 정기적 제사, 대(大)·중(中)·소사(小祀)로 구분된 산천제사, 별도의 규정에 의한 비정기적 제사에 관한 내용으로 세분이 가능하다.[3] 먼저 첫 번째 부분을 소개하면 다음과 같다.

> 또한 사전(祀典)에서 볼 수 있는 것은 모두 경내(境內)의 산천(山川)〔에 대한 제사〕뿐이고, 천지(天地)〔에 대한 제사〕까지는 미치지 않았다. 대개 왕제(王制)에서 이르기를, '천자(天子)는 칠묘(七廟)이고, 제후(諸侯)는 오묘(五廟)이니, 2소(昭)·2목(穆)과 태조(太祖)의 묘(廟)를 합하여 다섯이 된다.'고 하였다. 또한 이르기를, '천자는 천하(天下)의 명산대천(名山大川)에 제사지내고, 제후는 사직(社稷)과 그 땅에 있는 명산대천에만 제사지낸다.'고 하였다. 이러한 까닭에 (신라에서는) 감히 예(禮)를 참월(僭越)하지 않고 (예에 따라) 실행한 듯하다. 그러나 제단과 사당의 높고 낮음, 담과 문의 안과 밖, 신위(神位) 순서의 존비(尊卑) 구분, 제사상의 차림과

---

2) 종래에 제사지의 찬자가 애장왕대의 종묘 개정이 사실상 七廟制의 운영과 관련이 깊기 때문에 제후국의 예를 일탈한 사례로 간주하여 그에 관한 기록을 제사지에 첨입하지 않았다는 견해를 제기한 바 있다(강진원, 2017 「신라 하대 종묘와 烈祖 元聖王」 『역사학보』 234, 25쪽). 이에 따른다면, 종묘와 사직단에 대해 기술한 전승자료는 애장왕 2년 이후에 정리되었을 가능성도 배제할 수 없다. 그러나 제사지의 찬자가 애장왕대의 종묘 개정을 七廟制의 운영과 연결시켜 인식하였는가에 대해서는 좀 더 세밀한 검토가 필요하다고 판단된다.
3) 이와 같은 분류는 나희라, 2003 『신라의 국가제사』, 지식산업사, 34쪽을 참조한 것이다.

그 올리고 내리는 절차, 술잔과 제기(祭器), 제물(祭物), 축문(祝文)의 예식(禮式) 등에 대해서는 가히 추측할 수 없고, 다만 그 대략을 대충 적을 뿐이다(『삼국사기』 잡지제1 제사).

　제사지의 찬자는 신라가 제후의 예법(禮法)을 지켜 오묘제(五廟制)를 준수하고, 천지에 대한 제사를 지내지 않고 단지 산천에 대한 제사를 지냈음을 언급하고, 다만 신라의 제사의례에 대한 구체적인 내용을 알 수 없어, 대략만을 기술한다고 밝혔다. 찬자는 『예기(禮記)』 왕제편(王制篇)의 기록을 인용하였는데, 일부 내용만을 적절하게 편집하여 인용하였음이 확인된다.[4] 위의 인용문은 신라의 여러 제사를 소개하기 위한 도입부에 해당하며, 제사지 찬자가 직접 기술하여 첨입한 것이라고 볼 수 있다.
　제사지에서는 도입부 다음에 신라에서 정기적으로 지낸 제사의 종류, 산천제사(山川祭祀), 그리고 별도의 규정에 의거한 제사 등에 대해 기술하였다. 정기적으로 지낸 제사로서 오묘제(五廟祭), 팔자제(八䄌祭),[5] 선농(先農)·중농(中農)·후농제(後農祭), 풍백제(風伯祭), 우사제(雨師祭), 영성제(靈星祭) 등을 언급하였는데, 이것들은 왕경의 교외(郊外)에서 제사를 지낸 교제(郊祭)로 이해할 수 있다.[6] 그리고 산천제사는 대·

---

4) 『禮記』 王制篇에는 '天子七廟' 다음에 '三昭三穆 與太祖之廟而七'이란 구절이 있으나, 제사지 찬자는 이를 생략하였다. 또한 왕제편에는 '天子祭天地 諸侯祭社稷 大夫祭五祀. 天子祭天下名山大川 五岳視三公 四瀆視諸侯. 諸侯祭名山大川之在其地者. 天子諸侯祭因國之在其地而無主後者'라고 전하나, 제사지 찬자는 이 구절 가운데 일부 내용만을 편집하여 '天子祭天地天下名山大川 諸侯祭社稷名山大川之在其地者'라고 기술하였다.

5) 조선 中宗 7년(1512)에 간행된 목판본, 즉 壬申本에는 '八䄌'이라고 전하나 '八䄌'의 오기로 추정된다.

6) 先農祭의 祭場인 熊殺谷이나 八䄌祭, 中農祭의 祭場인 新城北門은 모두 통일신라 왕경의 郊外에 해당하였다. 종래에 이를 근거로 이들 지역이 왕경의 四郊 가운데 東郊와 南郊에 해당하며, 팔자제, 선농제 등을 郊祭와 연결시켜 이해하였다(余昊奎, 2002 「新羅 都城의 空間構成과 王京制의 성립과정」 『서울학연구』 18, 서울학연구소, 61~67쪽).

중·소사로 구분하여 제시하였고, 사성문제(四城門祭), 부정제(部庭祭), 사천상제(四川上祭), 일월제(日月祭), 오성제(五星祭), 기우제(祈雨祭), 사대도제(四大道祭), 압구제(壓丘祭), 벽기제(辟氣祭) 등을 별도의 규정에 의거하여 지낸 제사에 해당한다고 소개하였다. 팔자제와 풍백제, 우사제, 영성제를 지내는 날짜가 정관(貞觀) 11년(637)에 제정된 정관령(貞觀令) 또는 고종(高宗) 연간에 제정된 영휘령(永徽令; 650~655년)에 규정된 제일(祭日)과 일치한다.[7] 이에 따른다면, 팔자제 등에 관한 기록은 대체로 영휘령 제정 이후에 정리된 것이라고 볼 수 있을 것이다.[8] 한편 신라에서 적어도 신문왕 7년(687) 이전에 오묘제를 수용하였고, 최근에 문무왕 즉위 초에 오묘제를 수용하였음을 논증한 연구성과가 발표되었다.[9] 따라서 신라에서 1년에 오묘(五廟)에 매년 여섯 번(정월 2일과 5일, 5월 5일, 7월 상순, 8월 1일과 15일)에 걸쳐 제사를 지낸다는 규정이 마련된 것도 문무왕이 즉위한 661년 이후였다고 이해할 수 있을 것이다.

신라에서는 삼산(三山)과 오악(五岳), 그리고 명산대천(名山大川)에 대한 제사를 대·중·소사로 구분하였는데, 제사지에서는 제사를 지낸 장소를 소개하고, 세주(細注)로서 그것이 소재(所在)한 주·군·현에 관한 정보를 제시하였다. 지리지에서 지명의 이표기(異表記) 또는 별칭(別稱) 등을 세주로서 소개하였다. 종래의 연구에 따르면, 『삼국사기』를 편찬할 때, 지리지의 찬자가 지리지의 원전(原典)과 별개의 저본자료(底本資料)

---

7) 팔자제의 祭日은 貞觀令, 풍백제와 우사제, 영성제의 제일은 永徽令과 開元令에 규정된 제일과 일치하였다.

8) 채미하, 2008 『신라 국가제사와 왕권』, 혜안, 52~54쪽.
   한편 나희라, 2003 앞의 책, 63쪽에서 제사지 신라조에 보이는 사전은 신문왕 6년(686)에 당에서부터 들여온 '吉凶要禮'의 규정을 적용한 것으로 이해하였다.

9) 김나경, 2020 「신라 오묘제 수용의 의미」 『한국고대사연구』 97, 122~123쪽.

에 전하는 이표기나 별칭 등을 세주로서 밝혔다고 한다.[10] 그렇다면 제사지에 제시된 세주 역시 제사지 찬자가 직접 기술하여 첨입한 것으로 볼 수 있을까? 지리지에서 찬자는 이표기나 별칭 등을 제시할 때에 '일운(一云)', '일작(一作)', '혹운(或云)'이라는 표현을 사용하였다. 그런데 제사지에서도 '일운(一云)', 또는 '일본(一本)'이라고 표현한 것을 발견할 수 있다. '일본(一本)'이라고 표현한 기록을 제시하면 다음과 같다.

> 일본(一本)에는 영암산(靈嵒山), 우풍산(虞風山)이 있고, 가림성(加林城)
> 이 없다(『삼국사기』 잡지제1 제사 소사).

위의 기록은 소사(小祀)를 지낸 곳 가운데 하나로 소개한 가림성의 세주에 해당하는 것이다. 여기서 일본(一本)은 제사지 찬자가 주로 참조한 전거자료 이외의 또 다른 전승자료를 가리킨다. 따라서 위의 기록은 제사지 찬자가 직접 기입한 것이 확실하다고 볼 수 있다. 이와 더불어 지리지에서 지명의 별칭을 제시할 때에 대체로 '일운(一云)' 또는 '혹운(或云)'이라고 표현하였음을 염두에 둔다면, 제사지의 세주에 '일운(一云)'이라고 표현한 사례 역시 제사지의 찬자가 그들이 참조한 전거자료, 즉 제사지의 원전에서 인용한 것이라기보다는 다른 전승자료에 전하는 별칭을 세주에 소개한 것이라고 봄이 자연스러울 것이다.[11]

그렇다면 제사를 지낸 장소가 소재한 주·군·현에 관한 표기 역시 제사지 찬자가 직접 기입(記入)한 것이라고 볼 수 있을까? 이 문제와 관련하

---

10) 김태식, 1995 「『삼국사기』 지리지 신라조의 사료적 검토-원전 편찬 시기를 중심으로-」 『삼국사기의 원전 검토』, 한국정신문화연구원, 219쪽.

11) 채미하, 2008 앞의 책, 60쪽에서 '一云'이라고 표현한 세주의 기록을 제사지의 전거자료에서 인용한 것으로 이해하였다.

여 제사를 지낸 장소가 반드시 세주에 기재된 주·군·현에 소재하지 않았다는 사실을 주목할 필요가 있다. 제사지에서 대사, 소사를 지낸 골화(骨火), 도서성(道西城)의 세주에 절야화군(切也火郡), 만노군(萬弩郡; 금물노군〈今勿奴郡〉)이라고 표기되어 있다. 지리지에 '임천현(臨川縣)은 조분왕 때에 골화소국(骨火小國)을 쳐서 얻어 현(縣)을 설치하였다', '도서현(都西縣)은 본래 고구려 도서현(道西縣)이었다'고 전한다. 이에 따른다면, 골화(산)는 임천현, 즉 골화현에, 도서성은 도서현에 소재하였다고 볼 수 있는데, 이럼에도 불구하고 제사지에는 대사, 소사를 지낸 골화, 도서성의 세주에 절야화군, 만노군(금물노군)이라고 기재되어 있는 것이다.

한편 중사, 소사를 지낸 지리산(智異山), 가량악(加良岳; 가야산〈伽倻山〉)의 세주에는 모두 청주(菁州)라고 기재되어 있다. 통일신라시대에 지리산은 전주(全州; 完山州〈완산주〉) 남원소경(南原小京), 무주(武州; 무진주〈武珍州〉) 곡성군(谷城郡) 구례현(求禮縣; 구차례현〈仇次禮縣〉), 강주(康州; 청주〈菁州〉) 하동군(河東郡) 악양현(嶽陽縣; 소다사현〈小多沙縣〉), 천령군(天嶺郡; 속함군〈速含郡〉), 궐지군(闕支郡) 산음현(山陰縣; 지품천현〈知品川縣〉)에 걸쳐 있었고, 가량악(加良岳), 즉 가야산은 고령군(高靈郡) 야로현(冶爐縣; 적화현〈赤火縣〉), 거열군(居烈郡)·함음현(咸陰縣; 가소현〈加召縣〉), 성산군(星山郡) 도산현(都山縣; 적산현〈狄山縣〉)에 걸쳐 있었다.[12] 지리산과 가야산이 여러 군·현에 걸쳐 있었음에도 불구하고 지리산과 가량악의 세주에 청주(菁州)라고만 표기되어 있는 것은 어떻게 합리적으로 설명할 수 있을까?

---

[12] 현재 지리산은 전북 남원시, 전남 구례군, 경남 산청군, 하동군, 함양군에 걸쳐 있고, 가야산은 경남 합천군 가야면, 거창군 가북면, 성주군 가천면 등에 걸쳐 있다.

가량악의 경우는 모두 광역의 행정단위로서 청주의 영역 안에 존재하였기 때문에 그것의 소재지를 청주라고 표기하였을 가능성을 상정해볼 수 있다. 반면에 지리산은 청주와 무진주, 완산주에 걸쳐 있었기 때문에 그 소재지를 표기하기가 쉽지 않았을 것으로 예상된다. 다만 제사를 지낸 장소가 청주 영역 내에 있었기 때문에 청주라고 표기하였다는 추론은 가능할 것이다. 그러나 대·중·소사를 지낸 장소의 세주에 '~郡' 또는 '~郡~縣'이라고 표기되어 있음을 주목하건대, 지리산과 가량악의 경우도 제사를 지낸 장소가 위치한 군 또는 현을 세주에 기재하는 것이 합리적이라고 추정해볼 수 있다. 따라서 지리산과 가량악이 광역의 행정단위인 청주의 영역 내에 위치하였기 때문에 그것들의 세주에 청주라고 표기하였다고 보는 것도 그리 설득력 있는 추리라고 단정하기 어려울 듯싶다.

여기서 한 가지 주목할 사항은 당나라의 경우, 오악(五岳)과 사해(四海), 사독(四瀆), 사진(四鎭)에 대한 제사는 그 경내(境內)의 본주(本州)의 장관(長官)이 거행하였다는 사실이다.[13] 신라에서도 역시 지방에 소재한 장소에서 지낸 대사와 중사, 소사에 대한 제사를 해당 경내의 지방관이 주재하였다고 봄이 자연스러울 것이다. 이에 따른다면, 제사지의 세주에는 단지 제사를 지내는 장소가 소재한 주·군·현만이 아니라 그 제사를 주재한 광역의 행정단위인 주(州) 또는 중간 행정단위인 군(郡)이 표시되어 있었을 가능성도 완전히 배제할 수 없을 것이다. 골화(骨火)와 도서성(道西城)에서 거행된 대사, 소사 제사는 이것들이 소재한 현이 아니라 절야화군, 만노군의 태수가, 지리산과 가량악에서 거행된 중사와 소사 제사는 광역의 지방행정단위인 청주(菁州)의 도독(都督)이 주재하였다고

---

13) 立春之日 祭東嶽泰山於兗州 樂鎭沂山於沂州 東海於萊州 東瀆淮於唐州. …… 各於其境內 本州長官行焉(『唐六典』卷第4 尙書禮部 祠部).

볼 때, 제사지의 세주에 각기 절야화군, 만노군, 청주라고 기재되어 있었던 사실을 합리적으로 설명할 수 있기 때문이다.[14]

제사지의 찬자가 신라의 제사의례에 대한 구체적인 내용을 가히 추측할 수 없고, 다만 그 대략을 대충 적을 뿐이라고 밝힌 사실을 감안하건대, 그들이 대·중·소사를 지낸 장소가 소재한 주·군·현뿐만 아니라 그 제사를 주재한 주와 군을 세주에 직접 기입(記入)하였을 가능성은 낮다고 보인다. 더구나 제사지 찬자가 세주(細注)로서 지명을 직접 기입하였다고 가정할 때, 세주에서 경덕왕대에 개정한 지명과 경덕왕대 이전 본래의 지명을 모두 발견할 수 있는 사실,[15] 아곡정(阿谷停)과 조음도(助音島)의 사례처럼 지리지에 보이지 않는 지명들이 세주에 기재되어 있는 사실, 그리고 감악(鉗岳)이 칠중성(七重城)에, 부아악(負兒岳)이 북한산주(北漢山州)에, 가림성(加林城)이 가림현에 소재한다고 기재되어 있는 사실[16] 등에 대해서도 합리적으로 설명하기 곤란하다는 점도 유념할 필요가 있을 것이다. 한편 앞에서 '일운(一云)' 또는 '일본(一本)'이라고 표현한 사례는 제사지 찬자가 참조한 전거자료가 아니라 이것과 별개의 전승자료에서 인용한 경우라고 밝힌 바 있다. 그런데 제사지의 세주에서는 단지 주·군·현의 명칭만이 기재되어 있을 뿐, '일운(一云)' 등의 표현을 발견할 수 없다. 따라서 세주에 표기되어 있는 지명의 경우도 제사지 찬

---

14) 四鎭의 하나인 溫末懃의 세주에는 阿谷停, 중사를 지낸 곳 가운데 하나인 淸海鎭의 세주에는 助音島라고 기재되어 있다. 두 사례 모두 주·군·현의 명칭이 기재되어 있지 않은 경우인데, 온말근에서 거행된 중사의 제사는 阿谷停에 파견된 군사령관이, 청해진에서 거행된 중사의 제사는 청해진대사가 주재하였다고 추정되고, 助音島에 중사를 지낸 장소가 위치하였다고 이해된다.

15) 제사지의 세주에 기재되어 있는 지명 가운데 西林郡, 高城郡, 進禮郡, 丹川縣만이 경덕왕대에 개정한 지명에 해당하고, 나머지는 경덕왕대 이전의 본래 지명임을 확인할 수 있다.

16) 칠중성과 북한산주는 七重縣, 北漢山郡으로 표기하는 것이 올바르며, 지리지에서는 加林縣이 아니라 加林郡(嘉林郡)이라고 전한다.

자가 원전(原典)에 기술되어 있는 내용을 그대로 인용하였다고 봄이 합리적이라고 판단된다.

이상에서 제사지 찬자가 대·중·소사에 대해 기록한 원전에 전하는 내용을 제사지에 인용한 다음, 또 다른 전승자료를 참조하여 제사를 지낸 장소의 이칭(異稱)이나 또는 장소에 대한 이설(異說)을 세주(細注)로서 제시하였음을 살펴보았다. 그렇다면 이제 제사지 찬자가 참조한 주요 전거자료, 즉 원전의 성격을 추적할 차례인데, 이와 관련하여 먼저 찬자가 '제단과 사당의 높고 낮음, 담과 문의 안과 밖, 신위(神位) 순서의 존비(尊卑) 구분, 제사상의 차림과 그 올리고 내리는 절차, 술잔과 제기(祭器), 제물(祭物), 축문(祝文)의 예식(禮式) 등에 대해서는 가히 추측할 수 없다.'고 언급한 사실을 주목할 필요가 있을 것이다. 중국 당나라의 국가 제사의례의 내용과 그 절차 등에 대해서는 사령(祠令), 『대당개원례(大唐開元禮)』, 『구당서(舊唐書)』 예의지(禮儀志), 『신당서(新唐書)』 예악지(禮樂志)에서 자세하게 설명하였다. 제사지 찬자는 이것들을 예전(禮典)이라고 표현하였다.[17] 제사지 찬자가 신라의 제사의례에 대해 자세하게 알 수 없다고 밝힌 점을 감안하건대, 제사지의 원전을 당나라의 사령 또는 예의지(예악지)와 같은 성격의 전승자료로 이해하기는 어려울 것이다.

한편 고대 일본에서는 신기령(神祇令)에서 천신(天神)과 지기(地祇)에 대한 신앙을 바탕으로 한 국가제사의 대강을 규정하였다. 신기령에서 신기관(神祇官)이 춘하추동(春夏秋冬) 사시(四時)에 거행하는 제사[기년(祈年)·진화(鎭花)·신의(神衣)·삼지(三枝)·대기(大忌)·풍신(風神)·월차(月次)·도향(道饗)·상상(相嘗)·신상(神嘗)·진혼(鎭魂)·대상(大嘗)·진화제(鎭火祭)]를 먼저 제시한 다음, 천황이 즉위할 때에 천신과 지기

---

17) 檢諸禮典 只祭先農 無中農後農(『삼국사기』 잡지제1 제사).

에 제사한다는 사실, 관인(官人)이 준수하여야 할 재(齋)의 정도·내용·기간, 관사(官司)와 관인에 따른 제사운영의 세칙(細則), 그리고 중앙(中央)·제국(諸國)에서 행해진 대발(大祓), 신호(神戶)와 신사재정(神社財政) 등에 대해 규정하였음을 확인할 수 있다.[18] 신라에서 제정한 사령(祠令)이 비록 고대 일본의 신기령과 유사한 내용을 담고 있다고 하더라도, 신기령에서 볼 수 있는 바와 같이 신라의 사령에도 제사와 관련된 여러 가지 부대 사항을 규정한 내용이 포함되어 있었다고 추정되기 때문에 제사지 찬자가 신라의 사령(祠令)을 원전으로 삼아 제사지를 찬술하였다고 주장하기가 그리 쉽지 않을 것이다.

제사지에서는 오묘(五廟)의 제일(祭日), 팔자제(八襌祭)를 비롯한 일부 제사의 제일 및 제장(祭場), 대·중·소사를 지낸 장소, 별도의 규정에 의거한 제사의 종류 등에 대해서만 간략하게 제시하였을 뿐이다. 그런데 『당육전(唐六典)』권제4 상서예부(尙書禮部)조에 당나라의 국가제사를 이와 비슷한 내용으로 기술하고 있음을 살필 수 있다. 여기에서는 먼저 당나라의 오례(五禮) 가운데 길례(吉禮)에 해당하는 55종의 제사 종류를 간략하게 열거한 다음, 사부랑중(祠部郎中)과 원외랑(員外郞)의 직장(職掌), 대·중·소사의 종류 등을 제시하고, 이어 각 제사의 제일과 제장, 배향(配享) 및 종사(從祀) 대상 등에 대해 소개하였다. 그리고 마지막으로 제사의 예법(禮法) 및 재(齋)의 내용과 기간, 기우제(祈雨祭)에 대한 규정 등에 대해 소개하였다.[19] 비록 제사지에 배향과 종사 대상, 제사의 예법과 재의 내용 및 기간 등에 대한 설명이 보이지 않지만, 오묘와 교제

---

18) 고대 일본의 神祇令에 대해서는 기요하라노 나츠노저·이근우역, 2014 『令義解譯註』(上), 세창출판사, 117~126쪽을 참조하였다.

19) 『당육전』 권제4 상서예부조에 대한 내용은 김택민 주편, 2003 『譯註 唐六典』(上), 신서원, 367~466쪽을 참조하였다.

(郊祭), 대·중·소사, 기우(祈雨)·기청제(祈晴祭)를 비롯한 별도의 규정에 의거한 제사 기록으로[20) 구성된 제사지의 기본 골격은 『당육전』 예부상서조에 보이는 기본 골격과 나름 상통하는 면이 적지 않다고 볼 수 있지 않을까 한다.

『당육전』 상서예부조에 전하는 것과 비슷한 내용은 『구당서』 직관지에서도 찾을 수 있다. 그런데 『구당서』 직관지의 내용은 『당육전』 상서예부조의 내용을 간략하게 축약한 것임을 확인할 수 있다.[21) 따라서 직관지류(職官志類)의 전승자료가 제사지의 원전이었다고 보기 어려울 것이다.[22) 신라본기 성덕왕 19년 5월 기록에 '(왕이) 유사(有司)에게 명(命)하여 (드러난) 해골을 땅에 묻게 하였다.'고 전한다. 또한 경문왕 11년 정월 기록에 '유사(有司)에게 명하여 황룡사탑을 고쳐 만들게 하였다.'고 전하고, 진성왕 10년 겨울 10월 기록에 유사(有司)에게 명하여 예를 갖추어 헌강왕의 서자(庶子) 요(嶢)를 태자로 책봉하여 받들게 하였다고 전한다. 여기서 어떤 일을 처리하도록 '유사(有司)'에게 명령을 내렸다는 사실

---

20) 제사지의 말미에 '上件或因別制 或因水旱而行之者也'라고 전하는데, 이것을 통해서 四城門祭 등을 별도의 규정에 의거한 제사 또는 祈雨·祈晴祭로 이해하였음을 살필 수 있다.

21) 禮部尙書一員 正三品 …… 郎中一員 從五品上 員外郎一員 從六品上 …… 凡五禮之儀 一百五十有二. 一日吉禮 其儀五十有五 二日賓禮 其儀有六 三日軍禮 其儀二十有三 四日嘉禮 其儀五十 五日凶禮 其儀一十有八. …… (祠部)郎中 員外郎之職. 掌祠祀享祭天文漏刻國忌廟諱卜筮醫藥僧尼之事. 凡祭祀之名有四 一日祀天神 二日祭地祇 三日享人鬼 四日釋奠於先聖先師. 其差有三 若昊天上帝皇地祇州宗廟爲大祀 祀天地皆以祖宗配享. 日月星辰社稷先代帝王嶽鎮海瀆帝社先蠶孔宣父齊太公諸太子廟爲中祀. 司中司命風師雨師衆星山林川澤五龍祠等及州縣社稷釋奠爲小祀. 大祀 皇帝親祭 則太尉爲亞獻 光祿卿爲終獻. 若有司攝事 則太尉爲初獻 太常卿爲亞獻. 凡大祀 散齋四日 致齋二日. 小祀 散齋二日 致齋一日 皆祀前習禮 沐浴 並給明衣(『舊唐書』 卷43 志第23 職官2).

22) 신라의 職員令에서 각 행정관서와 거기에 속한 관직마다 職掌을 언급하였다고 추정된다. 다만 중국과 일본의 직원령에 관직명과 정원, 職掌 등에 관한 규정만을 적기하는 것이 일반적이었음을 염두에 둔다면, 제사지의 원전을 職員令과 연결시켜 이해하기가 쉽지 않다고 판단된다.

을 주목할 필요가 있다. 이에서 각 행정관서마다 관할 업무에 대해 규정한 매뉴얼이 존재하였고, 이것에 근거하여 왕의 명령을 해당 행정관서에서 분담하여 실행에 옮겼다고 추론할 수 있기 때문이다. 신라에서 국가제사를 담당한 행정관서가 바로 예부의 속사(屬司)인 전사서(典祀署)였다. 전사서에서도 다양한 국가의 제사와 관련된 여러 가지 사항을 규정한 매뉴얼을 만들었을 것이고, 그 가운데 일부가 전해져 제사지 찬술에 이용되었을 가능성을 상정해볼 수 있지 않을까 한다. 『당육전』 상서예부조와 『삼국사기』 제사지에 전하는 내용이 상통한다는 점을 염두에 둔다면, 제사지의 원전은 바로 전사서에서 관장한 국가의 여러 제사에 관해 간략하게 기술한 매뉴얼의 일부였을 것이라는 추정이 전혀 황당한 억측만은 아니지 않을까 한다.[23]

제사지에서 찬자가 '사전(祀典)에서 볼 수 있는 것은 모두 경내의 산천(에 대한 제사)뿐이고, 천지(에 대한 제사)까지는 미치지 않았다.'고 언급하였는데, 여기서 문제는 제사지의 원전을 신라의 제사에 대해 기술한 전적(典籍)에 해당하는 사전이라고 볼 수 있는가의 여부에 관해서이다. 그런데 사전은 사전적으로 국가에서 공식적으로 행하는 각종 제사에 관해 규정한 전례(典禮) 또는 전례체계(典禮體系)라고 정의할 수 있고, 또한 각종 제사에 대하여 기록한 전적(典籍)이라는 뜻으로도 해석할 수 있다.[24] 만약에 사전을 후자의 뜻으로 해석한다면, 제사지의 원전은 신라인들이 작성한 사전(祀典)이라고 볼 수 있을 것이다. 그러나 각종 제사에 대하여 기록한 사전은 예전(禮典)과 동일한 개념으로 이해할 수 있는데,

---

23) 채미하, 2008 앞의 책, 47~60쪽에서는 제사지 신라조는 명산대천제사를 적은 사전과 그 외의 또 다른 자료에 의거한 것으로 이해하는 견해를 제기하였다.

24) 단국대학교 동양학연구소, 2007 『한한대사전』 10, 단국대학교출판부, 411쪽에서 祀典은 제사를 지내는 의례를 기재한 典籍 또는 제사의 의례라고 정의하였다.

예전에 각종 제사의례에 관한 구체적인 내용이 기술되는 것이 일반적이었음을 염두에 둔다면, 사전을 신라의 각종 제사에 관하여 기재한 전적으로 해석할 수 있을지에 대해서는 여전히 의구심을 가지지 않을 수 없다. 제사지의 찬자가 신라의 제사의례에 대한 자세한 내용을 추측하기 어렵다고 언급하였던 사실에 유의하건대, 사전을 제사에 관하여 기술한 전적으로 해석하기 보다는 국가에서 공식적으로 행하는 각종 제사에 관해 규정한 전례 또는 전례체계 정도로 해석하는 것이 보다 합리적이라고 판단되기 때문이다. 결국 전사서(典祀署)에서 각종 제사에 관한 사항을 규정한 매뉴얼 가운데 가장 기초적인 내용을 담은 것이 고려 중기까지 전해졌고, 제사지의 찬자는 이것을 참조하여 제사지의 신라 제사에 관한 기록을 찬술하였다고 정리할 수 있을 것이다.

대·중·소사에 관해 기술한 부분의 세주(細注)에 전하는 지명들을 살펴보면, 서림군(西林郡), 고성군(高城郡), 진례군(進禮郡), 단천현(丹川縣)을 제외한 나머지는 모두 경덕왕대 이전의 본래 지명이었음을 알 수 있다. 그런데 『삼국사기』 신라본기 하대의 기록에 전하는 지명을 조사한 결과, 원성왕대부터 애장왕대까지 경덕왕대에 개정한 지명은 원성왕 6년 정월 기록[전주(全州)]과 애장왕 5년 7월 기록[난산현(蘭山縣)]에만 보이고, 나머지는 모두 경덕왕 16년 이전의 본래 지명만이 전하는 사실을 발견할 수 있으며, 헌덕왕대부터 문성왕대까지의 기록에는 경덕왕 16년 이전의 본래 지명이 많이 보이긴 하지만, 거기에서 경덕왕대에 개정한 지명도 여럿 확인할 수 있다.[25] 한편 금석문에 전하는 원성왕대부터 진성왕대까지의 지명을 살펴본 결과, 원성왕대부터 흥덕왕대까지 경덕왕대 이

---

25) 김태식, 1995 앞의 논문, 236~244쪽의 '〈참고표〉 『삼국사기』 신라본기 소재 경덕왕대 이후 지명의 신라지와의 비교' 참조.

전의 본래 지명으로 표기하다가 문성왕 17년(855) 이후부터 헌강왕대까지 대체로 경덕왕대 개정 지명을 널리 사용하는 추세였음을 살필 수 있다.[26] 신라본기와 금석문에 전하는 지명 표기의 추이를 고려하건대, 대·중·소사에 관해 기술한 부분은 헌덕왕대부터 문성왕 17년 사이에 찬술되었다고 볼 수 있다. 중사를 지낸 장소 가운데 청해진(淸海鎭)이 존재한다. 주지하듯이 청해진은 흥덕왕 3년(828)에 설치되어 문성왕 13년(851)에 혁파되었다. 이러한 사실을 주목한다면, 대·중·소사에 관해 기술한 부분은 흥덕왕 3년에서 문성왕 13년 사이에 찬술되었다고 추론할 수 있을 것이다.[27]

앞에서 제사지 찬자가 제사지를 찬술하면서 '일본(一本)'이라고 표현된 별도의 전승자료를 참조하였다고 언급하였다. 일본(一本)에는 영암산(靈嵒山)과 우풍산(虞風山)에서 소사(小祀)를 지냈다고 기재되어 있었다. 그런데 제사지에서 월나군(月奈郡)에 소재한 월나악(月奈岳), 생서량군(生西良郡) 우화현(于火縣)에 소재한 우화(于火)에서 소사를 지냈다고 하였다. 경덕왕 16년에 월나군(月奈郡)을 영암군(靈巖郡)으로, 우화현(于火縣)을 우풍현(虞風縣)으로 개칭(改稱)하였다. 따라서 영암산과 월나산, 우풍산과 우화(산)는 동일한 곳인 셈이다. 결국 일본(一本)에는 월나산과 우화 대신에 영암산과 우풍산에서 소사를 지냈다고 전하고, 거기에는 가림성에 관한 정보가 전하지 않았다고 볼 수 있는데, 그렇다면 '일본(一本)'이라고 표현된 전승자료는 어느 시기에 찬술되었을까가 궁금하다. 월나산을 영암산, 우화산을 우풍산이라고 표기한 것으로 보아, 이것

---

26) 본서 1부 2장 1절 참조.

27) 종래에 이에 근거하여 제사지 신라 제사 관련 기록은 흥덕왕 3년에서 문성왕 13년 사이의 사실을 반영하는 것이라고 이해하였다(木村誠, 1983 「統一新羅の王畿について」『東洋史研究』 42-2, 48~49쪽; 김태식, 1995 앞의 논문, 191~192쪽).

은 지명을 한식(漢式)으로 개정한 경덕왕 16년에서 지명을 다시 원래대로 복고한 혜공왕대 후반 사이에 찬술되었다고 주장할 수도 있다.[28] 그런데 앞에서 금석문을 통해, 문성왕 17년(855)부터 헌강왕대 사이에 경덕왕대 개정된 지명을 널리 사용하였음을 살필 수 있다고 언급한 바 있다. 실제로 보림사보조선사탑비(寶林寺普照禪師塔碑)에 대중(大中) 13년(859, 헌안왕 2) 겨울 10월에 교로써 도속사(道俗使) 영암군(靈巖郡) 승정(僧正) 연훈법사(連訓法師)와 봉신(奉宸) 풍선(馮瑄) 등을 보내 왕의 뜻을 설명하여 체징(體澄; 보조선사)을 가지산사(迦智山寺)로 이거(移居)하기를 청하였다는 기록이 전한다. 헌안왕대에 월나군(月奈郡) 대신 경덕왕대에 개정한 영암군(靈巖郡)이란 군명(郡名)을 사용하였음을 알려주는 자료이다. 이러한 측면에서 '일본(一本)'이라고 표현된 전승자료는 문성왕 17년부터 헌강왕대 사이에 찬술되었다는 추론도 충분히 가능할 것이다. 필자는 두 가지 가능성 가운데 후자에 더 무게를 두고 싶지만, 이에 대해서는 추후에 보다 심층적인 검토가 필요할 것으로 사료된다. 물론 '一云~'이라고 표현된 이칭(異稱)들은 '일본(一本)'이라고 표현된 전승자료에서 인용한 것인지, 아니면 이와는 별도의 전승자료에서 인용한 것인지 고구(考究)하긴 어렵지만, 제사지의 찬자가 '일본(一本)'이라고 표현된 전승자료 이외의 별도의 전승자료를 추가로 참조하였다는 증거를 찾을 수 없는 바, 전자일 가능성이 높지 않을까 한다.

여기서 문제는 대·중·소사에 관해 기술한 부분과 오묘(五廟)·교제(郊祭) 등에 대해 서술한 부분, 별도의 규정에 의거한 제사에 대해 기술한

---

28) 채미하, 2008 「백제 가림성고-「삼국사기」 제사지 신라조의 명산대천제사를 중심으로-」 『백제문화』 39, 89쪽에서 '一本'이라고 표현된 전승자료는 경덕왕 16년 이후에 찬술된 것이라는 견해를 제기하였다.

부분마다 각기 별도의 원전이 존재하였는지, 아니면 이들 모두를 한데 묶어서 기술한 원전이 존재하였는지의 여부에 관해서이다. 앞에서 오묘와 교제에 관한 규정은 적어도 문무왕대 이후에 정비된 것이었음을 밝힌 바 있다. 사천상제(四川上祭)를 지낸 곳 가운데 하나로서 견수(犬首)가 있었다. 그런데 견수곡문(犬首谷門)에서 풍백제(風伯祭)를 지냈다. 견수곡(犬首谷)과 견수(犬首)는 매우 가까운 곳에 위치하였을 것이다. 풍백제와 사천상제가 매우 밀접한 연관성을 지녔음을 시사해주는 측면으로 유의된다. 이에서 별도의 규정에 의거한 제사에 관한 규정 역시 문무왕대 이후에 정비하였다는 추론도 가능하지 않을까 한다.

중국 당나라에서는 호천상제(昊天上帝), 황지기(皇地祇), 종묘(宗廟)를 대사(大祀)로, 일월성신(日月星辰)과 사직(社稷), 선대제왕(先代帝王), 악진해독(嶽鎭海瀆), 제사(帝社), 선잠(先蠶), 공선부(孔宣父), 제태공(齊太公), 제태자묘(諸太子廟)를 중사(中祀)로, 사중(司中)·사명(司命)·풍사(風師)·우사(雨師)·중성(衆星)·산림천택(山林川澤)·오룡사(五龍祠) 등과 주현(州縣)의 사직(社稷)과 석전(釋奠)을 소사(小祀)로 규정하였다. 신라에서는 당나라와 달리 명산대천(名山大川)의 제사만을 대·중·소사로 구분하였음이 확인된다. 신라에서 비록 풍백과 우사, 오묘 등에 대한 제사를 대·중·소사로 구분하지 않았지만, 당나라의 사례를 참조한다면, 오묘와 교제 등에 관한 제사 규정과 대·중·소사에 대한 규정을 분리하여 정리하였을 가능성은 높지 않다고 봄이 합리적이라고 판단된다. 결국 신라인들이 오묘와 교제, 대·중·소사, 별도의 규정에 의거한 제사에 관한 규정을 한데 묶어 정리하였고, 제사지 찬자는 각종 제사에 대해 간략하게 정리한 전거자료의 내용을 제사지에 대체로 인용하였다고 볼 수 있을 것이다.

이상에서 검토한 바에 따르면, 제사지 찬자는 선덕왕대(宣德王代)와 애장왕대(哀莊王代) 사이에 시조묘와 신궁의 창립, 오묘의 시정(始定)에 대해 기술한 전거자료, 흥덕왕 3년(828)에서 문성왕 13년(851) 사이에 오묘(五廟)와 교제(郊祭), 대(大)·중(中)·소사(小祀), 별도의 규정에 의거한 제사에 관해 간략하게 정리한 전거자료 등을 신라 제사 기록의 기본 골격으로 삼은 다음, 필요한 부분마다 찬자의 견해를 적절하게 제시하고, '일본(一本)'이라고 포현된 전승자료에 전하는 제장(祭場)의 이칭 및 소사를 지낸 장소에 대한 이설 등을 제사지에 세주(細注)로 첨입함으로써 신라 제사 기록을 완성하였다고 이해할 수 있다.

2) 고구려·백제 제사 기록의 원전

제사지 찬자는 고구려와 백제의 제사의례는 잘 알지 못하기 때문에 고기(古記) 및 중국 사서에 실려 있는 것을 상고(詳考)하여 기록하여 둔다고 언급하였다. 〈표 2〉는 제사지 찬자가 고구려·백제 제사와 관련된 중국 사서에서 인용한 기록과 중국 사서에 전하는 기록을 비교하기 위해 정리한 것이다.

제사지 찬자가 인용한 『후한서』의 기록과 『후한서』 고구려전의 기록을 비교한 결과, 제사지 찬자가 『후한서』의 기록을 그대로 인용하였음을 알 수 있다.[29] 『북사』와 『양서』의 기록 역시 제사지 찬자가 일부 글자를 개서(改書)하긴 하였지만, 거의 그대로 전재(轉載)하였다고 보아도 좋을 것이다.[30] 다만 『구당서』 기록의 경우는 제사지 찬자가 일부 글자를 개

---

29) 다만 『후한서』에 '祠鬼神社稷零星'이라고 전하는 것을 제사지 찬자는 '祀鬼神社稷零星'이라고 달리 표기하였음이 확인된다.

    기록

번호	국가	제사지 인용 기록	중국 사서의 기록
Ⅱ ①	고구려	後漢書云 高句麗好祀鬼神社稷零星 以十月祭天大會 名曰東盟. 其國東有大穴 號襚神 亦以十月迎而祭之.	好祠鬼神社稷零星 以十月祭天大會 名曰東盟. 其國東有大穴 號襚神 亦以十月迎而祭之(『後漢』 高句驪傳).
②		北史云 高句麗常以十月祭天 多淫祠. 有神廟二所 一曰夫餘神 刻木作婦人像. 二曰高登神 云是始祖夫餘神之子. 竝置官司 遣人守護 蓋河伯女朱蒙云.	常以十月祭天 …… 信佛法 敬鬼神 多淫祠 有神廟二所 一曰夫餘神 刻木作婦人像 一曰高登神 云是其始祖夫餘神之子. 並置官司 遣人守護 蓋河伯女朱蒙云(『北史』 高句麗傳).
③		梁書云 高句麗於所居之左 立大屋 祭鬼神 冬祠零星社稷.	於所居之左 立大屋 祭鬼神. 又祠零星社稷(『梁書』 高句驪傳).
④		唐書云 高句麗俗多淫祠 祀靈星及日箕子可汗等神. 國左有大穴 曰神隧 每十月 王皆自祭.	其俗多淫祠 事靈星神日神可汗箕子神. 國城東有大穴 名神隧 皆以十月 王自祭之(『舊唐書』 高麗傳).
⑤	백제	冊府元龜云 百濟每以四仲之月 王祭天及五帝之神 立其始祖仇台廟於國城 歲四祠之.	每以四仲之月 王祭天及五帝之神 立其始祖仇台廟於國城 歲四祠之(『冊府元龜』 卷959 外臣部 土風).
⑥		按海東古記 或云始祖東明 或云始祖優台 北史及隋書皆云東明之後有仇台 立國於帶方. 此云始祖仇台 然東明爲始祖 事迹明白 其餘不可信也.	百濟者 其先蓋馬韓之屬國 夫餘之別種. 有仇台者 始國於帶方(『周書』 百濟傳). 東明之後 有仇台者 篤於仁信 始立其國于帶方故地. 漢遼東太守公孫度以女妻之 漸以昌盛 爲東夷强國(『隋書』 百濟傳). 東明之後 有仇台 篤於仁信 始立國于帶方故地. 漢遼東太守公孫度以女妻之 遂爲東夷强國(『北史』 百濟傳).

서하거나 일부 내용을 편집하여 인용하였음이 확인된다. 『구당서』에 '事

---

30) Ⅱ-②의 『북사』 기록에는 '一曰高等神 云是其始祖夫餘神之子'라고 전하나, 제사지에는 '二曰高等神 云是始祖夫餘神之子'라고 전하여 차이를 보인다. 한편 『양서』에는 '又祠零星社稷'이라고 전하나, 제사지에는 '冬祠零星社稷'으로 전한다. 제사지의 찬자가 '又'를 '冬'으로 잘못 기술한 것으로 보인다. 참고로 『북사』의 찬자는 『위서』 고구려전의 기록(常以十月祭天)과 『주서』 고려전의 기록을 조합하여 찬술한 것으로 확인된다.

靈星神日神可汗神箕子神'이라고 전하는 것을 제사지 찬자는 '祀靈星及日可汗箕子等神'이라고 개서하여 인용하였고, '國城東有大穴 名神隧', '皆以十月 王自祭之'라고 전하는 것을 약간 축약하여 '國左有大穴曰神隧', '每十月 王皆自祭'로 기술하였음을 발견할 수 있다. 전반적으로 『구당서』의 기록에 전하는 내용을 크게 훼손하지 않고 제사지 찬자가 적절하게 편집하여 인용하였다고 볼 수 있지만, 그러나 수도를 가리키는 용어인 '國城'을 단지 '國'이라고 개서함으로써, 결과적으로 수혈(隧穴)이 정확하게 어디에 위치하였는가를 파악하기 곤란하게 만들었다고 평가할 수 있다.[31]

II-⑤의 제사지 기록은 『책부원귀(冊府元龜)』 권959 외신부(外臣部) 토풍(土風)조에 전하는 기록을 그대로 인용한 것인데, 『책부원귀』의 찬자는 『수서』 백제전에 전하는 기록을 그대로 전재한 것으로 확인된다.[32] 한편 II-⑥의 제사지 기록은 세주(細注)로서 찬자가 직접 기입한 것이다. 찬자가 해동고기(海東古記)에 백제의 시조(始祖)가 동명(東明) 혹은 우태(優台)라고 전한다고 언급하였다. 백제본기 다루왕 2년 정월 기록에 '시조(始祖) 동명묘(東明廟)를 알현(謁見)하였다.'고 전한다. 한편 백제본기에서 백제의 시조가 우태(優台)라고 언급한 기록을 찾을 수 없고, 다만 백제본기 온조왕 즉위년 기록에 보이는 비류신화(沸流神話)에서 시조 비류왕의 아버지가 우태(優台)라고 전할 뿐이다. 이로 보아, 해동고기는 백제본기의 원전인 『구삼국사』 백제기록과 분명하게 구별되는 전적(典籍)이었다고 추정해볼 수 있다.

---

31) 종래에 강진원, 2015 「『삼국사기』 제사지 고구려조의 전거자료와 기술 태도」 『역사와 현실』 98에서 제사지 고구려 제사 기록 가운데 중국 사서에서 인용한 기록의 전거자료에 대해 상세하게 검토하여 참조된다.

32) 每以四仲之月 王祭天及五帝之神 立其始祖仇台廟於國城 歲四祠之(『隋書』 百濟傳).

해동고기는 고구려본기 태조왕 94년 12월 기록의 세주에도 보인다. 여기에서 '해동고기를 살펴보니, 고구려 국조왕(國祖王; 태조왕〈太祖王〉) 고궁(高宮)은 후한(後漢) 건무(建武) 29년(53) 계사(癸巳)에 즉위하였는데, 이때 나이가 일곱 살이어서 국모(國母)가 섭정하였다. 효환제(孝桓帝) 본초(本初) 원년 병술(丙戌; 146)에 이르러 동생 수성(遂成)에게 왕위를 양보하였다. 이때 궁의 나이가 100살이었으며, 왕위에 있은 지 94년 째였다.'고 언급하였다. 고구려본기에서는 국조왕(國祖王)이 아니라 태조왕(太祖王)이라고 표기하였고, 또한 고구려본기에 태후(太后)가 수렴청정(垂簾聽政)하였다고 전하지만, 여기에서는 국모(國母)가 섭정하였다고 전하여 차이를 보인다. 이에 따른다면, 해동고기는 고구려본기의 원전으로 추정되는 『구삼국사』의 고구려기록과 계통이 다른 전승자료였다고 볼 수 있을 것이다. 종래에 이러한 점을 주목하여 해동고기를 『구삼국사(舊三國史)』와 계통이 다른 사서로 이해한 견해가 제기된 바 있다.[33] 이와 같은 기존의 견해를 존중한다면, 해동고기(海東古記)에 백제의 시조가 동명 또는 우태였다는 기록이 전한다고 이해할 수 있을 것이다.

백제의 시조가 구태(仇台)였다고 전하는 기록은 『주서』 백제전에 처음 보이고, 『수서』 백제전에서는 구태(仇台)가 부여의 시조인 동명(東明)의 후예라고 밝혔다. 『북사』 고구려전에도 구태(仇台)에 관한 기록이 전하는데, 『수서』 백제전의 기록을 그대로 인용한 것으로 확인된다.[34] 제사지

---

33) 신동하, 1995 「삼국사기 고구려본기의 인용자료에 대한 일고」 『삼국사기의 원전 검토』, 한국정신문화연구원, 49~53쪽; 전덕재, 2016 「『삼국사기』 고구려본기의 원전과 완성－광개토왕대 이전 기록을 중심으로－」 『동양학』 64, 82쪽; 전덕재, 2018 『삼국사기 본기의 원전과 편찬』, 주류성, 277쪽.

34) 『수서』와 『북사』 고구려전에 '漢遼東太守公孫度以女妻之'라고 전하는데, 이것은 『수서』의 찬자가 부여왕 尉仇台와 백제 시조 仇台를 동일한 인물로 착각하여 『삼국지』 위서 동이전 부여조에 전하는 기록을 『수서』에 백제의 일로 잘못 인용한 것에 해당한다.

찬자는 해동고기에 백제의 시조가 구태라고 전하지 않는 사실을 근거로 하여, 『북사』와 『수서』에 백제의 시조가 구태라고 전하는 것을 신뢰할 수 없다는 견해를 세주(細注)로서 피력하였다고 볼 수 있다.

제사지 찬자는 중국 사서에 전하는 고구려와 백제 제사에 관한 기록을 인용하고, 이어 고기(古記)에 전하는 고구려와 백제 제사와 관련된 기록을 나열하였다. 다음 〈표 3〉은 제사지에 전하는 고기의 기록과 고구려·백제본기에 전하는 관련 기록을 비교하여 정리한 것이다.

〈표 3〉 제사지 고기의 기록과 고구려 · 백제본기 제사 관련 기록 비교

국가	고기(古記)	고구려·백제본기	비고
고구려	東明王 十四年 秋八月 王母柳花薨於東扶餘 其王金蛙以太后禮葬之 遂立神廟.	東明聖王 十四年 秋八月 王母柳花薨於東扶餘. 其王金蛙以太后禮葬之 遂立神廟.	
	太祖王 六十九年 冬十月 幸扶餘 祀太后廟.	太祖王 六十九年 冬十月 王幸扶餘 祀太后廟.	
	新大王 四年 秋九月 如卒本 祀始祖廟.	新大王 三年 秋九月 王如卒本 祀組廟.	기년(紀年) 1년 차이가 남.
	故國川王 元年 秋九月	故國川王 二年 秋九月 王如卒本 祀始祖廟.	기년 1년 차이가 남.
	東川王 二年 春二月	東川王 二年 春二月 如卒本祀始祖廟 大赦.	
	中川王 十三年 秋九月	中川王 十三年 秋九月 王如卒本 祀始祖廟.	
	故國原王 二年 春二月	故國原王 二年 春二月 王如卒本 祀始祖廟.	
	安臧王 三年 夏四月	安臧王 三年 夏四月 王幸卒本 祀始祖廟.	
	平原王 二年 春二月	平原王 二年 春二月 王幸卒本 祀始祖廟.	
	建武王 二年 夏四月 並如上行	榮留王 二年 夏四月 王幸卒本 祀始祖廟.	제사지에 건무왕(建武王)이라고 전함.

	故國壤王 九年 春三月 立國社.	故國壤王 九年 三月 命有司 立 國社 修宗廟.	제사지에 '修宗廟'라는 표현이 전하지 않음.
백 제	溫祚王 二十年 春二月 設壇祠天地.	溫祚王 二十年 春二月 王設大 壇 親祠天地 異鳥五來翔.	
	(溫祚王) 三十八年 冬 十月	溫祚王 三十八年 冬十月 王築 大壇 祠天地.	
	多婁王 二年 春二月	多婁王 二年 二月 王祀天地於 南壇.	
	古尒王 五年 春正月	古尒王 五年 春正月 祭天地 用 鼓吹.	
	(古尒王) 十年 春正月	古尒王 十年 春正月 設大壇 祀 天地山川.	
	(古尒王) 十四年 春正月	古尒王 十四年 春正月 祭天地 於南壇	
		比流王 十年 春正月 祀天地於 南郊 王親割牲.	제사지에 전하지 않음.
	近肖古王 二年 春正月	近肖古王 二年 春正月 祭天地 神祇.	
	阿莘王 二年 春正月	阿莘王 二年 春正月 又祭天地 於南壇.	
	腆支王 二年 春正月	腆支王 二年 春正月 祭天地於 南壇 大赦.	
	牟大王 十一年 冬十月 並如上行	東城王 十一年 冬十月 王設壇 祭天地.	제사지에 모대왕(牟大 王)이라고 전함.
		溫祚王 元年夏五月 立東明王 廟.	제사지에 전하지 않음.
	多婁王 二年 春正月 謁始祖東明廟.	多婁王 二年 春正月 謁始祖東 明廟.	
		仇首王 十四年 春三月 雨雹. 夏 四月 大旱 王祈東明廟 乃雨.	제사지에 전하지 않음.
	責稽王 二年 春正月	責稽王 二年 春正月 謁東明廟.	
	汾西王 二年 春正月	汾西王 二年 春正月 謁東明廟.	
		比流王 九年 夏四月 謁東明廟.	제사지에 전하지 않음.
	契王 二年 夏四月		백제본기에 전하지 않음.

阿莘王 二年 春正月	阿莘王 二年 春正月 謁東明廟.	
腆支王 二年 春正月 並如上行.	腆支王 二年 春正月 王謁東明廟.	

고구려 제사에 대한 고기(古記)의 기록과 고구려본기의 기록을 비교한 결과, 고기와 고구려본기의 기록 사이에 1년의 기년 차이가 발생하는 기록 두 건을 발견할 수 있다. 또한 고구려본기에 고국양왕 9년 3월에 '유사(有司)에게 명령을 내려, 나라의 사직을 세우고[立國社], 종묘를 수리하게 하였다[修宗廟].'고 전하지만, 고기의 기록에는 단지 '국사(國社)를 세웠다.'는 기록만이 전할 뿐이다. 이처럼 고기(古記)와 고구려본기의 기록이 약간 달랐던 바, 고기는 고구려본기의 원전, 즉『구삼국사』고구려 기록과 구별된 별도의 전승자료였다고 봄이 자연스럽다.[35] 백제 제사에 대한 고기의 기록과 백제본기의 기록을 비교하여 검토한 결과, 역시 약간의 차이를 보이고 있음을 살필 수 있다. 특히 고기에는 계왕 2년 여름 4월에 시조 동명묘를 알현하였다고 전하지만, 백제본기에는 이에 관한 기록이 전하지 않는다. 고기가 백제본기의 원전, 즉『구삼국사』백제기록과 구별된 별도의 전승자료였음을 시사해주는 측면으로 주목된다. 결국 제사지 찬자는 고구려·백제본기 또는 이것들의 원전으로 추정되는『구삼국사』고구려·백제기록이 아니라, 이와는 다른 별도의 전승자료에 전하는 내용을 제사지에 인용하였다고 볼 수 있는데, 그렇다면 그 전승자료, 즉 고기는 어떠한 성격을 지녔을까가 문제로 제기된다.

---

35) 한편 강진원, 2015 앞의 논문, 254~255쪽에서 古記는 고구려본기 또는 이것의 원전을 가리키며, 고기와 고구려본기의 기록 사이에 1년의 기년 차이가 발생하는 것은 제사지의 誤寫에서 비롯되었을 가능성이 높다는 견해를 제기하였다. 그러나 제사지 찬자가 新大王 三年, 故國川王 二年을 新大王 四年, 故國川王 元年으로 誤寫하였을 가능성을 상정하기가 쉽지 않다는 점에서 위의 견해를 그대로 수긍하기 어려울 듯싶다.

고기의 성격과 관련하여 두 가지 가능성을 상정해볼 수 있다. 하나는 단지 고구려와 백제 제사와 관련된 내용만을 간략하게 정리한 전승자료일 가능성이고, 또 다른 하나는 제사에 관한 내용을 포함한 고구려와 백제의 역사 전반을 기술한 전승자료일 가능성이다. 이 문제와 관련하여 지리지(地理志) 삼국유명미상지분(三國有名未詳地分)조에 전하는 고구려 지명의 출전(出典)을 주목할 필요가 있다. 삼국유명미상지분조와 고구려본기에 전하는 지명을 상호 비교한 결과, 상당히 일치하였음을 살필 수 있다. 여기서 문제는 지리지의 찬자가 삼국유명미상지분조를 찬술하기 위해 참조한 전거자료와 고구려본기의 원전이 동일한 것이었는가에 관해서이다. 삼국유명미상지분조에 '理勿林', '橡耶部'라고 전하나, 고구려본기 대무신왕 4년 12월과 5년 12월 기록에 利勿林, 대무신왕 5년 7월 기록에 掾那部라고 전하여 차이를 보인다. 또한 삼국유명미상지분조에 보이는 동모하(東牟河)는 중국 사서와 고구려본기에 보이지 않는 지명이다. 필자는 본서 1부 2장 2절에서 삼국유명미상지분조와 고구려본기에 전하는 지명의 표기가 다른 사실을 주목하여, 지리지 찬자가 『구삼국사』 고구려기록과 구별되는 『신집』을 기본원전으로 하는 어떤 전승자료에 전하는 고구려지명을 삼국유명미상지분조에 인용하였음을 살필 예정이다.[36] 이를 존중한다면, 『삼국사기』를 편찬할 때에 『구삼국사』 이외에 고구려의 역사를 기술한 전적(典籍)이 존재하였다고 볼 수 있다. 여기에는 고구려 제사에 관한 내용도 포함되었음은 물론이다. 여기서 지리지의 찬자가 삼국유명미상지분조를 찬술할 때에 참조한 전승자료를 제사지의 찬

---

36) 필자는 여기서 지리지 찬자가 『구삼국사』 고구려 기록, 『신집』을 기본원전으로 하는 전승자료, 신라본기 및 『자치통감』, 『신당서』 등의 중국 사서에 전하는 고구려지명을 三國有名未詳地分條에 인용하였다는 견해를 제기할 것이다.

자가 이용하였다는 증거를 구체적으로 제시할 수 없지만, 지리지 찬자가 이용한 전승자료를 제사지 찬자 역시 참조하였을 가능성이 높았을 것으로 추정된다는 점에서, 제사지 찬자가 언급한 고기(古記)가 바로 지리지 찬자가 참조한 전승자료였다고 보아도 별로 문제가 되지 않을 것이다.[37]

삼국유명미상지분조에 전하는 백제의 지명과 백제본기에 전하는 지명을 상호 비교한 결과, 크게 차이가 나지 않았음을 살필 수 있다. 종래에 이러한 점을 주목하여, 지리지 찬자가『구삼국사』백제 기록에 전하는 백제지명을 삼국유명미상지분조에 인용한 것으로 이해하는 것이 일반적이었다.[38] 그러나 백제 제사에 대해 기술한 고기가 백제본기의 원전과 구별되는 별개의 전승자료였음이 확실시되므로, 고구려의 사례를 참조한다면, 백제의 역사만을 기술한 전승자료가 존재하였을 가능성을 완전히 배제할 수 없지 않을까 한다. 이러한 추론에 잘못이 없다면, 제사지 찬자는『구삼국사』와는 별개로서 고구려와 백제의 역사를 정리한 어떤 전승자료에서 제사와 관련된 내용만을 발췌하여 제사지에 기술하였다고 정리할 수 있을 것이다.[39]

그런데 제사지 찬자는 고구려의 고기에서 또 다른 제사 관련 기록을 인용하여 제사지에 수록하였다. 이에 관한 기록과 이와 관련된 온달열전의 기록을 제시하면 다음과 같다.

---

37)『신집』을 기본원전으로 하는 전승자료에는 주로『유기』를 편찬한 4세기 후반 소수림왕대 이전 고구려사가 기술되어 있었고, 소수림왕대 이후의 고구려사는 비교적 간략한 내용이 서술되어 있었을 것으로 짐작된다. 다만 이 전승자료와 해동고기가 동일한 것인지의 여부를 정확하게 고구할 수 없다. 이에 대해서는 추후의 과제로 남겨두고자 한다.

38) 高寛敏, 1993「『三國史記』百濟本紀の國內原典」『大阪經濟法科大學アジア硏究所年報』5; 1996『三國史記の原典的硏究』, 雄山閣, 15~18쪽 및 전덕재, 2018 앞의 논문, 152~154쪽.

39) 백제의 역사를 정리한 전승자료가 海東古記일 가능성도 완전히 배제할 수 없지만, 단정하기 어렵다. 추후에 이에 대한 심층적인 검토가 필요할 것으로 사료된다.

Ⅲ-① 又云 高句麗常以三月三日 會獵樂浪之丘 獲猪鹿 祭天及山川(『삼
    국사기』잡지제1 제사).

Ⅲ-② 高句麗常以春三月三日 會獵樂浪之丘 以所獲猪鹿 祭天及山川神
    (『삼국사기』열전제5 온달).

Ⅲ-②의 기록에서 밑줄 친 '以所', '神'을 제외하면, Ⅲ-① 기록과 완
전히 일치하였음을 알 수 있다. 따라서 Ⅲ-②의 기록을 전거로 삼아 Ⅲ-
① 기록을 기술하였다고 보아도 좋을 것이다. 고구려본기에서 온달열전
에 전하는 내용을 찾을 수 없다. 따라서 온달열전의 원전(原典)은 고려
중기까지 고기류(古記類)로 전승되었다가, 『삼국사기』찬자가 열전에 그
것을 반영하였다고 이해할 수 있다. 결국 제사지 찬자가 온달에 관한 일
화를 기술한 고기류에서 일부 글자를 생략하고 인용하여 제사지에 첨입
하였다고 보는 것이 합리적이라고 판단된다.

2. 악지와 색복지의 편찬

1) 악지 기록의 원전과 찬술

악지(樂志)는 신라악, 고구려악, 백제악에 대해 기술한 내용으로 구성
되었고, 다시 신라악의 경우는 삼현(三絃), 즉 현금(玄琴)과 가야금(加
耶琴), 비파(琵琶)에 대해 기술한 부분, 삼죽(三竹) 및 향악(鄕樂)에 대
해 서술한 부분으로 나눌 수 있다. 악지의 찬자는 서두(序頭)에 '신라의
음악에는 삼죽과 삼현, 박판(拍板), 대고(大鼓), 가무(歌舞)가 있었으며,

춤은 두 사람이 추었는데, (무인〈舞人〉은) 방각(放角) 복두(幞頭)를 쓰고 자주색의 큰 소매가 달린 공란(公欄)을 입고 붉은 가죽띠에 도금한 띠고리를 단 허리띠를 두르고, 검은 가죽 목신발을 신었다.'고 서술하였다. 무인(舞人)의 복장(服裝)에 대한 기록은 다른 사서에서 찾을 수 없다. 악지의 찬자가 신라 무인의 복장에 관해 기술한 어떤 전승자료를 참조하여 인용한 것으로 보이는데, 그 전승자료에 대한 더 이상의 정보를 고구(考究)하기 어렵다.

악지에서는 서두에 이어 차례로 삼현, 즉 현금과 가야금, 비파와 삼죽에 대해서 소개하였는데, 대체로 앞부분에서는 중국 문헌을 활용하여 악기의 개요를 서술하고, 뒷부분에서는 신라 고기(古記)의 기록을 참조하여 악기의 유래와 전승, 곡조(曲調)의 현황 등에 대해 기술하였다. 〈표 4〉는 현금에 대한 개요를 기술한 부분과 여기에서 인용한 중국 문헌의 기록을 정리한 것이다.

악지의 찬차는 현금(玄琴)의 개요를 설명하면서 『금조』와 『풍속통』의 기록을 인용하였다. 『금조』는 중국 고대 금곡(琴曲)의 이름을 기록한 책

〈표 4〉 악지의 현금 관련 기록과 중국 문헌의 기록 비교

악지(樂志)	『금조(琴操)』	『풍속통(風俗通)』
玄琴 象中國樂部琴而爲之. 按琴操曰 伏犧作琴 以修身理性 反其天眞也. 又曰 琴長三尺六寸六分 象三百六十六日 廣六寸 象六合. 文上曰池〈池者 水也 言其平〉下曰濱〈濱者 服也〉 前廣後狹 象尊卑也 上圓下方 法天地也. 五絃象五行 大賢40)爲君 十41)絃爲臣 文王武王加二絃. 又風俗通曰 琴長四尺五寸者 法四時五行 七絃法七星.	昔伏羲氏作琴 所以禦邪僻 防心淫 以修身理性 反其天眞也. 琴長三尺六寸六分 象三百六十日也. 廣六寸 象六合也. 文上曰池 下曰巖 池水也 言其平 下曰濱 濱賓也 言其服也. 前廣後狹 象尊卑也. 上圓下方 法天地也. 五絃〈宮也〉象五行也. 大絃者君也 寬和而溫. 小絃者臣也 淸廉而不亂. 文王武王加二絃 合君臣恩也. 宮爲君 商爲臣 角爲民 徵爲事 羽爲物(『금조』 권상 금(琴) 서수〈序首〉).	今琴長四尺五寸 法四時 五行也 七絃者法七星也 (『풍속통』 권6 성음(聲音) 금)

(2권)으로서 후한의 채옹(蔡邕; 133~192)이 찬술한 것이다.[42] 『풍속통』은 본래 『풍속통의(風俗通義)』라고 불렀으며, 후한 때까지 전래된 중요한 사항과 역사를 항목에 따라 자세하게 논술한 유서(類書〈10권〉)로서, 2세기경의 사람인 응소(應召)가 찬술한 것이다. 종래에 악지의 기록과 『금조』·『풍속통』의 기록을 상호 비교하여, 악지의 찬자가 『금조』와 『풍속통』의 기록을 감필(減筆) 혹은 개필(改筆)하여 인용하였다고 주장하였다.[43] 물론 악지의 찬자가 『금조』와 『풍속통』의 원문을 직접 보고 인용하였다면, 이러한 주장은 설득력을 지닐 수 있다. 그러나 필자가 여러 문헌에 전하는 기록과 악지의 기록을 비교 검토한 결과, 악지의 찬자는 『금조』와 『풍속통』의 원문이 아니라 『초학기(初學記)』에 전하는 기록을 그대로 인용하였음을 확인할 수 있었다. 금(琴)과 관련된 『초학기』의 기록을 제시하면 다음과 같다.

琴第一〈敍事〉 琴操曰 伏犧作琴 以修身理性 反其天眞也〈又案世本說文曰 桓譚新論 並云 神農作琴 二說不同〉. 風俗通曰 琴者 樂之統也. ……
適足以和人意氣 感發善心也. 白虎通曰 琴者禁也 禁止於邪 以正人心也.
琴操曰 琴長三尺六寸六分〈象三百六十六日〉 廣六寸〈象六合〉 文上曰池〈池者 水也 言其平〉 下曰濱〈濱者 服也〉 前廣後狹 象尊卑也 上圓下方法天地也. 五絃 象五行〈風俗通曰 琴長四尺五寸者 法四時五行 七絃以

---

40) '賢'은 '絃'의 오자로 추정된다.

41) '十'은 '小'의 오자로 추정된다.

42) 송방송, 1981 「삼국사기 악지의 음악학적 연구-사료적 성격을 중심으로-」 『한국음악연구』 11, 126~127쪽에서 한나라의 蔡邕 또는 진나라의 孔衍이 『琴操』를 찬술하였다고 하였으나, 근래에 확실하게 채옹이 저술한 것으로 밝혀졌다(유혜영, 2015 「琴操의 편찬동기와 사회문화적 가치」 『중국문화연구』 25, 53~54쪽).

43) 송방송, 위의 논문, 120~121쪽 및 126~128쪽.

法七星〉大絃爲君 小絃爲臣 文王武王加二絃 以合君臣之恩〈釋智匠樂錄
曰 文王加一 武王加一 今稱二絃爲文武絃〉(『초학기(初學記)』권16 악부
하〈樂部下〉).

『초학기』는 약 700년경 당나라 현종 때 서견(徐堅; 659~729) 등이 엮
은 유서(類書)이다. 전체가 천부(天部), 세시부(歲時部), 지부(地部), 주
군부(州郡部), 제왕부(帝王部), 중궁부(中宮部), 저궁부(儲宮部), 제척
부(帝戚部), 직관부(職官部), 예부(禮部), 악부(樂部) 등을 비롯하여 모
두 24부로 분류되어 있고, 총 313개의 세부 항목으로 다시 분류되어 있
다.[44) 위에서 인용한 부분은 악부에 전하는 기록이다.

『금조』의 원문에는 '伏羲'라고 전하지만, 악지와 『초학기』에는 '伏犧'라
고 전한다. 또한 『금조』의 원문에는 '象三百六十日也', '文上曰池 下曰
巖 池水也 言其平 下曰濱 濱賓也 言其服也'라고 전하지만, 악지와 『초
학기』에 모두 '象三百六十六日', '文上曰池〈池者 水也 言其平〉 下曰濱
〈濱者 服也〉'라고 전한다. 악지의 기록과 『초학기』의 기록이 일치하는 것
으로 보아, 악지의 찬자가 『초학기』의 기록을 인용하여 악지에 기재하였
음이 확실시된다고 하겠다.[45) 이러한 사실을 명확하게 입증해주는 것이
바로 '又曰'이란 표현이다. 『금조』의 원문에는 '以修身理性 反其天眞也.
琴長三尺六寸六分 象三百六十日也'라고 전한다. 악지의 찬자가 『금조』
의 원문을 보고 직접 악지에 인용하였다고 가정한다면, '反其天眞也'와

---

44) 국립민속박물관, 2006 『중국대세시기』I(형초세시기·초학기·동경몽화록·세화기려보),
85쪽.

45) 『금조』의 원문에는 '大絃者君也 寬和而溫. 小絃者臣也 淸廉而不亂'이라고 전하나 악지와
『초학기』에는 모두 '大絃爲君 小絃爲臣'이라고 전한다. 악지의 찬자가 『금조』의 원문을 보
고 인용하지 않았음을 시사해주는 또 다른 사례로 들 수 있다.

'琴長三尺六寸六分' 사이에 '又曰'이라는 표현이 기재되어 있는 것을 합리적으로 설명하기 어렵다. 그런데 『초학기』에서 앞에서 『금조』의 기록을 인용한 다음, 이어 계속해서 『풍속통』과 『백호통(白虎通; 백호통의〈白虎通義〉)』의 기록을 인용하고, 또 다시 『금조』의 기록을 인용하였음을 살필 수 있는데, 악지의 찬자가 『초학기』에 두 번에 걸쳐 인용된 『금조』의 기록 모두를 수용하여 악지에 기술하면서, 뒤에 언급된 '琴操曰'을 '又曰'이라고 대체하여 기술하였다고 본다면, '反其天眞也'와 '琴長三尺六寸六分' 사이에 '又曰'이라는 표현이 들어간 이유를 나름 합리적으로 설명할 수 있을 것이다.

『풍속통』의 원문에는 '今琴長四尺五寸 法四時五行也 七絃者法七星也'라고 전하지만, 악지에는 '又風俗通曰 琴長四尺五寸者 法四時五行 七絃法七星'이라고 전하여 약간 차이가 있다. 그런데 악지의 기록과 유사한 표현을 『초학기』에서 발견할 수 있다. 『초학기』에는 세주(細注)에 '風俗通曰 琴長四尺五寸者 法四時五行 七絃以法七星'이라고 기술되어 있다. 악지의 기록과 『초학기』의 기록은 '以'를 제외하면 완전히 일치한다. 따라서 위의 구절 역시 악지의 찬자가 『풍속통』의 원문을 직접 보고 인용한 것이 아니라, 『초학기』의 기록을 인용한 것이라고 봄이 옳을 것이다.

현금 이외에 가야금과 비파, 삼죽의 개요를 설명할 때에도 역시 중국 문헌에 전하는 기록을 인용하였는데, 이때에도 악지의 찬자가 악지에 언급된 중국 문헌을 직접 보고 인용한 것이 아니라 공통적으로 『초학기』에 전하는 기록을 인용하였음이 확인된다. 〈표 5〉는 가야금의 개요에 대해 설명한 악지의 기록과 여기에서 언급된 『풍속통』, 『석명(釋名)』의 기록, 그리고 이들 기록과 관련된 『초학기』의 기록을 정리한 것이다.

〈표 5〉가야금 관련 악지의 기록과 『풍속통』, 『석명』, 『초학기』의 기록 비교

악지	『풍속통』	『석명』	『초학기』
加耶琴 亦法中國樂部箏而爲之. 風俗通曰 箏 秦聲也. 釋名曰 箏施絃高 箏箏然. 幷梁二州 箏形如瑟. 傳玄曰 上圓象天 下平象地 中空准六合 絃柱擬十二月 斯乃仁智之器. 阮瑀曰 箏長六尺 以應律數 絃有十二 象四時 柱高三寸 象三才. 加耶琴 雖與箏制度小異 而大槩似之.	謹按禮樂記 五絃筑身也 今幷凉二州 箏形如瑟 不知誰所改作也 或曰秦蒙恬所造(『풍속통』권6 성음 쟁)	箏 施弦高急 箏箏然也(『석명(釋名)』권7 석악기)	箏第二〈叙事〉風俗通曰 箏 秦聲也. 或曰蒙恬所造 五絃筑身 幷凉二州 箏形如瑟〈傳玄箏賦曰 上圓象天 下平象地 中空準六合 絃柱擬十二月 斯乃仁智之器 豈蒙恬亡國之臣 所能開思運巧〉釋名曰 箏施絃高 箏箏然 阮瑀箏賦曰 箏長六尺 以應律數 絃有十二 象四時 柱高三寸 象三才(『초학기』권16 악부하).

『석명』은 2세기경에 후한의 유희(劉熙)가 지은 8권의 책으로서, 석천 (釋天), 석지(釋地), 석악기(釋樂器) 등 27가지로 분류하여 명물(名物) 의 훈고(訓詁)를 기재하였다.[46] 여기에 '箏 施弦高急 箏箏然也'라고 전 하나, 악지와 『초학기』에는 '箏施絃高 箏箏然'이라고 전한다. 악지와 『초 학기』에는 『석명』에 전하는 '急', '也'자가 생략되어 있다. 악지의 찬자가 『석명』의 원문을 직접 보고 악지에 인용한 것이 아니라, 『초학기』의 기록 을 그대로 인용하였다고 짐작된다. 한편 『풍속통』의 원문에 '箏秦聲也' 란 표현이 보이지 않는다. '箏秦聲也'란 표현은 『송서(宋書)』 악지(樂志) 에 처음 보이고, 이후에 편찬된 『초학기』와 『통전(通典)』, 『악서(樂書)』에 서도 그것을 확인할 수 있다.[47] 앞에서 악지의 찬자가 『초학기』의 기록

---

46) 송방송, 1981 앞의 논문, 121쪽.

47) 箏秦聲也. 傳玄箏賦序曰 世以爲蒙恬所造 今觀其體合法度 節究哀樂 乃仁智之器 豈亡國之 臣 所能關思哉. 風俗通則曰 筑身而瑟 絃不知誰所改作也(『宋書』卷19 志第9 樂1).
箏秦聲也. 傳玄箏賦序曰 代以爲蒙恬所造 今觀其器 上崇似天 下平似地 中空准六合 絃柱 擬十二月 設之則四象柱 鼓之則五音發 斯乃仁智之器 豈蒙恬亡國之臣 能關思哉(『通典』卷 144 樂4 絃五 箏).
箏秦聲也. 世謂蒙恬爲之然 觀其器上隆象天 下方象地 中空象六合 絃柱象十二月 體合法度 節究哀樂 實乃仁智之器也 豈蒙恬亡國之臣所能關思哉. 風俗通日 箏五絃筑身而瑟絃 幷凉

1부. 잡지의 원전과 편찬   83

을 인용하여 악지에 기술하였음을 살핀 바 있다. 이러한 측면을 감안한다면, '風俗通曰 箏 秦聲也'라는 기록 역시 『초학기』에서 인용하였다고 봄이 자연스러울 것이다. '箏 秦聲也' 이외에 『풍속통』에 '今幷凉二州 箏形如瑟'이란 구절이 전한다. 그런데 악지에는 '幷梁二州 箏形如瑟'이라고 전하고, 『초학기』에는 '幷凉二州 箏形如瑟'이라고 전한다. 악지의 찬자는 『풍속통』의 기록이 아니라 역시 『초학기』의 기록을 인용하였다고 보이는데, 다만 악지에는 '幷凉州'가 '幷梁州'라고 전하여 차이를 보인다. 청(淸)의 단옥재(段玉裁; 1735~1815)가 『설문해자(說文解字)』에 전하는 '쟁(箏)'자에 대해 주해하면서 『풍속통』의 기록을 인용하였는데, 여기에 '箏 謹按樂記 五絃筑身也 今幷梁二州 箏形如瑟 不知誰所改作也 或曰秦蒙恬所造'라고 전하여서 주목된다. 이것은 『풍속통』의 판본에 따라 '幷凉二州' 또는 '幷梁二州'라고 기술되어 있음을 시사해주기 때문이다. 이에 따른다면, 악지의 찬자는 '幷梁二州'라고 기재된 『초학기』의 판본에서 인용하였다고 짐작해볼 수 있다.[48]

악지에 부현(傅玄)과 완우(阮瑀)가 언급한 내용이 전한다.[49] 『송서』와 『통전』에서 '부현쟁부서(傅玄箏賦序)'에 전하는 기록을 인용하였지만, 악지에 전하는 기록과 차이가 있다. 또한 『악서』에서 완우의 언급을 인용하

州箏形如瑟 是也. 京房制五音准如瑟十三絃 實乃箏也. 阮瑀曰 身長六尺 應律數也 絃有十二 四時度也 柱高三寸 三才具也 二手動應日月務也 故淸者感天 濁者感地 而唐唯淸樂箏十二彈之為鹿骨爪 長寸餘代指 他皆十三絃(『樂書』卷146 樂圖論 俗部 八音 十三絃箏).
　『宋書』는 488년에 南齊의 沈約이 편찬한 것이다. 당나라의 杜佑가 766년에 『통전』을 편찬하기 시작하여 30여 년에 걸쳐 初稿가 완성되었고, 그 후에도 많은 補筆이 있었던 것으로 알려졌다. 한편 陳暘이 宋 元豊 연간(1068~1085)에 『樂書』를 편찬하기 시작하여 建中靖國 元年(1101)에 완성하고 徽宗에게 獻呈하였다.
48) 필자는 현재까지 '幷梁二州'라고 기술된 『초학기』의 판본을 발견하지 못하였다. 추후에 『초학기』의 판본에 대한 정밀한 조사를 통해 보완할 예정이다.
49) 傅玄은 西晉의 문신이고, 阮瑀는 삼국시대 曹魏의 문신이다.

였지만, 악지의 기록과 차이가 난다. 한편『초학기』에 '부현쟁부(傅玄箏賦)', '완우쟁부(阮瑀箏賦)'에 전하는 기록을 인용하였는데, 여기에 전하는 기록이 악지의 기록과 일치한다. 악지의 찬자는 '쟁부(箏賦)'를 생략하고『초학기』의 밑줄 친 기록을 그대로 인용하였음이 분명하다. 이밖에 악지의 밑줄 친 부분은 악지의 찬자가 직접 기술한 것이다.

비파와 삼죽의 개요를 소개한 기록에서도『풍속통』과『석명』의 기록을 인용하였음을 확인할 수 있는데, 〈표 6〉은 악지에 전하는 기록과 중국 문헌에 전하는 기록을 정리한 것이다.

〈표 6〉 비파·삼죽 관련 악지의 기록과『풍속통』,『석명』,『초학기』의 기록 비교

악기	악지	『풍속통』	『석명』	『초학기』
비파	琵琶 風俗通曰 近代樂家所作 不知所起. 長三尺五寸 法天地人與五行 四絃象四時也. 釋名曰 琵琶 本胡中馬上所鼓 推手前曰琵 引手却曰琶 因以爲名. 鄕琵琶 與唐制度大同而少異 亦始於新羅 但不知何人所造. 其音有三調 一宮調 二七賢調 三鳳皇調 共二百一十二曲.	謹按 此近世樂家所作 不知誰也 以手批把 因以爲名. 長三尺五寸 法天地人與五行 四絃象四時(『풍속통』권6 성음 비파〈批把〉)	枇杷 本出於胡中 馬上所鼓也. 推手前曰枇 引手卻曰杷 象其鼓時 因以爲名也(『석명』권7 석악기).	琵琶第三〈敍事〉風俗通曰 琵琶 近代樂家所作 不知所起. 長三尺五寸 法天地人與五行也 四絃象四時也. 釋名曰 琵琶 本胡中馬上所鼓也. 推手前曰琵 引手却曰琶 因以爲名〈傅玄琵琶賦序曰 世本不載作者 故老云 漢送烏孫公主 念其行道思慕 使知音者 於馬上作之〉傅玄琵琶賦曰 中虛外實 天地象也 盤圓柄直 陰陽叙也(『초학기』권16 악부하)
삼죽	三竹 亦模倣唐笛而爲之者也. 風俗通曰 笛 漢武帝時 丘仲所作也. 又按宋玉有笛賦 玉在漢前 恐此說非也. 馬融云 近代雙笛從羌起. 又笛滌也 所以滌邪穢而納之於雅正也. 長一尺	謹按樂記 武帝時 丘仲之所作也. 笛滌也 所以蕩滌邪穢納之於雅正也. 長二尺四寸七孔. 其後又有羌笛. 馬融笛賦曰 近世雙笛從羌起 羌人伐竹 未及已		笛第十〈叙事〉風俗通曰 笛 漢武帝時 丘仲所作也〈又按宋玉有笛賦 玉在漢前 恐此說非也. 又馬融長笛賦云 近代雙笛從羌起〉笛滌也 所以滌邪穢納之於雅正也. 長一尺四寸七孔 笛音一定 諸絃歌

四十七孔. 鄕三竹 此亦起於新羅 不知 何人所作.	…… 是謂商聲五 音畢(『풍속통』권 6 성음 적〈笛〉).	皆從笛爲正 笛之所出 有雲夢之竹(『초학기』 권16 악부하).

　비파에 관한 악지의 기록과 『풍속통』, 『석명』의 기록을 비교한 결과, 약 간의 차이를 발견할 수 있다.[50] 반면에 악지의 기록과 『초학기』의 밑줄 친 기록을 상호 비교한 결과, 일부 글자의 출입이 있으나, 거의 일치하였 음을 확인할 수 있다.[51] 삼죽에 관한 기록의 경우, 악지의 기록과 『풍속 통』의 기록이 약간 차이가 있음을 살필 수 있다.[52] 이에 반해 악지의 기 록과 『초학기』의 밑줄 친 기록이 거의 일치하였음을 확인할 수 있다. 따 라서 비파와 삼죽에 관한 기록의 경우도 악지의 찬자가 『초학기』의 기록 을 인용하여 악지에 기재한 사례라고 보아도 좋을 것이다. 다만 여기서 한 가지 주목되는 사항은 악지에 '적(笛)'이 '長一尺四十七孔'이라고 전 함에 비하여, 『풍속통』에는 '長二尺四寸七孔', 『초학기』에는 '長一尺四 寸七孔'이라고 전한다는 점이다. 종래에 악지의 찬자가 『풍속통』에 전하 는 '長二尺四寸七孔'을 '長一尺四十七孔'이라고 잘못 전재(轉載)하였 다고 이해하였다.[53] 그러나 『예문유취(藝文類聚)』와 『통전(通典)』, 『태평 어람(太平御覽)』, 『악서(樂書)』에서도 『초학기』와 마찬가지로 '長尺四寸

---

50) 『풍속통』에는 '此近世樂家所作 不知誰也'라고 전하나, 악지에는 '近代樂家所作 不知所起' 라고 전하여 차이를 보인다. 그리고 『악지』에는 '釋名曰 琵琶 本胡中馬上所鼓 …… 因以 爲名'이라고 전하나, 『석명』에는 '本出於胡中 馬上所鼓也. …… 象其鼓時 因以爲名也'라고 전한다.
51) 악지의 찬자는 『초학기』에서 일부 구절에 보이는 '也'를 생략하고 인용하였음을 발견할 수 있다.
52) 『풍속통』에 '所以蕩滌邪穢納之於雅正也'라고 전하나, 『초학기』에서는 '所以滌邪穢而納之 於雅正也'라고 改書하였고, 악지의 찬자는 이것을 악지에 그대로 인용하였다.
53) 송방송, 1981 앞의 논문, 121쪽.

七孔'이라고 전하는 것으로 보건대,[54] 『예문유취』에서 『풍속통』에 전하는 '長二尺四寸七孔'을 '長一尺四寸七孔'으로 개서한 이후, 중국인들이 이 것을 그대로 따랐다고 이해하는 것이 자연스럽다. 이에 따른다면, 악지의 찬자가 『풍속통』에 전하는 '長二尺四寸七孔'을 '長一尺四十七孔'으로 잘못 인용하였다고 보기보다는 『초학기』에 전하는 '長一尺四寸七孔'을 '長一尺四十七孔'으로 잘못 전재하였다고 보는 것이 타당할 것으로 판단 된다.[55] 악지의 찬자가 '長一尺四寸七孔'을 '長一尺四十七孔'으로 잘못 인용한 사례는 역설적으로 그들이 『초학기』의 기록을 악지에 인용하여 기 술하였음을 입증해주는 구체적인 증거로서 주목된다고 하겠다. 한편 악 지의 밑줄 친 기록은 모두 악지의 찬자가 직접 기입한 부분에 해당한다.

악지의 찬자는 삼현과 삼죽의 개요를 주로 『초학기』의 기록을 인용하 여 설명하고, 악기의 유래와 전승에 대해 주로 고기(古記)를 인용하여 설 명하였다. 먼저 현금(玄琴)의 유래와 전승에 대해서는 신라고기(新羅古 記)를 인용하여 소개하였다. 신라고기와 관련된 내용을 『삼국사기』 및 다 른 문헌에서 전혀 찾을 수 없다. 다만 신라고기에 경문왕 6년(866) 10월 에 반란을 꾀하였다가 주살(誅殺)된 이찬 윤흥(允興)이 생존하였을 때에

---

54) 風俗通曰 笛 武帝時 邱仲所作也. 笛滌也 所以滌邪穢納之雅正也 長尺四寸七孔 後有羌笛 見馬融賦(『藝文類聚』卷44 樂部4 笛).
   笛 馬融長笛賦 此器起於近代 出於羌中 京房備其五音. 又稱 丘仲工其事 不言所造. 風俗通 曰 丘仲造笛 長尺四寸七孔(『通典』卷144 樂4 竹八).
   風俗通曰 笛 漢武帝時 工人丘仲所造也 本出羌中. 笛滌也 所以滌邪穢納之雅正也 長尺四 寸七孔(『太平御覽』卷580 樂部18 笛).
   風俗通曰 笛滌也 所以滌邪穢納之雅正也 長尺四寸七孔(『樂書』卷149 樂圖論 俗部 八音 七 空笛).
   『藝文類聚』는 唐 高祖 武德 7년(624)에 歐陽詢 등이 편찬하였고, 『太平御覽』은 北宋 太平 興國 2년(977)에서 8년(983) 사이에 李昉 등이 편찬하였다.
55) 한편 『초학기』에 '馬融長笛賦云'이라고 전하는 것을 악지의 찬자는 단지 '馬融云'이라고 줄여서 인용하였다.

귀금선생(貴金先生)이 안장(安長)과 청장(淸長)에게 표풍(飄風) 등 3곡을 전수(傳受)하였고, 그 후에 안장이 그것들을 그의 아들인 극상(克相)과 극종(克宗)에게 전수하였으며, 극종의 뒤에 현금을 연주하는 것을 자신의 직업으로 삼는 자가 하나둘이 아니었다고 전하는 바, 그것이 찬술된 시점은 적어도 경문왕대 이후였다고 이해할 수 있다. 구체적으로 신라고기에 '나인(羅人)', '나왕(羅王)'이라는 표현이 전하는 사실을 주목하건대, 그것은 신라 당대가 아니라 고려 초기에 찬술되었을 가능성이 높다고 보인다. 악지의 찬자는 신라고기에 전하는 내용을 악지에 그대로 인용한 다음, 현금의 곡조로서 평조(平調)와 우조(羽調)가 있으며, 현금의 악곡 187곡 가운데 널리 전파되어 기록할 수 있는 것은 얼마 되지 않고, 나머지는 흩어져서 갖추어 기재할 수 없다고 기술하였으며, 마지막으로 옥보고가 지은 30곡에 대해 소개하고, 이어 극종이 지은 7곡은 지금 없어졌다고 밝혔다.

악지의 찬자는 가야금의 유래 및 전승과 관련하여 나고기(羅古記)를 인용하여 설명하였다. 나고기에 전하는 내용과 관련이 있는 기록을 신라본기에서 찾을 수 있는데, 그것들을 제시하면 다음과 같다.

Ⅲ-① 왕이 순행하다가 낭성(娘城)에 이르러, 우륵(于勒)과 그의 제자 이문(尼文)이 음악을 잘 안다는 소식을 듣고 그들을 특별히 불렀다. 왕이 하림궁(河臨宮)에 머무르며 음악을 연주하게 하니, 두 사람이 각각 새로운 노래를 지어 연주하였다. 이에 앞서 가야국(加耶國) 가실왕(嘉悉王)이 12줄 현금(弦琴)을 만들었는데, 그것은 열두 달의 음율을 본뜬 것이다. 이에 우륵에게 명하여 곡을 만들게 하였던 바, 나라가 어지러워지자 (우륵은) 악기를 가지고 우리에게 투항하

였다. 그 악기의 이름은 가야금(加耶琴)이다(『삼국사기』 신라본기
제4 진흥왕 12년 3월).

Ⅲ-② 왕이 계고(階古), 법지(法知), 만덕(萬德) 세 사람에게 명하여 우륵
에게 음악을 배우도록 하였다. 우륵은 그들의 재능을 헤아려 계고
에게는 가야금을, 법지에게는 노래를, 만덕에게는 춤을 가르쳤다.
학업이 끝나자, 왕이 그들에게 연주하게 하고 말하기를, '예전 낭성
(娘城)에서 들었던 음악과 다름이 없다.'라고 하고는 상을 후하게
주었다(위의 책, 진흥왕 13년).

Ⅲ-① 기록은 두 개의 기사로 구성되었다. 하나는 551년(진흥왕 12) 3
월에 진흥왕이 하림궁(河臨宮)에 이르러 우륵과 그의 제자 이문이 지은
곡을 연주하게 하였다는 것이고, 다른 하나는 우륵이 가야국 가실왕이 만
든 가야금을 가지고 신라에 망명하였다는 기사이다. 앞의 기사와 관련된
내용은 악지에 전하지 않는다. 악지(樂志)에 쟁의 12줄은 열두 달에 비
견된다고 언급하였을 뿐만 아니라 가야국 가실왕이 만든 가야금을 우륵
이 가지고 신라에 망명하였다는 내용이 전하므로, 뒷부분의 기사는 신라
본기의 찬자가 악지의 기록을 참조하여 기술하였다고 보아도 무방할 듯
싶다.[56]

악지에 인용된 나고기(羅古記)에는 진흥왕이 우륵을 국원(國原)에 안
치(安置)하고, 대나마 주지(注知), 계고(階古), 대사(大舍) 만덕(萬德)
을 보내 가야금을 전수받게 하였으며, 세 사람이 우륵의 12곡을 전수받
고, 12곡이 번잡하고 음란하며 우아하고 바른 것이 아니라고 하여, 그것

---

56) 전덕재, 2015 「『삼국사기』 신라본기 중고기 기록의 원전과 완성」 『역사학보』 226, 17~18
쪽; 전덕재, 2018 앞의 책, 106쪽.

을 축약하여 5곡으로 만들었다고 전한다. Ⅲ-②와 악지의 기록을 비교하면, 법지(法知)와 주지(注知)의 표기가 다르고, 또한 전자에는 우륵이 계고 등에게 각기 가야금과 춤, 노래를 전수하였다고 전하나, 후자에는 이와 관련된 내용이 전하지 않는다. 결과적으로 두 기록의 내용이 상이(相異)하였다고 볼 수 있는 바, Ⅲ-②와 나고기는 서로 다른 계통의 전승자료에 입각하여 찬술되었다고 이해할 수 있을 것이다.

나고기에 성열현(省熱縣), 국원(國原)이라는 지명이 보인다. 주지하듯이 7세기 후반 이후에 '현(縣)'이라는 명칭을 널리 사용하였다. 한편 지리지에 경덕왕 16년에 국원소경(國原小京)을 중원경(中原京)으로 고쳤다고 전한다. 그런데 신라본기 헌덕왕 14년 3월, 효공왕 3년 7월 및 4년 10월 기록에서 '국원(國原)'이라는 표현을 발견할 수 있고, 궁예열전에 양길(梁吉)이 국원 등 30여 성을 차지하고 있었다는 기록이 전한다. 한편 김양열전에 김양(金陽)이 흥덕왕 3년(828)에 고성군태수(固城郡太守)가 되었다가 곧바로 중원대윤(中原大尹)에 임명되었다는 기록이 보이고, 강수열전에서는 강수가 중원경(中原京) 사량인(沙梁人)이라고 하였다. 이에 따른다면, 하대에 이르러 중원경과 국원경을 혼용하여 사용하였다고 볼 수 있는데, 다만 국원소경을 중원경으로 개칭한 이후에 강수열전의 원전(原典)이 찬술되었기 때문에 강수를 중원경 사량인라고 표시한 것으로 이해된다. 이상의 검토에 의거한다면, 나고기에 국원이라는 지명이 보인다고 하여서, 그것이 찬술된 시기가 7세기 후반에서 경덕왕 16년 사이라고 단정하기는 곤란하다고도 말할 수 있다. 그러나 나고기에 진흥왕대 이후의 상황에 대한 언급이 전혀 없기 때문에 경덕왕 16년 이전의 중대에 찬술되었을 가능성을 완전히 배제할 수 없는데, 만약에 이렇다고 한다면, 나고기 또는 신라본기 진흥왕 13년 기록 가운데 어느 하나의 원전이 성덕왕대에 활동한 김대문이 지은 『악본(樂本)』이었을 가능성도 충분히 고려해볼 수 있지만, 현재 『악본』이 전해지지 않기 때문에 이와 같은 추론을 확증할 수 없어 유감이다. 악지의 찬자는 나고기를 인용한 다음, 가야금에 하림조(河臨調)와 눈죽조(嫩竹調)가 있으며, 가야금의 악곡 180곡이 존재한다고 밝히고, 이어 우륵이 지은 12곡과 이문이 지은 3곡에 대해 소개하였다.[57]

악지의 찬자는 삼죽(三竹)의 개요를 서술한 다음, 만파식적(萬波息笛)의 유래를 기술한 고기(古記)를 인용하였다. 그런데 만파식적의 유래와 관련된 설화가 『삼국유사』 권제2 기이제2 만파식적조에 전한다. 두 기록을 비교하면, 악지의 기록은 이 설화의 요점만을 발췌하여 인용하였음을 쉽게 인지할 수 있다.[58] 이를 통해 고려 중기에 만파식적의 유래를 서술하고 있는 설화를 고기라고 이해하였음을 알 수 있다. 악지의 찬자는 고기의 기록을 괴이하여 믿을 수 없다고 평가하였는데, 아마도 이러한 이유 때문에 그들이 고기의 전문(全文)을 악지에 기술하지 않은 것으로 이해된다. 악지의 찬자는 고기를 인용한 다음, 삼죽에는 7곡조(曲調)가 있고, 대금(大笒)·중금(中笒)·소금(小笒)의 곡이 각기 324곡, 245곡, 298곡이 있다고 소개하였다.

악지의 찬자는 삼죽에 대해 기술하고, 이어서 신라 사람들이 기쁘고 즐거운 까닭으로 지은 향악(鄕樂)과 최치원이 지은 향악잡영(鄕樂雜詠) 5수(首)를 신라의 음악으로 소개하였다. 향악은 곡명만을 나열하였는데, 유리왕대부터 진평왕대까지 제작한 것과 지방에서 제작한 것으로 분류되

---

57) 악지의 찬자는 본래 우륵 12곡의 하나인 '爾赦' 다음에 '赦字未詳'이라고 세주를 달아야함에도 불구하고, 이문이 지은 3곡 가운데 가장 마지막에 기술된 '三曰辟' 다음에 세주를 달았다.

58) 송방송, 1981 앞의 논문, 134~135쪽.

어 있다. 향악 가운데 신라본기 유리이사금 9년 기록과 박제상열전, 백결

선생열전에 회소곡(會蘇曲; 회악〈會樂〉), 우식악(憂息樂), 대악(碓樂)

의 유래가 전한다. 악지의 찬자는 고려 중기에 향악의 악기 수효와 가무

의 모습을 알 수 없었다고 밝혔다.

　향악 가운데 일상군(日上郡), 압량군(押梁郡), 하서군(河西郡), 도동

벌군(道同伐郡), 북외군(北隈郡)의 음악이 있다고 언급하였다. 지리지

에 임관군(臨關郡; 모화군〈毛火郡〉)의 영현(領縣)인 굴아화현(屈阿火

縣)을 경덕왕대에 하곡현(河曲縣) 또는 하서현(河西縣)으로 개칭하였고,

임고군(臨皐郡; 절야화군〈切也火郡〉)의 영현인 도동화현(刀冬火縣)을

경덕왕대에 도동현(道同縣)으로, 압량군(押梁郡)을 경덕왕대에 장산군

(獐山郡)으로 개칭하였다고 전한다. 한편 종래에 '일상(日上)'을 '날위'의

훈차(訓借)로 해석하고, 일상군은 나이군(奈已郡)을 가리킨다고 이해한

견해가 제기되었다.[59] 다음 장에서 문성왕 17년 이후부터 헌강왕대까지

경덕왕대에 개정한 지명을 널리 사용하는 추세였음을 살필 것이다. 이와

더불어 필자는 전에 9세기 말인 경문왕·헌강왕대에 당악(唐樂)과 대비

된 신라의 음악을 향악(鄕樂)이라고 통괄하여 범주화하였음을 논증한 바

있다.[60] 지명 표기의 추이와 이와 같은 측면을 참조하건대, 경덕왕 16년

에 개칭한 지명이 주로 보이는 향악에 관한 전승자료가 정리된 시점은 경

문왕대 또는 헌강왕대였을 가능성이 높다고 볼 수 있다. 이러한 사실은

나이군(奈已郡)을 훈차한 한자음(漢字音)인 일상군(日上郡)으로 표기

한 사실과 더불어 북외군(北隈郡)의 위치를 고증하기 어렵지만, '물굽이'

---

59) 정구복 외, 2012 『개정증보 역주 삼국사기』 4(주석편하), 한국학중앙연구원출판부, 84쪽.

60) 전덕재, 2007 「향악의 성격 고찰을 통한 신라문화의 정체성 연구」 『대구경북학 연구논총』
　　4, 258~267쪽.

를 뜻하는 글자로서 '굴(屈)' 또는 '곡(曲)'이 아니라 널리 쓰이지 않는 '외(隈)'자를 사용한 사실을 통해서도 보완할 수 있을 것이다. 악지의 찬자는 경문왕 또는 헌강왕대에 향악의 곡명을 정리한 전승자료를 악지에 그대로 인용하였던 것으로 이해할 수 있다.

악지의 찬자는 향악과 관련하여 정명왕(政明王; 신문왕)이 689년(신문왕 9)에 신촌(新村)에 행차하여 잔치를 베풀고 연주한 악무(樂舞) 및 807년(애장왕 8)에 연주한 가무(歌舞)에 대해 고기(古記)의 기록을 인용하여 소개하였다. 다른 문헌에서 이들과 관련된 기록을 전혀 발견할 수 없기 때문에 고기의 원전을 더 이상 추적하기가 어렵다. 다만 하대에 신라인들이 정리한 전승자료가 고려 중기까지 전해져 악지의 편찬에 이용된 것으로 이해할 수 있을 뿐이다. 이밖에 악지에서는 신라 때에 악공(樂工)을 모두 척(尺)이라고 부른다는 사실과 최치원이 지은 향악잡영 5수를 소개하였는데, 악지의 찬자가 어떤 전승자료에서 향악잡영을 인용하였는가를 탐구할 수 있는 자료는 전하지 않는다.[61]

악지의 찬자는 고구려와 백제 음악에 대해서는 중국 사서에 전하는 기록을 인용하여 설명하였다. 고구려 음악에 대해『통전(通典)』,『책부원귀(冊府元龜)』에 전하는 기록을 인용하였다. 악지에 전하는『책부원귀』인용 기록과『책부원귀』에 전하는 기록이 완전히 일치한다.[62] 참고로『책부원귀』의 찬자는『수서』고려전에 전하는 기록을 그대로 전재하였음이 확인된다. 악지에 인용된『통전』의 기록과『통전』에 전하는 기록을 비교한

---

61) 필자는 鄕樂雜詠에 전하는 新羅五技(金丸, 月顚, 大面, 束毒, 狻猊)는 섣달 그믐날에 거행된 驅儺儀禮에서 공연된 驅儺舞와 百戱雜技였음을 논증한 바 있다(전덕재, 2017 「신라 기악백희의 종류와 전승-구나무를 중심으로-」 『사학지』 55, 59~64쪽).

62) 冊府元龜云 樂有五絃琴箏篳篥橫吹簫鼓之屬 吹蘆以和曲(『삼국사기』 잡지제1 악).
(高句麗) 樂有五絃琴箏篳篥橫吹簫鼓之屬 吹蘆以和曲(『冊府元龜』 권959 外臣部 土風).

결과, 악지의 찬자가 후자를 악지에 인용하면서 일부 글자를 잘못 전재하거나 개서(改書)한 것으로 확인된다.[63] 한편 『통전』의 찬자는 『구당서(舊唐書)』 악지(樂志)에 전하는 고구려 음악에 관한 기사를 인용하면서 일부 글자를 개서하였음을 살필 수 있다.[64]

백제 음악과 관련해서는 『통전』과 『북사(北史)』에 전하는 기록을 인용하였다. 악지의 찬자는 『통전』 권146 악6 사방악(四方樂)조에 전하는 기록〔百濟樂 …… 箏笛桃皮篳篥箜篌〕과 『통전』 권185 변방(邊防)1 동이상(東夷上) 백제조에 전하는 기록〔樂器之屬 多同於內地〕을 조합하여 인용하였다.[65] 그런데 『통전』 권146 악6 사방악조에 전하는 기록의 원전은 『구당서』 악지에 전하는 기록으로 확인된다. 악지에 인용된 『북사』의

---

63) 〈표〉 악지에 인용된 『通典』의 기록과 『通典』 卷146 樂6 四方樂에 전하는 기록 비교

東夷二國〈高麗百濟〉 高麗樂 工人紫羅帽 飾以鳥羽 黃大袖 紫羅帶 大口袴 赤皮鞾 五色紹繩. 舞者四人 椎髻於後 以絳抹額 飾以金璫 二人黃裙襦赤黃袴 二人赤黃裙襦袴 極長其袖 烏皮鞾 雙雙併立而舞. 樂用彈箏一 搊箏一 臥箜篌一 竪箜篌一 琵琶一 五絃琵琶一 義觜笛一 笙一 橫笛一 簫一 小篳篥一 大篳篥一 桃皮篳篥一 腰鼓一 齊鼓一 擔鼓一 貝一. 大唐武太后時尚二十五曲 今惟能一曲 衣服亦寖衰敗 失其本風(『通典』 卷146 樂6 四方樂).	通典云 樂工人紫羅帽 飾以鳥羽 黃大袖 紫羅帶 大口袴 赤皮鞾 五色繼繩. 舞者四人 椎髻於後 以絳抹額 飾以金璫 二人黃裙襦 赤黃袴 極長其袖 烏皮鞾 雙雙併立而舞. 樂用彈箏一 搊箏一 臥箜篌一 竪箜篌一 琵琶一 五絃一 義觜笛一 笙一 橫笛一 簫一 小篳篥一 大篳篥一 桃皮篳篥一 腰鼓一 齋鼓一 檜鼓一 唄一. 大唐武大后時 尚二十五曲 今唯能習一曲 衣服亦寖衰敗 失其本風.

악지의 찬자가 『통전』의 밑줄 친 부분을 악지의 밑줄 친 부분으로 잘못 인용하거나 개서하였다고 볼 수 있다.

64) 高麗樂 工人紫羅帽 飾以鳥羽 黃大袖 紫羅帶 大口袴 赤皮靴 五色絳繩 舞者四人. 椎髻於後 以絳抹額 飾以金璫 二人黃裙襦 赤黃袴 極長其袖 烏皮靴 雙雙並立而舞. 樂用彈箏一 搊箏一 臥箜篌一 竪箜篌一 琵琶一 義觜笛一 笙一 簫一 小篳篥一 大篳篥一 桃皮篳篥一 腰鼓一 齊鼓一 簷鼓一 貝一. 武太后時尚二十五曲 今惟習一曲 衣服亦寖衰敗 失其本風(『舊唐書』 卷29 志第9 樂2).
『통전』의 찬자는 『구당서』에 전하는 '靴', '雙雙並立而舞', '琵琶一 義觜笛一 笙一 簫一', '簷鼓一', '今惟能一曲'을 '鞾', '雙雙併立而舞', '琵琶一 五絃琵琶一 義觜笛一 笙一 橫笛一 簫一', '擔鼓一', '今唯能習一曲'으로 약간 개서하였음을 확인할 수 있다.

65) 『통전』에 '箏笛桃皮篳篥箜篌歌'라고 전하는 것을 악지의 찬자는 '歌'字를 제외하고 인용하였다.

기록과 『북사』 백제전에 전하는 기록이 일치하는 것으로 보건대, 악지의 찬자가 『북사』의 기록을 그대로 전재하였다고 정리할 수 있다. 『북사』 기록의 원전은 『수서』 백제전의 기록임을[66] 알 수 있다.

이상의 검토에 따른다면, 악지의 찬자는 신라 악기의 개요를 주로 당나라의 현종 때에 편찬된 『초학기』의 기록을 인용하여 서술하였고, 현금과 가야금, 비파를 비롯한 삼현과 대금·중금·소금을 가리키는 삼죽의 유래 및 전승, 당악(唐樂)과 대비된 신라의 음악을 가리키는 향악(鄕樂)에 대해서는 주로 고기의 기록을 인용하여 소개하였다고 정리할 수 있다. 이와 더불어 고구려와 백제 음악에 대해서는 우리나라의 전승자료가 전혀 없었기 때문에 주로 중국 사서에 전하는 기록을 인용하여 설명하였음을 확인할 수 있다. 악지에서 찬자가 직접 첨입(添入)한 세주(細注)를 단 1개만을 발견할 수 있는데, 이에서 악지의 찬자가 다양한 전거자료를 참조하여 악지를 서술하지 않았음을 추론해볼 수 있지 않을까 한다.

2) 색복지의 찬술

색복지(色服志)는 신라 복식(服飾)의 변천, 법흥왕 때에 제정한 공복(公服)과 관제(冠制) 규정, 그리고 흥덕왕 9년에 복식 규정에 대해 내린 교령(敎令), 고구려와 백제 의복에 대해 기술한 부분으로 구성되었다. 색복지 찬자는 신라 복식의 변천과 관련하여 법흥왕 때에 처음으로 6부인(部人) 복색(服色)의 존비제도(尊卑制度)를 제정(制定)한 사실, 진덕왕 2년(648)에 당나라의 복식(服飾)을 수용하고 문무왕 4년에 부인(婦人)의 의복마저 한식(漢式)으로 개혁(改革)한 사실 등을 중심으로 기술하였다.

---

66) 有鼓角箜篌箏竽箎笛之樂(『수서』 백제전).

〈표 7〉은 신라 복식의 변천과 관련되는 색복지와 신라본기의 기록을 정리한 것이다.

〈표 7〉 신라 복식의 변천 관련 색복지와 신라본기의 기록 비교

번호		색복지	신라본기
IV	①	新羅之初 衣服之制 不可考色. 至第二十三葉法興王 始定六部人服色 尊卑之制 猶是夷俗.	法興王 七年 春正月 頒示律令 始制百官公服 朱紫之秩.
	②	至眞德在位二年 金春秋入唐 請襲唐儀 太宗皇帝詔可之 兼賜衣帶. 遂還來施行 以夷易華.	眞德王 二年 冬 …… 遣伊飡金春秋及其子文王朝唐. 太宗遣光祿卿柳亨 郊勞之. …… 春秋又請改其章服 以從中華制. 於是 內出珍服 賜春秋及其從者. 詔授春秋爲特進 文王爲左武衛將軍. 還國詔令三品已上燕餞之 優禮甚備. 眞德王 三年 春正月 始服中朝衣冠.
	③	文武王 在位四年 又革婦人之服. 自此已後 衣冠同於中國.	文武王 四年 春正月 下敎 婦人亦服中朝衣裳.

IV-①의 색복지와 신라본기의 기록을 비교하면, 두 기록에서 기년(紀年)과 더불어 표현상에서 차이가 있음을 발견할 수 있다. 주지하듯이 중고기에 6부인에게 경위(京位)를 수여하였고, 지방 출신의 지배자에게 외위(外位)를 수여하였다. 중고기에 경위를 수여받은 사람만이 중앙의 관리로 등용되었으므로, 6부의 지배층이 바로 백관(百官)을 구성하였다고 이해할 수 있다. 이러한 측면에서 6부인 복색의 존비제도를 제정하였다는 표현과 백관 공복을 제정하고 붉은색과 자주색으로 위계를 정하였다는 표현은 동일한 사실을 반영한 것으로 봄이 옳을 것이다.

여기서 문제는 두 기록 가운데 어느 것이 보다 더 원형에 가까운 표현이라고 볼 수 있는가에 관해서이다. 신라에서는 문무왕 14년에 외위를 폐지하고, 지방의 지배자들에게도 경위를 수여하였다.[67] 더구나 신문왕

---

67) 武田幸男, 1965「新羅の骨品體制社會」『歷史學硏究』299, 11~12쪽.

대에 왕경의 범위를 오늘날 경주 시내의 범위로 축소 조정하고, 그 외곽의 6부지역에 대성군(大城郡), 대성군 악지현(惡支縣), 서형산군(西兄山郡), 모화군(毛火郡)을 설치하였다.[68] 따라서 통일 이후에 6부의 지배층이 곧 백관이라는 등식이 성립되기 어려워졌다고 볼 수 있다. 이처럼 중고기에만 6부인과 백관을 등치(等値)시켜 이해할 수 있는 바, 결국 IV-①의 색복지 기록이 법흥왕 당대에 기술된 원전(原典)에 보다 더 가까운 표현을 담고 있다고 평가할 수 있다.

앞에서 '第二十三葉法興王'이란 표현은 색복지 찬자가 직접 기술한 것임을 살핀 바 있다. 결국 색복지 찬자는 신라 초기의 의복 제도를 상고할 수 없다는 점을 명시하고, 이어 법흥왕 때에 6부인 복색의 존비제도를 제정하였다고 전하는 전승자료에 의거하여, 색복지에 '至第二十三葉法興王 始定六部人服色 尊卑之制'라고 기입(記入)한 다음, 이때 제정된 복식은 여전히 신라 고유의 풍속을 그대로 반영한 것이라는 논평을 짤막하게 제시하였다고 볼 수 있다.

IV-②와 IV-③의 색복지 및 신라본기의 기록을 보면, 색복지 찬자가 신라본기의 기록을 그대로 전재하지 않았음을 쉽게 인지할 수 있다. 그러나 색복지와 신라본기의 내용이 매우 유사하였음을 감안하건대, 색복지의 찬자가 신라본기의 기록을 전거로 삼아 색복지의 기록을 찬술하였다고 추정하여도 크게 이견이 없을 듯싶다. 결국 색복지의 찬자는 신라본기 또는 이것의 원전에 전하는 기록을 전거로 삼아 색복지에 진덕왕 2년과 문무왕 4년에 당나라의 복식을 수용하였음을 기술하고, 문무왕 4년 이후 신라의 의관이 중국의 그것과 같게 되었다고 찬자의 소감을 피력하는 것으로 신라 복식의 변천에 관한 서술을 마무리하였다고 볼 수 있다.

---

68) 전덕재, 2009 『신라 왕경의 역사』, 새문사, 57~95쪽.

김부식은 색복지에 김춘추가 당나라의 복식을 수용한 이래 고려시대까지 그 유제(遺制)가 그대로 계승되었고, 그 자신이 송나라의 사신으로 갔을 때에 고려 사신 일행의 의관(衣冠)이 송나라 사람들의 그것과 다름이 없어서 송인(宋人)들이 의아해했다는 사실, 송나라 사신이 고려에 왔을 때, 그들이 고려 여인의 옷차림이 중국 여인의 그것과 크게 다르지 않았음을 보고 감탄한 사실 등을 기술하고, 거기에서 신라의 의관제도를 자세하게 알 수 없어 현재 알 수 있는 내용만을 대충 기록한다고 밝혔다. 제사지와 악지, 지리지, 직관지의 찬자를 정확하게 알 수 있는 자료는 전하지 않는다. 반면에 색복지의 경우는 김부식이 직접 찬술하였음을 이를 통해서 엿볼 수 있다. 다만 이를 근거로 다른 지의 찬자 역시 김부식이었는가에 대해서는 단정하기 어렵다. 차후에 이에 대한 심층적인 검토가 필요하리라고 판단된다.

김부식이 신라의 의관과 관련하여 두 가지 자료를 제시하였다. 하나는 법흥왕 때에 제정(制定)한 공복제(公服制)와 관제(冠制)에 대한 규정이고, 다른 하나는 흥덕왕 9년(834)에 내린 신분에 따른 의관 규정과 관련된 하교(下敎)이다. 이 가운데 논란의 소지가 있는 자료는 바로 공복제와 관제 규정에 관한 것이다. 논지 전개의 편의를 위해 이와 관련된 기록을 제시하면 다음과 같다.

法興王制 自太大角干至大阿飡 紫衣. 阿飡至級飡 緋衣並牙笏. 大奈麻奈麻 靑衣. 大舍至先沮知 黃衣. 伊飡迊飡 錦冠. 波珍飡大阿飡衿荷 緋冠. 上堂大奈麻赤位大舍 組纓.

필자는 전에 공복제와 관제 규정은 법흥왕대가 아니라 당나라의 복식을 수용한 진덕왕대에 제정한 것임을 자세하게 검토한 바 있다.[69] 여기서 공복제와 관제 규정이 진덕왕대에 제정된 것이라는 논거에 대해 일일이 다시 열거할 필요가 없지만, 일단 진덕왕대에 그것들을 제정하였다고 한다면,[70] 문제는 색복지의 찬자인 김부식이 위에서 인용한 기록에 전하는 공복제와 관제 규정을 왜 법흥왕이 제정한 것이라고 기술하였는가에 관한 합리적인 설명이 필요하다는 사실이다.

고대 일본 율령의 의복령(衣服令)에서 제신(諸臣)의 예복(禮服)과 조복(朝服)은 관품(官品)에 따라 의복의 색깔을 구별하였음을 살필 수 있다.[71] 당나라의 의복령이 전해지지 않지만, 여러 문헌에 공복 규정에 관한 내용이 전하는 것으로 보건대,[72] 의복령에 관품에 따라 공복의 색깔을 달리한다는 규정이 포함되었을 것으로 짐작된다.[73] 고대 일본과 당나

---

69) 전덕재, 1996 『신라육부체제연구』, 일조각, 160~169쪽; 전덕재, 2000 「7세기 중반 관직에 대한 관등규정의 정비와 골품제의 확립」『한국 고대의 신분제와 관등제』, 아카넷, 303~315쪽.

70) 신라본기 진덕왕 4년(650) 여름 4월 기록에 '왕이 명을 내려 眞骨로서 관직에 있는 사람은 牙笏을 지니게 하였다.'고 전한다. 이 기록을 근거로 진골 신분의 모든 관리들이 아홀을 지닐 수 있다고 볼 수도 있다. 그러나 당나라와 발해에서 5품 이상만이 牙笏(象笏)을 지닐 수 있다고 규정한 점(武德四年七月十六日詔 五品已上執象笏 已下執竹木笏(『唐會要』 卷32 輿服下 笏); 以品爲秩 三秩以上服紫牙笏金魚 五秩以上服緋牙笏銀魚 六秩七秩淺緋衣 八秩綠衣 皆木笏(『新唐書』 渤海傳))을 감안하건대, 진골 신분의 모든 관리들이 아홀을 지닐 수 있다고 단정하기 곤란할 듯싶다. 색복지의 기록을 참고하여 보건대, 신라본기의 기록은 緋衣와 紫衣를 입을 수 있는 관리 가운데 진골 신분만이 牙笏을 지닐 수 있다고 규정한 사실을 반영한 것이라고 봄이 자연스럽지 않을까 한다.

71) 고대 율령 의복령의 자세한 내용은 기요하라노 나츠노저·이근우역, 2014 『令義解譯註』 (下), 세창출판사, 102~114쪽이 참조된다.

72) 貞觀四年 八月十四日詔曰 冠冕制度已備令文 尋常服飾 未爲差等. 宜令三品已上服紫 四品五品已下服緋 六品七品以綠 八品九品以靑 婦人從夫之色 仍通服黃(『唐會要』 卷31 輿服上 章服品第).
貞觀四年又制 三品已上服紫 五品已下服緋 六品七品服綠 八品九品服以靑. 帶以鍮石 婦人從夫色 雖有令 仍許通著黃(『舊唐書』 卷45 輿服志).

73) 仁井田陞, 1997 『唐令拾遺補』, 東京大學出版會, 664쪽에서 『당회요』와 『구당서』에 전하는 기록을 근거로 당의 의복령에 공복에 관한 규정을 추가하여 제시한 바 있다.

라의 사례를 참조하건대, 공복제에 관한 규정도 신라 의복령에 포함된 규정의 하나라고 보아도 좋을 것이다. 관제(冠制) 규정 역시 공복제 규정과 마찬가지로 의복령에 포함된 규정의 하나였을 것으로 추정된다.

공복제의 규정에서 태대각간에서 대아찬까지 자의(紫衣)를 입는다고 하였다. 태대각간은 문무왕 8년(668)에 김유신에게 처음으로 수여한 바 있었다.[74] 이전까지 대각간에서 대아찬까지 자의를 입는다는 규정이 존재하였을 것이고, 문무왕 8년 이후에 다시 규정을 태대각간에서 대아찬까지 자의를 입는다고 개정한 것으로 보인다. 문무왕이 681년에 사망하면서 유조(遺詔)를 반포하였는데, 여기에 '율령격식(律令格式) 가운데 불편한 것이 있으면 고치도록 하라'는 내용이 전하는 것으로 보아서, 신문왕 즉위 후에 율령을 개정하였음을 추론해볼 수 있다. 아마도 이때에 의복령의 내용도 일부 개정하였고, 이것이 후대까지 전승된 것으로 이해된다. 이러한 사실은 872년(경문왕 12)에 작성된 황룡사구층목탑사리함기에 황룡사 9층목탑 중창(重創) 시(時) 성전(成典)의 관리 가운데 공복색인 비의(緋衣), 청의(靑衣), 황의(黃衣)와 밀접한 연관성을 지닌 적위(赤位), 청위(靑位), 황위(黃位)가 있었다고 전하는 사실을 통해서도 뒷받침할 수 있다. 이를 통해 경문왕 12년까지 태대각간에서 대아찬까지 자의, 아찬에서 급찬까지 비의, 대나마에서 나마까지 청의, 대사에서 선저지까지 황의를 입는다는 공복제의 규정이 존치(存置)되었음을 추론할 수 있기 때문이다. 관제 규정의 경우도 비슷하지 않았을까 짐작된다. 결과적으로 진덕여왕대에 제정된 공복제와 관제의 규정은 후대에 일부 개정이 이루어지긴 하였지만, 신라 말기까지 기본 골격은 그대로 유지되었

---

74) 太大角干〈云太大舒發翰〉 文武王八年 滅高句麗授留守金庾信以太大角干 賞其元謀也. 於前十七位及大角干之上 加此位 以示殊尤之禮(『삼국사기』 잡지제7 직관상).

다고 보아도 잘못이 아닐 듯싶다.

만약에 공복제와 관제 규정에 관한 기록에 구체적인 연대가 제시되어 있었다고 한다면, 색복지에 제시된 기록의 기본원전은 교령(敎令)이나 격(格)이라고 볼 수도 있지만, 단지 '법흥왕제(法興王制)'라고 기술되어 있으므로, 이와 같은 추론은 그리 설득력이 높다고 보기 어려울 것이다. 한편 김부식이 색복지에서 신라의 의관제도를 자세하게 알 수 없다고 언급한 사실을 감안하건대, 『삼국사기』가 편찬된 고려 중기까지 신라의 의복령(衣服令) 전문이 전래되지 않았음이 분명한 듯하다. 다만 의복령에 포함되었던 공복제와 관제 규정이 다른 전승자료에 전해졌고, 김부식이 이것을 색복지를 찬술하면서 참조하였다고 봄이 합리적이라고 판단된다. 그런데 의복령에는 어떤 규정을 제정한 시기를 제시하지 않는 것이 일반적이라는 사실을 감안한다면, 공복제와 관제 규정이 기술되어 있는 전승자료에도 역시 마찬가지였을 것으로 짐작된다.

김부식은 법흥왕대에 처음으로 6부인 복색의 존비제도를 제정한 것이 신라 고유의 풍속을 반영한 것이라고 평가한 바 있다. 공복제와 관제 규정은 당나라의 그것과 차이가 있었다. 김부식의 입장에서는 공복제와 관제 규정은 신라 고유의 풍속을 반영한 것이라고 볼 수 있는 여지가 전혀 없다고 말하기 어렵다. 이처럼 김부식이 공복제와 관제 규정이 신라 고유의 풍속을 반영한 것이라고 인식하였기 때문에, 결국 그러한 규정을 제정한 시기를 진덕왕대 이전으로 이해할 수밖에 없었고, 게다가 신라 고유의 풍속을 반영한 공복제를 처음으로 제정한 것이 법흥왕대였다고 전하는 사실 등을 두루 감안하여, 법흥왕 때에 공복제와 관제 규정을 제정하였다고 부기(附記)하지 않았을까 짐작된다.

김부식은 공복제와 관제 규정을 소개한 다음, 흥덕왕 9년에 내린 하교를 그대로 인용하여 제시하였다. 김부식은 이외에 거기지(車騎志), 기용지(器用志), 옥사지(屋舍志)에서도 역시 흥덕왕 9년에 내린 하교의 원문을 그대로 전재하였던 것으로 확인된다. 하교(下敎)에 '이에 감히 구장(舊章)에 따라 명문(明文)으로 된 법령(明令)을 공포하는 바이니, 혹시 고의로 범하는 자가 있으면, 상응하는 형벌(常刑)이 있을 것이다.'라고 전한다. 이를 통해 흥덕왕 9년에 구장의 내용을 근거로 하여 색복(色服)과 거기(車騎), 기용(器用), 옥사(屋舍)에 관한 규정을 정비하였음을 추론할 수 있다. 여기서 구장의 실체를 정확하게 고구(考究)하기 어렵지만, 하교를 통해서 기존의 법령을 개정하는 조치를 취하였음을 염두에 둔다면, 구장은 율령에 규정된 법령의 하나이거나 또는 흥덕왕 9년 이전에 내린 교령(敎令) 가운데 하나였을 가능성이 높다고 볼 수 있다.

필자는 전에 진덕왕대에 내성사신(內省私臣)이나 조부령(調府令)과 같은 중요한 고위관직부터 관등규정을 마련하기 시작하여 신문왕대에 하위관직까지 망라하여 관등규정을 정비하였음을 검증한 바 있다.[75] 관직에 대한 관등규정이 정비되면서 비로소 관직의 위계서열이 신분의 상하와 연계되었으며, 이때부터 본격적으로 신분제, 즉 골품제가 관리들을 선발하거나 관리의 정치적 진출을 결정짓는 중요한 기준으로서 기능하였던 것으로 이해된다. 뿐만 아니라 당시 사람들의 일상 생활의 여러 측면을 규제하는 사회원리로서의 역할을 수행하였을 것으로 짐작된다. 이에 따른다면, 골품(骨品)에 따른 색복과 거기, 기용, 옥사에 관한 규정을 처음으로 제정한 것은 신문왕대였고, 아울러 이와 같은 규정은 율령에도 반영되었다고 봄이 자연스럽지 않을까 한다. 이후 색복과 거기, 기용, 옥사에 관한 규정은 교령에 의해 개정되었을 가능성도 충분히 예상되기 때문에

---

75) 전덕재, 2000 앞의 논문, 291~303쪽.

구장을 반드시 신문왕대에 제정한 색복과 거기, 기용, 옥사에 관한 규정이라고 단정하기 어려울 것이다. 두 가지 가능성 가운데 어느 것이 옳은지에 대해서는 더 이상 고구(考究)하기 어려운 실정인데, 향후 새로운 자료의 발굴과 연구방법론의 개발에 의해 이에 대한 보다 진전된 이해가 이루어지기를 기대해볼 수밖에 없다.

　김부식은 고구려와 백제의 의복을 상고(詳考)할 수 없기 때문에 중국 사서에 전하는 기록을 인용하여 소개하였다. 고구려의 의복에 관해서는 『북사』와 『신당서』, 『책부원귀』의 기록을 인용하여 설명하였다. 김부식은 세 사서에 전하는 기록을 거의 그대로 전재한 것으로 확인된다.[76] 다만 『북사』와 『책부원귀』의 찬자는 이전 시기에 편찬된 여러 사서에 전하는 기록을 편집하여 인용하거나 그대로 전재하였음을 살필 수 있다. 고구려 의복과 관련된 『북사』 고구려전의 기록을 제시하면 다음과 같다.

　　(ㄱ) 人皆頭著折風 形如弁 (ㄴ) 士人加揷二鳥羽. 貴者 其冠曰蘇骨 多用
　　紫羅爲之 飾以金銀. (ㄷ) 服大袖衫大口袴素皮帶黃革履. 婦人裙襦加襈.

---

76) 색복지에 인용된 중국 사서의 기록과 중국 사서에 전하는 기록을 제시하면 다음과 같다.

색복지	중국사서
北史云 高句麗人 皆頭着折風 形如弁 士人加揷二鳥羽 貴者 其冠曰蘇骨 多用紫羅爲之 飾以金銀 服大袖衫大口袴素皮帶黃革履 婦人裙襦加襈.	人皆頭著折風 形如弁 士人加揷二鳥羽. 貴者 其冠曰蘇骨 多用紫羅爲之 飾以金銀 服大袖衫大口袴素皮帶黃革履 婦人裙襦加襈(『北史』 高句麗傳).
新唐書云 高句麗 王服五采 以白羅製冠 革帶皆金釦. 大臣靑羅冠 次絳羅 珥兩鳥羽 金銀雜釦 衫筩褒 袴大口 白韋帶 黃革履. 庶人衣褐 戴弁. 女子首巾幗.	王服五采 以白羅製冠 革帶皆金釦. 大臣靑羅冠 次絳羅 珥兩鳥羽 金銀雜釦 衫筩袖 袴大口 白韋帶 黃革履. 庶人衣褐 戴弁 女子首巾幗(『新唐書』 高麗傳).
冊府元龜云 高句麗 其公會 皆錦繡 金銀以自飾. 大加主簿 皆着幘 如冠幘而無後 其小加着折風 形如弁.	其公會 衣服皆錦繡 金銀以自飾. 大加主簿 皆著幘 如冠幘而無後 其小加著摺風 形如弁(『冊府元龜』 卷959 外臣部 土風).

(ㄱ)의 '人皆'는 『수서(隋書)』 고려전(高麗傳), 나머지는 『위서(魏書)』 고구려전(高句麗傳)에서 인용한 것이다.[77] (ㄴ)은 『주서(周書)』와 『수서』 고려전의 기록을[78] 참조하여 기술하였는데, 『북사』의 찬자가 『주서』에 '有官品者', 『수서』에 '使人'으로 전하는 것을 '士人'으로 개서하였음을 살필 수 있다. (ㄷ)은 『수서』에서 인용한 부분에 해당한다. 『책부원귀』와 『통전』에 전하는 기록이[79] 일치하는 것으로 보아, 전자의 찬자는 후자의 기록을 인용한 것으로 이해된다. 『통전』에 전하는 기록의 기본원전은 『양서』 고구려전의 기록이고,[80] 『양서』의 찬자는 『삼국지』 위서 동이전의 기록을[81] 전거로 고구려 의복에 대해 기술한 것으로 확인된다.

백제 의복에 관해서는 『북사』와 『수서』, 『구당서』, 『통전』의 기록을 인용하여 소개하였다. 김부식은 『북사』와 『수서』 백제전에 전하는 백제 의복에 관한 기록을 적절하게 편집하여 인용하였는데,[82] 이 과정에서 『북사』에 전하는 '(奈率)已上 冠飾銀華'를 '奈率已下 冠飾銀花'로 잘못 인용하였음을 알 수 있다. 이와 더불어 『북사』의 찬자는 『주서』 백제전의 기록을[83] 참조하여 고구려 의복에 대해 기술한 것으로 확인된다. 또한 김부식은 『구당서』와 『통전』에 전하는 백제 관련 기록을 그대로 인용하였음을 살

---

77) 頭著折風 其形如弁 旁揷鳥羽 貴賤有差. 立則反拱 跪拜曳一脚 行步如走. 常以十月祭天 國中大會. 其公會 衣服皆錦繡 金銀以爲飾(『魏書』高句麗傳).
人皆皮冠 使人加揷鳥羽. 貴者 冠用紫羅 飾以金銀. 服大袖衫大口袴素皮帶黃革履. 婦人裙襦加襈(『隋書』高麗傳).

78) 丈夫衣同袖衫大口袴白韋帶黃革履. 其冠曰骨蘇 多以紫羅爲之 雜以金銀爲飾. 其有官品者 又揷二鳥羽於其上 以顯異之. 婦人服裙襦 裾袖皆爲襈(『周書』高麗傳).

79) 其公會 衣服皆錦繡 金銀以自飾. 大加主簿 皆着幘 如冠幘而無後. 其小加着折風 形如弁(『通典』卷186 邊防2 東夷下 高麗).

80) 其公會 衣服皆錦繡 金銀以自飾. 大加主簿頭所著似幘而無後 其小加著折風 形如弁(『양서』고구려전).

81) 其公會 衣服皆錦繡 金銀以自飾. 大加主簿頭著幘 如幘而無餘 其小加著折風 形如弁(『삼국지』위서 동이전 고구려).

필 수 있다.[84) 참고로『통전』기록의 원전은『주서』백제전의 기록이었다.

색복지 찬자인 김부식은 법흥왕 때에 6부인 복색의 존비제도를 제정한 사실에 대해 기술한 전승자료와 신라본기에 전하는 의복 관련 기록을 두루 참조하여 신라 복식의 변천에 대해 기술하였다. 그리고 신라의 의복이 고려시대까지 그대로 계승된 사실과 관련된 내용을 색복지에 직접 첨입(添入)하였다. 마지막으로 공복제와 관제를 규정한 의복령의 조문(條文)만을 기술한 전승자료의 내용을 그대로 전재하면서, 그것은 법흥왕 때에 제정된 것이라고 부기하고, 이어 흥덕왕 9년에 내린 의복 관련 교령

---

82) 색복지에 인용된『북사』,『수서』기록과『북사』와『수서』백제전에 전하는 기록을 제시하면 다음과 같다.

색복지	중국사서
北史云 百濟衣服與高麗略同. 若朝拜祭祀 其冠兩廂加翅 戎事則不. 奈率已下 冠飾銀花 將德紫帶 施德皂帶 固德赤帶 季德靑帶 對德文督皆黃帶 自武督至剋虞皆白帶.	官有十六品 左平五人 一品 …… 奈率 六品 已上冠飾銀華. 將德 七品 紫帶. 施德 八品 皂帶. 固德 九品 赤帶. 季德 十品 靑帶. 對德 十一品 文督 十二品 皆黃帶. 武督 十三品 …… 剋虞 十六品 皆白帶. 自恩率以下 官無常員. 各有部司 分掌衆務. …… 其飮食衣服 與高麗同. 若朝拜祭祀 其冠兩廂加翅 戎事則不(『北史』百濟傳).
隋書云 百濟自佐平至將德 服紫帶 施德皂帶 固德赤帶 季德靑帶 對德以下皆黃帶 自文督至剋虞皆白帶 冠制並同 唯奈率以上 飾以銀花.	官有十六品 長曰左平 次大率 次恩率 次德率 次杆率 次奈率 次將德 服紫帶. 次施德 皂帶. 次固德 赤帶. 次季德 靑帶. 次對德以下 皆黃帶. 次文督 次武督 次佐軍 次振武 次剋虞 皆用白帶. 其冠制並同 唯奈率以上 飾以銀花(『隋書』百濟傳).

83) 官有十六品. 左平五人 一品 …… 奈率六品 六品已上 冠飾銀華. 將德七品 紫帶. 施德八品 皂帶. 固德九品 赤帶. 李(季)德十品 靑帶. 對德十一品 文督十二品 皆黃帶. 武督十三品 …… 克虞十六品 皆白帶. 自恩率以下 官無常員. …… 其衣服 男子畧同於高麗. 若朝拜祭祀 其冠兩廂加翅 戎事則不. 拜謁之禮 以兩手據地爲敬. 婦人衣以(似)袍 而袖微大(『주서』백제전).

84) 唐書云 百濟 其王服大袖紫袍 靑錦袴 烏羅冠 金花爲飾 素皮帶 烏革履. 官人盡緋爲衣 銀花飾冠. 庶人不得衣緋紫(『삼국사기』잡지제2 색복).

其王服大袖紫袍 靑錦袴 烏羅冠 金花爲飾 素皮帶 烏革履. 官人盡緋爲衣 銀花飾冠. 庶人不得衣緋紫(『구당서』백제전).

通典云 百濟其衣服 男子略同於高麗 婦人衣似袍 而袖微大((『삼국사기』잡지제2 색복).

其衣服 男子略同於高麗 拜謁之禮 以兩手據地爲敬 婦人衣似袍而袖微大(『通典』卷185 邊防1 東夷上 百濟).

(敎令)을 그대로 전재함으로써 신라 의복과 관련된 색복지의 기록을 완비하였다. 그리고 고구려·백제의 의복과 관련된 전승자료가 전하지 않았기 때문에 김부식은 두 나라의 의복에 관해서는 중국 사서에 전하는 고구려·백제 의복 관련 기록을 색복지에 인용하여 소개하였음을 살필 수 있다. 김부식은 흥덕왕 9년에 내린 교령을 그대로 전재하여 거기지(車騎志)와 기용지(器用志), 옥사지(屋舍志)를 구성하였는데, 흥덕왕 9년 교령의 기본원전은 신문왕대에 골품에 따른 색복과 거기, 기용, 옥사에 관한 규정을 개정한 법령이거나 또는 이것을 또 다시 개정한 교령이었던 것으로 추정된다.

지리지의 원전과 편찬

1. 신라지의 원전과 편찬

1) 원전과 그 찬술 시기

신라지(新羅志)[1]는 서문(序文)과 9주 및 5소경, 9주 예하 군·현의 연혁을 소개한 것으로 구성되었다. 서문은 신라 강역(疆域)의 경계(境界), 개국(開國) 연대와 왕도(王都)의 규모, 국호(國號)의 변천, 왕도의 여러

---

1) 『삼국사기』 잡지제6 지리4 고구려조 말미에 '위의 高句麗 州郡縣은 모두 164곳인데, 그것을 신라에서 고친 이름과 지금(고려)의 이름은 新羅志에 보인다.'고 전한다. 백제조에서도 비슷한 기록을 찾을 수 있다. 여기서 '新羅志'는 『삼국사기』 잡지제3 지리1, 잡지제4 지리2, 잡지제5 지리3에 전하는 9州와 5小京, 9주 예하 여러 郡·縣의 연혁을 기술한 부분에 해당한다. 이에 필자는 『삼국사기』 지리지 찬자의 주장을 수용하여 위의 부분을 '新羅志'라고 명명하고, 잡지제6 지리4에 고구려와 백제 군현의 연혁을 전하는 부분을 '高句麗志', '百濟志'라고 명명하였음을 밝혀둔다.

성곽 현황, 9주의 설치와 그 위치, 9주 관할 군현 수, 신라 강역의 퇴축(退縮)과 멸망(滅亡) 등을 서술한 부분으로 나눌 수 있다. 『삼국사기』 지리지의 찬자는 주로 중국 사서에 전하는 기록을 인용하여 신라 강역의 경계에 대하여 설명하였다. 찬자가 인용한 중국 사서는 『통전(通典)』, 『구당서(舊唐書)』와 『신당서(新唐書)』, 『한서(漢書)』 지리지(地理志), 『후한서(後漢書)』 군국지(郡國志), 그리고 가탐(賈耽)의 『고금군국현도사이술(古今郡國縣道四夷述)』 등이다. 지리지의 찬자는 중국 사서에서 신라 강역의 경계에 대해 언급한 내용만을 부분적으로 발췌하여 인용하였는데, 이때 일부 내용을 생략하였음이 확인된다.[2]

이밖에 신라 강역의 경계를 설명하는 부분에서 최치원이 지은 상태사시중장(上太師侍中狀)에 전하는 기록(馬韓則高麗 卞韓則百濟 辰韓則新羅也)을 일부 인용한 사례가 발견된다. 서문의 나머지 부분에서는 그 출처를 분명하게 밝히지 않았다. 왕도의 규모, 월성(月城)과 만월성(滿月城), 명활성(明活城), 남산성(南山城)의 둘레에 대한 정보가 신라본기에 전하지 않는 것으로 보건대, 지리지의 찬자가 신라본기의 저본자료인 『구삼국사』의 신라 기록[3] 이외의 또 다른 자료를 참조하여 서문을 기술

---

2) 『通典』 卷185 邊防 第1 東夷上 新羅條에 '其先本辰韓種也 辰韓始有六國 稍分爲十二 新羅則其一也 其國在百濟東南五百餘里 東濱大海'라고 전하나, 지리지에서는 단지 '杜佑通典云 其先本辰韓種 其國在百濟高麗二國東南 東濱大海'라고 기술하였다. 또한 『신당서』 신라전에 '東距長人 東南日本 西百濟 …… 長人者人類長三丈 鋸牙鉤爪 黑毛覆身 不火食噬禽獸 或搏人以食 得婦人以治衣服 其國連山數十里有峽固 以鐵闔號關門 新羅常屯弩士數千守之'라고 전하지만, 지리지에는 '新書又云 東距長人·長人者人長三丈 鋸牙鉤爪 搏人以食 新羅常屯弩士數千守之'라고 전할 뿐이다.

3) 井上秀雄, 1968 「三國史記の原典をもとめて」 『朝鮮學報』 48; 1974 『新羅史基礎研究』, 東出版. 井上秀雄은 『삼국사기』 찬자가 중국 사서보다는 신라측 사료임이 분명한 古記와 더불어 거란 침략 이전 시기인 1010년경에 편찬한 『舊三國史』를 저본으로 하여 『삼국사기』를 서술하였다고 주장하였다. 현재 대부분의 연구자들이 『삼국사기』 본기의 저본자료가 『구삼국사』였다고 이해하고 있다.

하였던 것으로 이해할 수 있다.[4)]

『삼국사기』 신라본기의 기록 가운데 중국 사서 또는 열전(列傳), 잡지(雜志), 고기류(古記類) 등에서 인용한 것을 적지 않게 발견할 수 있다. 『삼국사기』 찬자가 중국 사서와 고기류 등에서 인용한 것을 제외한 나머지 신라본기 기록의 원전(原典)은 대체로 『구삼국사』에 전하는 기록이었을 것으로 추정된다.[5)] 그렇다면 과연 서문 이외의 나머지 신라지 찬술의 저본으로 활용된 자료 역시 『구삼국사』에 전하는 신라 관련 기록이었는지의 여부가 궁금하다. 이 문제와 관련하여 다음의 여러 기록을 주목할 필요가 있다.

번호		신라지	신라본기
ㅣ	①	상주(尙州). 법흥왕 11년(524), 양(梁) 보통(普通) 6년(525)에 처음으로 군주(軍主)를 두어 상주(上州)로 삼았다.	법흥왕 12년(525) 봄 2월에 대아찬 이등(伊登)을 사벌주(沙伐州) 군주로 삼았다.
	②	개령군(開寧郡). 진흥왕 18년, 양 영정(永定) 원년(557)에 군주를 두어 청주(靑州)로 삼았다.	진흥왕 18년(557)에 사벌주를 폐하고 감문주(甘文州)를 설치하여 사찬 기종(起宗)을 군주로 삼았다.
	③	화왕군(火王郡). 진흥왕 16년(555)에 주(州)를 설치하고 이름을 하주(下州)라고 하였다.	진흥왕 16년(555) 봄 정월에 비사벌(比斯伐)에 완산주(完山州)를 설치하였다.

---

4) 이강래, 1996 「新羅 '奈已郡'考」 『신라문화』 13; 2011 『삼국사기 인식론』, 일지사, 442~448쪽에서 지리지 서문(총론)의 전거자료를 자세하게 검토하고, 본기 작성에 이용한 전거자료와 지리지의 그것이 반드시 일치하지 않을 수도 있을 가능성이 높다는 견해를 제기하였다. 한편 『삼국유사』 권제1 기이제2 진한조에 신라 전성 시기에 王京에는 178,936戶, 1360坊, 55里가 있었다고 전한다. 신라 전성시대는 일반적으로 헌강왕 때라고 보고 있다. 또한 신라 하대에 왕경의 범위가 확장되었음을 감안한다면, '왕도는 길이가 3,075步이고 너비가 3,018步이며, 35里와 6部가 있었다.'는 표현은 중대의 사실을 반영한 것으로 이해된다. 더구나 지리지 서문에 唐恩浦路가 보이고, 거기에서 州名을 尙州, 武州, 漢州 등으로 표기한 것을 보건대, 지리지 序文의 原典은 경덕왕 16년 이후에서 경덕왕대 이전 지명을 다시 사용한 원성왕대 사이에 찬술되었을 가능성이 높다고 짐작된다.

5) 전덕재, 2015a 「『삼국사기』 신라본기 중고기 기록의 원전과 완성」 『역사학보』 226; 전덕재, 2015b 「『삼국사기』 신라본기 중·하대 기록의 원전과 완성」 『대구사학』 120.

④	장산군(獐山郡)은 지미왕(祇味王) 때에 압량[押梁〈또는 독(督)이라고 한다〉]소국(小國)을 쳐서 빼앗아 군(郡)을 설치한 것이었다.	파사이사금(婆娑尼師今) 23년 가을 8월에 …… (왕이) 군사로써 음즙벌국(音汁伐國)을 치니 음즙벌주(音汁伐主)가 무리와 함께 와서 스스로 항복하였다. 실직(悉直)과 압독(押督) 2국의 왕도 와서 항복하였다.
⑤	임천현(臨川縣)은 조분왕(助賁王) 때에 골화소국(骨火小國)을 쳐서 얻어 현(縣)을 설치한 것이었다.	조분이사금(助賁尼師今) 7년 봄 2월에 골벌국왕(骨伐國王) 아음부(阿音夫)가 무리를 이끌고 와서 항복하였으므로 주택과 전장(田莊)을 두어 편히 살게 하고, 그 땅을 군(郡)으로 삼았다.
⑥	강주(康州). 신문왕 5년, 당(唐) 수공(垂拱) 원년(685)에 거타주(居陁州)를 나누어〔分居陁州〕청주(菁州)를 설치하였다.	신문왕 5년(685) 봄에 거열주(居列州)를 빼서〔挺居列州〕청주(菁州)를 설치하였다.

I-①의 신라지에서는 양(梁) 보통(普通) 6년(525)을 법흥왕 11년에 대응시켰음에 반하여, 신라본기 기록에서는 법흥왕 12년에 대응시켜 차이를 보인다.[6] 신라지에서는 525년에 사벌(沙伐), 즉 경북 상주지역에 상주(上州)를 설치하였다고 전하는 것에 반하여 신라본기에서는 거기에 사벌주(沙伐州)를 설치하였다고 전한다. I-②, ③에서도 비슷한 사례를 발견할 수 있다. 신라지에서는 진흥왕 18년(557)에 감문(甘文), 즉 경북 김천시 개령면지역에 청주(青州)를 설치하였다고 하였으나, 신라본기에서는 같은 해에 거기에 감문주(甘文州)를 설치하였다고 하였다. 또한 신라지에서 진흥왕 16년(555)에 비사벌(比斯伐; 비자벌〈比子伐〉), 즉 경남 창녕지역에 하주(下州)를 설치하였다고 언급한 것에 반하여 신라본기에서는 같은 해에 거기에 완산주(完山州)를 설치하였다고 하였다.

신라지에 525년, 557년, 555년에 사벌주, 감문주, 완산주가 아니라 상

---

6) 卽位年稱元法과 踰年稱元法 가운데 어느 것을 따르는가에 따라 기년상 1년의 편차가 발생하는 경우가 흔하기 때문에 신라본기 기록을 기준으로 삼아 신라지의 기록을 단순한 誤記라고 판단하는 것은 성급할 듯싶다. 신라지의 原典 찬자들이 梁 普通 6년을 법흥왕 11년이라고 이해하였다고 봄이 합리적이지 않을까 한다.

주(上州), 청주(靑州), 하주(下州)를 설치하였다고 전하는 사실을 통하여 신라지 찬술의 저본으로 활용된 자료의 내용이 신라본기 저본자료의 그 것과 판연하게 달랐음을 추론할 수 있다. I-④, ⑤, ⑥을 통해서도 이러한 추정을 보완할 수 있다. I-⑥의 신라본기에는 신문왕 5년(685)에 거열주(居列州)를 빼서〔挺居列州〕청주(菁州)를, 신라지에는 거타주(居陁州)를 나누어〔分居陁州〕청주를 설치하였다고 전한다. 신라본기와 신라지의 기록에 청주(菁州)를 설치한 연대는 같다고 전하지만, 두 기록의 표기는 분명하게 차이가 있음을 살필 수 있다. 한편 I-④의 신라본기 기록에는 파사이사금 23년에 압독국왕(押督國王)이 와서 항복하였다고 전하는 것에 반하여 신라지에는 지미왕(祗味王) 때에 압량소국(押梁小國; 압독소국〈押督小國〉)을 정벌하고 군을 설치하였다고 전하여 차이를 보인다.[7] 이밖에 I-⑤의 신라본기에서는 조분이사금 7년에 골벌국왕이 무리를 이끌고 항복하여서 그곳을 군(郡)으로 삼았다고 언급한 것에 반하여, 신라지에는 조분왕 때에 골화소국을 정벌하여 현(縣)을 설치하였다고 전한다. I-④, ⑤, ⑥의 기록을 통해서 신라지 찬술의 저본으로 활용된 자료가 신라본기의 저본자료와 전혀 다른 계통의 사료임을 다시금 상기할 수 있음은 물론이다. I-④, ⑤, ⑥ 이외에도 신라지와 신라본기의 저본자료가 서로 다른 계통의 사료였다는 증거를 더 많이 찾을 수 있는데, 이에 대해서는 뒤에서 자세하게 언급할 것이다.

앞에서 신라본기의 기록 가운데 열전에서 인용한 기록이 있다고 언급하였다. 그러면 신라지의 경우는 어떠하였을까? 이 문제와 관련하여 위

---

7) 한편 『삼국유사』 왕력편에 祗磨尼叱今代에 音質國〈지금 安康〉과 押梁國〈지금 獐山〉을 滅하였다고 전한다. 고려 후기에 신라지의 저본자료와 계통이 같은 또 다른 자료가 전승되었다고 이해할 수 있다.

번호		신라지	열전
II	①	상주(尙州)는 첨해왕(沾解王) 때에 사벌국(沙伐國)을 빼앗아 주(州)로 삼은 것이다.	첨해왕(沾解王)이 재위하였을 때, 사량벌국(沙梁伐國)이 전에 우리에게 복속하였다가 배반하여 홀연히 백제에 가서 붙자, 〔석(昔)〕우로(于老)가 군사를 거느리고 가서 토벌하여 멸하였다(열전제5 석우로).
	②	개령군(開寧郡)은 옛날 감문소국(甘文小國)이었다.	조분왕(助賁王) 2년 7월에 (석우로가) 이찬으로서 대장군(大將軍)이 되어 나아가 감문국(甘文國)을 쳐서 격파하고, 그 땅을 군현으로 삼았다(상동).
	③	동래군(東萊郡)은 본래 거칠산군(居柒山郡)이었다.	당시 우시산국(于尸山國)과 거칠산국(居柒山國)이 국경의 이웃에 끼어 있어서 자못 나라의 걱정거리가 되었는데, 거도(居道)가 변경의 관리가 되어 그곳을 병합할 생각을 품었다. …… 이에 병마를 출동시켜 불의에 쳐 들어가 두 나라를 멸하였다(열전제4 거도).

의 기록들을 주목할 필요가 있다. II-①의 신라지와 열전의 기록을 비교하면, 전자에서는 사벌국(沙伐國)이라고 표기한 것을 후자에서는 사량벌국(沙梁伐國)이라고 표기하였음을 살필 수 있다. 만약에 지리지의 찬자가 열전의 기록을 참조하였다면, 최소한 세주(細注)에 사벌국을 사량벌국이라고 부르기도 한다고 제시하였을 가능성이 높다고 보인다. II-②의 열전에서는 석우로가 조분왕 2년 7월에 감문국을 정벌하였다고 전하지만, 신라지에서는 단순하게 개령군이 옛날에 감문소국이었다는 정보만을 기술하였을 뿐이다. II-③의 경우는 열전에 전하는 거칠산국에 관한 정보가 신라지의 기록에 전혀 보이지 않는 사례에 해당한다. II-②, ③의 사례를 통해 지리지의 찬자가 열전의 기록 및 그것의 저본자료를 참조하지 않았음을 엿볼 수 있다. 결국 신라지의 찬자는 일부 신라본기의 기록을 인용한 사례 이외에[8] 신라본기와 열전의 찬술에 이용된 저본자료를

---

8) 신라지의 찬자가 신라본기의 기록을 인용한 사례에 대해서는 뒤에서 자세하게 언급할 예정이다.

거의 참조하지 않고, 이들과 계통이 다른 별도의 저본자료를 참조하여 신라지를 찬술하였다고 정리할 수 있는데, 여기서는 신라지 찬술의 저본으로 활용된 자료를 '신라지의 원전(原典)'이라고 명명하고 논지를 전개할 예정이다.[9]

그렇다면 신라지의 원전은 과연 어느 시기에 찬술되었을까가 궁금한데, 이와 관련하여 『삼국사기』 신라본기제9 경덕왕 16년 겨울 12월조에 전하는 군현 수와 신라지에 전하는 군현 수가 약간 차이가 난다는 점을 주목할 필요가 있다. 〈표 1〉은 경덕왕 16년조에 전하는 9주 예하의 군현 수와 신라지에 전하는 9주 예하의 군현 수를 비교하여 정리한 것이다. 〈표 1〉에서 경덕왕대 한주(漢州) 예하의 군현 수에 비해 신라지에 전하는 한주(漢州) 예하의 군현 수가 1군, 3현이 더 많았음을 살필 수 있다. 이것은 헌덕왕대에 취성군(取城郡)과 그 영현(領縣) 3개를 설치한 사실이 신라지에 추가된 것에서 비롯되었다고 볼 수 있다.

신라본기제9 경덕왕 21년 여름 5월조에 '오곡(五谷), 휴암(鵂巖), 한성(漢城), 장새(獐塞), 지성(池城), 덕곡(德谷)의 6성(城)을 쌓고 각각 태수를 두었다.'고 전한다. 이것은 경덕왕 21년에 오곡군을 비롯한 6개 군을 설치하고 거기에 태수를 파견하였음을 알려주는 자료로 이해할 수 있다. 6개 군 가운데 오곡과 휴암은 신라지에 오곡군, 휴암군으로, 장새군은 장새현으로 나온다. 고구려지에서 한성군(漢城郡)은 일명(一名) 식성(息城), 내미홀(內米忽)은 일명(一名) 지성(池城)이라고 전하는데, 신라지에는 한성군과 지성군이 아니라 식성군, 내미홀군으로 전한다. 덕곡(德谷)이란 지명은 고구려지와 신라지에서 찾을 수 없지만, 고구려지에

---

9) 신라지의 저본자료, 즉 原典은 新羅本紀와 같은 형식이 아니라 後代의 邑誌 또는 地理志와 같은 형식이었을 가능성이 높다고 판단된다.

십곡현(十谷縣)의 별명(別名)으로 전하는 덕돈홀(德頓忽)과 연결시키는 것이 일반적이다. 신라지에 오곡군(五谷郡) 등을 경덕왕대에 개명(改名)하였다고 전하므로, 이에 관한 내용이 경덕왕 16년 겨울 12월조의 한주 예하의 군현 수에 반영되었다고 봄이 합리적이다. 경덕왕 21년에 6개 군을 설치하고, 그 후에 이름을 개명하면서 동시에 장새와 덕곡(십곡)의 경우, 읍호(邑號)도 군에서 현으로 개편한 것으로 짐작된다. 이에 따른다면, 신라지의 원전이 찬술된 시기의 상한은 경덕왕 21년(762)에서 경덕왕 24년(혜공왕 원년; 765) 사이라고 이해할 수 있다.[10]

〈표 1〉 경덕왕대 주군현 수와 신라지에 전하는 주군현 수 비교[11]

자료 주명	경덕왕대	신라지	차이	자료 주명	경덕왕대	신라지	차이
상주 (尙州)	주 1	주 1		명주 (溟州)	주 1	주 1	
	군 10	군 10			군 9	군 9	
	현 30	현 31	+1		현 25	현 25	
양주 (良州)	주 1	주 1		웅주 (熊州)	주 1	주 1	
	소경 1	소경 1					
	군 12	군 12			소경 1	소경 1	
	현 34	현 34			군 13	군 13	
	정(停)	정 6	+6		현 29	현 29	
강주 (康州)	주 1	주 1		전주 (全州)	주 1	주 1	
	군 11	군 11			소경 1	소경 1	
	현 30	현 33	+3		군 10	군 10	
					현 31	현 31	
한주 (漢州)	주 1	주 1		무주 (武州)	주 1	주 1	
	소경 1	소경 1					
	군 27	군 28	+1		군 14	군 15	+1
	현 46	현 49	+3		현 44	현 43	-1

삭주 (朔州)	주 1	주 1		9주 (九州)	주 9	주 9	
	소경 1	소경 1			소경 5	소경 5	
	군 11	군 12	+1		군 117	군 120	+3
	현 27	현 26	-1		현 293	현 298	+5
				정		정 6	+6

  신라지에 양주(良州)에 대성군(大城郡) 및 상성군(商城郡)에 6기정(罽停)이 존재한다고 전하지만, 경덕왕 16년 12월조에는 이에 관한 정보가 반영되어 있지 않다. 경덕왕대에 6기정을 개명한 사실이 신라지에 전하는 바, 비록 6기정이 존재하였지만, 당시에 그것들을 군·현으로 취급하지 않았던 것으로 이해된다. 한편 상주와 강주 예하 현 가운데 이동혜현(介同兮縣; 상주〈尙州〉 숭선군〈嵩善郡〉), 굴촌현(屈村縣; 강주〈康州〉), 문화량현(蚊化良縣; 강주 고성군〈固城郡〉), 성량현(省良縣; 강주 하동군〈河東郡〉)은 경덕왕대에 개명하였다는 언급이 보이지 않는 사례에 해당한다. 경덕왕대 상주와 강주 예하 현보다 신라지에 전하는 현의 숫자가 각기 1개, 3개가 많은 것은 바로 경덕왕대 이후에 이들 4현을 더 설치한 사실과 관련이 있다고 하겠다.
  그런데 양주 예하의 현 가운데 음즙화현(音汁火縣)과 장진현(長鎭縣)의 경우도 경덕왕대에 개명한 지명에 대한 정보가 전하지 않고 있다. 이럼에도 불구하고 경덕왕대에 존재한 양주의 현과 신라지에 전하는 양주

---

10) 윤경진, 2012 『고려사 지리지의 분석과 보정』, 여유당, 140~143쪽에서 경덕왕 21년에 五谷郡 등 6군을 설치하였고, 후에 장새군이 장새현으로, 덕돈홀군이 덕곡현으로 개편되었으며, 이러한 변동 사실을 경덕왕 16년에 마련된 기준 자료에 헌덕왕대에 改名한 取城郡 등을 추가로 반영할 때에 함께 追錄하였다는 견해를 제기하기도 하였다.

11) 〈표 1〉은 김태식, 1995 「『삼국사기』 지리지 신라조의 사료적 검토−원전 편찬 시기를 중심으로−」 『삼국사기의 원전 검토』, 한국정신문화연구원, 187쪽의 '〈표 1〉 신라 주별 군현 수 비교'를 인용한 것이다.

(良州) 현(縣)의 숫자에는 변동이 없다. 이에서 경덕왕대에 개정된 지명 가운데 2현이 후대에 폐지되고, 대신 음즙화현과 장진현을 설치하였음을 추론해볼 수 있다. 한편 삭주(朔州)와 무주(武州)의 경우, 경덕왕대에 존 재한 군보다 신라지에 전하는 군의 숫자가 각기 1개씩 더 많았고, 반면에 현의 경우는 각기 1개씩 더 적었음을 확인할 수 있다. 종래에 삭주(朔州) 기성현(岐城縣)을 경덕왕대 이후 어느 시기에 기성군(岐城郡)으로, 무주 (武州) 반남현(潘南縣)을 김우징(金祐徵; 신무왕)이 민애왕(閔哀王)을 제거하고 왕위에 즉위한 839년 무렵에 반남군(潘南郡)으로 승격시킨 것 으로 이해한 견해가 제기되었다.[12] 반남현을 반남군으로 승격시킨 시기 를 신무왕대였다고 단정하긴 곤란하지만, 경덕왕대 이후에 기성현과 반 남현을 기성군과 반남군으로 승격시켰을 것이라고 추정한 점은 충분히 공감할 수 있다.

기성군과 반남군에 관한 정보는 신라지의 찬자가 추가로 첨입한 것이라 기보다는 그들이 신라지 원전에 전하는 내용을 그대로 인용한 것일 가능 성이 높다고 판단된다. 나아가 이동혜현 등 경덕왕대 개명 사실이 기술되 어 있지 않은 여러 현 및 헌덕왕대에 개명된 취성군과 그 영현(領縣) 3개 에 대한 현황 역시 신라지의 원전에 소개되어 있었다고 봄이 자연스럽지 않을까 한다. 이와 같은 필자의 추론에 문제가 없다고 한다면, 신라지의 원전은 헌덕왕대 이후에 찬술되었다고 추정하여도 이의가 없을 것이다.

주지하듯이 궁예(弓裔)의 태봉(泰封) 및 고려 건국 이후에 대대적인 지 명 개정이 이루어졌다.[13] 그런데 신라지에 전하는 표제 읍호는 경덕왕대

---

12) 김태식, 1995 앞의 논문, 189~191쪽.
한편 윤경진, 2012 앞의 책, 156~157쪽에서는 『삼국사기』 지리지의 찬자가 岐城縣을 岐 城郡으로, 潘南縣을 潘南郡으로 잘못 기재하였다고 이해하였다.
13) 泰封에서 통일신라의 군현을 州로 개편한 사례가 다수 보이고, 『고려사』 지리지에 고려

에 개정(改定)된 것이 절대 다수를 차지하였으므로 신라지의 원전은 고려 건국 이전에 찬술되었다고 봄이 옳을 것이다. 889년(진성왕 3) 이후 전국에서 도적들이 봉기하여 신라의 지배체제가 마비되기에 이르렀기 때문에 그 이후에 경덕왕대 개정 지명을 표제 읍호로 제시하면서 통일신라의 지명을 체계적으로 재정리하는 작업을 추진하였다고 이해하기가 쉽지 않다. 이러한 추정은 진성왕대와 그 이후 시기의 문헌 및 금석문에서 경덕왕대 개정된 지명과 그 이전 시기에 사용된 지명을 두루 산견(散見)할 수 있었던 사실을 통해서도 보완이 가능하다.[14] 이에 따른다면, 신라지의 원전이 찬술된 시기는 헌덕왕대 이후에서 889년(진성왕 3) 사이였다고 좁혀 볼 수 있다. 구체적인 시기와 관련하여 원성왕대 및 흥덕왕대부터 진성왕대까지 『삼국사기』 신라본기와 금석문에 전하는 지명 표기의 추이를 주목할 필요가 있다.

〈표 2〉를 통해서 대체로 헌안왕대까지 경덕왕대 이전 지명과 개정 지명을 함께 사용하다가 경문왕대부터 정강왕대까지 경덕왕대 개정 지명을 주로 사용하였으며, 그 이후에 다시 경덕왕대 이전과 개정 지명을 혼용하였음을 살필 수 있다. 이와 같은 경향성은 금석문을 통해서도 엿볼 수 있다. 〈표 3〉을 보면, 흥덕왕 8년(833)까지 경덕왕대 이전 지명을 주로 사용하였고, 문성왕 17년(855)부터 정강왕 2년(887)까지는 경덕왕대 개정 지명을 널리 사용하였음을 인지할 수 있다. 아울러 진성왕대에도 경덕왕대 개정 지명을 널리 사용한 추세는 크게 바뀌지 않았음을 발견할 수 있다. 창림사무구정탑지를 통해서 문성왕 17년(855)에 경덕왕대 개정 지명을 널리 사용하였음을 엿볼 수 있는데, 그렇다면 이러한 사실을 근거로

초에 지명을 개정하였다는 기록이 적지 않게 전하고 있다.

14) 이에 대해서는 뒤에서 자세하게 언급할 예정이다.

<표 2> 『삼국사기』 신라본기에 보이는 지명 일람(흥덕왕~진성왕)

지명	연대	비고
한산주(漢山州)	흥덕왕 3년(828)	
표천현(瓢川縣)	동왕 3년(828)	
당은군(唐恩郡)	동왕 4년(829)	경덕왕대 개정 지명
무주(武州)	민애왕 원년(838)	경덕왕대 개정 지명
철야현(鐵冶縣)	동왕 원년(838)	경덕왕대 개정 지명
달벌(達伐)	동왕 2년(839)	달구화현(達句火縣)=달벌(達伐)
무주	문성왕 8년(846)	경덕왕대 개정 지명
벽골군(碧骨郡)	동왕 13년(851)	
웅천(주)〔熊川(州)〕	동왕 14년(852)	웅천도독(熊川都督)이라고 전함.
당성군(唐城郡)	헌안왕 2년(858)	
대산군(岱山郡)	경문왕 6년(866)	대산군(岱山郡)=대산군(大山郡), 경덕왕대 개정 지명
송악군(松岳郡)	헌강왕 3년(877)	경덕왕대 개정 지명
웅주(熊州)	동왕 6년(880)	경덕왕대 개정 지명
고미현(枯彌縣)	동왕 8년(882)	
한주(漢州)	정강왕 2년(887)	경덕왕대 개정 지명
대야주(大耶州)	진성왕 2년(888)	
사벌주(沙伐州)	동왕 3년(889)	
북원(北原)	동왕 5년(891)	
명주(溟州)	동왕 5년(891)	경덕왕대 개정 지명
주천(酒泉)	동왕 5년(891)	경덕왕대 개정 지명
완산(完山)	동왕 6년(892)	
무주	동왕 6년(892)	경덕왕대 개정 지명
북원	동왕 8년(894)	
하슬라(何瑟羅)	동왕 8년(894)	
저족군(猪足郡)	동왕 9년(895)	
성천군(狌川郡)	동왕 9년(895)	
한주	동왕 9년(895)	경덕왕대 개정 지명
부약(夫若)	동왕 9년(895)	부여군(夫如郡)=부약(夫若)
철원(鐵圓)	동왕 9년(895)	

<표 3> 금석문에 보이는 지명 일람(원성왕~진성왕)

지명	연대	출전	비고
압훼군 (押喙郡)	원성왕 14년 (798)	영천청제비 정원명	
절화군 (切火郡)	동왕 14년 (798)	상동(上同)	
고시산군 (古尸山郡)	애장왕 5년 (804)	선림원종명	
청주 (菁州)	흥덕왕 8년 (833)	연지사종명	
추성군 (秋城郡)	문성왕 17년 (855)	창림사 무구정탑지	경덕왕대 개정 지명
웅주 (熊州)	동왕 17년 (855)	상동	경덕왕대 개정 지명
기량현 (祁梁縣)	동왕 17년 (855)	상동	경덕왕대 개정 지명
강주 (康州)	동왕 17년 (855)	상동	경덕왕대 개정 지명
함안군 (咸安郡)	동왕 17년 (855)	상동	경덕왕대 개정 지명
무주	동왕 17년 (855)	상동	경덕왕대 개정 지명
사수현 (泗水縣)	동왕 17년 (855)	상동	경덕왕대 개정 지명
명주 (溟州)	동왕 17년 (855)	상동	경덕왕대 개정 지명
서림군 (西林郡)	동왕 17년 (855)	상동	경덕왕대 개정 지명
무주	헌안왕 2년 (858)	보림사 비로자나불조상기	경덕왕대 개정 지명
장사 (長沙)	동왕 2년 (858)	상동	경덕왕대 개정 지명
한주 (漢州)	경문왕 5년 (865)	도피안사 비로자나불조상기	경덕왕대 개정 지명
철원군 (鐵員郡)	동왕 5년 (865)	상동	
서원부 (西原部)	동왕 10년 (870)	보림사석탑지	

무주	동왕 12년 (872)	대안사적인선사탑비	경덕왕대 개정 지명
삭주 (朔州)	동왕 12년 (872)	상동	경덕왕대 개정 지명
선곡현 (善谷縣)	동왕 12년 (872)	상동	경덕왕대 개정 지명
취성군 (取城郡)	동왕 12년 (872)	상동	헌덕왕대 개정 지명
곡성군 (谷城郡)	동왕 12년 (872)	상동	경덕왕대 개정 지명
임관군 (臨關郡)	동왕 12년 (872)	황룡사 구층목탑사리함기	경덕왕대 개정 지명
송악군 (松岳郡)	동왕 12년 (872)	상동	경덕왕대 개정 지명
무주	헌강왕 10년 (884)	보림사 보조선사탑비	경덕왕대 개정 지명
곤미현 (昆彌縣)	동왕 10년 (884)	상동	경덕왕대 개정 지명
웅진 (熊津)	동왕 10년 (884)	상동	
장사현 (長沙縣)	동왕 10년 (884)	상동	경덕왕대 개정 지명
영암군 (靈巖郡)	동왕 10년 (884)	상동	경덕왕대 개정 지명
거성(현) 〔車城(縣)〕	정강왕 원년 (886)	사림사홍각선사비	경덕왕대 개정 지명
전주 (全州)	동왕 2년 (887)	쌍계사진감선사탑비	경덕왕대 개정 지명
금마 (金馬)	동왕 2년 (887)	상동	경덕왕대 개정 지명
상주 (尙州)	동왕 2년 (887)	상동	경덕왕대 개정 지명
무주	진성왕 4년 (890) 무렵	성주사낭혜화상탑비	경덕왕대 개정 지명
전주	동왕 4년 (890) 무렵	상동	경덕왕대 개정 지명
당은(포) 〔唐恩(浦)〕	동왕 4년 (890) 무렵	상동	경덕왕대 개정 지명

웅천주 (熊川州)	동왕 4년 (890) 무렵	상동	
상주	동왕 4년 (890) 무렵	상동	경덕왕대 개정 지명
금성군 (錦城郡)	동왕 4년 (890)	월광사원랑선사탑비	경덕왕대 재정 지명 錦山郡=錦城郡
취성군	동왕 4년 (890)	상동	헌덕왕대 개정 지명
양주 (良州)	동왕 7년 (893)	영원사수철화상탑비 (瑩源寺秀徹和尙塔碑)	경덕왕대 개정 지명
동원경 (東原京)	동왕 7년 (893)	상동	
남천군 (南川郡)	동왕 7년 (893) 무렵 찬술	봉암사지증대사탑비	

하여 문성왕대에 경덕왕대 개정 지명을 널리 사용하였다고 볼 수 있을까 가 궁금해진다. 이와 관련하여 『삼국사기』 제사지에서 소사(小祀)와 중사 (中祀)의 대상으로 지정된 지명이 위치한 주·군·현의 표기를 주목할 필 요가 있다.

소사와 중사의 대상으로 지정된 지명이 위치한 주·군·현의 표기를 살 펴보면, 고성군과 진례군, 단천현, 서림군을 제외하고 나머지는 경덕왕 대 개정 지명이 아니었음을 확인할 수 있다. 여기서 문제는 소사와 중사 의 대상으로 지정된 지명이 위치한 주·군·현의 표기가 어느 시기의 사실 을 반영하였는가의 여부에 관해서이다. 중사와 소사의 대상으로 지정된 지명이 위치한 주·군·현의 명칭 가운데 경덕왕대에 개정된 사례가 여럿 보이는 바, 주·군·현의 표기는 경덕왕대 이후 시기의 사실을 반영한다고 이해할 수 있다. 구체적인 시기와 관련하여 중사의 대상으로 지정된 조음 도가 청해진에 위치한다고 언급한 점을 주목할 필요가 있다. 주지하듯이 청해진은 흥덕왕 3년(828)에 설치되어 문성왕 13년(851)에 폐지되었다.

〈표 4〉 소사(小祀)와 중사(中祀)의 대상으로 지정된 지명이 위치한 주·군·현의 표기

읍호명	소사(小祀)	중사(中祀)
주(州)	북한산주(北漢山州), 무진주(武珍州), 청주(菁州)	청주(菁州), 웅천주(熊川州), 삽량주(歃良州), 한산주(漢山州)
군(郡)	고성군(高城郡), 수성군(迊城郡), 근평군(斤平郡), 월나군(月奈郡), 백해군(伯海郡), 나토군(奈吐郡), 만노군(萬弩郡), 진례군(進禮郡), 급벌산군(及伐山郡), 굴자군(屈自郡), 우진야군(于珍也郡), 생서량군(生西良郡), 삼년산군(三年山郡), 퇴화군(退火郡)	대성군(大城郡), 나이군(奈已郡), 압독군(押督郡), 추화군(推火郡), 마시산군(馬尸山郡), 비열홀군(比烈忽郡), 퇴화군(退火郡), 거칠산군(居柒山郡), 시산군(屎山郡), 실직군(悉直郡), 삼년산군(三年山郡), 대가야군(大加耶郡), 서림군(西林郡), 결이군(結已郡)
현(縣)	칠중성〔七重城(縣)〕, 난지가현〔難知可縣; 난진아현(難珍阿縣)〕, 사열이현(沙熱伊縣), 단천현(丹川縣), 웅지현(熊只縣), 우화현(于火縣), 아지현〔阿支縣; 아혜현(阿兮縣)?〕, 가림현(加林縣)	
기타	모량(牟梁), 사량(沙梁)	아곡정(牙谷停), 청해진〔清海鎮; 조음도(助音島)〕

따라서 소사와 중사의 대상으로 지정된 지명이 위치한 주·군·현의 표기는 청해진이 존재하였던 흥덕왕 3년(828)에서 문성왕 13년(851) 사이 어느 시기의 사실을 반영한다고 볼 수 있을 것이다.[15] 『삼국사기』 신라본기에 문성왕 13년(851) 2월에 청해진을 폐지하고 그 사람들을 벽골군(碧骨郡)으로 옮겼다고 전하며, 문성왕 14년(852) 2월에 파진찬 진량(眞亮)을 웅천도독(熊川都督)으로 삼았다고 전한다. 두 기록은 문성왕 13년과 14년에도 여전히 경덕왕대 이전 지명을 사용하였음을 시사해주는 자료이다. 이러한 사실과 제사지의 기록을 근거로 하여 문성왕 14년(852) 무렵까지 경덕왕대 이전 지명을 널리 사용하였다고 정리하여도 이견이 없

---

15) 木村誠, 1983 「新羅の王畿について」 『東洋史研究』 42-2, 48~49쪽; 김태식, 1995 앞의 논문, 91~192쪽.

을 것이다.

이상에서 원성왕대부터 문성왕 14년(852) 무렵까지 경덕왕대 이전 지명을 널리 사용하였고, 반면에 문성왕 17년(855)부터 헌강왕대까지 경덕왕대 개정 지명을 주로 사용하는 추세였음을 살펴보았다. 따라서 경덕왕대 개정 지명을 표제 읍호로 제시하며 통일신라의 지명을 체계적으로 재정리한 시기는 문성왕 17년(855)에서 헌강왕대까지 사이의 어느 시기였을 가능성이 높다고 볼 수밖에 없다. 구체적인 시기와 관련하여 경문왕대와 헌강왕대에 한화정책을 추진한 사실이 유의된다. 특히 두 왕대에 관직을 한식(漢式)으로 개정하는 작업을 추진하였음이 주목을 끈다.[16] 경문왕과 헌강왕대에 한화정책을 추진하면서, 동시에 경덕왕대에 한식으로 개정한 지명에 관심을 가졌을 것인데, 혜공왕대 이후 한동안 경덕왕대 이전 지명과 개정 지명을 혼용하여 사용하였기 때문에 경덕왕대 개정 지명을 널리 사용하도록 권장하기 위해서는 경덕왕대 개정 지명을 표제 읍호로 내세워 기존의 지명에 대한 체계적인 정리가 요구되었음이 분명해 보인다.[17] 결국 이러한 요구에 따라 경문왕대 또는 헌강왕대에 후대의 읍지 또는 지리지의 형식으로 통일신라의 지명을 재정리하는 작업을 추진

---

16) 전덕재, 2011 「신라 경문왕·헌강왕대 한화정책의 추진과 그 한계」 『동양학』 50.

17) 종래에 김태식, 1995 앞의 논문, 180~186쪽에서 水城郡과 唐恩縣을 합쳤다고 전하는 신라본기 헌덕왕 15년 2월 기록의 내용 및 浿江鎭과 唐城鎭, 穴口鎭, 淸海鎭 등의 置廢記事가 신라지에 반영되어 있지 않은 사실을 주목하여, 신라지의 원전은 청해진이 폐지된 문성왕 13년 이후에 단행된 군현구조의 개편 사실을 반영하였다고 이해하였다. 이와 더불어 경덕왕대에 개명하였다는 언급이 보이지 않는 이동혜현 등을 현으로 추가로 지정한 시기는 효공왕대 이후라고 추정하였다. 한편 윤경진, 2012 앞의 책, 130~146쪽에서는 신라지 원전(기준 자료)의 작성 시점은 경덕왕 16년이었고, 그 후에 변동된 사항을 追錄 또는 追記의 형식으로 추가하였다는 견해를 제기하였다. 그리고 경덕왕대 개명 사실에 대한 언급이 없는 이동혜현 등은 본래 신라 통일기 이래 내내 현으로 유지되었고, 다만 이들 현의 경우 기준 자료에서 경덕왕대 개명 사실에 대한 누락이 발생함으로써 『삼국사기』 지리지의 찬자가 경덕왕대 개명 기사를 넣지 못한 것으로 이해하기도 하였다.

하였고, 이때에 정리한 자료가 전승되어 『삼국사기』 찬자가 신라지를 찬술할 때에 저본으로 적극 활용되었다는 것이 필자의 판단이다.

2) 찬술과정

신라지(新羅志)의 기재 형식을 보면, 맨 앞에 표제(標題) 읍호(邑號)를 제시한 다음, 이어 본래의 읍호와 경덕왕대(또는 헌덕왕대)에 개명(改名)한 사실을 언급하고, 마지막으로 고려 인종 때의 지명을 '今某州(郡·縣·部曲)' 또는는 '今合屬某州郡·縣', '今未詳', '今因之', '今復故' 등으로 적기한 것으로 확인된다. 기존의 연구에 따르면, '금(今)'의 시점은 대체로 인종 14년(1136)에서 21년(1143) 사이로 추정된다고 한다. 이에 대해서 이미 자세하게 검토한 연구성과가 제출되었기 때문에[18] 본고에서 더 이상의 논급은 자제하도록 하겠다. 『삼국사기』 신라지의 찬자가 고려 인종 때의 지명을 고증하여 신라지에 기재하였음은 의문의 여지가 없다고 하겠다. 이밖에 신라지의 찬자가 직접 추가하여 작문(作文)한 정보를 여럿 확인할 수 있다. 한주(漢州) 송악군(松岳郡)조에 '우리 태조가 나라를 열어 왕기(王畿)로 삼았다.'라고 전하는 기록, 한주 송악군 여비현(如羆縣)조에 '제4대 광종(光宗)이 그[송림현(松林縣)] 땅에 불일사(佛日寺)를 창건하고, 그 현을 동북(東北)으로 이동시켰다.'고 전하는 기록, 개성군(開城郡) 덕수현(德水縣)조에 '제11대 문종대(文宗代)에 그(덕수현) 땅에 흥왕사(興王寺)를 창건하고, 그 현을 남쪽으로 이동시켰다.'고 전하는 기록이 바로 이에 해당한다.

그렇다면, 이제 경덕왕대 또는 헌덕왕대 개명 사실을 언급한 부분도 신

---

18) 김태식, 위의 논문, 199~205쪽.

라지의 찬자가 직접 작문한 것으로 볼 수 있는가에 관하여 살필 차례인데, 신라지의 찬자가 경덕왕대(또는 헌덕왕대) 개명(改名) 사실을 언급할 때, 절대 다수는 단지 '景德王改名(또는 憲德王改名)'이라고만 제시하였음을 확인할 수 있다. 이밖에 '景德王十六年改名', '景德王因之'라고 표시한 사례도 찾을 수 있다. 한편 주(州)와 소경(小京)의 경우는, '景德王十六年改名某州' 또는 '景德王改名某州', '景德王十六年改爲某州', '景德王改爲某州', '景德王改名某京', '景德王改爲某京' 등으로 표기하였고, 남원소경의 경우는 특이하게 '景德王十六年置南原小京'이라고 기재하기도 하였다. 그리고 본래의 읍호를 그대로 개정하지 않고 계속 고려시대까지 사용한 경우는 '景德王改州縣名及今並因之', 또는 '景德王改州郡名及今並因之'라고 표기하였음이 확인된다. 특이한 사례로는 '憲德王置縣改名', '景德(王)改加爲嘉'라고 기재한 경우를 들 수 있다. 전자는 한주(漢州) 취성군(取城郡)의 영현인 당악현(唐嶽縣)의 사례인데, 헌덕왕대에 본래 고구려의 가화압(加火押)을 현으로 설치하고, 동시에 그것을 한식으로 개명하였음을 '憲德王置縣改名'이라고 적기한 것으로 이해된다. 그리고 경덕왕대에 웅주(熊州) 가림군(加林郡)을 가림군(嘉林郡)으로 개명하였는데, 단지 '景德王改名'이라고 표시하지 않고, '景德(王)改加爲嘉'라고 적기한 점이 매우 이채롭다고 하겠다.

여기서 문제는 경덕왕 개명 사실을 기재한 부분을 신라지의 찬자가 작문한 것으로 볼 수 있는가의 여부에 관해서이다. '景德王改州縣名及今並因之', 또는 '景德王改州郡名及今並因之'라고 기록한 경우는 신라지의 찬자가 그 원전에 있던 내용을 인용한 것이라기보다는 그들이 직접 작문한 것일 가능성이 높다고 보인다. 한편 남원소경(南原小京)의 경우, 신라지에 '남원소경은 본래 백제 고룡군(古龍郡)이었는데, 신라가 병합하였다. 신문왕 5年에 처음으로 소경을 설치하였다. 경덕왕 16년에 남원소경을 설치하였다.'라고 전한다. 천보(天寶) 14년(755; 경덕왕 14)에 작성된 신라(新羅) 백지묵자(白紙墨字) 대방광불화엄경(大方廣佛華嚴經) 사경(寫經) 발문(跋文)에 '남원경(南原京)'이란 지명이 보이고, 신라본기에 신문왕 5년 3월에 남원소경을 설치하였다고 전하는 바,[19] '경덕왕 16년에 남원소경을 설치하였다(景德王十六年置南原小京)'는 표현은 분명한 오류라고 지적할 수 있다. 신라지에 경덕왕대에 금관소경(金官小京)을 김해경(金海京)으로, 국원소경(國原小京)을 중원경(中原京)으로, 서원소경(西原小京)을 서원경(西原京)으로 개명하였다고 전하는 것으로 보건대, '景德王十六年置南原小京'은 '景德王十六年置南原京' 또는 '景德王十六年改名南原京(改爲南原京)'이라고 수정하는 것이 합리적일 듯싶다. 이러한 오류는 신라지의 원전에 전하는 내용을 인용한 것에서 비롯되었다기보다는 신라지 찬자의 실수에서 기인하였을 가능성이 높다고 보인다. 이와 같은 여러 사례를 통해 경명왕대 개명 사실에 대하여 언급한 부분 역시 신라지의 찬자가 작문(作文)한 내용이었음을 추론할 수 있다.

일부를 제외하고 표제 읍호의 대부분은 경덕왕 또는 헌덕왕 때에 개정한 것이었다. 그러면 본래의 읍호는 어느 시점에 사용된 것을 기준으로 하였을까가 궁금하다. 일부를 제외하고, 백제지에 전하는 표제 읍호의 대부분은 백제에서 사용한 읍호였을 것으로 짐작된다.[20] 신라지에 김제군

---

19) 置西原小京 以阿湌元泰爲仕臣. 置南原小京 徙諸州郡民戶分居之(『삼국사기』 신라본기제8 신문왕 5년 3월).

20) 백제지에 '西原〈一云臂城, 一云子谷〉', '南原〈一云古龍郡〉'이라고 전하는데, 서원과 남원이란 읍호는 신문왕 5년(685)에 비로소 사용하기 시작하였다. 또한 多只縣, 徒山縣이 보이며, 이것들은 당나라가 설치한 5도독부 가운데 沙泮州 多支縣(本夫只), 帶方州 徒山縣(本押山)과 관련이 있다. 이에서 백제지의 표제 읍호 가운데 백제 멸망 후에 당나라가 改

(金堤郡)의 본래 읍호는 백제 벽골현(碧骨縣), 염해군(厭海郡)의 본래 읍호는 백제 아차산현(阿次山縣)이라고 전하나, 백제지에는 각기 벽골군 (碧骨郡), 아차산군(阿次山郡)이라고 전한다. 두 기록의 차이는 백제 멸망 후에 벽골군과 아차산군이 벽골현, 아차산현으로 읍격(邑格)이 변경된 것에서 비롯되었다고 추정된다. 이에서 신라지에 제시된 본래의 읍호는 백제 멸망 후에 신라에서 사용한 지명이었음을 추론할 수 있다.

고구려 멸망 이전에 신라의 서북경계는 임진강과 한탄강, 파주시 군내면을 연결하는 선이었다가 신라가 675년에 임진강을 넘어 예성강과 이천군, 철원군(북한), 평강군과 김화군을 연결하는 선까지 진출하였다.[21] 게다가 고구려 멸망 이전까지 신라의 동북지역 경계는 현재의 북한 강원도 안변지역으로 비정되는 비열홀(比烈忽) 또는 강원도 강릉으로 비정되는 하슬라(何瑟羅)였다.[22] 따라서 한주(漢州)의 읍호 가운데 임진강과 한탄강 이남에 위치한 지역의 읍호 및 삭주(朔州)와 명주(溟州)의 읍호 가운데 상당수는 6세기 중반 이후에 신라에서 사용한 읍호라고 볼 수 있다. 신라가 고구려의 읍호를 그대로 사용한 경우도 있었겠지만,[23] 그렇지 않은 경우도 있었을 것이다. 즉 신라에서 고구려의 지명을 변경하여 사용하였을 가능성도 배제할 수 없다는 의미이다. 대표적인 사례로서 당성군 (唐城郡)과 북한산군(北漢山郡) 등을 들 수 있다.

『구당서』 백제전에 642년에 백제와 고구려가 함께 모의하여 신라 당항

名한 지명이 존재하였음을 엿볼 수 있다. 이에 대한 보다 자세한 사항은 김태식, 1997 「삼국사기 지리지 고구려조의 사료적 검토」 『역사학보』 154, 59~65쪽이 참조된다.

21) 전덕재, 2016 「신라의 북진과 서북 경계의 변화」 『한국사연구』 174, 101~115쪽.
22) 전덕재, 2014 「신라의 동북지방 국경과 그 변천에 관한 고찰」 『군사』 91, 167~173쪽.
23) 신라지의 본래의 표제 읍호에서 '忽', '達', '買', '內(또는 奴)'字를 여럿 발견할 수 있다. 이러한 지명들은 고구려의 지명을 그대로 사용한 경우로 이해할 수 있을 것이다.

성(党項城)을 취하여 신라가 당에 입조(入朝)하는 길을 막으려고 하였다는 기록이 전한다.[24] 『삼국사기』 신라본기제5 선덕왕 11년 8월 기록과 백제본기제6 의자왕 3년 11월 기록에도 동일한 내용이 전한다.[25] 이를 근거로 신라가 한강유역을 차지하기 이전에 고구려에서는 당성(唐城)을 당항성(党項城)이라고 표기하였다고 추론할 수 있다. 신라본기에 문무왕 8년(668) 6월 12일에 유인궤(劉仁軌)가 김삼광(金三光)과 함께 당항진(党項津)에 도착하였다고 전하는 바,[26] 신라에서도 668년까지 당항성군〔党項城郡; 당성군(唐城郡)〕이라고 표기하였음이 분명하다. 결국 문무왕 8년(668) 6월 이후 어느 시기에 당항성군(党項城郡) 또는 당항군(党項郡)을 당성군(唐城郡)으로 개명하였던 것으로 이해할 수 있다.

『일본서기(日本書紀)』 권19 흠명천황(欽明天皇) 12년(551) 기록에 백제가 고구려를 공격하여 한성(漢城)과 평양(平壤) 등 6군(郡)을 차지하였다고 전한다.[27] 여기서 한성은 한강 이남의 서울을, 평양은 한강 이북의 서울을 가리킨다. 평양은 혹은 남평양이라고도 불렀다. 『일본서기』의 기록은 고구려에서 한강 이북의 서울을 북한산군이 아니라 평양(또는 남평양〈南平壤〉)이라고 불렀음을 알려주는 자료로서 주목된다.

한편 신라본기에 문무왕 8년(668) 10월 22일에 고구려의 평양성 공략

---

24) (貞觀)十六年(642) 義慈興兵伐新羅四十餘城 又發兵以守之. 與高麗和親通好 謀欲取党項城 以絶新羅入朝之路 新羅遣使告急請救(『舊唐書』 百濟傳).

25) 又與高句麗謀欲取党項城 以絶歸唐之路 王遣使告急於太宗(『삼국사기』 신라본기제5 선덕왕 11년 8월)
　王與高句麗和親 謀欲取新羅党項城 以塞入朝之路 遂發兵攻之. 羅王德曼遣使 請救於唐 王聞之罷兵(『삼국사기』 백제본기제6 의자왕 3년 겨울 11월).

26) 六月十二日 遼東道安撫副大使遼東行軍副大摠管兼熊津道安撫大使行軍摠管右相檢校太子左中護上柱國樂城縣開國男劉仁軌 奉皇帝勅旨 與宿衛沙湌金三光 到党項津. 王使角干金仁問 延迎之以大禮(『삼국사기』 신라본기제6 문무왕 8년).

27) 是歲 百濟聖明王 親率衆及二國兵〈二國謂新羅任那也〉往伐高麗 獲漢城之地. 又進軍討平壤 凡六郡之也 遂復故地(『日本書紀』 卷19 欽明天皇 12년).

에 공을 세운 한산주소감(漢山州少監) 박경한(朴京漢), 군사(軍師) 남한산(南漢山) 북거(北渠), 한산주소감 김상경(金相京)에게 포상한 내역이 전한다.[28] 그런데 필자는 전에 신주(新州) 또는 한산주(漢山州)의 주치(州治)가 한강 이북의 서울, 즉 북한산(北漢山)이었을 때, 북한산을 그냥 한산[漢山; 한성(漢城)] 또는 한산주(漢山州)라고 부르고, 한강 이남의 한산을 남한산(南漢山)이라고 불렀음을 밝힌 바 있다.[29] 이에 따르면, 남한산이란 지명이 전하는 문무왕 8년 10월 기록은 당시 한산주의 주치가 북한산이었음을 알려주는 결정적인 증거자료로 이해할 수 있다. 통일신라시대에 북한산군이 존재하였으므로, 당시 한산주의 주치는 남한산이 분명하다고 보인다. 결국 문무왕 8년(668) 10월 이후에 한산주의 주치를 북한산에서 남한산으로 옮겼다고 볼 수 있는데, 신문왕 5년(685) 9주를 완비할 때, 한산주의 주치는 남한산이었을 가능성이 높으므로, 문무왕 8년 10월에서 신문왕 5년 사이에 한산주의 주치를 남한산으로 옮겼다고 짐작해볼 수 있다.

이상에서 고구려에서 한성(漢城)이라고 불렀던 한강 이남의 서울은 신라에서 남한산[南漢山; 남한성(南漢城)]군 또는 한산주(漢山州)라고 불렀고, 평양(平壤)이라고 불렀던 한강 이북의 서울은 한산[漢山; 한산주(漢山州)] 또는 북한산군(北漢山郡)이라고 불렀음을 살폈는데, 특히 문무왕 8년에서 신문왕 5년 사이의 어느 시기부터 경덕왕대까지 한강 이남의 서울을 한산주, 한강 이북의 서울을 북한산군이라고 불렀던 사실이 주

---

28) 賜庾信位太大角干 仁問大角干 已外伊湌·將軍等並爲角干 蘇判已下並增位一級. …… 漢山州少監朴京漢 平壤城內殺軍主述脫 功第一 …… 軍師南漢山北渠 平壤城北門戰 功第一 授位述干 賜粟一千石. …… 漢山州少監金相京 蛇川戰死 功第一 贈位一吉湌 賜租一千石. 牙述沙湌余律 蛇川之戰 就橋下涉水 出與賊鬪大勝 以無軍令 自入危道 功雖第一而不錄 憤恨欲經死 旁人救之 不得死(『삼국사기』 신라본기제6 문무왕 8년 겨울 10월 22일).

29) 전덕재, 2009 「신라의 한강유역 진출과 지배방식」『향토서울』 73, 111~115쪽.

목된다고 하겠다. 당성군과 북한산군은 고구려에서 사용한 지명이 아니었던 바, 신라지에서 당은군(唐恩郡)의 본래 읍호가 고구려 당성군(唐城郡), 한양군(漢陽郡)의 본래 읍호가 고구려 북한산군이라고 언급한 것은 시정이 필요하다고 볼 수 있다.[30]

그렇다면 신라지의 찬자가 어느 시기에 사용된 지명을 본래의 읍호로 제시하였을까가 궁금해지는데, 이와 관련하여 문무왕 8년에서 신문왕 5년 사이에 비로소 널리 사용되기 시작한 당성군과 북한산군이 본래의 읍호로 제시된 점을 주목할 필요가 있다. 왜냐하면 이에 근거하여 신문왕 5년 9주 5소경을 정비할 때, 당시에 사용한 지명을 본래의 읍호로 제시하였다고 상정해볼 수 있기 때문이다. 고구려지(高句麗志)에 나생군(奈生郡), 을아단현(乙阿旦縣), 우오현(于烏縣), 주연현(酒淵縣) 등은 우수주(牛首州)에 속하였다고 전하는 반면, 신라지에는 이들 군·현이 명주(溟州)에 속한다고 전한다. 나생군 등의 군·현을 우수주에서 하서주〔河西州; 하슬라주(何瑟羅州: 명주〈溟州〉)〕로 그 소속을 조정한 시기는 경덕왕대 이전 시기임이 분명한데, 구체적으로 9주를 정비할 무렵인 신문왕 5년일 가능성이 높다고 판단된다. 신문왕 5년 무렵에 나생군과 그 영현의 소속이 우수주에서 하서주로 바뀐 것을 통해서도 신라지에서 제시

---

30) 이밖에 신라에서 고구려 지명을 개정하여 사용한 사례와 관련하여 신라지와 고구려지의 표제 읍호가 서로 다른 경우가 주목된다. 이러한 사례 가운데 東吐縣과 東吐縣, 各連城郡과 客連城郡 등은 轉寫過程에서 생긴 錯亂으로 인하여 발생한 차이로 이해할 수 있다. 또한 今勿奴郡과 今勿內郡, 仍買郡과 乃買郡은 같은 지명을 한문으로 달리 표기한 사례에 해당한다. 이외의 나머지는 別稱으로 널리 사용되었거나 또는 신라가 고구려지역을 차지한 이후에 개정한 지명으로 추정된다. 후자의 사례로서 짐작되는 지명으로서 屈押(고구려지 屈於押), 翼谷(고구려지 於支呑), 河西良(고구려지 何瑟羅), 猪守峴縣(고구려지 猪闌峴縣), 郁烏縣(고구려지 于烏縣), 改淵縣(고구려지 岐淵縣) 등을 들 수 있다. 한편 신라지에 買省縣, 屈火郡, 助欖縣, 于珍也縣이라고, 고구려지에 買省郡, 屈火縣, 助攬郡, 于珍也郡이라고 전하는데, 이러한 차이는 신문왕 5년 무렵에 邑格의 변화를 꾀한 데에서 비롯되었을 가능성이 높다고 보인다.

한 본래의 읍호가 신문왕 5년 무렵에 사용된 지명이었음을 다시금 상기할 수 있을 것이다. 물론 경덕왕대와 헌덕왕대에 비로소 신라 영토로 편입된 한산주 예하 여러 군·현의 본래 읍호는 경덕왕 또는 헌덕왕대에 사용한 지명이었음은 두 말할 필요조차 없을 것이다. 추후에 고구려지와 백제지에 전하는 표제 읍호와 신라지에 전하는 본래 읍호와의 비교 검토를 통해, 혹시 본래의 읍호로 제시된 지명 가운데 일부가 신문왕 5년 이후에 사용된 경우로 밝혀진다고 하더라도, 경덕왕과 헌강왕대에 새로 신라 영토로 편입된 군·현을 제외하면, 대체로 신문왕 5년에 사용된 지명을 본래의 읍호로 제시하였다는 결론 자체는 크게 흔들릴 가능성은 낮다고 판단된다.

한편 표제 읍호와 경덕왕대 개명 사실을 언급한 부분 사이에 본래의 읍호 및 이와 관련된 추가 정보가 전한다. 절대 다수의 군·현은 본래의 읍호 명칭만을 제시하였다. 주와 소경은 예외없이 추가정보를 기술하였는데, 그 내용은 주(州) 및 소경(小京)의 치폐(置廢), 축성 및 성의 규모에 관한 사항이 중심을 이룬다. 한편 본래 소국(小國)이 존재하였거나 일찍이 신라에 병합된 군·현의 경우도 추가 정보가 제시되었고, 또한 한때 신주와 하주, 신주의 주치(州治)였던 군(郡)과 현(縣)의 경우에도 역시 마찬가지이다. 표제 읍호와 더불어 본래의 읍호에 관한 내용은 신라지의 찬자가 신라지의 원전을 대체로 인용하였던 것으로 추정된다. 그렇다면 여기서 문제는 추가 정보 역시 신라지의 원전에 전하는 내용을 신라지의 찬자가 인용하였는가의 여부에 관해서이다.

앞에서 제시한 I-①에서 I-⑥의 자료를 살펴보면, 본래의 읍호 부분에 추가한 정보와 신라본기에 전하는 기록의 내용이 차이가 있음을 확인할 수 있다. 만약에 신라지의 찬자가 본래의 읍호를 설명하는 부분에 전하는 소국 또는 주의 치폐에 관한 내용을 직접 작문(作文)하였다면, 그들이 신라본기의 기록을 참조하였을 가능성이 충분히 예상된다는 점에서 신라본기의 기록과 신라지에 전하는 기록이 크게 차이가 나는 사실을 상식적으로 쉽게 납득하기 어렵다. 이러한 측면에서 신라지에 전하는 소국 및 주의 치폐에 관한 기록이 신라본기의 기록과 판연하게 차이가 났던 것은 바로 신라지의 찬자가 신라본기의 저본자료가 아니라 신라지의 원전에 전하는 내용을 대체로 인용한 것에서 비롯되었을 가능성이 높다고 이해하여도 별다른 이견이 없지 않을까 여겨진다. 이렇다고 하여 본래 읍호 부분에 전하는 추가 정보 모두를 신라지의 원전에 전하는 내용을 인용한 것이라고 보기 어렵다. 신라지의 찬자가 작문하여 첨입(添入)한 내용이 다수 발견되기 때문이다.

신라지의 찬자가 본래의 읍호 부분에 추가한 대표적인 기록으로 가탐(賈耽)의 고금군국지(古今郡國志)에서 인용한 것을 들 수 있다. 이에 관한 기록을 제시하면 다음과 같다.

> II-① 朔州. 賈耽古今郡國志云 句麗之東南 濊之西 古貊地. 盖今新羅
> 北朔州. 善德王六年 唐貞觀十一年爲牛首州置軍主〈一云 文武王
> 十三年 唐咸亨四年 置首若州〉.
>
> II-② 溟州. 本高句麗河西良〈一作何瑟羅〉後屬新羅. 賈耽古今郡國志
> 云 今新羅北界溟州 盖濊之古國. 前史以扶餘爲濊地 盖誤. 善德王
> 時爲小京 置仕臣. 太宗王五年 唐顯慶三年 以何瑟羅地連靺鞨 罷
> 京爲州 置軍主以鎭之.

II-①의 '선덕왕 6년, 즉 정관 11년(637)에 우수주를 설치하고 군주를 두었다.'라는 기록은 신라본기에 전하지 않는다. 이것은 신라지의 원전에서 인용한 것으로 추정된다. Ⅱ-②에 '선덕왕 때에 소경으로 삼고 사신(仕臣)을 두었다.'고 전하는 반면, 신라본기제5 선덕왕 8년 봄 2월조에 '하슬라주(何瑟羅州)를 북소경으로 삼고, 사찬 진주(眞珠)에게 명령하여 진수(鎭守)케 하였다.'라고 전한다. 신라지에는 '하슬라주'에 관한 정보와 더불어 소경(小京)의 명칭이 북소경(北小京)이었다는 언급이 없을 뿐만 아니라 하슬라지역에 소경을 설치한 시기가 선덕왕 8년 2월이었다는 정보도 전하지 않는다. 이처럼 신라본기와 신라지에 전하는 정보가 판연하게 차이가 났던 것에서 신라지에 전하는 정보는 신라지의 원전(原典)에서 인용한 것이었다고 추론할 수 있다.

신라본기제5 태종무열왕 5년 3월 기록에 소경(小京)을 혁파하고 도독(都督)을 두어 진수케 하였다고 전하는 반면, 신라지에는 소경을 혁파하고 군주(軍主)를 두어 지키게 하였다고 전한다. 도독은 통일신라시대에 비로소 주에 파견되었기 때문에 태종무열왕 때에는 군주를 지방에 파견하였다고 봄이 옳다. 이러한 측면에서 신라지의 기록이 보다 더 사실에 가까운 내용을 전한다고 평가할 수 있다. 아무튼 북소경을 혁파한 사실을 언급한 내용에 대해 신라본기와 신라지의 기록이 서로 달랐다는 점을 통해서도 앞에서의 추정을 보완할 수 있을 것이다. 이상의 검토에 따른다면, 신라지의 '善德王時爲小京 置仕臣. 太宗王五年 唐顯慶三年 以何瑟羅地連靺鞨 罷京爲州 置軍主以鎭之.'란 기록은 『삼국사기』 신라지의 찬자가 작문한 것이 아니라 신라지의 원전에서 인용한 것이었다고 볼 수 있음은 물론이다. 9세기 후반 경문왕대 또는 헌강왕대에 신라지의 원전을 찬술할 때에 '신라(新羅)'라는 표현을 사용하였다고 보기 어렵다. 당시에는 '아국(我國)', '본국(本國)', '본조(本朝)' 등으로 표기하였다고 봄이 자연스럽기 때문이다.[31] 따라서 II-②의 '후속신라(後屬新羅)'란 표현은 신라지의 찬자가 추가로 기술한 것으로 이해할 수 있다.

정원(貞元) 17년(801)에 가탐(賈耽)이 『고금군국현도사이술(古今郡國縣道四夷述)』을 찬술하여 진상(進上)하였다고 알려졌다.[32] 이것이 언제 신라에 전해졌는지 알 수 없지만, 신라지의 서문(序文)에서 『삼국사기』 신라지의 찬자가 거기에 전하는 기록〔賈耽四夷述〕을 인용한 사례를 참조하건대, II-①, ②의 기록에 전하는 가탐의 『고금군국현도사이술(고금군국지)』에서 인용한 구절은 신라지의 찬자가 직접 작문(作文)하여 추가한 것이었다고 볼 수 있을 것이다.[33] 그리고 그 구절 뒤에 언급한 '盖今新羅北朔州', '前史以扶餘爲濊地 蓋誤'란 표현 역시 마찬가지였음은 물론이다. 뒤에서 자세하게 언급할 예정이지만, 세주 역시 신라지의 찬자가 첨입한 것이었다. 결과적으로 II-①, ②의 사료에서 밑줄 친 부분과 세주(細注)는 신라지의 찬자가 작문한 것이고, 그 나머지는 신라지의 찬자가 신라지의 원전에서 인용한 것이었다고 정리할 수 있을 것이다. II-①, ② 기록 이외에 '新羅'라는 표현이 보이는 사례를 제시하면 다음과 같다.

III-① 漢州 本高句麗漢山郡 新羅取之 景德王改爲漢州 今廣州

III-② 黃武縣 本高句麗南川縣 新羅幷之 <u>眞興王爲州 置軍主</u>. 景德王改名 今利川縣.

III-③ 中原京 本高句麗國原城 新羅平之 <u>眞興王置小京. 文武王時築城周二千五百九十二步</u>. 景德王改爲中原京 今忠州.

---

31) 김태식, 1995 앞의 논문, 222쪽.

32) 冬十月 辛未 宰相賈耽上海內華夷圖及古今郡國縣道四夷述四十卷(『舊唐書』 卷13 本紀13 德宗下 貞元 17年).

33) 김태식, 위의 논문, 223~224쪽.

Ⅲ-④ 南原小京 本百濟古龍郡 新羅幷之 新文王五年 初置小京. 景德王
十六年置南原小京 今南原府.

Ⅲ-①~③에서 '新羅取之', '新羅幷之', '新羅平之'란 표현 및 추가로
제시한 정보(밑줄 친 부분)를 제외한 나머지는 일반 군현의 기재 형식과
크게 차이가 없다. 앞에서 제시한 Ⅱ-①, ②의 사례를 통해서 추가 정보
역시 신라지의 원전에서 인용한 것이었음을 추론할 수 있음은 물론이다.
신라본기에 진흥왕 29년(568)에 북한산주를 폐지하고 남천주를 설치하
였다고 전하나,[34] Ⅲ-②에서는 단지 진흥왕대에 남천주를 설치하였다고
기록하였을 뿐이다. 신라본기에 진흥왕 18년(557)에 소경을 설치하였다
고 전하나[35] Ⅲ-③에는 단지 진흥왕대에 국원을 소경으로 삼았다고 전
하고 있음을 살필 수 있다. 신라지의 찬자가 신라본기의 기록을 참조하지
않았음을 엿볼 수 있는데, 이것은 신라지의 찬자가 신라지의 원전을 그대
로 인용한 것에서 비롯되었을 것이다.
　신라본기에서는 문무왕 13년 9월에 국원성을 쌓았다고 기록하였다.[36]
그런데 신라지에서는 문무왕 때에 (국원)성을 쌓았는데, 둘레가 2,592보
였다고 언급하였다. 두 기록의 정보가 서로 달랐던 것을 통해서도 Ⅲ-③
의 국원성 축조(築造) 관련 기록이 신라지의 원전에서 인용한 것이었음
을 유추할 수 있고, 나아가 신라지에 전하는 추가 정보가 대체로 신라지
의 원전에서 인용한 것이었음을 다시금 상기할 수 있다. 반면에 '新羅取
之' 등의 표현은 신라지의 원전에 전하는 것이 아니었음이 분명한데, 현

---

34) 廢北漢山州 置南川州(『삼국사기』 신라본기제4 진흥왕 29년 겨울 10월).

35) 以國原爲小京(『삼국사기』 신라본기제4 진흥왕 18년).

36) 築國原城〈古亂長城〉 北兄山城 召文城 耳山城 首若州走壤城〈一名迭巖城〉 達含郡主岑城
　　居烈州萬興寺山城 歃良州骨爭峴城(『삼국사기』 신라본기제7 문무왕 13년 9월).

재 『삼국사기』 편찬 이전 시기의 고려시대에 신라지의 원전을 수정, 보완하였다는 구체적인 증거를 찾을 수 없는 바, '新羅取之' 등의 표현은 결과적으로 『삼국사기』 신라지의 찬자가 첨입한 것이었다고 봄이 합리적이라고 판단된다. III-④에 보이는 '新羅幷之' 역시 마찬가지였을 것이다.

IV-① 金海小京 古金官國〈一云伽落國 一云伽耶〉 自始祖首露王至十世仇亥王 以梁中大通四年 新羅法興王十九年 率百姓來降 以其地爲金官郡. 文武王二十年 永隆元年 爲小京. 景德王改名金海京 今金州.

IV-② 熊州 本百濟舊都. 唐高宗遣蘇定方平之 置熊津都督府. 新羅文武王取其地有之 神文王改爲熊川州 置都督. 景德王十六年 改名熊州 今公州.

　　IV-①에서 법흥왕 19년에 구해왕(仇亥王)이 백성들을 거느리고 와서 항복하자, 그 땅을 금관군으로 삼았다고 언급하였다. 그런데 신라본기에 법흥왕 19년에 금관국주(金官國主) 김구해(金仇亥)가 왕비 및 세 아들을 데리고 나라 창고에 있던 보물을 가지고 와서 항복하자, 본국을 식읍으로 삼게 하였다고 전할 뿐,[37] 그 땅을 금관군(金官郡)으로 삼았다는 언급은 찾을 수 없다. 한편 신라본기에 문무왕 20년에 가야군(加耶郡)에 금관소경을 설치하였다고 전하는데,[38] 신라지에서 금관군을 가야군으로 개칭하였다는 언급을 찾을 수 없다. 결과적으로 신라지와 신라본기의 원

---

37) 金官國主金仇亥 與妃及三子 長曰奴宗 仲曰武德 季曰武力 以國帑寶物來降. 王禮待之 授位上等 以本國爲食邑 子武力仕至角干(『삼국사기』 신라본기제4 법흥왕 19년).

38) 加耶郡置金官小京(『삼국사기』 신라본기제7 문무왕 20년 5월).

전이 서로 달랐다고 볼 수밖에 없는데, 이에서 IV-①의 '法興王十九年率百姓來降 以其地爲金官郡. 文武王二十年 永隆元年 爲小京'이란 기록은 신라본기의 저본자료와 별개의 사료인 신라지(新羅志)의 원전(原典)을 토대로 하여 찬술하였다고 추론할 수 있다.

김유신열전에서 김유신의 12세조(世祖)가 수로왕(首露王)이고, 수로왕 9세손(世孫) 구해(仇亥)가 그의 증조부(曾祖父)였다고 언급하였다.[39] IV-① 기록에 금관국(金官國)의 세계(世系)가 시조 수로왕에서 10세(世) 구해왕에 이르렀다는 표현이 보인다. 김유신열전과 신라지에 전하는 왕계(王系)가 일치하였음을 살필 수 있다. 김유신열전은 하대에 김유신의 현손(玄孫)인 집사랑(執事郎) 김장청(金長淸)이 지은 『김유신 행록〔金庾信行錄; 흥무대왕행록(興武大王行錄)〕』10권을 발췌한 것으로 알려졌다. 따라서 신라지에 전하는 금관국의 왕계는 신라 당대에 이미 정립된 것이라고 이해할 수 있고, 이러한 측면에서 '自始祖首露王至十世仇亥王'이란 기록 역시 신라지의 원전에서 인용한 것이라고 보아도 문제가 되지 않을 것이다. 결국 '신라(新羅)'라는 국명 표기와 세주(細注)를 제외한 IV-①의 나머지 기록은 신라지의 원전에서 인용하였다고 정리할 수 있겠는데, 아마도 『삼국사기』 신라지 찬자가 독자인 고려인들을 고려하여 '신라(新羅)'라는 국명을 첨입한 것이 아닐까 짐작된다. IV-② 기록도 이와 비슷한 사례로 추정된다. 신라지의 찬자가 IV-②의 '熊州 本百濟舊都. 唐高宗遣蘇定方平之 置熊津都督府. 文武王取其地有之 神文王改爲熊川州 置都督'이란 기록을 신라지의 원전에서 인용하면서 '신

---

39) 金庾信 王京人也. 十二世祖首露 不知何許人也 以後漢建武十八年壬寅 登龜峰 望駕洛九村 遂至其地開國 號曰加耶 後改爲金官國. 其子孫相承 至九世孫仇亥 或云仇次休 於庾信爲曾祖(『삼국사기』 열전제1 김유신상).

라'라는 국명을 추가로 첨입하였다고 보이기 때문이다.[40)]

    V-① 古寧郡 本古寧加耶國 新羅取之 爲古冬攬郡〈一云古陵縣〉. 景德
       王改名 今咸寧郡.

  앞에서 제시한 여러 기록과 달리 V-① 기록은 약간 특별한 사례에 해
당하는 경우라고 볼 수 있다. 여기서 '고령가야(古寧加耶)'란 표현을 유
의할 필요가 있다. 경덕왕대에 고동람군(古冬攬郡)을 고령군(古寧郡)으
로 개명하였는 바, 경덕왕대 이전에 고령가야가 존재하였다고 전하는 것
은 문제가 있기 때문이다. 종래에 『삼국유사』 권제1 기이제2 오가야조에
전하는 지금의 경북 상주시 함창읍으로 비정되는 고령가야(古寧伽耶)와
고령군(古寧郡)을 연결시킨 것은 나말여초였음을 밝힌 바 있다.[41)] 이에
따른다면, V-①의 '本古寧加耶國 新羅取之 爲古冬攬郡〈一云古陵縣〉'
부분은 『삼국사기』 신라지의 찬자가 직접 작문(作文)한 것으로 정리할 수
있는데, 본래 신라지의 원전에는 '古寧郡 本古冬攬郡'이라고 전하는 것
을 위와 같이 개변(改變)하여 작문한 것으로 이해된다.[42)] V-① 기록 이
외에 신라지의 찬자가 작문한 또 다른 사례를 발견할 수 있다.

    VI-① 全州 本百濟完山 眞興王十六年爲州 二十六年州廢 神文王五年復

---

40) 김태식, 1995 앞의 논문, 221~223쪽에서 '新羅'라는 국명이 들어간 자료들은 고려시대
   『삼국사기』 편찬 당시의 작문 또는 변형이라고 볼 수 있다는 견해를 제시하였다. 필자는
   본고에서 '新羅取之' 등과 같은 표현 또는 '新羅'라는 國名 등은 신라지의 찬자가 단순하
   게 추가한 것이고, 이들 이외의 나머지 문장은 신라지의 원전을 그대로 인용한 것으로 이
   해하였다.
41) 김태식, 1993 『가야연맹사』, 일조각, 70~74쪽.
42) 김태식, 1995 앞의 논문, 224~226쪽.

置完山州.

VI-② 火王郡 本比自火郡〈一云比斯伐〉眞興王十六年置州 名下州 二十
　　六年 州廢.

　오늘날 전북 전주시로 비정되는 완산은 본래 백제 영토였다. 따라서 진
흥왕 16년에 완산에 주를 설치하고, 진흥왕 26년에 주를 폐지하였다는
기록은 두찬(杜撰)이라고 볼 수 있다.[43] 신라본기에 진흥왕 16년 정월에
비사벌(比斯伐; 경남 창녕)에 완산주(完山州)를 설치하였고, 26년 9월
에 완산주를 폐지하고 대야주를 설치하였으며, 신문왕 5년 봄에 다시 완
산주를 설치하고 용원(龍元)을 총관(摠管)으로 삼았다고 전한다.[44] VI-
① 기록에는 비사벌에 관한 정보가 전혀 보이지 않는다. 비사벌에 완산주
를 설치하였다는 언급은 신라본기에서만 찾을 수 있다. 한편 앞에서 VI-
②의 기록은 신라지의 원전에서 인용한 것이었음을 살핀 바 있다. 이와
같은 사실들을 두루 감안하건대, 『삼국사기』 신라지의 찬자가 신라지의
원전이 아니라 신라본기의 기록을 참조하여 VI-① 기록을 찬술하였다고
보는 것이 합리적이라고 판단된다. 본래 신라지의 원전에는 '全州 本百

---

43) 서의식, 2010 「진국의 변전과 '진왕'의 사적 추이」 『역사교육』 114; 2010 『신라의 정치구
　　조와 신분편제』, 혜안, 53~54쪽에서 신라가 6세기 중반 진흥왕대에 전주지역에 진출하
　　여 완산주를 설치하였다고 이해하는 견해를 제기하였다. 또한 이강래, 1987 「백제의 '比
　　斯伐'考」 『최영희선생화갑기념한국사학논총』, 탐구당; 2011 『삼국사기 인식론』, 일지사,
　　436쪽에서는 누대 동안 비사벌을 중심으로 한 가야 사람들이 백제의 완산에 徙民되면서
　　그곳을 비사벌이라고 부르는 전통이 생겼고, 이러한 전통이 『삼국사기』 기록에 저질러진
　　오류의 遠因이 되었다는 견해를 제기하기도 하였다. 한편 근래에 필자는 신문왕 5년에
　　下州停을 폐지하고 完山停을 설치한 사실을 근거로 하여 555년(진흥왕 16)에 比子伐(比
　　斯伐)에 완산정의 전신인 하주정, 즉 비자벌정을 설치한 사실을 완산주를 설치한 것이라
　　고 잘못 기술하였음을 논증한 바 있다(전덕재, 2015a 앞의 논문, 9~12쪽).
44) 置完山州於比斯伐(『삼국사기』 신라본기제4 진흥왕 16년 봄 정월); 廢完山州 置大耶州(『삼
　　국사기』 신라본기제4 진흥왕 26년 9월); 復置完山州 以龍元爲摠管(『삼국사기』 신라본기
　　제8 신문왕 5년 봄).

濟完山(郡) 神文王五年置完山州(또는 神文王五年爲州)'라고 기술되어 있었던 것을 신라본기의 기록을 참조하여 신라지의 찬자가 VI-①과 같이 개서(改書)한 것으로 이해된다.

이상에서 신라지 본래의 읍호 부분에 추가한 정보 가운데 대부분은 신라지의 찬자가 신라지의 원전에서 인용한 것이었고, 일부는 신라지의 찬자가 여러 자료를 참조하여 직접 작문하여 추가한 것이었음을 살펴보았다. 그런데 신라지에 세주(細注)가 적지 않게 보인다. 그렇다면, 신라지의 찬자가 세주를 직접 작문하여 추가한 것이었는가의 여부가 궁금하다. 한주(漢州) 율진군(栗津郡)조에 '邵城縣 本高句麗買召忽縣 景德王改名 今仁州〈一云慶原 買召一云彌鄒〉'라고 전한다. 다른 읍호의 기재 형식을 참조하면, 이것은 '邵城縣 買召〈一云彌鄒〉忽縣 景德王改名 今仁州〈一云慶原〉'라고 수정해야 합리적이라고 판단된다. 그런데 신라지의 찬자는 '今仁州' 뒤에 세주를 몰아서 정리하였던 것이다. 이와 같은 파격적인 기재 형식을 통해서 '買召一云彌鄒'란 세주는 신라지의 원전에서 인용한 것이 아니라 신라지의 찬자가 다른 자료를 참조하여 첨입(添入)한 것이었음을 짐작해볼 수 있다. 신라지의 찬자가 세주를 직접 작문하여 신라지에 추가로 첨입하였음을 또 다른 사례를 통해서 방증할 수 있다.

앞에서 인용한 IV-① 기록의 세주(細注)에 '가락국(伽落國)', '가야(伽耶)'라는 표현이 보인다. 『삼국유사』 권제1 기이제2 오가야조에서 '가야'를 '伽耶'로 표기하였음을 살필 수 있다.[45] 또한 이 기록에 전하는 성산가야(星山伽耶)와 고령가야(古寧伽耶)란 국명(國名)은 나말여초 이후에 비로소 쓰이기 시작한 것으로 알려졌다.[46] IV-① 기록 이외에 『삼국사

---

45) 五伽耶條에 전하는 표기를 포함하여 『三國遺事』의 여러 기록에서 '伽耶'라는 표기를 모두 16번 사용하였음을 확인할 수 있다.

기』에서 '伽耶'라고 기술한 사례를 하나 더 발견할 수 있다. 최치원열전에 '경주(慶州)의 남산(南山), 강주(剛州)의 빙산(氷山), 합주(陝州)의 청량사(淸凉寺), 지리산의 쌍계사, 합포현(合浦縣)의 별장[별서(別墅)] 등이 그(최치원)가 노닐던 곳이다. 최후에 가족을 이끌고 가야산(伽耶山) 해인사(海印寺)에 은거(隱居)하였다.'라고 전하는 기록이 바로 그것이다. 경주와 강주, 합주, 합포현이 모두 고려시대의 지명인 바, 가야산(伽耶山) 역시 고려시대의 표기로 보아야 한다. 이상의 여러 사례를 참조하건대, 고려시대에 비로소 가야를 '伽耶'라고 표기하였을 가능성이 높다고 판단되는데,[47] 이에 따른다면, Ⅳ-① 기록의 세주는 신라지를 찬술할 때에 그 찬자들이 신라지의 원전과 다른 어떤 자료를 참조하여 직접 작문하여 추가한 것이었다고 봄이 자연스럽다고 하겠다. 위에서 살핀 두 가지 사례를 참조하건대, 신라지에 전하는 세주는 대체로 신라지의 찬자가 작문하여 추가한 내용이었다고 추론하여도 크게 문제가 되지 않을 것으로 사료된다.

신라지에서 제시한 세주(細注) 가운데 본기(本紀)와 잡지(雜志), 열전(列傳) 등에 전하는 사례를 여럿 발견할 수 있다. 그에 관한 사례를 정리한 것이 〈표 5〉이다.

〈표 5〉를 통해서 신라지의 찬자가 본기와 잡지, 열전의 기록을 참조하여, 신라지에 세주를 추가하여 첨입하였음을 추정해볼 수 있다. 그러나 나머지 세주는 본기 등의 『삼국사기』 기록에서 더 이상 찾을 수 없다. 이러한 경우는 고기류와 읍지류, 기타 다른 자료를 참고하여 적기한 것으로

---

46) 김태식, 1993 앞의 책, 70~74쪽.

47) 종래에 고려시대에 가야 관계 기록에 관심을 가진 일부 승려들이 傳寫過程에서 加耶를 불교와 관련이 깊은 伽耶로 의도적으로 개변한 것으로 이해한 견해가 제기되었다(김태식, 1995 앞의 논문, 225~226쪽).

<표 5> 신라지 본래의 읍호 세주 출전 일람

표제 읍호	본래의 읍호	세주	출전
화령군 (化寧郡)	본답달비군 (本沓達匕郡)	답달 (沓達)	신라본기 자비마립간 17년 기록
장산군 (獐山郡)	본압량군 (本押梁郡)	압독 (押督)	신라본기 파사이사금 23년 8월, 파사이사금 27년 정월, 일성이사금 13년 10월, 진덕왕 2년 3월, 태종무열왕 8년 5월, 잡지 중사(中祀), 김인문열전 기록
하곡현 (河曲縣)	본굴아화촌 (本屈阿火村)	하서 (河西)	잡지 악(樂) 기록〔하서군(河西郡)〕
운봉현 (雲峯縣)	본모산성 (本母山城)	아영성 (阿英城)	귀산열전 기록(阿莫〈一作阿英〉城)
		아막성 (阿莫城)	신라본기 진평왕 24년 8월, 백제본기 무왕 3년 8월(阿莫山城〈一名母山城〉), 귀산열전 기록
거창군 (居昌郡)	본거열군 (本居烈郡)	거타 (居陁)	신라지 강주 기록
강량군 (江良郡)	본대량주군 (本大良州郡)	대야 (大耶)	신라본기 진흥왕 26년 9월, 선덕여왕 11년 8월(大耶城), 태종무열왕 7년 8월(大耶城), 태종무열왕 8년 5월, 진성왕 2년 2월, 효공왕 5년 8월, 신덕왕 5년 8월, 경명왕 4년 10월, 경순왕 2년 8월, 경순왕 9년 11월, 의자왕 2년 8월, 죽죽열전, 견훤열전 기록
의상현 (宜桑縣)	본신이현 (本新尒縣)	천주현 (泉州縣)	경명왕 8년 정월 기록(泉州節度使), 지리지 삼국유명미상지분 기록
소성현 (邵城縣)	본고구려매소홀 (本高句麗買召忽)	미추 (彌鄒)	백제본기 온조왕 즉위년 기록(彌鄒忽)
한양군 (漢陽郡)	본고구려북한산군 (本高句麗北漢山郡)	평양 (平壤)	신라본기 실성이사금 12년 8월, 성덕왕 35년 11월, 헌덕왕 17년 정월 기록
연성군 (連城郡)	본고구려객련성군 (本高句麗客連城郡)	각련성군 (各連城郡)	신라본기 문무왕 9년 5월 기록
명주 (溟州)	본고구려하서량 (本高句麗河西良)	하슬라 (何瑟羅)	신라본기 나물이사금 42년 7월, 자비마립간 11년 9월, 지증왕 13년 6월, 선덕여왕 8년 2월, 태종무열왕 5년 3월, 태종무열왕 6년 9월, 성덕왕 20년 7월(何瑟羅道), 진성왕 8년 10월 기록
진령현 (鎭嶺縣)	본백제진현현 (本百濟眞峴縣)	정현현 (貞峴縣)	신라본기 태종무열왕 7년 8월 기록 (百濟餘賊 據南岑貞峴□□□城)

짐작된다.[48) 신라지의 찬자가 신라본기의 기록 등을 참조한 사례가 적었다는 점에서 〈표 5〉에 제시한 세주 가운데에도 『삼국사기』 이외의 다른 자료를 참조하여 서술하였을 가능성을 완전히 배제하기 어렵다.[49)

지금까지 신라지의 찬술과정을 살펴보았는데, 이에 따르면, 신라지의 찬자는 일차적으로 9세기 후반 경문왕대 또는 헌강왕대에 찬술한 신라지의 원전을 저본(底本)으로 삼아 신라지의 기본 골격을 구성한 다음, 일부 정보를 추가로 첨입(添入)하거나 또는 일부 내용을 개서(改書)하였다. 나아가 다양한 자료를 참고하여 지명의 이표기(異表記) 또는 별칭(別稱) 등을 세주(細注)로서 제시하고, 이어 경덕왕대 개명 사실 및 고려 인종대(仁宗代)에 해당하는 지명을 기재하여 신라지를 완성하였다고 정리할 수 있다. 신라지에는 신라본기와 잡지, 열전 등에 전하지 않는 새로운 정보가 적지 않게 전하여서 고대 지명의 변천과 신라의 지방 소국 통합과정, 신라 지방통치체제의 변천 등의 연구에 커다란 도움을 주고 있다. 그러나 신라지에는 잘못된 정보도 다수 전하기 때문에 사료로서 활용할 때에 매우 세심한 주의가 필요하다고 하겠다. 이와 같은 신라지의 사료적 성격이

---

48) 종래에 신라지의 찬자는 신라의 지리지를 복원하기 위한 상당히 양호한 원전을 한 두 종류 가지고 있었고, 거기에다가 몇몇 異本 및 지방 기록들을 가지고 있어서, 이들을 대조하여 편찬하는 과정에서 그 차이점을 分註(細注)로 나타냈던 것이라는 견해를 제기하여 참조된다(김태식, 위의 논문, 221쪽).

49) 신라지에 전하는 세주는 하나만을 제외하고 읍호의 異表記 또는 別稱을 제시한 것에 해당한다. 예외적인 하나는 삭주조에 전하는 '一云文武王十三年 唐咸亨四年 置首若州'이다. 『삼국사기』 잡지제9 직관하 무관 육정조에 '넷째는 牛首停이었다. 본래는 比烈忽停이었다. 문무왕 13년에 비열홀정을 혁파하고 우수정을 두었다.'고 전한다. 주지하듯이 停軍團의 이동과 함께 州治도 옮기는 것이 관례였다. 따라서 이 기록을 통하여 문무왕 13년에 비열홀주를 폐지하고 우수주를 설치하였음을 추론할 수 있고, 실제로 신라본기제7 문무왕 13년 9월 기록에 首若州 走壤城(一名迭巖城)을 쌓았다고 전하는 사실을 통하여 이를 입증할 수 있다. 아마도 신라지와 신라본기의 원전 이외의 또 다른 자료에 문무왕 13년에 수약주를 설치하였다는 기록이 전하였고, 신라지 찬자가 이것을 참조하여 신라지에 그에 관한 사항을 세주로 제시한 것으로 이해된다.

나 가치에 대해서는 소절을 달리하여 자세하게 논급하도록 하겠다.

3) 사료적 성격과 가치

신라지는 삼국 초기부터 고려 인종대까지의 지명 변천을 일목요연하게 살필 수 있는 유일무이한 자료이다. 이밖에 신라지에서『삼국사기』본기와 잡지, 열전에 전하지 않는 추가 정보를 다수 발견할 수 있다.

VII-① 尙州 …… 神文王七年 唐垂拱三年復置 築城周一千一百九步.

VII-② 良州 文武王五年 麟德二年 割上州·下州地 置歃良州. 神文王七年
築城 周一千二百六十步.

VII-③ 中原京 本高句麗國原城 新羅平之 眞興王置小京. 文武王時築城
周二千五百九十二步.

VII-④ 北原京 本高句麗平原郡 文武王置北原小京. 神文王五年築城 周
一千三十一步.

VII-⑤ 朔庭郡 …… 孝昭王時築城 周一千一百八十步.

VII-①~⑤에는 축성과 관련된 기록이 전한다. 신라본기에서 신문왕 7년 2월에 사벌과 삽량 2주성을,[50] 문무왕 13년 9월에 국원성(國原城)을 쌓았다고 하였지만, 모두 그 둘레에 대한 언급은 찾을 수 없다. 한편 신문왕 5년에 북원성을 쌓았다거나 효소왕대에 비열홀지역에 성을 쌓았다는 기록은 신라본기에 전하지 않는다. 신라지의 원전에 상주와 양주, 중원경, 북원경, 비열홀군(比列忽郡; 삭정군(朔庭郡))에 성을 쌓은 사실과

---

50) 秋 築沙伐歃良二州城(『삼국사기』신라본기제8 신문왕 7년).

아울러 그 둘레에 대한 정보가 전하였고, 신라지의 찬자는 그것을 그대로 신라지에 인용한 것으로 이해된다.

VII-②에 문무왕 5년에 상주와 하주의 땅을 나누어서 삽량주를 설치하였다고 전한다. 『삼국유사』권제4 의해제5 원효불기(元曉不羈)조에 '按麟德二年間 文武王割上州下州之地 置歃良州'라는 기록이 보이는데, 이 기록의 원전은 VII-② 기록으로 추정된다. 이것은 상주(上州)와 하주(下州)란 주명(州名)이 문무왕 5년까지 존재하였음을 알려주는 귀중한 자료이다. 상주와 하주의 땅을 나누어 삽량주를 설치한 이후에 본래 상주는 일선주(一善州), 하주는 거열주(居烈州)라고 부르기 시작하였다고 알려졌다.[51] 이러한 측면에서 VII-② 기록은 추상적인 명칭을 관칭(冠稱)한 주(州)에서 주치명(州治名)을 관칭한 주(州)로의 변천을 알려주는 자료로도 주목된다고 하겠다.

VIII-① 朔州 …… 善德王六年 唐貞觀十一年 爲牛首州置軍主
VIII-② 開寧郡 古甘文小國也. 眞興王十八年 梁永定元年 置軍主 爲靑州.
　　　　眞平王時 州廢. 文武王元年 置甘文郡.

VIII-① 기록은 선덕여왕 6년(637)에 우수주(牛首州)를 설치하고 군주(軍主)를 두었음을 알려주는 자료이다. 필자는 전에 오늘날 춘천에 해당하는 우수지역이 본래 553년(진흥왕 14)에 설치한 신주(新州)의 영역에 속하였음을 주목하여, 637년에 우수주(牛首州)를 설치하면서, 우수주 이외의 나머지 신주의 영역을 포괄하는 주(州)의 명칭을 한산주(漢山州)라고 부르기 시작하였음을 논증한 바 있다.[52] 따라서 VIII-① 기록은 처

---

51) 전덕재, 2001 「신라 중고기 주의 성격 변화와 군주」『역사와 현실』40, 60~62쪽.

음으로 추상적인 명칭을 관칭(冠稱)한 주[신주(新州)]가 주치명(州治名)을 관칭한 주[한산주(漢山州), 우수주(牛首州)]로 개칭되었음을 알려주는 자료로서 주목된다고 하겠다.

VIII-② 기록에 557년(진흥왕 18)에 경북 김천시 개령면지역에 청주(青州)를 설치하였다고 전하는 점이 흥미롭다. 『삼국사기』 등의 문헌과 금석문 등에서 진흥왕대에 청주(青州)란 주를 설치하였다는 기록을 전혀 찾을 수 없기 때문이다.[53] 청주(青州)의 실체와 관련하여 『한원(翰苑)』 고려기(高麗記)에 5부 가운데 하나인 동부(東部)를 좌부(左部), 상부(上部), 청부(青部) 등으로 불렀다고 전하는 사실을 주목할 필요가 있다. 상주(上州)와 하주(下州)는 문무왕 5년까지 존속하였고, 557년(진흥왕 18)에 상주의 주치를 사벌(沙伐)에서 감문(甘文; 개령면)으로 옮긴 것으로 이해된다. 따라서 557년에 감문지역은 상주에 속하였다고 볼 수 있는데, 후대에 이때에 상주와 동일한 의미를 지닌 청주(青州)를 설치하였다고 기록하였고, 그러한 기록이 지리지에 반영된 것이 아닐까 한다.

진평왕대에 주(州)를 폐하였다고 전하는데, 일반적으로 중고기 신라본기 기록에 주를 폐지하였다고 전하는 것은 정군단(停軍團)과 주치(州治)를 옮긴 사실을 반영한다고 이해하고 있다.[54] 따라서 진평왕 재위 기간 동안 한때 상주(上州)의 주치가 감문(甘文)이었다가 다른 곳으로 옮겨갔

---

52) 전덕재, 위의 논문, 62~66쪽.

53) 『삼국사기』 잡지제9 직관하 무관 著衿監條에 青州가 보이나, 이것은 菁州의 오기이다. 궁예열전에 青州가 보이지만, 각각 青川(충북 괴산군 청천면)과 清州(충북 청주시)를 가리킨다.

54) 上州와 下州, 新州의 州治 및 각 州 내에서의 停軍團 移置 사실을 신문왕 5년(685)에서 경덕왕 16년(757) 사이의 중대 어느 시기에 일괄적으로 州의 置廢 사실을 전하는 내용으로 改書하였는데, 『구삼국사』 찬자가 그러한 내용을 그대로 인용하여 『구삼국사』에 기술하였고, 『삼국사기』 찬자가 『구삼국사』의 기록을 저본으로 삼아 신라본기를 찬술하였던 것으로 이해되고 있다(전덕재, 2015a 앞의 논문, 6~14쪽).

음을 VIII-②를 통해 추론할 수 있다. 한편 신라본기에서 진흥왕 18년에 사벌주를 폐하고, 감문주를 설치하였으며, 진평왕 36년에 사벌주를 폐하고, 일선주를 설치하였다고 언급하였을 뿐이고,[55] 신라본기에서 진평왕 대에 감문주를 폐지하였다는 언급을 찾을 수 없다. 신라본기와 VIII-② 기록을 종합하면, 진흥왕 18년에 상주의 주치를 사벌에서 감문으로 옮겼고, 다시 그 이후부터 진평왕 36년 사이의 어느 시기에 주치를 감문에서 사벌로 옮겼다가 진평왕 36년에 사벌에서 일선(一善)으로 주치를 옮겼다고 정리할 수 있다.[56]

통상 주치를 옮긴 이후, 전의 주치는 군치(郡治)로 삼는 것이 일반적이었다. 따라서 감문에서 사벌로 주치를 옮긴 이후에 감문을 군치로 하는 감문군(甘文郡)을 설치하였다고 예상해볼 수 있다. 그런데 VIII-②에서 문무왕 원년에 감문군을 설치하였다고 언급하였다. 통상적인 이해와 다른 내용을 전하기 때문에 당혹감을 감출 수 없는데, 그렇다면 문무왕 원년에 감문군을 설치하였다고 전하는 사실을 두찬(杜撰)이라고 치지도외할 수 있을까? 이 문제와 관련하여 다음의 기록을 주목할 필요가 있다.

해론(奚論)은 나이 20세 무렵에 아버지[찬덕(讚德)]의 공으로 대나마(大奈麻)가 되었다. 건복(建福) 35년(618; 진평왕 40) 무인(戊寅)에 왕이 해

---

55) 廢沙伐州 置甘文州 以沙湌起宗爲軍主(『삼국사기』 신라본기제4 진흥왕 18년); 廢沙伐州 置一善州 以一吉湌日夫爲軍主(『삼국사기』 신라본기제4 진평왕 36년 봄 2월).

56) 신라본기에 태종무열왕 4년 가을 7월에 一善郡에 홍수가 났고, 문무왕 4년 7월에 장군 仁問 등이 一善과 漢山 2州兵을 거느리고 고구려 突沙城을 공격하였으며, 신문왕 7년 3월에 일선주를 폐지하고 사벌주를 다시 설치하였다고 전한다. 이에 의거하건대, 진평왕 36년 이후 한동안 上州의 주치는 一善이었다가 그 이후 태종무열왕 4년 7월 이전에 다른 곳으로 州治를 옮겼고, 그 후 다시 문무왕 4년 이전 어느 시기에 일선으로 주치를 옮겼으며, 이후 문무왕 5년 상주와 하주의 땅을 분할하여 삽량주를 설치하면서, 기존의 상주를 일선주라고 부르기 시작하였다고 이해할 수 있다.

론을 금산당주(金山幢主)에 임명하여, 한산주도독(漢山州都督) 변품(邊品)과 함께 군사를 일으켜 가잠성(椵岑城)을 습격하여 빼앗게 하니, 백제에서 이 소식을 듣고 군사를 내어 이곳으로 보냈다(『삼국사기』 열전제7 해론).

위의 기록에서 해론이 진평왕 40년(618)에 금산당주에 임명되었다고 하였다. 신라지에서 개령군[開寧郡; 감문군(甘文郡)]의 영현(領縣)으로 어모현[禦侮縣; 금물현(今勿縣)], 금산현(金山縣), 지례현[知禮縣; 지품천현(知品川縣)], 무풍현[武豊縣; 무산현(茂山縣)]이 있다고 밝혔다. 그런데 일반적으로 당주(幢主)와 나두(邏頭) 등은 군(郡)의 중심지, 즉 군치(郡治)에 해당하는 행정촌(行政村)에 파견된 지방관으로 이해되고 있다.[57] 이에 따르면, 진평왕 40년(618) 무렵에는 감문이 아니라 금산(金山)이 군치였다고 볼 수 있을 것이다. 진평왕 36년 이전에 주치를 감문에서 사벌로 옮기면서 군사·행정적인 필요 때문에 감문을 군치로 삼지 않고 금산을 군치로 삼았던 것이 아닌가 한다. 이러한 사정을 염두에 둔다면, 문무왕 원년 감문군 설치 기록은 이때에 군치(郡治)를 금산(金山)에서 감문(甘文)으로 옮긴 사실과 아울러 감문의 읍격(邑格)을 군으로 승격시키고, 금산의 읍격은 현(縣)으로 강등시켰음을 알려주는 자료로 이해할 수 있고, 나아가 Ⅷ-② 기록은 감문군의 변화와 더불어 상주(上州) 주치(州治)의 변천을 고구할 때에 매우 중요한 정보를 제공한다고 평가할 수 있다.

Ⅸ-① 巨濟郡 文武王初置裳郡 海中島也.

---

57) 전덕재, 2007 「중고기 신라의 지방행정체계와 군의 성격」『한국고대사연구』 48, 105~110쪽.

IX-② 河曲〈一作西〉縣 婆娑王時 取屈阿火村置縣.

IX-① 기록은 문무왕 때에 거제도에 상군(裳郡)을 설치하였음을 알려 준다. IX-② 기록에 전하는 하곡현(河曲縣), 즉 굴아화촌(屈阿火村)은 오늘날 울산광역시 북구 범서읍 굴화리로 비정된다. 굴화리는 태화강 상류에 위치한 곳인데, 울산만에서 울주군 언양읍을 지나 경주를 연결하는 교통의 요지에 해당한다. 이러한 이유 때문에 신라가 일찍이 굴아화촌을 병합하였던 것으로 이해된다. 파사왕 때에 굴아화촌을 병합하였다는 전승이 존재하였고, 그것을 신라지의 원전에서 그대로 반영한 것으로 보인다.

X-① 高靈郡 本大加耶國 自始祖伊珍阿豉王〈一云內珍朱智〉至道設智
　　　王凡十六世五百二十年 眞興大王侵滅之 以其地爲大加耶郡.
X-② 咸安郡 法興王以大兵滅阿尸良國〈一云阿那加耶〉以其地爲郡.

X-① 기록에서 대가야의 역사가 시조(始祖) 이진아시왕(伊珍阿豉王) 부터 도설지왕(道設智王)까지 16세 520년이었다고 하였다. 대가야가 562년에 멸망하였으므로, 건국 연도는 기원 42년이 되는데, 이것은 수로왕이 금관국, 즉 가락국을 건국한 연대와 일치한다. 한편 『신증동국여지승람』 권29 경상도 고령군 건치연혁조에서 최치원의 『석이정전(釋利貞傳)』에 대가야의 시조인 이진아시왕의 별칭이 뇌실주일(惱室朱日), 『석순응전(釋順應傳)』에 대가야국의 월광태자(月光太子)는 이진아시왕을 낳은 가야산신 정견모주(正見母主)의 10대손이며, 그의 아버지는 이뇌왕(異腦王)이라고 전하는 내용을 찾을 수 있다. 『삼국유사』 권제2 기이제2 가락국기(駕洛國記)와 최치원의 『석이정전』·『석순응전』에 대가야의 마

지막왕이 도설지왕(道設智王)이라는 언급은 보이지 않는다.[58] 오직 X-
① 기록에만 도설지왕에 대한 정보가 전할 뿐이다. X-① 기록에서 '진흥
대왕(眞興大王)'이란 표현을 발견할 수 있는데, 이러한 표기법은 X-①
기록의 원전이 신라 당대에 기술된 것임을 시사해주는 측면으로 이해된
다.[59] 이에 따른다면, 통일신라에서 대가야는 금관국과 함께 기원 42년
에 건국되어, 562년에 멸망하였다고 이해하였을 뿐만 아니라 대가야왕의
세대수가 16대(代)이고, 마지막왕이 도설지왕이라는 전승 및 왕의 세대
수가 8대이며, 마지막왕이 이뇌왕이라는 전승이 존재하였다고 정리할 수
있다. 이러한 측면에서 X-① 기록은 『석이정전』·『석순응전』의 일문(逸
文)과 함께 대가야의 역사 및 통일신라인의 대가야에 대한 인식을 살필
수 있는 1차사료로서 매우 유의된다고 하겠다.

　　X-② 기록에 신라가 법흥왕대에 함안의 아시량국(阿尸良國; 아나가
야(阿那加耶))을 정벌하여 군으로 삼았다고 전한다. 『일본서기』에 540년
대에 안라국(安羅國)이 활발하게 외교활동을 전개한 기록이 보이고 있
다.[60] 학계에서는 이에 근거하여 법흥왕대에 신라가 안라국을 정벌하여
군을 설치하였다는 기록을 그대로 신뢰하지 않고 있고, 나아가 고려시대
에 법흥왕대에 아시량국을 정벌하여 군(郡)으로 삼았다는 전승이 생겨났
으며, 『삼국사기』 찬자가 그러한 전승을 지리지에 반영하였다고 이해하
는 것이 일반적이다.[61] 『일본서기』 권19 흠명천황(欽明天皇) 23년(562)

---

58) 참고로 김태식, 1996 「대가야의 세계와 도설지」『진단학보』 81; 2014 『사국시대의 사국관
　　계사』, 서경에서는 단양적성신라비와 진흥왕순수비 창녕비에 나오는 逈設智, 都設智가
　　바로 도설지왕이며, 다른 기록에 전하는 脫知尒叱今, 月光太子 역시 도설지왕과 동일인
　　이라고 추정하여 주목된다.

59) 김태식, 1995 앞의 논문, 228쪽.

60) 이에 대한 자세한 내용은 남재우, 2003 「안라국의 발전과 권역」『안라국사』, 혜안이 참조
　　된다.

조에 이 해 정월에 신라가 가야제국[任那官家]을 쳐서 멸망시켰다는 내용이 전하고, 또한 위의 기록에 인용된 일본(一本)에서는 흠명천황 21년(560)에 안라국을 비롯한 임나(任那) 10국을 멸망시켰다고 언급하였다.[62] 또한 『일본서기』 권19 흠명천황 22년(561)조에 신라가 아라(阿羅)의 파사산(波斯山)에 성을 쌓고 왜에 대비하였다는 기록이 전한다.[63] 이러한 기록들을 참조하건대, 561년 무렵에 신라가 안라국을 병합하였다고 봄이 합리적일 듯싶다. 이에 따른다면, X-② 기록은 두찬(杜撰)이라고 볼 수밖에 없을 것이다. 그런데 여기서 문제는 이와 같은 잘못된 전승이 비로소 고려시대에 성립되었는가의 여부에 관해서이다.

『삼국유사』 권제1 기이제2 오가야조에서 고려시대 함안에 위치한 소국을 아라가야(阿羅伽耶) 또는 아야가야(阿耶伽耶)라고 표기하였다. 한편 『삼국사기』 열전제8 물계자조에 팔포상국(八浦上國)이 나해이사금(奈解尼師今) 때에 아라국(阿羅國)을 공격하였다고 전한다. 또한 남산신성비 제1비에 '아량나두(阿良邏頭)'란 표현이 보인다. 한편 『일본서기』에서는 아라(阿羅) 또는 안라(安羅)라고 적기하였음이 확인된다. 아시량국(阿尸良國)에서 일반적으로 '시(尸)'는 'ㄹ' 받침을 나타내고, '량(良)'이 '라'로 독음된다고 한다.[64] 따라서 아시량국은 알라국, 안라국으로 독음할 수 있다. 결과적으로 아량(阿良), 아시량(阿尸良), 아라(阿羅), 안라(安羅)

61) 김태식, 1994 「함안 안라국의 성장과 변천」 『한국사연구』 86, 68쪽.
62) 新羅打滅任那官家〈一本云 十一年 任那滅焉. 總言任那 別言加羅國安羅國斯二岐國多羅國卒麻國古嵯國子他國散半下國乞湌國稔禮國 合十國〉(『日本書紀』 卷19 欽明天皇 23년 정월).
63) 是歲 復遣奴氐大舍 獻前調賦. 於難波大郡 次序諸蕃 掌客額田部連·葛城直等 使列于百濟之下而引導 大舍怒違 不入館舍 乘船歸至穴門. 於是 修治穴門館. 大舍問日 爲誰客造. 工匠河內馬飼首押勝欺給日 遣問西方無禮使者之所停宿處也. 大舍還國 告其所言. 故新羅築城於阿羅波斯山 以備日本(『日本書紀』 卷19 欽明天皇 22년).
64) 양주동, 1965 『증정고가연구』, 일조각, 597~598쪽.

등은 모두 동일한 우리말을 한문으로 다양하게 표기한 것으로 이해할 수 있다. 다만 삼국시대에 '시(尸)'가 들어간 지명과 더불어 지명어미로서 '량(良)'이 두루 쓰였음을 염두에 둔다면,[65] '아시량(阿尸良)'이란 표기는 고려보다는 삼국 및 통일신라에서 널리 사용되었다고 봄이 옳지 않을까 여겨진다. 이와 같은 추정에 커다란 문제가 없다고 한다면, X-② 기록은 신라지의 원전에서 인용한 것이었다고 이해하여도 이의가 없을 것으로 사료된다. 아마도 신라가 법흥왕 때에 대군(大軍)을 동원하여 아시량국을 공격하였던 사실을[66] 후대에 마치 이때 아시량국을 정벌하여 멸망시키고 군을 설치하였던 것처럼 부회하였고, 이러한 전승이 신라지의 원전에 반영된 것이 아닌가 여겨진다.

    XI-① 井泉郡 本高句麗泉井郡 文武王二十一年取之.
    XI-② 奈靈郡 本百濟奈已郡 婆娑王取之.
    XI-③ 湯井郡 本百濟郡 文武王十一年 唐咸亨二年 爲州置摠管. 咸亨
        十二年 廢州爲郡.

    XI-① 기록에서 문무왕 21년에 신라가 천정군(북한의 강원도 원산시 덕원동)을 고구려부터 빼앗았다고 언급하였는데, 신라본기에는 이에 관한 기록이 보이지 않는다. 신라본기에서 문무왕 9년(669) 5월에 천정(泉

---

65) 신라본기에 지증왕 15년 정월에 阿尸村에 소경을 설치하였다고 전한다. 신라지에 阿尸兮縣, 古尸山郡이 보이고, 沙尸山郡(沙尸城: 충북 옥천군 이원면)도 신라본기에서 찾을 수 있다. 그리고 '良'字가 지명어미인 본래의 읍호로서 刀良, 歃良, 麻珍良, 生西良, 省良, 蚊火良, 河西良, 沙尸良, 馬西良, 馬斯良 등을 들 수 있다.

66) 남재우, 2003 앞의 책, 294쪽에서 고려시대에 신라가 大兵으로 阿尸良國을 쳤다는 전승이 전하는 것을 근거로 하여 실제로 신라가 법흥왕 때에 阿尸良國을 친 것은 사실이라고 이해하였다.

井)과 비열홀(比列忽), 각련(各連) 등 3군의 백성이 굶주렸으므로 창고를 열어 진휼하였다고 하였다.[67] 이것은 문무왕 9년 당시에 천정군과 비열홀군이 신라의 영토였음을 알려준다. 그런데 671년에 작성한 답설인귀서에 문무왕이 고구려 정벌 이후에 당나라가 비열성[卑列城; 비열홀(比列忽)]을 가져다 고구려에게 주었다고 언급한 내용이 전한다.[68] 신라본기에서 고구려 정벌 이전인 문무왕 8년(668) 봄에 비열홀주를 설치하였다고 전하고,[69] 또한 앞에서 문무왕 13년(673)에 정군단(停軍團)과 주치(州治)를 비열홀에서 우수(牛首)로 옮겼음을 살핀 바 있다. 이러한 사실과 문무왕 9년 5월에 비열홀군 등 3군의 백성이 굶주려서 진휼하였던 사실 등을 감안하건대, 문무왕이 당나라가 비열성을 가져다 고구려에게 주었다고 언급한 것은 그대로 신뢰하기 어렵다고 볼 수 있다. 다만 XI-① 기록을 참조하건대, 고구려 멸망 후에 당나라가 고구려에게 넘겨준 군·현은 비열홀주(比列忽州) 예하의 천정군과 그 영현(領縣)이었고, 681년에 다시 신라가 천정군과 그 영현들을 되찾았다고 추론해볼 수 있지 않을까 한다.[70] 따라서 XI-① 기록은 고구려 멸망 이후 신라 동북방지역의 동향을 고구함에 있어 매우 귀중한 정보를 제공해준다고 평가할 수 있다.

XI-② 기록에 보이는 나령군(奈靈郡), 즉 나이군(奈已郡)은 경북 영주시로 비정된다. 여기서 신라가 나이군을 굴아화촌과 마찬가지로 파사왕 때에 취하였다고 언급하였다. 문제는 XI-②에서 나이군이 본래 백제의 땅이었다고 기록한 점이다. 종래에 백제가 파사왕대 이전에 영주지역

---

67) 泉井比列忽各連等三郡民饑 發倉賑恤(『삼국사기』 신라본기제6 문무왕 9년 여름 5월).

68) 又卑列之城 本是新羅 高麗打得三十餘年 新羅還得此城 移配百姓 置官守捉. 又取此城 還與高麗(『삼국사기』 신라본기제7 문무왕 11년 7월 26일 答薛仁貴書).

69) 置比列忽州 仍命波珍飡龍文爲摠管(『삼국사기』 신라본기제6 문무왕 8년 3월).

70) 전덕재, 2014 앞의 논문, 176~177쪽.

까지 진출하였다고 보기가 녹록치 않은 점, 『고려사』 지리지에 나이군이 본래 고구려의 군이었다고 전하는 점 등에 유의하여, XI-② 기록의 백제는 고구려의 오기(誤記)였다고 보는 것이 일반적이었다.[71] 필자 역시 종래의 통설이 상당한 설득력이 있다고 판단하고 있다. 다만 여기서 문제는 신라지 찬자가 잘못 표기한 것인지, 본래 신라지의 원전에도 그와 같이 잘못 표기되어 있었는가의 여부에 관해서이다. 앞의 III-①~④에서 보듯이, 본래 고구려와 백제의 땅이었던 경우, 신라지의 찬자가 신라가 그곳을 취하거나 병합하였다고 작문한 사례를 여럿 찾을 수 있다. 만약에 신라지의 찬자가 XI-② 기록을 직접 작문하였다면, '新羅婆娑王取之'라고 기재하였을 것으로 짐작된다. '신라(新羅)'라는 국명 표기가 없는 점에서 XI-② 기록은 신라지의 찬자가 신라지의 원전에서 인용하였다고 봄이 합리적이지 않을까 한다.

XI-③ 기록에 보이는 탕정군(湯井郡)은 충남 아산시로 비정된다. 여기에 문무왕 11년(671)에 탕정군을 탕정주(湯井州)로 삼고 총관(摠管)을 두었다고 전한다. 신라본기에서 문무왕 11년에 소부리주(所夫里州)를 설치하고, 아찬 진왕(眞王)을 도독으로 삼았으며, 신문왕 6년 2월에 사비주(泗沘州)를 군(郡)으로 삼고, 웅천군(熊川郡)을 주(州)로 삼았다고 하였다.[72] 신라지에서는 문무왕 12년에 소부리에 총관을 두었다고 언

---

71) 노중국, 1995 「『삼국사기』의 백제 지리관계 기사 검토」『삼국사기의 원전 검토』, 한국정신문화연구원, 168~170쪽.
   한편 이강래, 1996 앞의 논문; 2011 앞의 책에서 이사금시기에 단양에서 죽령을 넘어 이르게 되는 영주시 일대의 烽山城과 조령을 넘어 문경을 거쳐 이르게 되는 상주시 일대의 沙伐國을 둘러싼 백제와 신라의 갈등을 염두에 둔다면, 나이군이 백제의 영토였다는 신라지의 기술은 실제 이사금시기의 정황을 담은 편린일 가능성이 높다는 견해를 제기하기도 하였다.
72) 置所夫里州 以阿飡眞王爲都督(『삼국사기』 신라본기제7 문무왕 11년 7월); 以泗沘州爲郡 熊川郡爲州(『삼국사기』 신라본기제8 신문왕 6년 2월).

급하였다. 여기서 총관을 두었다는 것은 신라가 소부리주를 설치하고, 거기에 총관을 파견하였다는 의미로 해석할 수 있다. 신라본기와 신라지의 기록에 비록 1년의 편차가 보이지만, 문무왕 11년 또는 12년에 소부리주를 설치하였다는 사실만은 부정하기 어려울 듯싶다. 만약에 XI-③ 기록을 그대로 신뢰한다면, 문무왕 11년부터 함형(咸亨) 12년, 즉 문무왕 21년(681)까지 충남지역에 두 개의 주가 설치되었다고 이해할 수 있다. 통일신라에서 지방에 9주를 설치하였고, 이 가운데 3주는 옛 백제 영토에 설치한 것으로 알려졌다. 신문왕 5년에 완산주를 설치하였고, 문무왕 18년에 발라주를 설치하였음이 확인된다. 신문왕 6년 2월에 발라주를 군으로, 무진군을 무진주로 개편하였다.[73] 통일신라에서 웅천주와 완산주, 무진주가 백제지역에 설치한 주로 알려졌을 뿐이고, 신라지의 기록 이외에서 탕정주를 설치하였다고 전하는 기록을 찾을 수 없다. 이러한 사실과 문무왕대에 신라가 충남지역에 두 개의 주를 설치하였을 가능성이 낮은 점, 소부리주를 웅천주로 개칭한 점 등을 미루어 보건대, 신라가 탕정주를 설치하였다고 전하는 기록을 그대로 수긍하기가 그리 쉽지 않을 것이다. XI-③ 기록에도 '신라'라는 국명이 보이지 않는 바, 이것 역시 신라지의 찬자가 신라지의 원전에서 인용한 것으로 보이는데, 통일신라에서 탕정지역에 주를 설치하였다는 전승이 생겼고, 이것이 신라지의 원전에 반영된 것이 아닌가 여겨진다. 다만 현재로서는 탕정주에 관한 잘못된 전승이 성립된 연유는 정확하게 고구하기 어렵다.

---

73) 『삼국사기』 신라본기에 문무왕 18년(678) 4월에 阿飡 天訓을 武珍州都督으로 삼았다고 전한다. 그리고 신문왕 6년(686) 2월에 發羅州(전남 나주)를 發羅郡으로 삼고, 무진군을 무진주로 삼았다고 전한다. 후자의 기록을 존중한다면, 신라가 문무왕 18년 2월에 발라주를 설치하고, 아찬 천훈을 그 도독(총관)으로 삼았다고 보는 것이 옳다고 여겨진다. 그리고 신문왕 6년 2월에 발라주를 무진주로 개칭하였다고 봄이 자연스러울 것이다.

이상에서 신라본기와 잡지, 열전 등에 보이지 않고 오직 신라지에만 전하는 기록의 사료적 가치와 그 성격에 대해서 살펴보았다. 그런데 이외에도 신라지의 원전에 전하는 기록 가운데 철저한 사료비판이 필요한 사례를 여럿 발견할 수 있다. 대표적인 사례로서 주(州)와 관련된 기록들을 들 수 있다. 전주(全州)조에 전하는 기록은 신라본기에서 인용한 것으로서 그대로 신뢰하기 어렵다는 사실은 앞에서 언급한 바와 같다. 또한 상주(上州)와 하주(下州)는 530년대에 설치하였던 것으로 이해되고 있다.[74] 이에 따른다면, 상주(尙州)조에 법흥왕 11년(524)에 사벌(沙伐)을 상주(上州)로 삼았다고 전하는 것은 그대로 믿기 어렵게 된다. 법흥왕 11년에 사벌에 정군단(停軍團)을 배치하였고, 530년대에 상주(上州)를 설치한 후에 비로소 그곳이 그 주치(州治)로서 기능한 것으로 이해되기 때문이다. 한편 화왕군(火王郡)조에서 진흥왕 16년에 비사벌(比斯伐)을 하주(下州)로 삼았다고 전하는 것은 이때에 비로소 그곳을 하주의 주치로 삼은 사실을 반영한다고 볼 수 있다. 주의 치폐에 관한 기록이 전하는 숭선군(崇善郡)과 개령군(開寧郡)조의 기록은 정군단(停軍團)과 주치의 이치(移置) 사실을 반영한 것임은 물론이다. 그리고 강양군(江陽郡)조에서 '本大良州郡'이라고 표기하였는데, 이는 대량(大良; 대야(大耶), 경남 합천)이 한때 하주의 주치였음을 고려한 것으로 이해된다.[75] 이밖에

---

74) 진흥왕 14년(553) 가을 7월에 신라가 백제의 동북쪽 변방을 빼앗아 新州를 설치하였다. 이처럼 신라가 한강유역을 차지하고 거기에 '새로운 州'라는 뜻을 지닌 新州를 설치한 것에서 그 이전 시기에 原新羅領土에는 이미 上州와 下州를 설치하였음을 추론할 수 있다. 524년(법흥왕 11)에 건립된 울진봉평신라비에 州에 관한 정보가 전혀 보이지 않는 점, 530년대에 6부체제에서 중앙집권적인 국가체제로 전환되었다는 점을 두루 고려하건대, 신라 王京을 중심으로 지방을 上州와 下州로 편제한 시기는 530년대였을 가능성이 높다고 판단된다(전덕재, 2000 「6세기 초반 신라 6부의 성격과 지배구조」 『한국고대사연구』 17, 288~289쪽).

75) 廢完山州 置大耶州(『삼국사기』 신라본기제4 진흥왕 26년 9월); 移押督州於大耶 以阿飡宗

황무현(黃武縣)과 북한산군(北漢山郡)조에 전하는 주의 치폐(置廢) 기록은 이곳들이 한때 신주(新州)의 주치(州治)였음을 알려준다고 하겠다. 중고기에 주가 설치되지 않았던 동해안지역의 명주(溟州)와 삼척군(三陟郡), 고성군(高城郡)조에 전하는 주에 관한 기록은 정군단(停軍團)의 이치(移置) 사실과 연관시켜 이해할 수 있을 것이다.

이밖에도 신라지에서 『삼국사기』 신라지의 찬자들이 신라의 지명을 잘못 고증한 사례를 여럿 발견할 수 있다.

XII-① 聞韶郡 本召文國 景德王改名 今義城府. 領縣四 眞寶縣 本柒巴
　　　 火縣 景德王改名 今甫城.

XII-② 大城郡 本仇刀城境內 率伊山城·茄山縣〈一云驚山城〉·烏刀山城
　　　 等三城 今合屬淸道郡.

XII-③ 東安郡 本生西良郡 景德王改名 今合屬慶州.

922년 봄 정월에 태조 왕건에게 귀부(歸附)한 홍술(洪述(術))을 진보성장군(眞寶城將軍),[76] 진보성주(眞寶城主),[77] (의성부)성주장군〔(義城府)城主將軍〕이라고[78] 불렀다. 그는 929년 7월에 의성부성(義城府城)을 지키다가 견훤의 공격을 받고 전사하였는데, 이에 대하여 『삼국유

貞爲都督(『삼국사기』 신라본기제5 태종무열왕 8년 5월).
위의 두 기록을 통하여 대야가 한때 하주의 州治였음을 엿볼 수 있다.

76) 是月 眞寶城將軍洪述降於太祖(『삼국사기』 신라본기제12 경명왕 6년 봄 정월).
77) 冬十一月辛巳 眞寶城主洪術 遣使請降 遣元尹王儒卿含弼等慰諭之(『고려사』 권제1 세가1 태조 5년)
　　 冬十一月戊申 眞寶城主洪術 遣其子王立 獻鎧三十 拜王立元尹(『고려사』 권제1 세가1 태조 6년).
78) 四年(929) 秋七月 萱以甲兵五千人 攻義城府 城主將軍洪術戰死. 太祖哭之慟曰 吾失左右手矣(『삼국사기』 열전제10 견훤).

사』권제2 기이제2 후백제 견훤조에서는 '의성부지수(義城府之守) 홍술(洪述)이 (견훤의 군대에) 대항해 싸우다가 사망하였다.'고 기술하였다.[79] 이상에서 제시한 여러 사료들을 주목하건대, 진보성(眞寶城)과 의성부성(義城府城)은 동일한 성을 가리키는 것이 분명하고, 결과적으로 고려 초기에 문소군(聞韶郡)이 아니라 홍술의 세거지(世居地)인 진보현(眞寶縣)을 의성부(義城府)로 승격시켰다고 볼 수 있지 않을까 한다. 고려 보성부(甫城府)의 치소(治所)는 조선 초기 진보현(眞寶縣; 청송군 진보면)에 위치하였으므로, '今甫城'은 '今義城'의 오기(誤記)였다고 보는 것이 옳을 듯싶다.[80] 즉 신라지의 찬자가 신라의 진보현을 청송군 진보면에 위치한 보성(甫城)으로 잘못 고증하였다는 이야기이다. 문소군은 경북 의성군 금성면으로 비정된다. 진보현이 고려시대에 의성부가 되었으므로, XII-①의 '聞韶郡 本召文國 景德王改名 今義城府'에서 '今義城府'는 '今合屬義城府'라고 수정함이 타당할 것이다.

『삼국사기』제사지에서 대성군(大城郡)의 토함산(吐含山)과 북형산성(北兄山城)에서 중사(中祀)를 지냈고, 대성군의 삼기(三岐)에서 소사(小祀)를 지냈다고 하였다. 토함산은 현재 경주시 보덕동·불국동·양북면의 경계에 위치하고 있고, 북형산성은 경주시 강동면 국당2리의 형산에 존재한다. 삼기는 삼기산을 가리키며, 그것은 현재 경주시 안강읍 두류리·검단리와 현곡면 내태리·무관리 등에 위치한 금곡산(金谷山)으로 비정된다.[81] 이에 따른다면, 대성군은 오늘날 경주시 안강읍과 강동면, 토함산

---

79) 萱乘勝轉掠大木城〈今若木縣〉·京山府·康州 攻缶谷城. 又義成府之守洪述 拒戰而死. 太祖 聞之曰 吾失右手矣(『삼국유사』권제2 기이제2 후백제 견훤).

80) 김태식, 1995 앞의 논문, 228~231쪽; 전덕재, 2012 「고대 의성지역의 역사적 변천에 관한 고찰」『신라문화』39, 20~24쪽.

81) 金侖禹, 1987 「신라시대 대성군에 관한 고찰-신라 왕도 주위의 소재 군현에 대한 일고

과 그 동쪽의 양북면 등을 포괄하였다고 추론할 수 있다.[82] 그런데 고려시대에 이들 지역은 경주부의 영역에 해당하였음이 분명하므로, 대성군이 고려시대에 청도군에 합속되었다고 전하는 XII-② 기록은 잘못이라고 보지 않을 수 없다. 여기다가 대성군에 관한 추가 정보도 문제가 있음을 살필 수 있다.

XII-② 기록에서 경덕왕대 개명 사실에 대한 언급이 보이지 않는다. 앞에서 소사(小祀)와 중사(中祀)의 대상으로 지정된 곳이 위치한 군·현의 읍호 가운데 다수는 경덕왕대에 개정한 것이 아니었다고 언급한 바 있다. 따라서 대성군이란 읍호 역시 경덕왕대 이전 시기부터 사용하였을 가능성이 높지 않았을까 여겨진다. 이에 따른다면, XII-② 기록도 이동혜현(介同兮縣) 등과 마찬가지로 경덕왕대 개명 사실이 언급되지 않은 사례에 해당한다고 이해할 수 있을 것이다.

양주(良州) 밀성군(密城郡)조에 오구산현(烏丘山縣)은 본래 오야산현(烏也山縣)이었고, 또는 구도현(仇道縣), 오례산현(烏禮山縣)으로 부르기도 한다고 전한다. 또한 거기에서 형산현(荊山縣)은 본래 경산현(驚山縣)이었고, 소산현(蘇山縣)은 본래 솔이산현(率已山縣)이었다고 언급하였다. XII-② 기록에 보이는 솔이산성(率已山城)은 바로 솔이산현에, 가산현, 즉 경산성은 바로 경산현에 대응된다고 볼 수 있다. 오도산성(烏刀山城)과 오야산현(烏也山縣)을 동일한 읍호였다고 단정하기 어렵지만, 오도산성이 솔이산성, 경산성 등과 가까운 곳에 위치하였을 가능성이 높기 때문에 두 곳은 같은 지명을 가리키는 이표기(異表記)이거나 전사과정(轉寫過程)에서 '도(刀)'와 '야(也)' 사이에 착란(錯亂)이 생긴 것이 아

82) 전덕재, 2009 『신라 왕경의 역사』, 새문사, 57~61쪽.

1부. 잡지의 원전과 편찬   159

닌가 여겨진다. 이러한 추정에 잘못이 없다면, 밀성군(密城郡) 예하의 3
현에 대한 내용이 대성군(大城郡)조에 잘못 기재되었다고 볼 수밖에 없
을 것이다.

현재 밀성군 솔이산현은 경북 청도군 매전면 일대, 경산현은 청도군 화
양읍 토평리, 오구산현은 청도군 청도읍 유호리 일대로 비정되고 있다.
밀성군조에서 이들 3현은 고려시대에 모두 청도군에 합속(合屬)되었다고
언급하였다. 신라지의 찬자는 이처럼 솔이산성 등 3성이 모두 고려시대
에 청도군에 합속되었기 때문에 대성군이 이들 3성으로 이루어졌다고 전
하는 기록을 근거로 하여 결국 대성군이 고려시대에 청도군에 합속되었
다고 고증한 것으로 이해된다.[83]

종래에 대성군이 본래 구도성이었다는 기술은 그대로 신뢰할 수 있다
는 견해를 제기한 바 있다.[84] 그러면 이러한 견해를 그대로 수긍할 수 있
을까가 궁금하다. 이 문제와 관련하여 오야산현(烏也山縣)을 구도현(仇
道縣)이었다고 불렀다는 사실을 주목할 필요가 있다. 구도성(仇刀城)과
구도현(仇道縣)은 같은 곳을 가리키는 이표기라고 볼 수 있기 때문이다.
구도성이 구도현, 즉 오야산현을 가리킨다고 한다면, '本仇刀城境內 率
伊山城·茄山縣〈一云驚山城〉·烏刀山城等三城'은 대성군과 전혀 관계
가 없는 기록이 되는 것이다. 결과적으로 신라지의 찬자는 잘못된 전승
자료를 참조하여 대성군이 고려시대에 청도군에 합속되었다고 작문한 셈
이 된다. 다만 현재 위의 기록이 신라지의 원전에 전하는 것인지, 아니면
『삼국사기』 편찬 이전 고려시대의 고기류나 읍지류 등에 전하는 것인지의
여부에 대해서는 정확하게 판단하기 어렵다. 이에 대해서는 추후의 과제

---

83) 金侖禹, 1987 앞의 논문, 52~56쪽.
84) 金侖禹, 위의 논문, 67~70쪽.

로 남겨두고자 한다.

한편 XII-③ 기록에 보이는 동안군(東安郡)은 울산광역시 울주군 서생면으로 비정되고 있다. 고려시대에 서생면은 경주부가 아니라 울주에 속하였을 가능성이 높기 때문에 XII-③ 기록에서 '今合屬慶州'는 '今合屬蔚州'로 수정하는 것이 옳지 않을까 한다.[85] 이것 역시 신라지의 찬자가 잘못 고증한 사례에 해당한다고 볼 수 있다.

신라지에 전하는 기록은 고대 지명 변천을 이해하거나 연구할 때에 가장 기초적인 자료라는 데에는 커다란 이의가 없을 것이다. 또한 신라의 성장과 발전 및 신라 지방통치체제의 연구에도 더 없이 귀중한 자료로서 활용할 수 있음은 물론이다. 그러나 이상에서 살핀 바와 같이, 신라지에는 신라지의 원전에서 비롯된 오류가 다수 발견될 뿐만 아니라『삼국사기』신라지의 찬자가 잘못 고증한 사례도 여럿 확인되는 바, 신라지를 사료로서 활용할 때에 각별한 주의가 요망된다고 하겠다.

2. 고구려지·백제지·삼국유명미상지분조의 원전과 편찬

1) 고구려·백제지 서문의 원전

고구려지의 서문(序文)은 주몽이 처음으로 도읍한 장소, 천도(遷都)의 현황, 나당연합군의 고구려 평정 및 고구려고지(高句麗故地)의 동향 등

---

85) 金正浩가『大東地志』卷7 慶尙道 蔚山條에서 '東安을 고려 顯宗 9년에 (蔚州에) 來屬시켰다'라고 언급하여 주목된다. 이밖에 末松保和, 1936「新羅六部考」『京城帝國大學創立十週年紀念論文集 史學篇』; 1954『新羅史의 諸問題』, 東洋文庫, 262쪽과 524쪽의 註106 및 김태식, 1995 앞의 논문, 206쪽에서도 東安郡이 고려 초기에 蔚州에 合屬된 것으로 이해하였다.

을 기술한 것으로 구성되었다. 고구려지 찬자는 서문에서 고구려가 유류왕(孺留王) 22년에 흘승골성(紇升骨城)에서 국내성(國內城)으로, 그리고 다시 장수왕 15년(427)에 평양성(平壤城)으로, 평원왕 28년(586)에 장안성(長安城)으로 천도하고, 보장왕 27년(668)에 고구려가 멸망한 사실을 기술하였다. 고구려지의 찬자는 서문에서 『통전(通典)』의 기록을 근거로 주몽이 처음으로 도읍한 곳을 흘승골성이라고 언급하였는데, 그들이 『통전』의 기록을 인용하면서, 일부 내용을 개서(改書)하였음을 확인할 수 있다.

> I-① 高句麗後漢朝貢云 本出於夫餘 先祖朱蒙. 朱蒙母河伯女 爲夫餘王
> 妻 爲日所照 遂有孕而生. 及長 名曰朱蒙 俗言善射也. 國人欲殺之
> 朱蒙棄夫餘 東南走 渡普述水 至紇升骨城 遂居焉 號曰句麗 以高
> 爲氏(『通典』卷186 邊防2 東夷下 高句麗).
> I-② 按通典云 朱蒙以漢建昭二年 自北扶餘東南行 渡普述水 至紇升骨
> 城居焉. 號曰句麗 以高爲氏.

I-①과 I-② 기록을 비교하면, 대체로 고구려지의 찬자는 I-① 기록 가운데 일부 글자를 개서하고,[86] 아울러 밑줄 친 부분을 추가하였음을 살필 수 있다. 특히 주목되는 사실은 I-①에서 단지 '부여(夫餘)'라고 표기한 것을 고구려지 찬자는 굳이 그것을 '북부여(北扶餘)'라고 개서하였다는 점인데, 이에서 그들이 주몽이 북부여에서 출자하였다고 인식하였음을 엿볼 수 있기 때문이다.

---

86) 예를 들어 I-①에서는 '夫餘', '東南走', '至紇升骨城 遂居焉'이라고 표기한 것을 I-② 에서는 '扶餘', '東南行', '至紇升骨城居焉'이라고 改書하였음을 확인할 수 있다.

고구려지의 찬자는 고기(古記)에서 '주몽이 부여로부터 간난(艱難)을 피해 도망하여 졸본(卒本)에 이르렀다.'고 언급한 것을 근거로 하여, 흘승골성과 졸본은 한 곳을 가리키는 것이라고 주장하였다. 고구려본기의 건국신화에서는 주몽이 졸본천(卒本川)에 이르렀다고 언급하였고, 또한 『삼국유사』 권제1 기이제2 말갈발해조에 '又東明記云 卒本城連靺鞨〈或云今東眞〉.'이라고 전하는데, 여기서 '동명기(東明記)'는 『구삼국사』 동명왕본기로 이해되는 바, 『구삼국사』에 전하는 건국신화에서도 주몽이 처음 도읍한 곳을 졸본(卒本)으로 기술하였다고 볼 수 있다. 이밖에 『삼국사기』 백제본기의 백제 건국신화에서는 주몽이 부여에서 도망해온 곳을 '졸본부여(卒本扶餘)' 또는 '졸본(卒本)'이라고 언급하였다. 고구려본기를 비롯하여 국내의 전승기록에는 주몽이 처음 도읍한 곳을 모두 '졸본(卒本)'이라고 표기하였던 바, 결국 고구려지 찬자가 언급한 '고기(古記)'는 '우리나라의 옛 기록'이라고 해석하는 것이 자연스럽다고 하겠다.

고구려지 찬자의 천도(遷都) 시기에 대한 기술은 고구려본기에 전하는 것과 일치한다. 그들은 세주(細注)에서 '고인(古人)의 기록〔古人記錄〕에 시조 주몽(朱蒙)으로부터 보장왕에 이르기까지 지낸 연차(年次)가 정녕 자세하기가 이와 같다. 다만 혹은 "고국원왕 13년(343)에 (왕이) 평양(平壤) 동황성(東黃城)으로 옮겨 거주하였는데, 그 성(城)은 지금(고려)의 서경(西京) 동쪽 목멱산(木覓山)에 있다."라고도 하였으니, 그런지 아닌지를 알 수 없다.'고 언급하였다. 이를 통해서 고구려지 찬자의 천도에 관한 기술은 고인의 기록을 참고하였음을 알 수 있다. 여기서 '고인(古人)의 기록(記錄)'은 고인(古人)들이 기술한 여러 전승자료를 가리키는 것으로 이해된다.

고구려지 찬자가 참고한 고인의 기록에 대한 사료적 성격과 관련하여 세주에서 고국원왕 13년에 평양 동황성으로 왕이 이거(移居)하였다고 언급한 점을 주목할 필요가 있다. 고구려지 찬자가 '혹운(或云)'이라고 기술하였던 바, 고국원왕이 평양 동황성으로 이거(移居)한 내용은 그들이 참고한 고인의 기록에 전하지 않았다고 볼 수 있다. 그런데 동일한 내용은 고구려본기 고국원왕 13년 가을 7월 기록에 보인다. 김유신열전에 '본기(本記)'라는 표현이 보이고, 신라본기 선덕왕 16년 정월 기록과 원성왕 14년 12월 29일 기록의 세주(細注)에 '본사(本史)', 진성왕 즉위년 기록의 세주에 '본기(本紀)'라는 표현이 전하는데, 이것들은 모두 신라본기를 가리키는 것으로 알려졌다.[87] 고구려지 찬자가 고구려본기의 기록을 인용하였다면, '本記云(또는 本紀云, 本史云)'이라고 기술하였을 것인데, '或云'이라고 기술한 것으로 보아, 평양 동황성 이거(移居) 관련 기록은 『삼국사기』 고구려본기가 아니라 다른 자료에서 인용하였다고 판단할 수 있다. 고려시대에 비로소 평양을 서경(西京)이라고 불렀기 때문에 고구려본기 고국원왕 13년 가을 7월 기록의 원전은 『구삼국사』에 전하는 기록이었다고 볼 수 있다. 결국 고구려지 찬자는 『구삼국사』에 전하는 평양 동황성 이거 관련 기록을 인용하여 세주에 제시한 셈이 되며, 이에 따른다면, 일단 고구려지 찬자가 참조한 고인의 기록은 『구삼국사』에 전하는 기록의 원전(原典)이 아니라 이것과 다른 전승자료라고 이해할 수 있다. 이는 고구려지 찬자가 주몽이 고구려를 건국한 곳을 졸본(卒本)이 아니라 흘승골성(紇升骨城)이라고 기술한 사실을 통해서도 새삼 상기할 수 있음은 물론이다.

---

87) 이강래, 1997 「『삼국사기』 원전론과 관련한 '本記'와 '本紀' 문제」『전남사학』 11; 2007 『삼국사기 형성론』, 신서원; 전덕재, 2015 「『삼국사기』 신라본기 중·하대 기록의 원전과 완성」『대구사학』 120, 173~174쪽.

종래에 고구려본기와 「동명왕편」에 주몽이 동부여에서 출자하였다고 전하는 사실과 414년에 건립된 광개토왕릉비와 5세기에 작성된 모두루 묘지에 고구려 시조 추모왕(鄒牟王)이 북부여에서 출자하였다고 언급한 사실을 근거로 하여 414년에서 『신집(新集)』이 편찬된 600년 사이에 주몽이 북부여가 아니라 동부여에서 출자하였다는 인식이 새로 정립되었고, 『신집』에 그와 같은 고구려 사람들의 출자의식이 반영되었다고 이해한 견해가 제기되어 주목된다.[88] 광개토왕릉비에서 시조를 추모왕(鄒牟王), 제2대왕을 유류왕(儒留王)이라고 표기한 반면에, 고구려본기에서는 시조를 동명성왕(東明聖王), 2대왕을 유리명왕(琉璃明王)이라고 기술하였다. 일반적으로 『신집』 편찬 시에 추모왕(鄒牟王)과 유류왕(儒留王)을 동명성왕(東明聖王), 유리명왕(琉璃明王(瑠璃明王))이라고 개정하였다고 이해하고 있다.[89] 한편 광개토왕릉비에 추모왕이 홀본(忽本)을 도읍으로 삼아 고구려를 건국하였다고 전하고, 『위서』 고구려전에는 고구려의 시조 주몽(朱蒙)이 흘승골성을 도읍으로 삼아 나라를 건국하였다고 전한다. 주지하듯이 『위서』 고구려전에 전하는 정보는 435년 고구려의 평양성을 방문한 위나라 사신 이오(李傲)의 견문에 의거하였다고 알려졌다.

이상의 검토에 따른다면, 5세기에 고구려인들은 북부여에서 도망해 온 시조 추모(鄒牟) 또는 주몽(朱蒙)이 홀본(忽本) 또는 흘승골성(紇升骨城)을 도읍(都邑)으로 삼아 나라를 건국하였다고 이해하였고, 제2대왕을 유류왕(儒留王(孺留王))이라고 표기하였다가 『신집』을 편찬할 때에 동부여에서 도망해 온 주몽이 졸본에서 나라를 건국하였다고 이해하였으며,

---

88) 노태돈, 1999 『고구려사연구』, 사계절, 34~44쪽.
89) 임기환, 2002 「고구려 왕호의 변천과 성격」 『한국고대사연구』 28, 37쪽.

주몽과 유리의 시호를 동명성왕(東明聖王), 유리명왕[瑠璃明王(琉璃明王)]이라고 명명하였다고 정리할 수 있다. 앞에서 고구려지 찬자가 주몽이 북부여(北扶餘)에서 출자(出自)하였다고 이해하였다고 언급한 바 있다. 고구려본기와 「동명왕편」에 주몽이 동부여에서 도망해왔다고 전하는바, 이러한 고구려지 찬자의 인식은 『구삼국사』에 전하는 기록과 원전이 다른 고인(古人)의 기록(記錄)에 의거하였다고 봄이 자연스럽지 않을까 한다. 600년(영양왕 11)에 이문진(李文眞)이 『유기(留記)』 100권을 산수(刪修)하여 『신집』 5권을 편술하였으므로, 『유기』는 주몽의 북부여출자설에 입각하여 서술하였을 가능성이 높다고 볼 수 있다. 이와 더불어 제2대 왕을 고구려지(高句麗志) 서문(序文)에서 '유류왕(孺留王)'이라고 표기한 점, 주몽이 처음으로 도읍한 곳을 '졸본(卒本)'이 아니라 '흘승골성(紇升骨城)'이라고 제시한 점 등을 감안하건대, 고구려지 찬자가 참고한 고인(古人)의 기록(記錄)에 전하는 평양 천도 이전의 역사적 사실에 대한 기술은 고구려본기와 『구삼국사』 고구려 기록의 기본원전인 『신집』과는 별개의 고구려 자체의 전승자료에 의거하였다고 추론하여도 이견이 없을 듯싶다.[90]

고구려지 찬자는 국내성을 혹은 위나암성(尉那巖城) 또는 불이성(不而城)이라고 부른다고 하였다. '불이(不而)'에 관한 기록은 고구려지 찬자가 제시하였듯이 『한서』 지리지에 나온다. 여기에서 낙랑군(樂浪郡)의 속현(屬縣) 가운데 불이현(不而縣)이 있고, 그것은 동부도위(東部都尉)의 치소(治所)였다고 언급하였다. 초원(初元) 4년(기원전 45)에 제작된 낙랑

---

[90] 『삼국유사』 권제1 기이제2 북부여조에 '古記云 前漢書宣帝神爵三年壬戌四月八日 天帝降于訖升骨城〈在大遼醫州界〉乘五龍車'라고 전한다. 여기에 흘승골성을 주몽이 도읍한 곳이 아니라 천제가 내려온 곳이라고 전하므로, 一然이 인용한 古記를 고구려지 찬자가 활용한 전승자료라고 보기는 어려울 듯싶다.

군초원사년현별호구부(樂浪郡初元四年縣別戶口簿) 목간에서도 불이현(不而縣)을 찾을 수 있다. 종래에 불이현은 북한의 강원도 안변 또는 통천으로 비정하는 견해와[91] 함경남도 금야군(옛 영흥군)으로 비정하는 견해가[92] 제기된 바 있다. 결과적으로 고구려지 찬자가 국내성을 혹은 불이성이라고 불렀다고 기술한 것은 두찬(杜撰)이라고 볼 수 있다.

『삼국사기』 고구려본기 동천왕 20년 겨울 10월 기록에 '이 역사(役事; 위나라 관구검의 고구려 침략)에 위나라 장군이 숙신(肅愼)의 남쪽 경계에 이르러 돌에 그 공을 새겼으며, 또한 환도산(丸都山)에 이르러 불내성(不耐城)에 (공을) 새기고 돌아갔다.'고 전하는 사실과 당나라 이태(李泰)가 편찬한 『괄지지(括地志)』에서 '불내성(不耐城)은 곧 국내성(國內城)인데, 돌을 쌓아 만들었다.'고 언급한 사실을[93] 근거로 하여, 환도산에 불내성이 있었고, 환도산과 국내성이 인접하여 있었다고 추정해볼 수 있다. 고구려지 찬자는 이에서 한걸음 더 나아가 『삼국지』 위서 동이전을 비롯한 여러 문헌을 참고하여 불내성(不耐城)을 『한서』 지리지에 전하는 낙랑군의 속현인 불이현(不而縣)과 연결시킨 다음,[94] 국내성을 혹은 불이성이라고도 부른다고 고구려지(高句麗志) 서문(序文)에 세주(細注)로 밝힌 것으로 보인다.[95]

---

91) 이병도, 1976 「임둔군고」 『한국고대사연구』, 박영사, 201쪽.

92) 이현혜, 2010 「옥저의 기원과 문화 성격에 대한 고찰」 『한국상고사학보』 70, 52~53쪽.

93) 是役也 魏將到肅愼南界 刻石紀功. 又到丸都山 銘不耐城而歸. 初 其臣得來 見王侵叛中國 數諫 王不從. 得來嘆曰 立見此地 將生蓬蒿. 遂不食而死. 毌丘儉令諸軍 不壞其墓 不伐其樹 得其妻子 皆放遣之〈括地志云 不耐城卽國內城也. 城累石爲之. 此卽丸都山與國內城相接〉(『삼국사기』 고구려본기제5 동천왕 20년 겨울 10월).

94) 『삼국지』 위서 동이전 동옥저조에서 '한나라는 영토가 넓고 멀리 떨어져 있다고 하여 單單大領 동쪽에 있는 땅을 나누어 東部都尉를 설치하고, 不耐城에 治所를 두어 별도로 領東의 7縣을 통괄하게 하였는데, 이때 옥저(의 읍락도) 역시 모두 縣이 되었다.'고 전한다. 『冊府元龜』 권957 外臣部 國邑 동옥저조와 『文獻通考』 권326 四裔考3 옥저조에서도 동일한 기록을 발견할 수 있다.

동천왕 20년의 기공비 건립에 관한 기록은 『양서(梁書)』 고구려전의 기록을 그대로 인용하였음이 확인된다.[96] 『양서』 고구려전 기록의 원전은 『삼국지』 관구검열전에 전하는 기록이다. 여기에서 위나라 군대가 고구려를 침략하여 환도산과 불내성 두 군데에 기공비(紀功碑)를 세웠다고 언급하였다.[97] 그런데 『양서』 고구려전에서 위군(魏軍)이 숙신(肅愼)의 남쪽 경계에 이르러 돌에 그 공을 새기고, 이어 환도산(丸都山)에 이르러 불내성(不耐城)에 (공을) 새겼다고 기술하면서 마치 불내성이 환도산에 인접하여 위치한 것처럼 오해하게 만들었다고 보인다. 고구려본기와 고구려지 찬자는 『양서』 고구려전의 기록 및 『괄지지』의 기록을 그대로 신뢰하여 국내성을 또한 불내성(또는 불이성)이라고 부른다고 고구려본기와 서문에 각기 세주(細注)로 밝혔던 것으로 이해된다.

백제지(百濟志)의 서문(序文)에서는 백제의 지리적 위치를 중국 사서의 기록을 활용하여 설명하고, 이어 백제의 천도 현황, 나당연합군의 백제 정복 및 당과 신라의 백제고지(百濟故地) 편제 상황 등을 '고전기(古典記)'의 서술에 의거하여 제시하였다. 백제지 찬자는 『후한서』 동이열전 한조에 전하는 기록을 인용하여 삼한(三韓)은 78국인데, 백제가 그 가운데 하나라고 언급하고, 이어 『북사』 백제전, 『통전』 권185 변방1 동이(상) 백제조, 『구당서』와 『신당서』 백제전에 전하는 기록을 활용하여, 백제의 지리적 위치를 설명하였는데, 대체로 중국 사서에 전하는 관련 기록을 간

---

95) 참고로 總章 2년(669) 2월에 李勣 등이 칙명을 받들어 작성한 이른바 '目錄'에서 고구려의 성 가운데 하나인 國內州를 不耐城 혹은 尉那巖城이라고 부른다고 하였다.

96) (正始) 六年 儉復討之. 位宮輕將諸加 奔沃沮. 儉使將軍王頎追之 絶沃沮千餘里 到肅愼南界 刻石紀功 又到丸都山 銘不耐城而還(『양서』 고구려전).

97) (正始) 六年(245) 復征之. 宮遂奔買溝 儉遣玄菟太守王頎追之 過沃沮千有餘里 至肅愼氏南界 刻石紀功 刊丸都之山 銘不耐之城(『삼국지』 권28 위서28 열전제28 관구검).

략하게 발췌, 인용한 것이 특징적이다. 다만 『북사』의 기록을 인용할 때
에는 일부 내용을 추가하거나 개서하였음이 주목된다.

> Ⅱ-① 東明之後有仇台 篤於仁信 始立國于帶方故地. …… 其國東極新
>   羅高句麗 西南俱限大海 處小海南 東西四百五十里 南北九百餘
>   里. 其都日居拔城 亦日固麻城 其外更有五方(『北史』百濟傳).
> Ⅱ-② 北史云 百濟東極新羅 西南俱限大海 北際漢江. 其都日居拔城 又
>   云固麻城 其外更有五方城(『삼국사기』 잡지제6 지리4 백제).

Ⅱ-①과 Ⅱ-② 기록을 비교하여 보면, 백제지 찬자가 Ⅱ-① 기록에서
밑줄 친 부분을 생략하고 인용하였음을 살필 수 있다. 아울러 '亦日固麻
城'을 '又云固麻城'으로, '五方'을 '五方城'으로 개서(改書)하였음도 알
수 있다. Ⅱ-① 기록은 『주서』와 『수서』 백제전의 기록을 적절하게 조합하
여 편술한 것이다. 다만 이들 사서에 '處小海南'은 전하지 않고, 『위서(魏
書)』 백제전에 '백제국이 소해(小海)의 남쪽에 위치한다(處小海之南).'
라는 표현이 전한다. 『북사』 찬자는 이것을 인용하여 첨입하였다고 볼 수
있다. 백제지 찬자는 '처소해남(處小海南)'이란 구절에서 '소해(小海)'를
한강(漢江)으로 이해한 다음, 웅진과 사비시대 백제의 영역을 감안하여
그 구절을 '북제한강(北際漢江; 북쪽으로 한강에 닿았다).'이라고 개서
(改書)한 것으로 짐작된다.[98]

백제지 찬자는 서문에서 '안고전기(按古典記)'라고 언급한 다음, 백제
의 천도 현황을 기술하였다. 종래에 '고전기'의 성격에 대해서 여러 의견

---

98) 노중국, 1995 『『삼국사기』의 백제 지리 관련 기사 검토』『삼국사기의 원전 검토』, 한국정
   신문화연구원, 157~158쪽.

이 제기되었다. 일찍이 '고전기'를 '고기(古記)의 일종'으로 이해한 견해
가 제기되었고,[99] 이러한 입론을 근거로 하여 '고전기'를 백제에 관한 여
러 가지 사항을 묶어 찬술한 특정서목(特定書目)으로 보는 견해도 제기
되었다.[100] 이밖에 『삼국사기』 찬자가 『구삼국사』와 고기(古記)를 활용하
여 백제의 건국(建國)·천도기사(遷都記事)를 정리한 일종의 초고본(草
稿本)이라고 이해한 견해가 제출된 바 있다.[101] 종래에 제기된 여러 견
해 가운데 어느 것이 옳다고 볼 수 있을까? 이와 관련하여 『삼국유사』 권
제2 기이제2 남부여 전백제조에도 고전기(古典記)를 인용한 기록이 전
한다는 사실을 주목할 필요가 있다. 백제지 서문과 『삼국유사』에 전하는
관련 기록을 제시하면 다음과 같다.

　Ⅲ-① 按古典記 東明王第三子溫祚 以前漢鴻嘉三年癸卯 自卒本扶餘
　　　　至慰禮城 立都稱王. 歷三百八十九年 至十三世近肖古王 取高句
　　　　麗南平壤 都漢城. 歷一百五年 至二十二世文周王 移都熊川. 歷
　　　　六十三年 至二十六世聖王 移都所夫里 國號南扶餘. 至三十一世義
　　　　慈王 歷年一百二十二. 至唐顯慶五年 是義慈王在位二十年 新羅
　　　　庾信與唐蘇定方討平之. 舊有五部 分統三十七郡 二百城 七十六
　　　　萬戶. 唐以其地 分置熊津·馬韓·東明等五都督府 仍以其酋長爲
　　　　都督府刺史. 未幾 新羅盡幷其地 置熊·全·武三州及諸郡縣. 與高
　　　　句麗南境及新羅舊地爲九州(『삼국사기』 잡지제6 지리4 백제).
　Ⅲ-② 按古典記云 東明王第三子溫祚 以前漢鴻佳三年癸酉 自卒本

99) 이강래, 1989 「삼국사기와 고기」 『용봉인문논총』 17·18合, 100쪽; 1996 『삼국사기 전거
　　론』, 민족사, 137~138쪽.
100) 노중국, 1995 앞의 논문, 158~163쪽.
101) 高寬敏, 1996 『三國史記の原典的硏究』, 雄山閣, 29~31쪽.

扶餘 至慰禮城 立都稱王 十四年丙辰 移都漢山〈今廣州〉. 歷
三百八十九年 至十三世近肖古王 咸安元年 取高句麗南平壤 移都
北漢城〈今楊州〉. 歷一百五年 至二十二世文周王卽位 元徽三年乙
卯 移都熊川〈今公州〉. 歷六十三年 至二十六世聖王 移都所夫里
國號南扶餘. 至三十一世義慈王 歷一百二十年. 至唐顯慶五年 是
義慈王在位二十年 新羅金庾信與蘇定方討平之. 百濟國舊有五部
分統三十七郡 二百濟城 七十六萬戶. 唐以地 分置熊津·馬韓·東
明·金漣·德安等五都督府 仍其酋長爲都督府刺史. 未幾 新羅盡
幷其地 置熊·全·武三州及諸郡縣(『삼국유사』권제2 기이제2 남부
여 전백제 북부여).

III-① 기록의 밑줄 친 부분은 III-② 기록에 보이지 않는 것이고, III-
② 기록의 밑줄 친 부분은 III-① 기록에 보이지 않는 것이다. III-①에
는 '鴻嘉三年癸卯', '歷年一百二十二', '二百城', '唐以其地', '仍以其酋
長'이라고 전하나, III-②에서는 '鴻佳三年癸酉', '歷年一百二十年', '二
百濟城', '唐以地', '仍其酋長'이라고 전한다. 연호는 '홍가(鴻嘉)'가 정
확한 표현이고, 홍가 3년은 간지(干支)로 계묘(癸卯)에 해당한다. 따라
서 일연이 『삼국사기』 백제지의 기록을 인용하면서 실수로 오기(誤記)하
였거나 또는 '鴻佳三年癸酉'라고 기술된 다른 전승자료의 기록을 그대로
인용하였다고 볼 수 있는데, 전자의 가능성이 더 높지 않을까 한다. 나머
지 구절은 인용 또는 판각과정에서 실수로 '二', '其', '以'를 누락시켰거나
또는 '濟'를 잘못 첨입하였다고 짐작된다.
  일연은 III-② 기록에 지명 또는 연대 고증과 관련된 사항을 추가하였
고, 또한 '庾信'을 '金庾信'으로, '舊有五部'를 '百濟國舊有五部'로, '分

置熊津·馬韓·東明等五都督府'를 '分置熊津·馬韓·東明·金漣·德安等五都督府'로 개서(改書)하였음을 살필 수 있다. 한편 Ⅲ-①과 Ⅲ-② 기록에 근초고왕대에 고구려의 남평양(南平壤)을 탈취(奪取)한 다음, 한성(漢城)을 도읍으로 삼았다거나 또는 북한성으로 이도(移都)하였다고 전한다. 남평양은 한강 이북의 서울을 이르므로, Ⅲ-① 기록에 보이는 한성(漢城)은 북한성(北漢城)을 가리킨다고 볼 수 있다. 일연은 이러한 이유 때문에 보다 명확하게 한성을 북한성으로 개서(改書)하고, 그곳이 바로 고려시대의 양주라고 세주로 밝힌 것으로 추정된다. 이밖에 Ⅲ-②에는 '與高句麗南境及新羅舊地爲九州'란 구절이 보이지 않는다.

백제지 찬자와 일연이 참조한 '고전기(古典記)'의 성격과 관련하여 백제지 서문에 온조왕 14년에 천도한 사실에 대한 언급이 보이지 않고, Ⅲ-①과 Ⅲ-② 기록에 모두 '歷三百八十九年'이라는 표현이 전하는 사실이 유의된다. 여기서 '389년'이란 기간은 온조왕이 위례성에서 백제를 건국한 기원전 18년에서 근초고왕이 한성(또는 북한성)으로 이도(移都)한 371년까지의 기간에 해당한다. Ⅲ-②에 기원전 4년(온조왕 14)에서 371년까지의 기간에 해당하는 375년에 관한 정보가 전하지 않고, 단지 건국부터 371년까지의 기간에 해당하는 '389년'에 관한 정보만이 전한 사실을 통해, 백제지 찬자가 참조한 '고전기'에는 온조왕 14년에 천도한 사실에 관한 기술이 없었고, 일연이 그에 관한 내용을 다른 자료에서 인용하여 추가하였다고 추론할 수 있다.[102] 온조왕 14년에 천도한 사실을 전하는 기록 이외에 두 기록에 전하는 백제의 천도 현황에 관한 기술

---

102) 『삼국사기』 백제본기제1 온조왕 14년 정월 기록에 遷都하였다고 전한다. 그런데 이 기록을 근거로 천도한 곳이 漢山(漢城)이었다고 단정하기 어렵다. 일연이 온조왕 14년에 백제가 遷都한 漢山을 고려시대의 廣州라고 세주에서 밝혔던 사실을 통해, 그가 온조왕 14년에 천도한 곳을 한강 이남의 漢山으로 이해하였음을 알 수 있다.

은 약간의 출입이 있기는 하지만, 거의 대동소이하다고 볼 수 있으므로, 일연이 백제지 서문의 기록을 인용하였다고 보아도 이견이 없을 정도이다. 결국 일연은 백제지 서문의 기록을 저본자료로 삼고, 일부 구절과 내용을 추가하여 Ⅲ-② 기록을 찬술하였다고 정리할 수 있는데,[103] 이에 따른다면, 일연이 특정서목(特定書目)으로의 성격을 지닌 '고전기'를 보고 Ⅲ-② 기록을 찬술하였다고 보는 견해는 재고의 여지가 많다고 할 수 있다. 이와 같은 추정은 다른 자료를 통해서도 보완할 수 있다.

Ⅲ-①에 '舊有五部 分統三十七郡 二百城 七十六萬戶. 唐以其地 分置熊津·馬韓·東明等五都督府 仍以其酋長爲都督府刺史'라는 기록이 전한다. 백제 멸망 시에 5부, 37군, 200성, 76만호가 있었다는 사실은 『구당서』 백제전, 『자치통감』 등에 전한다.[104] '分置熊津·馬韓·東明等五都督府'라는 기록은 『구당서』 백제전에 전하고, '추장(酋長)'이란 표현은 『자치통감』의 기록에 전하고 있다. 지리지 찬자가 Ⅲ-①의 '舊有五部 …… 仍以其酋長爲都督府刺史'라는 기록을 여러 중국 사서의 기록을 두루 참조하여 찬술하였다고 이해할 수 있는데, 특히 Ⅲ-①의 '其酋長爲都督府刺史'란 구절과 거의 비슷한 구절이 『자치통감』에 전하므로 〔其酋長爲都督刺史〕, Ⅲ-①은 적어도 고려에 『자치통감』이 전래된 이후에 비로소 찬술되었다고 봄이 옳을 것이다.

『자치통감』은 북송(北宋)의 사마광(司馬光)이 1084년 11월에 완성한

---

103) 이강래, 1996 앞의 책, 137쪽에서 일연이 백제지 서문의 기록을 인용하였다는 견해를 제기한 바 있어 주목된다.

104) 顯慶五年 …… 其國舊分爲五部 統郡三十七 城二百 戶七十六萬. 至是 乃以其地 分置熊津馬韓東明等五都督府 各統州縣 立其酋渠爲都督刺史及縣令(『구당서』 백제전).
於是 義慈隆及諸城主皆降 百濟故有五部 分統三十七郡 二百城 七十六萬戶 詔以其地置熊津等五都督府 以其酋長爲都督刺史(『資治通鑑』 卷200 唐紀第16 高宗 顯慶 5년).
이밖에 『舊唐書』 卷4 本紀第4 高宗 顯慶 5년 기록과 『신당서』 백제전에도 비슷한 내용이 전한다.

것이다. 이것이 고려에 전래된 시점이 언제인지 정확하게 알 수 없지만, 『삼국사기』 편찬 직전일 가능성이 높다고 추정된다.[105] 만약에 '고전기(古典記)'라고 명명된 어떤 사서가 존재하였다고 가정한다면, 그것은 『자치통감』이 전래된 이후에 찬술되었다고 보아야 한다. 그런데 『삼국사기』 찬자들이 『자치통감』의 기록을 직접 인용한 사례가 많은 사실을 감안한다면, 과연 고려인들이 『자치통감』이 전래된 이후에 '고전기'를 찬집하였다고 단정하기가 쉽지 않을 것이다. 이와 같은 추론에 커다란 잘못이 없다면, '고전기'는 특정서목으로의 성격을 지닌 사서 또는 서책이라고 보기 보다는, 『자치통감』을 비롯한 다양한 중국 사서 및 국내 사서와 전승자료를 의미하는 '옛날에 찬술된 (여러) 전기(典記)'라고 이해하는 것이 합리적이라고 판단할 수 있다.[106] 백제지 찬자는 『자치통감』을 비롯한 다양한 중국 사서 및 『구삼국사』를 비롯한 국내의 사서와 서책 등을 참조하여 III-① 기록을 찬술하였던 셈이 되는데, 아마도 그들이 참조한 자료에 『자치통감』을 비롯한 중국 사서 등이 포함되었기 때문에 '안고기(按古記)'라고 표현하지 않고, '안고전기(按古典記)'라고 표현하지 않았을까 한다.

백제본기에서 문주왕 원년(475) 10월에 도읍을 웅진(熊津)으로, 성왕 16년(538) 봄에 사비(泗沘)로 도읍을 옮겼다고 전하는 반면, 백제지 서문에서는 각각 웅천(熊川), 소부리(所夫里)로 도읍을 옮겼다고 기술하였

---

105) 김부식은 북송 말기인 徽宗 政和 연간(1111~1117)에 송나라에 사신으로 파견되었는데, 이때 『자치통감』을 구입하여 귀국하였을 가능성이 높다고 보인다(오정환, 2012 「조선시대 『자치통감』과 『자치통감강목』의 간행과 유통에 관한 연구」, 중앙대학교 석사학위논문, 22쪽).

106) 『資治通鑑』 卷137 齊紀3 世祖 永明 8年 겨울 10月 庚辰條에 '帝曰 …… 太尉等國老 政之所寄 於典記舊式或所未悉'이란 기록이 전하는데, 胡三省은 細注에서 여기에 전하는 '典記'를 '謂經典·傳記也'라고 부연하였다. 이밖에도 『세종실록』 세종 14년 7月 辛巳條에 大提學 鄭招가 올린 상소문 및 『陽村先生文集』 卷17 序類 『鄕藥濟生集成方』의 序에서 '典記'가 서적 또는 서책을 가리키는 의미로 사용되었음을 확인할 수 있다.

다. 일반적으로 백제본기 기록의 원전은 『구삼국사』의 기록이었다고 이해되고 있다. 그런데 백제지 서문에서 언급한 천도지와 백제본기에 전하는 천도지의 표기가 서로 달랐던 바, 백제지 찬자가 참조한 여러 전기(典記), 즉 고전기류(古典記類)는 『구삼국사』가 아니라 그것과 다른 별개의 전승자료들이라고 봄이 옳을 것이다. 한편 지리지의 찬자는 고구려지와 백제지 서문에 이어 고구려와 백제의 지방행정조직을 소개하였으면서도, 서문에서 어떠한 저본자료를 참고하여 그것에 관하여 기술하였는가에 대해서 분명하게 밝히지 않았다. 고구려지와 백제지의 원전(原典)에 대한 검토는 그에 대한 내용을 구체적으로 분석함으로써 밝힐 수 있을 것인데, 이에 대해서는 소절을 달리하여 자세하게 살펴볼 예정이다.

2) 고구려·백제지의 원전과 그 찬술 시기

(1) 신라지 본래의 읍호명칭과 고구려·백제지 지명의 비교

고구려·백제지는 고구려와 백제의 지명을 나열한 것이다. 여기에 소개된 311개의 지명 가운데 신라지의 본래의 읍호명칭과 일치하는 사례는 262개에 해당한다. 고구려지에 전하는 지명 164개 가운데 구을현(仇乙峴)을 비롯한 12지명은 태봉(泰封)에서 비로소 행정구역으로 편제된 곳인데,[107] 이것을 제외한 고구려·백제의 지명 299개 가운데 37개가 신라지의 본래 읍호명칭과 달랐던 셈이 된다. 이것을 정리하면 〈표 1〉과 같다.

〈표 1〉을 보면, 신라지 본래의 읍호명칭과 고구려·백제지의 지명 표기가 다른 37개를 대략 세 가지 유형으로 분류할 수 있다. 첫 번째 유형은 읍격(邑格)이 서로 다른 경우이다. 한산군(漢山郡)과 한산주(漢山州),

---

107) 전덕재, 2006 「태봉의 지방제도에 대한 고찰」 『신라문화』 27, 153~159쪽.

〈표 1〉 신라지 본래의 읍호명칭과 고구려·백제지 지명이 다른 사례 일람

번호		본래의 읍호명칭 (신라지)	고구려·백제지 읍호명칭	번호	본래의 읍호명칭 (신라지)	고구려·백제지 읍호명칭
IV	①	한산군 (漢山郡)	한산주 (漢山州)	②	매성현 (買省縣)	매성군 (買省郡)
	③	적목진 (赤木鎭)	적목현〔赤木縣; 일운(一云) 사비근을(沙非斤乙)〕	④	굴화군 (屈火郡)	굴화현 (屈火縣)
	⑤	조람현 (助攬縣)	조람군〔助攬郡; 일운(一云) 재람(才攬)〕	⑥	우진야현 (于珍也縣)	우진야군 (于珍也郡)
	⑦	벽골현 (碧骨縣)	벽골군 (碧骨郡)	⑧	아차산현 (阿次山縣)	아차산군 (阿次山郡)
V	①	각〔各; 일작(一作) 객(客)〕 련성군 (連城郡)	객련군〔客連郡; 일작(一作) 각(各), 일운(一云) 가혜아(加兮牙)〕	②	속토현 (㯗吐縣)	동토현 (東吐縣)
	③	고마며지현 (古馬於知縣)	고마미지현 (古馬彌知縣)			
VI	①	금물노군 (今勿奴郡)	금물내군〔今勿內郡; 일운(一云) 만노군(萬弩郡)〕	②	평유압현 (平唯押縣)	평회압현〔平淮押縣; 일운(一云) 별사파의 (別史波衣), 회(淮) 일작(一作) 유(唯)〕
	③	골의노현 (骨衣奴縣)	골의내현 (骨衣內縣)	④	개백현 (皆伯縣)	왕봉현〔王逢縣; 일운(一云) 개백(皆伯), 한씨미녀영안장왕지 지(漢氏美女迎安藏 王之地) 고명왕봉(故 名王逢)〕
	⑤	마홀군 (馬忽郡)	비성군〔臂城郡; 일운(一云) 마홀(馬忽)〕	⑥	부양현 (斧壤縣)	어사내현(於斯內縣; 일운(一云) 부양현(斧壤縣)〕
	⑦	약두치현 (若豆恥縣)	약지두치현(若只頭恥縣; 일운(一云) 삭두(朔頭), 일운(一云) 의두(衣頭)〕	⑧	굴압현 (屈押縣)	굴어압〔屈於押; 일운(一云) 강서(江西)〕
	⑨	동삼〔多三; 일작(一作) 음(音)〕홀(忽)	동음홀〔多音忽; 일운(一云) 고염성(鼓鹽城)〕	⑩	식성군 (息城郡)	한성군〔漢城郡; 일운(一云) 한홀(漢忽), 일운(一云) 식성(息城), 일운(一云) 내홀(乃忽)〕

⑪	휴암군 (鵂嵒郡)	휴류성 [鵂鶹城; 일운(一云) 조파의(租波衣), 일운(一云) 휴암군(鵂嵒郡)]	⑫	식달 (息達)	금달 [今達; 일운(一云) 신달(薪達), 일운(一云) 식달(息達)]
⑬	저수현현 (猪守峴縣)	저란현현(猪蘭峴縣; 일운 (一云) 오생파의(烏生波衣), 일운(一云) 저수(猪守)]	⑭	비열홀군 (比列忽郡)	천성군(淺城郡; 일운(一云) 비열홀(比列忽)]
⑮	석달현 (昔達縣)	청달현(菁達縣; 일운(一云) 석달(昔達)]	⑯	익곡현 (翼谷縣)	어지탄 [於支呑; 일운(一云) 익곡(翼谷)]
⑰	하서량 [河西良; 일작(一作) 하슬라(何瑟羅)]	하슬라주 [何瑟羅州; 일운 (一云) 하서량(河西良), 일운(一云) 하서(河西)]	⑱	잉매현 (仍買縣)	내매현 (乃買縣)
⑲	욱오현 (郁烏縣)	우오현(于烏縣; 일운(一云) 욱오(郁烏)]	⑳	개연현 (改淵縣)	기연현 (岐淵縣)
㉑	굴직현 (屈直縣)	굴지현(屈旨縣; 일운(一云) 굴직(屈直)]	㉒	구지지산현 (仇知只山縣)	구지산현 (仇智山縣)
㉓	고룡군 (古龍郡)	남원 [南原; 일운(一云) 고룡군(古龍郡)]	㉔	진잉을군 (進仍乙郡)	진내군 [進乃郡; 일운(一云) 진잉을(進仍乙)]
㉕	백이 [伯伊; 일작(一作) 해(海)]군(郡)	백해군 [伯海郡; 일운(一云) 백이(伯伊)]	㉖	아로현 (阿老縣)	갈초현 [葛草縣; 일운(一云) 아로(阿老), 일운(一云) 곡야(谷野)]

적목진(赤木鎭)과 적목현(赤木縣) 이외의 나머지는 대체로 군과 현의 읍격이 서로 바뀐 사례에 해당한다. 두 번째 유형은 전사(轉寫) 또는 판각과정(板刻過程)에서 착란이 생긴 경우이다. 각련성군(各連城郡)과 객련(성)군(客連(城)郡), 동토현(東吐縣)과 속토현(束吐縣), 고마며지현(古馬旀知縣)과 고마미지현(古馬彌知縣) 등을 이러한 유형으로 들 수 있다.[108] 세 번째 유형은 지명 표기가 다른 경우인데, 37개의 지명 가운데 26개의 사례가 이에 해당한다. 신라지(新羅志)의 원전(原典)과 고구려·

---

108) IV-⑤의 助欄과 助攪도 轉寫 또는 板刻過程에서 錯亂이 발생한 경우로 이해할 수 있다.

백제지의 저본자료가 동일하였다고 가정할 때, 신라지에 전하는 본래의 읍호명칭과 고구려·백제지에 전하는 지명의 읍격(邑格) 또는 표기가 다른 것을 합리적으로 설명하기 어렵다. 따라서 첫 번째와 세 번째 유형은 지리지 찬자가 신라지의 원전과 다른 저본자료를 참조하여 고구려·백제지를 찬술하였음을 시사해주는 유력한 증거로 들 수 있을 것이다.

앞에서 신라지에 전하는 세주(細注)는 『삼국사기』를 편찬할 때, 지리지의 찬자가 첨입한 것임을 살핀 바 있다. 마찬가지로 고구려·백제지에 전하는 세주 역시 지리지의 찬자가 고구려·백제지를 찬술하면서 첨입하였다고 보인다. 옛 신라지역인 상주(尙州)와 양주(良州), 강주(康州) 및 그 예하 군·현의 본래 읍호명칭에 대한 세주는 32개인 데 반해, 주군현의 숫자가 훨씬 많았던 옛 고구려와 백제지명에 대한 세주는 모두 합하여 겨우 9개에 불과하고, 대신 고구려·백제지에 전하는 311개의 지명 가운데 이칭(異稱)이나 별칭(別稱), 이표기(異表記) 등을 소개한 경우는 무려 129개에 달하였다. 이것은 『삼국사기』 지리지 찬자가 고구려와 백제지명의 이칭이나 별칭, 이표기 등에 대해서는 의도적으로 신라지가 아니라 고구려지와 백제지에서 소개하였다고 전제할 때 합리적으로 이해할 수 있다. 이러한 사실을 통해 지리지의 찬자가 세주를 직접 첨입(添入)하였음을 엿볼 수 있음은 물론이다.[109]

앞의 〈표 1〉의 고구려·백제지의 세주에 제시된 지명 가운데 일부는 신라지의 읍호명칭에서 찾을 수 있는데,[110] 지리지 찬자가 신라지의 원전

---

109) 한편 백제지에서 完山을 또는 比斯伐, 比自火라고 부른다고 서술하였다. 신라본기 진흥왕 16년 정월 기록에 比斯伐에 完山州를 설치하였다고 전하는데, 지리지의 찬자가 이와 같은 신라본기의 기록을 참조하여 백제지에 세주로서 '一云比斯伐 一云比自火'라고 첨입한 것으로 봄이 합리적이다. 이러한 사례 역시 고구려·백제지의 세주를 지리지의 찬자가 직접 첨입하였음을 알려주는 또 다른 증거로서 들 수 있다.

110) Ⅵ-②, ⑩, ⑪, ⑫, ⑬, ㉖의 고구려·백제지 세주에 제시된 別史波衣, 漢忽·乃忽, 租波

을 참조하여 고구려·백제지를 찬술하였음을 시사해주는 측면으로 주목된다. 물론 고구려·백제지의 세주에 전하는 지명을 신라본기의 기록에서도 찾을 수 있는 바,[111] 지리지 찬자가 신라본기의 기록도 참조하였다고 이해할 수도 있지만, 그러나 신라지의 본래의 읍호명칭 및 고구려지·백제지의 세주에 전하는 지명과 표기가 다른 사례가 신라본기에 다수 전하고 있음을 참고하건대,[112] 그들이 고구려·백제지를 찬술할 때에 신라본기의 기록을 참조하였을 가능성은 높다고 보기 어렵다. 한편 고구려·백제지 세주에 소개된 지명 가운데 신라본기와 열전, 신라지에 전하지 않는 것이 적지 않으므로, 지리지 찬자는 『삼국사기』의 원전 자료 이외의 다양한 고기류와 읍지류 및 여러 전승자료를 참고하여 지명의 이칭 또는 별칭, 이표기 등을 소개하였을 것으로 짐작된다.

지금까지 고구려·백제지의 세주를 분석하여, 신라지의 원전과 고구려·백제지 찬술의 저본자료가 동일하지 않았고, 지리지 찬자는 신라지의 본래의 읍호명칭을 고구려·백제지에서 세주로 제시하였음을 살필 수 있었

衣, 薪達, 烏生波衣, 谷野란 지명은 신라지에 보이지 않는다.

111) V-①의 고구려지에서 客連郡의 '客'을 '一作各'이라고 하였고, 신라본기 문무왕 9년(669) 여름 5월 기록에서 '泉井, 比列忽, 各連 등 3郡의 백성들이 굶주렸으므로, 창고를 열어 진휼하였다.'고 언급하였다. 또한 VI-⑥의 고구려지 세주에 제시된 斧壤이란 지명이 신라본기 문무왕 8년(668) 겨울 10월 22일 기록에, VI-⑪의 고구려 세주에 전하는 鵂巖(郡)이란 지명이 신라본기 경덕왕 21년(762) 여름 5월 기록에 보인다. 이밖에 신라본기에서 VI-⑭, ⑰의 고구려지 세주에 전하는 河西, 比列忽이란 지명을 다수 발견할 수 있다.

112) 신라본기에 漢山州(漢山郡) 이외에 漢城州(문무왕 8년 6월과 7월, 문무왕 10년 12월 기록)라고 표기한 사례를 여럿 발견할 수 있고, 또한 買省郡(買省縣)을 買肖城(문무왕 15년 9월 기록), 臂城(郡)을 娘臂城(진평왕 51년 8월 기록), 十谷城을 德谷城(경덕왕 21년 5월 기록), 比列忽을 卑列城(문무왕 11년 답설인귀서 기록), 屈火縣을 屈弗郡(태종무열왕 2년 10월 기록), 賓屈縣을 賓骨壤(태종무열왕 8년 4월 19일 기록), 古沙夫里郡을 古沙比城(태종무열왕 8년 3월 12일 기록), 奴斯只縣을 內斯只城(문무왕 2년 8월 기록), 德近郡을 德安城(문무왕 3년 2월 기록), 阿珍押縣을 阿達城(문무왕 15년 9월 기록) 또는 阿珍含城(문무왕 7년 10월 2일 기록), 古彌縣을 枯彌縣(헌강왕 8년 12월 기록)이라고 표기한 경우도 신라본기에서 찾을 수 있다.

다. 그렇다면, 이제 지리지 찬자가 참조한 고구려·백제지 원전(原典)의
성립 시기 및 고구려·백제지 찬술과정을 고구(考究)할 차례인데, 먼저
백제지 원전의 성립 시기 및 백제지 찬술과정을 살펴보고, 이어 고구려지
를 검토하는 순으로 논지를 전개하고자 한다.

(2) 백제지의 원전과 찬술

『삼국사기』지리지에 당나라가 백제고지에 1도독부, 7주, 51현을 설치
하였다고 전한다. 현 가운데 인덕현(麟德縣), 평왜현(平倭縣)이 보인다.
인덕(麟德)은 당 고종 때의 연호로서 664년이 원년이고, 665년까지 사용
되었다. 663년에 당군이 백강전투에서 왜군을 물리쳤는데, 평왜현은 백
강전투 이후에 작명한 것으로 이해할 수 있다. 인덕현과 평왜현이라는 지
명을 통해서 당이 5도독, 37주, 250현을[113] 1도독부, 7주, 51현으로 개
편한 시기는 대체로 664년 무렵이었다고 추정해볼 수 있다. 51현의 본래
명칭 가운데 백제지에 전하는 지명과 일치하는 사례가 26개였음을 살필
수 있다.[114] 물론 위치 비정이 곤란한 것 가운데 일부도 신라에서 현으로
재편하였을 가능성이 높은 바, 신라에서 51현 가운데 절반 이상을 그대
로 현(縣)으로 수용하였다고 짐작된다. 이를 통해 신라에서 백제의 지명
을 그대로 사용한 경우가 적지 않았음을 엿볼 수 있지만, 그러나 백제지
에서 백제 당대가 아니라 멸망 후에 비로소 사용한 지명을 읍호명칭으로

---

113) 『삼국사기』백제본기제6 의자왕 20년 기록에 백제가 멸망할 때, 5部 37郡 200城이 있다
　　고 전하고, 大唐平百濟國碑銘에서 당이 백제고지에 5都督 37州 250縣을 두었다고 언급
　　하였다.

114) 예를 들어 悅己, 古良夫里, 新村, 德近支(德近), 仇知, 伐音村(伐音支), 今勿, 甘勿阿, 仇
　　知只山(仇智山), 豆尸(豆尸伊), 古沙夫里, 大尸山, 辟骨(碧骨), 武尸伊(另尸伊), 毛良夫
　　里, 上老, 屈奈(屈乃), 半奈夫里, 豆肹, 仇斯珍兮(丘斯珍兮), 秋子兮, 麻斯良(馬西良), 比
　　勿(比衆), 知留(知六), 豆奈只(豆乃山), 皆利伊(結已) 등이 이에 해당한다.

제시한 사례를 여럿 발견할 수 있다.

백제지에 남원(南原), 서원(西原), 소부리군(所夫里郡), 웅천주(熊川州)가 보인다. 신라본기에 신문왕 5년(685)에 서원소경(西原小京)과 남원소경(南原小京)을, 문무왕 11년(671)에 소부리주(所夫里州)를 설치하였고, 신문왕 6년 2월에 사비주(泗沘州)를 군(郡)으로, 웅천군(熊川郡)을 주(州)로 삼았다고 전하므로, 이러한 지명들은 신문왕 5년 또는 6년 이후에나 비로소 사용하였던 셈이 된다. 한편 신라지(新羅志)에서 뇌산군(牢山郡)이 본래 백제 도산현(徒山縣)이었다고 하였고, 백제지(百濟志)에 도산현(徒山縣)이란 지명이 보이고 있다. 지리지에서 당나라가 백제고지에 설치한 51현(縣) 가운데 하나인 대방주(帶方州) 도산현(徒山縣)의 본래 이름이 추산(抽山)이었다고 하였다. 백제에서 오늘날 전남 진도군 군내면을 추산이라고 불렀고, 당나라가 664년 무렵에 도산현으로 개칭하였다고 볼 수 있다. 신라가 진도군 군내면지역에 추산현(抽山縣)이 아니라 당나라가 설치한 현의 명칭을 그대로 수용하여 도산현을 설치하였던 것이다. 또한 신라지에서 무안군(務安郡)의 영현(領縣)인 다기현(多岐縣)의 본래 이름이 백제 다지현(多只縣)이었다고 하였다. 그리고 백제지에도 다지현(전남 함평군 해보면 상곡리 일대)이 보인다. 당이 설치한 51현 가운데 다지현(多支縣)의 본래 이름이 부지(夫只)라고 하였다. 신라는 해보면지역에 현을 설치하면서 현명(縣名)을 부지(夫只)가 아니라 다지(多只)라고 삼았다고 이해할 수 있다. 이와 같은 사례를 더 발견할 수 있다.

신라본기에서 신문왕 6년 2월에 석산(石山)·마산(馬山)·고산(孤山)·사평(沙平)의 4현(縣)을 설치하였다고 전하는데, 이들 현과 관계되는 기록을 정리한 것이 〈표 2〉이다.

<표 2> 신문왕 6년에 설치한 4현(縣) 관련 지명 일람

신문왕 6년 기록 (신라본기)	백제지의 지명	본래의 읍호명칭 (신라지)	경덕왕대 개정 지명	비고
석산현 (石山縣)	진악산현 (珍惡山縣)	진악산현 (珍惡山縣)	석산현(石山縣); 충남 부여군 석성면	고려에서 석성현(石城 縣)으로 개칭함
마산현 (馬山縣)	마산현	마산현	마산현 (충남 서천군 한산면)	
고산현 (孤山縣)	오산현 (烏山縣)	오산현	고산현 (충남 예산군 예산읍)	마진현(馬津縣) 본고산 〔本孤山; 지심주(支潯 州)〕; 마진성〔馬津城; 『일본서기』〕; 독산성 〔獨山城;『삼국사기』 신라본기〕
사평현 (沙平縣)	사평현	사평현	신평현(新平縣; 충남 당진군 신평면)	

　　마산(馬山)과 사평(沙平)의 경우, 백제와 신문왕 6년 무렵 신라에서도 그대로 지명으로 사용되었을 것으로 보인다. 신라본기 문무왕 11년(671) 6월 기록에 석성(石城)이란 지명이 보이는데,[115] 이 기록이 신라와 당군이 백제고지에서 치열하게 싸운 정황을 전하는 자료라는 점을 감안하건대, 석성은 백제에서 사용한 지명이었을 가능성이 높다고 보인다. 신문왕 6년에 석산현을 설치한 사실을 통해, 백제에서 석성(石城)을 석산(石山)이라고도 불렀음을 추정해볼 수 있다. 경덕왕대에 진악산현(珍惡山縣)을 석산현(石山縣)으로 개칭하였는데, 이에서 신문왕 6년 이후 석산(또는 석성)을 진악산이라고 고쳐 불렀고, 경덕왕대에 진악산현을 다시 석산현으로 개정하였음을 추론할 수 있다.

　　『일본서기』 권19 흠명천황(欽明天皇) 9년(548) 기록에 고구려 군대가

---

115) 遣將軍竹旨等 領兵踐百濟加林城禾 遂與唐兵戰於石城 斬首五千三百級 獲百濟將軍二人 唐果毅六人(『삼국사기』 신라본기제7 문무왕 11년 6월).

백제의 마진성(馬津城)을 포위한 사건이 전한다. 『삼국사기』 신라본기 진흥왕 9년(548) 2월, 고구려본기 양원왕 4년(548) 정월, 백제본기 성왕 26년(548) 정월 기록에 고구려가 백제의 독산성(獨山城)을 공격하였다는 내용이 보인다. 고산(孤山)과 독산(獨山)은 상통(相通)하므로 둘은 동일한 지명을 가리키는 이표기(異表記)라고 볼 수 있다. 『일본서기』와 『삼국사기』 기록을 통해서 충남 예산군 예산읍을 백제에서 마진(馬津) 또는 고산(孤山; 독산(獨山))이라고 불렀음을 살필 수 있다. 당나라는 664년 무렵에 두 지명 가운데 마진(馬津)을 취하여 현(縣)의 명칭으로 삼은 것으로 이해된다. 그런데 신라지와 백제지 이외의 자료에서 예산읍을 오산(烏山)이라고 불렀다고 전하는 기록을 찾을 수 없다. 그렇다면, 오산이란 지명은 언제 사용한 것일까가 궁금하다. 51현의 하나인 마진현(馬津縣)의 본래 이름이 고산(孤山)이라고 전하는 바, 백제 멸망 무렵에 예산읍을 고산이라고 불렀다고 볼 수 있고, 신문왕 6년에 신라는 마진 대신 그 지명을 사용하였음을 신라본기에서 확인할 수 있다. 경덕왕대에 오산현을 고산현으로 개칭하였던 점, 백제에서 예산읍을 마진, 고산이라고 불렀고, 지리지 이외에 오산에 관한 정보가 전하지 않는다는 점 등을 두루 고려하건대, 신문왕 6년 이후에 고산을 오산이라고 불렀다고 봄이 합리적이라고 판단된다. 이상의 검토를 통해 어떠한 이유인지 정확하게 고구하긴 어렵지만, 신문왕 6년 이후에 신라는 석산현(石山縣)을 진악산현(珍惡山縣), 고산현(孤山縣)을 오산현(烏山縣)이라고 고쳐 불렀다가 경덕왕대에 다시 원래의 이름으로 환원하였음을 살필 수 있다. 이에 따른다면, 진악산현과 오산현 역시 백제가 아니라 신라에서 비로소 사용한 지명이라고 볼 수 있을 것이다.

진악산현, 오산현의 사례 및 백제지에 서원(西原), 남원(南原), 소부리군(所夫里郡), 웅천주(熊川州)가 읍호명칭으로 제시되어 있는 점과 더불어 대부분의 지명을 '~郡', '~縣'의 형식으로 표기한 사실도 주목할 필요가 있다. 현재 학계에서는 중고기 말·중대 초에 전국의 행정촌(行政村)을 현(縣)으로 재편하는 사업을 마무리한 것으로 이해하고 있기 때문이다.[116] 이와 같은 여러 정황 등을 두루 감안한다면, 비록 백제지에 전하는 지명 가운데 상당수는 백제에서 사용한 지명이라고 하더라도, 지리지 찬자가 백제지(百濟志)를 찬술할 때에 활용한 저본자료는 결과적으로 신문왕 6년에서 경덕왕대 사이에 정리된 것이었다고 보아도 문제가 되지 않을 것이다. 그렇다면, 백제지의 저본자료가 정리된 시기는 구체적으로 언제였을까?

〈표 3〉은 경덕왕대 개정 지명과 본래의 읍호명칭, 그리고 백제지에 전하는 지명의 읍격이 다른 사례를 정리한 것이다. 본래의 읍호명칭에 따르면, 시산군(屎山郡)은 영현이 8개, 월나군은 6개, 물아혜군은 3개, 인진도군은 6개였다고 볼 수 있다. 백제지에 따르면, 시산군은 영현이 3개, 별골군은 4개, 월나군은 6개, 물아혜군은 3개, 인진도군은 2개, 아차산군은 3개였다고 한다. 백제가 멸망할 때, 백제에 5방(方) 37군(郡) 200성(城)이 있었다. 산술적으로 추산하면, 군마다 5개 내외의 (소)성〔(小)城〕이 영속되어 있었다고 이해할 수 있다. 한편 신라에서 백제고지에 104현을 설치하였음을 확인할 수 있는데, 평균적으로 2개 내외의 소성을 한데 묶어 현을 설치하였던 셈이 된다. 이러한 사실을 염두에 둔다면, 본래의 읍호명칭에 따른 영속관계보다 백제지에 전하는 영속관계의 내용이

---

116) 김창석, 2007 「신라 현제의 성립과 기능」『한국고대사연구』 48, 128~136쪽에서 진평왕대부터 행정촌을 縣으로 재편하는 작업을 전개하다가 신문왕 5년(685) 무렵에 전국적으로 縣制를 확대 실시하였다고 보았다.

〈표 3〉 경덕왕대 개정 지명과 본래의 읍호명칭, 백제지 지명의 읍격(邑格)이 다른 사례 일람

경덕왕대 개정 지명		본래의 읍호명칭 (신라지)		백제지의 지명		현재 지명
군	현	군	현	군	현	
임피군 (臨陂郡)		시산군 (屎山郡)		시산군		전북 군산시 임피면
	함열현 (咸悅縣)		감물아현 (甘勿阿縣)		감물아현	전북 익산시 함라면
	옥구현 (玉溝縣)		마서량현 (馬西良縣)		마서량현	전북 군산시 옥구읍
	회미현 (澮尾縣)		부부리현 (夫夫里縣)		부부리현	전북 군산시 회미현
김제군 (金堤郡)			벽골현 (碧骨縣)	벽골군 (碧骨郡)		전북 김제시
	만경현 (滿頃縣)		두내산현 (豆乃山縣)		두내산현	전북 김제시 만경읍
	평고현 (平皐縣)		수동산현 (首冬山縣)		수동산현	전북 김제시 용지면
	이성현 (利城縣)		내리아현 (乃利阿縣)		내리아현	전북 김제시 공덕면 저산리 일대
	무읍현 (武邑縣)		무근촌현 (武斤村縣)		무근현 (武斤縣)	전북 김제시 성덕면 성덕리 일대
영암군 (靈巖郡)		월나군 (月奈郡)		월나군		전남 영암군 영암읍
반남군 (潘南郡)			반나부리현 (半那夫里縣)		반나부리현	전남 나주시 반남면
	야로현 (野老縣)		아로곡현 (阿老谷縣)		아로곡현	전남 영암군 금정면 안로리 일대
	곤미현 (昆彌縣)		고미현 (古彌縣)		고미현	전남 영암군 학산면
갑성군 (岬城郡)			고시이현 (古尸伊縣)		고시이현	전남 장성군 북일면
	진원현 (珍原縣)		구사진혜현 (丘斯珍兮縣)		구사진혜현	전남 장성군 진원면 진원리 일대

	삼계현(森溪縣)		소비혜현(所非兮縣)	소비혜현	전남 장성군 삼계면
무안군(務安郡)		물아혜군(勿阿兮郡)		물아혜군	전남 무안군 무안읍
	함풍현(咸豊縣)		굴내현(屈乃縣)	굴내현	전남 함평군 함평읍
	다지현(多岐縣)		다지현(多只縣)	다지현	전남 함평군 해보면 상곡리 일대
	해제현(海際縣)		도제현(道際縣)	도제현	전남 무안군 해제면
	진도현(珍島縣)	인진도군(因珍島郡)		인진도군	전남 진도면 고군면
뇌산군(牢山郡)			도산현(徒山縣)	도산현	전남 진도군 군내면
	탐진현(瞻耽縣)		매구리현(買仇里縣)	매구리현	전남 진도군 임회면
압해군(壓海郡)			아차산현(阿次山縣)	아차산군(阿次山郡)	전남 신안군 압해면 압해도
	갈도현(喝島縣)		아로현(阿老縣)	아로현	전남 신안군 자은면 자은도
	염해현(鹽海縣)		고록지현(古祿只縣)	고록지현	전남 신안군 임자면 임자도
	안파현(安波縣)		거지산현(居知山縣)	거지산현	전남 신안군 장산면 장산도

백제 당시의 사정을 더 정확하게 반영한다고 평가할 수 있지 않을까 한다.[117] 신라지에 전하는 본래의 읍호명칭은 경덕왕대에 한식으로 개정하기 바로 전단계의 사정을 반영한다고 볼 수 있는 바, 이를 통해 백제지에 전하는 지명의 읍격을 경덕왕대 이전 어느 시기에 신라지 본래의 읍호명

---

117) 참고로 경덕왕대에 임피군(시산군)의 영현이 3개, 김제군(벽골군)이 4개, 영암군이 0개, 반남군과 갑성군이 각기 2개, 무안군(물아혜군)이 4개, 뇌산군(도산현)이 1개, 압해군(아차산현)이 3개였다고 전하는데, 월나군이 영암군, 갑성군, 반남군으로 분할된 것을 제외한 나머지의 경우는 백제지에 전하는 영속관계의 내용과 엇비슷하였음을 살필 수 있다.

칭의 읍격으로 개정하였고, 경덕왕 16년 한식(漢式)으로 지명을 개정하면서 다시 읍격을 조정하였음을 추론할 수 있다.

읍격의 조정은 군·현의 영속관계의 변화를 전제하는 것이다. 『신증동국여지승람』 권7 경기도 여주목 고적 등신장조에 '신라가 주군(州郡)을 설치할 때, 그 전정(田丁)과 호구(戶口)가 현을 삼기에 부족한 경우에는 혹은 향(鄕)을 설치하거나 혹은 부곡(部曲)을 설치하여 소재(所在)한 읍〔邑; 군·현)에 소속시켰다'고 전한다. 신라에서 전정(토지)과 호구를 헤아려 군·현을 설치하였음을 알려주는 자료인데, 이에 따른다면, 군·현의 영속관계의 조정은 수취체계의 변동과 유기적인 연관성을 지녔다고 평가할 수 있다. 수취체계와 연동성을 지닌 제도가 바로 급여제도인데, 신라는 신문왕 9년에 녹읍을 혁파하고, 모든 관리들에게 세조(歲租)를 지급하였으며, 성덕왕대 초반에 세조제(歲租制)를 월봉제(月俸制)로 개정하였던 것으로 이해되고 있다.[118] 신라는 경덕왕 16년(757) 3월에 월봉제를 폐지하고, 녹읍제를 부활한 다음, 이 해 12월에 지명을 한식(漢式)으로 개정한 바 있다. 앞에서 경덕왕 16년에 한식으로 지명을 개정하면서 일부 군현의 영속관계를 조정한 바 있다고 언급하였는데, 이에서 급여제도의 개정과 군·현의 영속관계에 대한 조정이 유기적인 연관성을 지녔음을 추론할 수 있다. 동일한 맥락에서 녹읍제의 폐지와 세조제의 실시, 세조제에서 월봉제로의 개편 등도 군·현 영속관계의 조정과 무관하지 않았다고 볼 수 있지 않을까 한다.

신문왕 9년(689) 녹읍제의 폐지와 세조제의 실시는 백제고지를 군·현

---

118) 윤선태, 2000 「신라 통일기 왕실의 촌락지배 −신라 고문서와 목간의 분석을 중심으로−」, 서울대학교 박사학위논문, 198쪽에서 성덕왕 11년(712) 8월에 김유신의 부인을 夫人으로 封하고, 해마다 곡식(歲租) 1천 석을 주었다는 사실을 주목하여, 그 이후에 세조제에서 월봉제로 급여제도의 개편을 단행한 것으로 이해하였다.

으로 편제하는 것과 불가분의 관련성을 지녔다고 짐작된다. 좀 더 고구(考究)할 측면이 없지 않지만, 일단 백제지에 전하는 영속관계는 바로 신문왕 9년 무렵의 사정을 반영하였을 가능성을 추정해볼 수 있을 것이다. 또한 신문왕 9년 이후 읍격(邑格)을 새로 조정한 시기와 관련하여 세조제에서 월봉제로 개편한 성덕왕대 전반 또는 백성 정전을 지급한 722년(성덕왕 21) 무렵을[119] 주목할 필요가 있을 것이다. 만약에 이러한 추론에 잘못이 없다고 한다면, 백제지의 저본자료가 정리된 시점은 신문왕 9년 이후에서 성덕왕대 전반 또는 성덕왕 21년 사이의 어느 시기였다고 상정해볼 수 있다. 이렇다고 하더라도, 일부 지명을 제외하면, 본래의 읍호명칭과 백제지에 전하는 지명은 대체로 9주 5소경을 정비한 신문왕 5년 무렵에 사용한 것이었다는 사실은 부인하기 어렵다. 결국 지리지의 찬자는 신문왕 9년에서 성덕왕대 전반 사이에 정리된 저본자료를 기초로 하여 백제지를 찬술한 다음, 신라지와 기타 여러 읍지류와 고기류 등을 참조하여 여러 지명의 이칭(異稱)이나 별칭(別稱), 이표기(異表記) 등을 세주(細注)로 첨입하고, 마지막으로 신라지에 나령군(奈靈郡)이 본래 백제 나이군(奈已郡)이었다고 전하는 사실을 참조하여, 백제지의 말미에 나이군을 추가하여 백제지를 완성하였다고 정리할 수 있다.

(3) 고구려지의 저본자료와 찬술

고구려지 한산주조에서 신라지에 보이지 않는 구을현(仇乙峴)을 비롯한 12개 지명의 경우,[120] 다른 것들과 달리 '今~'라고 밝히고 있음을 확

---

119) 始給百姓丁田(『삼국사기』 신라본기제8 성덕왕 21년 가을 8월).
120) 12개의 지명은 仇乙峴〈一云屈遷〉, 關口, 栗口〈一云栗川〉, 長淵, 麻耕伊, 楊岳, 板麻串, 熊閑伊, 甕遷, 付珍伊, 鵠島, 升山을 말한다.

인할 수 있다. 여기서 '今'은 『삼국사기』를 편찬한 1145년 무렵을 가리키는 바, 이들 12개의 지명은 세주(細注)와 더불어 지리지의 찬자가 고구려지를 찬술하면서 직접 첨입(添入)한 사례라고 볼 수 있을 것이다. 한편 신라지에서 헌덕왕대에 동홀(冬忽)과 그의 영현인 식달(息達), 가화압(加火押), 부사파의현(夫斯波衣縣)을 각각 취성군(取城郡), 토산현(土山縣), 당악현(唐嶽縣), 송현현(松峴縣)으로 개칭하였다고 전한다. 고구려지를 살펴보면, 동홀(冬忽)과 금달〔今達; 식달(息達)〕을 소개한 다음, 이어 태봉에서 처음으로 지방행정조직으로 편제한 구을현을 비롯한 12개의 지명을 제시하고, 그 뒤에 가화압과 부사파의현을 제시하였음을 알 수 있다. 만약에 지리지의 찬자가 동홀과 그의 영현에 대한 정보까지 기술된 어떤 전승자료에 입각하여 고구려지를 찬술하였다면, 동홀과 그의 영현에 대한 서술까지 그대로 인용한 다음, 그 뒤에 구을현을 비롯한 12개의 지명을 추가로 서술하였다고 봄이 합리적이다. 그런데 지리지에는 어색하게도 금달과 가화압 사이에 구을현 등의 지명이 기술되어 있는 것이다. 이와 같은 어색한 서술 방식을 통해, 12개 지명과 더불어 동홀과 그의 영현 3개에 대한 정보 역시 지리지의 찬자가 고구려지를 찬술할 때에 직접 첨입하였음을 추론할 수 있을 것이다.

신라는 경덕왕대에 패강지역에 진출하여 10군·현을 설치하였는데, 이에 관한 기록을 제시하면 다음과 같다.

Ⅶ-① 아찬 정절(貞節) 등을 보내 북쪽 변경을 검찰(檢察)하게 하고, 처음으로 대곡성(大谷城) 등 14개의 군과 현을 두었다(『삼국사기』 신라본기제9 경덕왕 7년 가을 8월).

Ⅶ-② 오곡(五谷)·휴암(鵂巖)·한성(漢城)·장새(獐塞)·지성(池城)·덕곡(德

谷)의 6성(城)을 쌓고 각각 태수(太守)를 두었다(위의 책, 경덕왕 21년 여름 5월).

종래의 연구에서 경덕왕 7년에 대곡군(大谷郡)과 수곡성현(水谷城縣), 도납현(刀臘縣), 동삼홀군(冬彡忽郡)을 설치하였고, 경덕왕 21년에 다시 오곡(五谷), 휴암(鵂巖), 한성〔漢城; 식성(息城)〕, 장새(獐塞), 지성〔池城; 내미홀(內米忽)〕, 덕곡〔德谷; 십곡성(十谷城)〕 등의 6군(郡)을, 그리고 헌덕왕대에 동홀(冬忽)과 그의 영현(領縣)을 설치하였다고 이해하였다.[121] Ⅶ-① 기록은 바로 이와 같은 사실을 한데 모아서 서술한 것으로 이해된다. 여기서 문제는 경덕왕대에 설치한 10군·현에 대한 정보를 지리지 찬자가 고구려지를 찬술할 때에 직접 첨입하였는가의 여부에 관해서이다. 논의의 편의를 위해 경덕왕대에 편제한 10군·현에 대한 신라지와 고구려지의 서술을 정리하면 〈표 4〉와 같다.

신라본기 경덕왕 16년(757) 12월 기록에 한산주(漢山州)를 한주(漢州)로 개정한 다음, 1주 1소경 27군 46현을 거느리게 하였다고 전하고, 신라지에는 한주에 1소경 28군 49현이 있다고 전한다. 신라지에 1군 3현이 더 전하는데, 이것은 헌덕왕대에 지명을 개정한 취성군과 그의 영현 3개가 신라지에 추가된 것에서 비롯되었다. 신라인들은 경덕왕 21년에 설치한 오곡군 등을 경덕왕대에 이름을 한식(漢式)으로 개정하였다고 이해하여, 경덕왕 16년 12월 기록에 그러한 사실을 반영한 것으로 추정된다. 경덕왕은 재위 24년만인 765년 6월에 사망하였다. 경덕왕 21년 5월에 오곡성 등을 군(郡)으로 편제하고, 그때부터 경덕왕 24년 6월 사이에

---

121) 이기동, 1976「신라 하대의 패강진 —고려왕조의 성립과 관련하여—」『한국학보』 4; 1984 『신라 골품제사회와 화랑도』, 일조각, 214쪽.

〈표 4〉 경덕왕대에 편제한 패강지역 10군·현

경덕왕대 개정 지명		본래의 읍호명칭 (신라지)		고구려지의 지명	
군	현	군	현	군	현
영풍군 (永豊郡)		대곡군 (大谷郡)		대곡군〔大谷郡; 일운 (一云) 다지홀(多支忽)〕	
	단계현 (檀溪縣)		수곡성현 (水谷城縣)		수곡성현〔水谷城縣; 일운(一云) 매단홀 (買旦忽)〕
	진단현 (鎭湍縣)		십곡성현 (十谷城縣)		십곡현〔十谷縣; 일운 (一云) 덕돈홀(德頓忽)〕
해고군 (海皐郡)		동삼홀군 (冬三忽郡)		동음홀〔冬音忽; 일운 (一云) 고염성(鼓鹽城)〕	
	구택현 (雊澤縣)		도납현 (刀臘縣)		도납현〔刀臘縣; 일운 (一云) 치악현(雉嶽城)〕
폭지군 (瀑池郡)		내미홀군 (內米忽郡)		오곡군〔五谷郡; 일운 (一云) 우차탄홀(于次呑忽)〕	
중반군 (重盤郡)		식성군 (息城郡)		내미홀〔內米忽; 일운(一云) 지성(池城), 일운(一云) 장지(長池)〕	
서암군 (栖嵒郡)		휴암군 (鵂嵒郡)		한성군〔漢城郡; 일운(一云) 한홀(漢忽), 일운(一云) 식성(息城), 일운(一云) 내홀 (乃忽)〕	
오관군 (五關郡)		오곡군 (五谷郡)		휴류성〔鵂鶹城; 일운(一云) 조파의(租波衣), 일운(一云) 휴암군(鵂巖郡)〕	
	장새현 (獐塞縣)		장새현		장새현〔獐塞縣; 일운(一云) 고소어(古所於)〕

한식으로 지명을 개정한 다음, 덕곡군(德谷郡)을 현으로 강등하여 진단현(鎭湍縣)으로 개칭하고 대곡군의 영현으로, 장새군(獐塞郡)을 장새현으로 강등하여 오관군(五關郡)의 영현으로 조정한 것으로 보인다.

신라지에 전하는 군·현의 영속관계는 경덕왕대의 현실을 반영한 것이라고 이해할 수 있다. 그런데 고구려지에 전하는 영속관계와 신라지에 전하는 것이 차이가 있음을 알 수 있다. 신라지에 장새현(獐塞縣)은 오곡군(五谷郡)의 영현(領縣)으로 전하나, 고구려지에는 휴류성(鵂鶹城; 휴암군(鵂巖郡)]의 영현(領縣)으로 전하고 있는 것이다. 필자는 앞에서 9세기 후반 경문왕대 또는 헌강왕대에 신라지의 원전을 찬술하였음을 살핀 바 있다. 따라서 신라 하대에도 경덕왕대의 영속관계가 그대로 유지되었다고 이해할 수 있다.[122] 이에 따른다면, 고구려지에 전하는 군·현의 영속관계는 오곡성(五谷城)을 군(郡)으로 편제하고, 그것을 한식으로 개정하면서 군·현의 영속관계를 재조정하기 이전의 상황을 반영한다고 이해할 수 있다. 더구나 경덕왕 21년 5월 이후에 덕곡군(德谷郡)을 대곡군(大谷郡)의 영현으로, 장새군(獐塞郡)을 휴류군(鵂鶹郡)의 영현으로 재편한 점, 신라본기 경덕왕 21년 5월 기록에 전하는 지명과 신라지 및 고구려지에 전하는 지명의 표기가 서로 달랐다는 사실을 감안하여 보건대, 고구려지에 전하는 경덕왕대에 편제한 군·현의 영속관계에 대한 내용은 경덕왕 21년 5월 이후부터 오곡군(五谷郡) 등의 지명을 개정하기 전까지의

---

122) 신라본기에 헌덕왕 15년(823) 2월에 水城郡과 唐恩縣을 합하였다고 전한다. 신라지에 경덕왕대에 당성군을 당은군으로 개정하였다고 전하고 있는 바, 경덕왕 16년 이후에 당은군을 당은현으로 읍격을 강등하였고, 이후 헌덕왕 15년에 당은현을 수성군에 合屬시켰다고 볼 수 있다. 그러나 흥덕왕 4년(829) 봄 2월 기록에 唐恩郡을 唐城鎭으로 삼았고, 헌안왕 2년 기록에 唐城郡의 남쪽 강가에 큰 물고기가 나왔다는 내용이 보인다. 이러한 기록들에 따른다면, 헌덕왕 15년(823)과 흥덕왕 4년(829) 사이에 다시 수성군에서 당은군(당성군)을 분리하였다고 볼 수 있다. 신라지는 바로 수성군에서 당성군이 분리된 상황을 반영하였다고 이해할 수 있다.

상황을 반영한다고 이해할 수 있을 것이다.

그렇다면 여기서 문제는 경덕왕 7년과 21년에 새로 군·현으로 편제한 지명에 대한 정보도 취성군 및 그 영현들과 마찬가지로 지리지의 찬자가 고구려지를 찬술할 때에 직접 첨입하였다고 볼 수 있을까에 관해서이다. 경덕왕대에 새로 군·현으로 편제한 지명에 대한 신라지와 고구려지의 정보는 일치하지 않았다. 더구나 지리지의 찬자는 신라지에 전하는 본래의 읍호명칭을 고구려지에 세주(細注)로서 제시하기도 하였다. 이것은 지리지 찬자가 신라지의 원전(原典)을 저본(底本)으로 삼아 경덕왕대에 새로 군·현으로 편제한 지명에 대한 정보를 고구려지에 첨입한 것이 아니었음을 알려주는 명확한 증거이다. 이를 통해 지리지의 찬자가 신라지 이외의 또 다른 자료를 참고하여, 기존에 이미 찬술되었던 고구려지의 저본자료에 경덕왕대에 새로 편제한 군·현에 대한 정보를 추가로 첨입하였음을 추정해볼 수 있음은 물론이다. 그렇다면 여기서 문제는 경덕왕과 헌덕왕대, 그리고 태봉에서 군·현으로 편제한 지명을 제외한 고구려지명에 대한 정보를 기록한 저본자료는 어느 시기에 정리된 것일까에 관해서이다.

고구려지 한산주조에 당성군(唐城郡)이 보이고 있다. 신라본기에 문무왕 8년(668) 6월 12일에 유인궤(劉仁軌)가 김삼광(金三光)과 함께 당항진(党項津)에 도착하였다고 전하는 바,[123] 당항성(党項城)을 당성(唐城)으로 개칭한 시기는 문무왕 8년 6월 이후라고 볼 수 있다. 이 사례는 고구려지 한산주조에 전하는 지명이 모두 고구려에서 사용한 지명이 아니었음을 시사해주는 경우로서 주목된다고 하겠다. 고구려지에서 '홀

---

123) 六月十二日 遼東道安撫副大使 遼東行軍副大摠管 兼熊津道安撫大使行軍摠管 右相檢校太子左中護上柱國樂城縣開國男劉仁軌 奉皇帝勅旨 與宿衛沙湌金三光到党項津. 王使角干金仁問 廷迎之以大禮(『삼국사기』 신라본기제6 문무왕 8년).

(忽)', '달(達)', '매(買), '내(內 또는 노〈奴〉)'자가 들어간 지명을 다수 발견할 수 있다. 이러한 지명들은 고구려의 지명을 그대로 사용한 경우로 이해할 수 있을 것이다. 이밖에도 한산주조에 전하는 지명 가운데 고구려에서 사용한 지명이 더 있었을 것으로 보인다. 결국 고구려지 한산주조에는 옛 고구려지명과 아울러 신라에서 개정한 일부 지명이 섞여 있다고 이해할 수 있고, 고구려지 한산주조의 저본자료에는 이러한 내용이 반영되어 있었던 것으로 짐작된다. 한산주조에 전하는 지명 가운데 '~縣'이라고 언급한 것이 다수 보이는 바, 그것의 저본자료에 반영된 영속관계는 백제지의 원전과 마찬가지로 신문왕 9년 무렵의 현실을 전한 것이었다고 말할 수 있다. 신문왕 9년 무렵의 영속관계를 반영한 고구려지 한산주조의 저본자료가 신문왕 9년에서 성덕왕대 전반 사이에 찬술되었고, 이후 지리지 찬자가 경덕왕과 헌덕왕대, 태봉에서 새로 편제한 군·현에 대한 정보를 추가하여 고구려지 한산주조를 최종적으로 완비한 것으로 이해된다.

그러면 우수주와 하슬라주조에 전하는 지명도 역시 한산주조에 전하는 지명과 동일한 맥락에서 이해할 수 있을까가 궁금하다. 먼저 이와 관련하여 경덕왕 16년에 나생군(奈生郡)과 그 영현인 을아단현(乙阿旦縣), 우오현(于烏縣), 주연현(酒淵縣)이 명주(溟州)에, 고구려지에 우수주〔牛首州; 삭주(朔州)〕에 속하였다고 전하는 점을 유의할 필요가 있다. 고구려지의 원전(原典)을 정리한 시점에 나생군과 그 영현이 우주수에 속하였다가 그 이후 어느 시기엔가 이들 군·현을 하슬라주(하서주)에 편입시키는 조치를 취하였다고 이해할 수 있다. 이밖에 경덕왕대 개정 지명과 본래의 읍호명칭, 고구려지 우수주와 하슬라주조에 전하는 영속관계의 내용이 서로 다르게 전하는 것을 다수 발견할 수 있는데, 이러한 사례들을 정리한 것이 〈표 5〉이다.

〈표 5〉 경덕왕대, 본래의 읍호명칭, 고구려지 우수주·하슬라주조의 군·현 영속관계 일람

번호	내역	경덕왕대 개정 지명		본래의 읍호명칭 (신라지)		고구려지의 지명	
VIII	①	나령군 (奈靈郡)		나이군 (奈已郡)		대양관군 (大楊管郡)	
			선곡현 (善谷縣)		매곡현 (買谷縣)		매곡현
			옥마현 (玉馬縣)		고사마현 (古斯馬縣)		고사마현
		급산군 (岌山郡)		급벌산군 (及伐山郡)		급벌산군	
			인풍현 (鄰豊縣)		이벌지현 (伊伐支縣)		이벌지현
		대양군 (大楊郡)		대양관군 (大楊管郡)			수성천현 (藪狌川縣)
			수천현 (藪川縣)		수성천현 (藪狌川縣)		문현현 (文峴縣)
			문등현 (文登縣)		문현현 (文峴縣)		
	②	곡성군 (曲城郡)		굴화군 (屈火郡)		달홀 (達忽)	
			연무현 (緣武縣)		이화혜현 (伊火兮縣)		저수혈현 (猪迱穴縣)
		야성군 (野城郡)		야시홀군 (也尸忽郡)			평진현현 (平珍峴縣)
			도안현 (眞安縣)		조람현 (助欖縣)		도림현 (道臨縣)
			적선현 (積善縣)		청이현 (靑已縣)	휴양군 (休壤郡)	
		유린군 (有鄰郡)		우시군 (于尸郡)			습비곡 (習比谷)
			해아현 (海阿縣)		아혜현 (阿兮縣)		토상현 (吐上縣)
		울진군 (蔚珍郡)			우진야현 (于珍也縣)		기연현 (岐淵縣)

	해곡현 (海谷縣)		파단현 (波旦縣)		곡포현 (鵠浦縣)
삼척군 (三陟郡)		실직국(군) (悉直國(郡))			죽현현 (竹峴縣)
	죽령현 (竹嶺縣)		죽현현 (竹峴縣)		만약현 (滿若縣)
	만경현 (滿卿縣)		만약현 (滿若縣)		파리현 (波利縣)
	우계현 (羽谿縣)		우곡현 (羽谷縣)	우진야군 (于珍也郡)	
	해리현 (海利縣)		파리현 (波利縣)		파단현 (波旦縣)
고성군 (高城郡)		달홀(達忽)		야시홀군 (也尸忽郡)	
	환가현 (豢猳縣)		저수혈현 (猪迂穴縣)	조람군 (助攬郡)	
	편험현 (偏嶮縣)		평진현현 (平珍峴縣)		청이현 (靑已縣)
금양군 (金壤郡)		휴양군 (休壤郡)			굴화현 (屈火縣)
	습계현 (習谿縣)		습비곡현 (習比谷縣)		이화혜현 (伊火兮縣)
	제상현 (隄上縣)		토상현 (吐上縣)	우시군 (于尸郡)	
	임도현 (臨道縣)		도림현 (道臨縣)		아혜현 (阿兮縣)
	파천현 (派川縣)		개연현 (改淵縣)	실직군 (悉直郡)	
	학포현 (鶴浦縣)		곡포현 (鵠浦縣)		우곡현 (羽谷縣)

　　신라지에서 나령군(奈靈郡)은 본래 백제 나이군(奈已郡)이었다고 하였다. Ⅷ-①의 경우, 본래의 읍호명칭과 경덕왕대 개정 지명에 반영된 영속관계의 내용은 동일하였다. 그런데 지리지의 찬자는 신라지의 기록을 참고하여, 나이군을 백제지 말미에 제시하고, 고구려지에서는 나이군에 대해 언급하지 않았다. 고구려지에서 매곡현(경북 안동시 도산면)과 고사

마현(경북 봉화군 봉성면)은 대양관군(북한의 강원도 금강군 현리)의 영현으로, 이벌지현(경북 영주시 부석면), 수성천현(북한의 강원도 금강군 화천리), 문현현(북한의 강원도 창도군 문등리)은 급벌산군(경북 영주시 순흥면)의 영현이라고 하였다. 매곡현과 고사마현은 대양관군의 영현, 수성천현과 문현현은 급벌산군의 영현이었다고 상식적으로 납득하기 어렵기 때문에 고구려지의 기록은 두찬이라고 볼 수밖에 없다.

　본래의 읍호명칭과 경덕왕대에 전하는 바와 같이 수성천현(수천현), 문현현(문등현)은 대양관군(대양군)의 영현으로 봄이 옳을 것이다. 신라본기 소지마립간 22년(500) 9월 기록에 '날이군(捺已郡)'이 보인다. 신라가 영주시를 신라의 영역으로 편제하면서 그곳을 날이군(捺已郡; 나이군(奈已郡))으로 편제하였음을 시사해주는 자료로서 주목된다. 이에 따른다면, 6세기 이후에 나이군과 급벌산군이 존재하였고, 전자에 매곡촌과 고사마촌, 후자에 이벌지촌이 행정촌으로서 영속되었다고 봄이 자연스러울 것이다. 앞에서 고구려지와 백제지에 반영된 영속관계는 신문왕 9년 무렵의 현실을 반영한다고 언급한 바 있다. 따라서 고구려지의 원전 자료에는 우수주에 속한 나이군이 기재되어 있었을 가능성이 높다고 볼 수 있다. 지리지 찬자가 나이군을 백제지 말미에 기술하고, 그 자리에 대양관군을 잘못 기재하면서 영속관계의 오류가 발생한 것으로 추정된다.[124]

　VIII-②에서 경덕왕대에 우시군의 영현이었던 우진야현의 읍격을 승격하여 군으로 만든 다음, 울진군(蔚珍郡)으로 개칭하고, 우시군의 영현이었던 파단현(해곡현)을 그 영현으로 편제하였음을 확인할 수 있다. 한편

---

124) 한편 고구려지에서 매시달현(북한의 강원도 원산시 내원산동 부근)은 천성군(북한의 강원도 안변군 안변읍)의 영현으로, 본래의 읍호명칭과 경덕왕대 개정 지명에서는 천정군(정천군)의 영현으로 전하여 차이를 보인다. 매시달현은 천성군과 천정군 사이에 위치하였기 때문에 신문왕 9년 이후에 영속관계의 조정이 이루어진 것으로 이해된다.

〈표 5〉에서 보듯이 Ⅷ-②에서 경덕왕대 개정 지명 및 본래의 읍호명칭
의 기재 순서와 고구려지 지명의 배열 순서가 크게 차이가 났음을 살필
수 있다. 이것뿐만 아니라 영속관계도 차이가 났다. 고구려지에 우진야군
(于珍也郡), 조람군(助攬郡), 굴화현(屈火縣)이라고 전하는 반면, 본래
의 읍호명칭에 관하여 기술한 신라지에 우진야현(于珍也縣), 조람현(助
欖縣), 굴화군(屈火郡)이라고 전하면서 영속관계의 내용도 차이가 났음
을 발견할 수 있는 것이다.[125]

이밖에 Ⅷ-②의 고구려지에 죽현현(강원도 삼척시 하장면 숙암리 일
대)과 만약현(삼척시 근덕면 교가리 일대), 파리현(삼척시 원덕읍 옥원
리 일대)이 습비곡(북한의 강원도 통천군 장대리) 등과 함께 휴양군(북한
의 강원도 통천군 구읍리)의 영현이었다고 전하나, 신라지에는 죽현현과
만약현, 파리현이 우곡현(우계현)과 함께 실직군(삼척군: 삼척시)의 영현
으로 전한다. 또한 고구려지에 도림현(강원도 고성군 염성리)이 달홀(군)
의 영현으로 전하는 반면, 신라지에는 휴양군(금양군)의 영현으로 전한
다. 도림현이 휴양군과 달홀 사이에 위치하였기 때문에 영속관계의 조정
은 충분히 납득할 수 있다. 그러나 죽현현과 만약현, 파리현이 휴양군의
영현이었다고 전하는 고구려지의 내용을 그대로 수긍하기 힘들다. 만약
현과 휴양군 사이에 달홀군, 수성군(迏城郡), 하슬라주, 실직군이 존재
하였던 바, 만약현, 그 서쪽과 남쪽에 위치한 죽현현 및 파리현이 휴양군
의 영현이었다고 전하는 고구려지의 기술은 두찬이라고 봄이 옳다고 보

---

125) 본래의 읍호명칭에서는 우진야군의 읍격을 현으로 강등하여, 그것과 더불어 고구려지에
    서 우진야군의 영현으로 전하는 파단현을 于尸郡의 영현으로 삼았다고 전한다. 고구려
    지에서는 굴화현이 청이현, 이화혜현과 함께 조람군의 영현이었다고 전하는 반면, 본래
    의 읍호명칭에서는 굴화현을 군으로 승격하고, 이화혜현을 그 영현으로 삼았으며, 조람
    군을 현으로 강등하여, 그것을 청이현과 함께 야시홀군의 영현으로 삼았다고 하였다.

인다. 그것들은 본래 하슬라주 또는 실직군의 영현이었는데,[126] 신문왕 9년과 성덕왕대 전반 사이에 찬술된 고구려지의 저본자료에 그것들이 휴양군의 영현으로 잘못 기재되었고, 지리지 찬자가 잘못을 시정하지 않고 그것을 그대로 인용한 것으로 이해된다.

이상에서 신라지와 고구려지에 전하는 동해안지역에 위치한 군·현의 영속관계에 대한 내용이 크게 차이가 있음을 살펴보았다. 앞에서 고구려지 한산주조에 전하는 영속관계의 내용은 대체로 신문왕 9년 무렵의 현실을 반영하였고, 성덕왕대 전반에 다시 한번 군·현의 영속관계를 재편하였을 가능성이 높다고 언급한 바 있다. 마찬가지로 동해안지역의 경우도 신문왕 9년과 성덕왕대 전반에 영속관계를 재조정하였고, 고구려지에 전하는 영속관계와 본래의 읍호명칭, 경덕왕대 개정 지명에 의거한 영속관계의 내용이 다른 것은 이와 관련이 깊다고 정리할 수 있지 않을까 한다.

3) 삼국유명미상지분조의 원전과 찬술

(1) 백제지명의 출전

삼국유명미상지분(三國有名未詳地分)조에 전하는 지명 가운데 그 출처를 추적할 수 있는 것이 다수 전하는데, 이것들은 크게 신라와 고구려, 백제의 지명으로 분류할 수 있다. 지리지의 찬자는 삼국유명미상지분조에서 신라의 지명을 먼저 서술하고, 이어 고구려와 백제의 지명을 기술하였음을 살필 수 있다. 삼국의 지명 가운데 그 출처의 추적이 비교적 용이

---

126) 김태식, 1997 「『삼국사기』 지리지 고구려조의 사료적 검토」 『역사학보』 154, 53~54쪽에서는 만약현 등이 본래 하슬라주의 영현이었다고 이해하였다.

한 것이 바로 백제의 지명이다. 삼국유명미상지분조에 전하는 백제지명의 출처를 정리한 것이 〈표 6〉이다.

〈표 6〉 삼국유명미상지분조에 전하는 백제의 지명과 그 출전 자료

지명	백제본기(최초)	지명	백제본기(최초)	지명	백제본기(최초)
대부현 (大斧峴)	온조왕 8년 2월	마수성 (馬水城)	온조왕 8년 7월	병산책 (甁山柵)	온조왕 8년 7월
보술수 (普述水)	동명왕 즉위년	봉현 (烽峴)	온조왕 10년 10월	독산책 (禿山柵)	온조왕 11년 7월
구천책 (狗川柵)	온조왕 11년 7월	주양성 (走壤城)	온조왕 13년 8월	석두성 (石頭城)	온조왕 22년 8월
고목성 (高木城)	온조왕 22년 8월	원산성 (圓山城)	온조왕 26년 10월	금현성 (錦峴城)	온조왕 26년 10월
대두산성 (大豆山城)	온조왕 27년 7월	우곡성 (牛谷城)	온조왕 34년 10월	횡악 (橫岳)	다루왕 4년 9월
견아성 (犬牙城)	동성왕 16년 7월	적현성 (赤峴城)	초고왕 45년 2월	사도성 (沙道城)	초고왕 45년 2월
덕안성 (德安城)	문무왕 3년 2월	한천 (寒泉)	구수왕 16년 10월	부산 (釜山)	고이왕 5년 7월
석천 (石川)	고이왕 7년 7월	구원 (狗原)	비류왕 22년 11월	팔곤성 (八坤城)	진사왕 2년 봄
관미성 (關彌城)	진사왕 8년 10월 아신왕 2년 8월	석현성 (石峴城)	진사왕 8년 7월	쌍현성 (雙峴城)	아신왕 7년 3월
사구성 (沙口城)	전지왕 13년 7월	두곡 (斗谷)	삼근왕 3년 9월	이산성 (耳山城)	동성왕 12년 7월
우명곡 (牛鳴谷)	동성왕 14년 10월	사정성 (沙井城)	동성왕 20년 7월	마포촌 (馬浦村)	동성왕 23년 11월
장령성 (長嶺城)	무령왕 7년 5월	가불성 (加弗城)	무령왕 12년 9월	위천 (葦川)	무령왕 12년 9월
고산 (狐山)	무령왕 22년 9월	혈성 (穴城)	성왕 7년 10월	금현성 (金峴城)	성왕 28년 3월

각산성 (角山城)	무왕 6년 2월	송산성 (松山城)	무왕 8년 5월	적암성 (赤嵒城)	무왕 12년 8월
생초원 (生草原)	무왕 33년 7월	마천성 (馬川城)	무왕 33년 2월	침현 (沉峴)	의자왕 20년 6월 세주
진도성 (眞都城)	의자왕 20년 6월	고울부 (高鬱府)	경애왕 2년 10월	갈령 (葛嶺)	의자왕 20년 용삭(龍 朔) 원년
지라성 (支羅城)	의자왕 20년 용삭(龍朔) 2년 7월	대산책 (大山柵)	의자왕 20년 용삭(龍朔) 2년 7월	욱리하 (郁里河)	개로왕 21년 9월
숭산 (崇山)	개로왕 21년 9월	장토야 (張吐野)	거도열전	절영산 (絶影山)	김유신· 견훤열전

〈표 6〉에서 보듯이, 몇몇을 제외하고, 대체로 대부현(大斧峴)부터 마천성(馬川城)까지 지명이 전하는 백제본기 기록의 편년순(編年順)으로 배열되어 있음을 살필 수 있다. 마천성은 무왕 33년 2월 기록에, 생초원은 무왕 33년 7월 기록에 전하므로, 두 지명은 배열 순서가 바뀐 사례에 해당한다고 볼 수 있다. 한편 백제본기 기록의 기년에 따르면, 관미성과 석현성의 배열 순서가 바뀌었다고 이해할 수 있지만, 백제본기 진사왕 3년 9월 기록에 관미령(關彌嶺)이 보이는 점을 염두에 둔다면, 관미령과 연관된 관미성을 석현성 앞에 기술한 것도 나름대로 합리적으로 이해할 수 있는 여지가 전혀 없다고 말하기 곤란할 듯싶다. 『삼국사기』 찬자가 인용한 자료 가운데 편년적 체계를 갖춘 사서로서 대표적인 것이 바로 『구삼국사』이다. 종래에 이러한 사실에 주목하여, 지리지 찬자가 삼국유명미상지분조에 전하는 백제지명은 『구삼국사』의 백제 기록에서 인용하였다고 이해하는 것이 일반적이었고,[127] 필자 역시 이러한 견해에 전적

---

127) 高寬敏, 1993 「『三國史記』 百濟本紀の國內原典」 『大阪經濟法科大學アジア研究所年報』
　　 5; 1996 『三國史記の原典的研究』, 雄山閣, 15~18쪽.

으로 공감하고 있다.

욱리하(郁里河)와 숭산(崇山)이 보이는 개로왕 21년 9월 기록은 크게 두 부분으로 구성되었다. 첫 번째 부분은 고구려왕 거련(巨璉; 장수왕)이 군사 3만을 거느리고, 왕도(王都) 한성(漢城)을 공격하여 함락시키고, 개로왕을 살해하였다는 내용이며, 두 번째 부분은 장수왕이 도림(道琳)을 백제에 보내 백제왕 근개루(近蓋婁)를 꾀어 나라를 혼란스럽게 만든 다음, 군사를 보내 북성(北城)과 남성(南城)을 공격하여 함락시키고, 근개루를 아차성(阿且城) 아래에서 살해하였다는 내용이다. 필자는 전에 『구삼국사』 찬자가 이용한 저본자료에서 아차성〔阿且城; 아단성(阿旦城)〕을 북한산성(北漢山城)으로 개서(改書)하였음을 논증하고, 이를 기초로 하여 아차성이라는 지명이 보이는 책계왕 즉위년 기록과 마찬가지로, 두 번째 부분을 전하는 개로왕 21년 9월 '선시(先是)' 이하의 기록을 『삼국사기』 찬자가 고기류에서 인용하여 첨입하였다는 견해를 제기한 바 있다.[128] 지리지 찬자는 욱리하와 숭산을 『구삼국사』가 아니라 고기류에서 인용하였기 때문에 뒷부분에 추가하여 기술한 것으로 이해된다.

보술수는 고구려본기에, 덕안성은 신라본기에 전하는 것으로서, 지리지 찬자가 이들 지명을 백제의 지명을 나열하는 중간에 삽입한 것으로 보인다. 견아성은 백제본기 동성왕 16년 7월 기록에 전하지만, 여기에서 신라성이라고 언급하였을 뿐만 아니라, 기록의 편년 순서와도 어긋나고 있다. 동일한 내용을 전하는 신라본기 소지마립간 16년 7월 기록에 신라 장군의 이름이 보이는 것으로 보건대, 신라본기의 기록이 백제본기 기록의 원전(原典)으로 이해된다.[129] 『삼국사기』 찬자가 백제본기를 편찬할

---

128) 전덕재, 2016a 「『삼국사기』 백제본기 기록의 기본원전과 개찬」 『역사와 담론』 80, 165~167쪽 및 180~181쪽.

때에 신라본기의 기록을 인용하여 첨입하였을 가능성이 높은 바, 견아성 역시 보술수 및 덕안성과 마찬가지로 지리지 찬자가 백제지명을 나열하는 중간에 삽입한 것으로 봄이 자연스러울 것이다.

고울부는 신라본기 경애왕 20년 10월 기록, 장토야와 절영산은 거도열전과 김유신열전·견훤열전에 보인다. 지리지 찬자는『구삼국사』신라 기록과 거도열전의 저본자료 및 김유신행록, 그리고 견훤열전 찬술에 활용한 저본자료에서 이들 지명을 인용하여 삼국유명미상지분조에 첨입한 것으로 이해된다. 한편 삼국유명미상지분조에 탄현(炭峴)이 아니라 침현(沉峴)만이 전하는데, 백제본기 의자왕 20년 6월 기록에서 탄현을 세주로 '혹은 침현이라고도 한다.'고 언급하였다. 지리지 찬자는 의자왕 20년 6월 기록의 원전이 아니라 이것과 다른 전승자료, 즉 세주의 원전을 참조하여 삼국유명미상지분조에 침현을 인용하였다고 볼 수 있다. 의자왕 20년 기록에 보이는 여러 가지 괴담(怪談)이 신라측의 전승자료였음을 감안하건대,[130] 세주의 원전은 신라측의 전승자료였을 가능성이 높지 않았을까 한다.

이밖에 진도성(眞都城)은 백제본기 의자왕 20년 6월 기록에, 갈령(葛嶺)과 지라성(支羅城), 대산책(大山柵)은 백제 부흥운동세력을 진압하는 당군의 활동상을 서술한 기록에 보이는 지명이다. 그런데 의자왕 20년 6월 기록에서 진도성에 관하여 기술한 부분은『신당서』백제전의 기록을

---

129) 將軍實竹等與高句麗戰薩水之原 不克. 退保犬牙城 高句麗兵圍之. 百濟王牟大遣兵三千救解圍(『삼국사기』신라본기제3 소지마립간 16년 가을 7월).
高句麗與新羅戰薩水之原 新羅不克 退保犬牙城. 高句麗圍之 王遣兵三千救 解圍(『삼국사기』백제본기제4 동성왕 16년 가을 7월).

130) 650년대 백제본기 기록에 의자왕의 실정과 여러 가지 괴변에 관한 기사가 적지 않게 전하는데, 이러한 기록의 경우, 대체로 金長淸이 저술한 金庾信行錄이나 신라인이 편술한 고기류에 전하는 기록이 원전일 가능성이 높다고 판단된다.

인용한 것으로, 갈령과 지라성, 대산책과 관련된 백제본기의 기록은『자치통감(資治通鑑)』권200 당기(唐紀)제16 고종(高宗) 용삭(龍朔) 원년 3월 및『자치통감』권200 당기제16 고종 용삭 2년 7월 기록을 인용한 것으로 확인된다.『삼국사기』찬자가 본기(本紀)를 찬술할 때에『자치통감』의 기록을 적지 않게 인용하였음을 염두에 둔다면, 진도성과 갈령 등의 출처는 백제본기의 기록이 아니라『신당서』및『자치통감』에 전하는 기록이라고 봄이 합리적이라고 생각된다. 삼국유명미상지분조 말미에 풍달군(風達郡)과 일상군(日上郡)이 전하는데, 전자는『신당서』흑치상지열전, 후자는『삼국사기』악지(樂志)에 전하는 지명이었다.

(2) 고구려지명의 출전

백제지명과 달리 고구려지명의 출처는 약간 복잡한 편이라고 말할 수 있다. 삼국유명미상지분조에 전하는 고구려지명을 정리하면 〈표 7〉과 같다.

삼국유명미상지분조에 전하는 고구려지명은 출처에 따라 크게 세 가지 유형으로 분류할 수 있다. 첫 번째 유형은 고구려본기에만 전하는 지명이고, 두 번째 유형은 고구려본기와 중국 사서에 모두 전하는 지명이다. 그리고 세 번째 유형은 고구려본기에는 전하지 않고 중국 사서에만 전하는 지명이다. 세 번째 유형에 속하는 적봉진(赤烽鎭)은『신당서』권3 본기제3 고종(高宗) 현경(顯慶) 3년 6월과『자치통감』권200 당기제16 고종 현경 3년 6월 기록에 전한다. 또한 수구성은『구당서』와『신당서』신라전에,

---

131)『자치통감』의 기록에는 '畢奢城'으로 나온다. 한편『隋書』권64 열전제29 來護兒傳에 '又帥師度海 至卑奢城 高麗擧國來戰 護兒大破之 斬首千餘級 將趣平壤 高元震懼 遣使執叛臣斛斯政 詣遼東城下 上表請降'이라고 전한다.『자치통감』의 찬자가 '卑沙城'의 '卑'를 '畢'로 잘못 轉寫한 것으로 보인다.

<표 7> 삼국유명미상지분조에 전하는 고구려의 지명

첫 번째 유형	개마국(蓋馬國), 구다국(句茶國), 조나국(藻那國), 단려성(檀廬城), 우산성(牛山城), 도살성(道薩城), 백암성(白嵒城), 송양국(松讓國), 행인국(荇人國), 횡산(橫山), 가섭원(迦葉原), 우발수(優渤水), 엄표수〔淹㴲水; 혹운(或云) 개사수(蓋斯水)〕, 비류수(沸流水), 살수(薩水), 모둔곡(毛屯谷), 골령(鶻嶺), 용산(龍山), 골천(鶻川), 양곡(凉谷), 기산(箕山), 장옥택(長屋澤), 여진(礪津), 위중림(尉中林), 사물택(沙勿澤), 모천(矛川), 마령(馬嶺), 골반령(鶴盤嶺), 왕골령(王骨嶺), 두곡(豆谷), 골구천(骨句川), 이물림(理勿林), 거회곡(車廻谷), 갈사수(曷思水), 연야부(椽耶部), 북명산(北溟山), 민중원(閔中原), 모본(慕本), 계산(罽山), 왜산(倭山), 평유원(平儒原), 구산뢰(狗山瀨), 좌원(坐原), 질산(質山), 고국곡(故國谷), 좌물촌(左勿村), 고국원(故國原), 배령(裴嶺), 주통촌(酒桶村), 거곡(巨谷), 청목곡(靑木谷), 두눌하(杜訥河), 시원(柴原), 기구(箕丘), 중천(中川), 해곡(海谷), 서천(西川), 곡림(鵠林), 오천(烏川), 수실촌(水室村), 사수촌(思收村), 봉산(烽山), 후산(候山), 미천(美川), 단웅곡(斷熊谷), 소수림(小獸林), 독산(禿山).
두 번째 유형	박작성(泊灼城; 보장왕 7년 9월/『책부원귀』 외신부 정토제4 정관(貞觀) 22년 6월), 화려성(華麗城; 태조왕 66년 6월/『후한서』 고구려전), 가시성(加尸城; 보장왕 4년 5월/『자치통감』 당기(唐紀)14 태종(太宗) 정관 19년 6월; 이하 『자치통감』은 『통감』으로 약칭함), 석성(石城; 보장왕 6년 7월/『통감』 당기14 태종 정관 21년 7월), 비사성(卑奢城; 영양왕 25년 7월/『통감』 수기(隋紀)6 양제(煬帝) 대업(大業) 10년 7월),[131] 개모성(蓋牟城; 보장왕 4년 4월(盖牟城)/『통감』 당기13 태종 정관 19년 4월), 건안성(建安城; 보장왕 4년 4월/『통감』 당기13 태종 정관 19년 4월), 창암성(蒼嵒城; 보장왕 26년 9월/『통감』 당기17 고종(高宗) 건봉(乾封) 2년 9월), 욕이성(辱夷城; 보장왕 27년 9월/『통감』 당기17 고종 총장(總章) 원년 9월), 횡산(橫山; 보장왕 18년 11월/『통감』 당기16 고종 현경(顯慶) 4년 11월), 백수산(白水山; 함형(咸亨) 3년 12월/『통감』 당기18 고종 함형 3년 12월), 역산(易山; 보장왕 7년 4월/『통감』 당기13 태종 정관 22년 4월), 오골(烏骨; 보장왕 4년 5월/『통감』 당기14 태종 정관 19년 6월), 귀단수(貴湍水; 보장왕 14년 2월/『통감』 당기15 고종 영휘(永徽) 6년 2월), 안지(安地; 보장왕 7년 9월/『책부원귀』 외신부 정토제4 정관 22년 6월), 마읍산(馬邑山; 보장왕 20년 8월/『신당서』 고려전), 잠지락(蚕支落; 민중왕 4년 10월/『후한서』 고구려전), 마수산(馬首山; 보장왕 4년 5월/『통감』 당기13 태종 정관 19년 5월), 장성(長城; 영류왕 14년 2월/『구당서』 고려전), 마미산(磨米山; 보장왕 4년 10월/『통감』 당기14 태종 정관 19년 10월), 은산(銀山; 보장왕 4년 10월/『통감』 당기14 태종 정관 19년 10월), 후황(後黃; 보장왕 4년 10월/ 앞과 동일), 무려라(武厲邏; 영양왕 23년 7월/『통감』 수기5 양제 대업 8년 7월).
세 번째 유형	적봉진(赤烽鎭), 수구성(水口城), 사비성(沙卑城), 살하수(薩賀水)
기타	동모하(東牟河; 고구려본기와 중국 사서에 전하지 않음), 영류산(嬰留山; 신라본기 문무왕 8년 6월).

사비성은 『구당서』와 『신당서』 고려전, 살하수는 『신당서』 고려전에 전한다. 이 가운데 사비성(沙卑城), 살하수(薩賀水)와 동일한 곳을 가리키는비사성(卑沙城), 설하수(薛賀水)가 고구려본기 보장왕 4년 4월, 보장왕27년 2월 기록에 보인다. 전자의 원전은 『자치통감』 권197 당기제13 태종 정관 19년 4월, 후자의 원전은 『자치통감』 권201 당기17 고종 총장(總章) 원년 2월 기록이었음을 확인할 수 있다. 지리지의 찬자는 『자치통감』의 기록이 아니라 『신당서』 고려전의 기록에 전하는 사비성과 살하수를삼국유명미상지분조에 옮겨 기술하였던 것으로 짐작된다. 이러한 사실을주목하건대, 적봉진과 수구성 역시 『신당서』의 기록에 전하는 것을 인용하여 삼국유명미상지분조에 기술하였다고 봄이 자연스럽지 않을까 한다.

두 번째 유형에 속하는 지명이 전하는 고구려본기 기록의 원전은 대부분 『자치통감』에 전하는 기록이다. 따라서 이들 지명은 지리지의 찬자가『자치통감』의 기록에 전하는 것을 인용하였다고 이해할 수 있다. 한편 박작성(泊灼城)과 안지(安地)가 전하는 고구려본기 기록의 원전은 『책부원귀』, 마읍산(馬邑山)이 전하는 고구려본기 기록의 원전은 『신당서』 고려전에 전하는 기록이었으므로, 지리지 찬자가 『책부원귀』와 『신당서』 고려전에 전하는 지명을 인용하였다고 볼 수 있다. 화려성(華麗城)과 잠지락(蚕支落)이 전하는 고구려본기 기록의 원전은 『후한서』에 전하는 기록으로 추정되지만, 종래에 두 지명은 지리지 찬자가 『구삼국사』 또는 이것의편찬 이전에 찬술한 어떤 사서에 채록된 것을 그대로 인용하였다고 이해한 견해가 제기되어 주목된다.[132] 장성(長城)에 관한 기록은 고구려본기와 『구당서』 고려전에 전하지만, 영류왕 14년 2월 기록에 전하는 장성 관

---

132) 田中俊明, 1982 「三國史記中國史書引用記事の再檢討」 『朝鮮學報』 104, 74~76쪽; 임기환, 2006 「고구려본기 전거자료의 계통과 성격」 『한국고대사연구』 42, 24~36쪽.

련 내용이 『구당서』 고려전에 전하는 내용과 반드시 일치하지 않은 것으로 보건대, 『삼국사기』 찬자가 고구려의 자체 전승기록과 『구당서』 고려전의 기록을 참조하여 영류왕 14년 2월 기록을 찬술하였다고 추정해볼 수 있다.[133] 이에 따른다면, 장성은 중국 사서가 아니라 『구삼국사』 또는 이것의 편찬 이전에 찬술한 어떤 사서에서 인용하였다고 봄이 합리적일 듯싶다.

세 가지 유형 가운데 압도적 다수를 차지하는 것은 첫 번째 유형에 속하는 지명들이다. 여기서 문제는 지리지 찬자가 『구삼국사』 고구려 기록에 전하는 지명을 삼국유명미상지분조에 인용하였는가의 여부에 관해서이다. 이규보는 「동명왕편」에서 『구삼국사』 동명왕본기를 보았으며, 또한 김부식이 국사(國史; 삼국사기)를 편찬하면서 동명왕대의 일을 자못 생략하였다고 언급하였다. 「동명왕편」과 『삼국사기』의 고구려 건국신화를 상호 비교해본 결과, 『삼국사기』 찬자들은 『구삼국사』에 전하는 건국신화를 저본(底本)으로 하면서도, 그 내용을 대폭 산수(刪修)함과 더불어 『위서』 고구려전 및 다른 국내의 전승자료에 전하는 건국신화의 내용 등을 참조하여 고구려 건국신화를 새롭게 찬술하였음을 살필 수 있었다.[134] 첫 번째 유형 가운데 건국신화, 즉 동명왕 즉위년 기록에 보이는 지명은 가섭원(迦葉原), 우발수(優渤水), 엄표수(淹淲水), 비류수(沸流水), 모둔곡(毛屯谷) 등이다. 가섭원과 우발수 사이에 동모하(東牟河), 비류수와 모둔곡 사이에 살수(薩水)가 위치하고 있다. 살수는 대무신왕 27년 9월 기록에 보인다. 그런데 모둔곡 다음에 소개된 골령(鶻嶺; 동명왕 3년

---

133) 전덕재, 2016b 『삼국사기』 고구려본기의 원전과 찬술-장수왕대 이후 기록을 중심으로-」 『백산학보』 105, 52~53쪽.

134) 이에 대한 자세한 내용은 전덕재, 2016c 『삼국사기』 고구려본기의 원전과 완성-광개토왕대 이전 기록을 중심으로-」 『동양학』 64, 26~27쪽이 참조된다.

3월), 용산(龍山; 동명왕 19년 9월), 골천(鶻川; 유리왕 3년 7월), 양곡 (凉谷; 유리왕 3년 10월), 기산(箕山; 유리왕 3년 10월), 장옥택(長屋 澤; 유리왕 19년 8월)은 고구려본기의 편년순으로 배열되어 있음을 확인 할 수 있다. 이러한 사실을 주목하건대, 비류수와 모둔곡 사이에 기재된 살수(薩水)는 대무신왕 27년 9월 기록이 아니라 모둔곡과 마찬가지로 고 구려의 건국신화에 전하는 것을 인용하였을 가능성이 높다고 볼 수 있다. 이러한 추정은 「동명왕편」에 청하(靑河)가 보이는 사실을 통하여 보완할 수 있다.

「동명왕편」에서 하백(河伯)의 세 딸〔유화(柳花), 훤화(萱花), 위화(葦 花)〕이 청하(靑河)에서 나와서 웅심연(熊深淵) 가에서 놀았는데, 청하는 지금(고려)의 압록강이다라고 하였다. 신라지에서 상주(尙州) 삼년군(三 年郡)의 청천현(淸川縣; 괴산군 청천면)이 본래 신라의 살매현(薩買縣) 이었다고 하였다. 『삼국사기』 궁예열전에서 청천현(淸川縣)을 청천(현) 〔靑川(縣)〕이라고 기술하였음을 확인할 수 있다. 지리지에서 지명에 보이 는 '매(買)'가 '수(水)' 또는 '천(川)'과 상통하였음을 살필 수 있다.[135] 이 에 따른다면, '살매(薩買)'는 살수(薩水), 살천(薩川)이라고 표기할 수도 있을 것이다. 경덕왕대에 살매(薩買), 즉 살수(薩水) 또는 살천(薩川)을 청천(淸川; 靑川)으로 개칭하였다는 점을 주목한다면, 청하(靑河)와 살 수(薩水)도 상통(相通)하였다고 이해할 수 있다. 이러한 검토에 의한다 면, 『구삼국사』의 동명왕본기에 전하는 청하(靑河)는 다른 전승자료에 살 수(薩水)라고 기재되어 있었을 가능성이 높다고 볼 수 있지 않을까 한다.

---

135) 지리지에서 오늘날 수원시로 비정되는 水城郡이 본래 고구려의 買忽郡이었고, 또한 漢 州 堅城郡의 領縣 沙川縣이 본래 高句麗 內乙買縣, 兎山郡의 영현 伊川縣이 본래 高句 麗 伊珍買縣이었다고 하였다. 이밖에 南川縣을 또는 南買라고, 述川郡을 省知買, 橫川 縣을 於斯買, 深川縣을 伏斯買, 狌川郡을 也尸買라고 불렀다고 하였다.

결국 지리지의 찬자는 『구삼국사』 고구려 기록이 아니라 이것과 다른 전 승자료에 전하는 건국신화에서 살수를 인용하였다고 정리할 수 있을 것 이다. 지명의 배열 순서로 보아, 동모하(東牟河) 역시 고구려 건국신화에 전하는 지명일 것으로 추정되는데, 이것 역시 『구삼국사』 이외의 또 다른 전승자료에서 인용하였을 것으로 짐작된다. 삼국유명미상지분조에 엄표 수(淹㴉水)라고, 고구려본기의 건국신화에는 엄사수(淹㴲水)라고 전한 다. 엄표수는 엄사수를 잘못 판각(板刻) 또는 전사(轉寫)한 것으로 이해 된다. 한편 「동명왕편」에는 엄체(수)[淹滯(水)]라고 전하는데, 지리지 찬 자가 『구삼국사』에 전하는 지명을 채용하여 반드시 삼국유명미상지분조 에 기술하지 않았음을 시사해주는 사례로서 유의된다.

이상에서 가섭원, 우발수, 엄표수, 비류수, 모둔곡, 살수, 동모하 등은 『구삼국사』 이외의 어떤 전승자료에서 인용하였을 가능성이 높았음을 살 펴보았다. 그렇다면, 이밖에 첫 번째 유형에 해당하는 지명 역시 마찬가 지였을까가 궁금한데, 이와 관련하여 고구려본기와 삼국유명미상지분조 에 전하는 지명의 표기가 서로 다른 사례를 여럿 발견할 수 있다는 점을 주목할 필요가 있다.

고구려본기 대무신왕 4년 12월과 5년 2월 기록에 이물림(利勿林)으로 전하나, 삼국유명미상지분조에는 이물림(理勿林)이라고 전한다. 또한 대 무신왕 5년 7월 기록에 연나부(掾那部), 삼국유명미상지분조에 연야부 (椽耶部)라고 전하여 차이를 보인다. 이밖에 서천왕 11년 10월과 미천왕 원년 9월 기록에 단로성(團盧城), 후산(侯山)이라고 전함에 반하여, 삼 국유명미상지분조에는 단려성(團廬城), 후산(候山)으로 전한다. 이들 사 례는 판각과 전사과정에서 발생한 착란으로 이해된다. 반면에 연나부(掾 那部)와 연야부(椽耶部), 이물림(利勿林)과 이물림(理勿林)의 경우는 판각과 전사과정에서 발생한 착란으로 이해하기가 쉽지 않다. 고구려본기의 저본자료와 지리지 찬자가 삼국유명미상지분조를 찬술할 때에 활용한 저본자료가 서로 달랐기 때문에 이와 같은 표기 차가 발생하였다고 이해하는 것이 합리적이라고 판단된다.

유리왕대 이후 고구려본기 기록의 저본자료는 『구삼국사』 고구려 기록이었을 가능성이 높다는 점을 염두에 둔다면,[136] 결과적으로 지리지의 찬자는 『구삼국사』 이외의 어떤 전승자료를 활용하여 삼국유명미상지분조를 찬술하였다고 이해하여도 문제가 되지 않을 것이다. 삼국유명미상지분조와 고구려본기에 전하는 지명 가운데 상당수가 일치하였던 바, 지리지 찬자는 『구삼국사』 고구려 기록을 참조하였을 가능성을 완전히 배제할 수 없음은 물론이다.[137] 결국 지리지 찬자는 『구삼국사』 고구려 기록뿐만 아니라 『신집』을 기본원전으로 하는 어떤 전승자료에 전하는 고구려 지명, 신라본기 및 『자치통감』, 『신당서』 등의 중국 사서에 전하는 고구려 지명을 삼국유명미상지분조에 인용하였다고 정리할 수 있을 것이다.

(3) 신라지명의 출전

삼국유명미상지분조에만 전하는 지명 가운데 대부분은 신라지명으로 추정되나, 그 출처를 밝히기가 쉽지 않다. 다만 신라지명 가운데 신라본기의 기록에 전하는 것들이 적지 않은 바, 여기에서는 이러한 지명들을 분석하여 신라지명의 출처와 더불어 지리지 찬자의 삼국유명미상지분조

---

136) 전덕재, 2016c, 앞의 논문, 81~85쪽.

137) 三國有名未詳地分條에 故國谷, 故國原이란 지명이 보인다. '故國'은 평양천도 이후 국내 성지역을 가리키는 표현으로 알려졌다. 일반적으로 600년에 李文眞이 『新集』을 찬술할 때에 國川王(國壤王), 國原王(國岡王, 國岡上王) 등을 故國川王, 故國原王으로 개칭하였다고 이해하고 있다. 이에 따른다면, 지리지 찬자가 三國有名未詳地分條를 찬술할 때에 활용한 저본자료의 기본원전은 『신집』이었을 가능성이 높다고 볼 수 있다.

의 찬술과정을 검토하려고 한다. 신라지명의 출처를 추적함에 있어 두 가지 사항을 고려할 필요가 있다. 첫 번째는 법흥왕대 이전 신라본기 기록의 기본원전(基本原典)은 진흥왕 6년(545)에 편찬한『국사(國史)』에 전하는 기록이었다는 점이고, 두 번째는 신라본기의 저본자료가 바로『구삼국사(舊三國史)』에 전하는 신라 기록이었다는 점이다.『구삼국사』에 전하는 법흥왕대 이전 신라 기록의 기본원전이『국사』였음은 두 말할 필요가 없을 것이다. 그렇다면, 여기서 문제는 법흥왕대 이전 신라본기 기록에 전하는 지명의 출처가 모두『구삼국사』에 전하는 신라 기록이었다고 볼 수 있느냐의 여부에 관해서이다.

신라본기 조분이사금 7년 2월 기록에는 골벌국(骨伐國)이라고 전하지만, 삼국유명미상지분조에는 골화국(骨火國)이라고 소개되어 있다. 신라지에서 양주(良州) 임고군(臨皐郡)의 영현(領縣)인 임천현(臨川縣)은 조분왕 때에 골화소국(骨火小國)을 쳐서 얻어 설치한 것이라고 언급하였다. 골벌국(骨伐國)을 골화국(骨火國)이라고도 표기하였음을 알 수 있는데, 다만 지리지의 찬자가 신라본기의 저본자료인『구삼국사』신라 기록에 '골벌국(骨伐國)'이라고 전하는 것을 '골화국(骨火國)'이라고 고쳐서 기술하였을 가능성은 낮다고 판단되는 바, 지리지 찬자가 삼국유명미상지분조를 찬술할 때에『구삼국사』이외에 또 다른 전승자료를 참조하였음을 이를 통해서 추론할 수 있지 않을까 한다. 이와 같은 추정을 뒷받침해 주는 다른 자료를 찾을 수 있다.

徵役夫 築波里彌實珍德骨火等十二城(『삼국사기』신라본기제4 지증왕 5년 9월)

위의 기록에 전하는 파리(波里)는 명주(溟州) 삼척군(三陟郡)의 영현(領縣) 해리현(海利縣)의 본래 이름인 고구려 파리현(波利縣)으로 비정되며, 현재 강원도 삼척시 원덕읍에 해당한다. 미실(彌實)은 신라본기 소지마립간 3년 3월 기록에 보이는 미질부(彌秩夫), 『고려사』 태조세가에 전하는 북미질부성(北彌秩夫城), 남미질부성(南彌秩夫城)과 관련이 있으며, 오늘날 경북 포항시 북구 흥해읍으로 비정된다. 골화성(骨火城)은 오늘날 경북 영천시 완산동으로 비정되며, 골벌국(骨伐國)과 관련이 깊다. 진덕성(珍德城)의 위치는 정확하게 고증하기 어렵다. 그런데 삼국유명미상지분조에는 파리미성(波里彌城), 실진성(實珍城), 덕골성(德骨城), 대림성(大林城), 벌음성(伐音城)의 순으로 배열되어 있다. 여기서 대림성(大林城)의 '대(大)'는 '화(火)'의 오기일 가능성이 높다. 본래 지리지 찬자가 참고한 저본자료에는 '徵役夫築波里彌實珍德骨火林伐音等十二城'이라고 기술되어 있었을 텐데, 그들이 파리미, 실진, 덕골, 화림, 벌음성으로 오해하여 위와 같이 기술한 것으로 이해된다.

여기서 두 가지 가능성을 생각해볼 수 있다. 하나는 본래 『구삼국사』 신라 기록에는 '徵役夫築波里彌實珍德骨火林伐音等十二城'이라고 기술되어 있었으나, 『삼국사기』 찬자가 이것을 신라본기에 인용하면서 '林伐音'을 생략하였을 가능성이고, 또 다른 하나는 『구삼국사』에는 '徵役夫築波里彌實珍德骨火等十二城'이라고 기술되어 있었고, 지리지 찬자가 삼국유명미상지분조를 찬술할 때에 활용한 저본자료에는 '林伐音'의 세 글자가 더 추가되어 있었을 가능성이다. 앞에서 신라본기에는 골벌국이라고 기술되어 있었으나, 삼국유명미상지분조에는 골화국이라고 표기되어 있음을 살폈다. 한편 지리지 찬자는 삼국유명미상지분조에서 골평성(骨平城)은 또는 골쟁(骨爭)이라고 한다고 세주로 밝혔다. 그런데 신라본기 문무왕 13년 9월 기록에는 '삽량주(歃良州) 골쟁현성(骨爭峴城)을 쌓았다.'고 전한다. 문무왕 13년 9월 기록은 『구삼국사』에 전하는 기록을 인용한 것으로 추정되는데, 만약에 이러한 추정에 문제가 없다고 한다면, 지리지 찬자는 『구삼국사』 신라 기록이 아니라 또 다른 전승자료에서 골평성(骨平城)을 인용하여 삼국유명미상지분조에 기술한 다음, 『구삼국사』 신라 기록을 참조하여 위와 같은 세주(細注)를 달았다고 이해할 수 있다. 이와 같은 사례를 감안하건대, 두 가정 가운데 후자가 보다 더 설득력이 있지 않을까 여겨진다. 지리지 찬자가 주요 저본자료로 활용한 전승자료는 『국사』를 기본원전으로 하면서도, 『구삼국사』의 서술 내용과 약간 차이가 있었던 것으로 추정된다.

앞에서 '골평성(骨平城)'은 『구삼국사』에 전하는 기록이 아니라 또 다른 신라의 전승자료에 전하는 기록에서 인용하였을 것이라고 언급한 바 있다. 신라본기와 잡지, 열전 등에 전하지 않고, 오직 삼국유명미상지분조에만 전하는 지명인 부라성(缶羅城), 달함성(達咸城), 물벌성(勿伐城), 독모성(獨母城), 서단성(西單城), 습수(濕水), 용마(龍馬), 저악(猪岳) 등도 역시 마찬가지였을 것이다. 이에 따른다면, 법흥왕대 이후 신라본기 기록에도 전하는 삼국유명미상지분조의 지명 출처가 모두 『구삼국사』 신라 기록이라고 단정하기 곤란할 듯싶다. 다만 현재 지리지 찬자가 삼국유명미상지분조를 찬술할 때에 활용한 저본자료가 『구삼국사』처럼 편년적 체계를 갖춘 단일한 사서인지, 아니면 형식이 다른 여러 전승자료인지의 여부에 대해서는 정확하게 말하기 어려운데, 필자는 지리지 찬자가 다양한 전승자료를 이용하였지만, 그들이 주로 활용한 저본자료는 편년적 체계를 갖추었으면서도 내용상 『구삼국사』의 그것을 크게 벗어나지 않았을 가능성에 더 무게를 두고 싶다.[138)]

그런데 삼국유명미상지분조에 전하는 신라의 지명 가운데 일부는 신라 본기가 아니라 백제본기에 전하고 있는데, 이에 대해서는 또 다른 시각에서 접근이 필요할 듯싶다. 서곡성(西谷城), 소타성(小陁城), 외석성(畏石城), 천산성(泉山城), 옹잠성(雍岑城), 미후성(獼猴城)은 오직 백제본기에만 전하고, 앵잠성(櫻岑城), 기잠성〔歧(岐)岑城〕, 기현성(旗懸城), 혈책성(穴柵城)은 신라본기와 백제본기에 모두 전하며, 앵잠성 등은 또한 눌최열전에도 전하고 있다. 앵잠성 등이 전하는 신라본기 진평왕 46년 10월 기록은 눌최열전의 기록을 축약한 것이고, 백제본기 무왕 25년 10월 기록은 진평왕 46년 10월 기록을 다시 축약한 것에 해당한다.[139] 따라서 앵잠성 등은 『구삼국사』의 신라 기록이나 그와 비슷한 내용을 기술한 어떤 신라의 전승자료에 전하는 것을 인용한 것으로 보아도 문제가 되지 않을 듯싶다. 반면에 무왕 3년 8월 기록의 원전은 백제 자체의 전승기록이 확실하므로,[140] 지리지 찬자는 『구삼국사』 백제 기록이나 또는 백제 관련 어떤 전승자료에 신라지명으로 전하는 소타성(小陁城) 등을 삼국유명미상지분조에 신라의 지명으로 인용한 것으로 이해된다. 한편 백제본기 무왕 34년 8월 기록에 '장수를 보내 신라의 서곡성(西谷城)을 공격하여 13일 만에 함락하였다.'고 전하고, 신라본기 선덕여왕 2년 8월 기록에 '백제가 서쪽 변경을 침략하였다.'라고 전한다. 전자에 서곡성이란

---

138) 통일 이후 신라본기 기록의 기본원전은 통일신라에서 편찬한 實錄類의 전승자료였을 가능성이 높은데, 지리지 찬자가 활용한 저본자료가 이와 관련이 깊지 않았을까 한다.

139) 전덕재, 2016d 「『삼국사기』 백제본기의 원전에 대한 검토: 중국 사서와 국내 자료 인용 기록을 중심으로」 『사학지』 53, 89쪽; 전덕재, 2015 「『삼국사기』 신라본기 중고기 기록의 원전과 완성」 『역사학보』 226, 16쪽.

140) 아막성전투에 관한 내용이 귀산열전에 전하지만, 그 서술은 무왕 3년 8월 기록과 차이가 난다. 동일한 사건을 기술한 신라본기 진평왕 24년 8월 기록은 귀산열전의 내용을 압축하여 기술한 것이었다.

구체적인 성명(城名)이 전하는 것으로 보건대, 후자의 원전은 전자였다고 짐작된다. 서곡성도 소타성 등의 경우와 동일한 맥락에서 이해할 수 있을 것이다. 미후성(獼猴城)에 관한 정보가 백제본기에만 전하는 바, 이것 역시 마찬가지였을 것이다.

지리지 찬자는 삼국유명미상지분조에서 서곡성과 미후성 사이에 본기와 잡지, 열전 등에 전하지 않는 물벌성(勿伐城), 독모성(獨母城), 서단성(西單城)을 배치하였다. 이것들 역시 서곡성 등의 경우처럼 백제 관련 어떤 전승자료에서 인용한 것으로 추정된다. 여기서 한 가지 고려할 사항은 물벌성 등이 백제본기에 전하지 않는다는 사실인데, 이를 통해 지리지 찬자가 삼국유명미상지분조를 찬술할 때에 활용한 저본자료가 『구삼국사』 백제 기록이 아니라 또 다른 백제 관련 전승자료였을 가능성이 높음을 추정해볼 수 있다. 이밖에 삼국유명미상지분조에 전하는 북외군(北隈郡)은 『삼국사기』 악지에, 대구(大丘)는 김양열전에 전하는 지명이다. 지리지 찬자는 악지와 김양열전, 또는 이들 기록의 전거자료에서 북외군, 대구를 인용하여 삼국유명미상지분조에 기술한 것으로 이해된다.

신라와 고구려지명의 경우 배열 순서상에서 어떠한 규칙성을 발견하기 어려웠다. 기존에 배열 순서를 세밀하게 분석하여, 신라본기의 원전을 탐색하려고 노력하였는데,[141] 필자는 지리지 찬자가 활용한 전거자료에 전

---

141) 종래에 三國有名未詳地分條에 전하는 신라지명의 순서를 주목하여, 법흥왕대까지 신라본기의 기본원전은 『국사』, 진흥왕부터 문무왕대까지 신라본기 기록의 기본원전은 통일신라에서 편찬한 實錄的 史料였고, 『구삼국사』 신라 기록은 준기본원전으로 활용되었으며, 시조부터 문무왕대까지 『구삼국사』는 시종일관 보조원전으로서 활용되었다는 견해를 제기한 바 있다(高寬敏, 1994 『三國史記』 新羅本紀의 國內原典』 『古代文化』 46-9·10; 1996 『三國史記의 原典的 研究』, 雄山閣, 43~49쪽). 한편 三國有名未詳地分條를 세밀하게 분석하여, 신라본기에서 모두 8개의 原典을 추출한 견해가 제기되었는데, 이에 따르면, 제1과 제7 원전은 9~10세기의 기사, 제3에서 제6까지의 원전은 7세기의 기사, 제2 원전은 처음 『國史』가 편찬되었다고 전해지는 진흥왕대 이전의 장기간에 걸친 기사, 제8 원전은 신라가 삼국을 통일해가는 중요한 시기였던 7세기 후반까지의 역사

하는 지명을 순차적으로 배열하였을 가능성이 낮다고 판단하기 때문에 그러한 방법론은 재고의 여지가 많다는 생각을 가지고 있다. 향후 지리지 찬자가 삼국유명미상지분조에 기술한 지명의 배열 순서가 어떠한 의미를 지니는지, 의도적이었는지, 아니면 특별한 의도없이 임의적으로 배열한 것인지에 대해서는 앞으로 좀 더 심층적인 연구를 통해서 고구할 필요가 있다는 사실은 부인하지 않을 것이다. 만약에 어떠한 의도성이 있다는 결론이 도출된다면, 『삼국사기』 본기의 원전에 대한 이해가 한층 더 심화되리라고 기대된다.

지리지 찬자는 삼국유명미상지분조 뒤에 당군(唐軍)이 667년 2월에서 9월 사이에 압록강 이북의 여러 고구려성에 대해 기술한 이른바 '목록(目錄)'을 소개하고, 이어 당(唐)이 664년(문무왕 4) 무렵에 백제고지에 설치한 1도독부 7주 51현에 대해 기술한 다음, 가탐(賈耽)의 고금군국지(古今郡國志)에 전하는 '발해국의 남해부(南海府), 압록부(鴨淥府), 부여부(扶餘府), 책성부(柵城府)의 네 부는 모두 고구려의 옛 땅이었다. 신라 천정군(泉井郡)으로부터 책성부에 이르기까지 무릇 39역이 있었다.'는 기록을 제시하고 지리지의 서술을 마무리하였다.

를 다룬 사서였다고 한다(井上秀雄, 1968 「三國史記の原典をもとめて」 『朝鮮學報』 48; 1974 『新羅史基礎研究』, 東出版, 124~126쪽).

직관지의 원전과 찬술

1. 중앙행정관부와 내성·동궁관부 기록 원전과 찬술

1) 17관등·내성·동궁관부 기록의 원전과 찬술

『삼국사기』 잡지제7 직관(상)에서는 서문(序文)을 맨 앞에 제시하고, 이어 17관등, 상대등(上大等), 대각간(大角干), 태대각간(太大角干)에 대해 기술한 다음, 그 다음에 집사성(執事省)을 비롯한 중앙행정관부를 소개하였다. 직관지의 찬자는 서문에서 '처음 설치하였을 때, 반드시 직(職)마다 일정하게 맡은 바 임무가 있었고, 위(位)마다 정해진 인원이 있어서[必也職有常守 位有定員], 그 높고 낮음을 분별하고 그 사람의 재주의 많고 적음을 따져 대우하였다. (그러나) 세월이 오래 되고 기록들이 결락(缺落)하여 가히 세밀하게 살펴 두루 상세하게 밝힐 수가 없다. ……

지금 가히 고찰할 수 있는 것을 모아 본편에 수록하였다.'고 언급하였다. 『신당서(新唐書)』 백관지(百官志) 서문(序文)에 '由職有常守 而位有常員也'란 표현이 보이는데, 직관지 찬자는 이것을 참조하여 서문에 '必也 職有常守 位有定員'이라고 기술한 것으로 이해된다.[1] 서문을 통해 『삼국사기』 편찬 당시에 신라의 직관(職官)에 대한 자료가 많이 산실(散失)되어 신라 관제에 대한 자세한 내용을 상고(詳考)하기 어려웠음을 짐작해볼 수 있다.

서문에 이어 직관지의 찬자는 남해왕 7년에 탈해(脫解)를 대보(大輔)로 임명한 사실을 기술하고, 이어 유리왕 9년에 설치한 17관등을 소개하였다. 직관(상)에서 소개한 17관등을 제시하면 다음 〈표 1〉과 같다.

〈표 1〉 직관(상)에서 소개한 17관등과 비상위관등(非常位官等) 일람[2]

관등		출전	비고
이벌찬 (伊伐飡)	이벌찬	신라본기 유리이사금 9년	최초 기록
	이벌간 (伊罰干)	『수서』 신라전	
	우벌찬 (于伐飡)		
	각간(角干)	신라본기 탈해이사금 17년	최초 기록
	서발한 (舒發翰)	김유신열전(중), 김양열전, 효녀지은열전	성주사낭혜화상탑비·화엄경사회 원문(華嚴經社會願文): 서발한(舒 發韓)
	서불한 (舒弗邯)	신라본기 조분이사금 15년 정월	최초 기록, 『양서』 신라전: 자분한지 (子賁旱支)
이척찬	이척찬	신라본기 유리이사금 9년	최초 기록, 진흥왕순수비 창녕비: 일척간(一尺干), 『수서』 신라전: 이척간(伊尺干)

---

1) 참고로 『고려사』 백관지에서도 이와 비슷한 표현을 발견할 수 있다(官有常守 位有定員).
2) 관등명은 직관(상)에서 소개한 것을 제시한 것이고, 나머지는 細注에서 제시한 異稱 또는 別稱이다. '최초 기록'은 관등명이 보이는 기록들 가운데 가장 처음 보이는 기록이라는 뜻이다.

(伊尺湌)	이찬(伊湌)	신라본기 파사이사금 5년 봄 2월	최초 기록
잡찬 (迊湌)	잡찬	신라본기 유리이사금 9년	최초 기록, 신라본기 경순왕 9년·『삼국유사』왕력: 잡간(匝干)
	잡판(迊判)		
	소판(蘇判)	신라본기 문무왕 즉위년	최초 기록, 사천 선진리비: 소간(蘇干)
파진찬 (波珍湌)	파진찬	신라본기 유리이사금 9년	최초 기록
	해간(海干)	김유신열전(하)	
	파미간 (破彌干)	『수서』신라전	
대아찬(大阿湌)		신라본기 유리이사금 9년	최초 기록, 성주사낭혜화상탑비: 한찬(韓粲), 사불허북국거상표(謝不許北國居上表): 대아찬(大阿餐)
아찬 (阿湌)	아찬	신라본기 유리이사금 9년	최초 기록, 『양서』신라전: 알한지(閼旱支)
	아척간(阿尺干)	『수서』신라전, 대구무술오작비	
	아찬(阿粲)	『고려사』세가1 태조 광화(光化) 3년, 태조 3년 정월 등	
	중아찬 (重阿湌)~ 사중아찬 (四重阿湌)	잡지제9 직관(하) 무관 대관대감 관등규정(次品自奈麻至四重阿湌爲之)	
일길찬 (一吉湌)	일길찬	신라본기 유리이사금 9년	최초 기록, 울진봉평신라비와 울주 천전리각석 원명: 일길간지(一吉干支)
	을길간 (乙吉干)	『수서』신라전	『양서』신라전: 일고지(壹告支; 일길지〈壹吉支〉?)
사찬 (沙湌)	사찬	신라본기 유리이사금 9년	최초 기사, 울주 천전리각석 원명과 추명: 사간지(沙干支), 진흥왕순수비 창녕비: 사척간(沙尺干)
	살찬 (薩湌)	감산사미륵보살조상기, 흥덕왕릉비, 『일본서기』권30 지통천황(持統天皇) 9년 3월 기록 등	『삼국유사』권제3 탑상제3 백률사: 살찬(薩喰)
	사돌간(沙咄干)	『수서』신라전	
급벌찬	급벌찬	신라본기 유리이사금 9년	최초 기록
	급찬 (級湌)	신라본기 지마이사금 2년 봄 2월	최초 기록, 단양신라적성비: 급간지(及干支), 진흥왕순수비 창녕비: 급척간(及尺干)

	급복간 (級伏干)	『수서』신라전(及伏干)	『한원』: 급대간(級代干), 『일본서기』흠명천황(欽明天皇) 22년 기록: 급벌간(及伐干), 포항냉수리신라비·울진봉평신라비·울주 천전리각석추명: 거벌간지(居伐干支), 『양서』신라전: 기패한지(奇貝旱支)
대나마 (大奈麻)	대나마	신라본기 유리이사금 9년	『수서』신라전: 대나마간(大奈摩干)
	대나말(大奈末)	진흥왕순수비 창녕비	최초 기록
	중대나마 (重大奈麻)~ 구중대나마 (九重大奈麻)		
나마 (奈麻)	나마	신라본기 유리이사금 9년	『수서』신라전: 나마(奈摩)
	나말(奈末)	진흥왕순수비 창녕비	최초 기록
	중나마 (重奈麻)~ 칠중나마 (七重奈麻)		
대사 (大舍)	대사	신라본기 유리이사금 9년	최초 기록
	한사 (韓舍)	황복사금동사리함기(706년), 안압지 출토 목간〔천보(天寶) 10년(751)〕, 흥덕대왕릉비	
사지 (舍知)	사지	신라본기 선덕왕 11년 8월〔사지(舍知) 죽죽(竹竹)〕	최초 기록
	소사 (小舍)	신라본기 유리이사금 9년	최초 기록, 울진봉평신라비: 소사제지(小舍帝智)
길사 (吉士)	길사	신라본기 유리이사금 9년	최초 기록
	계지 (稽知)	잡지제7 직관(상) 고관가전당〔古官家典幢; 일운(一云) 계지(稽知)〕	직관(하) 무관: 師子衿幢監三十人 位自幢至奈麻爲之.
	길차 (吉次)	잡지제9 직관(하) 외관 외위(一伐視吉次 吉次本先人)	울진봉평신라비: 길지지(吉之智)
대오 (大烏)	대오	신라본기 유리이사금 9년	최초 기록
	대오지 (大烏知)	잡지제9 직관(하) 외관 외위(烏知本自位)	영천청제비 병진명: 대오제(大烏第), 단양적성신라비: 대오지(大烏之)
소오	소오	신라본기 유리이사금 9년	최초 기록

(小烏)	소오지 (小烏知)		울진봉평신라비: 소오제지(小烏帝智), 영천청제비 병진명: 소오?(小烏?)
조위 (造位)	조위	신라본기 유리이사금 9년	
	선저지 (先沮知)	잡지제2 색복 (大舍至先沮知黃衣)	『한원』: 조위지(造位之), 울진봉평신라비: 사족지(邪足智)
대각간 (大角干)	대각간	신라본기 문무왕 7년 8월	신라본기 태종무열왕 2년 10월 및 거칠부열전: 대각찬(大角湌)
	대서발한 (大舒發翰)		
상대등 (上大等)	상대등	신라본기 법흥왕 18년 여름 4월	
	상신 (上臣)	잡지제9 직관(하) 무관 제군관 (位自眞骨上堂至上臣爲之)	『일본서기』 권17 계체천황(繼體天皇) 23년 시세(是歲), 권25 효덕천황(孝德天皇) 대화(大化) 3년 시세(是歲), 권27 천지천황(天智天皇) 7년 9월 정미(丁未) 기록.
태대각간 (太大角干)	태대각간	신라본기 문무왕 8년 10월 22일	
	태대서발한 (太大舒發翰)	김유신열전(하)	

직관(상)에서 소개한 17관등의 명칭 가운데 제13등인 사지(舍知)를 소사(小舍)라고 표기한 경우를 제외하고 나머지는 모두 신라본기 유리이사금 9년 기록에 전하는 것과 일치한다. 두 기록에서 급벌찬(級伐湌) 이상의 관등을 표기할 때, '~찬(湌)'이라고 표기하였음을 살필 수 있다. 포항중성리신라비, 영일냉수리신라비, 울진봉평신라비, 울주천전리 각석, 단양적성신라비 등에서 급벌찬 이상의 관등을 '~간지(干支)'라고 표기하다가 561년(진흥왕 22)에 건립된 진흥왕순수비 창녕비에서 처음으로 '~간(干)'이라고 표기하였음을 살필 수 있다. 한편 『수서』 신라전과 『동번풍속기(東蕃風俗記)』에서 인용한 『한원(翰苑)』에서는 급찬 이상의 관등을 '~干'이라고 표기하였음을 확인할 수 있다. 『수서』 신라전과 『동번풍속기』는 진평왕이 수나라에 파견한 사신을 통해 얻은 정보를 바탕으로 찬술되었으므로, 이들 자료에 전하는 관등 표기는 진평왕대의 사정을 반영한 것으

로 볼 수 있을 것이다.

그런데 『일본서기』권25 효덕천황(孝德天王) 대화(大化) 3년(647; 진덕왕 1)에 일본에 파견된 김춘추의 관등을 대아찬(大阿湌)으로 표기한 이래, 지통천황(持統天皇) 4년(690; 신문왕 10)까지 신라에서 파견한 사신의 관등을 '~찬(湌)'으로 표기하였다. 682년(신문왕 2)에 건립한 문무왕릉비(文武王陵碑)에 '급찬(級殆)'이란 관등이, 719년(성덕왕 20)에 조성된 감산사미륵보살조상기에 중아찬(重阿湌)이 보인다. 그리고 771년(혜공왕 7)에 조성된 성덕대왕신종명에서도 급찬 이상의 관등을 '~찬(湌)'이라고 표기하였다. 『일본서기』와 금석문에 전하는 관등 표기를 통해, 진덕여왕대부터 급찬 이상의 관등을 '~찬(湌)'이라고 표기하였음을 엿볼 수 있다.[3] 이에 따른다면, 직관(상)과 신라본기 유리이사금 9년 기록에 전하는 17관등의 표기는 중대에 널리 사용한 관등 표기를 반영하였거나 또는 중대에 17관등을 정리한 어떤 전승자료에 전하는 것을 인용하였다고 이해할 수 있다.[4] 다만 신라본기의 찬자가 참조한 전승자료에는 제13등의 관등을 소사(小舍)라고 전하였음에 반하여, 직관지의 찬자가 활용한 자료에는 사지(舍知)라고 전하였거나 또는 소사(小舍)를 사지라고 임의로 개서(改書)한 것으로 추정된다.[5]

---

3) 급찬 이상 관등 표기의 변천에 대해서는 전덕재, 2014 「『삼국사기』 신라본기 상고기 기록의 원전과 개찬」 『동양학』 56, 9~11쪽이 참조된다.

4) 신라본기 유리이사금 9년 기록의 기본원전이 중대에 정리된 전승자료였을 것이라는 사실은 통일 이후에 비로소 널리 사용한 6部姓(李, 裵, 崔, 薛, 孫, 鄭)을 6部에 賜與였다는 내용이 유리이사금 9년 기록에 전하는 것을 통해서도 다시금 상기할 수 있다.

5) 통일 이전 시기의 금석문에서는 제13등의 관등을 小舍라고 표기하였다. 舍知라는 관등 표기는 신라본기 선덕왕 11년 8월 기록[舍知竹竹]에 처음 나온다. 그런데 이 기록에서 여기에 나오는 金品釋의 관직을 都督이라고 표현하였다. 『삼국사기』 신라본기와 직관지에서 원성왕 원년(785)에 摠管을 都督으로 고쳤다고 하였으나 중대의 기록에 주의 장관을 도독이라고 표기한 사례가 여럿 발견되기 때문에 그대로 믿기 어렵다. 8세기 중반 또는 후반에 제작된 사천 선진리 출토 碑片에서 '神述이 당시에 總官(摠管)이었다[神述時州總官]'는 명

직관지 찬자는 세주(細注)에서 17관등의 이표기(異表記) 또는 별칭(別稱) 등을 소개하였다. 〈표 1〉에서 보면 알 수 있듯이, 세주에서 제시한 17관등의 이표기 가운데 『수서(隋書)』 신라전(新羅傳)에 전하는 관등 표기와 일치하는 것을 여럿 발견할 수 있다. 직관지 찬자가 17관등을 소개할 때, 『수서』 신라전의 기록을 참조하였음을 반영한다.[6] 대부분의 17관등 및 비상위관등(非常位官等)의 이표기 또는 별칭이 『삼국사기』 신라본기와 잡지, 열전의 기록에 전하는 사실을 확인할 수 있다. 직관지 찬자는 『삼국사기』에 전하는 기록이나 신라본기 및 잡지, 열전의 원전에 전하는 관등 표기를 참조하여 세주로서 제시하였던 것으로 이해할 수 있다. 직관지 찬자가 세주에서 제시한 17관등의 이표기 또는 별칭 가운데 『삼국사기』와 『수서』 신라전에 전하지 않는 것이 우벌찬(于伐湌), 잡판(迊判), 아찬(阿粲), 살찬(薩湌), 대나말(大奈末)과 나말(奈末), 한사(韓舍) 등이다. 대오(大烏)와 소오(小烏)의 별칭인 대오지(大烏知)와 소오지(小烏知)도 『삼국사기』에 전하지 않지만, 잡지제9 직관(하) 외관조에서 고구려의 관등 자위(自位)를 신라의 오지(烏知)에 견준다고 언급한 것을 통해,

---

문을 확인할 수 있다. 사천 선진리 출토 碑片과 주의 장관을 도독이라고 언급한 중대의 기록이 여럿 전하는 사실을 통하여 중대에 주의 장관을 도독 또는 총관이라고 불렀을 가능성이 높았음을 추론할 수 있다. 이러다가 원성왕 원년(785)에 주의 장관을 도독이라고 부르는 것으로 통일하였다고 이해된다. 이에 따른다면, 선덕왕 11년 8월 기록의 원전은 중대 또는 그 이후 시기에 정리된 전승자료였다고 볼 수 있는 바, 이 기록을 근거로 선덕왕 11년 무렵에 小舍를 舍知라고 별칭하였다고 단정하기 어려울 것이다. 706년(성덕왕 7)에 작성된 황복사금동사리함기, 755년(경덕왕 24)에 작성된 新羅 白紙墨子 大方廣佛華嚴經 寫經 跋文에서 舍知라는 관등 표기를 발견할 수 있다. 또한 잡지제9 직관(하) 외관조에 17관등과 경위, 고구려·백제 관등과 신라 관등을 견줄 때에 '舍知'라는 표기를 사용하였음을 확인할 수 있다. 『삼국사기』와 금석문에 전하는 관등 표기를 유의하건대, 대체로 통일 이후에 소사를 舍知라고 별칭하는 것이 일반화되었다고 이해할 수 있다. 아마도 舍知 官職을 설치한 이후에 小舍보다 舍知라는 관등 표기를 널리 사용한 것으로 이해된다. 아울러 직관(상)에 전하는 관직에 대한 관등규정에서는 舍知라고 표기하였음을 살필 수 있다.

6) 직관지 찬자는 『수서』 신라전에 及伏干으로 전하는 것을 級伏干으로 改書하여 인용하였고, 대나마 이하의 관등 표기에 대해서는 異表記로서 세주에 제시하지 않았다.

대오(大烏)와 소오(小烏)를 대오지(大烏知), 소오지(小烏知)로도 표기하였음을 유추할 수 있다.

아찬(阿粲)이란 관등 표기는 『삼국사기』에 전하지 않는 반면, 『고려사』 태조세가의 기록에서 여럿 발견할 수 있다.[7] 한편 성주사낭혜화상탑비에서 이찬을 을찬(乙粲), 대아찬을 한찬(韓粲)이라고, 최치원이 지은 사불허북국거상표(謝不許北國居上表)에서 대아찬을 대아찬(大阿餐)이라고 표기하였다. 이를 통해서 통일신라에서 아찬(阿飡)을 아찬(阿粲)이라고 표기하였던 관행을 짐작해볼 수 있다. 직관지의 찬자는 아찬(阿粲)이라고 표기한 신라의 전승자료나 또는 『고려사』 태조세가의 저본자료로서 활용된 『태조실록(太祖實錄)』을 참조하여 아찬(阿粲)을 아찬(阿飡)의 이표기로 세주에서 제시하였던 것으로 이해된다.[8] 사찬(沙飡)의 이표기(異表記)인 살찬(薩飡)은 『일본서기』 권30 지통천황(持統天皇) 9년 3월 기록, 『속일본기(續日本紀)』 권1 문무천황(文武天皇) 4년 11월, 대보(大寶) 원년(701) 봄 정월, 대보 3년(703) 봄 정월 기록 등 일본측 사서에서 여럿 발견할 수 있다. 그리고 719년(성덕왕 20)에 조성된 감산사미륵보살조상기와 흥덕왕릉비 등에서도 살찬(薩飡)을 발견할 수 있다. 한편 대나말(大奈末)과 나말(奈末)은 진흥왕순수비 창녕비를 비롯한 다양한 금석문에서, 한사(韓舍)는 황복사금동사리함기, 안압지 출토 천보(天寶) 10년명 목간 등에서 확인할 수 있다. 이로 보아, 통일신라시대에 살찬(薩飡)과 한사(韓舍)를 사찬, 대사(大舍)의 이표기로서, 대나말(大奈

---

7) 『고려사』 권1 세가1 光化 3년, 태조 3년 봄 정월과 가을 9월, 겨울 10월 기록에서 阿粲이란 관등을 확인할 수 있다.

8) 참고로 天福 8년(태조 26; 혜종 즉위년; 943)에 건립된 淨土寺法鏡大師慈燈塔碑에서 沙粲, 阿粲이라는 관등 표기를 발견할 수 있고, 光德 2년(광종 1년; 950)에 건립된 大安寺廣慈大師碑에서 沙粲, 顯德 5년(광종 9; 958)에 건립된 玉龍寺洞眞大師寶雲塔碑에서 關粲이라는 관등 표기를 확인할 수 있다.

末)과 나말(奈末)을 중고기부터 대나마, 나마의 이표기로서 널리 사용하
였음을 짐작할 수 있다.

우벌찬(于伐飡)은 문헌과 금석문 등에 전혀 보이지 않는다. 그러나 이
찬(伊飡)을 의찬(鷖飡) 또는 을찬(乙粲)이라고 표기하였음을 염두에 둔
다면,[9] 신라인들이 이벌찬(伊伐飡)을 우벌찬(于伐飡)이라고 표기하였을
가능성을 충분히 상정해볼 수 있다. 잡판(迊判) 역시 문헌과 금석문 등에
서 찾을 수 없지만, 진흥왕순수비와 『한원(翰苑)』 등에서 잡간(迊干), 『삼
국사기』와 『삼국유사』에서 잡간(匝干)이라고 표기한 사례를 여럿 발견할
수 있고,[10] 사천 선진리에서 발견된 비편에 총관(總官) 신술(神述)의 관
등이 소간(蘇干)이라고 전하는 사실, 소판(蘇判)이 잡찬(迊飡)의 별칭이
었다는 점 등을 두루 감안하건대, 신라에서 잡찬(迊飡)을 잡판(迊判)이
라고 불렀다고 보아도 문제가 되지 않을 것이다. 이상에서 검토한 바에
의한다면, 직관지 찬자는 우벌찬(于伐飡), 잡판(迊判), 살찬(薩飡), 대나
말(大奈末)과 나말(奈末), 한사(韓舍)라는 관등 표기가 전하는 신라의 전
승자료를 참조하여 세주에 그것들을 이벌찬, 잡찬, 사찬, 대나마와 나마,
대사의 이표기 또는 별칭으로 제시한 것으로 이해할 수 있다.[11] 결과적
으로 직관지의 찬자는 중대에 널리 사용된 관등 표기를 그대로 수용하였
거나 또는 중대에 정리한 어떤 전승자료에 전하는 17관등 명칭을 인용하
여 직관지의 본문에 기술하고, 『삼국사기』 신라본기와 잡지, 열전의 기록

---

9) 『일본서기』 권30 持統天皇 3년 5월 기록에 金春秋의 관등을 鷖飡이라고 표기하였고, 성
주사낭혜화상탑비에서 이찬을 乙粲이라고 표기하였다.

10) 『삼국사기』 신라본기제12 경순왕 9년 12월 기록, 『삼국유사』 권제1 왕력 제43 희강왕조, 권
제2 기이제2 원성왕대조, 진성여대왕 거타지조, 가락국기조 등에 匝干이란 관등이 보인다.

11) 직관지의 찬자가 일본측의 사서 및 여러 금석문을 세주의 전거자료로서 참고하였다고 보
기 어렵고, 古記類를 비롯한 다양한 신라의 전승자료를 전거자료로서 활용하였다고 봄이
합리적일 것이다.

및 이들 기록의 원전, 그리고 『수서』 신라전과 신라의 다양한 전승자료를 참조하여 17관등의 이표기나 별칭 등을 세주로서 소개하였다고 정리할 수 있다.

직관지 찬자는 17관등과 비상위관등에 대해 기재하고, 이어서 중앙행정관부에 대해서 소개하였다. 중앙행정관부 관련 기록의 원전과 찬술에 대해서는 다음 절에서 자세하게 고구(考究)할 예정이다. 중앙행정관부에 이어 직관지 찬자는 직관(중)에서 내성(內省)과 동궁관(東宮官) 예하의 관부에 대해서 기술하였다. 여기에는 내성을 비롯한 115개의 관부가 소개되어 있는데, 종래에 내성(內省)과 어룡성(御龍省)의 장관이 사신(私臣)이라고 전하는 사실을 주목하여, 내사정전(內司正典)부터 마리전(麻履典)까지 70개의 관부는 내성에서, 세택(洗宅)부터 침방(針房)까지 34개의 관부는 어룡성에서, 동궁아(東宮衙)부터 용왕전(龍王典)까지는 동궁관에서 관할하였다는 견해를 제기한 바 있다.[12]

어룡성은 당나라 전중성(殿中省) 예하의 6국(局)〔상식(尙食)·상약(尙藥)·상의(尙衣)·상승(尙乘)·상사(尙舍)·상련(尙輦)〕과 유사한 왕실 시봉기구(侍奉機構) 가운데 하나였고,[13] 구체적으로 왕의 행행(行幸)에 필요한 거기(車騎)와 말을 관리할 뿐만 아니라 경호업무를 담당하였을 것으로 짐작된다. 어룡성에 사신(私臣)을 설치한 것은 애장왕 2년이었다. 신라본기에서는 애장왕 2년 2월에 병부령(兵部令) 김언승(金彦昇)을 어룡성 사신으로 삼았다고 하였다. 일반적으로 김언승이 애장왕을 시해하

---

12) 三池賢一, 1971 「新羅內廷官制考(上)」 『朝鮮學報』 61, 206~217쪽; 박수정, 2016 『삼국사기』 직관지 연구』, 고려대학교 박사학위논문, 62~72쪽.
　　다만 박수정은 어룡성은 애장왕 2년부터 헌덕왕 즉위년까지라는 한정된 시기에만 실질적으로 기능하였기 때문에 동궁관 관할의 관부를 제외한 나머지 관부를 내성과 어룡성이 분할하여 통할한 것은 애장왕대라는 짧은 시기만이었다고 이해하였다.
13) 三池賢一, 위의 논문, 28~30쪽; 박수정, 위의 논문, 210쪽.

고 왕위에 즉위한 이후, 더 이상 사신을 임용하지 않았다고 보고 있다. 신라본기에 경덕왕 9년에 어백랑(御伯郞)을 봉어(奉御)로 개칭하였다고 전하는데, 사신 설치 이전에 어백랑이 어룡성의 책임자였던 것으로 보인다. 김언승이 애장왕대에 섭정을 하면서, 어룡성을 자신의 권력기반을 강화하는 기구로서 적극 활용하였다가 왕위에 오른 후에 사신을 폐지하고, 다시 봉어를 개칭한 경(卿)으로 하여금 어룡성의 업무를 총괄하게 한 것이 아닐까 한다. 직관지에서 선덕왕(宣德王) 원년에 봉어를 경으로 고쳤다가 곧바로 감으로 다시 개칭하였다고 전하지만, 아마도 헌덕왕 즉위 이후에 경(卿)을 감(監)으로 개칭하면서, 어룡성을 차관급 관서에서 전급(典級)의 관부로 격하시킨 것으로 보는 것이 합리적이라고 판단된다.[14]

여기서 문제는 김언승이 어룡성 사신에 취임한 이후에 과연 그것이 세택에서 침방까지 직접 관할하였다고 볼 수 있는가의 여부에 관해서이다. 상대등과 병부령을 겸직한 김언승이 어룡성 사신에 취임하면서, 그것이 권력의 핵심기구로 부각되었다는 사실에 대해서는 부인할 수 없을 것이다. 그러나 애장왕대에 섭정을 하였던 김언승이 내정관부(內廷官府) 전체가 아니라, 세택부터 침방까지만 관할하는 책임자에 머물렀다는 데에 대해서 동의하기가 쉽지 않다. 만약에 내성 사신에 김언승에 필적할 만한 인물이 임명되었고, 김언승이 그와 더불어 애장왕대의 정국을 주도하였다면, 위와 같은 주장에 대해 수긍할 수 있지만, 현재 애장왕대에 김언승의 즉위에 공을 세운 동모제(同母弟) 수종(秀宗)과 충공(忠恭) 등이 내성(內省) 사신(私臣)에 임명되었다는 기록을 확인할 수 없다. 나아가 직관(중)에서 어룡성 이전에 나열한 관부와 그 이후에 나열한 관부 사이에

---

14) 애장왕대에 김언승이 어룡성 사신에 취임한 이유와 그것의 정치적 역할 등에 대해서는 최홍조, 2004 「신라 애장왕대의 정치변동과 김언승」 『한국고대사연구』 54가 참조된다.

뚜렷한 분별(分別)이 있었다고 한다면, 위와 같은 주장에 약간이나마 동의할 수 있는 여지가 없지 않을 것이다. 그런데 어룡성 이전에 나열한 관부들과 그 이후에 나열한 관부들의 기능이 뚜렷하게 구분되었다는 증거를 찾기 어렵다.

당나라에서 동궁(東宮) 예하의 관청인 숭문관(崇文館)은 경적도서를 관리하고, 학생의 교육을 담당한 관서였다. 주로 황족이나 고위 관리 자손의 교육을 관장한 것으로 알려졌다.[15] 직관(중)에 성덕왕 20년(721)에 소내학생(所內學生)을 두었다고 전한다. 소내학생은 주로 왕족이나 고위 귀족의 자제들로 구성되었다고 보이는데, 당나라의 사례를 참고하건대 숭문대(崇文臺)에서 그들을 교육하였다고 짐작된다. 그런데 소내학생은 어룡성 이전에 소개하였고, 숭문대는 어룡성 이후에 기술되어 있다. 이처럼 소내학생과 숭문대가 유기적인 연관성을 지녔음을 염두에 둔다면, 소내학생은 내성에서, 숭문대는 어룡성에서 관할하였다고 보는 것에 대해 쉽게 납득하기가 어렵지 않을까 한다. 따라서 어룡성 이전에 나열된 관부를 내성이, 그 이후에 소개한 관부는 어룡성이 분담하여 관할하였다고 보는 견해는 재고의 여지가 있다고 판단된다. 이와 같은 추정은 동궁관에도 어룡성과 세택이 배치되었다는 사실을 통해서도 보완할 수 있다. 동궁관에는 동궁아(東宮衙), 어룡성(御龍省), 세택(洗宅), 급장전(給帳典), 월지전(月池典), 승방전(僧房典), 포전(庖典), 월지악전(月池嶽典), 용왕전(龍王典) 등이 있었다. 그런데 이들 관부들을 동궁아와

---

15) 崇文館學士〈魏文帝 招大儒之士 始置崇文館 …… 貞觀中 崇文館有學士直學士 員不常置 掌教授學生等〉…… 崇文館學士 掌刊正經籍圖書 以教授諸生 其課試擧選 如弘文館(『大唐六典』卷26 崇文館).
　東宮有崇文館生二十人. 以皇緦麻以上親 皇太后皇后大功以上親 宰相及散官一品功臣身食實封者 京官職事從三品中書黃門侍郎之子爲之(『新唐書』卷44 志34 選擧).

어룡성이 분담하여 관할하였다는 증거를 찾을 수 없다. 어룡성은 동궁아의 통제를 받았다고 보는 것이 합리적인데, 이에 따른다면, 어룡성도 내성의 관할 하에 있었던 관부 가운데 하나에 불과하였다고 보는 것이 타당하지 않을까 한다.

이상에서 살핀 바와 같이, 내성과 어룡성이 내정관부(內廷官府)를 분담하여 관할하였다는 견해를 그대로 수용하기 어렵다고 한다면, 직관(중)에서 소개한 관부들은 결국 내성과 동궁아에서 분담하여 관할하였다고 보는 것이 합리적이라고 볼 수 있을 것이다. 일반적으로 내성에서 관할한 관부를 내정관부라고 부른다. 종래에 직관(중)에 소개된 관부들을 어떠한 기준에 입각하여 배열하였는가에 대해 자세하게 검토한 바 있다. 이 결과 비슷한 성격을 지닌 관부들을 모아서 서술하였다는 사실을 확인할 수 있었지만,[16] 그러나 어떠한 기준으로 배열하였는가에 대해서는 정확하게 궁구(窮究)하는 데에는 이르지 못하였다. 필자 역시 이에 대한 합리적인 대안을 찾지 못하였다. 이에 대해서는 향후의 과제로 남겨두기로 하고, 여기서는 그에 대해 더 이상의 언급은 자제할 것이다.

『삼국사기』 신라본기에 내성(內省)과 내정관부를 설치한 사실을 전하는 기록이 다수 전한다. 그렇다면 여기서 문제는 직관지의 찬자가 직관(중)을 기술하면서 신라본기의 기록을 참조하였는가의 여부에 관해서이다. 신라본기 문무왕 2년 2월 기록에 '전공(戰功)을 논하여 본피궁(本彼宮)의 재화(財貨)와 전장(田莊), 노비를 반반씩 나누어 유신(庾信)과 인문(仁問)에게 주었다.'고 전한다. 그런데 직관(중)에서 본피궁은 신문왕

---

16) 三池賢一, 1971 앞의 논문; 三池賢一, 1972 「新羅內廷官制考(下)」 『朝鮮學報』 62; 이인철, 1993 「신라 내정관부의 조직과 운영」 『신라정치제도사연구』, 일지사; 박수정, 2016 앞의 논문, 62~79쪽.

원년에 설치하였다고 하였다. 두 기록을 종합하여 보건대, 문무왕 2년에 본피궁의 재화와 전장, 노비 등을 유신과 인문에게 사여하면서 본피궁을 혁파하였다가 신문왕 원년에 다시 본피궁을 설치한 것으로 이해할 수 있다. 만약에 직관지의 찬자가 신라본기의 기록을 참조하였다면, 본피궁을 신문왕 원년에 설치하였다는 사실에 대해 의문을 제기한 내용을 직관(중)에 밝혔다고 봄이 합리적일 것이다. 그러나 직관지의 찬자는 본피궁이 신문왕 원년 이전에 존재하였다는 정보를 직관지에 제시하지 않았다. 직관지의 찬자가 신라본기의 기록을 저본자료로 활용하지 않았을 뿐만 아니라 아예 신라본기의 기록을 참조하지 않았음을 시사해주는 측면으로 유의된다. 이와 같은 추정은 신라본기와 직관(중)에 전하는 내정관부 관련 기록이 일치하지 않은 사례가 여럿 보이는 사실을 통해서도 뒷받침할 수 있다.

〈표 2〉 신라본기와 직관(중)에 전하는 기록이 서로 다른 사례 일람

신라본기	직관(중)	비고
성덕왕 13년 2월에 상문사(詳文司)를 통문박사(通文博士)로 고쳐 표문(表文)을 쓰는 일을 맡게 하였다.	상문사(詳文師). 성덕왕 13년에 통문박사(通文博士)로 고쳤다.	신라본기에 상문사(詳文司), 직관지에 상문사(詳文師)로 전함.
성덕왕 16년 봄 2월에 의박사(醫博士)와 산박사(筭博士) 각각 1인씩 두었다.	의학(醫學). 효소왕 원년에 처음으로 설치하여 학생을 가르쳤다. …… 박사(博士)는 2명이었다.	직관(중)에 성덕왕 16년에 의박사를 두었다는 언급이 없음.
경덕왕 4년 가을 7월에 사정부(司正府), 소년감전(少年監典), 예궁전(穢宮典)을 설치하였다.	사정부(司正府). 태종왕 6년에 설치하였다. 소년감전(少年監典). 경덕왕이 작천성(釣天省)으로 고쳤으나 후에 옛 이름대로 하였다. 예궁전(穢宮典). 경덕왕이 진각성(珍閣省)으로 고쳤으나 후에 옛 이름대로 하였다.	직관(중)에 내사정전(內司正典)을 경덕왕 5년에 설치하였다고 전하는 바, 신라본기에 전하는 사정부(司正府)는 내사정전(內司正典)의 오기(誤記)로 이해됨. 직관(중)에 소년감전과 예궁전을 경덕왕 4년에 설치하였다는 언급이 전하지 않음.

경덕왕 7년 가을 8월에 처음으로 정찰(偵察) 1인을 두어 관리들의 잘못을 살펴 바로잡게 하였다.	내사정전(內司正典). 경덕왕 5년에 설치하였는데, 18년에 건평성(建平省)으로 고쳤으나 후에 옛 이름대로 하였다. 의결(議決)은 1명이었다. 정찰(偵察)은 2명이었다. 사(史)는 4명이었다.	직관(중)에 경덕왕 7년에 정찰 1인을 두었다는 언급이 보이지 않음.
경덕왕 8년 3월에 천문박사(天文博士) 1인과 누각박사(漏刻博士) 6인을 두었다.	천문박사(天文博士). 후에 사천박사(司天博士)로 고쳤다. 누각전(漏刻典). 성덕왕 17년에 처음으로 설치하였다. 박사(博士)는 6명이었다. 사(史)는 4명이었다.	직관(중)에 천문박사와 누각박사를 경덕왕 8년에 두었다는 언급이 보이지 않음. 참고로 김유신열전에 대력(大曆) 연간(766~779)에 김암(金巖)을 사천대박사(司天大博士)에 임명하였다고 전함.
경덕왕 9년 2월에 어룡성(御龍省) 봉어(奉御) 2원(員)을 두었다.	어룡성(御龍省). 어백랑(御伯郎)은 2명이었는데, 경덕왕 9년에 봉어(奉御)로 고쳤다. 선덕왕 원년에 경(卿)으로 고쳤다가 곧 감(監)으로 고쳤다.	신라본기에는 경덕왕 7년에 봉어 2원을 설치한 것으로 전하는 반면, 직관(중)에서는 이때에 어백랑을 봉어로 고쳤다고 언급하여 차이를 보임.
경덕왕 17년 여름 4월에 의술을 맡은 관리 가운데 의학을 깊이 연구한 사람을 뽑아 내공봉(內供奉)에 충당하고, 율령박사(律令博士) 2인을 두었다.	의학(醫學). 효소왕 원년에 처음으로 설치하여 학생을 가르쳤다. …… 박사(博士)는 2명이었다. 율령전(律令典). 박사는 6명이었다. 공봉의사(供奉醫師). (관원은) 정해진 수가 없었다.	직관(중)에 경덕왕 17년에 의사를 내공봉에 충당하거나 율령전에 박사 2인을 두었다는 언급이 보이지 않음.

본기에서 경덕왕 4년 7월에 사정부를 설치하였다고 전하지만, 직관(상)에서는 태종무열왕 6년에 사정부를 설치하였고, 경(卿) 2인을 진흥왕 5년에 둔 다음, 문무왕 15년에 1인을 추가하였다고 한다. 직관(상)의 기록에 따른다면, 차관급을 책임자로 하는 사정기관을 진흥왕 5년에 설치하였다가 태종무열왕 5년에 영(令)을 설치하면서 그것을 사정부(司正府)로 승격시킨 것으로 이해된다. 직관(상)의 기록을 주목하건대, 경덕왕 4년 7월에 사정부를 설치하였다고 전하는 신라본기의 기록은 두찬(杜撰)이었거나 또는 다른 사정기관을 설치한 사실을 반영한 것으로 볼 수 있지

않을까 한다. 직관(중)에서 경덕왕 5년에 내사정전(內司正典)을 설치하였다고 전하는 바, 비록 1년의 기년 차이가 나긴 하지만, 신라본기 경덕왕 4년 7월 기록에 전하는 사정부(司正府)는 내사정전을 가리키는 것으로 보아도 문제가 되지 않을 것으로 사료된다.[17] 한편 신라본기에서 경덕왕 7년 8월에 정찰(偵察) 1인을 두었다고 전하나, 직관(중)에서는 단지 내사정전에 의결(議決) 2인, 정찰(偵察) 2인, 사(史) 4인을 두었다고 언급하였을 뿐이다. 내사정전과 관련된 신라본기와 직관(중)의 기록의 비교를 통해서 다시금 직관지 찬자가 직관(중)을 찬술하면서 신라본기의 기록을 전혀 참조하지 않았음을 상기할 수 있음은 물론이다. 직관지의 찬자가 신라본기의 기록을 참조하지 않았음은 의박사, 천문박사, 율령박사 관련 기록을 통해서도 쉽게 추론할 수 있을 것이다. 물론 신라본기와 직관(중)의 기록이 서로 일치하는 사례도 여럿 발견되지만,[18] 그러나 직관지의 찬자가 신라본기의 기록을 전혀 참조하지 않았다고 보아도 무방할 것이다.

그렇다면 직관지의 찬자는 신라본기를 참조하지 않고, 어떠한 전승자료를 참고하여 직관(중)을 찬술하였을까가 궁금하다. 내성 소속 관직의 경우에만 관직에 대한 관등규정이 존재하고, 나머지 관부 소속 관직의 경우는 이에 관한 언급이 전하지 않는다. 직관지 찬자가 고의로 관직에 대한 관등규정을 생략한 것이 아니라, 그들이 참조한 저본자료에 그에 관한 언급이 없었다고 봄이 옳을 것이다. 한편 직관(중)에 내정관부 가운데

---

17) 三池賢一, 1971 앞의 논문, 228쪽에서 司正府를 설치하였다고 전하는 신라본기 경덕왕 4년 7월 기록은 이때 사정부의 조직을 개혁한 사실을 반영한 것이고, 이것을 기초로 하여 경덕왕 5년에 內司正典을 설치하였다고 이해하였다.

18) 漏刻典을 성덕왕 17년에 설치하였다는 사실, 少年監典과 穢宮典을 경덕왕 7년에 설치하였다는 사실에 대해서는 신라본기와 직관(중)의 기록이 일치하고 있다.

일부가 경덕왕대에 명칭을 개칭(改稱)하였다가 후에 복고(復故)하였다고 전한다. 내성과 사신(私臣)의 경우, 경덕왕대에 전중성(殿中省)과 전중령(殿中令)으로 개칭하였다가 후에 다시 복고하거나 복칭(復稱)하였다고 언급하였다. 다른 관부의 경우는 관부의 명칭을 경덕왕대에 개칭하였다가 단지 후에 복고하였다고 기술하였다. 중앙행정관부의 경우, 그 명칭과 관직명을 혜공왕대에 복고하였거나 또는 복칭(復稱)하였다고 전하는 반면, 내정관부의 경우는 혜공왕대에 복고하였거나 복칭하였다고 표현하지 않고, '후복고(後復故)' 또는 '후복칭(後復稱)'이라고만 표현하였을 뿐이다. 애장왕 2년에 김언승을 어룡성 사신에 임명한 것으로 보건대, 당시 내성의 장관도 전중령이 아니라 사신(私臣)이었을 가능성이 높다. 이에 따른다면, 전중성을 내성으로, 전중령을 사신으로 복고한 시기는 중앙행정관부의 사례처럼 혜공왕대였다고 이해하여도 무방할 것이다. 경덕왕대에 명칭을 개정한 다른 내정관부의 경우도 역시 마찬가지였을 것이다. 만약에 직관지의 찬자가 다양한 전승자료를 근거로 직관(중)을 찬술하였다면, 단순하게 '후복고(後復故)' 또는 '후복칭(後復稱)'이라고 표현하지 않고, '혜공왕복고(惠恭王復故)' 또는 '혜공왕복칭(惠恭王復稱)'이라고 표현하였을 것으로 예상된다. 특히 직관(중)에서 가장 앞에다 기술한 내성만이라도 명칭을 복고한 시점이 혜공왕대라고 분명하게 밝혔을 가능성이 높다고 보아야 한다. 그러나 직관(중)에서 혜공왕대에 복고하거나 복칭하였다는 언급을 찾을 수 없다. 직관지 찬자가 신라본기에 전하는 내정관부 관련 기록을 전혀 참조하지 않은 사실 및 이와 같은 측면을 두루 감안하건대, 직관지 찬자는 신라본기의 원전과 별개의 어떤 저본자료(底本資料)를 적극 활용하여 직관(중)을 찬술하였음을 추론할 수 있다.

이와 같은 추정을 뒷받침해주는 또 다른 자료를 찾을 수 있다. 직관

(중)에 명활전(明活典)은 경휘왕(景暉王) 2년에 설치하였고, 그 바로 뒤에 원곡양전(源谷羊典)은 흥덕왕 4년에 설치하였다고 전한다. 신라본기에 흥덕왕의 휘(諱)가 경휘(景徽), 신덕왕의 휘(諱)가 경휘(景暉)라고 전한다. 한편 『삼국유사』왕력편에서는 흥덕왕의 휘(諱)가 경휘(景暉)였다고 하였다. 그러면 직관(중)에 전하는 경휘왕(景暉王)은 흥덕왕과 신덕왕 가운데 누구를 가리키는 것일까? 황룡사9층목탑사리함기에 경문왕 12년(872)에 요극일(姚克一)이 '숭문대랑(崇文臺郎) 겸춘궁(동궁)〔兼春宮(東宮)〕 중사성(中事省)'이었다고 전하고, 또한 보림사보조선사탑비에 헌안왕 4년(860)에 선교성(宣敎省)이 존재하였고, 헌강왕 7년(881)에 풍서행(馮恕行)이 선교성부사(宣敎省副使)였다고 전한다. 그런데 직관(중)에 동궁의 세택(洗宅)을 후에 중사성(中事省)으로 개칭하였다는 기록이 전하지 않고, 선교성에 관한 정보도 전하지 않는다. 영원사수철화상탑비(瑩源寺秀徹和尙塔碑)에 경복(景福) 2년(893; 진성여왕 7)에 수철화상이 향년 79세로 입적하자, 진성여왕이 동궁관(東宮官) 봉식랑(奉食郎) 왕로(王輅)를 보내 교서를 전달하고 애도하게 하였다고 전한다. 그런데 직관(중)에서 동궁관에 봉식랑이 존재하였다는 언급을 찾을 수 없다. 만약에 경휘왕(景暉王)이 신덕왕을 가리킨다고 본다면, 직관(중)에 경문왕대에 관부의 명칭을 개칭하였고, 헌안왕대에 선교성이라는 새로운 관부를 설치한 사실에 대해 전하지 않은 것을 합리적으로 설명하기 어렵다. 따라서 직관(중)에 전하는 경휘왕(景暉王)은 흥덕왕을 가리킨다고 봄이 옳을 것이다.[19)]

여기서 문제는 명활전을 경휘왕 2년에 설치하였고, 그 바로 뒤에 원곡양전을 흥덕왕 4년에 설치하였다고 기술한 것을 어떻게 합리적으로 설

---

19) 박수정, 2016 앞의 논문, 66쪽.

명할 수 있는가의 여부에 관해서이다. 직관(중)에 전하는 왕명 가운데 휘(諱)를 왕명으로 표현한 경우는 경휘왕이 유일하다. 만약에 직관지의 찬자가 경휘왕이 바로 흥덕왕을 가리킨다는 사실을 알고 있었다면, 휘명(諱名)이 아니라 시호명(諡號名)을 왕명으로 개서(改書)하였다고 예상해 볼 수 있다. 아마도 직관지의 찬자는 경휘왕이 정확하게 흥덕왕과 신덕왕 가운데 누구를 가리키는 것인지 알 수 없었고, 이 때문에 그들이 참조한 저본자료에 전하는 왕명을 그대로 직관(중)에 인용한 것으로 이해할 수 있지 않을까 한다. 이것은 역설적으로 직관지의 찬자가 다양한 전승자료를 참조하여 직관(중)을 재정리한 것이 아니라, 그들이 참조한 저본자료를 대체로 수용하여 직관(중)을 편술하였음을 시사해주는 측면으로서 주목된다고 하겠다. 물론 이렇다고 하여 직관(중)에 직관지 찬자가 직접 추가하여 첨입한 것이 전혀 없었다고 보기 어렵다.

직관(중)에 세주가 여럿 전하는데, 이것들은 모두 직관지 찬자가 추가하여 첨입하였다고 짐작된다. 이밖에 직관지 찬자가 추가로 첨입한 사례를 하나 더 발견할 수 있다.

> 상문사(詳文師)는 성덕왕 13년(714)에 통문박사(通文博士)로 고쳤고, 경덕왕이 또 한림(翰林)으로 고쳤다. 후에 학사(學士)를 설치하였다(『삼국사기』 잡지제8 직관중).

886년(정강왕 1) 10월에 건립된 사림사홍각선사비에 김원(金遠)이 수병부랑중(守兵部郎中)이면서 숭문관(숭문대)직학사(崇文館(崇文臺)直學士)였다고 전한다. 경문왕 12년(872) 11월 25일에 작성된 황룡사9층목탑사리함기에 요극일이 숭문대랑(崇文臺郎)이었다고 전하는 바, 숭문대의 낭(郎)을 학사(學士)로 개정한 시기는 경문왕 12년(872) 11월에서 정강왕 원년(886) 10월 사이의 어느 시기라고 볼 수 있다. 필자는 전에 최치원이 지은 제참산신문(祭巉山神文)에 884년 7월 무렵 헌강왕의 명령을 받고 최치원을 데려오기 위하여 당에 파견된 입회남사(入淮南使) 김인규(金仁圭)의 관직이 검교창부원외랑(檢校倉部員外郎) 수한림랑(守翰林郎)이었다고 전하는 사실[20] 및 893년(진서여왕 7)에 찬술되었다고 추정되는 봉암사지증대사탑비에서 최치원 스스로가 '전병부시랑(前兵部侍郎) 충서서원학사(充瑞書院學士)'였다고 밝힌 점, 그리고 숭복사비에 헌강왕이 886년(헌강왕 12) 봄에 그에게 숭복사비명을 찬술하라고 명령했다고 전하는 사실 등을 종합하여, 한림랑(翰林郎)을 한림학사(翰林學士)로 개편한 시기는 884년 7월에서 886년 봄 사이였을 가능성이 높다는 견해를 제기한 바 있다.[21]

그런데 직관(중)에는 흥덕왕 4년 이전에 설치한 내정관부에 관한 정보만 기술한 것으로 확인된다. 뒤에서 자세하게 살필 예정이지만, 직관(중)의 저본자료가 정리된 시점은 흥덕왕 4년에서 문성왕 17년 사이였던 것으로 추정된다. 헌강왕 12년(886) 무렵에 한림랑을 한림학사로 개칭하였음을 염두에 둔다면, 앞에서 인용한 기록 가운데 '후에 학사를 설치하였다(後置學士).'라는 내용은 본래 직관(중)의 저본자료에 전하지 않고, 직관지 찬자가 추가하여 첨입한 것이었을 가능성이 높지 않을까 한다. 이밖에 직관(중)의 왜전(倭典)조에 '이하 14관청의 관원 수는 빠져 있었다.'라

---

20) 『계원필경』 권20에 실린 謝許歸觀啓에 '일찍이 온 員外郎君이 尊旨를 받들어 전하였다.'라는 표현이 보이는데, 원외랑군은 同書에 실린 祭巉山神文에 '新羅國入淮南使檢校倉部員外郎守翰林郎'으로 전하는 金仁圭를 가리킨다.

21) 전덕재, 2011 「신라 경문왕·헌강왕대 한화정책의 추진과 그 한계」 『동양학』 50, 75~77쪽. 한편 종래에 이문기, 1996 「신라의 문한기구와 문한관」 『역사교육논집』 21, 108쪽에서 9세기 전반에 한림학사를 설치하였다고 추정한 바 있다.

고 전하는데, 이것 역시 직관지 찬자가 직접 첨입한 것이라고 볼 수 있을 것이다.

뒤에서 자세하게 살필 예정이지만, 통상 왕교(王教)에 의해 관직 명칭이나 그 정원을 변경하는 것이 일반적이다. 그리고 왕교를 집성(集成)한 것을 격(格)이라고 부른다. 신라본기에 성덕왕 16년 2월에 의박사(醫博士) 1인을 두었다고 전하는데, 직관(중)에서는 의학(醫學)에 의박사 2인을 두었다고 하였다. 성덕왕 11년 2월에 의학에 의박사 1인을 배치하고, 후에 1인을 추가로 더 배치하였던 것으로 이해된다. 또한 경덕왕 7년 8월에 정찰(偵察) 1인을 두었다고 하였는데, 직관(중)에서는 내사정전에 정찰 2인을 두었다고 하였다. 역시 경덕왕 7년 8월에 내사정전에 정찰 1인을 두고, 후에 추가로 더 설치하였던 것으로 보인다. 또한 신라본기에서는 경덕왕 17년 4월에 율령박사 2인을 두었다고 하였고, 직관(중)에 율령전에 박사 6명이 있었다고 전한다. 경덕왕 17년 8월에 율령전에 율령박사 2인을 추가로 더 배치하였거나 또는 그 이후에 율령박사 4인을 추가로 더 배치하였던 것으로 짐작된다. 이상의 검토에 따른다면, 내성 예하 관부의 관직의 정원에 변동이 있었음이 분명하다고 볼 수 있다. 앞에서 언급하였듯이 정원의 변동은 왕교(王教)에 의해 행정적으로 처리하였음은 물론이다. 만약에 직관(중) 원전의 찬자가 왕교 또는 왕교를 집성한 격(格)을 기초로 하여 원전을 찬술하였다면, 내정관부 관직의 정원 변동 상황에 대한 정보를 기술하였다고 봄이 합리적일 것이다. 그러나 직관(중)에는 내정관부 관직의 정원 변동에 대한 정보가 전하지 않는다. 이에 따른다면, 직관지 찬자가 참조한 저본자료는 왕교(王教) 또는 왕교를 집성한 격을 기본원전(基本原典)으로 하여 찬술되지 않았다고 보아야 할 것이다.

더구나 직관(중)에 전하는 세주(細注)를 살펴보면, 동궁관 예하의 급장전(給帳典)을 '일운(一云) ○전(○典)'이라고 언급한 세주 이외의 나머지는 직관지 찬자가 간단하게 부연 설명한 것에 해당한다.[22] 이에서 직관지 찬자가 저본자료 이외에 별도로 참조한 전승자료가 거의 존재하지 않았음을 추론할 수 있다. 이처럼 직관(중)의 원전이 왕교 또는 왕교를 집성한 격을 기초로 하여 찬술되지 않았을 뿐만 아니라 직관지 찬자가 저본자료 이외에 별도로 참조한 자료가 거의 없었음을 염두에 둔다면, 직관(중)의 원전은 특정한 시기에 내정관부에 대해 일괄 정리한 자료였을 가능성이 높지 않았을까 한다. 그렇다면 직관(중)의 원전은 어느 시기에 정리한 것이었을까?

직관(중)에서 소개한 내정관부 가운데 흥덕왕 4년에 설치한 원곡양전(源谷羊典)이 가장 늦은 시기에 설치된 것에 해당한다. 따라서 직관(중)의 원전은 흥덕왕 4년 이후에 정리하였다고 볼 수 있을 것이다. 보림사보조선사탑비에 헌안왕 4년(860)에 근시기구로 추정되는 선교성(宣敎省)이 존재하였다고 전한다. 그런데 선교성은 직관(중)에 보이지 않는다. 따라서 직관(중)의 원전은 적어도 헌안왕 4년(860) 이전에 정리된 것이었다고 이해할 수 있다. 직관(중)에 '예궁전(穢宮典)은 경덕왕이 진각성(珍閣省)으로 고쳤다가 후에 옛 이름대로 하였다.'고 전한다. 진각성을 예궁전으로 복고한 시기는 혜공왕대였을 것이다. 그런데 신라본기에 문성왕 17년(855) 12월에 진각성에 화재가 났다고 전한다. 문성왕 17년(855)에 건립된 창림사무구정탑지에 전하는 지명을 살펴보면, 모두 경덕왕대에 개칭한 것이었음을 확인할 수 있다.[23] 이처럼 문성왕 17년 무렵에 한식으

---

22) 직관(중) 供奉乘師條의 세주에 '관원 수가 빠졌다(闕)', 弘峴宮典條의 세주에 '이하 5궁을 통틀어 古奈宮이라고 하였다', 月池典條의 세주에 '관원 수가 빠졌다(闕)'고 전한다.

로 개정한 지명을 널리 사용하였음을 염두에 둔다면, 이때 예궁전을 한식 (漢式)으로 진각성이라고 불렀다고 보아도 문제가 되지 않을 것이다. 직관(중)에 혜공왕대에 직각성을 복고하였다가 다시 진각성으로 불렀음을 알려주는 언급을 찾을 수 없다. 이에 주목한다면, 직관(중)의 원전은 흥덕왕 4년에서 문성왕 17년 사이에 찬술되었을 가능성이 높다고 볼 수 있지 않을까 한다. 결과적으로 직관지 찬자는 흥덕왕 4년에서 문성왕 17년 사이에 정리한 어떤 전승자료에 전하는 기록을 대체로 인용하여 직관(중)의 기본 골격으로 삼은 다음, 상문사(詳文師)조에 '後置學士'를, 왜전조에 '已下十四官員數闕' 등을 추가로 첨입하고, 세주를 달아 직관(중)을 완성하였다고 정리할 수 있을 것이다.

2) 중앙행정관부 기록의 원전과 찬술

(1) 중앙행정관부 기록의 원전과 그 성격

직관지 찬자가 참조한 직관(상) 중앙행정관부 기록의 전거자료를 검토하기 위해서는 먼저 직관(상)과 신라본기 원전과의 관계를 살펴볼 필요가 있다. 다음 〈표 3〉은 중앙행정관부 관련 기록 가운데 신라본기와 직관(상)에 전하는 내용이 서로 다른 사례를 정리한 것이다.

〈표 3〉에서 I-①~⑤는 중앙행정관부와 그 관직의 설치 시기에 대해 신라본기와 직관(상)의 기록이 서로 다른 사례를 정리한 것이다. 동시(東市)를 설치하면서 그것을 관리하는 시전(市典)을 동시에 설치하였을 가능성이 높다. 또한 병부 설치 이전에 병부령(兵部令)을 설치하였다고 보

---

23) 창림사무구정탑지에 秋城郡, 熊州, 祁梁縣, 康州, 咸安郡, 武州, 泗水縣, 溟州, 西林郡 등이 보이는데, 모두 경덕왕대에 개칭한 것에 해당한다.

〈표 3〉 신라본기와 직관(상)의 기록이 차이가 나는 사례 일람

번호		신라본기	직관(상)	비고
I	①	지증왕 10년 봄 정월에 동시(東市)를 설치하였다.	동시전(東市典). 지증왕 9년에 설치하였다.	설치 연대가 1년의 차이를 보임.
	②	법흥왕 4년 여름 4월에 처음으로 병부(兵部)를 설치하였다.	병부(兵部). 영(令)은 1인이며, 법흥왕 3년에 처음으로 설치하였다.	설치 연대가 1년의 차이를 보임.
	③	진평왕 6년 3월에 조부(調府)에 영(令) 1인을 두어 공부(貢賦)를 관장하게 하였다.	조부(調府). 영(令)은 2명이었는데, 진덕왕 5년에 설치하였다.	영(令)을 설치한 시기가 진평왕 6년, 진덕왕 5년으로 차이를 보임.
	④	진평왕 13년 2월에 영객부(領客府)에 영(令) 2인을 두었다.	영객부(領客府). 영(令)은 2명이었는데, 진덕왕 5년에 설치하였다.	영(令) 2인을 설치한 시기에 대해 차이를 보임.
	⑤	신문왕 6년 정월에 예작부(例作府)에 경(卿) 2인을 두었다.	예작부(例作府). 경(卿)은 2명이었는데, 신문왕이 설치하였다.	직관(상)에서 경(卿) 2인을 단지 신문왕이 설치하였다고 언급함.
II	①	진평왕 5년 봄 정월에 처음으로 선부서(船府署)를 설치하고, 대감(大監)과 제감(弟監) 각 1인을 두었다.	선부(船府). 전에는 병부(兵部)의 대감과 제감으로 선박에 관한 일을 관장하게 하였는데, 문무왕 18년에 별도로 선부를 설치하였다.	직관(상)에 선부서를 설치한 사실에 대한 언급이 보이지 않음.
	②	문무왕 18년 봄 정월에 좌·우리방부(左·右理方府)에 경(卿)을 1인씩 두었다.	우리방부(右理方府). 경(卿)은 2명이었다.	직관(상)에 경을 문무왕 18년에 추가로 설치하였다는 언급이 보이지 않음.
	③	효성왕 즉위년 3월에 사정부(司正府)의 승(丞)과 좌·우리방부(左·右理方府)의 승을 모두 좌(佐)로 고쳤다.	좌리방부(左理方府). 좌(佐)는 2명이었는데, 진덕왕이 설치하였다. 우리방부(右理方府). 좌는 2명이었다.	직관(상)에 효성왕 원년에 승(丞)을 좌(佐)로 고쳤다는 언급이 보이지 않음.
	④	경덕왕 6년 정월에 국학(國學)의 여러 학업 과정에 박사(博士)와 조교(助敎)를 두었다.	국학(國學). 박사(博士)〈약간 명이었는데, 수는 정하지 않았다〉, 조교(助敎)〈약간 명이었는데, 수는 정하지 않았다〉가 있었다.	직관(상)에 국학(國學)에 경덕왕 6년에 박사와 조교를 두었다는 언급이 보이지 않음.
	⑤	경덕왕 16년 8월에 조부(調府)에 사(史) 2인을 더 두었다.	조부(調府). 사(史)는 8명이었는데, 효소왕 4년에 2명을 더하였다.	직관(상)에 경덕왕 16년에 사 2인을 더 두었다는 기록이 보이지 않음.

	⑥	경덕왕 18년 정월에 사정부(司正府) 대사(大舍)를 주부(主簿)로 고쳤다.	사정부(司正府). 대사(大舍)는 2명이었다.	직관(상)에 대사를 주부로 고쳤다는 언급이 보이지 않음.
	⑦	경덕왕 18년 정월에 좌우의방부(左右議方府) 대사(大舍)를 주부(主簿)로 고쳤다.	좌리방부(左理方府). 대사는 2명이었다. 우리방부(右理方府). 대사는 2명이었다.	직관(상)에 대사를 주부로 고쳤다는 언급이 보이지 않음.
	⑧	경덕왕 18년 정월에 전사서(典祀署) 대사(大舍)를 주서(主書)로 고쳤다.	전사서(典祀署). 대사는 5명이었는데, 진덕왕 5년에 설치하였다.	직관(상)에 대사를 주서로 고쳤다는 언급이 보이지 않음.
	⑨	경덕왕 18년 정월에 공장부(工匠府) 대사(大舍)를 주서(主書)로 고쳤다.	공장부(工匠府). 주서(主書)〈혹은 주사(主事)라고도 하였고, 혹은 대사라고도 하였다〉는 2명이었는데, 진덕왕 5년에 설치하였다.	직관(상)에 대사를 주서로 고쳤다는 언급이 보이지 않음.
	⑩	경덕왕 18년 정월에 채전(彩典) 대사(大舍)를 주서(主書)로 고쳤다.	채전(彩典). 주서는 2명이었는데, 진덕왕 5년에 설치하였다.	직관(상)에 대사를 주서로 고쳤다는 언급이 보이지 않음.
	⑪	원성왕 4년 봄에 처음으로 독서삼품과(讀書三品科)를 제정하여 벼슬길에 나아가게 하였다.	국학(國學). 여러 학생은 글을 읽어 세 등급[三品]으로 벼슬길에 나갔다.	직관(상)에 원성왕 4년에 독서삼품과를 실시하였다는 언급이 보이지 않음.
III	①	진평왕 6년 3월에 승부령(乘府令) 1인을 두어 거승(車乘)을 관장하게 하였다.	승부(乘府). 영(令)은 2인이었는데, 진평왕 6년에 설치하였다.	신라본기에 진평왕 6년에 영(令) 1인을, 직관지에 2인을 두었다고 전함.
	②	신문왕 2년 4월에 위화부령(位和府令) 2인을 두어 관리의 선발에 관한 일을 맡게 하였다.	위화부(位和府). 금하신(衿荷臣)은 2명이었는데, 신문왕 2년에 처음으로 설치하였고, 5년에 1명을 더하였다.	신라본기에 위화부령, 직관(상)에 위화부 금하신으로 전하여 차이를 보임.
	③	경덕왕 18년 정월에 대도서(大道署) 대사(大舍)를 주부(主簿)로 고쳤다.	대도서(大道署). 주서(主書)는 2인이었는데, 경덕왕이 주사(主事)로 고쳤다.	직관(상)과 신라본기의 내용이 서로 다름.

기 어렵다. 이에 따른다면, 신라본기와 직관(상)은 동시(東市)와 병부(兵部) 설치 시기에 관하여 다르게 전한다고 말할 수 있다. I-③과 ④는 조부령과 영객부령의 설치 시기에 대해 신라본기와 직관(상)의 기록에 다

르게 전하는 사례이고, I-⑤는 신라본기에 신문왕 6년에 예작부경을 설치하였다고 전하나, 직관(상)에는 단지 신문왕 때에 설치하였다고 전하여 차이를 보이는 경우에 해당한다.[24] 이처럼 중앙행정관부 또는 그 장관 및 차관의 설치 시기에 대해 신라본기와 직관(상)의 기록이 다르게 전하는 것은 신라본기와 직관(상)의 저본자료가 서로 달랐다고 전제할 때 합리적으로 이해할 수 있다. 이와 같은 사실은 II~III의 기록을 통해서도 입증할 수 있다.

II-①~⑪은 신라본기에 전하는 내용이 직관(상)에 전하지 않는 사례들을 정리한 것이고, III-①~④는 신라본기와 직관(상)에 전하는 내용이 서로 다른 사례들을 정리한 것이다. II-①~⑪의 사례를 통해 직관지의 찬자가 신라본기에 전하는 중앙행정관부 관련 기록을 거의 참조하지 않고 직관(상)을 찬술하였다고 추론할 수 있다. 한편 직관지의 찬자가 신라본기에 전하는 내용을 충분히 숙지하고 있었다고 한다면, '일운(一云)' 또는 '혹운(或云)'의 형식으로 신라본기에 전하는 내용을 직관(상)에 세주(細注)로서 소개하였을 것이라고 예상해볼 수 있다. 하지만 III-①~④의 직관(상) 기록에서 세주를 전혀 찾을 수 없다. III-①~④를 통해서도 직관지 찬자가 신라본기의 기록을 참조하지 않았음을 다시금 상기할 수 있고, 아울러 신라본기와 직관지의 찬자가 활용한 저본자료의 내용이 동일하지 않았음을 쉽게 도출할 수 있다.

이상의 검토를 통해 직관지의 찬자가 직관(상)을 찬술할 때에 신라본기

---

24) 다만 종래에 진덕왕 5년조에 들어가야 할 기사가 『삼국사기』 찬자의 착오로 인하여 干支가 동일한 진평왕 13년 기록에 기술되었음이 이해한 견해가 제기되었음이 주목된다(奧田尙, 1976 「任那日本府と新羅倭典」 『古代國家の形成と展開』, 吉川弘文館, 115쪽; 濱田耕策, 2002 『新羅國史の硏究』, 吉川弘文館, 161쪽; 최희준, 2011 「신라 중대의 당 사신 영접 절차와 운용」 『한국사연구』 153, 140~141쪽).

또는 그것의 원전에 전하는 중앙행정관부 관련 기사를 거의 참조하지 않았고, 신라본기의 원전과 직관(상)의 원전 내용이 서로 달랐음을 살필 수 있었다. 그렇다면 이제 직관(상)의 전거자료, 즉 원전의 성격을 살필 차례인데, 이와 관련하여 우선 직관지 찬자가 여러 개의 전거자료를 참조하여 중앙행정관부에 대해 기술하였는가의 여부를 검토할 필요가 있을 것이다. 직관(상)에서 소개한 중앙행정관부들을 서술 내용에 따라 크게 두가지 유형으로 분류할 수 있다. 첫 번째의 유형은 관부 또는 관직 명칭을 경덕왕대에 개정하였다가 혜공왕대에 복고(復故)하였다고 전하는 관부들인데, 집사성(執事省)에서 경도역(京都驛)까지가 첫 번째 유형에 해당한다고 볼 수 있을 것이다. 우리방부(右理方府)의 경우, 경덕왕대 개정과 혜공왕대 복고에 관한 언급이 보이지 않지만, 이 관부 앞에 소개한 좌리방부(左理方府) 기록에 관부 또는 거기에 배속된 관직의 명칭을 경덕왕대에 개정하였고, 혜공왕대에 복고하였다는 서술이 보이는 바, 서술의 편의상 우리방부에서는 그에 관한 사실을 생략하였다고 쉽게 추론할 수 있기 때문에, 우리방부도 첫 번째 유형에 속한 관부로 분류해도 문제가 되지 않을 것이다.

좌·우사록관(左·右司祿館), 누각전(漏刻典), 육부소감전(六部少監典), 식척전(食尺典), 직도전(直徒典), 고관가전(古官家典)의 기록에는 관부 또는 거기에 배속된 관직 명칭을 경덕왕대에 개정하였거나 혜공왕대에 복고하였다는 언급이 보이지 않는다. 직관(상)에 좌·우사록관에 주서(主書)라는 관직이 있었고, 혹은 좌사록관의 주서(主書)는 주사(主事)라고도 하였다고 전한다. 신라본기 경덕왕 18년 정월 기록에서 상사서·전사서·음성서·공장부·채전의 대사(大舍)를 주서(主書)로 개칭하였다고 하였다. 그런데 직관(상)에는 전사서와 채전, 공장부에 주서라는 관직이 있다고 전할 뿐이고, 경덕왕대에 대사를 주서로 개칭(改稱)하였다는 기록이 전하지 않는다. 본래 전사서와 채전 등의 대사를 경덕왕대에 주서로 개칭하였지만, 직관(상)에서 이에 관한 사실을 반영하지 않았다고 이해할 수 있다. 동일한 맥락에서 좌·우사록관의 경우도 경덕왕대에 대사를 주서로 개칭하였으나, 직관(상)에서는 단지 주서라는 관직이 존재한 사실만을 기재하였다고 봄이 합리적일 것이다. 따라서 좌·우사록관도 첫 번째 유형에 속한 관부로 분류하여도 문제가 없을 것이다. 첫 번째 유형의 관부들은 적어도 혜공왕대까지 존속하였다고 말할 수 있다.[25] 신라본기에 경덕왕 8년 3월에 누각박사(漏刻博士) 6인을 두었다고 전하는 바에 따르면, 누각전은 성덕왕 17년에 처음으로 설치되어 경덕왕 8년 이후까지 존속하였다고 봄이 자연스럽다. 이에 따른다면, 누각전도 다른 관부와 마찬가지로 혜공왕대 이후에도 존속하였다고 추정되는 바, 첫 번째 유형에 속한다고 분류하여도 무방할 듯싶다.

직관(상) 전읍서(典邑署)조에 '경(卿)은 2명이었다〈본래는 감(監) 6명을 설치하여 6부(部)의 업무를 분담하여 관장하도록 하였는데, 원성왕 6년에 2명을 승격하여 경으로 삼았다〉.'고 전한다. 6부소감전조에서 양부와 사량부, 본피부, 모량부, 한기부, 습비부의 행정업무를 관장하였던 관직들에 대하여 소개하였다. 이로 보아, 전읍서와 6부소감전은 모두 6부의 행정업무를 처리하던 관부였다고 이해할 수 있을 것이다. 그런데 경덕왕대에 전읍서(典邑署)를 전경부(典京府)로 개칭하였던 바, 전읍서는

---

25) 직관(상)에 공장부를 경덕왕대에 典祀署로 개칭하였다고 전하지만, 신라본기 경덕왕 18년 정월 기록에 典祀府와 工匠府의 大舍를 主書로 改稱하였다고 전하는 바, 직관(상)의 기록은 誤記라고 봄이 옳을 것이다. 한편 직관(상)에 大日任典을 典邑署에 合屬하였다고 전하는데, 대일임전의 관직 명칭을 경덕왕대에 개칭하였다가 혜공왕대에 복고한 사실을 주목하건대, 혜공왕대 이후에도 대일임전이 전읍서의 屬司로서 계속 존속하였다고 봄이 자연스럽지 않을까 한다.

경덕왕대 이전에 설치되었다고 볼 수 있다. 한편 6부소감전에는 사지(舍知)라는 관직이 존재하였는데, 중앙행정관부의 사지 관직은 대체로 문무왕대 또는 신문왕대에 설치한 것으로 확인된다.[26] 따라서 6부소감전은 적어도 신문왕대까지 존속하였던 것으로 볼 수 있다. 필자는 전에 신라정부가 신문왕대에 왕경의 범위를 오늘날 경주 시내의 범위로 축소 조정하고, 그 바깥의 옛 왕경지역에는 대성군(大城郡), 서형산군[西兄山郡; 상성군(商城郡)], 모화군[毛火郡; 임관군(臨關郡)], 대성군 악지현[惡支縣; 약장현(約章縣)]을 설치하였으며, 이에 따라 6부의 행정업무를 관장하는 관부인 6부소감전을 전읍서로 개편하였다는 견해를 제기한 바 있다.[27] 이에 따른다면, 6부소감전은 신문왕대에 폐지되었음에도 불구하고 직관(상)에 중앙행정관부로서 소개하였다고 볼 수 있을 것이다. 그렇다면 식척전, 직도전, 고관가전의 경우는 어떠하였을까?

직관(중)에 소개된 내성 예하의 내정관부 가운데 비록 경덕왕대에 관부 또는 관직 명칭을 개정하였다는 기록이 보이지 않음에도 불구하고, 경덕왕대 또는 그 이후에 존속한 관부가 발견된다. 직관(중)에 소개된 숭문대가 872년(경문왕 12)과 그 이후에도 존속하였던 것을[28] 대표적인 사례로서 들 수 있다. 숭문대의 사례를 감안하건대, 식척전, 직도전, 고관가전 등도 경덕왕대에 존재하였을 가능성을 완전히 배제할 수 없을 것이다. 그러나 중앙행정관부 기록에서 각 관부에 배속된 대사(大舍)와 사지(舍

---

26) 예를 들어 병부의 弩舍知는 문무왕 12년에 처음으로 설치하였고, 집사성과 조부의 사지는 신문왕 5년에 설치하였다고 알려졌다.

27) 전덕재, 2009 『신라 왕경의 역사』, 새문사, 97~104쪽

28) 872년(경문왕 12)에 작성된 황룡사구층목탑사리함기에 姚克一이 崇文臺郎이었다고 전한다. 또한 정강왕 원년(886)에 사림사홍각선사비를 찬술한 金薳이 守兵部郎中 兼崇文館(崇文臺)直學士였다고 알려졌다.

知)의 경우, 대체로 관등규정을 제시한 반면, 식척전과 직도전, 고관가전의 관직에 대한 관등규정이 전혀 보이지 않는 점을 감안하건대, 식척전등은 중앙행정관부의 관직에 대한 관등규정을 체계적으로 정리하기 이전에[29] 폐지되었을 가능성이 높다고 봄이 합리적이라고 판단된다. 구체적인 시기는 6부소감전이 폐지된 신문왕대나 또는 그 이전이었을 것으로 추정된다.

이처럼 6부소감전, 식척전, 직도전, 고관가전이 신문왕대 또는 그 이전 시기에 폐지되었다는 추론에 잘못이 없다면, 이들 관부에 관한 전승자료와 경덕왕대 개정 및 혜공왕대 복고 사실, 관직에 대한 관등규정에 대해 기재한 여타 행정관부를 소개한 전승자료가 동일하다고 보기 곤란하지 않을까 한다. 여기에다 6부소감전 앞에 소개한 사범서(司範署)와 경도역(京都驛)의 책임자가 6부소감전에 소속되어 양부와 사량부의 행정업무를 관장한 감랑(監郞)과 대나마(大奈麻)보다 더 낮은 직급인 대사(大舍)였음에도 불구하고, 6부소감전을 사범서 앞에 배치하지 않고, 단지 박사와 사만이 배속된 누각전(漏刻典) 다음에 배치한 것에서 직관지 찬자가 의도적으로 6부소감전과 식척전, 직도전, 고관가전 등을 직관(상)의 말미에 배치하여 소개하였다고 쉽게 추론할 수 있다는 점을 유념할 필요가 있을 것이다. 이와 같은 필자의 추론이 허락된다면, 집사성에서 누각전까지 기술한 전승자료에 6부소감전 등에 대한 정보가 포함되지 않았을 가능성이 높다고 보지 않을 수 없다. 이와 관련하여 종래에 직관(상)의 말미에 기술되어 있는 6부소감전을 비롯한 4개 관부는 직관지 찬자가 단편적으

---

29) 신문왕대에 폐지된 6부소감전의 관직에 대한 관등규정이 없는 것으로 보건대, 관직에 대한 관등규정을 신문왕대부터 비로소 체계적으로 정비하기 시작하였을 가능성이 높다고 볼 수 있을 것이다.

로 수집된 사료를 따로 모아둔 일종의 부가기록에서 인용한 것이라고 보았던 종래의 견해는[30] 충분히 주목할 가치가 있다고 판단된다. 다만 직관지 찬자가 4개의 관부 각각의 내용을 기술한 전승자료를 활용한 것인지, 아니면 4개 관부 모두에 관해 정리한 전승자료를 활용한 것인지의 여부를 정확하게 알 수 없다.[31] 이에 대해서는 차후의 과제로 남겨두도록 하겠다.

첫 번째 유형의 행정관부들을 살펴보면, 관직구성상에서 몇 가지 범주로 세분할 수 있다. 첫 번째는 관직이 영(令)-경(卿)-대사(大舍)-사지(舍知)-사(史) 또는 영-경-대사-사, 경-대사-사 등으로 구성된 행정관부를 들 수 있다. 병부(兵部)와 조부(調府), 경성주작전(京城周作典), 창부(倉部), 예부(禮部), 승부(乘府), 사정부(司正府), 예작부(例作府), 선부(船府), 영객부(領客府), 국학(國學) 등이 이러한 범주에 속한다고 볼 수 있다. 집사성(執事省)의 경우, 관직이 중시(中侍)-전대등(典大等)-대사(大舍)-사(史)로 구성되었는데, 전대등을 경덕왕대에 시랑(侍郎)으로 개칭하였음을 염두에 둔다면, 집사성은 첫 번째 범주에 속하는 관부로 봄이 옳지 않을까 한다. 한편 사정부(司正府)와 좌·우리방부(左·右理方府)의 경우, 사지(舍知) 대신 좌(佐)를 설치한 것이 특징적이고, 상사서(賞賜署)는 관직이 대정(大正)-좌(佐)-대사-사로, 대도서(大道署)와 음성서(音聲署)는 대정 또는 장(長)-대사-사로 구성된 것으로 확인된다. 사정부와 좌·우리방부는 넓게 보아, 첫 번째 범주에 해당하는 관

---

30) 이문기, 2006 「『삼국사기』 잡지의 구성과 전거자료의 성격」 『한국고대사연구』 43, 246쪽
31) 한편 통일신라시대에 6부의 명칭을 喙의 이자체인 '梁'로 표기하였다. 고려 초기에 '梁'를 梁으로 개서하였던 것으로 알려졌는데(전덕재, 2014 「『삼국사기』 신라본기 상고기 기록의 원전과 개찬」 『동양학』 56, 20~22쪽), 아마도 직관지 찬자가 본래 전승자료에 '梁'자로 표기되어 있는 것을 梁으로 改書한 것으로 이해된다.

부로 간주할 수 있을 것이다. 최고 책임자의 명칭은 다르지만, 상서서(賞賜署)와 대도서(大道署), 음성서(音聲署) 등도 경-대사-사로 구성된 행정관부의 범주 속에 포함시켜 이해하여도 무방하지 않을까 한다.

두 번째는 관직이 금하신(衿荷臣)-상당(上堂)-적위(赤位)-청위(靑位)-사(史) 또는 상당-청위-사 등으로 구성된 행정관부들을 들 수 있다. 사천왕사성전(四天王寺成典), 봉성사성전(奉聖寺成典), 감은사성전(感恩寺成典), 봉덕사성전(奉德寺成典), 영묘사성전(靈廟寺成典) 등을 이러한 범주의 행정관부로 볼 수 있다. 위화부(位和府)의 경우, 관직이 금하신-상당-대사-사로 구성되었고, 영창궁성전은 상당-대사-사로 구성되었는데, 애장왕대에 청위(靑位)를 대사(大舍)로 개칭하였다는 점을 염두에 둔다면, 두 관부 역시 두 번째 범주에 속하는 행정관부로 간주하여도 무방할 것이다. 영흥사성전의 관직은 대나마(大奈麻)-사(史)로 구성되었지만, 두 번째 범주에 속한 행정관부들 대부분이 성전(成典)을 칭하였던 것으로 미루어보건대, 이것 역시 두 번째 범주에 포괄시켜 이해하는 것이 타당하지 않을까 한다. 세 번째 범주의 행정관부로서 관직이 감(監)-대사[大舍 또는 주서(主書)]-사(史) 또는 대사-사로 구성된 것들을 들 수 있는데, 공장부(工匠府), 채전(彩典), 좌·우사록관(左·右司祿館), 전사서(典祀署), 신궁(新宮), 동·서·남시전(東·西·南市典), 사범서(司範署), 경도역(京都驛) 등을 이 범주에 속한 행정관부로 이해할 수 있다. 이밖에 전읍서(典邑署)와 경덕왕대에 여기에 합속(合屬)된 대일임전(大日任典) 및 누각전(漏刻典)은 관직구성이 특징적인 모습을 보인 사례로 들 수 있다.

직관(상)의 중앙행정관부 기록을 살펴보면, 집사성-병부-조부-경성주작전-사천왕사성전-봉성사성전-감은사성전-봉덕사성전-봉은사성전-영묘사성전-영흥사성전-창부-예부-승부-사정부-예작부-선부-영객부-위화부-좌리방부-우리방부의 순으로 소개하였음을 알 수 있다. 행정관부의 배열순서는 대체로 장관의 관등규정을 중요하게 고려하였던 것으로 이해된다.[32] 그런데 사원성전(寺院成典)들은 이러한 원칙을 지키지 않고 배열하였음을 엿볼 수 있다. 경성주작전 다음에 사천왕사성전을 소개하고, 계속해서 사원성전을 연이어 배열하였는데, 영묘사성전과 영흥사성전의 책임자는 금하신이 아니라 상당(上堂), 대나마(大奈麻)에 불과하였음에도 불구하고, 영(令)이 장관으로 있는 창부 앞에 배치한 사실이 주목된다고 하겠다. 이에서 사원성전만을 일괄하여 정리한 어떤 전승자료가 존재하였음을 추론할 수 있는데, 이러한 추정은 사원성전에 배속된 관직에 대한 관등규정의 서술이 특징적인 면모를 보였다는 사실을 통해서도 뒷받침할 수 있다.

첫 번째 범주에 속하는 행정관부에 배속된 관직의 경우, 사(史)를 제외하고 대체로 취임 가능한 관등의 범위를 구체적으로 제시하였거나 또는 이전 사례 준용 방식을 활용하여 관등규정을 명시하는 것이 일반적이었다. 그런데 사천왕사성전에 배속된 관직의 경우, 이전 사례 준용 방식을 활용하여 관등규정을 표시한 사례를 발견할 수 없고, 단지 거기에 취임할 수 있는 관등의 범위를 구체적으로 제시하였음을 살필 수 있다.[33] 그리고 사천왕사성전 뒤에 소개한 봉성사성전에서 영흥사성전까지 각 성전에 배속된 관직에 대한 관등규정을 제시한 사례를 하나도 찾을 수 없다. 이

---

32) 이에 대해서는 뒤에서 자세하게 살필 예정이다.

33) 사천왕사성전의 관직 가운데 적위와 사의 경우는 관등규정을 명시하지 않았다. 史의 경우는 직관(상)에서 관등규정을 명시하지 않는 경우가 많았기 때문에 사의 관등규정을 적시하지 않은 것은 충분히 납득할 수 있지만, 적위의 경우는 왜 관등규정을 명시하지 않았는가에 대해서는 정확하게 규명하기 어렵다. 이에 대해서는 추후의 과제로 남겨두고자 한다.

처럼 사원성전의 관직이 공통적으로 금하신-상당-적위-청위-사 또는
상당-청위-사 등으로 구성되었다는 점, 사천왕사성전 이후에 소개한 사
원성전의 관직에 대한 관등규정을 서술의 편의성을 고려하여 모두 생략
한 사실 등을 두루 고려하건대, 사천왕사성전에서 영흥사성전까지는 영
(令)-경(卿)-대사(大舍)-사지(舍知)-사(史)로 구성된 행정관부들을 정
리한 전승자료가 아니라 이것과 별개의 전승자료에서 인용하여 직관(상)
또는 이것의 원전(原典)에 게재하였다고 보는 것이 자연스럽지 않을까
한다.[34)]

　세 번째 범주에 속한 행정관부의 경우, 누각전을 제외하고 관직에 대한
관등규정을 명시하는 것이 일반적이었다. 더구나 일부는 이전 사례 준용
방식을 활용하여 관등규정을 명시하기도 하였다.[35)] 특히 이전 사례 준
용 방식으로 관등규정을 명시한 사례를 주목하건대, 세 번째 범주에 해당
하는 행정관부들을 이전 사례 준용 방식으로 관등규정을 적시한 조부(調
府)를 비롯한 여러 행정관부에 대해 소개한 전승자료와 별개의 전승자료
에서 인용하여 직관(상) 또는 직관(상)의 원전에 게재하였다고 단정하기
곤란하지 않을까 한다.[36)] 앞에서 위화부의 경우, 장관과 차관이 금하신,
상당이었다는 점을 주목하여, 사원성전이 주로 포함된 두 번째 범주로 분

---

34) 이영호, 1993 「신라 성전사원의 성립」『신라문화제학술발표논문집』14; 2014 『신라 중대
　　의 정치와 권력구조』, 지식산업사, 293~294쪽; 이문기, 2006 앞의 논문, 245~246쪽;
　　홍승우, 2015 「『삼국사기』직관지의 전거자료와 신라의 관제 정비 과정」『신라문화』45,
　　318쪽; 박수정, 2016 앞의 논문, 53~54쪽

35) 新宮監과 主書의 경우는 '位與典祀署監同', '位與典祀署大舍同'이라고 하였고, 東市典 書
　　生은 '位與調府史同', 司範署 大舍는 '位與調府舍知(大舍의 오기로 추정)同'이라고 하였다.

36) 전읍서와 대일임전은 특수한 관직으로 구성되었지만, 그러나 관직에 대한 관등규정을 반
　　드시 명시하였고, 게다가 이전 사례 준용 방식으로 관등규정을 명시한 경우도 발견되기
　　때문에 두 관부에 대한 내용은 일반 행정관부에 대해 정리한 전승자료에 함께 전하였다
　　고 봄이 옳다고 여겨진다.

류한 바 있다. 이에 따른다면, 위화부를 사원성전 뒤나 앞에 소개하지 않고, 영객부(領客府) 다음에 소개하였기 때문에 그 관부에 대해 정리한 별도의 전승자료가 있었을 가능성을 충분히 상정해볼 수 있다. 종래에 이러한 점과 아울러 위화부 금하신에 취임할 수 있는 관등의 범위가 잡찬(迊飡)에서 대각간(大角干)이었다는 점을 유념하여, 위화부와 사원성전 등에 대해 정리한 기록과 영(令)·경(卿)·감(監)을 책임자로 하는 중앙행정관부에 대해 정리한 기록이 구분되어 있었고, 직관지 찬자가 임의로 위화부를 영객부 다음에 배치하여 소개하였다는 견해를 제기한 바 있다.[37] 위화부의 관직구성이 사원성전의 그것과 같았던 바, 이와 같은 추론을 완전히 도외시할 수 없을 것이다. 그러나 사원성전과 달리 위화부 금하신과 상당의 관등규정을 구체적으로 제시한 점 및 대사의 관등규정을 이전 사례 준용 방식[位與調府大舍同]을 활용하여 명시한 점 등을 두루 고려하여 보건대, 위화부에 대해 정리한 기록과 일반 중앙행정관부에 대해 정리한 기록이 별개로 존재하였을 가능성이 높지 않은 바, 직관지의 찬자가 위화부와 사원성전을 정리한 자료와 일반 중앙행정관부에 대해 정리한 자료를 기초로 하여 위화부를 임의적으로 영객부 다음에 배치하였다고 추론한 견해는 재고의 여지가 있지 않을까 한다.

이상의 검토를 통해 사원성전들을 일괄 정리한 전승자료와 이들을 제외한 여러 행정관부를 일괄 정리한 전승자료가 본래 구분되어 있었음을 살폈다. 아울러 앞에서 6부소감전과 식척전, 직도전, 고관가전 등은 직관지 찬자가 이들을 정리한 전승자료에서 인용하여 직관(상)에 소개하였음을 살핀 바 있다. 그렇다면, 여기서 문제는 직관지 찬자가 사원성전들에 대해 정리한 전승자료와 이들을 제외한 여러 행정관부에 대해 정리한 전

---

37) 박수정, 2016 앞의 논문, 55쪽

승자료를 주요 전거자료로 삼아 직관(상)을 찬술하였는가, 아니면 그들이 사원성전들에 대해 기재한 전승자료와 이들을 제외한 여러 행정관부에 대해 기재한 전승자료를 기초로 하여 중앙행정관부들을 총괄하여 재정리한 전거자료에 전하는 정보를 그대로 인용하여 직관(상)을 찬술하였는가의 여부에 관해서인데, 이에 대한 의문을 풀기 위해 직관지 또는 백관지에서 반드시 각 행정관부의 당담 업무를 명시하는 것이 일반적이었지만, 이럼에도 불구하고 직관(상)에서 행정관부의 담당 업무에 대해 전혀 언급하지 않은 사실을 주목할 필요가 있을 것이다.

신라본기에서 중앙행정관부 및 거기에 소속된 관직을 설치한 사실에 대해 서술하면서, 그 관부와 그 영(令)이 관장하는 업무를 소개한 경우를 여럿 발견할 수 있다. 이를 정리하여 제시하면 다음과 같다.

> 이사부(異斯夫)를 병부령(兵部令)으로 삼고, 중앙과 지방의 군사 일을 맡게 하였다(『삼국사기』 신라본기제4 진흥왕 2년 봄 3월).
> 조부(調府)에 영(令) 1인을 두어 공부(貢賦)에 관한 업무를 관장하게 하고, 승부(乘府)에 영(令) 1인을 두어 거승(車乘)에 관한 일을 관장하게 하였다(위의 책, 진평왕 6년 3월).
> 품주(稟主)를 집사부(執事部)로 고치고, 죽지(竹旨)를 집사중시(執事中侍)로 삼아 기밀사무(機密事務)를 관장하게 하였다(위의 책, 신라본기제5 진덕왕 5년 2월).
> 이방부령(理方府令) 양수(良首) 등에게 명하여 율령(律令)을 상세히 살펴 이방부격(理方府格) 60여 조를 가다듬어 정하게 하였다(위의 책, 태종무열왕 원년 5월).
> 선부령(船府令) 1인을 두어 선박[舟楫]]에 관한 일을 맡게 하였다(위의

책, 신라본기제7 문무왕 18년 정월).

위화부령(位和府令) 2인을 두어 관리의 선발에 관한 일을 맡게 하였다(위의 책, 신라본기제8 신문왕 2년 4월).

고대 일본 율령(律令)의 직원령(職員令)에서 각 관부의 관직마다 맡은 바 임무를 소개하였고, 『구당서(舊唐書)』 직관지(職官志)와 『신당서(新唐書)』 백관지(百官志), 『당육전(唐六典)』, 『고려사(高麗史)』 백관지에서도 관부 또는 그 관직의 관할 업무를 반드시 제시하였다. 이에 따른다면, 중앙행정관부에 대해 기술한 직관(상)에도 응당 각 관부와 거기에 소속된 관직들의 관할 업무를 기재하였다고 추정해볼 수 있다. 그러나 의아스럽게도 직관(상)에서 관부와 그 관직의 관할 업무, 즉 직장(職掌)에 관한 언급을 찾을 수 없다. 그렇다면 직관(상)에 직장에 관한 기술이 부재(不在)한 이유를 어떻게 합리적으로 설명할 수 있을까?

직관지 찬자는 서문(序文)에서 '처음 (관부를) 설치하였을 때, 반드시 직(職)마다 일정하게 맡은 바 임무가 있었고, 위(位)마다 정해진 인원이 있었다(必也職有常守 位有定員).'고 언급하였다. 앞에서 인용한 여러 자료에서 알 수 있듯이 신라본기에 관부나 그 관직의 관할 업무를 밝힌 사례를 다수 발견할 수 있다. 만약에 직관지 찬자가 직원령이나 직관지류(職官志類)의 다양한 전승자료를 기초로 하여 직관(상)을 편술(編述)하였다고 한다면, 이미 『구당서』 직관지와 『신당서』 백관지의 내용을 충분히 숙지하고 있었을 뿐만 아니라 직장을 언급한 기록이 신라본기에 다수 전하였음에도 불구하고 그들이 직관(상)에 직장에 대해 전혀 기재하지 않은 이유를 합리적으로 설명하기 곤란하다. 그런데 직관지 찬자가 전거로 삼은 저본자료에 직장에 관한 언급이 없었고, 그들이 거기에 게재된 기록을 직관(상)에 대체로 인용하였다고 본다면, 사실 이와 같은 의문은 쉽게 해소할 수 있다. 실제로 이와 같은 추정을 뒷받침해주는 자료를 여럿 제시할 수 있다. 다음 〈표 4〉는 조부와 창부, 승부, 선부 소속 관직의 관등규정을 정리한 것이다.

〈표 4〉 조부와 창부, 승부, 선부 소속 관직의 관등규정

관직	조부(調府)	창부(倉部)	승부(乘府)	선부(船府)
영(令)	금하(衿荷)~ 태대각간(太大角干)	대아찬(大阿飡)~ 대각간	대아찬~각간	대아찬~각간
경(卿)	병부대감동 (兵部大監同)	병부대감동	조부경동 (調府卿同)	조부경동
대사 (大舍)	사지(舍知)~ 나마(奈麻)	병부대사동 (兵部大舍同)	병부대사동	조부대사동
사지 (舍知)	사지~대사(大舍)	(병부)노사지동 (弩舍知同)	조부사지동 (調府舍知同)	조부사지동
사(史)	병부사동(兵部史同)		조부사동 (調部史同)	

〈표 4〉는 직관(상)에 전하는 조부 등에 소속된 관직에 대한 관등규정을 정리한 것인데, 창부와 승부, 선부의 경우, 영(令)을 제외한 나머지 관직의 관등규정은 이른바 이전 사례 준용 방식을 활용하였다. 그런데 창부는 병부의 관직, 선부는 조부의 관직에 대한 관등규정과 견주어 기술한 반면, 승부의 경우는 조부뿐만 아니라 병부 관직의 그것에 견주어 서술하였다. 그런데 병부대사(병부제감)와 조부대사의 관등규정은 사지에서 나마까지로 동일하였다. 승부의 경과 사지, 사는 조부의 관직과 견준 반면, 대사의 경우는 병부대사(병부제감)와 조부대사의 관등규정이 같았음에도 불구하고 조부대사가 아니라 병부대사의 관등규정과 동일하다고 기술한 것이다.

만약에 직관지의 찬자가 서술상의 합리성을 염두에 두었다면, 승부 대
사의 관등규정 역시 다른 관직과 마찬가지로 조부대사의 관등규정과 같
다고 소개하였을 것으로 짐작되지만, 직관(상)에는 대사의 경우만 어색
하게도 병부대사와 같다고 기술되어 있는 것이다. 한편 조부의 경우, 경
(卿)과 사(史)의 관등규정은 병부대감, 병부사의 그것과 같다고 기술한
반면, 대사와 사지의 관등규정은 병부대사 및 노사지의 그것과 같음에도
불구하고 이전 사례 준용 방식이 아니라 두 관직에 취임할 수 있는 관등
의 범위를 구체적으로 밝혔던 것이다. 만약에 직관지 찬자가 서술상의 편
의성을 고려하였다면, 이전 사례 준용 방식을 활용하였을 것으로 예상되
지만, 직관(상)에는 어색하게도 취임 가능한 관등의 범위가 구체적으로
명시되어 있는 것이다.

　우리방부(右理方府), 우사록관(右司祿館), 서시전(西市典)과 남시전
(南市典)의 경우, 관부와 관직 명칭의 변동 현황 또는 관직에 대한 관등
규정이 보이지 않는다. 좌리방부, 좌사록관, 동시전에서 관부와 관직 명
칭의 변동 현황 또는 관직에 대한 관등규정에 대해 적기하였기 때문에 서
술의 편의상 우사록관 등에서는 그와 관련된 내용을 생략한 것으로 이해
된다. 이에 주목하건대, 조부와 승부의 일부 관직에 대한 관등규정의 서
술은 합리성과 편의성이란 측면에서 의문을 제기하지 않을 수 없다. 이에
서 역설적으로 직관지 찬자가 여러 전승자료에 전하는 정보를 재정리하
여 조부와 승부 등의 관직에 대한 관등규정을 기술한 것이 아니라, 그들
이 중앙행정관부에 대해 일괄로 정리한 저본자료에 전하는 정보를 그대
로 수용하여 이들 관부의 관직에 대한 관등규정에 관하여 기술하였다고
추론해볼 수 있지 않을까 한다.[38)]

---

38) 典邑署條에서 中司邑에는 관등이 舍知에서 大舍까지인 자를 임용하였고, 소사읍의 관등

직관(상)에 소개된 중앙행정관부 가운데 서술의 편의성과 배열의 합리성이라는 측면에서 의구심을 가져볼 수 있는 관부가 바로 영창궁성전(永昌宮成典)이다. 영창궁성전은 문무왕 17년에 설치되었고, 거기에 상당(上堂), 대사(大舍), 사(史) 등이 배속되어 있었다. 직관(중)에 내성 예하의 관부로서 영창전(永昌典)이 있었다고 전한다. 경덕왕대에 봉성사성전(奉聖寺成典)을 수영봉성사사원(修營奉聖寺使院)으로, 감은사성전(感恩寺成典)을 수영감은사사원(修營感恩寺使院)으로, 봉덕사성전(奉德寺成典)을 수영봉덕사사원(修營奉德寺使院)으로 개칭한 것에서 보듯이, 사원성전은 사원 건물의 수영(修營), 즉 수리(修理), 보수(補修)하는 업무를 맡은 관부였다.[39] 이에 따른다면, 영창궁성전은 이궁(離宮)의 성격을 지닌 영창궁에 있는 건물의 보수와 수리를 담당하였고, 영창전은 그것을 관리하는 역할을 수행하였다고 이해할 수 있다.[40] 『삼국사기』에 성덕왕 26년 12월, 경덕왕 16년 7월에 영창궁을 수리하였다고 전하는데, 이때 이것을 담당한 관부가 바로 영창궁성전이었을 것이다.

직관(상)을 보면, 경성주작전 다음에 사천왕사성전, 봉성사성전, 감은사성전, 봉덕사성전, 봉은사성전, 영묘사성전, 영흥사성전을 배열하였음

규정은 弩舍知의 그것과 같다고 하였다. 한편 大日任典條에서 都謁舍知에는 관등이 사지에서 대사까지인 자를 임용하였고, 都引舍知의 관등규정은 弩舍知의 그것과 같다고 하였다. 병부 노사지의 관등규정은 舍知~大舍였던 바, 전읍서 중사읍과 소사읍, 대일임전 도알사지와 도인사지의 관등규정은 모두 동일하였다고 볼 수 있다. 이럼에도 불구하고 직관(상)에는 중사읍과 도알사지는 관등의 범위를 구체적으로 제시한 반면, 소사읍과 도인사지는 이전 사례 준용 방식으로 관등규정을 표시하였음을 확인할 수 있다. 이러한 사례 역시 서술의 편의성 및 합리성과 거리가 있다고 볼 수 있는 것들인데, 이와 같은 불합리한 서술은 직관지 찬자가 그들이 활용한 저본자료에 전하는 내용을 그대로 인용하였다고 전제할 때, 나름 합리적으로 이해할 수 있지 않을까 한다.

39) 이영호, 1993 앞의 논문; 2014 앞의 책, 297쪽

40) 전덕재, 2009 앞의 책, 223~225쪽에서 현재 경주의 성동동·전랑지가 영창궁터였고, 이것은 離宮의 성격을 지녔음을 논증한 바 있다.

을 알 수 있다. 경성주작전 다음에 사천왕사성전을 배치한 이유에 대해서는 뒤에서 자세하게 살필 예정이기 때문에 여기서 그에 대해 논급하지 않겠지만, 아무튼 사원성전을 경성주작전 다음에 한데 묶어 소개하였다는 사실만은 분명하다고 말할 수 있다. 이들 사원성전 가운데 영묘사성전의 책임자는 영창궁성전과 마찬가지로 상당(上堂)이었다. 다만 후자와 달리 전자에 대사(大舍) 대신 청위(靑位)가 배속되어 있는 점이 차이가 난다.

영창궁성전은 사원성전과 같이 건물의 수리와 보수 업무를 수행하였고, 사원성전에 주로 배속된 상당(上堂)이 그것의 책임자였다. 이처럼 영창궁성전과 사원성전의 관할 업무 및 관직 구성이 서로 비슷하였음에도 불구하고, 영창궁성전을 사원성전에 이어서 곧바로 소개하지 않고, 차관급이 책임자로 있는 관부를 소개한 부분에다 배치하였다. 직관지 찬자가 기존의 다양한 전승자료에 전하는 관부들을 일정한 범례에 준거하여 재배열하였다고 본다면, 영창궁성전의 경우, 업무와 관원 구성의 성격이 비슷한 사원성전과 한데 묶어 소개하였을 것이라고 예상해볼 수 있다. 즉 차관급이 책임자로 임명된 영묘사성전 다음이나, 또는 사원과 이궁을 분별하여 이해하였다고 한다면, 영흥사성전 다음에 소개하였을 것으로 추측된다는 것이다. 그러나 서술의 편의성이나 배열의 합리성을 도외시하고, 의아스럽게도 직관(상)에는 영창궁성전이 사원성전과 한데 묶여 소개되어 있지 않고, 별도로 차관급의 관부를 소개하는 부분에 기술되어 있는 것이다.

그렇다면, 왜 직관지 찬자는 영창궁성전을 사원성전과 한데 묶어 소개하지 않았을까? 물론 사천왕사성전에서 영흥사성전까지는 사원 건물을 보수, 수리하는 업무를 담당한 관부라는 공통점을 지녔고, 반면에 영창궁성전은 이궁(離宮)의 건물을 보수, 수리하는 업무를 맡은 관부였기 때문에 후자를 사원성전과 분별하여 배치하였다고 볼 수도 있다. 물론 이러하였을 가능성을 완전히 배제하기 어렵지만, 그러나 이러한 측면보다는 직관지 찬자가 참조한 저본자료에 사원성전과 영창궁성전을 한데 묶어 기술하지 않았고, 그들이 이와 같이 불합리하게 배치되어 있는 저본자료에 전하는 정보를 그대로 수용하였다고 이해하는 편이 보다 더 합리적이지 않을까 하는 판단이다.

한편 직관(상)에 영묘사성전의 상당(上堂)을 경덕왕대에 판관(判官)이라고 개칭하였고, 사범서(司範署) 대사(大舍)의 관등규정은 '위여조부사지동(位與調府舍知同)'이라고 전한다. 상당은 경덕왕대에 일반적으로 부사(副使)로 개칭하였고, 조부대사를 비롯한 대사에 취임할 수 있는 관등의 범위는 사지에서 나마까지였던 바, 사범서 대사의 관등규정은 '위여조부대사동(位與調府大舍同)'의 오기였을 가능성이 높다고 볼 수 있다. 그런데 직관(상)에서 직관지 찬자는 세주(細注)로서 영묘사성전(靈廟寺成典)과 사범서(司範署) 기록의 오기(誤記)에 대해서 전혀 언급하지 않았다. 직관지 찬자가 이와 같은 오류가 반영된 전승자료를 그대로 인용하였음을 전제로 할 때, 합리적으로 이해할 수 있을 것이다. 물론 이밖에도 직관지 찬자가 직관(상) 중앙행정관부 기록을 찬술하면서 참조한 저본자료에 전하는 정보를 대체로 수용하였음을 시사해주는 자료를 더 찾을 수 있는데, 이에 대해서는 뒤에 논지를 전개하는 과정에서 보충하여 설명하도록 하겠다.

이상에서 직관(상)의 전거자료에는 사원성전과 집사성을 비롯한 일반 행정관부들에 대한 정보가 일괄로 정리되어 있었고, 직관지 찬자가 직관(상) 중앙행정관부 기록을 찬술하면서, 이와 같은 전거자료, 즉 원전에 전하는 내용을 대체로 수용하였음을 살펴보았는데, 그렇다면 다음에 해명해야 할 문제는 과연 직관지 찬자가 활용한 전거자료, 즉 직관(상)의 원전이 어떠한 전승자료를 기초로 하여, 어떠한 과정을 거쳐 정리되었을까에 관해서인데, 이에 대해서는 다음 항에서 자세하게 고찰하도록 하겠다.

(2) 중앙행정관부 기록과 그 원전의 찬술과정

앞에서 직관(상) 원전의 찬자가 사원성전들에 대해 정리한 전승자료와 일반 중앙행정관부에 대해 정리한 전승자료를 기초로 하여 직관지의 찬자가 참조한 직관(상)의 전거자료를 찬술하였음을 살펴보았다. 그렇다면 이제 직관(상) 원전의 찬술과정을 살필 차례인데, 이와 관련하여 먼저 중앙관부의 배열 순서를 유의할 필요가 있다.『고려사』백관지 서문에서 '무릇 여러 아문(衙門)의 통할하는 바와 소속(所屬)된 바는 그 상세함을 고찰할 수 없으므로, 지금 대소(大小)의 품질(品秩)을 차례로 삼아 기술한다.'고 언급하였다. 직관(상) 원전의 찬자 역시『고려사』백관지 찬자와 마찬가지로 각 관부 책임자의 품질을 따져 차례로 행정관부를 배열하였을 가능성이 높지 않았을까 여겨진다. 실제로 직관(상)에서 행정관부는 그 책임자가 취임할 수 있는 관등의 범위가 고려되어 배열되었음을 엿볼 수 있다.

직관(상)에는 행정관부 가운데 집사성(執事省)이 가장 앞에 기재되어 있다. 집사성 중시(中侍)에 취임할 수 있는 관등의 범위는 대아찬에서 이찬까지였다. 병부와 조부, 경성주작전 장관에 태대각간 또는 대각간도 취임 가능하다고 규정하였기 때문에 집사성을 맨 앞에 배열한 것은 장관에 취임할 수 있는 관등을 고려한 것으로 보기 어렵다. 당나라에서 3성(省)이 6부(部)보다 상위(上位)의 관부에 해당하였던 것을 감안하건대, 직관(상) 원전의 찬자는 부(部) 또는 부(府)를 칭하는 관부보다 집사성이 우위에 있다고 인식하였고, 게다가 그것이 국가의 기밀사무(機密事務)를 맡았기 때문에 중앙행정관부 가운데 가장 앞에 서술한 것으로 이해된다.

『고려사』 백관지에서는 이조(吏曹)-병조(兵曹)-호조(戶曹)의 순으로 기재하였고, 『구당서』 직관지와 『신당서』 백관지에서는 이부(吏部)-호부(戶部)-예부(禮部)-병부(兵部)의 순으로 기재하였다. 『삼국사기』 직관지에서는 병부(兵部)-조부(調府)-경성주작전(京城周作典)의 순으로 기재하였다. 조부에서 공부(貢賦)를 관장하였던 바, 그것을 당과 고려의 호부(戶部)에 견줄 수 있다. 신라에서는 당나라와 달리 병부를 재정관서인 조부보다 앞에 배열하여 기재한 것이 특징적이다. 병부령의 관등규정은 대아찬에서 태대각간까지였고, 조부령은 금하(衿荷)에서 태대각간(太大角干)까지였다. 금하신(衿荷臣)은 사원성전과 위화부의 장관이었다. 사천왕사성전의 금하신에 취임할 수 있는 관등의 범위는 대아찬에서 각간까지였고, 위화부 금하신의 경우는 이찬에서 대각간까지였다. 문무왕 19년(679)에 사천왕사를 조영하였던 바, 사천왕사성전을 설치한 것은 그 무렵 또는 그 이후였다고 볼 수 있고, 위화부에 금하신을 설치한 것은 신문왕 2년(682)이었다. 따라서 679년 이후에 금하신에 대아찬 이상만이 임명되었다고 볼 수 있는 바, 조부령에 취임할 수 있는 관등의 범위는 대아찬에서 태대각간까지였다고 치환하여도 무방할 것이다. 그렇다면 이럼에도 불구하고 조부령의 관등규정을 굳이 금하에서 태대각간까지였다고 전하는 이유는 어떻게 설명할 수 있을까?

『삼국사기』 잡지제2 색복조에 '이찬(伊湌)과 잡찬(迊湌)은 금관(錦冠)을 착용하고, 파진찬(波珍湌)과 대아찬(大阿湌)·금하(衿荷)는 비관(緋冠)을 착용하며 상당(上堂)·대나마(大奈麻)·적위(赤位)·대사(大舍)는 조영(組纓)을 착용한다.'라고 전한다. 필자는 전에 이와 같은 관제규정(冠制規程)은 진덕여왕 3년에 개정된 관제(冠制)를 반영한 것임을 논증한 바 있다.[41] 여기서 금하와 상당, 대나마, 적위, 대사는 관직에 해당한다. 따라서 파진찬과 대아찬, 금하는 비관을 착용한다는 규정은 파진찬과 대아찬의 관등을 수여받은 자뿐만 아니라 금하라는 관직에 임용된 자는 비관을 착용할 수 있다는 사실로, 상당·대나마·적위·대사는 조영을 착용한다는 규정은 상당과 대나마, 적위, 대사에 임용된 자는 조영을 착용할 수 있다는 사실로 해석할 수 있다. 만약에 진덕여왕 3년 무렵에 금하라는 관직에 대아찬 이상만이 취임할 수 있다는 원칙이 마련되었다고 한다면, 굳이 '파진찬과 대아찬, 금하는 비관을 착용한다.'라는 규정을 만들 이유가 없었을 것이다. 이에서 당시에는 금하 관직에는 반드시 대아찬 이상의 관등 소지자만이 임용된 것이 아니고, 그 이하의 관등을 수여받은 자라도 금하에 임용되었음을 추론할 수 있다. 이와 더불어 사원성전 금하신에 취임할 수 있다는 관등의 범위가 대아찬에서 각간까지였다는 규정이 만들어지기 이전 시기에 조부령에는 금하라는 관직에 임용된 자나 또는 대아찬 이상의 관등을 소지한 자가 취임할 수 있는 규정을 마련하였다고 이해할 수 있고, 사천왕사성전 등의 장관인 금하신의 관등규정을 제정한 이후에도 금하도 조부령에 취임할 수 있다는 규정을 개정하지 않았다가 직관(상)의 원전에 조부령에는 금하에서 태대각간까지 취임할 수 있다는 표현이 그대로 기재된 것으로 이해된다. 내성사신(內省私臣)의 관등규정도 금하에서 태대각간까지였는데, 조부령과 동일한 맥락에서 이해할 수 있음은 물론이다.

이처럼 사천왕사성전 등의 금하신에 대아찬에서 각간까지 취임할 수 있다고 규정하기 전에 금하관직에 반드시 대아찬 이상만이 임용된 것이 아니었다고 한다면, 병부령과 조부령에 취임 가능한 최고 관등은 같았지만, 금하관직에 대아찬 이하의 관등을 가진 자도 임명될 수 있었기 때문

---

41) 전덕재, 1996 『신라육부체제연구』, 일조각, 160~169쪽

에 조부령보다 병부령에 취임할 수 있는 하위 관등이 더 높았다고 이해할 수도 있을 것이다. 아마도 조부령에 대아찬 이하의 관등을 가진 자도 취임할 수 있었고, 병부령에는 대아찬 이상만이 임명될 수 있었기 때문에 조부보다 병부를 앞에 배열하여 기재하지 않았을까 한다. 이밖에 병부령이 재상(宰相)과 내성사신도 겸임(兼任)할 수 있었던 사실도 병부보다 호부를 앞에 배열하여 기술한 『구당서』 직관지, 『신당서』 백관지의 사례와 달리 직관(상) 원전의 찬자가 조부(調府)보다 병부(兵部)를 앞에 기재한 주요한 이유 가운데 하나였을 것으로 짐작된다.

직관(상)에는 조부 다음에 경성주작전(京城周作典), 사원성전들, 창부(倉部)의 순으로 기재되어 있다. 경성주작전령과 창부령에 취임할 수 있는 관등의 범위는 대아찬에서 대각간까지였다. 창부의 관원은 사(史) 30명을 포함한 38명이었고, 경성주작전의 관원은 26명이었다. 비록 창부 관원의 수가 더 많았지만, 창부에 영(令)과 경(卿), 대사(大舍)가 각각 2명인 반면, 경성주작전에 영(令)이 5명, 경과 대사가 각각 6명인 것으로 보건대, 직관(상) 원전의 찬자는 경성주작전의 위상이 창부보다 더 우위에 있다고 인식하여 경성주작전을 창부 앞에다 배열하여 기재하였던 것으로 이해된다. 여기서 문제는 경성주작전과 창부 사이에 사원성전을 집중적으로 배치한 이유에 대해서이다.

사천왕사성전을 비롯한 사원성전 금하신에 취임할 수 있는 관등의 범위는 대아찬에서 각간까지였다. 장관의 품질(品秩)을 고려하여 중앙행정 관부를 배열하였다면, 금하신이 장관인 사원성전들을 승부(乘府) 앞이나 영객부(領客府) 다음에 기술하는 것이 타당하다고 여겨지지만, 직관(상)에는 그것들이 경성주작전 다음에 집중적으로 기술되어 있는 것이다. 더구나 영묘사성전과 영흥사성전의 경우는 최고 책임자가 상당, 대나마임에도 불구하고 장관의 관등규정이 대아찬에서 대각간까지인 창부 앞에 배치되어 있는 것이다. 그렇다면 직관(상) 원전의 찬자가 사천왕사성전을 비롯한 사원성전들을 경성주작전 다음에 집중적으로 배치한 이유는 어떻게 설명할 수 있을까? 현재 구체적인 이유를 고구(考究)하긴 어렵지만, 일단 경성주작전과 사원성전이 '전(典)'을 칭하는 계열의 관부라는 점, 경성주작전을 경덕왕대에 수성부(修城府)로, 봉성사성전(奉聖寺成典)을 경덕왕대에 수영봉성사사원(修營奉聖寺使院)으로 개칭한 것에서 보듯이, 경성주작전과 사원성전이 맡은 임무가 주로 왕경의 건축물 또는 사원의 건물을 수리(修理), 보수(補修)하는 것이었다는 점 등을 주목하여, 직관(상) 원전의 찬자가 경성주작전 다음에 사원성전들을 집중적으로 배치하였다고 이해할 수 있지 않을까 한다.[42]

직관(상)에는 사원성전 뒤에 창부와 예부, 승부의 순으로 기재되어 있다. 그런데 창부의 장관에는 대아찬에서 대각간까지 취임할 수 있는 반면, 예부령의 관등규정은 병부령의 그것과 같다고 하였다. 병부령에는 대아찬에서 태대각간까지 취임할 수 있었던 바, 예부 장관의 품질(品秩)이 창부령보다 더 높았다고 볼 수 있지만, 직관(상)에는 창부가 예부보다 앞에 기재되어 있는데, 직관(상) 원전의 찬자가 어떠한 이유 때문에 그렇게 배치하였을까가 궁금하다. 창부의 조사지(租舍知)를 경덕왕대에 사창(司倉)으로 개칭하였다. 조사지(租舍知)에서 조(租)는 '벼'를 비롯한 곡물을 뜻하고, 사창(司倉)에서 '창(倉)'은 곡물을 저장하던 곳간을 가리킨다. 필자는 전에 이러한 점을 주목하여 창부를 조세로 곡물을 수납하고 그것

---

42) 박수정, 2016 앞의 논문, 53~54쪽에서 직관지의 찬자가 경성주작전과 사원성전이 모두 典 계열의 관부라는 점과 경덕왕대 개정 명칭인 修城府와 監四天王寺府가 모두 府 계열이라는 점에서 두 관부의 서열이 유사하다고 판단하여, 경성주작전 다음에 사원성전들을 배치하였다고 이해하는 견해를 제기한 바 있다.

을 창고에 보관하며, 그것의 출납(出納)을 관장한 관부라고 이해한 바 있다.[43] 이에서 창부와 조부는 모두 재정기구라는 공통점을 지녔다고 볼 수 있을 것이다. 일반적으로 당에서 예부보다 재정기관인 호부를 앞에 배치한 점을 감안하여, 직관(상) 원전의 찬자가 예부보다 창부를 앞에다 배치하였다고 추정해볼 수 있다. 한편 예부의 관원은 29명, 창부의 관원은 38명이었다. 창부의 사는 19명으로서 예부의 사(11인)보다 숫자가 더 많았는데, 이처럼 창부의 관원이 예부보다 더 많았기 때문에 창부를 예부보다 앞에다 배치하였다고 상정해볼 수도 있지 않을까 한다. 승부부터 영객부까지는 장관에 취임할 수 있는 관등의 범위가 대아찬에서 각간까지로 동일하였는데, 직관(상) 원전의 찬자가 어떠한 기준을 근거로 승부(乘府)-사정부(司正府)-예작부(例作府)-선부(船府)-영객부(領客府)의 순으로 배열하였는가에 대해서는 정확하게 고구(考究)하기 어렵다.

직관(상)에는 영객부 다음에 위화부가 배치되어 있다. 위화부 금하신에는 이찬에서 대각간까지 취임할 수 있다고 규정하였는데, 전적으로 장관의 품질을 고려하여 중앙행정관부를 배열하여 기재하지 않았음을 단적으로 알려주는 사례로서 주목된다. 현재로서 직관(상) 원전의 찬자가 위화부를 영객부 다음에 배치한 이유를 합리적으로 설명하기 어렵다. 다만 종래에 중앙행정관부와 사원성전 및 위화부에 대해 정리한 전승자료가 별도로 존재하였고, 직관지 찬자가 임의로 위화부를 사원성전과 분별하여 영객부 다음에 배치하였다고 주장하였는데, 이를 참조하여 직관지 찬자가 아니라 직관(상) 중앙행정관부 기록 원전의 찬자가 일반 중앙행정관부에 대해 정리한 전승자료와 별도로 위화부에 대해 기술한 어떤 전승자료를 참조하여 원전을 찬술하면서, 위화부를 영객부 다음에 임의로 배치하

---

43) 전덕재, 2005 「신라 중앙재정기구의 성격과 변천」 『신라문화』 25, 83~84쪽

였다고 추정해볼 수도 있을 것이다. 다만 직관(상) 원전의 찬자가 위화부에 대해 기재한 별도의 전승자료를 참조하여 직관(상) 전거자료를 찬술하였다는 사실에 대해 긍정적으로 생각해볼 수 있으나,[44] 위화부를 영객부 다음에 배치한 이유에 대해서는 여전히 미스터리로 남겨둘 수밖에 없을 것이다.

위화부 다음에는 좌·우리방부가 배치되어 있다. 이들 관부의 장관에는 관등이 급찬에서 잡찬까지인 자를 임용하였다고 하였던 바, 나름대로 장관의 품질을 따져 영객부-위화부 다음에 배치하였던 것으로 이해할 수 있다. 좌·우리방부 다음에는 속사(屬司)와 차관급(次官級), 감급(監級), 대사급(大舍級), 박사(博士)가 책임자로 있었던 행정관부가 기재되어 있었는데, 대체로 각 관부 책임자의 품질을 고려하여 배치한 것으로 이해된다. 다만 예외적인 사례로서 대일임전(大日任典)을 음성서(音聲署) 다음에 배치한 것을 들 수 있다. 대일임전이 경덕왕대에 전경부(典京府)에 합속(合屬)되었는데, 아마도 이러한 이유 때문에 직관(상) 중앙행정관부 기록 원전의 찬자가 차관급이 책임자로 있는 관부 가운데 가장 마지막에 배치된 음성서와 감급(監級)이 책임자로 있는 관부 가운데 가장 순서가 빠른 공장부(工匠府) 사이에 배열하여 기재한 것으로 이해된다.

이상에서 직관(상) 원전의 찬자가 일차적으로 각 관부 책임자의 품질을 따져 배열하였고, 이와 더불어 각 관부의 관원구성, 관부의 관할 업무 등 다양한 측면을 고려하여 중앙행정관부의 배열 순서를 정하였음을 살펴보았다. 종래에 직관(상)에 관부를 소개할 때, 관부와 관직의 표제어, 정원

---

44) 영창궁성전의 경우도 사원성전의 관원구성과 유사하였는데, 위화부와 마찬가지로 영창궁성전에 대해 소개한 별도의 전승자료가 존재하였을 가능성이 높다고 추정된다. 직관(상) 원전의 찬자는 영창궁성전의 책임자가 上堂이었기 때문에 차관급의 관부를 배열한 부분에 그것을 추가하여 기재한 것으로 이해된다.

현황 등에 대해서는 대체로 처음 설치할 때의 명칭 또는 그 당시에 규정한 숫자를 제시하였고, 일부는 다른 원칙을 적용하여 표제어를 제시하고 정원 등에 대해 기술하였다는 견해를 제기한 바 있다.[45] 필자 역시 종래의 이와 같은 견해에 대해 긍정하는 바이다. 다만 직관(상) 원전의 찬술 과정과 관련하여 몇 가지 사항에 대해 지적하여 두고자 한다.

흥덕왕 4년에 집사부를 집사성으로 개정하였다. 따라서 집사성이라는 표제어는 흥덕왕대에 개정한 명칭을 반영한 것이라고 볼 수 있다. 효성왕의 휘[諱; 승경(承慶)]를 피하기 위하여 효성왕 원년 3월에 사정부와 좌·우리방부의 승(丞)을 좌(佐)로 개칭하였다. 그런데 직관(상) 사정부와 좌·우리방부조에는 승이 아니라 좌가 표제어로 제시되어 있다. 이것은 좌·우리방부의 명칭을 효소왕의 휘[諱; 이홍(理洪)]를 피하기 위해 좌·우의방부(左·右議方府)로 개칭하였음에도 불구하고, 직관(상)에 좌·우리방부가 표제어로 제시되어 있는 것과 대비된다. 이밖에도 처음 설치할 때의 명칭을 표제어로 제시하지 않은 여러 사례를 발견할 수 있다. 황복사비편(皇福寺碑片)에서 '(奉)聖神忠寺',[46] '(奉)德太宗寺'라는 명문을 발견할 수 있다.[47] 후대에 봉성신충사를 봉성사로, 봉덕태종사를 봉덕사로 개칭한 것으로 보인다. 봉성신충사를 봉성사로 개칭한 시기는 혜공왕대로 추정되고,[48] 필자는 전에 760년 이후의 경덕왕대에 성덕왕의 원찰

---

45) 홍승우, 2015 앞의 논문, 309~311쪽

46) 한편 『삼국유사』 권제5 신주제6 혜통강룡조에 신문왕대에 信忠奉聖寺를 창건하였다고 전하는데, 이것이 바로 奉聖神忠寺의 異稱으로 추정된다.

47) 윤선태, 2000 「신라의 사원성전과 금하신」 『한국사연구』 108, 5~8쪽

48) 경주시 인왕동 구경주교육청터에서 발견된 永泰二年銘 蠟石製蓋에 '北方', '奉聖', '寺也' 란 명문이 새겨져 있었다(박홍국, 2002 「永泰二年 奉聖寺銘 蠟石製 蓋 小考」 『불교고고학』 2, 101~102쪽). 永泰 2년은 766년(혜공왕 2)에 해당하는데, 이를 통해서 혜공왕대에 봉성신충사를 봉성사로 개칭하였음을 엿볼 수 있지 않을까 한다.

로서의 성격이 한층 더 강화되면서 봉덕태종사를 봉덕사로 개명하였다는 견해를 제기한 바 있다.[49] 한편 성덕대왕신종명(聖德大王神鍾銘)에는 김옹(金邕)이 '검교진지대왕사사(檢校眞智大王寺使)'를 겸직하고 있다고 전한다. 숭복사비(崇福寺碑)의 세주(細注)에 성조대왕[聖祖大王; 원성왕(元聖王)]이 진지대왕(眞智大王)의 명복을 빌기 위하여 봉은사(奉恩寺)를 창건하였다고 전한다.[50] 『삼국사기』 신라본기에서는 원성왕 10년(794) 7월에 처음으로 봉은사를 세웠다고 하였다.[51] 그런데 성덕대왕신종명에 김옹이 '검교진지대왕사사'를 겸직하고 있다고 전하고, 『삼국사기』 직관(상)에서 봉은사성전의 금하신을 혜공왕대에 처음으로 두었다고 하였다. 두 자료에 의거하건대, 진지대왕사, 즉 봉은사는 771년 12월 이전의 혜공왕대에 창건되었다고 봄이 옳을 것이다. 아마도 원성왕 10년에 진지대왕사를 중창하면서 그 명칭을 봉은사로 바꾸지 않았을까 한다. 봉성사성전과 봉덕사성전, 봉은사성전의 금하신을 애장왕대에 영(令) 또는 경(卿)으로 개칭하였던 바, 결과적으로 봉성사성전, 봉덕사성전, 봉은사성전은 애장왕대의 명칭을 반영한 것으로 봄이 옳을 것이다.

직관(상) 봉은사성전조에서 장관의 표제어로 금하신, 차관의 표제어로 부사(副使)를 제시하였다. 혜공왕 7년(771)에 작성된 성덕대왕신종명에 김옹(金邕)이 '검교진지대왕사사'를 겸직하였고, 직관(상)에 봉은사성전을 혜공왕대에 처음 설치하였다고 전하는 바, 혜공왕 7년 이전의 혜공왕대에 '수영진지대왕사사원(修營眞智大王寺使院)'을 설치하였고,[52] 그

49) 전덕재, 2015 「봉덕사의 위치와 그 성격」 『신라문화제학술발표논문집』 36, 143~150쪽
50) 이에 대한 자세한 설명과 관련하여 이영호, 1983 「신라 중대 王室寺院의 官寺的 機能」 『한국사연구』 43, 86쪽 각주 34번; 2014 앞의 책, 329쪽 각주 95번이 참조된다.
51) 『삼국유사』 권제2 기이제2 원성대왕조에서는 원성왕이 報恩寺를 창건하였다고 전하는데, 이것은 바로 봉은사를 가리키는 것으로 보인다.

장관을 검교사(檢校使)라고 불렀다고 볼 수 있다. 그리고 당시 차관은 부사(副使), 그 다음 관직은 녹사(錄事)라고 불렀던 것으로 추정되며, 그 이후 중앙행정관부의 관직 명칭을 복고(復故)할 때에 각기 검교사는 금하신(衿荷臣), 부사와 녹사는 상당(上堂), 청위(靑位)라고 고쳤다가, 애장왕대에 각기 영(令), 경(卿), 대사(大舍)로 개칭(改稱)한 것으로 짐작된다. 그런데 직관(상)에는 혜공왕대에 검교사를 금하신으로 개칭하였다는 언급이 전하지 않고, 아울러 녹사를 청위로, 다시 이것을 대사로 개칭하였다는 기록이 전하지 않는다. 결과적으로 직관(상) 원전의 찬자는 매우 불비(不備)한 봉은사성전 관련 전승 기록을 근거로 하여 동일한 시기에 존재하지 않은 관직 명칭인 금하신과 부사, 대사를 표제어로 제시한 것으로 추정해볼 수 있다.

앞의 〈표 3〉에서 신라본기에 경덕왕 18년에 전사서(典祀署)와 공장부(工匠府), 채전(彩典)의 대사(大舍)를 주서(主書)로 개칭하였다고 전하고, 직관(상)에서 단지 주서만이 존재하였다고 전하는 관부에 관한 기록을 여럿 발견할 수 있다. 이를 통해서 일부 관부 관직의 경우, 경덕왕대에 개정한 명칭을 표제어로 제시하였음을 알 수 있다. 한편『삼국사기』 신라본기에는 진평왕 5년에 선부서(船府署)를 설치하였고, 거기에 대감(大監)과 제감(弟監)을 설치하였다고 전하나, 직관(상)에는 문무왕 18년에 별도로 선부(船府)를 설치하였으며, 그 이전에는 병부의 대감과 제감이 주즙(舟楫)의 일을 관장하였다고 전하여 차이를 보인다. 두 자료를 종합하여 상고(詳考)하건대, 진평왕 5년에 병부의 속사(屬司)로 선부서를

---

52) 봉은사성전 앞과 뒤에 기재된 봉덕사성전과 영묘사성전을 경덕왕대에 '修營奉德寺使院', '修營靈廟寺使院'으로 개정한 사례를 감안하건대, 혜공왕대에 '修營眞智大王寺使院'을 설치하였고, 혜공왕 12년에 이것을 '진지대왕사성전'으로 개칭하였으며, 원성왕대에 '봉은사성전'이라고 다시 이름을 바꾸었다고 보아도 무방할 것이다.

설치하였고, 문무왕 18년에 선부를 병부에서 분리하면서 장관을 영(令)이라고 불렀던 것으로 이해된다. 그런데 직관(상)에는 문무왕 3년에 선부에 경(卿)을 설치하였다고 전한다. 이것은 선부서에 대감(大監)을 설치한 사실을 반영한 것으로 이해되며, 이를 기초로 하여 진평왕 5년에 선부서를 설치하고, 거기에 제감을 두었음을 추론할 수 있다. 문무왕 18년에 선부를 설치하면서, 선부서의 대감과 제감을 각기 경(卿)과 대사(大舍)로 개칭한 것으로 짐작되는데, 직관(상)에는 선부서의 대감과 제감의 설치 시기 및 그 이후 대감과 제감을 경, 대사로 개칭한 사실이 전혀 반영되어 있지 않았다. 이에 따른다면, 선부의 경우도 처음 설치할 때의 관직 명칭을 표제어로서 제시하였다고 보기 어렵다고 이해할 수 있을 것이다. 이와 같은 선부의 사례 역시 선부와 관련된 기록이 불비(不備)한 데에서 비롯되었다고 볼 수 있을 것이다.

이상에서 대체로 처음 설치할 때의 관부 및 관직 명칭을 표제어로 제시하는 것이 원칙이었지만, 집사성과 일부 사원성전의 경우는 하대의 관부(官府) 명칭을 표제어로 제시하였음을 살필 수 있고, 일부는 불충분한 자료 환경 때문에 경덕왕대에 개칭한 명칭 또는 혜공왕대에 복고 또는 개칭한 명칭을 표제어로 제시하였음을 엿볼 수 있었다. 이처럼 일정한 원칙에 근거하여 표제어를 제시하지 못하였던 사례를 통해, 직관(상) 중앙행정관부 기록 원전을 찬술할 때, 이미 중앙행정관부에 대해 정리한 전승자료에 착종(錯綜)된 내용이나 결락(缺落)된 부분이 적지 않았음을 짐작해볼 수 있다.

직관(상) 중앙행정관부 기록에는 관부와 관직 명칭의 변동 및 관직 정원의 변동 상황에 대한 정보가 비교적 자세하게 전하는 편이다. 그렇다면, 직관(상) 원전의 찬자는 이와 같은 정보를 어떻게 취합하였을까가 궁금하다. 고대 일본의 율령에서 관위령(官位令)과 직원령(職員令)을 찾을 수 있다. 관위령(官位令)에서는 관품(官品)에 따라 거기에 취임할 수 있는 관직에 대해 밝혔고, 직원령에서는 행정관부와 거기에 배속된 관직, 그 정원(定員) 및 직장(職掌)에 대해 적기하였다. 직원령에 관부와 관직의 명칭, 정원 변동 상황에 대한 언급이 전혀 없는 바, 직관(상) 원전의 찬자가 직원령 및 그와 유사한 율령규정을 참조하였다고 보기는 어렵다. 한편『구당서』직관지와『신당서』백관지에서 관부 및 관직 명칭의 변동, 정원(定員)의 변동 상황을 비교적 상세하게 적기(摘記)하였기 때문에, 직관(상) 원전의 찬자가 직관지(백관지)류의 전승자료를 참조하였다고 추정해볼 수 있지만, 그러나『구당서』직관지와『신당서』백관지, 그리고 조전 전기에 편찬된『고려사』백관지에서는 반드시 관부 및 관직의 담당 업무를 구체적으로 밝히는 것이 원칙인 반면, 직관(상)에서는 직장(職掌)에 대한 언급을 거의 찾을 수 없다. 이러한 측면에서 직관(상) 원전의 찬자가 직관지류의 전승자료를 참조하여 직관(상)의 전거자료를 찬술하였다고 단정하기도 곤란하지 않을까 한다.

고대 일본의 경우, 천황(天皇)의 칙명(勅命)에 의거하여 관부 및 관직 명칭을 개정하거나, 정원을 증설하거나 축소하고, 관부를 분치(分置)하거나 통합, 폐지하는 등의 조치를 취하였다. 황제의 칙명을 필요에 따라 집성(集成)하였는데, 이것을 격(格)이라고 부른다. 일본에서 홍인격(弘仁格)·정관격(貞觀格)·연희격(延喜格)의 삼대격(三代格)을 신사(神社)·국분사(國分寺)·조용(調庸) 등의 각 사항에 따라 분류편찬(分類編纂)한 것이 바로『유취삼대격(類聚三代格)』이다. 고대 일본의 사례를 보건대, 신라의 경우도 왕교(王敎)에 의거하여 관부 및 관직 명칭을 개정하거나 관직의 정원, 관부의 통합 또는 폐지 등을 단행하였을 것으로 짐작된다. 그리고 왕교를 집성하여 여러 차례에 걸쳐 격(格)을 찬술하였음을 충분히 상정해볼 수 있다. 이에 따른다면, 직관(상) 중앙행정관부 기록은 바로 왕교 또는 왕교를 집성한 격에 전하는 정보를 기초로 하여 정리된 어떤 전승자료를 기본원전으로 하여 찬술되었다고 볼 수 있는데, 직관(상) 원전의 찬자가 왕교와 격에 기초하여 정리한 다양한 중앙행정관부 관련 전승자료를 참조하여 그 원전을 찬술한 것인지, 아니면 직관(상) 원전의 찬자가 왕교와 왕교를 집성한 격 등을 기초로 하여 원전을 찬술한 것인지의 여부를 정확하게 고구(考究)하기 어렵다. 일단 필자는 후자의 가능성에 무게를 두고 있음을 밝혀두고자 한다.[53]

직관(상)에서는 대체로 관부의 관직에 대한 관등규정을 제시하였다. 그런데 특정 관직에 대한 관등규정이 변동되었다거나 또는 다른 규정이 존재하였다고 언급한 사례를 하나도 찾을 수 없다. 더구나 관등규정 관련 기록에서 동일 관등에 대한 이표기(異表記)를 하나도 찾을 수 없다. 이를 통해 관직에 대한 관등규정에 대해서는 특정 시기에 일괄하여 정리한 사실이 반영되었을 것이라는 추론을 해봄직하다. 실제로 이와 같은 추정을 뒷받침해주는 자료를 직관(상)에서 찾을 수 있다. 다음 〈표 5〉는 일부 행정관부의 차관급에 취임할 수 있는 관등규정에 대한 서술 내용을 정리한 것이다.

〈표 5〉에서 '位與他卿同'이라고 기술한 것이 주목을 끈다. 주지하듯이 행정관부의 차관급에는 대체로 급찬에서 아찬까지가 취임할 수 있다고 규정하였다. 그런데 집사성의 차관인 전대등(典大等)에는 나마에서 아

---

53) 홍승우, 2015 앞의 논문, 321쪽에서 관부와 관직 개정에 대한 왕교를 집적한 '格' 혹은 그것을 바탕으로 정리한 자료가 직관지의 전거자료였을 가능성이 높다는 견해를 제기하여 참조된다.

<표 5> 중앙행정관부 차관급의 관등규정 표기

행정관부	차관급의 관등규정	행정관부	차관급의 관등규정
병부(兵部)	位自級飡至阿飡爲之	조부(調府)	位與兵部大監同
승부(乘府)	位與調府卿同	사정부(司正府)	位與乘府卿同
예작부(例作府)	位與司正卿同	좌리방부(左理方部)	位與他卿同
국학(國學)	位與他卿同	음성서(音聲署)	位與他卿同

찬까지 취임할 수 있다고 하였고, 경성주작전경(京城周作典卿)의 관등 규정은 집사시랑(전대등)의 그것과 같다고 하였다. 사천왕사성전 상당의 경우도 역시 나마에서 아찬까지였고, 전읍서(典邑署)의 경(卿)에 취임할 수 있는 관등의 범위는 나마에서 사찬까지였다. 따라서 '位與他卿同'이 라고 막연하게 기술할 때, 좌리방부 국학의 경, 음성서의 장에 취임할 수 있는 관등의 범위를 특정하기 곤란할 수도 있을 것이다. 이와 같은 혼란 을 초래할 수 있는 여지가 있음에도 불구하고 직관(상)에 '位與他卿同'이 라고 막연하게 기재되어 있는 이유를 어떻게 합리적으로 설명할 수 있을 까가 궁금하다. 이와 관련하여 다시 〈표 5〉에 정리된 내용을 주목할 필요 가 있을 것이다.

　종래에 직관지 찬자가 여러 계통의 전거자료에 전하는 내용을 발췌하 여 직관(상)을 찬술하면서 서술상의 편의를 얻기 위해 이전 사례 준용 방 식을 활용하였다고 이해하였다.[54] 그런데 직관지 찬자가 이전 사례 준용 방식을 활용하여 관직에 대한 관등규정을 기술하였다고 볼 때, 편의성과 약간 거리감이 있는 서술이 발견되어 당혹스럽다. 〈표 5〉에서 볼 수 있 듯이, 직관(상)에서 예작부경의 관등규정은 사정경의 그것과 같다고 하였 다. 그런데 사정부경은 또한 승부경, 승부경은 조부경, 조부경은 병부대

---

54) 이문기, 2006 앞의 논문, 242~244쪽; 박수정, 2016 앞의 논문, 114~117쪽

감의 관등규정과 같다고 기술하였던 바, 예작부경의 관등규정은 사정부-승부-조부를 차례로 거쳐 병부에 이르러 비로소 확인할 수 있다. 예작부와 사정부경의 관등규정을 파악하기 위해 꽤나 번거롭고 복잡한 과정을 거치지 않을 수 없는 것이다.[55]

직관지 찬자가 서술의 편의를 위해 이전 사례 준용 방식을 활용하였다면, 이와 같이 기술하지 않고, 사정부와 예작부경의 관등규정을 병부대감 또는 조부경의 그것과 같다고 기술하였다고 예상해볼 수 있지만, 직관(상)에는 그렇게 기술되어 있지 않은 것이다. 종래에 이와 같은 측면과 '位與他卿同'이라고 서술한 사실을 주목하여 이전 사례 준용 방식은 직관지 찬자가 기재한 것이 아니라 그 전거자료에 기재된 표현을 그대로 인용하였을 것이라는 견해를 표명한 바 있다.[56] 필자 역시 이러한 견해에 적극 공감하는 바이다. 다만 여기서 문제는 직관(상) 원전의 찬자가 참조한 전거자료에 이미 관직에 대한 관등규정이 반영되어 있었는가, 아니면 관직에 대한 관등규정을 정리한 별도의 문서가 존재하였고, 이것과 관부 및 관직 명칭의 변동, 관직의 정원 변동 상황을 정리한 전승자료를 참조하여 직관(상)의 원전을 찬술하였는가의 여부에 관해서이다.

고대 일본의 관위령에 대해서 앞에서 언급한 바 있다. 한편 『구당서』 직관지에서 정1품에서 정9품까지의 관품(官品)을 수여받은 자가 임용될 수 있는 직사관(職事官) 및 산관(散官), 그리고 각 관품에 대응되는 작(爵)과 훈(勳) 등에 대해 일괄로 정리하였음을 발견할 수 있다. 이러한 사례를 감안하건대, 신라에서도 관직에 대한 관등규정만을 일괄 정리한 전승자료가 존재하였을 가능성을 완전히 배제할 수 없지 않을까 한다.[57] 이

55) 홍승우, 2011 「한국 고대 율령의 성격」, 서울대학교 박사학위논문, 235~238쪽
56) 홍승우, 위의 논문, 238쪽

와 같은 추정은 일단 이전 사례 준용 방식을 활용하여 관등규정을 기술한
사실을 통해서도 보완할 수 있다. 다음 〈표 6〉은 직관(상)에 전하는 관직
에 대한 관등규정을 정리한 것이다.

<표 6> 직관(상)에 전하는 관직에 대한 관등규정 일람[58]

관직	관등규정
집사부중시(執事部中侍)	대아찬(大阿湌)~이찬(伊湌)
병부령(兵部令), 예부령(禮部令)[位與兵部令同]	대아찬~태대각간(太大角干)
조부령(調府令)	금하(衿荷)~태대각간
경성주작전령(京城周作典令), 창부령(倉部令)	대아찬~대각간
사천왕사성전금하신(四天王寺成典衿荷臣), 승부령(乘府令), 사정부령(司正府令), 예작부령(例作府令), 선부령(船府令), 영객부령(領客府令)	대아찬~각간
위화부금하신(位和府衿荷臣)	이찬(伊湌)~대각간
좌·우리방부령(左·右理方府令)	급찬(級湌)~잡찬(迊湌)
집사시랑[執事侍郎; 전대등(典大等)], 경성주작전경(京城周作典卿)[位與執事侍郎同], 사천왕사성전상당(四天王寺成典上堂)	나마(奈麻)~아찬(阿湌)
병부대감(兵部大監), 조부경(調府卿)[位與兵部大監同], 창부경(倉部卿)[位與兵部大監同], 예부경(禮部卿)[位與調府卿同], 승부경(乘府卿)[位與調府卿同], 사정부경(司正府卿)[位與乘府卿同], 예작부경(例作府卿)[位與司正卿同], 선부경(船府卿)[位與調府卿同], 영객부경(領客府卿)[位與調府卿同], 위화부상당(位和府上堂), 좌리방부경(左理方府卿)[位與他卿同], 상사서대정(賞賜署大正), 대도서대정(大道署大正), 영창궁상당(永昌宮上堂), 국학경(國學卿)[位與他卿同], 음성서장(音聲署長)[位與他卿同].	급찬(級湌)~아찬(阿湌)

---

57) 이와 관련하여 직관(중)에 전하는 내정관부의 경우, 관직에 대한 관등규정이 보이지 않는
점이 주목된다. 왜냐하면 이를 통해서 관직에 대한 관등규정이 기술되어 있지 않은, 즉
중앙행정관부 명칭 및 거기에 배속된 관직의 변동 상황만을 기재한 전승자료가 존재하였
음을 추론할 수 있기 때문이다.

58) 직관(상)에 京城周作典卿의 관등규정은 執事侍郎의 그것과 같다고, 일부 관부 大舍의 관등
규정은 兵部大舍의 그것과 같다고 전한다. 이로 보아 관직에 대한 관등규정만을 정리한 문
서에는 典大等, 兵部弟監이 아니라 執事侍郎, 兵部大舍라고 기술되어 있었다고 짐작된다.

전읍서경(典邑署卿)	나마(奈麻)~사찬(沙飡)
공장부감(工匠府監), 상사서좌(賞賜署佐)	나마~급찬
사정부좌(司正府佐), 좌리방부좌(左理方府佐)〔位與司正佐同〕, 전읍서감(典邑署監), 채전감(彩典監), 좌사록관감(左司祿館監), 전사서감(典祀署監), 신궁감(新宮監)〔位與典祀署監同〕, 동시전감(東市典監)	나마(奈麻)~대나마(大奈麻)
경성주작전대사(京城周作典大舍)	사지(舍知)~대나마
집사부대사(執事部大舍), 병부대사〔兵部大舍; 병부제감(兵部弟監)〕, 조부대사(調府大舍), 사천왕사성전청위(四天王寺成典靑位), 창부대사(倉部大舍)〔位與兵部大舍同〕, 예부대사(禮部大舍)〔位與調府大舍同〕, 승부대사(乘府大舍)〔位與兵部大舍同〕, 사정부대사(司正府大舍), 예작부대사(例作府大舍)〔位與兵部大舍同〕, 선부대사(船府大舍)〔位與調府大舍同〕, 영객부대사(領客府大舍)〔位與調府大舍同〕, 위화부대사(位和府大舍)〔位與調府大舍同〕, 좌리방부대사(左理方府大舍)〔位與兵部大舍同〕, 상사서대사(賞賜署大舍), 대도서주서(大道署主書), 전읍서대사읍(典邑署大司邑), 영창궁성전대사(永昌宮成典大舍), 국학대사(國學大舍), 음성서대사(音聲署大舍), 대일임전대도사(大日任典大都司), 대일임전도사대사(大日任典都事大舍), 공장부주서(工匠府主書), 채전주서(彩典主書), 좌사록관주서(左司祿館主書), 전읍서대사(典祀署大舍), 신궁주서(新宮主書)〔位與典祀署大舍同〕, 동시전대사(東市典大舍), 사범서대사(司範署大舍)〔位與調府舍知同: 位與調府大舍同의 오기로 추정〕, 경도역대사(京都驛大舍)	사지~나마
집사부사지(執事部舍知), 병부노사지(兵部弩舍知), 조부사지(調府舍知), 경성주작전사지(京城周作典舍知), 창부조사지(倉部租舍知)〔位與弩舍知同〕, 예부사지(禮部舍知)〔位與調府舍知同〕, 승부사지(乘府舍知)〔位與調府舍知同〕, 예작부사지(例作府舍知)〔位與弩舍知同〕, 선부사지(船府舍知)〔位與調府舍知同〕, 영객부사지(領客府舍知)〔位與調府舍知同〕, 전읍서중사읍(典邑署中司邑), 전읍서소사읍(典邑署小司邑)〔位與弩舍知同〕, 대일임전소도사(大日任典小都事), 대일임전도사사지(大日任典都事舍知), 대일임전도알사지(大日任典都謁舍知), 대일임전도인사지(大日任典都引舍知)〔位與弩舍知同〕	사지~대사(大舍)
집사부사(執事部史), 병부사(兵部史), 병부노당(兵部弩幢)〔位與史同〕, 조부사(調府史)〔位與兵部史同〕, 경성주작전사(京城周作典史)〔位與調府史同〕, 예부사(禮部史)〔位與調府史同〕, 승부사(乘府史)〔位與調府史同〕, 대일임전당(大日任典幢)〔位與調府史同〕, 동시전서생(東市典書生)〔位與調府史同〕	선저지(先沮知)~대사

앞에서 예작부경과 사정부경의 관등규정을 알기 위해서는 꽤나 번거로운 과정을 거쳐야만 한다고 언급하였다. 그런데 〈표 6〉과 같은 관직에 대한 관등규정만을 정리한 문서가 있었다면, 예작부경과 사정부경의 관등규정을 비교적 손쉽게 확인할 수 있을 뿐만 아니라 일부 관부 차관급의 관등규정을 '位與他卿同'과 같이 기술하여도 크게 혼란을 느끼지 않을 수 있지 않을까 한다. 이와 더불어 이와 같은 문서가 존재하였다면, 이전 사례 준용 방식으로 관등규정을 기술하기도 한결 수월하였을 것으로 추정된다. 그리고 직관(상) 원전의 찬자가 관직에 대한 관등규정을 일괄로 정리한 문서를 참조하여 직관(상) 원전을 찬술하였다고 전제할 때, 관직에 대한 관등규정의 변동 상황 및 관등규정과 관련된 이설(異說)이 전혀 전하지 않는 점,[59] 관등규정 관련 기록에서 동일 관등에 대한 이표기(異表記)를 전혀 발견할 수 없는 점 등에 대해 합리적으로 이해할 수 있지 않을까 한다.

직관(상) 원전의 찬자가 참조한 관직에 대한 관등규정만을 정리한 별도의 문서가 있었을 것이라는 추정은 경성주작전경의 관등규정을 '집사시랑의 그것과 같다〔位與執事侍郎同〕'라고 서술한 사실 및 일부 관부 대사(大舍)의 관등규정을 '병부대사(兵部大舍)의 그것과 같다〔位與兵部大舍同〕'라고 표현한 사실을 통해서도 뒷받침할 수 있다. 직관(상)에는 집사성

---

59) 『三國史記』雜志第9 職官(下) 武官條에서 大官大監의 관등규정이 奈麻에서 四重阿飡까지, 外官條에서 浿江鎭 頭上弟監의 관등규정이 級飡에서 四重阿飡까지, 郡太守의 관등규정이 舍知에서 重阿飡까지였다고 하였다. 신라본기 원성왕 7년 11월 기록에 內省侍郎 金言을 三重阿飡으로 삼았다고 전하고, 감산사미륵보살조상기에 重阿飡 金志誠이 執事侍郎을 역임하였다고 전한다. 내성경에는 나마에서 아찬까지인 자를 임용할 수 있다고 규정하였는데, 김지성이 중아찬으로서 집사시랑에, 김언이 삼중아찬으로서 내성시랑에 임용된 것을 통해서, 어느 시기엔가 집사시랑과 내성경의 관등규정이 대관대감 또는 패강진 두상제감과 마찬가지로 나마에서 사중아찬까지 임용될 수 있다는 것으로 변경되었을 가능성을 충분히 상정해볼 수 있다. 그런데 직관(상)에는 이와 관련된 기록이 전하지 않았던 것이다.

차관의 표제어로 전대등이 제시되어 있고, 병부(兵部) 대사급(大舍級)의 표제어로 병부제감(兵部弟監)이 제시되어 있다. 직관지 찬자가 직관(상)의 원전에 기재된 내용을 그대로 인용하였을 가능성이 높은 바, 직관(상)의 원전에도 역시 전대등과 병부제감이 표제어로 제시되어 있었다고 봄이 옳을 것이다. 필자의 이러한 추론에 잘못이 없다고 한다면, 직관(상) 원전의 찬자가 관부와 관직에 대한 내용만을 정리한 전승자료와 관직에 대한 관등규정만을 정리한 문서를 모두 참조하여 원전을 찬술할 때에 전자의 자료에 근거하여 직관(상) 원전에 관부와 관직에 대한 표제어를 제시하고, 이어 후자의 문서를 기초로 하여 관직에 대한 관등규정을 추가로 기재하면서 후자의 문서에 경성주작전경과 일부 관부 대사의 관등규정이 집사시랑 및 병부대사의 그것과 같다고 전하고 있는 사실을 참조하여 직관(상) 원전에 경성주작전경 및 일부 관부 대사 관직의 관등규정이 집사시랑 또는 병부대사의 그것과 동일하다고 기재하였다고 추정하여도 결코 황당한 억측만은 아닐 것으로 사료된다.[60]

지금까지 직관(상) 원전의 찬자가 관직에 대한 관등규정만을 정리한 문서를 활용하여 직관(상) 원전에 관직에 대한 관등규정을 기재하였음을 살펴보았는데, 이렇다면, 직관(상) 원전의 찬자는 왕교(王敎) 또는 왕교를 집성(集成)한 격(格)에 전하는 정보를 기초로 하여 집사성을 비롯한 중앙행정관부에 대해 정리한 전승자료, 사원성전에 대해 정리한 전승자료,

---

60) 다만 현재로서 관직에 대한 관등규정만을 정리한 문서의 성격에 대해서 자세하게 考究하기 어렵다. 직관(상) 원전의 찬자가 관직에 대한 관등규정만을 정리한 전승자료를 참조하여 직관(상) 원전을 찬술하였다고 할 때, 典邑署의 中司邑·小司邑 및 大日任典의 都事舍知·都謁舍知·都引舍知의 경우 동일 관부에 속한 관직의 관등규정이 같았음에도 불구하고 일부는 구체적인 관등의 범위를 밝힌 반면, 일부는 이전 사례 준용 방식을 활용하였다는 사실에 대한 합리적인 설명이 필요한데, 본고에서 필자는 이에 대해서 설득력 있게 설명하지 못하였다. 추후에 이러한 문제점과 더불어 관등규정만을 정리한 문서의 성격에 대해 체계적으로 검토할 것임을 밝혀두는 바이다.

그리고 위화부와 영창궁성전에 대해 정리한 별도의 전승자료를 바탕으로 각 관부 책임자의 품질(品秩)과 기타 여러 측면 등을 고려하여 관부를 배열하고, 처음 설치할 때의 관부와 관직의 명칭, 자료 환경 등을 두루 고려하여 표제어를 제시하여 직관(상)의 기본 골격을 마련한 다음, 여기에 관직에 대한 관등규정만을 정리한 문서를 참조하여 각 관부의 관직에 대한 관등규정을 추가로 첨입함으로써 직관(상) 원전을 완성한 것으로 정리하여도 무방하지 않을까 한다.

직관(상)에 집사부를 흥덕왕 4년에 집사성으로 개정하였다고 전하고, 거기에서 이후 시기에 관부 명칭 또는 관직의 명칭을 개정하였다는 언급을 찾을 수 없다. 따라서 직관(상) 원전을 찬술한 것은 그 이후였다고 볼 수 있을 것이다. 보림사보조선사탑비에 김언경(金彦卿)이 헌강왕 10년(884)에 전병부시랑(前兵部侍郎), 봉암사지증대사탑비에 헌강왕 7년(881)에 배율문(裵聿文)이 숙정대사(肅正臺史)였다고 전하고, 또한 헌강왕대의 사실을 전하는 최치원의 저술에서 원외(員外) 또는 창부원외랑(倉部員外郎)이란 관직명을 확인할 수 있다.[61] 한편 경문왕 12년(872)에 작성된 황룡사구층목탑사리함기에 동궁 예하의 세택(洗宅)을 중사성(中事省)이라고 표현하였음을 확인할 수 있다. 이를 통해서 경문왕대에 중앙행정관부의 일부 관직 명칭을 한식(漢式)으로 개정(改定)하였음을 추정해볼 수 있음은 물론이다. 이에 따른다면, 직관(상)의 원전은 일부 관직의 명칭을 한식으로 다시 개정한 경문왕대 이전에 찬술되었다고 보아도 잘못이 아닐 것이다. 구체적인 시기와 관련하여 직관(중)에 '예궁전

---

61) 최치원이 지은 祭巍山神文(『계원필경』 권20)에 金仁圭가 헌강왕 10년(884)에 倉部員外郎이라는 관직에 재임하고 있다고 전하고, 新羅探候使朴仁範外(『계원필경』 권10)에 박인범이 헌강왕 11년(885) 이전에 員外에 임명되었다고 전한다.

(穢宮典)은 경덕왕이 진각성(珍閣省)으로 고쳤다가 후에 옛 이름대로 하였다.'고 전하는 사실을 주목할 필요가 있다.

진각성을 예궁전으로 복고(復故)한 시기는 혜공왕대였을 것이다. 그런데 신라본기에 문성왕 17년(855) 12월에 진각성에 화재가 났다고 전한다. 문성왕 17년(855)에 건립된 창림사무구정탑지에 전하는 지명을 살펴보면, 모두 경덕왕대에 개칭한 것이었음을 확인할 수 있다.[62] 이처럼 문성왕 17년 무렵에 한식으로 개정한 지명을 널리 사용하였음을 염두에 둔다면, 이때 예궁전(穢宮典)을 한식으로 진각성(珍閣省)이라고 불렀다고 보아도 문제가 되지 않을 것이다. 직관(중)에서 혜공왕대에 진각성을 예궁전으로 복고하였다가 다시 진각성으로 개칭하였음을 알려주는 언급을 찾을 수 없다. 이러한 사실과 아울러 직관(중)에 흥덕왕 4년에 원곡양전(源谷羊典)을 설치하였다고 전하는 사실 등을 두루 감안하건대, 직관(중)의 원전은 흥덕왕 4년에서 문성왕 17년 사이에 찬술되었을 가능성이 높다고 볼 수 있을 것이다. 직관(상)의 중앙행정관부 기록의 원전은 직관(중)의 원전이 찬술된 시기와 비슷한 흥덕왕 4년에서 헌안왕 즉위(857년) 이전 시기에 찬술되었을 가능성이 높지 않았을까 추정된다.

직관(상) 원전의 찬자가 중앙행정관부 관련 기록을 정리한 이유를 명확하게 고구(考究)하긴 어렵지만, 중앙행정관부 및 거기에 배속된 관직 명칭의 변동과 관직의 정원에 대한 변동 상황, 관직에 대한 관등규정을 체계적으로 파악하기 위한 기초자료로 활용하려는 목적으로 직관(상) 원전을 찬술한 것으로 짐작해볼 수 있다. 신라인들은 여기에 자료를 추가하여 보완하고, 직장(職掌)에 대한 언급을 추가하여 『구당서』 직관지와 유사한

---

62) 창림사무구정탑지에 秋城郡, 熊州, 祁梁縣, 康州, 咸安郡, 武州, 泗水縣, 溟州, 西林郡 등이 보이는데, 모두 경덕왕대에 개칭한 것에 해당한다.

직관지류를 편찬하려고 노력하였을 것으로 짐작되지만, 그러나 경문왕대 이후에 관부와 관직 명칭을 다시 한식(漢式)으로 개정하는 경향이 나타나고, 새로운 관부와 관직이 추가로 설치되면서 직관지류의 편찬은 사실상 쉽지 않았을 것으로 추정된다. 미완성된 형태로 정리된 직관(상) 원전이 『삼국사기』 편찬 단계에까지 전승되었고, 직관지 찬자는 이것을 중요한 전거자료로서 활용하여 직관(상)을 찬술하였던 것으로 보인다.

결과적으로 직관지 찬자는 직관(상) 중앙행정관부 기록의 원전을 대체로 인용하여 직관(상)의 기본 골격으로 삼은 다음, 말미에 직관(상) 중앙행정관부 기록의 원전과 별도의 전승자료에 전하는 신문왕대 또는 그 이전에 폐지된 육부소감전(六部少監典)과 식척전(食尺典), 직도전(直徒典), 고관가전(古官家典)에 관한 내용을 추가로 첨입(添入)하고, 이어 직관(상)에 원전 이외의 단편적인 전승자료와 고기류에 전하는 관부의 이칭(異稱),[63] 관직 명칭과 정원, 관직 개정 시기에 대한 이설(異說),[64] 전읍서경(典邑署卿)의 설치 연혁에 대해 부연 설명한 내용[65] 등을 세주(細注)로 제시하여 직관(상) 중앙행정관부 기록을 완성하였다고 정리할 수 있다.

---

63) 執事省條의 '本名稟主〈或云祖主〉', 例作府條의 '例作府〈或云例作典〉', 大道署條의 '大道署〈或云寺典 或云內道監〉', 六部少監典條의 '六部少監典〈或云六部監典〉'이라는 기록 등이 이에 해당한다.

64) 집사성조의 '景德王十八年改爲郎中〈一云眞德王五年改〉', 대도서조의 '位自級飡至阿飡爲之〈一云大正下 有大舍二人〉', 국학조의 '博士〈若干人 數不定〉 助教〈若干人 數不定〉', 대일임전조의 '都引稽知五人〈或云都引幢 或云小典引〉', 채전조의 '史三人〈一云四人〉', 좌사록관조의 '主書二人〈或云主事〉', 사범서조의 '大舍二人〈或云主書〉', 고관가전조의 '幢〈一云稽知〉'라는 기록 등이 이에 해당한다.

65) 典邑署 景德王改爲典京府 惠恭王復故. 卿二人〈本置監六人 分領六部 元聖王六年升二人爲卿〉(『삼국사기』 잡지제7 직관〈상〉).

2. 무관조의 원전과 찬술

1) 무관조의 원전과 편찬

『삼국사기』직관(하) 무관조(이하 무관조로 약술)는 시위부(侍衛府), 제군관(諸軍官), 범군호(凡軍號), 금(衿), 군관화(軍官花), 정관(政官)에 대해 기술한 내용으로 구성되었다. 무관조 맨 앞에 기술한 것은 시위부에 관한 내용이다. 시위부에 관한 내용에서는 시위부의 구성과 설치 연대, 장군(將軍)을 비롯한 시위부에 배속된 군관(軍官)과 졸(卒), 군관과 졸의 정원(定員), 군관에 대한 관등규정 등에 대하여 기술하였다. 이와 같은 구성 방식은 직관(상)에 전하는 중앙행정관부 기록의 그것과 동일한 것이다. 앞에서 직관(상)의 중앙행정관부 관련 기록과 신라본기에 전하는 중앙행정관부 관련 기록을 서로 비교한 결과, 양자 사이에 커다란 편차가 있음을 확인할 수 있었다. 이러한 현상은 직관지 찬자가 직관(상)의 중앙행정관부 기록을 찬술할 때, 신라본기 또는 그것의 원전을 참조하지 않았음을 시사해주는 측면으로 이해된다. 직관지 찬자가 무관조를 기술할 때에도 마찬가지로 신라본기에 전하는 시위부 관련 기록을 참조하지 않았음을 발견할 수 있다.

> 시위부(侍衛府)의 대감(大監) 6원(員)을 설치하였다(『삼국사기』신라본
> 　　기제4 진평왕 46년 봄 정월)
> 시위감(侍衛監)을 혁파하고, 장군 6인을 두었다(『삼국사기』신라본기제8
> 　　신문왕 원년 겨울 10월)

무관조에 '시위부에 삼도(三徒)가 있으며, 진덕왕 5년에 설치하였다. 장군은 6인이다. 신문왕 원년에 감을 혁파하고 장군을 두었다. 관위가 급찬에서 아찬까지인 자로 임용하였다. 대감은 6인이다. 관위가 나마에서 아찬까지인 자를 임용하였다.'라고 전한다. 무관조에 따르면, 진덕왕 5년에 시위부에 3도를 설치함과 동시에 시위감을 두었다가 신문왕 원년에 시위감을 혁파하고 장군 6인을 설치하였으며, 이후 다시 대감 6인을 설치하였다고 추론할 수 있다. 반면에 위에서 인용한 신라본기의 기록에 의거한다면, 진평왕 46년 정월에 시위부 대감 6원을 설치하였다가 신문왕 원년 10월에 감을 혁파하고 장군 6인을 두었다고 추정해볼 수 있다. 무관조와 신라본기의 기록이 서로 달랐음을 살필 수 있는데, 이에서 직관지 찬자가 신라본기에 전하는 시위부 관련 기록을 참조하지 않았음을 엿볼 수 있음은 물론이다

직관지 찬자가 직관(상) 중앙행정관부 기록을 찬술할 때에 신라본기에 전하는 중앙행정관부 기록을 참조하지 않은 것처럼, 직관지 찬자가 무관조를 찬술할 때에 신라본기에 전하는 시위부 관련 기록을 참조하지 않았다는 점, 무관조의 시위부에 관한 서술 구성 방식이 직관(상) 중앙행정관부의 그것과 동일하였다는 점 등을 두루 염두에 둔다면, 직관(상) 중앙행정관부 기록의 원전이 찬술된 시점에 무관조 시위부 관련 기록의 원전이 정리되었을 가능성이 높지 않을까 한다.[66] 직관지 찬자는 시위부 관련 기록의 전거자료를 그대로 전재(轉載)하여 무관조에 첨입한 것으로 이해

---

66) 홍승우, 2015 「『삼국사기』 직관지 무관조의 기재방식과 전거자료」 『사학연구』 117, 169~170쪽; 박수정, 2016 「『삼국사기』 직관지 연구」, 고려대학교 박사학위논문, 81쪽.
   시위부 관련 기록의 원전이 정리된 시기를 정확하게 고구하기 어렵다. 다만 직관(상) 중앙행정관부 기록의 원전을 흥덕왕 3년에서 문성왕 17년 사이에 찬술하였다는 점을 감안하건대, 시위부 기록의 원전 역시 이 무렵에 정리되었을 가능성이 높다고 보인다.

된다.

무관(武官) 범군호(凡軍號)조는 두 개의 부분으로 구성되었다. 하나는 군호(軍號) 23개의 명칭을 나열한 부분이고, 다른 하나는 23개의 군호 각각에 대해서 설명한 부분이다. 범군호(凡軍號) 6정(停), 10정, 오주서(五州誓), 만보당(萬步幢), 이계당(二罽幢), 삼변수당(三邊守幢), 신삼천당(新三千幢)조에 여러 지명이 전한다. 이들 기록에 전하는 지명은 모두 경덕왕 16년에 지명을 개정하기 이전에 사용된 것임을 살필 수 있다.

『삼국사기』신라본기 혜공왕에서 애장왕대까지의 기록에 전하는 지명을 조사하면, 경덕왕대에 개정한 지명은 원성왕 6년 정월 기록[全州]과 애장왕 5년 7월 기록[蘭山縣]에만 보이고, 나머지는 모두 경덕왕 16년 이전의 본래 지명임을 확인할 수 있다. 그리고 헌덕왕대부터 문성왕대까지의 기록에는 경덕왕 16년 이전의 본래 지명이 많이 보이긴 하지만, 거기에서 경덕왕대에 개정한 지명도 다수 발견할 수 있다.[67] 한편 앞에서 청해진이 설치된 흥덕왕 3년(828)에서 청해진이 혁파된 문성왕 13년(851) 사이의 사실을 전하는 소사(小祀)와 중사(中祀)의 대상으로 지정된 주·군·현의 표기를 조사한 결과, 경덕왕대 이전 지명과 개정 지명을 혼용하였음을 살필 수 있었고, 금석문에 전하는 원성왕대부터 진성왕대까지의 지명을 살펴본 결과, 원성왕대부터 흥덕왕대까지 경덕왕대 이전의 본래 지명으로 표기하다가 문성왕 17년(855) 이후부터 경덕왕대 개정 지명을 널리 사용하는 추세였음을 확인할 수 있었다.

혜공왕대 이후의 신라본기 및 제사지(祭祀志)의 기록과 금석문 등에

---

67) 김태식, 1995 『삼국사기』지리지 신라조의 사료적 검토『삼국사기의 원전 검토』, 한국정신문화연구원, 236~244쪽의 '〈참고표〉『삼국사기』신라본기 소재 경덕왕대 이후 지명의 신라지와의 비교' 참조.

전하는 지명의 표기를 두루 고려하건대, 경덕왕대 이전 본래의 지명만을 관칭(冠稱)한 범군호조에 전하는 여러 군단은 헌덕왕대 이전에 존속하였던 것이라고 추론해볼 수 있다. 나아가 제군관 장군조에서 경덕왕 때에 이르러 웅천주정(熊川州停)에 장군(將軍) 3명을 더 두었다고 언급하였으나, 범군호 6정조에 웅천주정에 관한 정보가 전하지 않은 점을 감안한다면, 범군호조에서 소개한 군단들은 지명을 한식(漢式)으로 개정하기 이전 시기, 즉 경덕왕 16년 이전 시기에 존재한 것이라고 좁혀서 봄이 합리적이라고 판단된다. 범군호조에 소개한 군단 가운데 장창당(長槍幢)을 효소왕 2년(693)에 비금서당(緋衿誓幢)으로 개칭하였다고 전하는 바, 결과적으로 범군호조는 효소왕 2년에서 경덕왕 16년 사이에 존재한 군단들에 관해 정리한 것이라고 이해할 수 있지 않을까 한다.[68]

여기서 문제는 직관지 찬자가 23개의 군단에 대해 기술한 다양한 전거자료를 참조하여 범군호조를 찬술하였는가, 아니면 그들이 범군호조의 전거(典據)가 되는 어떤 전승자료에 전하는 내용을 대체로 인용하여 직관(하) 무관조에 첨입(添入)하였는가의 여부에 관해서이다. 이와 관련하여 범군호조 서두에 23개의 군단 명칭을 나열한 부분과 23개 군단에 대해 소개한 부분에서 일부 군단의 표기가 차이가 나는 점을 주목할 필요가 있다. 군단 명칭을 나열한 부분에서는 '三曰十幢'이라고 하였으나, 개별 군단을 소개한 부분에서는 '十停〈或云三千幢〉'이라고 표기하여 차이를

---

68) 이문기, 1997 『신라병제사연구』, 일조각, 49~55쪽에서 범군호 부분에 소개된 23군호는 7세기 후반대에 진행된 광범한 군사조직 개편작업의 결과를 서술한 것이며, 늦어도 경덕왕대를 전후하여 이루어진 또 한번의 군사조직의 변화가 있기까지 적어도 형식적으로는 병존하고 있었던 군사조직들이었다고 이해하였다. 한편 박수정, 2016 『『삼국사기』 직관지 연구』, 고려대학교 박사학위논문, 86쪽에서는 범군호조는 특정 시점에 성립되어 있던 부대명을 일괄적으로 전하는 것이 아니며, 이미 산실된 자료를 후대에 재정리한 것이라는 견해를 피력하였다.

보인다. 또한 군단 명칭을 나열한 부분에서는 '二十曰二罽', '二十二曰
三邊守'라고 표기하였으나, 개별 군단을 소개한 부분에서는 '二罽幢〈或
云外罽〉', '三邊守幢〈或云邊守〉'이라고 표기하여 차이를 보이고 있다.
'정(停)'과 '당(幢)'은 상호 치환할 수 있는 글자이고, 군단 명칭에서 '정
(停)' 또는 '당(幢)'을 생략한 경우가 발견되기 때문에 군단 명칭을 나열한
부분과 개별 군단을 소개한 부분의 표기가 다르다는 사실을 크게 문제로
삼지 않을 수도 있다. 그러나 직관지 찬자가 다양한 전거자료를 참조하여
범군호조를 찬술하였다고 가정한다면, 군단 명칭을 나열한 부분과 개별
군단을 소개한 부분의 표기가 다른 것을 가볍게 넘겨버리기가 곤란하지
않을까 한다. 특히 제군관조에서 9주에 설치한 10정 군단을 모두 '~停'
으로 표기하였음을 고려한다면, 더 더욱 그러하다고 하겠다. 이러한 측면
에서 군단 명칭을 나열한 부분과 개별 군단을 소개한 부분의 표기가 약간
차이가 났던 사실은 오히려 직관지 찬자가 무관조를 찬술할 때에 그들이
참조한 전거자료에 전하는 표기를 그대로 전재(轉載)하였음을 시사해주
는 증거로 보는 것이 보다 자연스럽다고 판단된다.[69]

　직관지 찬자가 무관조를 찬술할 때에 그들이 참조한 전거자료에 전하
는 내용을 대체로 전재하였음을 보완해주는 자료를 범군호조에서 찾을
수 있다. 범군호 10정조에서 10정을 '모두 진흥왕 5년(544)에 설치하였
다〔並眞興王五年置〕.'라고 서술하였다. 또한 5주서조에서 '모두 문무왕

---

69) 홍승우, 2015 「『삼국사기』 직관지 무관조의 기재방식과 전거자료」 『사학연구』 117, 174~
176쪽에서 범군호 항목의 뒷부분(개별 군단에 관해 기술한 부분)은 앞부분(군단 명칭을 나
열한 부분)과 동일한 전거자료를 그대로 전재한 것이 아니라, 직관지 찬자가 다른 자료에
의거하여 일부 내용을 추가하였거나 또는 별개의 전거자료에 입각하여 찬술하였을 가능성
이 높다고 이해한 바 있다. 반면에 박수정, 2016 앞의 논문, 87쪽에서 범군호조 앞부분과
뒷부분에 전하는 군호의 표기 차이가 의미가 달라질만큼 큰 것이 아니고, 직관지 편찬 당
시 참고한 자료가 이미 몇 단계의 정리 과정을 거쳤을 가능성이 있으므로, 전반부와 후반
부가 각기 다른 전거자료에서 채택되었을 것이라고 보기 어렵다는 견해를 제기한 바 있다.

12년(672)에 설치하였다[並文武王十二年置].'라고 서술하였다. 주지하 듯이 10정은 8주에 1정씩, 한산주에 2정을 설치한 것이다. 신라본기에서 신라가 신문왕 5년(685)에 9주를 완비하였다고 밝혔다.[70] 따라서 10정 을 모두 진흥왕 5년에 설치하였다는 기록은 명백한 두찬(杜撰)이라고 볼 수 있다. 직관지 찬자 역시 신라본기에 신문왕 5년에 9주를 완비하였다 고 전하는 사실을 인지하고 있었을 가능성이 높다고 한다면, 9주에 10정 을 설치하였다는 사실 역시 인식하고 있었다고 봄이 자연스러울 것이다. 이러한 측면에서 직관지 찬자가 9주에 설치한 10정에 관해 기술한 다양 한 전거자료를 참조하여 범군호 10정조를 정리하였다고 가정한다면, 그 들은 신문왕 5년이 아니라 진흥왕 5년에 10정을 모두 설치하였다고 기술 하였을 가능성은 높지 않다고 이해하는 것이 합리적일 듯싶다.

한편 5주서에는 청주서(菁州誓)와 완산주서(完山州誓)가 존재하였다. 주지하듯이 청주와 완산주를 설치한 것은 신문왕 5년이었다. 또한 범군 호조에서 한산주계당을 태종왕 17년에 설치하였다고 언급하였는데, 태 종왕은 8년 동안만 재위하였다. 결국 5주서조의 '並文武王十二年置'와 이계당조의 '太宗王十七年置'라는 기록은 두찬(杜撰)인 셈이 된다. 직관 지 찬자가 다양한 전거자료를 근거로 5주서조와 이계당조를 찬술하였다 면, 이와 같은 명백한 두찬에 대해 의문을 제기하였을 가능성이 높다고 보인다. 이럼에도 불구하고 범군호조에서 세주와 같은 형식으로 이러한 두찬에 대해 의문을 제기하지 않았다는 점에 유의하여, 직관지 찬자가 범 군호조를 찬술하면서 그들이 참조한 전거자료의 기록을 대체로 전재(轉 載)하였을 것이라는 합리적인 의심을 가져볼 수 있지 않을까 한다.

---

70) 復置完山州 以龍元爲摠管. 挺居列州以置菁州 始備九州 以大阿湌福世爲摠管(『삼국사기』 신라본기제8 신문왕 5년 봄).

물론 직관지 찬자가 전거자료에 전하는 내용만을 인용하여 범군호조를 찬술한 것만은 아니었다. 개별 군단을 소개하는 부분에서 대체로 각 군단의 금색(衿色)에 대한 정보를 밝혔고, 군단의 금(衿; 깃발)이 없는 경우는 무금(無衿)이라고 표기하였다. 그런데 신삼천당조에서는 '금색(衿色)이 미상(未詳)이다[衿色未詳].'라고 기술하였다. 신삼천당을 제외한 22개의 군단 가운데 삼무당(三武幢)에 대해서만 금색에 대해 기술하지 않았고, 나머지는 금색을 밝히거나 '무금(無衿)'이라고 표기하였다. 3무당은 백금무당(白衿武幢), 적금무당(赤衿武幢), 황금무당(黃衿武幢)을 가리키는데, 군단의 명칭에서 금색(衿色)을 분명하게 밝히고 있기 때문에 금색에 대한 정보를 생략한 것으로 이해할 수 있다. 이에 따른다면, 신삼천당만 금색에 대한 정보를 알 수 없는 경우에 해당한다고 볼 수 있다. 직관지 찬자는 23개 군단의 명칭을 나열한 부분과 23개 각각의 군단에 대해 설명한 부분을 정리한 전거자료의 내용을 대체로 인용하여 범군호조를 찬술하면서, 신삼천당만이 유일하게 금색에 대한 정보가 전하지 않자, 이에 신삼천당에 대해 '衿色未詳'이라고 추가로 직접 기술한 다음, 이밖에 다른 전승자료를 참조하여 일부 군단의 이칭(異稱)을 세주로서 소개함으로써 범군호조를 완비한 것으로 이해된다.

제군관(諸軍官)조는 6정(停)과 9서당(誓幢)을 비롯한 주요 군단에 배속된 군관들, 군사당주(軍師幢主)를 비롯한 여러 군단의 당주(幢主) 및 감(監), 그리고 법당화척(法幢火尺)과 법당두상(法幢頭上), 법당벽주(法幢壁主) 및 삼천졸(三千卒)에 대해 기술한 내용으로 구성되었다. 그런데 제군관조를 자세히 살펴보면, 일부 군단의 명칭을 약간씩 다르게 표기하였음을 확인할 수 있다. 이에 관한 내용을 정리한 것이 〈표 1〉이다.

<표 1> 군단의 명칭을 다르게 표기한 사례 일람

군단	표기내용	군관	비고
육정(六停)	I-①	한산정(漢山停), 우수정(牛首停), 하서정(河西停), 완산정(完山停)	장군(將軍), 대관대감(大官大監), 대대감(隊大監), 제감(弟監), 감사지(監舍知), 소감(少監), 화척(火尺), 군사당주(軍師幢主), 대장척당주(大匠尺幢主), 군사감(軍師監), 대장대감(大匠大監)	
	I-②	우수주(牛首州), 완산주(完山州)	보기당주(步騎幢主)	한산정(漢山停)은 '한산(漢山)'으로만 표기하고, '하서정(河西停)'은 생략함.
	I-③	한산(漢山), 우수(牛首), 완산(完山)	보기감(步騎監), 흑의장창말보당주(黑衣長槍末步幢主)	'하서정(河西停)'을 모두 생략함
구서당(九誓幢)	II-①	녹금당(綠衿幢), 자금당(紫衿幢), 백금당(白衿幢), 비금당(緋衿幢), 황금당(黃衿幢), 흑금당(黑衿幢), 벽금당(碧衿幢), 적금당(赤衿幢), 청금당(靑衿幢)	장군, 대관대감, 대대감, 제감, 감사지, 소감, 화척, 군사당주, 대장척당주, 보기당주, 착금기당주(著衿騎幢主), 군사감, 대장대감, 보기감, 착금감(著衿監)	범군호조에서는 '~서당(誓幢)'이라고 표기하였음.
	II-②	녹금, 자금, 백금, 비금, 황금, 흑금, 벽금, 적금, 청금	흑의장창말보당주	
오주서(五州誓)	III-①	청주서(菁州誓), 한산주서(漢山州誓), 완산주서(完山州誓)	대대감, 소감, 화척	
	III-②	청주(菁州), 완산주(完山州), 한산주(漢山州), 하서주(河西州)	착금기당주	
	III-③	우수당(牛首幢)	착금기당주, 착금감	
	III-④	한산, 완산, 하서	착금감	착금감조에 '청주서(菁州誓)'를 '청주(菁州)'라고71) 표기함.
계금당(罽衿幢)	IV-①	계금당(罽衿幢)	제감, 감사지, 소감, 착금기당주	
	IV-②	계금(罽衿)	대대감, 화척, 착금감	

범군호조에서 6정을 대당(大幢), 상주정(上州停), 한산정(漢山停), 우수정(牛首停), 하서정(河西停), 완산정(完山停)이라고 밝혔다. 〈표 1〉을 통해, 보기당주의 경우는 우수정, 완산정이 아니라 우수주(牛首州)와 완산주(完山州)에 배속되었다고 표기하였고, 보기감과 흑의장창말보당주의 경우는 단지 한산, 우수, 완산에 배속되었다고 표기하였음을 살필 수 있다. 군관(軍官)이 배속된 6정(停)에 대한 표기가 대체로 세 가지 유형으로 구분되었음을 엿볼 수 있는 것이다. 무관조 범군호조에서 5주서(州誓)를 청주서(菁州誓), 완산주서(完山州誓), 한산주서(漢山州誓), 우수주서(牛首州誓), 하서주서(河西州誓)라고 밝혔다. 제군관(諸軍官) 대대감(隊大監), 소감(少監), 화척(火尺)조에서는 범군호조의 표기를 그대로 따랐지만, 착금기당주조에서는 5주서를 청주(菁州), 완산주(完山州), 한산주(漢山州), 하서주(河西州), 우수당(牛首幢)이라고 표기하였고, 착금감조에서는 청주, 한산, 완산, 하서, 우수당(牛首幢)이라고 기술하였다. 제군관조에 전하는 5주서의 표기는 크게 네 가지 유형으로 구분할 수 있는 것이다. 한편 9서당과 계금당의 경우는 '~당(幢)'이라고 표기한 유형과 '당(幢)'을 생략하고 단지 군단 명칭만을 표기한 유형으로 구분할 수 있다.

그렇다면 이상에서 살핀 것처럼 일부 군단 명칭의 표기가 차이가 나는 것은 어떻게 설명할 수 있을까? 6정군단 명칭의 표기를 유의하건대, 제군관 보기당주·감 및 흑의장창말보당주조의 전거자료와 장군을 비롯한 여러 군관조의 전거자료는 분명하게 달랐다고 봄이 합리적일 것이다. 마찬가지로 제군관 대대감과 소감, 화척조의 전거자료와 착금기당주·착금감의 전거자료 역시 동일하다고 보기 어려울 것이다.[72] 그런데 여기서

---

71) 목판본에는 '靑州'라고 전하나, 이것은 菁州의 오기로 추정된다.
72) 이에 대해서는 뒤에서 보다 자세하게 논증할 예정이다.

문제는 직관지 찬자가 다양한 전거자료를 참조하여 제군관조를 찬술하였다고 볼 수 있는가, 아니면 제군관조 원전의 찬자가 다양한 전승자료를 참조하여 제군관조의 원전을 찬술하였고, 직관지 찬자는 단지 직관(하)무관조를 찬술하면서 이것을 대체로 전재(轉載)하였다고 볼 수 있는가의 여부에 관해서이다.

만약에 전자일 가능성이 높다고 가정한다면, 직관지 찬자가 6정과 5주서 등의 표기를 통일하지 않았는가 하는 의문이 제기될 수 있다. 특히 제군관 보기당주조에서는 6정을 '~주(州)'라고, 착금기당주조에서는 5주서를 '~주(州)'라고 표기하였는데, 이와 같이 표기하면 독자들이 그것이 가리키는 군단이 무엇인가에 대해 혼동을 일으킬 우려가 있음을 고려하건대, 더 더욱 그러하다고 하겠다. 여기다가 착금기당주·착금감조에서는 우수주서(牛首州誓)의 경우는 다른 주서(州誓)와 달리 '우수당(牛首幢)'이라고 표기함으로써 일관성을 상실하고 있음을 엿볼 수 있다. 직관지 찬자가 다양한 전거자료를 참조하여 제군관조를 찬술하였다고 가정할 때, 일부 군단의 표기를 통일하지 않았을 뿐만 아니라 동일한 전거자료에 다양하게 기술되어 있는 표기까지도 전혀 수정하지 않았다는 사실은 상식적으로 쉽게 납득하기 힘들다고 보지 않을 수 없다. 이와 같은 측면은 직관지 찬자가 그들이 참조한 전거자료에 전하는 내용을 대체로 전재하여 제군관조를 편찬하였다고 전제할 때, 합리적으로 이해할 수 있음은 물론이다.

직관지 찬자가 그들이 참조한 전거자료에 전하는 내용을 대체로 전재하여 제군관조를 찬술하였을 것이라는 사실은 다른 자료를 통해서도 보완이 가능하다. 제군관조에서 대부분의 군관직은 6정의 하나인 귀당(貴幢)에 배속되었다고 기술한 것에 반하여, 감사지(監舍知)와 군사당주·감(軍師幢主·監), 대장척당주·대장대감(大匠尺幢主·大匠大監)의 경우는 상주정(上州停)에 배속되었다고 기술하여 차이를 보였다. 범군호 6정조에서 문무왕 13년(673)에 상주정을 귀당(貴幢)으로 개칭(改稱)하였다고 하였다. 그런데 이러한 서술은 명백한 두찬(杜撰)이고, 실제로는 673년에 경주에 주둔하였던 귀당(貴幢)을 일선(一善)으로 옮기고, 일선지역에 위치한 일선정〔一善停; 상주정(上州停)〕과 귀당을 합친 이후에, 그것을 귀당이라고 불렀던 사실을 반영한 것으로 이해된다.[73] 범군호조에 상주정(上州停)이라고 전하는 것을 제군관조에서 귀당 또는 상주정이라고 표기한 것은 직관지 찬자가 그들이 참조한 전거자료에 전하는 내용을 그대로 전재하였음을 시사해주는 자료로서 주목된다고 하겠다.

한편 제군관조에서 군관직의 총 인원수 표기방식이 여러 유형임을 확인할 수 있다. 이것을 정리하면 다음과 같다.

첫 번째 유형: (서두) '共○○人' : 장군, 감사지
두 번째 유형: (말미) '共○○人' : 대관대감, 대대감, 소감, 화척, 군사당
　　　주, 대장척당주, 보기당주, 삼천당주, 착금기당주, 사자금당주, 법당
　　　주, 만보당주, 흑의장창말보당주, 군사감, 대장대감, 보기감, 삼천감,
　　　법당감, 착금감, 법당벽주, 법당화척
세 번째 유형: (서두) '○○人' ---- (말미) '共○○人' : 비금당주, 보기감
네 번째 유형: (서두) '○○人' : 사자금당감, 비금감, 개지극당감, 법당두
　　　상, 삼천졸

네 가지 유형 가운데 가장 전형적인 것은 말미에 '共○○人'이라고 표기한 것이라고 볼 수 있다. 네 번째 유형은 법당두상을 제외하고 개별 군

---

73) 이에 대해서는 뒤에서 자세하게 논증할 예정이다.

단 또는 주(州)에 배속된 인원수에 대한 언급이 없고, 단지 총 인원수만
을 표기한 사례에 해당하기 때문에 특별하게 예외적인 표기방식이라고
보기 어렵다. 반면에 첫 번째와 세 번째 유형은 특징적인 표기방식으로
볼 수 있는데, 이 가운데 기존에 연구자들의 주목을 받았던 것이 바로 세
번째 유형이었다. 일부 연구자는 서두에 기술된 총 인원수는 직관지 찬자
가 참조한 저본자료에 전하는 내용을 그대로 전재(轉載)한 것이고, 말미
에 기술된 '共○○人'은 찬자에 의해 재정리·서술된 집계기록으로 이해
하였다. 그리고 이에 근거하여 첫 번째 유형은 직관지 찬자가 저본자료
에 전하는 내용을 그대로 전재한 것으로, 두 번째 유형은 찬자에 의해 재
정리·서술된 집계기록을 반영한 것이라고 파악하였다.[74] 이에 반해 일부
연구자는 세 번째 유형의 서두에 기술된 총 인원수와 말미에 기술된 총
인원수는 모두 전거자료에 전하는 내용을 그대로 전재한 경우에 해당하
는 바, 결과적으로 세 번째 유형은 복수의 전거자료를 활용하여 찬술하였
다고 볼 수 있다는 견해를 제기하였다. 그리고 뒤에서 살핀 바와 같이 보
기당주(步騎幢主)와 착금감(著衿監)의 경우, 각 군단에 배속된 인원수의
총합과 제군관조에 기술된 총 인원수가 차이가 난다는 점을 주목하여 나
머지 유형의 경우는 모두 직관지 찬자가 참조한 전거자료에 전하는 내용
을 그대로 전재한 것으로 이해할 수 있다고 주장하였다.[75]

그렇다면 위에서 설명한 두 가지 견해 가운데 어느 것이 더 타당할까가
궁금하다. 이와 관련하여 유의할 사항은 보기당주와 착금감의 경우, 각
군단에 배속된 보기당주, 착금감의 실제 인원과 제군관조에 기술된 총 인
원수가 차이가 난다는 점이다. 보기당주의 경우, 각 군단에 배속된 보기

---

74) 이문기, 1997 앞의 책, 42~45쪽.
75) 홍승우, 2015 앞의 논문, 179~181쪽.

당주의 실제 인원은 62명인데, 제군관조에서는 '共六十三人'이라고 표기하였다. 착금감의 경우, 각 군단에 배속된 인원은 177명인데, 제군관조에서는 '共一百七十五人'이라고 표기하였다. 종래에 보기감과 마찬가지로 황금무당(黃衿武幢)에 소속된 보기당주(步騎幢主)의 배속 인원은 2명이었는데, 직관지 찬자가 1인으로 오기(誤記)하였다는 견해를 피력한 바 있다.[76] 보기당주와 보기감의 군단 배속 인원수를 비교하면, 이와 같은 추정이 잘못이라고 보기 어려울 것이다.

그런데 각 군단에 배속된 착금기당주의 총 인원수는 178명이고, 각 군단에 배속된 착금감의 총 인원수는 177명이다. 착금기당주는 하서주서(河西州誓)에 4인이 배속되었음에 반하여, 착금감은 거기에 3인이 배속되어 1인의 편차가 발생한 것이다. 그런데 제군관조에서는 177인이 아니라 총 인원수가 175명이라고 기술하여 오류를 범하고 있는 것이다. 보기당주와 보기감의 사례를 감안한다면, 착금감의 경우 하서주서에 본래 4인이 배속되어 있었는데, 직관지 찬자가 3인으로 잘못 기록하였다고 주장할 수도 있다. 전재과정에서 '二'를 '一'로 잘못 인용할 수 있는 가능성을 충분히 상정해볼 수 있지만, 전재과정에서 '四'를 '三'으로 잘못 인용하였을 가능성이 낮다고 판단되기 때문에 위와 같은 주장은 설득력이 있다고 보기 어려울 것이다. 결과적으로 착금감의 총 인원수 표기는 직관지 찬자가 잘못 계산한 사실을 반영한 것이거나, 아니면 전거자료에 전하는 표기를 그대로 전재한 사실을 반영한 것이라고 볼 수 있는데, 제군관 참금기당주 및 착금감조에서 5주서(州誓)를 청주(菁州), 한산주(漢山州), 완산주(完山州), 하서주(河西州) 및 한산(漢山), 완산(完山), 하서(河西), 그리고 우수당(牛首幢) 등 다양한 방식으로 표기하였음을 염두

---

76) 이문기, 1997 앞의 책, 44~45쪽.

에 둔다면, 필자는 전자보다는 후자의 가능성에 무게를 두고자 한다. 만약에 필자의 이와 같은 추정이 허락된다고 한다면, 앞에서 설명한 두 가지 견해 가운데 두 번째 견해, 즉 직관지 찬자가 그들이 참조한 전거자료에 전하는 총 인원수의 표기를 그대로 전재하였다는 견해가 보다 더 타당성을 지닌다고 볼 수 있지 않을까 한다.[77]

이밖에도 직관지 찬자가 그들이 참조한 전거자료의 내용을 대체로 전재하여 제군관조를 찬술하였음을 시사해주는 증거를 더 제시할 수 있다. 제군관 법당주조에서는 백관당(百官幢), 경여갑당(京餘甲幢)이라고 표기하는 것이 옳지만, 실제로는 백관당주(百官幢主), 경여갑당주(京餘甲幢主) 등이라고 기술되어 있음을 발견할 수 있다. 이와 비슷한 사례는 만보당주조에서도 찾을 수 있다. 이와 같은 표기상의 오류 역시 직관지 찬자의 단순한 실수에서 비롯된 것이 아니라 그들이 전거자료에서 그대로 전재한 것에서 비롯되었다고 봄이 합리적이라고 판단된다. 한편 제군관조에서 삼천당주와 착금기당주, 비금당주의 순으로 배열하였는데, 착금기당주와 비금당주의 관등규정이 같았음에도 불구하고, 착금기당주의 경우는 '位與三千幢主同'이라고 표기하였음에 반하여, 비금당주의 경우는 '位自舍知至沙飡爲之'라고 표기하였음을 발견할 수 있다.

비슷한 사례를 더 발견할 수 있다. 제군관조에서 만보당주, 대장대감, 보기감, 사자금당감, 법당감, 착금감, 개지극당감의 순으로 배열하였는데, 군사감과 보기감, 법당감, 개지극당감의 관등규정이 같았음에도 불구하고, 보기감의 경우는 '位與軍師監同'이라고 표기한 반면, 법당감과 개

---

77) 홍승우, 2015 앞의 논문, 179~181쪽에서 세 번째 유형은 무관조 찬자가 두 개의 전거자료에 전하는 내용을 인용한 사실을 반영한 것이라고 이해하였지만, 필자는 무관조 원전의 찬자가 비금당주·보기감조의 전거자료들에 전하는 내용을 참조하여 무관조 원전을 찬술하면서 인용한 사실을 반영한 것이라고 파악하였음을 밝혀둔다.

지극당감의 경우는 '位自舍知至奈麻爲之'라고 표기하였음을 확인할 수 있다. 그리고 만보당주와 대장대감, 삼천감의 관등규정이 같았음에도 불구하고 이전 사례 준용 방식을 활용하여 관등규정을 표기하지 않았음을 살필 수 있다. 만약에 직관지 찬자가 다양한 전거자료를 참조하여 제군관조를 찬술하였다고 한다면, 이처럼 동일한 관등규정을 가진 군관직에 대한 관등규정을 표기할 때, 서술의 편의성을 고려하여 이전 사례 준용 방식을 적극 활용하였을 것이라고 예상해볼 수 있지만, 제군관조의 관등규정의 표기를 보면, 이러한 예상과 달리 임용 가능한 관등의 범위를 직접 밝히고 있음을 살필 수 있다. 이러한 측면 역시 직관지 찬자가 그들이 참조한 전거자료에 전하는 내용을 대체로 전재하여 제군관조를 찬술하였다고 볼 때, 합리적으로 이해할 수 있을 것이다.[78]

마지막으로 제군관조에서 당주(幢主)의 경우는 착금기당주–비금당주–사자금당주–법당주의 순으로 배열하였는데, 감(監)의 경우는 사자금당감–법당감–비금감–착금감의 순으로 배열하였음을 알 수 있다. 당주와 감의 배열 순서가 서로 조응되지 않았음을 엿볼 수 있는데,[79] 직관지 찬자가 나름대로 일관성을 가지고 무관조를 서술하였다고 가정할 때, 당주와 감의 배열 순서가 다른 것을 합리적으로 설명하기가 쉽지만은 않을 것이다. 이러한 사례 역시 직관지 찬자가 전거자료에 전하는 내용을 전재하여 제군관조를 찬술하였음을 시사해주는 측면으로 유의된다고 하겠다.

이상에서 직관지 찬자가 그들이 참조한 전거자료에 전하는 내용을 대

---

78) 홍승우, 2015 앞의 논문, 173쪽.

79) 무관조에서 법당주의 경우 임용 가능한 관등의 범위에 대해 언급한 내용을 찾을 수 없고, 나머지 당주의 경우는 관등규정을 제시하였다. 사자금당주와 임용 가능한 관등규정에 관한 언급이 없는 법당주를 제외하고 나머지 당주는 임명 가능한 관등의 서열이 높은 순서로 기재되었음을 확인할 수 있다. 반면에 감의 경우는 임명 가능 관등 범위를 고려하지 않고 배열하였음을 살필 수 있다.

체로 전재하여 제군관조를 찬술하였음을 살펴보았다. 그런데 범군호조와
마찬가지로 제군관조에서도 직관지 찬자가 추가로 첨입한 기록을 발견할
수 있다. 제군관 장군조 말미에 '경덕왕 때에 이르러 웅천주정(熊川州停)
에 (장군) 3인을 더 두었다(至景德王時 熊川州停加置三人)'라고 전한
다. 웅천주정에 장군 3인을 더 두었다고 하였으므로, 이때에 웅천주정에
장군 이하의 군관직도 아울러 설치하였다고 봄이 합리적일 것이다. 그런
데 제군관조의 어디에서도 웅천주정에 배속된 군관직에 대한 언급을 찾
을 수 없다. 이러한 사실은 직관지 찬자가 참조한 전거자료에 웅천주정에
배속된 군관에 대한 정보가 전혀 기술되어 있지 않았음을 전제로 할 때,
합리적으로 이해할 수 있음은 물론이다. 이에 따른다면, '至景德王時 熊
川州停加置三人'은 직관지 찬자가 제군관조의 원전과 별개의 전거자료
에서 인용하여 추가로 첨입한 것이라고 이해한 기존의 견해가[80] 나름 타
당성을 지니고 있다고 볼 수 있을 것이다. 즉 직관지 찬자가 그들이 참조
한 전거자료에 전하는 내용을 그대로 전재한 다음, 별도의 전승자료에 전
하는 '至景德王時 熊川州停加置三人'이란 기록을 추가로 첨입하여 제
군관조를 완비한 것으로 이해된다고 하겠다.

　무관조에서 효소왕 2년에서 경덕왕 16년 사이에 존재한 23개 군단에
대해 기술한 다음, 이어 금(衿)에 대한 내용을 소개하였다. 제군관조에
서 대부분의 군관이 금(衿)을 착용하였다고 언급한 바 있다. 그리고 범군
호조에서 군단의 금색(衿色)에 대한 정보를 밝혔다. 여기서 군관이 착용
한 금(衿)은 '옷깃'을 의미하는데, 구체적으로 저고리나 두루마기 등의 부
위 중에서 목둘레에 해당하는 부분에 길(몸판)과 같은 천이나 다른 천을
둘러대어 여미게 한 것을 가리킨다. 신라에서 군관들은 군복 위에 옷깃을

---

80) 이문기, 1997 앞의 책, 39쪽.

붙였다고 볼 수 있다. 한편 군단의 금색은 군단의 깃발 색깔을 가리킨다. 금(衿)에 대해 서술한 부분에서 신라의 깃발은 그 형상이 반달 모양이었다고 언급하였다. 그런데 군관의 옷깃[衿]의 착용 여부, 각 군단의 깃발 색깔에 대해서는 제군관조와 범군호조에서 이미 밝혔기 때문에, 직관지 찬자는 금(衿)조에서 단지 『서전(書典)』과 『시경(詩經)』, 『사기(史記)』, 『한서(漢書)』, 『주례(周禮)』 등에 전하는 관련 자료를 인용하여 군관마다 옷에 붙인 금(衿) 및 군단의 깃발을 가리키는 금의 개념에 대해 설명하고, 이어 신라에서 형상이 반달 모양인 깃발의 색깔을 달리하여 군단을 구별하였던 사실과 더불어 계(罽)를 군복 위에 붙였으나, 그것의 길고 짧은 제도는 알 수 없다는 내용만을 간략하게 기술하였을 뿐이다.

직관지 찬자는 금(衿)에 대해서 간략하게 설명한 다음, 계속해서 군관화(軍官花)에 대해서 소개하였다. 군관화조는 두 개의 단락으로 나눌 수 있다. 첫 번째 단락은 대장군(大將軍)과 상장군(上將軍), 하장군(下將軍)을 비롯한 각급 군관의 화(花)의 길이와 너비, 재원(財源)에 대해 설명한, 즉 각급 군관의 화(花)의 규정에 대해 소개한 부분이고, 두 번째 단락은 화(花)의 의미와 특징에 대해 설명한 부분이다. 두 번째 단락에는 화(花)는 맹수의 가죽이나 수리의 깃으로 만들어 깃대 위에 다는 것을 가리키며, 지금(고려) 사람들은 이것을 면창장군화(面槍將軍花)라고 불렀으나, 신라 당대 장군화의 물명[物名; 재원(財源)]을 말할 수 없고, 그 수효의 많고 적음과 더불어 그 의미에 대해서 자세히 알 수 없다고 기술되어 있는데, 이상의 내용은 직관지 찬자가 직접 추가하여 첨입한 것이 분명하다고 말할 수 있다. 말미에 기술한 방울에 대한 설명 역시 마찬가지였음은 물론이다. 첫 번째 단락은 직관지 찬자가 참조한 전거자료에서 인용한 것으로 보이며, 대장척당주화에 대해서는 '곰의 앞다리 가죽으로,

길이는 7촌(寸)이었다.'고 설명하면서도, 세주로서 '또는 중치 호랑이의 낯가죽으로, 길이는 8촌(寸) 5분(分)이었다.'고 기술하여, 대장척당주화에 대한 이설(異說)을 소개한 것으로 보아, 그들이 군관화에 대해 일률적으로 정리한 전거자료 이외에 군관화(軍官花)에 대해 언급한 단편적인 전승자료도 함께 참조하였음을 엿볼 수 있다.[81]

제군관 장군조에서는 장군을 대장군(大將軍), 상장군(上將軍), 하장군(下將軍)으로 구분하여 설명하지 않았다. 그런데 신라본기와 열전의 기록에서 대장군과 상장군에 관한 정보를 찾을 수 있다.[82] 신라본기와 열전의 대장군과 상장군 관련 기록 등을 살펴보면, 선덕여왕대부터 대장군 등을 임명하기 시작하여, 하대까지 그것들이 존속하였음을 확인할 수 있다. 따라서 군관화조의 전거자료를 정리한 시기는 선덕왕대(善德王代) 이후였다고 정리할 수 있을 것이다. 다만 경덕왕대에 웅천주정에 장군 3인을 더 두었다고 표현하였고, 구체적으로 그것이 대장군, 상장군, 하장군인지에 대해서 밝히지 않은 점을 염두에 두건대, 무관조에 보이는 군관화에 대한 규정은 경덕왕대 이후에 정비한 것일 가능성을 상정해볼 수 있지만, 확언하기 어렵다. 이에 대해서는 추후에 자세하게 검토할 예정이다.

무관조에 전하는 군관화에 대한 규정이 어느 시기에 정비한 것인지 단정하기 어렵지만, 군관화 규정의 변천에 대한 언급이 보이지 않는 것으로 보건대, 직관지 찬자가 참조한 군관화에 대한 전거자료는 특정한 시기에

---

81) 박수정, 2016 앞의 논문, 90쪽에서 대감과 제감 사이의 군관직인 대대감에 대한 花의 규정이 전하지 않는 사실을 주목하여, 대장척당주화에 대한 세주는 대대감의 花에 대한 규정일 가능성이 높다는 견해를 제기하였다.

82) 『삼국사기』 신라본기제5 선덕왕 13년 9월조와 열전제3 김유신(하)조에서 上將軍에 관한 기록을 발견할 수 있다. 그리고 신라본기제5 선덕왕 6년 7월, 7년 10월, 13년 9월, 진덕왕 3년 8월, 태종무열왕 7년 6월 기록, 신라본기제6 문무왕 원년 7월 17일, 잡지제7 직관(상), 열전제1 김유신(상), 열전제3 김유신(하), 열전제4 김양조에서 大將軍에 대한 정보를 찾을 수 있다.

정비한 규정을 정리한 법전류 또는 특정한 시기에 반포한 왕교(王敎)를 기초로 하여 찬술된 것이었을 가능성이 높다고 판단된다. 다만 대장척당 주화에 대한 이설을 기술한 단편적인 자료가 전하므로, 군관화에 대한 규정이 시기에 따라 약간 변화되었음을 추론해볼 수 있다. 결과적으로 직관지 찬자는 법전류 또는 왕교에 기초하여 찬술된 군관화조 원전에 전하는 내용을 그대로 전재(轉載)한 다음, 화(花)의 의미와 특징에 대해 설명하는 내용을 추가로 첨입하고, 동시에 또 다른 전승자료에 전하는 대장척당 주화에 대한 자료를 세주로서 제시하여 군관화조를 완비한 것으로 정리할 수 있다.

직관(하) 무관조에서 군관화 다음에 정관(政官)에 관한 내용을 소개하였다. 정관 기록의 내용과 유사한 기록이 『삼국유사』 권제4 의해제5 자장정률조에 전한다. 직관(하) 무관 정관조와 자장정률조의 기록을 제시하면 다음과 같다.

V-① 政官〈或云政法典〉始以大舍一人 史二人爲司. 至元聖王元年 初置僧官 簡僧中有才行者充之 有故則遞 無定年限. 國統一人〈一云寺主〉眞興王十二年 以高句麗惠亮法師爲寺主. 都唯那娘一人 阿尼. 大都唯那一人 眞興王始以寶良法師爲之 眞德王元年加一人. 大書省一人 眞興王以安臧法師爲之 眞德王元年加一人. 少年書省二人 元聖王三年 以惠英梵如二法爲之. 州統九人 郡統十八人(『삼국사기』잡지제9 직관(하) 무관).

V-② 新羅 眞興王十一年庚午 以安臧法師爲大書省一人. 又有小書省二人. 明年 辛未 以高麗惠亮法師爲國統 亦云寺主 寶良法師爲大都維那一人 及州統九人 郡統十八人等. 至藏更置大國統一人. 蓋非

常職也 亦猶夫禮郎爲大角干 金庾信大大角干. 後號至元聖大王元
年 又置僧官名政法典 以大舍一人 史二人 爲司. 揀僧中有才行者
爲之 有故卽替 無定年限. 故今紫衣之徒 亦律寺之別也〔(『삼국유
사』권제4 의해제5 자장정율(慈藏定律))〕.

V-①에서는 표제어로서 정관(政官)을 제시하였고, 세주로서 혹은 그
것을 정법전이라고도 불렀다고 전한다. 반면에 V-②에는 단지 원성왕
원년(785)에 승관을 두고, 그것을 정법전(政法典)이라고 불렀다는 사실
만을 전할 뿐이다. 신라본기제6 문무왕 9년 정월 기록에 '신혜법사(信惠
法師)를 정관(政官) 대서성(大書省)으로 삼았다.'고 전한다. V-①과 V-
②, 신라본기의 기록을 종합한다면, 문무왕 9년 이전에 대사(大舍) 1인
과 사(史) 2인으로 구성된 관사(官司)로서 정관을 설치하였고, 이후 승려
가 임명된 대서성(大書省)을 정관에 추가로 설치하였다가 원성왕 원년에
이르러 그것을 정법전(政法典)이라고 개칭하고, 거기에 옛날부터 별도로
존재하였던 승관인 국통(國統), 도유나랑(都維那娘), 대도유나(大都維
那)와 정관에 설치하였던 대서성(大書省), 소년서성〔少年書省; 소서성
(小書省)〕 등을 합쳐 정법전의 승관직을 구성하였다고 이해할 수 있지 않
을까 한다.[83]

---

83) 다만 원성왕 원년에 정관을 정법전으로 개편할 때에 대사와 사의 관원을 폐지하였는가
의 여부에 대해서는 정확하게 고구하기 어렵다. 추후의 과제로서 남겨두고자 한다. 崇福
寺碑에 正法司라는 관사가 전하는데, 이것은 政法典을 가리키는 것으로 이해된다. 한편
이수훈, 1990「신라 승관제의 성립과 기능」『부대사학』14, 21~22쪽에서는 6세기 중엽
에 성립된 국통·도유나·대서성 등의 승관직과 7세기 중엽에 설치된 실무 담당 관리인 대
사—사가 함께 존재하다가 원성왕 원년에 이르러 정관, 즉 정법전이라고 불리는 官司가
설치된 것으로 이해한 바 있다. 그리고 박수정, 2016 앞의 논문, 94쪽에서는 정법전은
본래 대사—사로 구성된 하급 관부였으나, 政官이라고 불리기도 하였던 국통 이하 승관직
을 원성왕 원년에 이에 속하게 하였다는 견해를 제기하였다. 필자는 본고에서 승관제도
에 대해 자세하게 검토하지 않았는데, 이에 대해서는 추후의 과제로 남겨두고자 한다.

그런데 V-①과 V-② 기록을 비교하여 보면, 몇 가지 서로 다른 내용을 전하고 있음을 살필 수 있다. V-①에서는 원성왕 원년 이전에 대사 1인과 사 2인으로 관사(官司)로 삼았다고 하였으나, V-②에서는 원성왕 원년에 대사 1인과 사 2인으로 관사를 구성한 것처럼 기술하였다. V-①에서는 진흥왕 때에 처음으로 보량법사와 안장법사를 각기 대도유나와 대서성으로 삼았으며, 진덕왕 원년에 각기 1인씩을 더 추가하였다고 하였으나, V-②에서는 구체적으로 진흥왕 11년, 진흥왕 12년에 안장법사와 보량법사를 각기 대서성과 대도유나로 삼았다고 언급하였고, 진덕왕 대에 각기 1인을 추가하였다는 언급을 찾을 수 없다. V-①에서는 국통을 또한 사주라고 부른다고 세주에서 제시한 반면, V-②에서는 혜량을 국통으로 삼았다고 언급하고, 본문에서 '또한 사주라고 부른다〔亦云寺主〕'고 기술하여 차이를 보였다. 이밖에 V-①에서 대서성 이하의 승관을 소년서성(少年書省)이라고 표기하였고, 아울러 원성왕 3년에 혜영과 범여법사를 소년대서성에 임명하였다고 하였으나 V-②에서 대서성 이하의 승관을 소서성(小書省)이라고 언급하였을 뿐이고, 혜영법사 등을 그것에 임명하였다는 사실은 언급하지 않았다.

　이상에서 살핀 것처럼 V-①과 V-②의 내용이 차이가 나기 때문에 일연(一然)이 직관(하) 무관 정관조의 기록을 참조하여 V-②를 찬술하였다고 보기 어렵고, 그는 무관 정관조의 원전과 별개의 전승자료를 참조하여 V-②를 기술하였다고 봄이 자연스러울 것이다. 한편 무관 정관조에서 세주로서 정관을 '혹은 정법전(政法典)이라고도 부른다'거나 또는 국통을 '사주(寺主)라고도 한다'라고 밝혔던 사실을 주목하건대, 직관지 찬자는 정관조를 찬술할 때, 적어도 주요 전거자료 이외에 또 다른 전승자료를 참조하였음이 분명하다고 보인다. V-② 기록에 정관에 관한 정보가 전하지 않고, 본문에서 국통을 또한 사주라고도 부른다고 언급하였던 점에 유의하건대, 직관지 찬자가 참조한 별도의 전승자료는 V-② 기록의 원전과 동일하거나 아니면 그것과 매우 유사한 내용을 기술한 것이었을 가능성이 높지 않을까 한다.[84]

한편 신라본기에 문무왕 9년 정월에 신혜법사(信惠法師)를 정관(政官) 대서성(大書省)으로 삼았고, 문무왕 14년 9월에 의안법사(義安法師)를 대서성(大書省)으로 삼았다고 전한다. 그런데 무관 정관조에 이에 대한 언급이 보이지 않는다. 열전제4 거칠부조에 고구려에서 망명한 혜량법사를 승통(僧統)으로 삼았다고 전하는데, 무관 정관조에서 혜량법사를 국통(國統)으로 삼았다고 언급한 것과 차이를 보인다. 이에 따르면, 직관지 찬자는 신라본기와 거칠부열전의 기록 또는 그것들의 원전을 전혀 참조하지 않았다고 볼 수 있을 것이다.

직관(하) 무관 정관조에 일부 승관직(僧官職)의 정원을 진덕왕 원년에 늘렸다거나 또는 원성왕 3년에 혜영, 범여법사를 소년서성으로 임명하였다고 전한다. 이것을 참조하건대, 정관조 원전은 왕교(王敎)나 또는 왕교를 집성(集成)한 격(格) 등에 근거하여 정리하였을 가능성이 높다고 판단되나, 정확하게 원성왕 3년 이후 어느 시기에 정리하였는가에 대해서는 고구(考究)하기 어렵다. 이상에서 살핀 내용을 종합한다면, 직관지 찬자는 왕교 또는 격에 기초하여 정리한 전거자료의 내용을 대체로 정관조에 그대로 전재한 다음, 여기에 정법전(政法典; 정관(政官))과 관련된 또

---

84) 박수정, 2016 앞의 논문, 94~95쪽에서 V-①과 V-②는 유사한 내용을 전하고 있지만, 각각 상대의 기록에는 없는 고유한 내용을 담고 있다는 점을 주목하여, 직관(하) 무관 정관조는 정법전이라는 관부의 연혁을 기술한 전승자료, 승관직의 구성에 대해 정리한 전승자료, 그리고 진덕왕·원성왕대의 관제 개편을 서술한 전승자료 등을 합하여 완성하였을 것이라고 추정하였다.

다른 전승자료를 참조하여 세주로서 정관과 국통의 이칭(異稱)을 추가로
기술함으로써 정관조의 기록을 완비한 것으로 이해할 수 있을 것이다.

2) 제군관·범군호 기록 원전의 성격과 찬술

(1) 범군호 기록 원전의 찬술

앞에서 직관지 찬자가 제군관과 범군호조의 원전에 전하는 내용을 거
의 그대로 전재하여 두 기록의 기본 골격으로 삼고, 거기에 단편적인 전
승자료를 참조하여 일부 기록을 추가로 첨입(添入)한 다음, 일부 군단의
이칭(異稱)을 세주로 제시함으로써 제군관·범군호조를 완비하였음을 살
폈다. 그렇다면, 이제 제군관·범군호 기록 원전의 성격과 그것의 찬술과
정을 살필 차례인데, 범군호(凡軍號) 육정(六停) 기록 원전(原典)의 성립
과정을 추적하는 것으로부터 논의를 출발하고자 한다. 육정 기록의 전문
을 번역하여 제시하면 다음과 같다.

> 육정은 첫째는 대당(大幢)이다. 진흥왕 5년(544)에 처음으로 설치하였다.
> 금(衿)의 색깔은 자백(紫白)이다. 둘째는 상주정(上州停)이다. 진흥왕 13
> 년(552)에 설치하였다. 문무왕 13년(673)에 귀당(貴幢)으로 고쳤다. 금
> (衿)의 색깔은 청적(靑赤)이다. 셋째는 한산정(漢山停)이다. 본래 신주정
> (新州停)이었다. 진흥왕 29년(568)에 신주정을 혁파하고 남천정(南川停)
> 을 설치하였다가 진평왕 26년(604)에 남천정을 혁파하고 한산정을 두었
> 다. 금(衿)의 색깔은 황청(黃靑)이다. 넷째는 우수정(牛首停)이다. 본래
> 비열홀정(比烈忽停)이었다. 문무왕 13년(673)에 비열홀정을 혁파하고 우
> 수정을 두었다. 금(衿)의 색깔은 녹백(綠白)이다. 다섯째는 하서정(河西

停)이다. 본래 실직정(悉直停)이었다. 태종왕(太宗王) 5년(658)에 실직정
을 혁파하고 하서정을 두었다. 금(衿)의 색깔은 녹백(綠白)이다. 여섯째는
완산정(完山停)이다. 본래 하주정(下州停)이었다. 신문왕 5년(685)에 하
주정(下州停)을 혁파하고 완산정을 두었다. 금(衿)의 색깔은 백자(白紫)
이다(『삼국사기』 잡지제9 직관(하) 무관 범군호).

　　6정 가운데 대당(大幢)은 신라의 왕경(王京)에 위치한 군단이었다. 나
머지 5정 가운데 한산정, 우수정, 하서정, 완산정은 각 군단이 주둔한 지
역명을 관칭(冠稱)한 군단인데, 6정조 원전의 찬자는 결과적으로 각 군
단의 최종 명칭을 표제어(標題語)로 제시하였다고 볼 수 있다. 반면에 상
주정(上州停)의 경우는 최종 명칭을 표제어로 제시한 사례로 보기 어렵
다. 위에서 인용한 기록에서 문무왕 13년에 이르러 상주정을 귀당(貴幢)
으로 개칭하였다고 언급하였다. 『삼국사기』 사다함열전에 신라가 진흥왕
23년(562)에 대가야를 정벌할 때에 사다함(斯多含)이 귀당비장(貴幢裨
將)으로 종군(從軍)하였다고 전한다. 또한 눌최열전에 귀당이 진평왕 46
년(624)에 속함성(速含城) 등의 전투에 참전하였다는 기록이 전한다. 이
밖에도 문무왕 13년 이전에 귀당이 여러 전투에 참여하였음을 신라본기
의 기록을 통해서 확인할 수 있다.[85] 그리고 신문왕 4년(684) 11월에 고
구려잔적(高句麗殘賊)이 보덕성(報德城)에서 반란을 일으켰을 때, 귀당
제감(貴幢弟監) 핍실(逼實)이 반란군을 진압하는 도중에 전사하였다는
기록이 열전제7 취도(驟徒)조에 전한다.[86] 신라본기와 열전의 비당 관련

---

85) 신라본기 문무왕 원년 7월 17일, 문무왕 2년 정월, 문무왕 8년 6월 21일 기록에 귀당총관
　　또는 귀당제감에 임명된 인물들이 보이고 있다.

86) 文明 元年甲申(신문왕 4; 684) 高句麗殘賊據報德城而叛. 神文大王命將討之 以逼實爲貴幢
　　第監. 臨行 謂其婦曰 吾二兄 旣死於王事 名垂不朽 吾雖不肖 何得畏死而苟存乎. 今日與爾

기록을 두루 참조하건대, 문무왕 13년에 상주정을 귀당으로 개칭한 것이 아니라, 왕경에 주둔하였던 귀당을 예전 상주(上州)의 주치(州治)였던 일선(一善)으로 옮기고, 그것을 여기에 위치하였던 일선정〔一善停; 상주정(上州停)〕과 합친 이후, 일선지역에 주둔한 정군단(停軍團)을 귀당이라고 불렀다고 봄이 옳을 것이다.[87] 다만 무관 범군호 10정 기록 원전의 찬자는 다른 4정의 사례를 염두에 두고 귀당이 주둔한 지역 명칭, 즉 상주정을 표제어로 제시한 것으로 이해된다.

무관 범군호 6정조에서 문무왕 13년에 상주정을 귀당으로 개칭하고, 신문왕 5년에 하주정(下州停)을 혁파(革罷)하고 완산정(完山停)을 설치하였다고 언급하였는데, 여기서 문제는 문무왕 13년, 신문왕 5년까지 과연 '상주정(上州停)', '하주정(下州停)'이란 명칭을 사용하였을까의 여부에 관해서이다. 『삼국사기』 잡지제3 지리1 양주(良州)조에 '문무왕 5년, 인덕(麟德) 2년(665)에 상주(上州)·하주(下州)의 땅을 분할하여 삽량주(歃良州)를 설치하였다.'고 전한다. 전에 필자는 문무왕 5년 이후에 본래 상주(上州)는 일선주(一善州), 하주(下州)는 거열주(居烈州; 居列州)라고 부르기 시작하였음을 밝힌 바 있다.[88] 이에 따른다면, 문무왕 13년, 신문왕 5년까지 '상주정', '하주정'이라고 불리는 정군단이 존재하였다고 이해하기가 쉽지 않을 것이다. 그렇다면, 문무왕 5년 이후에 예전 상주와

生離 終是死別也. 好住無傷. 及對陣 獨出奮擊 斬殺數十人而死(『三國史記』 列傳第7 驟徒).

87) 이상의 내용에 대한 자세한 논증과 관련하여 전덕재, 2018 「『삼국사기』의 기록을 통해 본 신라 왕경의 실상: 문무왕대 이후 신라본기와 잡지, 열전에 전하는 기록을 중심으로」『대구사학』 132, 31~33쪽이 참조된다. 참고로 문무왕 13년에 상주정을 귀당에 합속시켰음에도 불구하고, 무관조에 상주정을 귀당으로 개칭하였다고 전하게 된 배경은 귀당의 주둔지를 一善州(예전의 上州 州治)로 옮겨 일선정〔上州停〕과 합친 이후에 그 군단을 귀당이라고 불렀던 것에서 찾을 수 있다.

88) 전덕재, 2001 「신라 중고기 주의 성격 변화와 군주」『역사와 현실』 40, 60~62쪽.

하주의 주치에 주둔하였던 정군단을 무엇이라고 불렀을까가 궁금하다. 이와 관련하여 다음의 기록을 주목할 필요가 있다.

> 당나라 군대가 말갈군과 함께 석문(石門)에 주둔하니, 왕이 장군 의복(義福)과 춘장(春長) 등을 보내 방어하게 하였는데, 대방(帶方)의 들에 군영을 설치하였다. …… 당나라 군사가 말갈과 함께 미처 진을 치지 아니한 틈을 타서 공격하니 우리 군사가 크게 패하여 장군 효천(曉川)과 의문(義文) 등이 죽었다. …… 거열주대감(居烈州大監) 일길간(一吉干) 아진함(阿珍含)이 상장군(上將軍)에게 말하기를, '공 등은 힘을 다하여 빨리 떠나가십시오. 내 나이 이미 70이니 얼마나 살 수 있겠습니까. 이때야말로 나의 죽을 날입니다.'라고 하며, 창을 비껴들고 적진 가운데로 돌입하여 전사하였는데, 그 아들도 따라 죽었다. 대장군(大將軍) 등은 슬며시 서울로 들어왔다(『삼국사기』열전제3 김유신하).

『삼국사기』신라본기제7 문무왕 12년(672) 7월 기록에 석문전투(石門戰鬪)에서 대아찬 효천(曉川)과 사찬 의문(義文) 등이 전사하였다고 전한다. 이에 따른다면, 위의 기록은 문무왕 12년 7월에 일어난 석문전투와 관련된 자료라고 볼 수 있다. 여기서 문무왕 12년 7월 당시에 일길간 아진함이 거열주대감(居烈州大監)이었다고 하였다. 신라본기제5 태종무열왕 8년(661) 2월 기록에 '백제(百濟) 잔적(殘賊)이 사비성(泗沘城)을 공격하자, 왕이 이찬 품일(品日)을 대당장군(大幢將軍)으로 삼고, 잡찬(迊飡) 문왕(文王)·대아찬 양도(良圖)·아찬 충상(忠常) 등으로 그를 보좌하게 하였으며, 잡찬 문충(文忠)을 상주장군(上州將軍)으로 삼고 아찬 진왕(眞王)으로 하여금 그를 보좌케 하고, 아찬 의복(義服)을 하주장군

(下州將軍)으로, 무훌(武欻)과 욱천(旭川) 등을 남천대감(南川大監), 문품(文品)을 서당장군(誓幢將軍), 의광(義光)을 낭당장군(郎幢將軍)으로 삼아 가서 구원하게 하였다.'라고 전한다. 태종무열왕 7년(660) 5월 26일에 왕이 유신 등과 함께 군사를 거느리고 서울을 출발하여 6월 18일에 남천정(南川停)에 다다랐다고 신라본기에 전한다.[89] 이에 따른다면 태종무열왕 8년 2월에 무염과 욱천 등을 바로 정군단인 남천정의 대감(大監)으로 임명하였다고 볼 수 있을 것이다. 동일한 맥락에서 문무왕 12년 7월에 아진함은 거열주에 위치한 거열정(居烈停)의 대감이었다고 봄이 합리적일 것이다.

문무왕 5년 겨울에 일선주(一善州)와 거열주(居列州)의 백성들로 하여금 군자(軍資)를 하서주로 운반하게 하였다는 기록이 신라본기에 전한다.[90] 이것은 문무왕 5년에 상주와 하주의 땅을 분할하여 삽량주를 설치한 이후, 옛 상주와 하주를 각기 일선주와 거열주로 불렀음을 알려주는 결정적인 증거 자료이다. 신라본기 문무왕 13년 9월 기록에 거열주(居烈州) 만흥사산성(萬興寺山城) 등을 쌓았다고 전하고, 신문왕 5년 봄에 거열주(居列州)를 빼고 청주(菁州)를 설치하였다고 전하므로, 문무왕 5년부터 신문왕 5년까지 옛 하주지역을 거열주(居列州; 居烈州)라고 불렀음이 확실시된다고 하겠다. 진흥왕순수비 창녕비에서 진흥왕 22년(561)에 정군단의 명칭을 하주정(下州停)이 아니라 하주(下州)의 주치명(州治名)을 관칭(冠稱)하여 비자벌정(比子伐停)이라고 불렀음을 확인할 수 있다. 이러한 사실과 통일 이전에 통상 주치(州治)에 정군단(停軍團)이 위

---

89) 夏五月二十六日 王與庾信眞珠天存等領兵出京 六月十八日 次南川停(『삼국사기』 신라본기 제5 태종무열왕 7년).
90) 冬 以一善·居列二州民 輸軍資於河西州(『삼국사기』 신라본기제6 문무왕 5년).

치하였던 점을 두루 고려하건대, 거열주의 주치(州治)인 거열에 위치한 정군단을 거열정(居烈停; 居列停)이라고 불렀다고 봄이 자연스러울 것이다.[91] 무관 범군호 6정조에 신문왕 5년에 하주정(下州停)을 혁파하고 완산정(完山停)을 설치하였다고 전하는 것은 실제로는 신문왕 5년에 거열정을 혁파하고 완산정을 설치한 사실을 반영한 것이라고 봄이 옳을 것이다. 동일한 맥락에서 문무왕 5년 이후에 일선주에 위치한 정군단 역시 일선정(一善停)이라고 불렀고, 문무왕 13년에 왕경에 위치한 귀당을 일선으로 옮겨 일선정과 합친 이후에, 그것을 귀당이라고 불렀다고 보는 것이 합리적이라고 판단된다. 그렇다면 여기서 문제는 무관 6정조에 거열정이 하주정, 일선정이 상주정이라고 전하는 사실에 관해서이다.

무관 제군관조에 6정군단마다 장군을 2~4인 두었다고 전한다. 그런데 김유신열전에 선덕여왕 14년(645), 즉 을사년(乙巳年)에 김유신을 상주장군(上州將軍)으로 삼았고, 태화(太和) 원년 무신(648, 진덕왕 2)에 김유신을 상주행군대총관(上州行軍大摠管)에 임명하였다고 전한다. 한편 신라본기제5 태종무열왕 8년 2월 기록에 잡찬(迊湌) 문충(文忠)을 상주장군(上州將軍), 아찬 의복(義服)을 하주장군(下州將軍)에 임명하였다고 전하고, 문무왕 원년 7월 17일 기록에 품일(品日)·충상(忠常)·의복(義服)을 상주총관(上州摠管), 진흠(眞欽)·중신(衆臣)·자간(自簡)을 하주총관(下州摠管), 군관(軍官)·수세(藪世)·고순(高純)을 남천주총관(南川州摠管), 술실(述實)·달관(達官)·문영(文穎)을 수약주총관(首若州摠管)으로, 문훈(文訓)·진순(眞純)을 하서주총관(河西州摠管)으로 임명하였다고 전한다. '~주장군(州將軍)' 또는 '~주총관(州摠管)'은 주 단위로 편성된 행군군단을 지휘한 것으로 이해된다.[92] 특히 문무왕 원년 행군군

---

91) 전덕재, 2001 앞의 논문, 61~62쪽.

단을 편성할 때에 각 주 단위로 편성된 행군군단을 지휘하는 총관에 복수의 인물을 임명하였음을 볼 수 있는데, 6정군단에 복수의 장군을 임명한 것과 상통하는 측면으로 유의된다. 본래 옛 상주와 하주에 위치한 정군단을 주치명을 관칭(冠稱)하여 일선정(一善停), 거열정(居烈停; 居列停) 등이라고 불렀음을 앞에서 살핀 바 있다. 이럼에도 불구하고 무관 범군호 6정조 원전의 찬자는 신라 당대에 상주와 하주 단위로 편성한 행군군단의 지휘관을 상주·하주장군 또는 상주·하주총관이라고 불렀던 사실을 근거로 하여, 옛 상주와 하주의 주치(州治)에 위치하였던 정군단(停軍團)을 상주정(上州停), 하주정(下州停)이라고 표현한 것이 아닌가 한다. 이렇다고 이해할 때, 무관 범군호 6정조에서 문무왕 13년에 상주정을 귀당으로 개칭하였다거나[93] 신문왕 5년에 하주정을 혁파하고 완산정을 설치하였다라고 기술한 사실을 합리적으로 설명할 수 있음은 물론이다.

 6정조 원전의 찬자가 옛 상주와 하주의 주치에 위치한 정군단을 상주정, 하주정이라고 표현하였을 것이라는 추정은 신주(新州)의 주치(州治)에 위치한 정군단을 한성정(漢城停)이라고 불렀음에도 불구하고, 그들이 그것을 신주정(新州停)이라고 표현한 사례를 통해서도 보완할 수 있다. 무관 범군호 6정조에서 진흥왕 29년에 신주정을 혁파하고, 남천정을 설치하였다고 하였다. 그런데 신라본기에서 진흥왕 14년(553) 7월에 신주(新州)를 설치하였다가 진흥왕 18년(557)에 신주를 혁파하고 북한산주(北漢山州)를 설치하였으며, 진흥왕 29년(568) 10월에 북한산주를 혁파하고, 남천주(南川州)를 설치하였다고 하였다. 신라본기에 따르면, 진흥

<hr>

92) 전덕재, 위의 논문, 72~79쪽.

93) 무관 범군호조 원전의 찬자가 문무왕 13년에 왕경에 위치한 귀당을 일선지역으로 옮겨 일선정과 합친 이후, 신라인들이 일선지역에 위치한 정군단을 貴幢이라고 불렀음에도 불구하고 '문무왕 13년에 상주정을 귀당으로 개칭하였다.'고 잘못 기술한 것으로 이해된다.

왕 18년에 신주를 혁파하였으므로, 직관(하) 무관 범군호 6정조에서 진흥왕 29년에 신주정을 혁파하였다고 언급한 것은 무엇인가 부자연스럽다고 볼 수 있다. 그런데 561년(진흥왕 22)에 건립된 진흥왕순수비 창녕비에 하주의 주치에 위치한 정군단이 비자벌정(比子伐停), 그 사령관이 비자벌군주(比子伐軍主)였다고 전한다. 그리고 같은 비에 한성군주(漢城軍主)가 나오는데, 그는 한성정(漢城停)의 사령관이었다고 봄이 자연스러울 것이다.

한편 『삼국사기』 열전제7 해론조에 611년(진평왕 33)에 백제군이 가잠성(椵岑城)을 공격하자, 진평왕이 상주(上州)와 하주(下州), 신주(新州)의 군사로써 구원하게 하였다고 전한다. 이것은 적어도 진평왕 33년(611)까지 신주라는 명칭이 존재하였음을 알려주는 증거 자료이다. 전에 필자는 선덕왕 6년(637)에 신주를 분할하여 우수주와 한산주를 설치하였음을 살핀 바 있다.[94] 따라서 신라본기에 전하는 주(州)의 치폐(置廢)는 실제로는 신주(新州) 주치(州治)의 이동 사실을 반영한다고 볼 수 있고, 아울러 진흥왕 29년에 북한산주를 혁파하고 남천주를 설치하였다고 전하는 사실과 무관 범군호 6정조에서 신주정을 혁파하고 남천정을 설치하였다고 전하는 사실을 서로 연결시켜 본다면, 주(州)의 치폐기사(置廢記事)는 주치(州治)의 이동뿐만 아니라 정군단의 이치(移置) 사실을 반영한다고 봄이 자연스럽다고 하겠다.[95]

앞에서 진흥왕순수비 창녕비를 통해, 진흥왕 22년(561)에 신주의 주치

---

94) 전덕재, 위의 논문, 62~66쪽.

95) 이에 대한 자세한 내용은 전덕재, 2018 『삼국사기 본기의 원전과 편찬』, 주류성, 80~86 쪽이 참조된다. 한편 필자는 전에 진흥왕대 이후 상주와 하주, 신주에 위치한 정군단을 상주정, 하주정, 신주정이라고 별칭하는 관행이 성립되었고, 이러한 관행이 전승되어 『삼국사기』 찬자가 직관지에 반영한 것이라고 보았으나, 본고에서 이에 대한 필자의 견해를 재고하였음을 밝혀두는 바이다.

에 설치한 정군단을 한성정(漢城停)이라고 불렀을 것이라고 추론한 바 있다. 한편 진흥왕 29년(568)에 건립된 진흥왕순수비 북한산비에 남천군주가 전하는데, 이는 남천정(南川停)의 사령관으로 이해할 수 있다. 따라서 진흥왕 22년에서 29년 9월까지 신주에 위치한 정군단을 한성정(漢城停; 또는 한산정〈漢山停〉)이라고 불렀다가, 진흥왕 29년 10월에 신주의 주치를 남천으로 옮기면서 정군단도 남천으로 이동시켜 남천정이라고 개칭하였다고 볼 수 있을 것이다. 이러한 사실에도 불구하고 무관 범군호 6정조 원전의 찬자는 한성정(漢城停)을 신주정(新州停)이라고 개서하였는데, 그들은 진흥왕 14년(553)에 신주를 설치한 사실 및 상주정과 하주정 등의 사례를 참조하여 신주에 위치한 정군단을 신주정이라고 표현한 것으로 보이며, 아울러 진흥왕 29년에 한성정에서 남천정으로 개칭한 사실을 신주정을 혁파하고 남천정을 설치한 것으로 기술하였다고 짐작된다.

이상에서 본래 상주와 하주, 신주의 주치명(州治名)을 관칭한 정군단(停軍團)을 무관 범군호 6정조 원전의 찬자가 상주정, 하주정, 신주정이라고 고쳐 표현하였음을 살펴보았다. 그런데 상주의 주치(州治)는 사벌(沙伐)에서 감문(甘文)으로, 감문에서 다시 사벌로, 사벌에서 일선(一善)으로, 일선에서 사벌로 바뀌었고, 이에 따라 정군단도 동일하게 이동하였을 것으로 짐작된다. 하주의 주치는 비사벌〔比斯伐; 비자벌(比子伐)〕에서 대야(大耶)로, 대야에서 압량(押梁)으로, 압량에서 대야로, 대야에서 거열로 옮겼고, 물론 정군단도 동일하게 이치(移置)시킨 것으로 보인다. 그리고 우수주(牛首州)의 주치(州治)는 문무왕 8년에 우수에서 비열홀(比列忽)로, 문무왕 13년에 비열홀에서 우수〔牛首; 수약(首若)〕로 옮겼고, 이에 따라 정군단도 동일하게 이동하였을 것이다. 선덕왕 6년까지 신주의 주치는 대체로 남천에서 한성(북한산)으로, 북한산에서 다시 남천으로, 남천에서 북한산으로 옮겼고, 그 이후 주치의 이동에 따라 주의 명칭도 한산주, 남천주로 바뀌었음을 확인할 수 있다.[96) 동해안지역에 하서주(河西州)를 설치한 것은 대체로 태종무열왕 5년을 전후한 시기로 추정된다.[97) 이전 시기에 동해안지역에 정군단을 배치하였는데, 신라본기에서는 정군단의 이동 사실을 주의 치폐 사실로 개서(改書)하여 기술한 것으로 확인된다. 이러한 사실에 근거하여 동해안지역에서 정군단의 이동사실을 정리하면, 실직에서 하슬라로, 하슬라에서 실직(悉直; 실지(悉支)〕으로, 실직에서 비열홀로, 비열홀에서 달홀(達忽)로, 달홀에서 하슬라로, 하슬라에서 실직으로, 실직에서 하슬라로 옮겼다고 볼 수 있다.[98)

이상에서 살핀 것처럼 중고기에 정군단의 이동이 잦았음에도 불구하고, 무관 범군호 6정조에서 각 정군단의 이치 사실에 대해 자세하게 기술하지 않았다. 6정조에서는 대체로 마지막으로 이루어진 정군단의 이동 사실만을 간략하게 기술하였을 뿐이고, 대당과 상주정 이외에 처음으로 설치한 연대조차도 언급하지 않았음을 살필 수 있다.[99) 이러한 사실

---

96) 선덕왕 6년 이후 줄곧 漢山州라고 부르다가 태종무열왕 8년에 州治를 南川으로 옮기면서 南川州라고 改稱하였으며, 이후 문무왕 4년에 州治를 漢山으로 옮기고 漢山州로 改稱하였음이 확인된다.

97) 전덕재, 2001 앞의 논문, 67~68쪽.

98) 停軍團의 移置 사실에 대한 내용은 州의 置廢 사실을 전하는 신라본기와 열전의 기록, 울진봉평신라비에 전하는 여러 정보 등을 망라하여 정리한 것이다.

99) 무관 범군호 6정조에 상주정을 진흥왕 13년에 설치하였다고 전하나, 법흥왕 12년(525) 2월에 대아찬 伊登을 沙伐州 軍主로 삼았다고 신라본기에 전하는 것으로 보건대, 그대로 믿기 어렵다. 왜냐하면 법흥왕 12년에 사벌정을 설치하고, 그 사령관으로서 伊登을 임명하였다고 볼 수 있기 때문이다. 문무왕 13년에 상주정을 귀당으로 개칭하였다고 전하는 것에서 무관 범군호 6정조 원전의 찬자가 상주정과 귀당을 동일하게 생각하였다고 추론할 수 있고, 또한 사다함열전에 사다함이 진흥왕 23년(562)에 귀당비장으로 종군하였다고 전하는 사실을 통해 진흥왕 23년 이전에 귀당을 설치하였음을 엿볼 수 있는 바, 그것을 진흥왕 13년에 설치하였을 가능성도 한번 상정해볼 수 있을 것이다. 만약에 이러한 추정이 허락된다면, 6정조 원전의 찬자가 진흥왕 13년에 귀당을 설치한 사실을 상주정을 설치하였다고 이해하여 서술하였을 가능성도 완전히 배제할 수 없지 않을까 한다.

에 유의하건대, 6정조의 원전은 매우 불비(不備)한 내용이었다고 정리하여도 이견이 없을 것이다.

종래에 범군호조의 개별 군단에 대해 소개한 부분은 법조문을 전재(轉載)한 기록과 더불어 금색(衿色)에 대해 정리한 추가적인 전거자료에서 인용한 기록으로 구성되었다고 이해한 견해가 제기되었다.[100] 그런데 6정조 원전의 기록에 각 군단의 설치 연대뿐만 아니라 정군단의 이동 사실조차도 거의 기술되어 있지 않은 점, 게다가 본래 중고기에 상주와 하주, 신주의 주치명을 관칭(冠稱)한 정군단이 존재하였음에도 불구하고 6정조 원전의 찬자가 이것들을 상주정, 하주정, 신주정이라고 개서(改書)하여 표현하였던 점 등을 두루 감안한다면, 6정조의 기본원전이 신라 당대에 정리한 법전류였을 것이라는 추정은 재고의 여지가 없지 않다고 하겠다. 필자가 앞에서 자세하게 살핀 바에 따르면, 6정조 원전의 찬자는 6정군단의 연혁에 대해 간단하게 기술한 전승자료를 기초로 하여 6정조 원전의 기본 골격을 구성하고, 이어 일부 정군단의 명칭을 상주정, 하주정, 신주정으로 개서한 다음, 정군단이 위치한 지역명을 관칭한 정군단의 명칭을 표제어로 제시하고, 마지막으로 금색(衿色)에 관한 정보를 추가로 첨입(添入)하여 6정조 원전을 정리하였다고 봄이 합리적이라고 판단된다.

범군호 9서당과 10정, 5주서조 원전의 성격과 성립과정을 추적할 수 있는 실마리는 각 군단의 설치 연대를 잘못 기술하고 있는 사실에서 찾을 수 있다. 9서당조는 서당(誓幢), 낭당(郎幢), 장창당(長槍幢)의 설치 연대와 그것들을 녹금서당과 자금서당, 비금서당으로 개편한 시기, 나머지 6서당의 구성원과 설치 연대, 그리고 각 서당의 금색(衿色)에 대해 설명한 내용으로 구성되었다. 이와 같은 9서당조의 서술 구성 방식을 염두에

---

100) 홍승우, 2015 앞의 논문, 194쪽.

두건대, 9서당조의 기본원전은 군단에 관한 사항을 규정한 법전류이거나 또는 9서당의 성립과정과 관련된 왕교(王敎) 및 왕교를 집성한 격(格)이었다고 추론해볼 수 있다. 그러면 이 가운데 어느 것이 보다 더 합리적이라고 볼 수 있을까?

『삼국사기』 열전제7 눌최조에 건복(建福) 41년, 즉 진평왕 46년(624) 10월에 백제군이 속함성(速含城) 등을 공격하자, 왕이 상주(上州)와 하주(下州), 귀당(貴幢), 법당(法幢), 서당(誓幢) 등 5군(軍)에 출병하여 구원하도록 하였다고 전한다. 신라본기 태종무열왕 8년(661) 2월 기록에 백제 잔적(殘賊)을 토벌하기 위해, 문무왕 원년(661) 7월 17일과 문무왕 8년(668) 6월 21일 기록에 고구려 원정을 위해 서당을 행군군단의 일원으로 편성하였다고 전한다. 이와 같은 여러 기록을 참조하건대, 진평왕 35년에 서당(誓幢)을 녹금서당(綠衿誓幢)이라고 개편하였다고 전하는 9서당조의 기록은 두찬(杜撰)이라고 볼 수 있을 것이다. 이처럼 진평왕 35년에 서당을 녹금서당으로 개편한 것이 아니었으므로, 왕교에 의거하여 서당을 녹금서당으로 개편하였다고 보기 어렵고, 결과적으로 9서당조의 원전이 왕교 또는 왕교를 집성한 격에 기초하여 찬술되었을 가능성은 낮다고 이해할 수 있지 않을까 한다. 일반적으로 법전류와 직관지류 등에 군단의 연혁에 대해 소개하고 있는 점을 염두에 둔다면, 9서당조 원전의 찬자는 9서당의 연혁에 대해 기술하고 있는 법전류 또는 직관지류 등과 같은 전승자료를 참조하여 원전을 정리하였다고 봄이 합리적이라고 판단된다.

무관 범군호 10정조의 찬자는 세주로서 10정을 '혹은 삼천당(三千幢)이라고도 불렀다.'라고 소개하였다. 직관지 찬자는 10정을 삼천당이라고도 불렀다는 또 다른 전승자료를 참조하여 10정조를 찬술하였다고 볼 수 있는 것이다. 10정은 9주를 완비한 신문왕 5년이나 그 후에 설치하였다고 봄이 합리적이다. 이럼에도 불구하고, 무관 범군호 10정조에는 '모두 진흥왕 5년(544)에 설치하였다〔並眞興王五年置〕.'라고 서술되어 있다. 여기서 문제는 왜 10정조 원전의 찬자가 10정을 모두 진흥왕 5년에 설치하였다고 기술하였는가에 관해서이다. 이와 관련하여 10정을 혹은 삼천당이라고도 불렀다고 전하는 세주의 내용을 주목할 필요가 있을 것이다.

『삼국사기』 열전제7 취도조에 사량부 사람인 취도(驟徒)가 삼천당(三千幢)에 종군(從軍)하여 태종무열왕 2년(655)에 일어난 조천성전투(助川城戰鬪)에 참전하였다고 전한다. 10정의 설치 이전에 삼천당이 존재하였음을 알려준다. 신삼천당(新三千幢) 가운데 우수주삼천당(牛首州三千幢)과 나토군삼천당(奈吐郡三千幢)은 문무왕 12년, 나생군삼천당(奈生郡三千幢)은 문무왕 17년에 설치하였다. 신삼천당을 외삼천(外三千)이라고 부른 것으로 보건대, 삼천당은 왕경에 위치한 군단이고, 적어도 나생군삼천당을 설치한 문무왕 17년까지 존재하였다고 유추해볼 수 있다. 이후 10정군단을 설치하고, 삼천당주와 삼천감을 거기에 배속시키면서 왕경에 위치한 삼천당을 폐지한 것으로 이해된다. 삼천당주와 삼천감은 오직 10정에만 배속되었던 바, 10정은 삼천당조직을 기초로 하여 편성하였다고 이해할 수 있지 않을까 한다. 이러한 이유 때문에 신라인들은 삼천당(三千幢)의 후신(後身)이 10정이라고 이해하였을 것이고, 무관 범군호 10정조 찬자는 이러한 신라인들의 인식을 반영한 전승자료를 참조하였다고 볼 수 있다. 한편 10정조 원전의 찬자는 삼천당을 진흥왕 5년에 설치하였다고 전하는 전승자료, 10정을 삼천당이라고도 불렀다고 전하는 전승자료 등을 두루 참조하여 진흥왕 5년에 10정을 모두 설치하였다고 기술한 것이 아니었을까 한다.

무관 범군호 5주서조에 5주서를 '모두 문무왕 12년에 설치하였다.'라고 전한다. 오주서 가운데 신문왕 5년에 비로소 설치한 청주(菁州)와 완산주(完山州)의 주서(州誓)가 있다. 그러면 이럼에도 불구하고 5주서를 모두 문무왕 12년에 설치하였다고 기술한 것은 어떻게 설명할 수 있을까? 여기서 가장 가능성이 높다는 생각되는 가정은 한산주서와 우수주서, 하서주서를 문무왕 12년에 설치하였고, 신문왕 5년이나 그 이후에 청주서와 완산주서를 설치하였지만, 5주서조 원전의 찬자가 마치 5주서를 모두 문무왕 12년에 설치하였다고 잘못 기술하였다고 보는 것이다. 이러한 추정이 허락된다면, 무관 범군호 5주서조 원전의 찬자는 5주서의 명칭과 금색(衿色)을 나열한 전승자료와 더불어 5주서 가운데 일부 군단을 문무왕 12년에 설치하였다고 전하는 전승자료를 참조하여, 5주서조 원전을 찬술하면서, 5주서의 명칭과 금색을 나열하고, 이것들은 모두 문무왕 12년에 설치하였다고 기술한 것으로 이해할 수 있지 않을까 한다.

이밖에 범군호조에서 소개한 군단에 대해서는 설치 연대와 금색, 또는 단지 금색에 대한 정보만을 소개하였음을 살필 수 있다. 만보당조에서 9주 가운데 완산주(完山州)에 관한 설명이 빠져 있는 점, 제군관조에서 군사당주를 법흥왕 11년에 설치하였다고 전하는 것에 반하여 범군호 군사당조에 군사당을 진평왕 26년에 설치하였다고 전하여 차이를 보이는 점이 유의된다. 만보당조 원전의 찬자가 완산주를 생략한 이유를 정확하게 고구하기 어렵다. 현재 제군관조에 법흥왕 11년에 군사당주를 설치하였다고 전하는 것은 법당주를 법흥왕 11년에 설치한 사실을 반영한 것으로 이해하고 있다.[101] 6정 가운데 대당을 진흥왕 5년(544)에 설치하였고,

---

101) 이인철, 1988 「신라 법당군단과 그 성격」 『한국사연구』 61·62합; 1993 『신라정치제도사연구』, 일지사, 304쪽; 이우태, 1991 「신라 중고기의 지방세력 연구」, 서울대학교 박사학위논문, 149~155쪽; 이문기, 2018 「신라 법당의 신고찰」 『대구사학』 131, 105~107쪽.

군사당주가 6정군단에 배속된 군관이었음을 염두에 둔다면, 이러한 견해가 나름 타당성을 지녔다고 생각되며, 이러한 측면에서 군사당은 진평왕 26년에 설치하였다고 전하는 범군호 군사당조의 기록은 그대로 신뢰하여도 문제가 되지 않을 듯싶다. 무관 범군호조 원전의 찬자는 완산주가 생략된 만보당과 관련된 전승자료를 그대로 인용한 것으로 추정되며, 이를 근거로 그들이 군사당과 삼무당을 비롯한 여러 군단에 대해 소개한 전승자료에 전하는 내용을 그대로 인용하여 범군호조의 원전, 즉 23개 군단에 대해 설명한 부분의 원전을 찬술하였다고 상정해볼 수 있지 않을까 한다.[102] 다만 23개 군단의 명칭만을 나열한 부분의 전거자료는 이것들과는 별도의 전승자료에 의거하여 찬술하였다는 사실도 유념할 필요가 있음은 물론이다.

결과적으로 범군호 기록 원전의 찬자는 23군호의 개별 명칭을 나열한 전승자료에 전하는 내용을 범군호 기록 원전(原典)에 그대로 전재한 다음, 여기에 열거되어 있는 각각의 군단에 관한 사항을 여러 전승자료를 참조하여 정리함으로써 범군호 기록 원전을 완성하였다고 볼 수 있을 것이다. 이 과정에서 앞에서 살핀 바와 같이 일부 내용에 대해 잘못 기술하여 여러 가지 오류를 범한 것으로 이해된다. 한편 범군호조에서 소개한 23개 군단이 효소왕 2년에서 경덕왕 16년 사이에 존재한 것이었던 바, 범군호조 원전의 찬자가 그 원전을 정리한 시점 역시 경덕왕 16년 이전

---

102) 범군호조 찬자는 凡軍號 三十九餘甲幢條의 세주에서 삼십구여갑당은 '경여갑, 소경여갑, 외여갑 등을 말하며, 그 수는 자세하지 않다.'고 기술하였다. 여기서 삼십구여갑당의 실체를 밝힐 겨를은 없지만, 범군호조의 찬자는 제군관조 원전에 경여갑당, 소경여갑당, 외여갑당이 전하는 사실을 염두에 두고 세주에 이와 같이 소개한 것으로 이해된다. 물론 범군호조 찬자가 제군관조의 원전 이외에 다른 전승자료를 참조할 가능성도 상정해볼 수 있으나, 그 수를 정확하게 알 수 없다고 기술한 것으로 보건대, 이러하였을 가능성은 그리 높지 않았을까 한다.

중대의 어느 시기였을 가능성이 높다고 볼 수 있다.

(2) 제군관 기록 원전의 편찬

앞에서 범군호조 원전의 찬자가 경덕왕 16년 이전 중대에 법전류와 다양한 전승자료를 참조하여 23개 군단에 대한 기록을 찬술하였음을 살펴보았다. 이제 제군관조 원전의 성격과 그 찬술과정을 살필 차례인데, 이와 관련하여 군관직마다 6정과 9서당, 5주서에 대한 표기가 약간 달랐음을 주목할 필요가 있을 것이다. 앞에서 정리한 〈표 1〉을 통해, 제군관(諸軍官) 장군(將軍)과 대관대감(大官大監), 대대감(隊大監), 제감(弟監), 감사지(監舍知), 소감(少監), 화척(火尺)조에서 6정을 대당(大幢)과 '~정(停)'으로, 9서당을 '~당(幢)'으로 표기하였고, 대대감과 소감, 화척조에서 5주서를 '~주서(州誓)'라고 표기하였음을 확인할 수 있다. 다만 제군관 장군과 대관대감조에서는 '掌大幢○人'이라고 표기하였음에 반하여, 대대감과 제감, 감사지, 소감조에서는 '領馬兵(步兵)', '領大幢○人'이라고 표기하여 차이를 보인다. 그리고 제감과 감사지, 소감조에서는 계금당(罽衿幢), 대대감과 화척조에서는 계금(罽衿)이라고 표기하여 차이를 보이는 사실도 발견된다. 이와 더불어 감사지조에서는 상주정(上州停)이라고 소개하였으나, 장군을 비롯한 나머지 군관 기록에서는 귀당(貴幢)이라고 소개하였다. 비록 군단 명칭의 표기상에서 약간의 차이가 나긴 하지만, 제군관 장군과 대관대감, 대대감, 제감, 소감, 화척조는 하나의 전승자료에 전하는 내용을 인용하여 찬술하였다고 보아도 이견이 없을 것이다. 다만 감사지조의 경우는 다른 군관 기록과 달리 상주정이라고 표기하였는데, 감사지조의 전거자료는 다른 군관 기록의 전거자료와 별개로 존재하였을 가능성을 시사해주는 측면으로 유의된다고 하겠다.

감사지조의 전거자료와 밀접한 관계가 있다고 추정되는 것이 바로 군사당주·감 및 대장척당주·대장대감조의 전거자료이다. 군사당주·감 및 대장척당주·대장대감조에서는 감사지조와 마찬가지로 귀당(貴幢)이 아니라 상주정(上州停)이라고 소개하였고, 6정을 '~정(停)', 9서당을 '~당(幢)'이라고 표기하였다. 종래에 제군관조에서 대체로 6정군단의 경우는 군관이 많이 배속된 군단을 앞에 제시하였고, 9서당의 경우는 군관이 적게 배속된 군단을 앞에 서술하는 경향성을 보였다는 사실을 밝힌 바 있다.[103] 그런데 감사지와 군사당주·감 및 대장척당주·대장대감의 경우는 6정과 9서당에 배속된 인원이 1인 또는 2인으로 모두 동일하였다. 이럼에도 불구하고 〈표 2〉와 〈표 3〉에서 보듯이, 감사지와 군사당주·감 및 대장척당주·대장대감조 6정의 배열 순서는 완전히 일치하였음을 살필 수 있다. 또한 군사당주·감 및 대장척당주·대장대감조 9서당의 배열 순서는 벽금당(碧衿幢)-녹금당(綠衿幢)-비금당(緋衿幢)-백금당(白衿幢)-황금당(黃衿幢)-흑금당(黑衿幢)-자금당(紫衿幢)-적금당(赤衿幢)-청금당(靑衿幢; g유형)이었는데, 감사지조의 9서당 배열 순서(d유형)는 백금당과 비금당의 순서가 바뀌었을 뿐, 나머지는 군사당주조의 그것과 동일하였음이 확인된다.

　제군관 군사당주·감 및 대장척당주·대장대감조의 경우, 6정과 9서당 군단에 대한 표기가 동일하였을 뿐만 아니라 6정과 9서당군단의 배열 순서도 완전히 일치하였음을 염두에 둔다면, 이들 군관 기록은 동일한 전거자료에 전하는 내용을 인용한 것이라고 보아도 이견이 없을 것이다. 감사지조의 경우, 9서당군단의 배열 순서가 사소하게 차이가 나지만, 그 이외의 나머지 기록은 군사당주·감 및 대장척당주·대장대감조의 기록과 일치

---

103) 홍승우, 2015 앞의 논문, 181~187쪽.

〈표 2〉 군관직에 따른 6정군단의 배열 순서 일람

유형	6정 배열 순서	군관	비고
A	대당-귀당-한산정-완산정-하서정-우수정	장군	
B	대당-귀당-한산정-우수정-하서정-완산정	대관대감, 제감, 화척	D유형은 귀당 대신 상주정 표기
C	대당-한산정-귀당-우수정-완산정	대대감, 소감(보병), 화척(보병), 보기당주, 보기감	하서정 생략
D	대당-상주정-한산정-우수정-하서정-완산정	감사지, 군사당주, 대장척당주, 군사감, 대장대감	B유형은 상주정 대신 귀당 표기
E	대당-귀당-한산정-하서정-우수정-완산정	소감	
F	대당-귀당-한산-우수-완산	흑의장창말보당주	'정(停)'과 하서 생략

〈표 3〉 군관직에 따른 9서당군단의 배열 순서 일람

유형	9서당 배열 순서	군관	비고
a	녹금당-자금당-백금당-비금당-황금당-흑금당-벽금당-적금당-청금당	장군, 대관대감	
b	녹금당-자금당-백금당-황금당-흑금당-벽금당-적금당-청금당	대대감(마병)	비금당 생략
c	벽금당-녹금당-백금당-황금당-흑금당-자금당-적금당-청금당-비금당	대대감(보병), 소감(보병), 화척(기병, 보병), 보기당주, 보기감, 착금기당주, 착금감	
d	벽금당-녹금당-백금당-비금당-황금당-흑금당-자금당-적금당-청금당	제감, 감사지, 소감	g유형은 비금당-백금당 순서
e	비금당-벽금당-녹금당-백금당-황금당-흑금당-자금당-적금당-청금당	소감(기병)	
f	녹금당-비금당-자금당-백금당-황금당-흑금당-벽금당-적금당-청금당	화척〔屬大官〕	
g	벽금당-녹금당-비금당-백금당-황금당-흑금당-자금당-적금당-청금당	군사당주, 대장척당주, 군사감, 대장대감	d유형은 백금당-비금당 순서
h	자금-황금-흑금-벽금-적금-청금-녹금	흑의장창말보당주	'당(幢)'과 비금, 백금 생략

하였던 바, 감사지조의 전거자료와 군사당주·감 및 대장척당주·대장대감
조의 원전은 계통이 같은 전승자료에 기초하여 찬술되었다고 보아도 무
방하지 않을까 여겨진다.[104]

한편 제군관 흑의장창말보당주조에서 다른 군관 기록과 달리 군관
의 배속 인원과 무관하게 6정, 9서당군단을 배열하였음을 확인할 수 있
다.[105] 그리고 〈표 2〉와 〈표 3〉을 통해, 흑의장창말보당주의 경우, 6정
과 9서당군단의 배열 순서가 다른 군관들의 그것과 달랐음을 살필 수 있
다. 게다가 6정과 9서당의 군단 명칭도 '정(停)'과 '당(幢)'을 모두 생략하
고 기재하는 특징을 보인 점도 유의된다. 이처럼 매우 특징적인 기재 방
식을 보인 흑의장창말보당주조는 다른 군관 기록의 원전과 명확하게 다
른 전승자료에 의거하여 찬술되었음이 확실시된다고 하겠다.[106]

제군관조에서 보기당주가 6정군단인 대당(大幢), 한산(漢山), 귀당(貴
幢), 우수주(牛首州), 완산주(完山州)에 6~4人이 배속되었다고 서술하
였다. 또한 '~당(幢)'이라고 표기한 9서당군단에 각기 4~2인이 배속되었
다고 하였다. 보기감(步騎監)의 경우는 6정군단인 대당, 한산, 귀당, 우
수, 완산에 6~4인이, '~당(幢)'이라고 표기한 9서당군단에 각기 4~2인
이 배속되었다고 하였다. '주(州)'를 생략한 것 외에 나머지 6정군단에 대
한 제군관 보기감조와 보기당주조의 표기가 동일하고, 두 기록에 전하는
9서당군단의 표기도 서로 일치하였을 뿐만 아니라 두 기록에 보이는 6정

---

104) 이들 전승자료에 貴幢 대신 그것의 전신인 上州停이라고 표기되어 있었던 사실을 통해
    범군호 기록 원전을 편찬한 이후에 貴幢과 上州停을 혼용하여 함께 표기하기도 하였음
    을 짐작해볼 수 있다.
105) 흑의장창말보당주조에 전하는 6정과 9서당의 말보당주의 배속 군단과 인원을 정리하
    면, 대당(30인)-귀당(22인)-한산(28인)-우수(20인)-완산(20인), 자금(20인)-황금(20
    인)-흑금(20인)-벽금(20인)-적금(20인)-청금(20인)-녹금(24인)이다.
106) 홍승우, 2015 앞의 논문, 187쪽.

과 9서당의 배열 순서가 같다는 점 등을 두루 감안하건대, 보기당주와 보기감조의 원전은 동일한 전거자료를 기초로 하여 찬술되었다고 보아도 문제가 되지 않을 듯싶다.

제군관 보기당주·보기감조 원전의 전거자료와 밀접한 관련을 지닌 것이 착금기당주·착금감조 원전의 전거자료이다. 착금기당주·착금감조에서 '~당(幢)'이라고 표기한 9서당군단에 착금기당주와 착금감을 각기 18인씩 배속하였다고 하였고, 두 군관이 배속된 9서당군단의 배열 순서 역시 동일하였음을 확인할 수 있다. 착금기당주조에서 착금기당주가 배속된 5주서(州誓) 가운데 4주서의 경우는 '~주(州)'라고 표기하였고, 반면에 우수주서(牛首州誓)의 경우는 우수당(牛首幢)이라고 표기하였음을 살필 수 있다. 착금감조에서 우수주서의 경우는 우수당이라고 표기하고, 나머지는 청주(菁州), 한산(漢山), 완산(完山), 하서(河西)라고 기술하였음을 확인할 수 있다. 한산주서 등의 표기가 약간 다르지만, 나머지 착금기당주·착금감조에 전하는 군단의 표기가 모두 동일하였던 바, 착금기당주·착금감조 원전은 동일한 전거자료에 기초하여 찬술되었다고 보아도 무방할 것이다.[107]

한편 보기당주와 착금기당주조에 전하는 군단의 표기를 서로 비교하면, 전자에서는 6정군단을, 후자에서는 5주서를 '~주(州)'라고 표기한 사실을 발견할 수 있다. 그리고 9서당군단의 표기와 배열 순서(c유형)도 같았음이 확인된다. 보기감조와 착금감조의 경우, 우수주서의 표기만 달랐을 뿐 나머지 4주서 군단의 표기가 동일하였음을 살필 수 있다. 이밖에 〈표 3〉에서 보듯이, 보기감과 착금감조의 경우, 당주와 마찬가지로 9서당군단의 표기 및 배열 순서(c유형)도 모두 일치하였음을 알 수 있다. 이처

---

107) 다만 착금기당주조에서는 闕衿幢, 착금감조에서는 闕衿이라고 표기하여 차이를 보인다.

럼 일부 군단의 표기에서 공통점을 보인 점과 더불어 9서당군단의 표기 및 배열 순서가 동일하였음을 두루 감안하건대, 보기당주·보기감조와 착금기당주·착금감조 원전은 동일한 전거자료나 또는 매우 유사한 성격을 지닌 두 개의 전거자료에 기초하여 편술되었을 가능성이 높다고 볼 수 있는데, 이 가운데 어느 것이 옳은지에 대해서는 추후의 과제로 남겨두고자 한다.[108]

비금당주·비금감 및 사자금당주·사자금당감은 범군호조에서 소개한 23군호(軍號)가 아니라 모두 9주에 배속된 군관직이었음을 공통점으로 지적할 수 있다.[109] 또한 비금당주·사자금당주조와 달리 제군관 비금감·사자금당감조에서는 9주(州)에 관한 언급을 생략하였음을 살필 수 있는데, 이에서 본래 비금당주·비금감조, 사자금당주·사자금당감조 원전의 전거자료에는 비금당주와 비금감, 사자금당주와 사자금당감에 관한 내용이 하나의 세트를 이루어 연이어 기술되어 있었던 것을 원전의 찬자가 원전을 찬술할 때에 당주와 감에 관한 기록을 분리하여 배치하였다는 추론이 가능할 듯싶다. 비금당주·비금감 및 사자금당주·사자금당감이 군호 23군단이 아니라 9주에 배속된 군관직이었고, 비금감·사자금당감조에서 모두 9주에 관한 언급을 생략하였다는 사실 등을 염두에 둔다면, 본래 비금당주·비금감조 및 사자금당주·사자금당감조 원전의 전거자료는 하나의 세트로서 연이어 기술되어 있는 모습이었을 것으로 추정하여도 무방하지 않을까 한다.[110]

---

108) 제군관 보기감조에서 서두에 '六十三人'이라고 기술하고, 말미에 다시 '共六十三人'이라고 표기하였음을 확인할 수 있는데, 이를 통해 보기당주·보기감조 원전의 전거자료가 복수로 존재하였음을 엿볼 수 있지 않을까 한다.
109) 다만 사자금당주와 사자금당감은 왕도에도 배치되었다고 한다.
110) 한편 제군관 비금당주조에서 서두에 '四十人'이라고 기술하고, 말미에 다시 '共四十人'이

제군관조에 '삼천(三千)'이란 표현이 들어간 삼천당주, 삼천감, 삼천졸 등이 모두 10정에 배속되었다고 전하는 것으로 보건대, 이들 군관에 관해 정리한 별도의 전승자료가 존재하였을 가능성이 높다고 판단된다. 한편 제군관 만보당주와 삼무당주, 개지극당감조의 기본원전이 무엇인가에 대해 고구하기가 쉽지 않다. 현재로서는 각 군관직에 관해 정리한 간략한 전승자료가 존재하였고, 제군관조 원전의 찬자가 그것을 참조하여 원전에 첨입하였다고 추론하는 것이 합리적이지 않을까 한다.

제군관조에는 '법당(法幢)'이 공통으로 들어가는 5개의 군관(軍官)이 소개되어 있다. 법당주(法幢主), 법당감(法幢監), 법당화척(法幢火尺), 법당두상(法幢頭上), 법당벽주(法幢辟主)가 바로 그것이다. 이들이 배속된 군단의 현황을 정리하면 다음 〈표 4〉와 같다.

제군관조에서 법당주가 '백관당주(百官幢主)'와 같이 '군단(軍團)+주(主)'에 배속되었다고 표기하였는데, 제군관조 원전의 찬자가 '主'자를 잘

〈표 4〉 '법당(法幢)'이란 표현이 들어간 군관의 군단 배속 현황

군관(軍官)	배속 군단과 인원
법당주 (法幢主)	백관당(百官幢; 30인), 경여갑당(京餘甲幢; 15인), 소경여갑당(小京餘甲幢; 16인), 외여갑당(外餘甲幢; 52인), 노당(弩幢; 15인), 운제당(雲梯幢; 6인), 충당(衝幢; 12인), 석투당(石投幢; 12인)
법당감 (法幢監)	백관당(30인), 경여갑당(15인), 외여갑당(68인), 석투당(12인), 충당(12인), 노당(45인), 운제당(12인),
법당화척 (法幢火尺)	군사당(軍師幢; 30인), 사자금당(師子衿幢; 20인), 경여갑당(15인), 외여갑당(102인), 노당(45인), 운제당(11인), 충당(18인), 석투당(18인)
법당두상 (法幢頭上)	여갑당(餘甲幢; 45인), 외법당(外法幢; 102인), 노당(45인)
법당벽주 (法幢辟主)	여갑당(45인), 외법당(306인), 노당(135인)

라고 표기하였음을 확인할 수 있다. 비금당주·비금감조 원전의 전거자료가 복수로 존재하였음을 이를 통해 추정해볼 수 있다.

못 기입한 것으로 이해된다. 법당주와 법당감, 법당화척은 경여갑당, 외여갑당에 배속되었다고 기술되어 있는 반면, 법당두상과 법당벽주는 여갑당, 외법당에 배속되었다고 기술되어 있음을 확인할 수 있다. 종래에 여갑당은 경여갑당, 외법당은 외여갑당을 가리키는 것이라는 견해가 제기되었지만,[111] 아무튼 군단에 대한 표기가 달랐다는 측면에서 법당주·법당감조와 법당두상·법당벽주조 원전의 전거자료는 동일하다고 보기 어려울 듯싶다. 법당두상의 경우, 외법당에 102인, 노당에 45인이 배속되었고, 법당벽주의 경우, 외법당과 노당에 법당두상의 3배수인 306인, 135인이 배속되었다고 전하는 바, 법당두상·법당벽주조 원전은 동일한 전거자료에 기초하여 찬술되었음이 확실시된다고 하겠다.

법당주조와 법당감조를 비교하면, 전자에 법당주가 소경여갑당과 외여갑당에 각기 16인, 52인이 배속되었다고 전하는 반면, 후자에 소경여갑당에 관한 언급이 없고, 단지 법당감이 외여갑당에 68인이 배속되었다고 언급하였을 뿐이다. 종래에 소경여갑당과 외여갑당에 배속된 법당주의 수와 외여갑당에 배속된 법당감의 수가 같았다는 사실에 유의하여, 법당감조에서 소경여갑당을 빠트리고, 외여갑당에 법당감이 68인 배속되었다고 기술하였다고 이해하였다.[112] 현재로서 이와 같은 견해가 옳은지에 대해서 선뜻 단정하기가 쉽지 않지만, 법당감조는 법당주조와 밀접하게 연관되어 있었다는 추정만은 어느 정도 가능하지 않을까 한다. 물론 이와 같은 차이점 이외에 사설당의 배열 순서가 차이가 나기 때문에 조심

---

111) 武田幸男, 1981「中古 新羅의 軍事的 基盤」『민족문화논총』1, 105~106쪽; 이문기, 2016 『『삼국사기』'법당 관칭 군관' 기사의 새로운 이해: 신라 법당의 재검토를 위하여」『역사교육논집』60, 152~153쪽; 이문기, 2018「신라 법당 연구의 진전을 위한 기초적 검토」『신라사학보』42, 305~306쪽.

112) 武田幸男, 1984「中古新羅の軍事的基盤: 法幢軍團とその展開」『東アジア史における國家と農民』(西嶋定生博士還暦記念), 山川出版社, 237쪽; 이인철, 1993 앞의 책, 299쪽.

스러운 측면이 없지 않으나, 필자는 일단 법당주와 법당감조 원전은 동일한 전거자료에 기초하여 찬술되었을 가능성에 좀 더 무게를 두고 싶은 것이 솔직한 심정임을 밝혀둔다.

여기서 문제는 법당화척조의 전거자료에 관해서이다. 법당화척이 경여갑당과 외여갑당, 사설당(四設幢)에 배속되었다고 전하는 사실에 의거한다면, 법당주·법당감조의 전거자료와 관련성을 지녔다고 생각해볼 수 있지만, 외여갑당·노당에 배속된 법당화척의 인원과 외법당·노당에 배속된 법당두상의 인원수가 같았다는 측면에서 법당두상·법당벽주조의 전거자료와의 관련성도 완전히 배제하기 어렵다고 볼 수 있다. 더구나 법당화척이 백관당에 배속되었다는 언급은 전하지 않고, 군사당과 사자금당에도 배속되었다고 전하는 바, 법당화척조의 전거자료가 법당주·법당감조의 전거자료와 동일한 전승자료에 기초하여 작성되었다고 추정하기도 그리 간단치 않은 실정이다. 현재로서 법당화척조의 전거자료와 법당주·법당감조 및 법당두상·법당벽주조의 전거자료와의 관계를 명확하게 고구(考究)하기 힘든 상황인데, 법당화척의 성격과 더불어 법당화척조의 전거자료에 대한 상세한 검토는 추후의 과제로 남겨두고자 한다.

이상에서 살핀 바에 따른다면, 제군관조 원전의 찬자는 장군과 대관대감, 대대감, 제감, 소감, 화척에 대해 기술한 전승자료, 군사당주·군사감 및 대장척당주·대장대감에 대해 기술한 전승자료 또는 이들 군관과 더불어 감사지에 대해 기술한 전승자료, 보기당주·보기감 및 착금기당주·착금감에 대해 기록한 전승자료 또는 전자와 후자에 관해 각기 기술한 계통이 같은 전승자료, 비금당주·비금감 및 사자금당주·사자금당감에 대해 기재한 전승자료, 흑의장창말보당주에 대해 기술한 전승자료, 법당주·법당감, 법당두상·법당벽주, 삼천당주·삼천감·삼천졸, 그리고 기타 삼무당주, 만보당주, 개지극당감에 대해 기술한 각각의 전승자료 등을 참조하여 제군관조 원전을 찬술하였다고 정리할 수 있다.

그렇다면, 이제 제군관조 원전의 찬자가 원전을 언제 찬술하였는가를 살필 차례인데, 이와 관련하여 비금당(緋衿幢)의 설치 연대를 주목할 필요가 있다. 제군관조에서 9서당의 하나인 비금서당(緋衿誓幢)을 일반적으로 비금당(緋衿幢)이라고 표기하였다. 이러한 사실에 유의한다면, 9주에 배치된 비금당과 9서당의 하나인 비금당은 성격이 유사한 군단이라고 볼 수 있는데, 주지하듯이 비금서당은 효소왕 2년에 장창당(長槍幢)을 개칭한 군단이었다. 따라서 9주에 배치된 비금당 역시 장창(長槍)을 무기로 다루는 군단이었을 가능성이 높다고 판단할 수 있다. 9주에 배치된 비금당이 효소왕 2년에서 경덕왕 16년 사이에 존재하였던 23군호에 들지 않았음을 염두에 둔다면, 그것은 결과적으로 경덕왕 16년 이후에 설치되었다고 봄이 자연스럽지 않을까 한다. 이와 관련하여 경덕왕대 이후에 6정과 9서당을 폐지하고 삼군(三軍)을 위주로 신라의 행군군단을 재편하였으며, 이와 더불어 비금당을 9주에 배치하였던 사실이 참조된다고 하겠다.[113] 이를 통해 비금당과 마찬가지로 23군호에 속하지 않았던 사자금당 역시 경덕왕대 이후에 설치되었다고 짐작할 수 있기 때문이다. 이에 따른다면, 제군관조 원전은 비금당과 사자금당이 설치된 이후, 즉 경덕왕대 이후에 찬술되었다고 볼 수 있는데, 구체적인 찬술 시기를 추적하고자 할 때, 법당두상(法幢頭上)의 설치 연대를 주목할 필요가 있다.

『삼국사기』 직관(하) 외관 패강진전조에 '두상대감(頭上大監)은 1명이었다. 선덕왕(宣德王) 3년(782)에 처음으로 대곡성두상(大谷城頭上)을 설치하였다.'고 전한다.[114] 한편 열전제3 김유신(하)조에 '윤중(允中)

---

113) 전덕재, 1997 「신라 하대 진의 설치와 성격」 『군사』 35, 47~55쪽.

의 서손(庶孫) 암(巖)이 …… 대력(大曆) 연간에 귀국하여 사천대박사(司天大博士)가 되었고, 양(良)·강(康)·한주(漢州)의 태수를 역임하고, 다시 집사시랑(執事侍郞)과 패강진두상(浿江鎭頭上)을 역임하였다.'고 전한다. 김암은 당에서 귀국하고 대력 14년(779, 혜공왕 15)에 일본에 사신으로 파견되었다. 그는 그 후에 지방의 태수와 더불어 집사시랑, 패강진두상을 역임한 것으로 보인다. 아마도 김암이 패강진두상을 역임한 시기는 790년에서 800년 사이로 추정된다. 직관지와 김유신열전에 전하는 기록에 의거하건대, 선덕왕 3년에 대곡성에 패강진(또는 대곡진〈大谷鎭〉)을 설치하였고, 그 책임자로 두상을 두었다고 볼 수 있다. 패강진전을 정비하면서, 두상(頭上)은 두상대감(頭上大監)으로 불렸던 것으로 이해된다. 패강진전에는 두상대감 이외에 두상제감(頭上弟監)이란 군관도 존재하였다.

여기서 문제로 제기될 수 있는 사항은 두상(頭上)이란 군관직을 선덕왕 3년 무렵에 처음으로 설치하였다고 볼 수 있는가의 여부에 관해서이다. 문성왕 6년(844)에 설치한 혈구진(穴口鎭)의 책임자를 진두(鎭頭)라고 불렀다.[115] 여기서 진두(鎭頭)는 '진(鎭)의 두상(頭上)'과 통하는 직명으로 이해된다. 872년(경문왕 12)에 작성한 황룡사구층목탑사리함기에 패강진도호(浿江鎭都護)란 직명(職名)이 보인다. 경문왕 12년(872) 이전에 패강진두상(두상대감)을 패강진도호로 개칭하였음을 알려준다. 이에 따른다면, 패강진두상 또는 두상대감은 선덕왕 3년에서 경문왕 12년 사이에 사용한 직명이라고 볼 수 있을 것이다.

앞의 〈표 4〉에서 보듯이 법당화척이 경덕왕대 이후에 설치하였다고 이

---

114) 한편 신라본기에는 선덕왕 4년 정월에 아찬 體信을 大谷鎭 軍主로 삼았다고 전한다.

115) 置穴口鎭 以阿湌啓弘爲鎭頭(『삼국사기』 신라본기제11 문성왕 6년 가을 8월).

해되는 사자금당에도 배속되었음을 알 수 있다. 이를 통해 법당화척이란 군관이 경덕왕대 이후에도 존재하였음을 엿볼 수 있음은 물론이다. 법당화척은 외여갑당에 102인, 노당에 45인이 배속되었고, 법당두상은 외법당에 102인, 노당에 45인 배속되었다. 법당화척과 법당두상이 모두 외법당과 노당에 동일한 인원으로 배속되었음을 염두에 둔다면, 법당두상 역시 법당화척과 마찬가지로 경덕왕대 이후에 존재하였다고 보아도 문제가 되지 않을 것이다. 그런데 『삼국사기』 직관지 무관 범군호조에 소개된 23군호 가운데 최고 지휘관을 두상이라고 불렀다고 전하는 군단이 없었다. 이와 더불어 선덕왕 3년에 설치한 대곡진〔大谷鎭; 패강진(浿江鎭)〕의 책임자를 두상(頭上)이라고 불렀다고 전하는 사실을 감안하건대, 법당두상을 설치한 시기는 범군호 23군단이 존재한 경덕왕 16년 이전이 아니라, 그 이후라고 보는 것이 보다 더 합리적이라고 판단된다. 아마도 선덕왕 3년에 대곡진(패강진) 두상을 설치하고, 혈구진의 책임자를 진두(鎭頭)라고 부른 것에서 엿볼 수 있듯이, 지방에 주둔한 군진(軍鎭)의 사령관을 두상〔頭上; 두상대감(頭上大監), 진두(鎭頭)〕이라고 부르면서, 법당군단에도 법당두상(法幢頭上)이란 군관직을 추가로 설치하였을 가능성이 높지 않았을까 한다. 물론 이와 동시에 법당벽주도 설치하였음은 물론이다.

만약에 필자의 이와 같은 추론이 허락된다고 한다면, 법당두상·법당벽주조 원전의 전거자료는 선덕왕 3년 이후에 찬술되었다고 보아도 문제가 없을 것이다. 패강진을 설치한 이후 흥덕왕 3년(828)에 청해진, 흥덕왕 4년(829)에 당성진(唐城鎭), 문성왕 6년에 혈구진을 설치하였다. 그런데 직관(하) 제군관조에서 패강진을 비롯한 하대에 설치한 군진(軍鎭)에 관한 정보를 전혀 소개하지 않았다. 한편 872년(경문왕 12)에 작성한 황룡사구층목탑사리함기에 찬자인 박거물(朴居勿)이 '시독겸우군대감겸성

공(侍讀右軍大監兼省公)'이었다고 전한다. 여기서 우군대감은 삼군(三軍)의 하나인 우군(右軍)의 대감(大監)을 가리킨다. 이를 통해 경문왕 12년(872)에 삼군이 상설적인 군사조직이었음을 추론할 수 있는데, 제군관조에서 이에 대한 언급을 전혀 찾을 수 없다. 따라서 제군관조의 원전이 찬술된 시기는 선덕왕 3년에서 경문왕 12년 사이로 볼 수 있을 것이다. 전에 필자는 822년(헌덕왕 14)에 웅천주도독(熊川州都督) 김헌창(金憲昌)이 반란을 일으켰을 때에 6정과 9서당이 아니라 중군(中軍)과 좌군(左軍), 우군(右軍)으로 편성된 삼군(三軍)을 출정시킨 사실을 주목하여, 헌덕왕 14년 이전에 6정과 9서당을 폐지하고, 삼군을 중심으로 행군군단을 편성하는 군사조직의 개편을 단행하였음을 살핀 바 있는데,[116] 이에 따른다면, 제군관조의 원전이 찬술된 시기는 선덕왕 3년에서 헌덕왕 14년 사이라고 좁혀서 볼 수 있지 않을까 한다. 이러한 추정은 신라본기와 제사지, 금석문 등에 전하는 지명 표기의 양상을 통해서도 보완이 가능하다.

앞에서 혜공왕에서 애장왕대까지의 신라본기 기록에서 경덕왕대에 개정한 지명을 거의 찾아볼 수 없었고, 헌덕왕대부터 문성왕대까지의 기록에는 경덕왕 16년 이전의 본래 지명이 많이 보이긴 하지만, 거기에서 경덕왕대에 개정한 지명도 다수 발견된다고 언급한 바 있다. 또한 청해진이 설치된 흥덕왕 3년(828)에서 청해진이 혁파된 문성왕 13년(851) 사이의 사실을 전하는 소사(小祀)와 중사(中祀)의 대상으로 지정된 주·군·현의 표기를 조사한 결과, 경덕왕대 이전 지명과 개정 지명을 혼용하였음을 살핀 바 있다. 그런데 제군관 사자금당주조와 비금당주조에 전하는 지명 표기를 보면, 모두 경덕왕대 이전 지명임을 확인할 수 있다. 이밖의 제군

---

116) 전덕재, 1997 앞의 논문, 49~51쪽.

관조에서 경덕왕대 개정 지명을 하나도 찾을 수 없다. 이와 같은 지명 표기의 특징을 염두에 둔다면, 제군관조의 원전이 찬술된 시기를 헌덕왕대 이후로 보기가 그리 쉽지 않을 듯싶다. 결국 제군관조 원전의 찬자는 선덕왕 3년에서 헌덕왕대 사이의 어느 시기에 다양한 전거자료를 참조하여 제군관조의 원전을 찬술하였다고 정리할 수 있을 것이다.

무관 제군관조에서 군관직에 대한 관등규정과 각 군관의 금(衿)의 착용 여부에 대해 설명하였다. 종래에 직관지 찬자가 별도의 추가자료를 근거로 하여 관등규정과 금의 착용 여부에 대해 기술하였다는 견해를 제기한 바 있다.[117] 필자는 앞에서 직관지 찬자는 제군관조 원전에 전하는 내용을 무관조에 대체로 인용하였음을 살핀 바 있다. 이에 따른다면, 제군관조 원전의 찬자가 제군관조 원전을 찬술하면서 군관직에 대한 관등규정을 정리한 전승자료, 금의 착용 여부를 규정한 별도의 전승자료에 전하는 내용을 참조하여 군관직의 관등규정 및 금(衿)의 착용 여부 등에 대해 추가로 첨입하였을 가능성이 더 높다고 보는 것이 옳지 않을까 한다.

제군관조에서 어떤 군관의 경우는 '무금(無衿)'이라고 기술하였고, 장군(將軍)과 화척(火尺), 흑의장창말보당주, 삼무당주, 사자금당감, 비금감, 착금감, 개지극당감, 법당두상, 법당벽주, 법당화척, 삼천졸에 대해서는 금의 착용 여부에 대해 기술하지 않았다. 이들 군관의 금(衿)의 착용 여부를 알 수 없었기 때문에 이에 대해 기술하지 않았다고 보인다. 그런데 만약에 직관지 찬자가 금(衿)의 착용 여부에 대해 직접 추가하여 첨입한 것이라고 가정한다면, 금의 착용 여부를 알 수 없다고 기술하였을 것으로 예상되지만, 제군관조에서는 이와 관련된 기술을 전혀 찾을 수 없다. 제군관조에서 직관지 찬자가 금의 착용 여부에 대해 알 수 없다고 기

---

117) 홍승우, 2015 앞의 논문, 188~195쪽.

술한 내용을 전혀 찾을 수 없다는 사실을 통해, 역설적으로 직관지 찬자가 제군관조 원전에 전하는 내용을 기초로 서술하면서, 금(衿)의 착용 여부에 관한 내용도 그대로 전재(轉載)하였다는 추론이 가능하지 않을까 한다. 앞에서 직관지 찬자가 군관직의 임용 가능한 관등규정을 추가로 첨입한 것이 아니라, 제군관조 원전에 전하는 내용을 그대로 전재하였음을 살핀 바 있다. 이처럼 직관지 찬자가 별도의 추가자료에 기초하여 금의 착용 여부, 군관직의 관등규정에 대한 정보를 제군관조에 추가로 첨입한 것이라고 볼 수 없다면, 결과적으로 제군관조 원전의 찬자가 제군관조 원전을 찬술할 때에 금의 착용 여부를 정리한 전승자료와 군관직의 관등규정에 대해 정리한 전승자료에 입각하여 군관직의 관등규정 및 금(衿)의 착용 여부 등을 추가로 첨입한 것이라고 봄이 합리적이라고 판단된다. 이에 따른다면, 제군관조 원전의 찬자는 군관들에 대해 기술한 다양한 전승자료, 군관직의 관등규정에 대해 기재한 전승자료, 금의 착용 여부에 대해 기록한 별도의 전승자료를 기초로 하여 원전을 찬술하였다고 정리할수 있을 것이다.

3. 외관조의 원전과 찬술

1) 외관과 패강진전, 외위 기록의 원전과 찬술

(1) 외관 기록의 원전과 찬술 시점
『삼국사기』 직관지에 전하는 지방관(외관)에 대한 기록을 제시하면 다음과 같다.

도독(都督)은 9명이었다. 지증왕(智證王) 6년(505)에 이사부(異斯夫)를 실직주(悉直州) 군주(軍主)로 삼았다. 문무왕(文武王) 원년(661)에 총관(摠管)으로 고쳤다가 원성왕(元聖王) 원년(785)에 도독으로 칭하였다. 관등이 급찬(級湌)에서 이찬(伊湌)까지인 자로 임용하였다. 사신(仕臣)〈혹은 사대등(仕大等)이라고도 하였다〉은 5명이었는데, 진흥왕(眞興王) 25년(564)에 처음 설치하였다. 관등이 급찬에서 파진찬(波珍湌)까지인 자로 임용하였다. 주조(州助)〈혹은 주보(州輔)라고도 하였다〉는 9명이었다. 관등이 나마(奈麻)에서 중아찬(重阿湌)까지인 자로 임용하였다. 군태수(郡太守)는 115명이었는데, 관등이 사지(舍知)에서 중아찬까지인 자로 임용하였다. 장사(長史)〈혹은 사마(司馬)라고도 하였다〉는 9명이었는데, 관등이 사지에서 대나마(大奈麻)까지인 자로 임용하였다. 사대사(仕大舍)〈혹은 소윤(少尹)이라고도 하였다〉는 5명이었다. 관등이 사지에서 대나마까지인 자로 임용하였다. 외사정(外司正)은 133명이었는데, 문무왕 13년(673)에 설치하였다. 관등은 자세하게 알 수 없다. 소수(少守)〈혹은 제수(制守)라고도 하였다〉는 85명이었는데, 관등이 당〔幢; 길사(吉士)〕에서 대나마까지인 자로 임용하였다. 현령(縣令)은 201명이었다. 관등이 선저지(先沮知)에서 사찬(沙湌)까지인 자로 임용하였다(『삼국사기』 잡지제9 직관(하) 외관).

신라본기에 지증왕 6년(505) 2월에 실직주(悉直州)를 설치하고 이사부(異斯夫)를 군주(軍主)로 삼았는데, 군주(軍主)의 명칭이 이로부터 시작되었다고 전한다. 또한 원성왕 즉위년 기록 말미에 총관(摠管)을 도독(都督)으로 고쳤다고 전한다. 필자는 전에 후자의 기사는 정확하게 월(月)을 알지 못하였기 때문에 원성왕 즉위년 기록 말미에 기술하였고, 이것의 원전은 위에서 인용한 기록이었음을 살핀 바 있다.[118] 반면에 신라본기에 지증왕 6년 2월에 이사부를 실직주 군주로 삼았다고 전하므로, 이에 관한 신라본기 기록의 원전이 위의 인용문이라고 보기 어려울 것이다. 신라본기에 문무왕 원년에 군주를 총관으로 개칭하였다는 기록이 전하지 않은 사실을 통해서도 주의 장관에 대한 기록의 원전이 신라본기의 기록이 아니었음을 방증할 수 있다. 더구나 신라본기에서 중대(中代)에 주(州)의 장관을 총관 또는 도독이라고 불렀음을 알려주는 기록이 다수 전하는데,[119] 이에 관한 언급을 위의 인용문에서 전혀 찾을 수 없는 점을 통해서도 다시금 위의 인용문 가운데 주의 장관에 관한 기록의 원전은 신라본기 기록 또는 이것의 전거자료가 아니었음을 환기할 수 있을 것이다.

신라본기에 문무왕 13년에 외사정(外司正)을 주(州)에 2인, 군(郡)에 1인을 두었다고 전하는데, 이것의 원전이 위의 인용문에 전하는 기록이었을 가능성이 높지 않을까 한다.[120] 한편 신라본기에 사대등(仕大等)을

---

118) 전덕재, 2015 『『삼국사기』 신라본기 중·하대 기록의 원전과 완성』 『대구사학』 120, 165~166쪽; 2018 『삼국사기 본기의 원전과 편찬』, 주류성, 185~186쪽.

119) 신라본기에서 태종무열왕 5년까지 주의 장관을 軍主라고 부르다가 태종무열왕 7년부터 주의 장관을 총관이라고 불렀다는 사실을 확인할 수 있다. 또한 문무왕 3년 이후에 주의 장관을 총관 또는 도독이라고 불렀음을 알려주는 기록을 여럿 발견할 수 있다. 혜공왕대에 제작된 사천 선진리비에 주의 장관을 總官(摠管)이라고 불렀다고 전하는 바, 이에 따르면 문무왕 3년부터 혜공왕대까지 주의 장관을 총관 또는 도독이라고 불렀다고 볼 수 있을 것이다. 그 이후 원성왕 원년에 주의 장관을 단지 도독이라고 부르는 조치를 취하였는데, 신라본기에 원성왕 원년에 총관을 도독이라고 개칭하였다고 전하는 것은 바로 원성왕 원년부터 주의 장관을 단지 도독이라고만 부른다는 조치를 취하였던 사실을 반영한 것이라고 봄이 합리적일 듯싶다.

120) 신라본기에서 문무왕 13년 겨울에 唐軍이 고구려 牛岑城을 공략하여 항복시켰고, 거란·말갈 군사가 大楊城과 童子城을 공격하여 멸하였다고 기술한 다음, 이어서 거기에 '처음으로 外司正을 두었는데, 주에 2인, 군에 1인이었다.'고 전하고 있음을 확인할 수 있다. 이처럼 겨울 기사 다음에 외사정에 관한 기사가 보이는 사실을 염두에 둔다면, 외사정에 관한 기사는 月을 정확하게 알지 못하여 문무왕 13년 기록의 말미에 첨입한 경우라고 추론할 수 있다. 신라본기의 찬자는 신라본기의 원전이 아니라 이것과 별개의 전승자료에 전하는 月을 정확하게 알지 못하는 기록을 신라본기 해당년조 말미에 첨입하였다고 이해되고 있다(전덕재, 2018 앞의 책, 95~113쪽). 이에 따른다면, 외사정에 관한 기록도 직관지 외관조에서 인용하여 문무왕 13년 기록 말미에 첨입한 사례였을 가능성

진흥왕 25년(564)에 처음으로 설치하였다는 기록이 전하지 않는 사실, 신라본기 경덕왕 16년 기록에 신라 전역에 군 117개, 현 293개가 있었다고 전함에 비해 위의 인용문에 군태수는 115명, 현령·소수는 286명이었다고 전하는 사실 등을 감안하건대, 소경과 주, 현에 파견된 지방관에 관한 기록의 원전이 신라본기 기록 또는 이것의 원전이라고 볼 수 없을 것이다. 『당육전(唐六典)』 및 『구당서(舊唐書)』 직관지(職官志)와 비슷한 성격을 지닌 직관지류의 전승자료에는 관직의 연혁에 대한 사항을 기재하는 것이 일반적이다. 그러나 위의 인용문에 지방에 파견된 관리의 연혁에 대한 서술이 자세하게 전하지 않기 때문에 위에서 인용한 기록의 원전이 직관지류의 성격을 지닌 전승자료였을 가능성은 낮다고 봄이 옳을 것이다. 그리고 통상 교령(教令)이나 이것을 집성(集成)한 격(格)에는 관직을 설치하거나 개변(改變) 또는 폐지한 시기를 밝히는 것이 관례였으므로, 지방관에 관한 기록의 기본원전을 교령(教令) 또는 격(格)이라고 보는 것에도 선뜻 동의하기 어렵지 않을까 한다.

위의 기록의 세주(細注)에서 사신(仕臣)은 혹은 사대등(仕大等), 주조(州助)는 혹은 주보(州輔), 장사(長史)는 혹은 사마(司馬), 사대사(仕大舍)는 혹은 소윤(少尹), 소수(少守)는 혹은 제수(制守)라고도 불렀다고 하였다. 세주는 직관지의 찬자가 위의 기록 원전 이외에 별도의 전승자료에 전하는 내용을 직관지를 찬술할 때에 인용하여 제시한 것으로 이해된다. 세주에서 언급한 지방관의 이칭을 『삼국사기』의 다른 기록에서 찾을 수 없다. 그런데 상대등(上大等)을 상신(上臣)이라고도 불렀다는 기록이 전하므로,[121] 사신을 사대등이라고 불렀음을 쉽게 추론할 수 있다.

이 높지 않을까 한다.

121) 諸軍官 將軍共三十六人 掌大幢四人 貴幢四人 漢山停〈羅人謂營爲停〉三人 完山停三人 河

신라본기 찬자는 사신을 사대등이라고 전하는 기록을 참조하여 세주에서 이러한 사실을 소개하였다고 짐작해볼 수 있다. 주조(州助)를 주보(州輔)라고도 불렀다고 전하는 사례도 이와 비슷한 경우라고 보인다.[122] '조(助)'와 '보(輔)'가 같은 뜻을 지닌 한자였다는 사실과 중국 당나라에서 주조 또는 주보를 주의 속관(屬官)으로 삼은 예를 찾을 수 없는 사실 등을 통해 이러한 추정을 뒷받침할 수 있을 것이다.

함통(咸通) 11년, 즉 경문왕 10년(870) 5월에 작성된 전남 장흥 보림사(寶林寺) 북탑지(北塔誌)에 서원부(西原部) 소윤(少尹) 나말(奈末) 김수종(金遂宗)이 아뢰었다는 기록이 보인다. 서원부는 서원경(西原京)을 가리킨다. 이를 통해 늦어도 경문왕 10년(870)에 소경의 차관인 사대사를 소윤이라고 부르기도 하였음을 엿볼 수 있다. 이와 관련하여 하대에 이르러 사신을 대윤(大尹)이라고 불렀다는 사실이 주목된다. 『삼국사기』 김양열전에 김양이 흥덕왕 3년(828)에 고성군태수(固城郡太守)가 되었고, 곧바로 중원대윤(中原大尹)에 임명되었다가 조금 후에 무주도독(武州都督)으로 옮겼다고 전한다. 836년 12월에 김양은 균정(均貞)과 제륭(悌隆)의 왕위계승분쟁에 관여하였다. 따라서 김양이 중원대윤을 역임한

西停二人 牛首停二人 位自眞骨上堂至上臣爲之(『三國史記』 雜志第9 職官(下) 武官).

是月 遣使送己能末多干岐 幷詔在任那近江毛野臣 推問所奏 和解相疑. …… 由是 新羅改遣其上臣伊叱夫禮智干岐〈新羅 以大臣爲上臣. 一本云 伊叱夫禮知奈末〉率衆三千 來請聽勅. …… 乞者見云 謹待三月 伫聞勅旨 尙不肯宣. 惱聽勅使 乃知欺誑 誅戮上臣矣. 乃以所見 具述上臣. 上臣抄掠四村(『日本書紀』 卷17 繼體天皇 23년 여름 4월).

是歲 …… 新羅遣上臣大阿湌金春秋等 送博士小德高向黑麻呂小山中中臣連押熊 來獻孔雀一隻 鸚鵡一隻. 仍以春秋爲質 春秋美姿顏善談笑(『日本書紀』 卷25 孝德天皇 大化 3년).

丁未 中臣內臣 使沙門法辨泰筆 賜新羅上臣大角干庾信船一隻 付東嚴等(『日本書紀』 卷27 天智天皇 7년 가을 9월).

122) 872년(경문왕 12) 11월 25일에 작성된 황룡사구층목탑사리함기에 경문왕이 871년 8월 12일에 황룡사탑이 기울어진 것을 애석하게 여겨 上宰相 金魏弘, 康州輔 重阿干 金堅其 등에게 낡은 것을 없애고 새 것을 만들도록 지시하였다는 내용이 전한다.

것은 828년에서 836년 사이였다고 볼 수 있다. 여기서 중원대윤은 중원경(中原京)의 사신(仕臣)을 가리킨다.[123]

당나라에서 경조부(京兆府)와 하남부(河南府), 태원부(太原府)를 3경부[京府; 都府]라고 부르며, 이것들이 지방행정단위 가운데 등급이 가장 높았다. 개원(開元) 원년(713)에 옹주(雍州)와 낙주(洛州)를 경조부(京兆府)와 하남부(河南府)로, 개원 11년(723)에 병주(幷州)를 태원부(太原府)로 개편함으로써 비로소 3경부(京府)가 모두 갖추어지게 되었다. 3경부의 장관은 목(牧)이었지만, 실질적인 행정은 그 밑의 관직인 윤(尹)이 처리하였고, 소윤(少尹)이 윤(尹)의 행정을 보좌하였다.[124] 신라인들은 당나라의 3경부와 그 관리인 소윤에 견주어 보림사 북탑지에서 서원경을 서원부(西原部)로, 사대사(仕大舍)를 소윤(少尹)으로 기술한 것으로 이해된다. 소경의 사대사를 소윤이라고도 부른 시점에 소윤의 상관(上官)인 3경부의 윤(尹)에 견주어 소경의 장관인 사신을 대윤(大尹)이라고도 불렀다고 볼 수 있을 것이다. 신라본기 헌덕왕 14년(822) 3월 기록에 소경의 장관을 사신(仕臣)이라고 불렀다고 전하고, 이후 사신이 전하는 기록을 찾을 수 없다. 경문왕 10년(870) 5월에 서원경의 사대사를 소윤이라고 불렀던 점을 감안하건대, 소경의 장관과 차관을 대윤(大尹), 소윤(少尹)이라고 부르기 시작한 것은 헌덕왕 14년(822)에서 경문

---

123) 김양열전에 固城郡, 武州, 中原, 南原, 鵝洲, 鐵冶縣, 大丘, 康州, 奈靈郡 등의 지명이 전하는데, 여기서 鵝洲는 거제군의 영현인 鵝洲縣을 가리키는 것으로 보인다. 그런데 흥미로운 사실은 이들 지명은 모두 경덕왕 16년에 漢式으로 개칭한 것에 해당한다는 사실이다. 필자는 1부 2장 1절에서 신라에서 문성왕 17년(855) 이후에 경덕왕대 개정 지명을 널리 사용하였음을 논증하였다. 이에 따르면, 김양열전은 문성왕 17년 이후에 정리된 원전에 의거하여 찬술되었다고 볼 수 있을 것이다. 김양이 828년에서 836년 사이에 본래 中原京仕臣을 역임하였지만, 문성왕 17년 이후에 김양열전 기록의 원전을 찬술하면서 이것을 中原(京)大尹이라고 개서한 것으로 이해된다.

124) 兪鹿年編著, 1992『中國官制大辭典』上, 黑龍江人民出版社, 666~671쪽.

왕 10년(870) 사이였다고 정리할 수 있는데, 당의 3경부 관직명에 견주어 대윤과 소윤이란 명칭을 사용하였음을 감안하건대, 한식(漢式)으로 개정한 지명을 널리 사용하기 시작한 문성왕 17년에서 경문왕 10년 사이에 소경의 장관과 차관을 대윤(大尹)과 소윤(少尹)이라고 부르기 시작하였다고 봄이 합리적이라고 판단된다.

『삼국사기』와 금석문에서 주(州)의 속관(屬官)인 장사(長史) 대신 사마(司馬)라고 부른 사례를 찾을 수 없다. 반면에 주조(州助)를 별가(別駕)라고 부른 사례를 금석문에서 확인할 수 있다. 문성왕 17년(855)에 작성된 창림사무구정탑지(昌林寺無垢淨塔誌)에 김억령(金嶷寧)이 수명주별가(守溟州別駕)였다고 전한다. 또한 성주사낭혜화상탑비(聖住寺朗慧和尙塔碑)에 낭혜화상 무염(無染)이 입적한 지 2년 뒤인 890년(진성여왕 4)에 무주도독(武州都督) 소판(蘇判) 김일(金鎰), 집사시랑(執事侍郞) (김)관유〔(金)寬柔〕, 패강도호(浿江都護) 함웅(咸雄), 전주별가(全州別駕) 영웅(英雄) 등이 진성여왕에게 무염에게 시호를 내려줄 것과 탑명(塔銘)을 지어줄 것을 청하였다는 내용이 보인다. 이밖에 『속일본후기(續日本後紀)』 권11 인명천황(仁明天皇) 승화(承和) 9년(842, 문성왕 4) 봄 정월 기록에 장보고를 살해한 염장(閻丈)이 무진주열하(武珍州列賀)였다고 전하는데,[125] 여기서 열하(列賀)는 별가(別駕)를 가리키는 것으로 보인다. 위의 기록들을 참조한다면, 늦어도 문성왕대부터 주(州)의 속관(屬官)인 주조(州助)를 별가(別駕)라고 불렀다고 볼 수 있다.[126] 신

---

125) 乙巳 新羅人李少貞等 卅人到着筑紫大津. 大宰府遣使問來由 頭首少貞申云 張寶高死 其副將李昌珍等欲叛亂 武珍州列賀閻丈 興兵討平 今已無虞. 但恐賊徒漏網 忽到貴邦 擾亂黎庶 若有舟船到彼不執文符者 並請切命所在推勘收捉(『續日本後紀』 권11 仁命天皇 承和 9년 봄 正月).

126) 당나라 武德(618~629) 초에 州의 屬官인 長史를 別駕로 개칭하였고, 貞觀 23년(649)에 別駕를 다시 長史로 개칭하였다. 그 뒤에 上元 2년(675)에 長史 바로 위의 관직으로서

라본기 헌덕왕 14년(822) 3월 기록에 완산주(完山州) 장사(長史) 최웅(崔雄), 주조(州助) 아찬 정련(正連)의 아들 영충(令忠) 등이 왕경으로 와서 김헌창이 반란을 일으킨 사실을 고한 내용이 전한다. 이러한 사실과 872년에 작성된 황룡사구층목탑사리함기에 강주보(康州輔)란 직명이 보이고 있는 점 등을 두루 고려하건대, 헌덕왕 14년(822)에서 문성왕 4년(842) 사이에 주조(州助)를 처음으로 별가(別駕)라고 불렀고, 문성왕 4년 이후에 별가와 주보(州輔)를 함께 사용하였다고 정리할 수 있을 것이다.

『삼국사기』와 금석문 등에 소수(少守)를 제수(制守)라고도 불렀음을 알려주는 기록이 전해지지 않는다. 이에 반해 소수(少守)를 부수(副守 또는 부관副官)라고 불렀음을 시사해주는 자료를 찾을 수 있다. 보림사보조선사탑비(寶林寺普照禪師塔碑)에 대중(大中) 13년(859, 헌안왕 3) 6월에 헌안왕이 왕명(王命)으로 장사현부수(長沙縣副守) 김언경(金彦卿)을 파견하여 보조선사 체징(體澄)에게 차와 약을 보내고 맞이하게 하였다는 기록이 전한다. 또한 858년(헌안왕 2) 7월 17일에 조성된 보림사(寶林寺) 비로자나불(毘盧舍那佛) 조상기(造像記)에 김수종(金遂宗)이 무주(武州) 장사현(長沙縣) 부관(副官)이라고 전한다.[127] 기존에 김언경과 김수종은 동일 인물이라고 이해한 바 있다.[128] 이에 따른다면, 부수(副守)와 부관(副官)은 동일한 관직을 가리킨다고 볼 수 있을 것이다. 홍

別駕를 별도로 설치하였다(兪鹿年編著, 1992 앞의 책, 702~704쪽). 신라인들은 당나라에서 주의 屬官으로서 長史 위에 別駕를 설치한 사실을 감안하여 州助를 別駕라고도 불렀던 것으로 이해된다.

127) 한편 高達院元宗大師慧眞塔碑에 원종대사 璨幽의 아버지 容이 長沙縣令을 역임하였다고 전한다. 이를 통해 신라 말기에 장사현에 때에 따라 少守 또는 縣令을 파견하였음을 엿볼 수 있다.

128) 이기동, 1978 「新羅金入宅考」『진단학보』5; 1984 『신라 골품제사회와 화랑도』, 일조각, 189쪽.

녕사징효대사보인탑비(興寧寺澄曉大師寶印塔碑)에 진성여왕이 황양현부수(荒壤縣副守) 장연열(張連說)을 징효대사 절중(折中)에게 보내 차와 향, 편지를 전하게 하였다는 기록이 전한다. 현재까지 현에 현령과 소수를 파견하였다고 전할 뿐이고, 이밖에 중앙에서 현에 또 다른 관리를 파견하였다는 자료를 찾을 수 없는 바, 부수(副守)는 소수를 가리키는 것으로 이해하여도 무방할 것이다. 이에 따른다면, 헌안왕 3년 이전 어느 시기부터 소수를 부수(副守)라고도 불렀다는 추론이 가능하다. 그런데 직관지 외관조에서는 소수(少守)를 부수(副守)라고도 불렀다는 사실을 밝히지 않았다.

이상의 검토를 통해 문성왕 17년(855)에서 경문왕 10년(870) 사이에 소경(小京)의 장관과 차관을 대윤(大尹), 소윤(少尹)이라고 부르기 시작하였고, 아울러 헌덕왕 14년(822)부터 문성왕 4년(842) 사이에 주조(州助)를 별가(別駕)라고 부르기도 하였으며, 헌안왕 3년(859) 이전 어느 시기부터 소수(少守)를 부수(副守)라고도 불렀음을 살필 수 있었다. 그런데 위에서 인용한 기록에서는 세주(細注)로서 소경의 차관인 사대사를 소윤, 소수를 제수라고도 불렀다는 사실만을 밝혔을 뿐이고, 사신과 주조, 소수를 대윤, 별가, 부수라고도 불렀다는 사실에 관해 언급하지 않았다. 결과적으로 직관지 찬자가 사대사를 소윤, 소수를 제수라고 불렀다고 전하는 전승자료를 참조한 반면, 사신과 주조, 소수를 대윤, 별가, 부수라고 불렀다고 전하는 전승자료를 입수하지 못하였거나 참조하지 않았다고 이해할 수 있다. 이러한 사실들을 두루 감안하건대, 직관지 찬자가 참조한 지방관에 관한 기록의 원전은 헌덕왕 14년(822)에서 문성왕 4년(842) 또는 늦어도 문성왕 17년(855) 사이에 정리된 전승자료였을 가능성이 높다고 볼 수 있을 것이다.

지방관에 관한 기록의 원전이 헌덕왕 14년에서 문성왕 4년 또는 늦어도 문성왕 17년 사이에 정리되었을 것이라는 추정은 위의 기록에서 군태수(郡太守) 115명, 소수(少守) 85명, 현령(縣令) 201인이었다고 언급한 사실을 통해서도 뒷받침할 수 있다. 〈표 1〉은 『삼국사기』 신라본기 경덕왕 16년 12월 기록에 전하는 9주의 군·현 및 지리지의 신라지와 고구려·백제지에 전하는 9주의 군·현에 대한 현황을 근거로 시기에 따라 군·현 수가 어떻게 달라졌는가를 조사하여 정리한 것이다.[129]

〈표 1〉 『삼국사기』 신라본기와 지리지에 전하는 군·현 수 변동

분류	고구려·백제지[130]		본래의 읍호[131]		경덕왕 16년[132]		신라지	
	군	현	군	현	군	현	군	현
상주(尙州)	(10)[133]	(30)	10	30	10	30	10	31[134]
양주(良州)	(12)	(34)	12	34	12	34	12	34[135]
강주(康州)	(11)	(27)	11	27	11	27	11	30[136]
한주(漢州)	18	45	17	46[137]	27	46[138]	28	49[139]
삭주(朔州)	13	29	12	26[140]	11	27[141]	12	26[142]
명주(溟州)	8	22	8	26[143]	9	25[144]	9	25
웅주(熊州)	13	29	13	29	13	29	13	29
전주(全州)	10	31	9	32[145]	10	31[146]	10	31
무주(武州)	14	44	13	45[147]	14	44[148]	15	43[149]
합계	(109)	(291)	105	295	117	293	120	298

---

129) 〈표 1〉에서 9주와 5소경에 대한 정보는 제외하였다.

130) 고구려·백제지에 邑格이 구체적으로 전하지 않는 경우, 신라지에 전하는 邑格에 의거하여 군 또는 현으로 구분하였다. 한편 고구려·백제지에서는 경덕왕대에 설치한 6군·4현과 헌덕왕대에 설치한 1군·3현, 그리고 태봉대에 설치한 것으로 알려진 仇乙峴 등 12개 지명을 제외하였다. 그리고 奈已郡은 백제지에 서술되어 있으나, 〈표 1〉에서는 朔州의

郡으로 인정하여 반영하였다.

131) 본래의 읍호에서는 경덕왕대와 헌덕왕대에 한주에 설치한 군·현을 제외하였다.

132) 신라는 경덕왕 7년(746)에 大谷郡과 水谷城縣, 冬彡忽郡, 刀臘縣을 설치하였고, 그 이후 경덕왕 21년(762)에 內米忽郡을 비롯한 6군을 설치하였다가, 후에 이 가운데 獐塞郡과 十谷城郡(德谷郡)을 현으로 개편하였던 것으로 확인된다. 따라서 경덕왕 16년에는 경덕왕대 말기에 개편된 군·현에 관한 현황이 반영되어 있다고 이해할 수 있다.

133) ( )는 본래의 읍호에서 제시한 군·현과 그 이전 시기의 군·현의 수가 같다고 전제하고 추정한 숫자를 말한다.

134) 경덕왕 16년 이후에 새로 설치한 价同兮縣에 관한 사항이 반영되어 현의 수에 변동이 나타났다.

135) 신라지 양주조에 본래의 읍호만이 전하고 경덕왕 16년에 개정한 지명에 관한 정보가 전하지 않는 音汁火縣, 長鎭縣이 보이지만, 경덕왕 16년에 설치한 현의 수와 신라지에 전하는 현의 수가 동일한 바, 경덕왕 16년 이후에 2개의 현을 폐지하고, 새로 음즙화현과 장진현을 설치한 것으로 이해된다.

136) 경덕왕 16년 이후에 새로 설치한 屈村縣·省良縣·蚊火良縣 등에 관한 내용이 반영되어 현의 수에 변동이 나타났다.

137) 買省郡을 買省縣으로 개편한 사실이 반영되었다.

138) 경덕왕 7년과 경덕왕대 말기에 6군(永豊郡, 海皐郡, 瀑池郡, 重盤郡, 栖嵒郡, 五關郡)·4현(檀溪縣, 鎭湍縣, 雊澤縣, 獐塞縣)을 설치한 사실 및 경덕왕 16년에 獐項口縣, 買省縣, 泉井口縣, 烏斯含達縣을 한식으로 개정함과 동시에 군으로 승격시킨 사실(獐口郡, 來蘇郡, 交河郡, 兎山郡)이 반영되어 군·현 수에 변동이 발생하였다.

139) 헌덕왕대에 설치한 1군(取城郡)·3현(土山縣, 唐嶽縣, 松峴縣)에 대한 정보가 반영되었다.

140) 본래 우수주(삭주)에 속하였던 奈生郡과 그의 영현 3개를 河西州(명주)로 소속을 변경한 사실이 반영되었다.

141) 경덕왕 16년에 어떤 郡을 縣으로 개편한 것으로 추정된다.

142) 경덕왕 16년 이후에 어떤 현을 군으로 승격시킨 것으로 판단된다. 종래에 경덕왕 16년 이후에 岐城縣을 岐城郡으로 승격시켰다고 이해하였다(김태식, 1995 『삼국사기』 지리지 신라조의 사료적 검토-원전 편찬 시기를 중심으로-」『삼국사기의 원전 검토』, 한국정신문화연구원, 188~191쪽). 한편 윤경진, 2012『고려사 지리지의 분석과 보정』, 여유당, 156~157쪽에서는 신라지의 찬자가 潘南縣을 潘南郡으로, 기성현을 기성군으로 잘못 기재하였다는 견해를 제출하였다.

143) 나생군과 그 영현 3개를 우수주에서 하서주(명주)로 소속을 변경한 사실, 于珍也郡, 助攬郡, 屈火縣을 우진야현, 조람현, 굴화군으로 개편한 사실이 반영되어 군·현 수에 변동이 생겼다.

144) 우진야현을 경덕왕 16년에 漢式으로 개정하면서 郡으로 승격시킨 사실(蔚珍郡)이 반영되었다.

145) 碧骨郡을 碧骨縣으로 개편한 사실이 반영되었다.

〈표 1〉에서 고구려·백제지의 군·현 수는 잡지제6 지리4 고구려·백제 기록(이하 고구려·백제지라고 명명함)에 전하는 옛 고구려·백제지역에 설치한 군·현의 현황을 반영한 것이고, 본래의 읍호의 군·현 수는 잡지 제3~5 지리1~3 기록(이하 신라지라고 명명함)에 '本~', '本高句麗~', '本百濟~'라고 전하는 군·현의 현황을 정리한 것을 이른다. 경덕왕 16년 의 군·현 수는 신라본기 경덕왕 16년 12월 기록에 전하는 9주의 군·현 수를 정리한 것이고,[150] 신라지의 군·현 수는 신라지에 표제읍호(標題 邑號)로 제시된 군·현의 현황을 반영한 것이다. 필자는 앞에서 고구려· 백제지에는 신문왕 9년에서 성덕왕대 사이에 존재한 한주 등 6주의 군· 현에 대한 현황, 본래의 읍호에는 성덕왕대에서 경덕왕 16년 사이에 존 재한 9주의 군·현에 대한 상황이 반영되어 있으며, 신라지에는 9세기 후 반 경문왕 또는 헌강왕대의 군·현에 대한 현황이 정리되어 있음을 논증 한 바 있다. 이러한 연구결과를 존중한다면, 성덕왕대에서 경덕왕 16년 사이에 군 105개, 현 295개가 존재하였다가 경덕왕 16년에서 경덕왕대 말기 사이에 군 117개, 현 293개가 존재하였고, 다시 9세기 후반 경문왕 또는 헌강왕대에 군 120개, 현 298개가 존재하였다고 볼 수 있다. 만약 에 신문왕대에서 성덕왕대 사이에 상주와 양주, 강주에 소속된 군·현과

---

146) 경덕왕 16년에 벽골현을 漢式으로 개정하면서 군으로 승격시킨 사실〔金堤郡〕이 반영되 어 군·현 수에 변동이 생겼다.

147) 阿次山郡을 아차산현으로 개편한 사실이 반영되었다.

148) 아차산현을 한식으로 개정하면서 군으로 승격시킨 사실〔壓海郡〕이 반영되어 군·현 수에 변동이 생겼다.

149) 경덕왕 16년 이후에 어떤 현을 군으로 승격시킨 사실이 반영되었다. 종래에 潘南縣을 潘南郡으로 승격시켰다고 이해하였다(김태식, 1995 앞의 논문, 189~191쪽).

150) 여기에는 경덕왕대 말기에 설치한 4군(瀑池郡, 重盤郡, 栖嵒郡, 五關郡)과 2현(鎭湍縣, 獐塞縣)이 포함되어 있다.

성덕왕대에서 경덕왕 16년 사이 존재한 군·현이 차이가 없다고 한다면, 신문왕대에서 성덕왕대 사이에 군 109개, 현 291개가 존재하였다고 볼 수 있을 것이다.

종래에 115명의 군태수, 286명의 현령 또는 소수를 파견한 시기를 경덕왕 16년으로 보는 견해와[151] 신문왕 5년에서 경덕왕 7년 사이로 보는 견해가[152] 제기되었다. 이 문제와 관련하여 언제 군(郡)이 115개 이상으로 늘어났는가를 주목할 필요가 있다. 신문왕대에서 성덕왕대 사이에 군은 109개였다가 성덕왕대에서 경덕왕 16년 사이에는 105개로 줄어들었음을 살필 수 있다. 그리고 경덕왕대에 6군 4현을 설치하고, 경덕왕 16년에 일부 군·현의 읍격(邑格)을 조정함에 따라 비로소 115군을 넘길 수 있었다. 이러한 측면을 염두에 둔다면, 군을 115개 설치한 시기를 경덕왕 16년 이전이라고 이해하기는 어렵지 않을까 한다. 신라본기에는 경덕왕 16년 12월에 군이 117개, 현이 293개였다고 기술되어 있는데, 여기에는 경덕왕대 말기에 패강지역에 설치한 4군 2현이 포함되었다. 이것을 제외하면, 경덕왕 16년에는 113군, 291현이 있었다고 볼 수 있는 바, 115개의 군에 태수를 파견하였다고 전하는 직관지 외관조의 기록이 경덕왕 16년의 상황을 반영하였다고 단정하기도 그리 쉽지 않을 듯싶다.

성각열전(聖覺列傳)에 성각이 한때 일리현(一利縣) 법정사(法定寺)에 거처하였다고 전하는데, 지리지에는 일리군(一利郡)이라고 전하여 차이를 보인다. 성각열전에 대신(大臣) 각간 김경신(金敬信), 이찬 김주원(金周元)이 성각이 지극정성으로 부모로 섬겼다는 소식을 들었다고 전하므로, 성각이 생존하였던 시기는 선덕왕대(宣德王代)로 추정된다.

---

151) 이인철, 1998 「지방·군사제도의 재편성」 『한국사』 9(통일신라), 국사편찬위원회, 131쪽.
152) 박수정, 2016 『삼국사기』 직관지 연구」, 고려대학교 박사학위논문, 97~98쪽.

한편 신라본기 헌덕왕 8년(816) 기록에 한산주(漢山州) 당은현(唐恩縣)에서 돌이 저절로 100여 보를 옮겨갔다고 전한다. 지리지에는 경덕왕 16년에 당성군(唐城郡)을 당은군(唐恩郡)으로 개칭하였다고 전하므로, 경덕왕 16년에서 헌덕왕 8년 사이에 당은군을 당은현으로 개편하였다고 이해할 수 있다. 한편 헌덕왕 15년(823) 2월에 수성군(水城郡)과 당은현(唐恩縣)을 합쳤다는 기록이 전하고, 흥덕왕 4년(829) 2월에 당은군(唐恩郡)을 당성진(唐城鎮)으로 삼았다는 기록이 전한다.[153] 두 기록을 종합하면, 헌덕왕 15년 2월에 수성군을 없애고 그것을 당은현과 합쳐 당은군으로 불렀음을 살필 수 있다. 이러한 사례는 경덕왕 16년 이후에 군현에 대한 재편작업이 지속되었음을 시사해주는 측면으로 주목된다. 또한 신라본기 소성왕 원년(799) 3월 기록에 냉정현(冷井縣), 흥덕왕 3년(828) 4월 기록에 한산주(漢山州) 표천현(瓢川縣)이 전하는데, 이것들은 지리지에서 발견할 수 없다.[154] 『삼국사기』 지리지에 전하는 읍격과 다른 사례가 발견되는 것이나, 지리지에 전하지 않는 지명이 신라본기 등에서 발견되는 사례를 통해, 경덕왕 16년 이후에 군현을 여러 차례에 걸쳐 재편하였음을 추론할 수 있다. 따라서 군이 115개가 되었던 시점도 결국 경덕왕 16년 이후라고 봄이 자연스럽지 않을까 한다.

다만 군이 115개가 된 시점이 경덕왕 16년 이후라고 볼 때, 문제는 현령과 소수 286명을 파견한 사실을 어떻게 합리적으로 설명할 수 있는가

---

153) 신라본기 헌안왕 2년(858) 기록에 唐城郡의 남쪽 강가에 큰 물고기가 나왔다고 전하는 사실을 주목하건대, 헌덕왕 15년에 당은군을 없애고 당성진을 설치한 것이 아니라, 당은군지역에 당성진을 설치하고, 그때 또는 그 이후부터 唐恩郡을 唐城郡이라고 불렀다고 이해할 수 있다.

154) 『삼국사기』 김유신열전에 파주시 적성면을 흐르는 임진강을 瓢河라고 불렀음을 알려주는 기록이 전한다. 이를 근거로 하여 來蘇郡 重城縣(七重縣)을 瓢川縣이라고 別稱하였거나 또는 改稱하였다고 추정해볼 수 있다.

에 관해서이다. 경덕왕 16년에서 21년 사이에 현이 293개 존재하였던 바, 이 문제를 해결하는 관건은 그 이후 시기 언제인가 현이 286개로 줄어들었다는 사실을 과연 입증할 수 있느냐의 여부에 달려있다고 해도 과언이 아니다. 현재 이러한 사실을 입증해줄 수 있는 자료를 찾기가 난망한 형편이다. 그러나 경덕왕 16년 이후에 여러 차례에 걸쳐 군현을 재편하였다는 사실을 감안하건대, 하대의 어느 시점에 293개의 현을 286개로 축소 조정하였을 가능성도 완전히 배제할 수 없지 않을까 한다. 여기다가 한 가지 더 고려할 사항은 외관조에 소수(少守) 85명, 현령 201명을 파견하였다고 전할 뿐이지, 거기에서 현이 286개가 존재한다고 언급하지 않았다는 점이다. 일부 현의 경우는 현령 또는 소수를 파견하지 않고, 인접한 현이나 군에 파견된 지방관이 통치하였을 가능성도 충분히 상정해볼 수 있기 때문이다. 추론에 추론을 더하여 이끌어낸 결론이기 때문에 약간의 불안감을 떨치기 어렵지만, 군에 115명의 태수를 파견한 시점은 경덕왕 16년 이후였음이 확실시된다는 점에서 지방관에 관한 기록은 경덕왕 16년 이후의 현황을 반영한다고 보아도 크게 이견이 없지 않을까 한다. 앞에서 신라지에 전하는 군·현 수는 경문왕 또는 헌강왕대의 현황을 반영한다고 언급한 사실을 염두에 둔다면, 결국 115명의 태수와 286명의 현령 또는 소수를 파견한 시점은 경덕왕 16년 이후에서 경문왕 또는 헌강왕대 사이라고 볼 수 있는 바, 이를 통해 앞에서 지방관에 관한 기록이 헌덕왕 14년에서 문성왕 4년 또는 늦어도 문성왕 17년 사이에 찬술되었다고 추론한 사실을 보완할 수 있음은 물론이다.

직관지 외관에 관한 기록에는 직명(職名), 정원(定員), 간략한 연혁, 관등규정 또는 직명, 정원, 관등규정 등이 기술되어 있다. 이러한 구성은 대체로 중앙행정관서 기록의 그것과 유사하다고 볼 수 있다. 필자는 앞에서 직관지 중앙행정관서 기록의 원전은 흥덕왕 4년(829) 이후에서 헌안왕 즉위년(857) 사이에 찬술되었음을 밝힌 바 있다. 중행정관서 기록의 형식과 유사한 지방관에 관한 기록의 원전 역시 중앙행정관서 기록의 원전을 찬술할 때 또는 그것과 가까운 시기에 찬술되었을 가능성을 충분히 상정해볼 수 있을 것이다. 여기서 이에 대해 더 이상 고구(考究)하기 어렵지만, 향후 충분하게 검토할 가치가 있지 않을까 한다. 결국 직관지 찬자는 헌덕왕 14년에서 문성왕 4년 또는 늦어도 문성왕 17년 사이에 찬술된 지방관에 관한 기록의 원전에 기술되어 있는 내용을 직관지 외관조에 인용한 다음, 다른 전승자료에 전하는 지방관의 이칭(異稱)을 추가로 세주(細注)로 첨입하여 지방관에 관한 기록을 완비하였다고 정리할 수 있다.

(2) 패강진전과 지방민·고구려·백제인 사여 관위 기록의 원전

직관지에는 외관 기록에 이어, 패강진전(浿江鎭典)에 관한 기록이 전한다. 이에 관한 기록을 제시하면 다음과 같다.

두상대감(頭上大監)은 1명이었다. 선덕왕(宣德王) 3년(782)에 처음으로 대곡성두상(大谷城頭上)을 설치하였다. 관등은 급찬(級湌)에서 사중아찬(四重阿湌)까지인 자로 임용하였다. 대감(大監)은 7명이었는데, 관등은 태수(太守)와 같았다. 두상제감(頭上弟監)은 1명이었다. 관등은 사지(舍知)에서 대나마(大奈麻)까지인 자로 임용하였다. 제감(弟監)은 1명이었다. 관등이 당(幢; 길사)에서 나마(奈麻)까지인 자로 임용하였다. 보감(步監)은 1명이었다. 관등이 현령(縣令)과 같았다. 소감(少監)은 6명이었는데, 관등이 선저지(先沮知)에서 대사(大舍)까지인 지로 임용하였다.(『삼국사기』 잡지제9 직관(하) 패강진전).

신라본기에 선덕왕 4년(783) 정월에 아찬 체신(體信)을 대곡진군주(大谷鎭軍主)로 삼았다고 전한다. 반면에 위의 기록에서 선덕왕 3년(782)에 대곡성두상(大谷城頭上)을 처음으로 설치하였다고 하였다. 이 기록에 근거하여 선덕왕 3년에 대곡성(황해북도 평산군)에 군진(軍鎭)을 설치하고, 그 책임자로서 두상(頭上)을 두었다고 이해할 수 있다. 그리고 신라본기의 기록은 그 다음해 정월에 김체신(金體信)을 대곡진(大谷鎭)의 두상(頭上)으로 임명한 사실을 반영한 것으로 짐작해볼 수 있다.[155] 『삼국사기』 김유신열전에 김암(金巖)이 패강진두상을 역임하였다고 전하는 것으로 보건대,[156] 대곡진을 패강진으로도 불렀다고 추정된다. 중앙행정관서 가운데 '~전(典)'이라는 명칭을 지닌 것이 여럿 존재한다. 따라서 패강진전은 패강진을 관할하는 행정관서, 즉 군정기관(軍政機關)이라고 규정할 수 있을 것이다. 직관지 찬자는 이러한 이유 때문에 패강진전을 외관조 다음에 배치한 것으로 보인다.

앞에서 성주사낭혜화상탑비에 890년(진성여왕 4)에 김함웅(金咸雄)이 패강도호(貝江都護)였다고 전한다고 언급하였다. 872년(경문왕 12) 11월 25일에 작성된 황룡사구층목탑사리함기(皇龍寺九層木塔舍利函記)에 중아간(重阿干) 김견기(金堅其)가 패강진도호(浿江鎭都護)였다고 전한다. 이밖에 태자사낭공대사백월서운탑비(太子寺朗空大師白月栖雲塔碑)에서 국주사(國主寺) 승두(僧頭) 건성원화상〔建聖院和尙; 양경(讓景)〕의 조부(祖父) 김애(金藹)가 집사시랑(執事侍郞), 패강도호(浿江都

---

155) 패강진전의 제2군관직이 大監이었다. 신라본기의 찬자 또는 신라본기 원전의 찬자는 6정군단의 제2군관직인 大官大監과 패강진의 대감을 동일한 군관직으로 이해한 다음, 대곡진의 두상을 6정군단의 사령관인 군주에 비견하여 김체신을 대곡진군주라고 표현한 것으로 추정된다(전덕재, 2013 「신라 하대 패강진의 설치와 그 성격」 『대구사학』 113, 38쪽).

156) 允中庶孫巖 性聰敏 好習方術. …… 大曆中還國 爲司天大博士 歷良·康·漢三州太守 復爲執事侍郞·浿江鎭頭上(『삼국사기』 열전제3 김유신하).

護)를 역임하였다고 하였다.[157] 김암은 대력(大曆) 연간(766~779)에 당에서 신라로 귀국하였고,『속일본기(續日本紀)』권36 광인천황(光仁天皇) 보구(寶龜) 11년(780) 정월 기록에 그가 일본에 사신단의 일원으로 파견되었다고 전한다. 따라서 김암이 패강진두상을 역임한 것은 780년에서 그리 멀지 않은 시기로 추정된다. 이외에 패강진두상(浿江鎭頭上) 또는 두상대감(頭上大監)을 언급한 기록을 찾을 수 없다. 다만 신라본기 문성왕 6년(844) 8월 기록에 혈구진(穴口鎭)을 설치하고 아찬 계홍(啓弘)을 진두(鎭頭)로 삼았다고 전하는데, 여기서 진두는 진의 두상(頭上)을 가리킨다고 이해된다. 이에 따른다면, 문성왕 6년(844)까지 패강진전의 장관을 두상 또는 두상대감이라고 불렀다고 보아도 좋을 것이다. 반면에 금석문을 통해 872년(경문왕 12) 이후에 패강진의 장관을 도호라고 불렀음을 살필 수 있다.

당에서 정관(貞觀) 연간 이후에서 측천무후기(則天武后期)에 이르기까지 여러 개의 도호부(都護府)를 설치하였다. 도호부는 크게 대도호부(大都護府)와 상도호부(上都護府)로 나누었는데, 대도호부의 최고 책임자를 대도호(大都護), 상도호부의 장관을 상도호(또는 도호)라고 불렀다.[158] 신라인들은 패강진전의 장관인 두상 또는 두상대감이 당나라 도호부의 장관인 대도호 또는 상도호와 비슷한 역할을 수행하였기 때문에 문성왕 6년(844)에서 경문왕 12년(872) 사이에 그것을 도호라고도 불렀던 것으로 보인다. 도호가 당나라 대도호와 상도호에서 유래한 명칭이란

---

157) 金巖가 원성왕의 表來孫이고, 헌강왕의 外庶舅였다고 전하므로, 그는 9세기 중반 또는 후반에 패강도호를 역임하였다고 판단된다(전덕재, 2013 앞의 논문, 28쪽).

158) 兪鹿年編著, 1992 앞의 책, 838쪽.
참고로 도호는 여러 蕃屬을 어루만져 慰撫하고, 外寇이 서로 화목하고 편안하게 지내도록 하며, 奸謫을 偵察하고, 반역자를 征討하는 임무를 수행하였다고 한다.

점을 염두에 둔다면, 지명이나 관명(官名)을 한식(漢式)으로 개정한 시기에 패강진의 두상을 도호라고도 부르기 시작하였다고 추론할 수 있는데, 문성왕 17년(855) 이후에 경덕왕대 개정 지명을 널리 사용하는 추세였던 바, 대체로 문성왕 17년 이후에서 경문왕 12년 사이에 패강진의 두상을 도호라고 불렀던 것으로 이해된다.

그런데 직관지 패강진전 기록에는 패강진의 두상을 도호라고도 불렀다는 언급이 보이지 않는다. 따라서 패강진전 기록은 그 장관을 도호라고 부르기 이전 시기에 정리된 전승자료에 의거하여 찬술되었다고 보아도 무방할 것이다. 패강진전 기록은 직명(職名), 간략한 연혁, 정원, 관등규정 또는 직명, 정원, 관등규정으로 구성되었음을 살필 수 있다. 이와 같은 형식은 중앙행정관서 및 외관 기록의 그것과 유사한 것이다. 이를 주목하건대, 외관 기록의 원전과 마찬가지로 패강진전 기록의 원전도 중앙행정관서 기록의 원전이 찬술된 시점이나 또는 거기에서 그리 멀지 않은 시기에 찬술되었을 가능성이 높다고 판단된다. 추후에 이에 대한 심층적인 검토가 요구된다고 하겠다.

직관지 찬자는 패강진전 기록 다음에 지방민과 고구려인, 백제인에게 경위(京位)를 수여하면서, 외위와 고구려·백제 관등을 경위와 견준 기록을 소개하였다. 이것들을 제시하면 다음과 같다.

Ⅰ-① 외위(外位). 문무왕(文武王) 14년(674)에 6도(徒)의 진골(眞骨)을 오경(五京)·구주(九州)에 출거(出居)하게 하였다. 관명(官名)을 별칭(別稱)하였다〔以六徒眞骨出居於五京·九州 別稱官名〕. 그 위계는 경위(京位)에 견주었다. 악간(嶽干)은 일길찬(一吉飡)에 견주었다. 술간(述干)은 사찬(沙飡)에 견주었고, 고간(高干)은 급찬(級

飡)에 견주었으며, 귀간(貴干)은 대나마(大奈麻)에 견주었다. 선간〔選干; 또는 찬간(撰干)이라고도 하였다〕은 나마(奈麻)에 견주었고, 상간(上干)은 대사(大舍)에 견주었으며, 간(干)은 사지(舍知)에 견주었다. 일벌(一伐)은 길차(吉次)에 견주었고, 피일(彼日)은 소오(小烏)에 견주었으며, 아척(阿尺)은 선저지(先沮知)에 견주었다.

Ⅰ-② 고구려인의 관등. 신문왕 6년(686)에 고구려인에게 경관(京官)을 수여하였는데, 본국에서의 관품(官品)을 헤아려 주었다. 일길찬(一吉飡)은 본국의 주부(主簿)였고, 사찬(沙飡)은 본국의 대상(大相)이었다. 급찬(級飡)은 본국의 위두대형(位頭大兄)·종대상(從大相)이었고, 나마(奈麻)는 본국의 소상(小相)·적상(狄相)이었으며, 대사(大舍)는 본국의 소형(小兄)이었다. 사지(舍知)는 본국의 제형(諸兄)이었고, 길차(吉次)는 본국의 선인이었으며, 오지(烏知)는 본국의 자위(自位)였다.

Ⅰ-③ 백제인의 관등. 문무왕 13년(673)에 백제에서 온 사람에게 내·외관(內·外官)을 수여하였다. 그 관등의 서차는 본국의 관함(官銜)에 견주었다. 경관(京官) 대나마는 본국의 달솔(達率)이었다. 나마(奈麻)는 본국의 은솔(恩率)이었고, 대사(大舍)는 본국의 덕솔(德率)이었으며, 사지(舍知)는 본국의 한솔(扞率)이었다. 당(幢)은 본국의 나솔(奈率)이었고, 대오(大烏)는 본국의 장덕(將德)이었다. 외관(外官) 귀간(貴干)은 본국의 달솔이었고, 선간은 본국의 은솔이었으며, 상간(上干)은 본국의 덕솔이었다. 간(干)은 본국의 한솔(扞率)이었고, 일벌(一伐)은 본국의 나솔이었으며, 일척(一尺)은 본국의 장덕(將德)이었다.

여기서 지방민과 고구려인, 백제인에게 경위를 수여한 배경과 이유 등에 대해서는 자세하게 논급하지 않을 것이다. 외위(外位) 및 고구려·백제 관등을 경위와 견준 기록의 기본원전과 관련하여 I-①, ②, ③에서 지방민과 고구려인, 백제인에게 경위를 수여한 연대를 명확하게 제시하였다는 점을 주목할 필요가 있다.

고대 일본에서 천황(天皇)의 칙령(勅命)으로 관부 및 관직 명칭을 개정하고, 정원을 증설하거나 축소하며, 관부를 분치(分置)하거나 통합 또는 폐지하였다. 이뿐만 아니라 국정 운영에 필요한 제반 사항을 칙명을 내려 처결하도록 조치하였음이 확인된다. 천황의 칙명(勅命)을 집성(集成)한 것을 격(格)이라고 부르며, 홍인격(弘仁格)·정관격(貞觀格)·연희격(延喜格)의 삼대격(三代格)을 여러 사항에 따라 분류하여 편술(編述)한 것이 『유취삼대격(類聚三代格)』이다. 여기에 기재된 칙명을 보면, 칙명을 내린 연월일(年月日)을 반드시 밝히고 있음을 살필 수 있다. 신라본기에 신문왕 7년(687) 5월에 교시(敎示)를 내려 문무관료전(文武官僚田)을 차등 있게 내려주었다는 기록이 전한다. 또한 경덕왕 17년(758) 2월에 교시를 내려, '중앙과 지방의 관리로서 휴가를 청하여 만 60일이 된 사람은 현직에서 물러나는 것을 들어주도록 하라'라고 하였다는 기록이 전한다. 신라에서도 고대 일본과 마찬가지로 국정 전반에 걸쳐 필요한 사항을 국왕이 내린 교령에 의거하여 처결하였음을 이러한 기록들을 통해 유추해볼 수 있다. 이러한 사실에 유의하건대, I-①, ②, ③ 기록의 기본원전은 문무왕 13년과 14년, 신문왕 6년에 내린 교령(敎令)이었다고 봄이 자연스러울 것이다.

『삼국사기』 색복지에 흥덕왕 9년(834)에 내린 하교(下敎)의 전문(全文)에 가까운 내용이 전한다. 하교의 앞부분에 교시를 내리게 된 배경과 취지를 간단하게 제시하고, 교령을 어기면 처벌하겠다는 사실을 분명하게 명시한 다음, 이어 골품에 따라 준수해야 할 의복(衣服)에 대한 세세한 규정을 제시하였음을 살필 수 있다. 흥덕왕 9년에 내린 하교의 내용을 참조한다면, 문무왕 13년과 14년, 신문왕 6년에 내린 교령(敎令) 역시 지방민과 고구려인, 백제인에게 경위를 수여하는 취지와 배경을 간략하게 소개한 다음, 지방민이 수여받은 외위, 고구려인과 백제인이 자국(自國)에서 수여받은 관등에 견주어 경위를 수여하는 기준을 제시하였다고 이해할 수 있다. I-①, ②, ③은 바로 문무왕 13년과 14년, 신문왕 6년에 내린 교령 가운데 후자의 내용만을 발췌하여 정리한 것이라고 볼 수 있을 것이다.

그런데 여기서 한 가지 유념할 사항은 I-①, ②, ③ 기록이 문무왕 13년과 14년, 신문왕 6년에 내린 교령(敎令)의 내용을 그대로 전재(轉載)한 것이라고 보기 어렵다는 사실이다. 〈표 2〉는 I-①, ②, ③ 기록에 근거하여 외위 및 고구려·백제 관등과 경위를 대비하여 정리한 것이다.

〈표 2〉 경위와 외위, 고구려 · 백제 관등 대비

경위	외위	고구려 관등	백제 관등	외위	비고
일길찬(一吉湌)	악간(嶽干)	주부(主簿)			
사찬(沙湌)	술간(述干)	대상(大相)			
급찬(級湌)	고간(高干)	위두대형(位頭大兄)·종대상(從大相)			
대나마(大奈麻)	귀간(貴干)		달솔(達率)	귀간	대나마에 견준 고구려 관등 생략
나마(奈麻)	선간[選干; 찬간(撰干)]	소상(小相)·적상(狄相)	은솔(恩率)	선간	
대사(大舍)	상간(上干)	소형(小兄)	덕솔(德率)	상간	
소사[小舍; 사지(舍知)]	간(干)	제형(諸兄)	한솔(扞率)	간	
길사[吉士; 길차(吉次), 당(幢)]	일벌(一伐)	선인(先人)	나솔(奈率)	일벌	

대오(大烏)			장덕(將德)	일척	외위 일척 생략
소오(小烏)	피일(彼日)	자위(自位)			경위를 오지(烏知)라고 표현
선저지〔先沮知; 조위(造位)〕	아척(阿尺)				

I-① 기록에 일벌(一伐)은 길차(吉次), 피일(彼日)은 소오(小烏)에 견준다고 전하므로, 일척(一尺)은 대오(大烏)에 견주었다는 규정이 존재하였을 가능성이 높다. 본래 문무왕 14년에 내린 교령(敎令)에 일척은 대오에 견준다는 내용이 기술되어 있었으나, 전승과정에서 이것이 탈루되었을 것으로 믿어진다. 비슷한 사례는 I-② 기록에서도 발견할 수 있다. 『한원(翰苑)』 고려기(高麗記)에 고구려 관등에 관한 정보가 전한다. 직관지 외관조에 전하는 관등과 『한원』에 전하는 관등을 비교하면, 주부(主簿)는 울절(鬱折), 대상(大相)은 태대사자(太大使者), 위두대형(位頭大兄)은 조의두대형(皂衣頭大兄), 종대상(從大相)은 대사자(大使者), 소상(小相)은 발위사자(拔位使者), 적상(狄相)은 상위사자(上位使者)에 대응되었음을 알 수 있다.[159] 그런데 『한원』에는 대사자와 발위사자 사이에 대형(大兄)이란 관등이 존재한다고 전하나, I-② 기록에 이에 관한 언급이 보이지 않는다. 본래 신문왕 6년에 내린 교령에는 '大奈麻本大兄'이란 문구가 존재하였지만, 후대의 전승과정에서 이것이 탈루되었다고 봄이 합리적일 듯싶다. I-③ 기록에 경위 소오와 선저지, 외위 피일과 아척에 견준 백제 관등에 관한 언급이 보이지 않는다. 본래 문무왕 13년에 내린 교령에는 이들 관위에 견준 백제 관등에 관한 내용이 포함되었으나, 이것들 역시 후대의 전승과정에서 탈루된 경우로 이해할 수 있을 것이다.

---

159) 임기환, 2000 「4~7세기 고구려 관등제의 전개와 운영」 『한국 고대의 신분제와 관등제』, 아카넷, 174쪽의 '표 1 「高麗記」 및 「職官志」 기사의 관등제' 참조.

신라가 9주와 5소경을 완비한 것은 신문왕 5년 무렵이었다. 따라서 I-① 기록의 '以六徒眞骨出居於五京·九州 別稱官名'은 문무왕 14년에 내린 하교(下敎)에서 전재(轉載)한 것으로 보기 어려울 것이다. 중고기의 금석문 등을 통해 외위는 왕경 6부인이 아니라 지방민에게 수여한 것이었음을 확인할 수 있다.[160] 이에 따른다면, 문무왕 14년에 내린 교령에서 외위(外位)를 6도(徒)의 진골을 5경과 9주에 출거(出居)하게 하여 별도로 칭한 관명(官名)이라고 서술하였을 가능성도 낮다고 보인다. 직관지 찬자가 '육도진골(六徒眞骨)'이라는 표현을 사용하였다고 판단하기 어렵기 때문에 결국 문무왕 14년 이후에 교령을 집성하여 격(格)을 편찬할 때나 또는 직관지를 찬술하기 위한 목적으로 신라 관제(官制)에 관한 전승자료를 정리할 때에 '以六徒眞骨出居於五京·九州 別稱官名'이란 표현을 직접 추가하였거나, 아니면 본래 교령에 기술되어 있는 어떤 문구를 이와 같은 내용으로 개서(改書)하였던 것으로 짐작된다.

I-② 기록에 고구려인에게 '본국에서의 관품(官品)을 헤아려 수여하였다'라고 전한다. 이 기록 이외에 『삼국사기』에서 관품(官品)이라고 표기한 기록을 찾을 수 없다. 그런데 흥미로운 사실은 고려시대에 관품이란 표현을 널리 사용하였다는 점이다.[161] 이점에 유의한다면, I-②의 '神文

---

160) 신라는 520년 무렵에 종래에 干支를 칭하던 지방의 지배자에게 上干支와 下干支를, 그 예하의 지배층에게 一伐, 一尺 등을 수여하여 지방의 지배층을 階序的인 외위체계에 조직적으로 편제시킨 것으로 확인된다(전덕재, 2013 「상고기 신라의 동해안지역 경영」 『역사문화연구』 45).

161) 辛亥制曰 雲興倉之災 官失其守. 以積年之所畜 棄一夜之橫灾 可不痛哉. 此後 凡倉廩府庫 別置禁火員吏 御史臺以時點檢 闕日直者 勿論官品 先禁後聞(『高麗史』 卷8 世家8 文宗 20년 2월).
景宗元年十一月 始定職散官各品田柴科 勿論官品高低 但以人品定之(『高麗史』 卷78 志32 食貨1 田制 田柴科).
이밖에도 官品에 관한 기록이 다수 전하지만, 더 이상 열거하지 않았다.

王六年以高句麗人授京官 量本國官品授之'란 구절 전체를 직관지 찬자가 직접 기재한 것이거나 또는 이것 가운데 일부 표현을 개서(改書)하였다고 볼 수 있다. 현재 두 가지 가운데 어느 것이 타당한 것인가를 고구(考究)하기 어렵지만, I-① 기록의 사례를 참조하건대, 후자의 가능성에 더 무게를 두고 싶다.[162]

현재 문무왕 13년과 14년, 신문왕 6년에 내린 교령의 전문을 복원하기는 어렵지만, 그러나 I-② 기록에 전하는 고구려 관등명은 신문왕 6년에 내린 교령에서 인용하였음을 시사해주는 자료를 찾을 수 있다. I-② 기록에서 소개한 고구려 관등과 관련하여 주목을 끄는 사항은 형류(兄類)의 관등은 보이는 대신, 사자류(使者類)의 관등이 전혀 보이지 않는다는 점이다. I-② 기록에서 '사자(使者)'라는 표현 대신 '상(相)'이란 표현을 사용하였음을 살필 수 있는데,[163] 동일한 사례를 『일본서기』에서 찾을 수 있다. 『일본서기』 권26 제명천황(齊明天皇) 6년(660) 봄 정월 기록에 '고려(高麗)의 사신 을상(乙相) 하취문(賀取文) 등 100여 명이 축자(筑紫)에 이르렀다.'고 전한다. 『일본서기』 권27 천지천황(天智天皇) 5년(666) 겨울 10월 기록에서도 을상(乙相) 관등을 수여받은 고구려인에 관한 정보를 발견할 수 있다. 또한 천지천황 5년(666) 겨울 10월 기록에 고구려 사신 가운데 부사(副使)인 둔(遁)의 관등이 달상(達相)이라고 전하고, 천지천황 10년(671) 정월 기록에는 고려가 상부(上部) 대상(大相) 가루(可婁) 등을 보내 조(調)를 바쳤다고 전한다. 대상이란 관등을 지닌 고구려

---

162) 이밖에 신라 당대의 敎令에는 '高麗'라고 기술되어 있었으나, 고려시대에 직관지 찬자들이 이것을 '高句麗'로 改書하였다고 보인다.

163) 『삼국사기』 고구려본기와 중국 사서에서 '~相'이라고 표기되어 있는 관등명을 하나도 찾아볼 수 없다. 高慈墓誌銘에 고자의 祖父인 量이 柵城都督 位頭大兄과 大相을 역임하였다고 전한다.

인은 『일본서기』권29 천무천황(天武天皇) 8년(680) 2월 기록에도 등장한다. 천지천황 10년 정월과 천무천황 8년 2월 기록에 보이는 고려인은 보덕국인(報德國人)을 가리키는데, 『일본서기』의 기록을 통해서 660년대에 고구려에 을상(乙相), 달상(達相)이라는 관등이 존재하였고,[164] 보덕국에 대상이란 관등이 존재하였음을 살필 수 있다. 이를 통해 고구려 말기에 사자류의 관등을 '~상(相)'이라고 개칭하였고, 고구려 말기에 사용한 관등을 보덕국에서 그대로 사용하였음을 추론할 수 있다.

이상에서 검토한 것처럼 고구려 말기와 보덕국에서 사자류의 관등을 '~상(相)'이라고 불렀음을 염두에 둔다면, I-② 기록 가운데 밑줄 친 부분의 고구려 관등명은 신문왕 6년(686)에 작성한 교령(敎令)에서 전재한 것이라고 추정하여도 이견이 없을 것이다. 그러나 I-①, ②, ③ 기록에 전하는 신라의 관등명은 문무왕 13년과 14년, 신문왕 6년에 내린 교령에 전하는 것을 그대로 전재한 것이라고 보기 어렵다. 문무왕 13년(673) 4월 15일에 작성된 계유명(癸酉銘) 아미타삼존사면석상(阿彌陀三尊四面石像)과 계유명 삼존천불비상(三尊千佛碑像)에 내말(乃末), 대사(大舍)와 소사(小舍)란 관등이 보인다. 또한 7세기 후반에 해당하는 『일본서기』 천지천황과 천무천황대의 기록에 사찬(沙湌), 급찬(級湌; 汲湌), 한나말(韓奈末), 대나말(大奈末; 大那末), 나말(奈末), 대사(大舍)라는 관등명이 전한다.[165] 이에 의거하건대, 문무왕 13년과 14년, 신문왕 6년에 내린 교령에 대나마(大奈麻)는 대나말(大奈末; 대내말(大乃末)), 나마(奈麻)는 나말(奈末; 내말(乃末)), 사지(舍知)는 소사(小舍)로 기재되어 있

---

164) 乙相은 외관조에 보이는 少相(小使者=拔位使者), 達相은 狄相(上位使者)을 가리키는 것으로 이해된다(임기환, 2000 앞의 논문, 179쪽).

165) 전덕재, 1996 『신라육부체제연구』, 일조각, 153~154쪽의 '〈표 8〉『일본서기』에 나오는 신라인명 일람표(中古·中代初)' 참조.

었을 가능성이 높다고 볼 수 있다. 따라서 교령을 격(格)으로 집성(集成)할 때 또는 I-①, ②, ③ 기록의 원전을 찬술할 때에 대나말(大奈末), 나말(奈末), 소사(小舍)를 대나마(大奈麻)와 나마(奈麻), 사지(舍知)로 개서하였다고 봄이 자연스럽다고 하겠다.

신라에서 교령을 집성하여 격을 찬술하였을 것인데, 문무왕 13년과 14년, 신문왕 6년에 내린 교령도 역시 격에 포함되었다고 짐작된다. 그러나 I-①, ②, ③ 기록에 구체적인 월일(月日)이 전하지 않는다는 측면에서, 이들 기록의 원전을 격문(格文)이라고 보기 어려울 것이다. 이 문제와 관련하여 『고려사』 백관지와 『구당서』 직관지에서 관품과 관직에 대한 제반 사항을 상세하게 기술하였음을 주목할 필요가 있다. 예를 들어 『구당서』 직관지에서는 정1품에서 정9품까지의 관품(官品)을 수여받은 사람이 임용될 수 있는 직사관(職事官)과 산관(散官) 및 각 관품에 대응되는 작(爵)과 훈(勳) 등에 대하여 일괄로 정리하였을 뿐만 아니라 행정관서 및 관직 명칭의 변동, 정원의 변동 상황을 비교적 상세하게 적기(摘記)하였음을 살필 수 있다.

그런데 『고려사』 백관지 또는 『구당서』 직관지에서 각 행정관서와 관직의 직장(職掌)을 반드시 기재한 반면, 직관지 중앙행정관서 기록에는 직장에 관한 기술이 보이지 않는다. 필자는 앞에서 이러한 점에 유의하여, 흥덕왕 4년에서 헌안왕 즉위년(857) 사이의 어느 시기에 신라인들이 중앙행정관부와 거기에 배속된 관직 명칭의 변동 및 관직의 정원에 대한 변동 상황, 그리고 관직에 대한 관등규정을 체계적으로 파악하기 위한 기초 자료로서 활용하려는 목적으로 직관(상) 중앙행정관서의 원전을 찬술하였고, 신라인들은 이를 토대로 『구당서』 직관지와 유사한 직관지류를 편찬하려고 노력했으나 뜻을 이루지 못하였으며, 직관지 찬자는 중앙행정관서 기록의 원전을 기본 골격으로 삼아 직관지 중앙행정관서 기록을 찬술하였음을 밝힌 바 있다. 동일한 맥락에서 이 무렵에 신라인들이 『구당서』 직관지와 유사한 직관지류를 편술(編述)하기 위한 기초작업의 일환으로서 17관등에 관한 정보와 더불어 외위 및 고구려·백제 관등과 경위를 견준 기록들을 모아서 정리하였을 가능성도 충분히 추론해볼 수 있지 않을까 한다. 아마도 이때 격문(格文) 또는 이것을 인용한 전승자료에서 외위와 고구려·백제 관등을 경위와 견준 내용을 인용하면서 일부 표현을 개서하고, 여기에 일부 내용을 추가하여 I-①, ②, ③ 기록의 원전을 찬술하였고,[166] 직관지 찬자는 이것을 잡지제9 직관(하)에 인용하면서 또한 일부 표현을 개서하였다고 정리할 수 있지 않을까 한다.

2) 미상관제조와 고구려·백제 관제 기록의 출전

직관지 찬자는 여러 전기(傳記)에 보이지만, 관직을 설치한 시기와 위계의 높고 낮음을 알 수 없는 관제를 잡지제9 직관(하)에 제시하였다. 〈표 3〉은 여기에 제시한 미상관제(未詳官制)의 출전을 조사하여 정리한 것이다.

〈표 3〉에서 II-①~⑧은 『삼국사기』에 전하는 관제에 해당하는 것이다. 『삼국사기』에서 왕의 친부(親父)로서 왕위에 오르지 못한 사람, 왕비(王妃)나 왕모(王母)의 부(父), 왕의 친동생이나 친척이 갈문왕에 책봉되었음을 확인할 수 있다. 학계에서 갈문왕에 대한 연구가 활발하게 진행되었기 때문에 여기에서 이에 대한 더 이상의 논급은 자제할 것이다. 다만 직

---

166) I-①, ②, ③ 기록의 원전을 찬술할 때, 원전의 찬자들이 참조한 전승자료에 이미 구체적인 月日이 전하지 않았을 뿐만 아니라 교령의 내용 가운데 일부가 탈루되어 있었다고 추정된다.

〈표 3〉 잡지제9 직관(하)에 전하는 미상관제와 출전

번호		관함(官銜)	출전	내용
Ⅱ	①	갈문왕 (葛文王)	『삼국사기』 신라본기제1 유리이사금 즉위년 외 다수.	儒理尼師今立 南解太子也. 母 雲帝夫人 妃曰知葛文王之女也 〈或云 妃姓朴 許妻王之女〉.
	②	녹사참군 (錄事參軍)	『삼국사기』 신라본기제12 경명왕 7년(923) 7월	王遣倉部侍郎金樂錄事叅軍金 幼卿 朝後唐貢方物 莊宗賜物 有差.
	③	서서랑 (瑞書郎)	봉암사지증대사적조탑비 (鳳巖寺智證大師寂照塔碑)	入朝賀正兼迎奉皇花等使朝請 大夫前守兵部侍郎充瑞書院學 士賜紫金魚袋 臣 崔致遠 奉教撰
			태자사낭공대사백월서운탑비(太 子寺郎空大師白月栖雲塔碑)	門人翰林學士守兵部侍郎知瑞 書院事賜紫金魚袋 (臣) 崔仁滾 奉教撰
			『청장관전서(靑莊館全書)』 권68 한죽당섭필(寒竹堂涉筆) 상(上)	侍讀翰林郎兼崇文臺瑞書院直 學士薩飡朴邕
			『삼국사기』 최치원열전	光啓元年 使將詔書來聘 留爲 侍讀兼翰林學士守兵部侍郎知 瑞書監. 致遠自以西學多所得 及來將行己志 而衰季多疑忌 不能容 出爲大山郡太守.
			백계산옥룡사증시선각대사비명 (白鷄山玉龍寺贈諡先覺大師 碑銘;『동문선(東文選)』권117)	忽一日召弟子曰 吾將行矣. …… 言訖跏趺而寂 時大唐光化元年 三月十日也 享年七十二. …… 孝恭王聞之悼歎 特賜諡曰了空 禪師 名塔曰證聖慧燈. …… 王 乃命瑞書學士朴仁範爲碑文而 竟未鐫于石始師之未卜玉龍也.
			『삼국사기』 설총열전	崔彦撝 年十八入唐遊學 禮部 侍郎薛廷珪下及第. 四十二還 國爲執事侍郎瑞書院學士.
	④	절도사 (節度使)	『삼국사기』 신라본기제12 경명왕 8년(924) 정월	遣使入後唐朝貢. 泉州節度使 王逢規 亦遣使貢方物.
	⑤	안무제군사 (按撫諸軍使)	『삼국사기』 김유신열전(상)	父舒玄 官至蘇判大梁州都督安 撫大梁州諸軍事.
	⑥	상사인(上舍人) 하사인(下舍人)	『삼국사기』 실혜열전	眞平王時 爲上舍人. 時 下舍人 珍堤 其爲人便佞 爲王所嬖.
	⑦	중사성	『삼국사기』 잡지제8 직관(중)	洗宅 景德王改爲中事省 後復 故. 大舍八人 從舍知二人.
			황룡사구층목탑사리함기 (皇龍寺九層木塔舍利函記)	崇文臺郎 兼春宮 中事省 臣 姚 克一 奉教書

		(中事省)	봉림사진경대사탑비 (鳳林寺眞鏡大師塔碑)	中事省 內養 金文式
			흥녕사징효대사보인탑비 (興寧寺澄曉大師寶印塔碑)	獻康大王 遽飛鳳筆 徵赴龍庭 仍以師子山興寧禪院 隷于中使 省屬之
	⑧	남변제일 (南邊第一)	『삼국사기』신라본기제8 효소왕 8년(699) 9월	新村人美朌得黃金一枚 重百分 獻之 授位南邊第一 賜租一百石.
			『삼국사기』신라본기제9 경덕왕 15년(756) 4월	大永郎獻白狐 授位南邊第一
III	①	지원봉성사 (知元鳳省事)	지장선원낭원대사오진탑비 (地藏禪院朗圓大師悟眞塔碑)	太相檢校尙書前守執事侍郞左 僕射兼御史大夫上柱國知元鳳 省事賜紫金魚袋 臣 崔彦撝奉 敎撰
			무위사선각대사편광탑비 (無爲寺先覺大師遍光塔碑)	太相檢校尙書左僕射兼御史大 夫上柱國知元鳳省事 臣 崔彦 撝奉敎撰
	②	원봉성대조 (元奉省待詔)	지장선원낭원대사오진탑비	沙飡檢校興文監卿元鳳省待詔 臣 仇足達奉敎書
	③	흥문감경 (興文監卿)	지장선원낭원대사오진탑비	沙飡檢校興文監卿元鳳省待詔 臣 仇足達奉敎書
			정토사법경대사자등탑비 (淨土寺法鏡大師慈燈碑)	沙粲前守興文監卿賜緋銀魚袋 臣 具足達奉敎書
	④	기실랑 (記室郞)	『고려사』권92 열전제5 왕유(王儒)	王儒 本姓名 朴儒 字文行 光海 州人. 性質直通經史. 初仕弓裔 爲員外 遷至東宮記室.
	⑤	주도령좌승 (州都令佐丞)	지장선원낭원대사오진탑비	當州都令佐丞 王乂
IV	①	검교상서좌복야 (檢校尙書左僕射)	광조사진철대사보월승공탑비(廣 照寺眞澈大師寶月乘空塔碑)	門人元甫檢校尙書左僕射兼御 史大夫權知元鳳省事 …… (臣 崔彦撝奉敎撰)
			보리사대경대사현기탑비 (菩提寺大鏡大師玄機碑)	太相檢校尙書左僕射兼御史大 夫上柱國 臣 崔彦撝奉敎撰
			경청선원자적선사능운비 (境淸禪院慈寂禪師凌雲塔碑)	大相檢校尙書□□□□□□□ □□上柱國□□□奉敎撰
			정토사법경대사자등탑비	太相檢校尙書左僕射前守兵部侍 郞知翰林院事 臣 崔彦撝奉敎撰
			지장선원낭원대사오진탑비	太相檢校尙書前守執事侍郞左 僕射兼御史大夫上柱國知元鳳 省事賜紫金魚袋 臣 崔彦撝奉 敎撰

		무위사선각대사편광탑비	太相檢校尙書左僕射兼御史大夫上柱國知元鳳省事 臣 崔彦撝奉敎撰
②	상주국 (上柱國)	지장선원낭원대사오진탑비	太相檢校尙書前守執事侍郞左僕射兼御史大夫上柱國知元鳳省事賜紫金魚袋 臣 崔彦撝奉敎撰
		보리사대경대사현기탑비	門人正朝上柱國賜丹金魚袋 臣 李桓樞奉敎書幷篆額
		비로암진공대사보법탑비	上柱國臣 …… 崔彦撝奉敎撰 □□□□兵部大監上柱國賜丹金魚袋 臣 李桓樞奉敎書幷篆額
		무위사선각대사편광탑비	太相檢校尙書左僕射兼御史大夫上柱國知元鳳省事 臣 崔彦撝奉敎撰
③	우위장군 (右衛將軍)	영원사수철화상탑비 (瑩源寺秀澈和尙塔碑)	入朝奉賀□駕遷幸東都使檢校右衛將軍司宮臺監□□院使
V ①	태자시서학사 (太子侍書學士)	『삼국사기』 김생열전	又有姚克一者 仕至侍中兼侍書學士
V ②	공자묘당대사 (孔子廟堂大舍)		
V ③	공덕사 (功德司)		

관지 찬자는 신라본기 일성이사금 15년 기록의 세주(細注)에 신라에서 추봉왕(追封王)을 모두 갈문왕(葛文王)이라고 칭하였다고 전함에도 불구하고, 갈문왕을 설치한 시기 및 그것의 성격을 정확하게 알 수 있는 자료가 전하지 않기 때문에 미상관제조에 기입한 것으로 짐작된다.

II-②의 녹사참군은 신라본기 경명왕 7년(923) 9월 기록에 창부경(倉部卿) 김악(金樂)과 함께 후당(後唐)에 사신(使臣)으로 파견된 김유경(金幼卿)의 관직에 해당한다.[167] 직관지에서 경덕왕대에 사원성전의 청위(靑位)를 녹사(錄事)로 개칭하였다고 전하는 바, 녹사는 중앙행정관서

---

167) 신라본기 경명왕 7년 9월 기록은 『冊府元龜』 外臣部 朝貢條에서 인용한 것이다. 이것을

의 관직이었음을 알 수 있다. 한편 최지원이 지은 사사제서원전장(謝賜弟棲遠錢狀)에 그의 당제(堂弟)인 최서원(崔棲遠)이 '가신라국입회해사녹사(假新羅國入淮海使錄事)'였다고 전하고, 『일본삼대실록(日本三代實錄)』 권47 광효천황(光孝天皇) 인화(仁和) 원년(885, 헌강왕 11) 6월 기록에 일본에 파견된 신라국사(新羅國使) 가운데 고흥선(高興善)의 관직이 녹사(錄事)였다고 전한다.[168] 신라에서 사신단의 일원으로 판관(判官)과 더불어 녹사의 관직을 수여하여 파견하였음을 추정해볼 수 있다.[169] 이러한 사실에 유의하건대, 김유경이 후당(後唐)에 부사(副使)로 파견되면서 녹사참군(錄事參軍)이란 관직을 제수받았을 가능성이 높다고 판단된다.

II-③의 서서랑(瑞書郎)은 『삼국사기』뿐만 아니라 중국 사서와 금석문에도 보이지 않는다. 다만 서서랑과 관련이 있다고 추정되는 서서원학사(瑞書院學士) 또는 서서학사(瑞書學士)에 관한 정보를 『삼국사기』를 비롯한 여러 자료에서 찾을 수 있다. 서서랑이란 관직과 관련하여 한림랑(翰林郎), 숭문대랑(崇文臺郎)의 존재를 주목할 필요가 있다. 다음 〈표4〉는 금석문과 여러 문헌에 전하는 한림대(翰林臺) 및 숭문대(崇文臺)

제시하면 다음과 같다.

後唐 莊宗 同光 元年 十一月 新羅國王金樸英 遣倉部侍郎金樂·錄事參軍金幼卿朝貢 賜物有差(『冊府元龜』卷972 外臣部 朝貢第5).

168) 卄日癸酉 …… 是日 大宰府言 去四月十二日 新羅國使判官徐善行 錄事高興善等冊八人乘船一艘 來着肥後國天草郡. 問其來由 答曰前年漂蕩 適着海岸 蒙給官粮 得歸本鄉. 今奉賀仁恩 齎國牒言物等來朝者. 今撿 寄事奉賀 牒貨相兼 只有執事省牒 無國王啓. 其牒不納函子 以紙褁之 題云 新羅國執事省牒上日本國 其上踏印五院. 謹撿先例 事乖故實 仍寫牒幷錄貨物數進上. 勑 新羅國人 包藏禍心 覬覦家國 雖寄事於風波 然猶疑其毒螫. 須懲其姦匿 以從重法. 然而朝家好仁 不忍爲之 在宥放還 全其首領矣(『日本三代實錄』권47 光孝天皇 仁和 원년 6월).

169) 수와 당에서 州의 屬官으로 錄事參軍과 錄事를 두었음이 확인된다(曾資生原著者·陶希聖編校者, 1979 『中國政治制度史』(第四冊 隋唐時代), 啓業書局, 323~324쪽).

의 관원에 대해 조사하여 정리한 것이다.

『삼국사기』 잡지제8 직관(중)에 숭문대(崇文臺)는 낭(郎)이 2명, 사(史)와 종사지(從舍知)가 4명, 2명이었고, 상문사(詳文師)는 경덕왕대에

〈표 4〉 금석문과 문헌에 전하는 한림대와 숭문대의 관원 일람

연대	관직명칭	인명	출전	비고
애장왕대	한림(翰林)	설중업 (薛仲業)	고산사 서당화상비	혜공왕대의 설중업 관직
문성왕 17년 (855)	한림랑 (翰林郎)	김입지 (金立之)	창림사무구정탑지 성주사낭혜화상탑비	추성군태수(秋城郡太守) 겸직(兼職)
경문왕 3년 (863)	한림	사간(沙干) 이관(伊觀)	민애왕 석탑사리함기	
경문왕 12년 (872)	한림랑	최하(崔賀)	대안사 적인대사탑비	
	숭문대랑 (崇文臺郎)	요극일 (姚克一)	황룡사 구층목탑사리함기	춘궁(春宮) 중사성(中事省), 중사인(中舍人)
헌강왕 7년 (881)	한림	박옹(朴邕)	성주사낭혜화상탑비	
헌강왕 7년 (881) 이후	숭문대 (직학사(直學士))	살찬(薩湌) 박옹(朴邕)	『청장관전서』 권68	
헌강왕 10년 (884)	수한림랑 (守翰林郎)	김인규 (金仁圭)	제참산신문〔祭讒 山神文〕;『계원필 경』 권20	입회남사(入淮南使) 김인규(金仁圭)의 관직, 창부원외랑(倉部員外郎) 겸직
헌강왕 11년 (885)	한림학사 (翰林學士)	최치원 (崔致遠)	『삼국사기』 최치원열전	수병부시랑(守兵部侍郎)· 겸직
헌강왕대	숭문대	정순일 (鄭旬一)	쌍계사 진감선사탑비	
정강왕 1년 (886)	숭문관 직학사	김원(金薳)	사림사 홍각선사비	수병부랑중(守兵部郎中)· 겸직
효공왕 10년 (906) 무렵	한림학사	박인범 (朴仁範)	흥녕사 징효대사보인탑비	전수예부시랑(前守禮 部侍郎)
경명왕 1년 (917) 11월 이후	한림학사	최인연 (崔仁渷)	태자사낭공대사 백월서운탑비	최언위의 다른 이름. 수병부시랑 겸직
하대	한림랑		흥덕왕릉비편	

한림(翰林)으로 고쳤고, 후에 학사(學士)를 설치하였다고 전한다. 성덕
대왕신종명에 한림랑(翰林郎)과 한림대조(翰林待詔), 한림서생(翰林書
生)이 보이므로,[170] 한림대에는 처음에 낭, 대조, 서생이란 관원을 두었
다가 하대의 어느 시기에 학사를 두었다고 이해할 수 있다. 〈표 4〉를 통
해 헌강왕 10년(884) 이후에 학사를 두었음을 추론할 수 있다. 이와 더불
어 경문왕 12년 이후에 숭문대에도 학사, 직학사를 두었음을 엿볼 수 있
다. 〈표 3〉을 보면, 서서원(瑞書院)에도 학사, 직학사를 두었음을 알 수
있는데, 이러한 사실과 한림대 및 숭문대의 사례를 참조하건대, 서서원
에도 처음에 낭(郎)이라는 관리를 두었다가 하대의 어느 시기에 그것을
학사, 직학사로 개칭하였다고 추론할 수 있다.[171] 따라서 잡지제9 직관
(하) 미상관제조에 전하는 서서랑은 바로 한림랑 및 숭문대랑과 마찬가지
로 서서원에 학사, 직학사를 설치하기 이전에 서서원의 관리인 낭(郎)을
가리키는 것으로 이해되며, 직관지 찬자는 서서랑(瑞書郎)을 서서원학사
(瑞書院學士)로 개칭하기 이전에 찬술된 어떤 전승자료에 전하는 것을
잡지제9 직관(하) 미상관제조에 첨입(添入)한 것으로 짐작된다.

Ⅱ-④의 절도사(節度使)는 신라본기 경명왕 8년(924) 기록에 전한다.

---

170) 성덕대왕신종명에 '朝散大夫兼太子司議郎 翰林郎 金弼奧 奉敎撰(翰林郎 級湌 金弼奧 奉
    詔撰)', '翰林臺書生 大奈麻 金符婉書', '待詔 大奈麻 姚湍書' 등이 전한다.

171) 『삼국사기』 최치원열전에 885년 3월에 당에서 귀국한 최치원에게 '侍讀兼翰林學士守兵
    部侍郎瑞書監(事)'을 拜授하였다고 전한다. 금석문상에서 최치원이 890년 무렵까지 신
    라의 관직을 수여받은 사실을 확인할 수 없기 때문에 기존에 과연 귀국 직후 이러한 관
    직을 제수받았는가에 대한 의문이 제기되었다(남동신, 2002 「나말여초 전환기의 지식인
    최치원」, 『강좌 한국고대사』 8(고대인의 정신세계), 가락국사적개발연구원, 311~314쪽).
    최치원이 886년 정월에 시문집을 헌강왕께 올렸다고 전하기 때문에 이 무렵이나 그 이
    후에 그가 관직을 수여받았을 가능성이 높다고 보인다. 전에 필자는 한림랑, 숭문대랑,
    서서랑을 한림대·숭문대·서서원학사·직학사로 개칭한 것은 884년 7월에서 886년 봄
    사이였음을 논증한 바 있었다(전덕재, 2011 「신라 경문왕·헌강왕대 한화정책의 추진과
    그 한계」, 『동양학』 50, 76~77쪽).

여기에서 천주절도사(泉州節度使) 왕봉규(王逢規)가 후당(後唐)에 사신을 파견하여 조공하였다고 언급하였다. 이 기록은 『책부원귀(冊府元龜)』외신부(外臣部) 조공(朝貢)조에 전하는 것을 인용한 것이다.[172] 한편 『책부원귀』에 후당(後唐) 명종(明宗) 천성(天成) 2년(927) 3월 을묘에 신라국(新羅國) 권지강주사(權知康州事) 왕봉규를 회화장군(懷化將軍)으로 삼았다고 전하고,[173] 또한 4월에 신라국 강주에서 임언(林彦)을 보내 와서 조공하였다고 전한다.[174] 『삼국사기』신라본기에서는 이 기록들을 경애왕 4년 3월과 4월 기록에 인용하여 기술하였다. 두 기록을 통해 왕봉규가 처음에 천주절도사를 칭하다가 후에 권지강주사라고 칭하였음을 알 수 있다. 지리지 강주(康州) 강양군(江陽郡)조에 오늘날 경남 의령군 부림면으로 비정되는 의상현(宜桑縣)이 본래 신이현(辛尒縣)이었고, 또한 천주현(泉州縣)이라고 전한다. 강주는 오늘날 경남 진주시를 가리킨다. 왕봉규가 처음에 천주절도사를 칭하였다가 후에 권지강주사를 칭한 사실을 근거로, 왕봉규가 처음에는 의령군 부림면 일대를 근거지로 세력을 키웠다가 후에 강주지역을 차지하고, 권지강주사를 칭하였다고 추정해볼 수 있다. 왕봉규는 의령군 부림면 일대에서 호족세력으로 성장하여 독자적으로 후당과 교류하면서 중국의 번진(藩鎭)이라고 생각하여 스스로 절도사라고 칭한 것으로 짐작되나, 단정하기 어렵다.[175] 추후에 이

---

172) (同光 二年) 正月 新羅王金樸英 並本國泉州節度使王逢規 遣使朝貢. 六月 新羅遣使朝散大夫倉部侍郎賜紫金嶽來朝貢(『冊府元龜』卷972 外臣部 朝貢第5).

173) 明宗 天成 二年 三月乙卯 以新羅國權知康州事王逢規 爲懷化將軍(『冊府元龜』卷976 外臣部 褒異第3).

174) (天成 2년) 四月 新羅國 康州遣使林彦 來朝貢(『冊府元龜』권972 外臣部 朝貢第5).

175) 종래에 신라에서 공식적인 칭호가 아니었던 節度使의 職名이 權知康州事로 변한 것은 신라정부와 관련을 맺게 된 까닭일 것이며, 이어 임시직을 뜻하는 '權'이 없어지고 知康州諸軍事로 임명되었다고 이해한 견해가 제기되었다(전기웅, 1987 「나말여초의 지방사회와 지주제군사」 『경남사학』 4, 16쪽).

에 대한 세밀한 검증이 필요할 것으로 사료된다.

　종래에 안무제군사(安撫諸軍事)의 구체적인 사례를 금석문과 문헌에서 찾을 수 없다고 이해하였다.[176] 그러나 '안무(安撫)'와 '제군사(諸軍事)'를 포함하는 관제를 김유신열전에서 찾을 수 있다. 김유신열전에서 유신의 아버지 서현(舒玄)은 관이 소판(蘇判) 대량주도독(大梁州都督) 안무대량주제군사(安撫大梁州諸軍事)에 이르렀다고 하였다. 김유신열전은 주로 유신의 현손(玄孫)인 집사랑(執事郞) 장청(長淸)이 지은 김유신행록〔金庾信行錄; 또는 흥무대왕행록(興武大王行錄)〕 10권을 전거로 삼아 편찬되었다. 『삼국사기』 열전의 찬자는 행록에서 믿을 수 있는 내용만을 취하여 열전(列傳)을 지었다고 하였다.

　오늘날 경남 합천에 해당하는 대량주(大梁州)는 대량주(大良州)라고도 표기하며, 『삼국사기』 신라본기에는 대야주(大耶州)라고 전하기도 한다. 서현은 진평왕 때에 활동하였는데, 당시 신라에는 상주(上州)와 하주(下州), 신주(新州)가 존재하였고, 군주(軍主)는 각 주(州)의 주치(州治)에 주둔한 정군단(停軍團)의 사령관이면서 주의 행정을 총괄하였던 것으로 이해되고 있다.[177] 따라서 진평왕대에 서현은 하주의 주치인 대야성(大耶城)에 파견된 군주로서 그의 정확한 직명(職名)은 '대야성군주(大耶城軍主)'였고, 대야성에 주둔한 정군단의 사령관이면서[178] 하주의 행정을 총괄하였다고 볼 수 있다. 앞에서 언급하였듯이 태종무열왕 5년 무

---

176) 박수정, 2016 앞의 논문, 103쪽; 김희만, 2017 「『삼국사기』 직관지 미상조와 편찬자의 역사인식」 『신라문화』 49, 201쪽.

177) 전덕재, 2001 「신라 중고기 주의 성격 변화와 군주」 『역사와 현실』 40, 68~88쪽.

178) 『삼국사기』 직관지 무관조에 하주의 주치에 주둔한 정군단을 下州停이라고 전한다. 그러나 중고기에 주치의 명칭을 冠稱하여 停軍團을 지칭하는 것이 일반적이었던 바, 진평왕대에 대야성에 주둔한 정군단은 大耶停이라고 불렸다고 볼 수 있다.

렵까지 주의 장관을 군주라고 불렀다. 또한 앞에서 중대에 주의 장관을 총관(摠管) 또는 도독(都督)이라고 부르다가 원성왕 원년(785)에 이르러 단지 도독이라고만 부르기로 하였음을 언급한 바 있다. 하대에 김장청(金長淸)이 김유신행록(金庾信行錄) 10권을 저술하면서 당시에 주의 장관을 도독이라고 부른 사실, 서현(舒玄)이 본래 대야성군주(大耶城軍主)를 역임한 사실 및 군주가 주의 장관이었던 사실 등을 두루 참조하여, 서현이 벼슬하여 대량주도독(大梁州都督)에까지 이르렀다고 개서(改書)한 것으로 이해된다.[179]

그렇다면 김장청이 서현이 '안무대량주제군사(安撫大梁州諸軍事)'를 겸임하였다고 부기(附記)한 이유가 몹시 궁금하다. 여기서 제군사(諸軍事)는 군사의 징발, 무기와 군량의 조달을 비롯한 군사(軍事)에 관한 제반 사항을 총괄할 수 있는 권한을 부여받은 자에게 수여한 관함(官銜)이었다. 따라서 '대량주제군사'는 대량주의 군사에 관한 제반 사항을 총괄하는 권한을 수여받은 자라고 해석할 수 있을 것이다. 한편 『삼국사기』에서 당나라에서 안무(安撫)'를 포함한 관함을 제수받은 사람들이 대체로 행군군단의 총관이었음을 살필 수 있다.[180] 당나라에서 총관에게 정토

---

179) 『삼국사기』 열전제2 김유신(중)조의 다른 기록에는 舒玄의 관직이 良州摠管이라고 전한다. 문무왕 5년에 상주와 하주의 땅을 분할하여 歃良州를 설치하였고, 경덕왕 16년에 이것을 良州로 개칭하였다. 665년에 유신이 만으로 70살이었으므로, 서현이 이때까지 살아 있었다고 한다면, 90살에 가까운 나이였다고 볼 수 있다. 따라서 665년 무렵에 서현이 삽량주총관에 임명되었다고 보기가 쉽지 않을 것이다. 김장청은 김서현이 대량주, 즉 대야주의 주치인 대야성의 군주였다는 사실을 감안하여, 良州摠管이라고 잘못 기술한 것으로 이해된다.

180) 六月十二日 遼東道安撫副大使遼東行軍副大摠管兼熊津道安撫大使行軍摠管右相檢校太子左中護上柱國樂城縣開國男劉仁軌 奉皇帝勅旨 與宿衛沙湌金三光到党項津(『삼국사기』 신라본기제6 문무왕 8년).
九月 帝詔男生授特進遼東都督兼平壤道安撫大使 封玄菟郡公. 冬十二月 高宗以李勣爲遼東道行軍大管兼安撫大使 以司列少常伯伯陸·郝處俊副之. 龐同善·契苾何力並爲遼東道行軍副大摠管兼安撫大使(『삼국사기』 고구려본기제10 보장왕 25년).

(征討)의 임무를 부여하면서 동시에 정토지역의 백성들을 위무하는 임무를 함께 부여하였다고 이해할 수 있다. 동일한 맥락에서 김장청은 김서현이 대량주의 군사에 관한 제반 사항을 총괄하는 임무를 부여받았으면서도 당나라의 사례를 참조하여 서현이 동시에 대량주의 주민들을 위무(慰撫)하는 임무도 부여받았다고 판단하여, 서현이 '안무대량주제군사'를 겸임하였다고 부기하지 않았을까 한다. 직관지 찬자는 김유신행록(또는 흥무대왕행록)에 전하는 '안무대량주제군사'에서 '대량주(大梁州)'를 제외한 '안무제군사(安撫諸軍事)'라는 관제(官制)를 그것의 설치 시기와 위계의 높고 낮음을 알 수 없는 것으로 판단하여 잡지제9 직관(하) 미상관제조에 기입하였다고 이해된다.

II-⑥의 상사인(上舍人)과 하사인(下舍人)은 실혜열전(實兮列傳)에 전한다. 검군열전(劍君列傳)에 검군이 사량궁(沙梁宮)의 사인(舍人)이었다고 전하고, 『삼국유사』 권제3 흥법제3 원종흥법 염촉멸신조에서 '김용행(金用行)이 지은 아도비(阿道碑)를 살펴보면, 사인[舍人; 염촉(厭髑)=이차돈]은 그때 나이가 26살이었다.'고 하였다. 신라본기 법흥왕 15년 기록에서 이차돈(異次頓)이 법흥왕의 근신(近臣)이라고 밝혔다. 당시 국왕은 대궁(大宮)에 거처하였으므로, 이차돈은 대궁의 사인이었을 것으로 짐작된다. 중고기에 내성에서 관할한 대궁과 양궁(梁宮), 사량궁(沙梁宮)이 존재하였다. 실혜는 이들 3궁 가운데 어느 궁에 소속된 사인(舍人)으로서 궁과 관련된 행정업무를 처리하거나 또는 3궁에 위치한 창고와 그것들이 소유한 전장(田莊) 등을 관리하였을 것으로 짐작된다.[181] 한편

男生走保國內城 率其衆 與契丹·靺鞨兵附唐 遣子獻誠訴之. 高宗拜獻誠右武衛將軍 賜乘輿馬 瑞錦寶刀 使還報. 詔契苾何力率兵援之 男生乃免. 授平壤道行軍大摠官 兼持節安撫大使 擧哥勿·南蘇·倉巖等城以降(『삼국사기』 열전제9 개소문).
181) 김희만, 2017 앞의 논문, 202쪽에서 舍人은 국왕 근시직의 하나로서 대궁과 양궁, 사량

경문왕 12년(872)에 작성된 황룡사구층목탑사리함기에 요극일(姚克一)이 춘궁(春宮) 중사성〔中事省; 세택(洗宅)〕의 관리였다고 전하고, 같은 해에 건립된 대안사적인선사탑비(大安寺寂忍禪師塔碑)에 요극일이 중사인(中舍人)이었다고 전한다. 872년에 요극일은 춘궁〔宮; 동궁(東宮)〕 소속 중사인으로 재직하고 있었다고 볼 수 있다. 진평왕대에 사인이 상사인과 하사인으로 분화되었고, 이후에 중사인을 추가로 설치하였으며, 679년 동궁 건립 이후에 상사인과 중사인, 하사인 등을 동궁에 배치한 것으로 이해된다.

II-⑧의 '남변제일(南邊第一)'은 신라본기 효소왕 8년 9월과 경덕왕 15년 4월 기록에 보인다. 효소왕과 경덕왕대에 지방민에게도 경위(京位)를 수여하였는데, 주지하듯이 골품에 따라 관등의 승진에 차등을 두었다. 『삼국사기』 색복지에 '지방의 진촌주(眞村主)는 5두품과 같고, 차촌주(次村主)는 4두품과 같다.'고 전한다. 이처럼 지방의 진촌주를 5두품에 준하는 대우를 해주었으므로, 진촌주가 수여받을 수 있는 관등의 상한은 대나마라고 볼 수도 있다. 그러나 대중(大中) 10년(856, 문성왕 18)에 조성된 규흥사종명(竅興寺鐘銘)에 상촌주(上村主)가 삼중사간(三重沙干), 제이촌주(第二村主)가 사간(沙干)이었다고 전하는데, 삼중사간(三重沙干)이란 관등명을 통해, 856년 당시에 촌주들에게 수여한 관등의 상한이 사찬이었음을 추론할 수 있다.[182] 신라정부에서 진촌주를 5두품에 준하는 대우를 해주었다고 하더라도, 그들이 수여받은 최고 관등은 대나마가 아니라 사찬이었음을 시사해주는 측면으로 유의된다. '남변(南邊)'이 구

궁의 관속이었다고 이해하는 견해를 제출하였다.

182) 주보돈, 1991 「이성산성 목간의 출토와 도사」 『경북사학』 14, 16~20쪽에서 문무왕 14년에 외위를 폐지하고 지방민들에게도 경위를 수여한 이후에 사찬중위제를 실시한 것으로 보아, 지방민은 사찬의 관등까지 수여받았다고 이해하는 견해를 제출한 바 있다.

체적으로 어느 곳을 가리키는지 불분명하지만, 왕경이 아니라 지방이었음이 분명한 만큼, '남변 제1의 관위'는 바로 지방 출신의 촌주 등에게 수여한 최고 관등인 사찬(沙湌)이었을 가능성이 높지 않을까 한다.

II-⑦의 중사성(中事省)은 『삼국사기』 잡지제8 직관(중)에 전하는 내정관부(內廷官府) 가운데 하나이면서 동궁(東宮) 예하에도 설치한 세택(洗宅)을 경덕왕대에 개칭한 것에 해당한다. 직관지에서는 중사성을 후에 옛이름대로 복고하였다고 전하는데, 그 시기는 중앙행정관서 명칭을 복고한 혜공왕대로 추정된다. 경문왕 12년(872)에 작성된 황룡사구층목탑사리함기에 춘궁(春宮) 중사성(中事省)이 전하므로, 경문왕 12년 이전 어느 시기부터 세택을 한식(漢式)으로 개칭하여 불렀다고 볼 수 있다. 이것 이외에 직관지에 소개한 중앙행정관서 및 내정관부와 동궁 예하의 관청을 미상관제조에서 찾을 수 없는 점을 감안하건대, 직관지 찬자가 직관(중)에 전하는 중사성(中事省)을 미상관제조에 제시한 것은 매우 이례적이라고 평가할 수 있다. 종래에 직관지 찬자가 미상관제조에 중사성을 제시한 사실을 근거로 그들이 중앙행정관서 기록과 내정관부 및 동궁 예하 관청 기록을 전혀 고려하지 않고, 미상관제조를 찬술하였고, 중앙행정관서 및 내정관부, 동궁 예하 관청 기록의 주요 전거자료는 '잡전기(雜傳記)'와 별도로 구분되는 관제 관련 일괄자료였을 것이라고 추정하였는데,[183] 나름 공감되는 바가 많다고 하겠다.

직관지의 말미에 소개한 태봉(泰封)의 관제로서 원봉성(元鳳省)이 있다고 전한다. 이것이 고려시대의 한림원(翰林院)에 해당하므로, 신라의 한림대(翰林臺)를 태봉에서 원봉성(元鳳省)으로 개칭하였다고 이해할 수 있다. III-①의 지원봉성사(知元鳳省事)는 바로 태봉의 원봉성을 관

---

183) 박수정, 2016 앞의 논문, 104쪽.

장하는 장관을 가리킨다고 보인다. 『고려사』 최응열전에 최응(崔凝)이 태조가 즉위한 이후에도 옛 관직인 지원봉성사를 그대로 제수받았다가 얼마 안 있어 광평랑중(廣評郞中)에 임명되었다고 전한다.[184] 직관지 찬자가 지장선원낭원대사오진탑비, 무위사선각대사편광탑비에 전하는 최언위의 관직을 참조하여 지원봉성사를 미상관제조에 기입하였을 가능성이 높긴 하지만, 『고려사』의 원전(原典)인 『태조실록』에 전하는 기록을 참조하여 인용하였을 가능성도 완전히 배제할 수 없지 않을까 한다. 앞에서 성덕대왕신종명에 한림대조(翰林待詔)란 직명이 전한다고 언급하였는데, 태봉에서 한림대를 원봉성으로 개칭한 후에도 대조란 직명을 그대로 유지하였음을 지장선원낭원대사오진탑비에 전하는 구족달(仇足達)의 관함을 통해 확인할 수 있다. 지원봉성사와 마찬가지로 원봉성대조의 출전 역시 지장선원낭원대사오진탑비일 가능성이 높긴 하지만, 『태조실록』을 비롯한 문헌 등이 그것의 출전일 가능성도 충분히 고려할 필요가 있다고 판단된다.

잡지제9 직관(하)에서 소개한 태봉의 관제 가운데 흥문감(興文監)은 보이지 않는다. 또한 『고려사』에서도 그에 관한 정보를 찾을 수 없다. 그러나 신라와 고려에 흥문감이란 관제가 존재하였다는 자료가 전하지 않기 때문에 결국 그것은 태봉의 문한기관이었을 가능성이 높다고 보이는데, 현재 그에 관한 더 이상의 자세한 사항은 고구(考究)하기 어렵다. 흥문감경은 흥문감의 장관으로 추정되나, 확실치 않다. 직관지 찬자는 지장선원낭원대사오진탑비와 정토사법경대사자등탑비를 참조하여, 흥문감경을 미상관제조에 기입한 것으로 이해된다. Ⅲ-④의 기실랑(記室郞)에 관한 정보를 신라의 문헌과 금석문에서 찾을 수 없다. 다만 『고려사』에

---

184) 及太祖卽位 仍舊職 知元鳳省事 俄拜廣評郞中(『高麗史』 卷92 列傳第5 崔凝).

왕유(王儒)가 처음에 궁예(弓裔)를 섬겨 원외랑(員外郎)이 되었고, 승진하여 동궁기실(東宮記室)에 이르렀다고 전하는 것으로 보건대,[185] 기실랑은 태봉의 관제일 가능성을 상정해볼 수 있지 않을까 한다.[186]

III-⑤의 '주도령좌승(州都令佐丞)'을 '주도령(州都令)', '좌(佐)', '승(丞)'으로 분리하여 이해하기도 하나,[187] 『삼국사기』 잡지제7 직관(상) 사정부조에 '좌는 2명이었는데, 효성왕 원년에 대왕의 이름을 범한다고 하여 무릇 승은 모두 좌로 칭하였다.'고 전하는 사실, 『고려사』 권75 지29 선거3 향직조에서 '3품은 대승(大丞)·좌승(佐丞)이다.'고 언급한 사실 등을 감안하건대, 직관지 찬자가 신라 관직인 좌와 승의 관계, 좌승이 고려의 향직이었다는 사실을 인지하지 못하였다고 보기 어렵기 때문에 이러한 견해를 수용하기는 곤란할 듯싶다. 이처럼 '주도령좌승'을 '주도령', '좌', '승'을 분리하여 이해하기 어렵다고 한다면, 결국 직관지 찬자가 '지원봉성사', '원봉성대조', '흥문감경'이 전하는 지장선원낭원대사오진탑비에서 왕예(王乂)가 '당주도령좌승(當州都令佐丞)'이었다고 소개한 사실을 인지하고, 그 관제를 미상관제조에 기입하였다고 이해하는 것이 합리적이라고 여겨진다.

여기서 한 가지 유념할 사항은 잡지제9 직관(하)에서 별도로 태봉의 관제를 정리하여 소개하였음에도 불구하고 지원봉성사 등의 태봉관제를 미상관제조에 기입한 이유를 어떻게 합리적으로 설명할 수 있는가에 관해서이다. 뒤에서 자세하게 살필 예정이지만, 직관지 찬자는 당나라에서 신라의 사신들이 수여받은 관함을 미상관제조에 기입하였다. 물론 직관지

---

185) 初仕弓裔 爲員外 遷至東宮記室(『高麗史』 卷92 列傳第5 王儒).

186) 김희만, 2017 앞의 논문, 194~195쪽에서 東宮記室 설치 이전에 記室郎을 먼저 설치한 것으로 이해하였다.

187) 정구복 외, 2012 『개정증보 역주 삼국사기』 2(번역편), 한국학중앙연구원출판부, 702쪽.

찬자는 그것이 신라의 관제라고 이해하였기 때문에 미상관제조에 편입하였다고 이해할 수 있을 것이다. 동일한 맥락에서 직관지 찬자는 지원봉성사 등을 태봉이 아니라 신라에서 설치한 관제라고 오해하여, 그것들을 태봉의 관제를 기술한 부분이 아니라 직관지 미상관제조에 기입하였다고 추론할 수 있지 않을까 한다. 이처럼 신라 관제에 대한 직관지 찬자의 이해가 깊지 않았던 측면은 그들의 직관지 편찬 태도와 관련하여 유의 깊게 참고할 사항으로 주목된다고 하겠다.

IV-①, ②, ③은 출전이 모두 고려 초기에 작성된 비문이라는 점과 아울러 신라, 태봉의 관제가 아니라 당에서 수여받은 관함(官銜)이라는 공통점을 지녔다. IV-①의 '검교상서좌복야(檢校尙書左僕射)'는 최언위가 작성한 비문에 보이는 최언위의 관함에 해당한다. 신라와 태봉에서 3성 6부제를 수용하지 않았고, 고려에서 성종대에 3성 6부제를 수용하여 관제를 정비하였으므로, 신라와 태봉, 태조대의 고려에서 최언위에게 '검교상서좌복야'를 수여하였을 가능성은 낮다고 볼 수 있다.

당나라에서 좌우복야(左右僕射)는 종2품으로서 상서도성(尙書都省)의 부상서령(副尙書令)에 해당한다. 당에서 용삭(龍朔) 2년(662)에 상서성(尙書省)을 중대(中臺)로, 좌우복야를 좌우광정(左右匡政)으로 개칭하였다가 함형(咸亨) 원년(670)에 다시 원래의 명칭으로 복구하였다. 그리고 광택(光宅) 원년(684)에 좌우복야를 문창좌우상(文昌左右相)으로 개칭하였다가 신룡(神龍) 원년(705)에 복구하였고, 다시 개원(開元) 원년(713)에 그것을 좌우승상(左右丞相)으로 고쳤다가 천보(天寶) 원년(742)에 다시 원래대로 복구하였다고 한다.[188] 당나라에서는 비실직관(非實職官)으로서 검교관(檢校官), 시관(試官), 겸관(兼官), 원외관(員

---

188) 曾資生原著者·陶希聖編校者, 1979 앞의 책, 101쪽.

外官)을 두었고, 이것들을 주변 이민족의 지배자와 더불어 사신들에게도 수여하였다고 알려졌다.[189] 실제로 정원(貞元) 8년(792)에 당에서 회흘(回紇)의 사신 약라갈경(藥羅葛㑊)에게 '검교상서우복야(檢校尙書右僕射)'를 수여한 사실이 확인되고,[190] 또한 764년(경덕왕 23) 4월에 신라왕 김헌영(金獻英)이 사신을 보내 조공하니, 당에서 사신에게 검교예부상서(檢校禮部尙書)를 수여하여 보냈다는 기록이 전한다.[191] 이러한 사례들을 감안한다면, 검교상서좌복야(檢校尙書左僕射)는 최언위가 당나라에서 수여받은 관함이었다고 봄이 자연스럽다고 하겠다.

IV-②의 상주국(上柱國)은 당나라의 훈관(勳官)으로서 정2품에 해당한다. 상주국이란 훈관은 신라왕에게도 대대로 수여하였음이 확인되고, 최언위와 이환추(李桓樞)도 당나라 또는 후당(後唐)에서 상주국이란 훈관을 수여받은 것으로 보인다. IV-③의 우위장군(右衛將軍)은 당나라 16위(衛) 가운데 궁정 경호에 대해 총괄하는 임무를 수행한 종3품에 해당하는 우위의 장군을 가리킨다. 영원사수철화상탑비(瑩源寺秀澈和尙塔碑)에 사궁대(司宮臺)가 당나라에 입조하여 비실직관(非實職官)인 검교우위장군(檢校右衛將軍)을 제수받았다고 전하므로, 직관지 찬자는 여

---

189) 河野剛彦, 2017 「唐代の異民族授官における非實職官の授與について」 『學習院大學人文科學論文集』 63, 學習院大學文學部, 4~9쪽.
참고로 賴瑞和, 2006 「論唐代的檢校官制」 『漢學研究』 24-1, 184~187쪽에서 非實職官으로서 檢校는 주로 三師, 三公, 僕射, 尙書, 散騎常侍, 賓客, 祭酒, 卿, 監, 諸行郎中, 員外郎의 관직류에 수여하였고, 兼官은 御史大夫, 御使中丞, 侍御·殿中·監察御史의 관직류에 수여하였으며, 試秩은 大理司直·評事·秘書省校書郎 등에 수여하였다고 주장한 바 있다.

190) 明年 使藥羅葛㑊來朝 㑊本唐人呂氏 爲可汗養子 遂從可汗姓. 帝以其用事 賜賚殊優 拜檢校尙書右僕射(『新唐書』 卷217上 列傳第142上 回紇上).

191) (廣德) 二年 四月 壬子 新羅王金獻英 遣使朝貢 授其使檢校禮部尙書遣之(『冊府元龜』 卷976 外臣部 褒異第3).
『삼국사기』 신라본기에는 경덕왕 24년(765) 4월에 당나라에 사신을 보내 조공하니, 황제가 사신에게 검교예부상서의 벼슬을 주었다고 전한다.

기에 전하는 우위장군을 미상관제조에 기입한 것으로 이해된다. 태봉의
관제와 더불어 신라인들이 당에서 제수받은 관함이 미상관제조에 기술되
어 있는 것에서 직관지 찬자의 편찬 태도가 어떠하였는가를 가늠하여 볼
수 있음은 물론이다.

V-①, ②, ③의 태자시서학사(太子侍書學士), 공자묘당대사(孔子廟
堂大舍), 공덕사(功德司)는 문헌과 금석문 등에서 전혀 발견할 수 없는
관제에 해당한다. 앞에서 한림대와 숭문대, 서서원 등에 학사를 두었던
것은 884년 7월에서 886년 봄 사이었다고 언급한 바 있다. 따라서 태자
시서학사를 설치한 시기는 886년 이후일 가능성이 높다고 볼 수 있다.
『삼국사기』 김생열전에서 요극일이 관직에 나아가 시서학사(侍書學士)
에까지 이르렀다고 전한다. 당나라에서 명필가로 알려진 유공권(柳公權)
이 한림시서학사를 역임하였다고 전하는 바에 따르면,[192] 필법이 뛰어난
자를 시서학사로 등용하였음을 엿볼 수 있다. 요극일은 삼랑사비와 대안
사적인선사탑비, 황룡구층목탑사리함기를 서사(書寫)한 바 있다. 따라서
요극일이 시서학사에 등용된 이유를 쉽게 수긍할 수 있다. 요극일은 학
사제를 수용하기 이전에 시서학사에 대응되는 관직에 임용되었고, 학사
제 수용 이후에 시서학사라고 불렀다고 보인다. 진성여왕대에 효공왕의
아들 요(嶢)를 태자로 삼았는데, 진성여왕대에 요극일을 태사시서학사에
임용하였는가에 대해서는 정확하게 고구(考究)하기 어렵다. 요극일 또는
제3의 인물이 태자시서학사에 임용되었고, 직관지 찬자는 그에 관한 전
승자료를 참조하여 태자시서학사를 미상관제조에 기입한 것으로 추정된

---

192) 公權字誠懸 幼嗜學 十二能爲辭賦. 元和初 進士擢第 釋褐秘書省校書郎. 李聽鎭夏州 辟
　　 爲掌書記. 穆宗卽位 入奏事 帝召見 謂公權曰 我於佛寺見卿筆蹟 思之久矣. 卽日拜右拾
　　 遺 充翰林侍書學士 遷右補闕 司封員外郎(『舊唐書』 卷165 列傳第115 柳公權).

193) 박수정, 2016 앞의 논문, 103쪽; 김희만, 2017 앞의 논문, 196~197쪽 및 199쪽.

다. 한편 종래에 공자묘당대사는 국학의 관직으로 추정하였고, 공덕사는 불교와 관련된 업무를 수행한 관청으로 이해하였다.[193) 나름 기존의 견해를 긍정적으로 평가할 수 있지 않을까 한다.

직관지에서는 미상관제조 다음에 고구려와 백제, 태봉의 관제를 중국 사서와 고기에서 인용하여 제시하였다. 〈표 5〉는 고구려 관제와 관련하여 직관지 찬자가 중국 사서에서 인용한 기록과 중국 사서에 전하는 기록을 정리한 것이다.

〈표 5〉 중국 사서에서 인용한 기록과 중국 사서에 전하는 기록 비교(고구려 관제)

번호		중국 사서에서 인용한 외관조의 기록	중국 사서에 전하는 기록
VI	①	隋書云 高句麗官有太大兄 次大兄 次小兄 次對盧 次意侯奢 次烏拙 次太大使者 次大使者 次小使者 次褥奢 次翳屬 次仙人 凡十二等. 復有內評外評 五部褥薩.	官有太大兄 次大兄 次小兄 次對盧 次意侯奢 次烏拙 次太大使者 次大使者 次小使者 次褥奢 次翳屬 次仙人 凡十二等. 復有內評外評 五部褥薩(『수서(隋書)』고려전(高麗傳)).
	②	新唐書云 高句麗官凡十二級 曰大對盧 或曰吐捽 曰鬱折 主圖簿者 曰太大使者 曰皂衣頭大兄 所謂皂衣者 仙人也 秉國政 三歲一易 善職則否 凡代日 有不服則相攻 王爲閉宮守 勝者聽爲之. 曰大使者 曰大兄 曰上位使者 曰諸兄 曰小使者 曰過節 曰先人 曰古鄒大加. 又云 莫離支 大莫離支 中裏小兄 中裏大兄.	官凡十二級 曰大對盧 或曰吐捽 曰鬱折 主圖簿者 曰太大使者 曰帛衣頭大兄 所謂帛衣者 先人也 秉國政 三歲一易 善職則否 凡代日 有不服則相攻 王爲閉宮守 勝者聽爲之. 曰大使者 曰大兄 曰上位使者 曰諸兄 曰小使者 曰過節 曰先人 曰古鄒大加(『신당서』 고려전).
			泉男生 字元德 高麗蓋蘇文子也. 九歲以 父任爲先人 遷中裏小兄 猶唐謁者也. 又 爲中裏大兄 知國政 凡辭令 皆男生主之 進中裏位鎭大兄 久之爲莫離支 兼三軍 大將軍 加大莫離支 出按諸部 而弟男建 男産知國事(『신당서』 권110 열전제35 제이번장(諸夷蕃將) 천남생(泉南生)).
	③	冊府元龜云 高句麗 後漢時其國置官 有相加 對盧 沛者 古鄒犬加〈古鄒大加 高句麗掌賓客之官 如大鴻臚也〉主簿 優〈一作于〉合 使者 皂衣 仙人. 一說 大官有大對盧 次有太大兄 大兄 小兄 意侯奢 烏捽 太大使者 小使者 褥奢 翳屬 仙人 幷褥薩 凡十三等. 復有內評外評 分掌內外事焉.	高句驪國 後漢時其國置官 有相加 對盧 沛者 古鄒大加〈古鄒大加 高驪掌賓客之官 如大鴻臚也〉主簿 優台 使者 帛衣 先人 一說 大官有大對盧 次有太大兄 大兄 小兄 意侯奢 烏拙 太大使者 小使者 褥奢 翳屬 仙人 幷褥薩 凡十三等〈復有內評外評〉分掌內外事焉(『책부원귀(冊府元龜)』 권962 외신부(外臣部) 관호(官號))

VI-①의 외관조에서 인용한 기록과 『수서』 고려전에 전하는 기록이 완전히 일치하는 바, 직관지 찬자가 후자의 기록을 그대로 전재(轉載)하였다고 볼 수 있다. VI-②의 외관조에서 인용한 기록과 『신당서』 고려전의 기록이 약간 차이가 난다. 전자의 밑줄 친 부분에는 '皂衣', '仙人也'라고 표기되어 있는 반면, 후자의 밑줄 친 부분에서는 '帛衣', '先人也'라고 기술되어 있다. 직관지 찬자가 후자의 기록을 외관조에 인용하면서 일부 글자를 개서하였음을 살필 수 있다. 한편 VI-②의 '又云' 이하에서 언급한 관제는 『신당서』 천남생열전의 기록에서 발췌하여 인용한 것임을 확인할 수 있다.

VI-③의 외관조 기록에서 '古鄒犬加', '優〈一作于〉合'은 '古鄒大加', '優〈一作于〉台'의 誤記이다. 이와 더불어 '優〈一作于〉合'에서 세주 '一作于'는 직관지 찬자가 추가로 첨입한 사례에 해당한다.[194] 이밖에 직관지 찬자가 『책부원귀』의 기록을 인용하면서 '高驪', '帛衣 先人'을 '高句麗', '皂衣 仙人'으로 개서하였고, 『책부원귀』에는 '復有內外評'을 세주(細注)로 소개한 반면, 직관지 찬자는 본문에 기술하였음도 살필 수 있다. 한편 VI-③의 『책부원귀』 기록은 『후한서』 고구려전 및 『주서』·『수서』 고려전에 전하는 기록을 토대로 기술되었음이 확인된다.[195] 이와 관련하여 『책부원귀』의 찬자가 『후한서』 고구려전의 기록에 대한 당나라 고종(高宗) 장회태자(章懷太子) 이현(李賢)의 주석(註釋)까지 인용한 점, 『수

---

194) 직관지 찬자는 『삼국사기』 고구려본기에 于台라고 전하는 사실을 고려하여 '一作于'라고 세주를 달았던 것으로 이해된다(박수정, 2016 앞의 논문, 107~108쪽).

195) 其置官 有相加 對盧 沛者 古鄒大加〈古鄒大加 高驪掌賀(賓)客之官如鴻臚也〉 主簿 優台 使者 帛衣先人(『후한서』 고구려전).
大官有大對盧 次有太大兄 大兄 小兄 意侯奢 烏拙 太大使者 大使者 小使者 褥奢 翳屬 仙人 幷褥薩 凡十三等 分掌內外事焉(『주서』 고려전).
『주서』 고려전에 大使者가 전하나, 『책부원귀』의 찬자는 이것을 생략하고 인용하였음을 살필 수 있다.

서」고려전에 전하는 '復有內評外評'을 세주로서 인용한 점 등을 특징적인 면모로 지적할 수 있다.

직관지 찬자는 『북사』와 『수서』, 『구당서』에 전하는 백제 관제를 외관조에 인용하였는데, 〈표 6〉은 중국 사서에서 인용한 외관조의 기록과 중국 사서에 전하는 기록을 비교하여 정리한 것이다.

〈표 6〉 중국 사서에서 인용한 기록과 중국 사서에 전하는 기록 비교(백제 관제)

번호		중국 사서에서 인용한 외관조의 기록	중국 사서에 전하는 기록
VII	①	北史云 百濟官有十六品 佐平五人一品 達率三十人二品 恩率三品 德率四品 杆率五品 奈率六品 將德七品 施德八品 固德九品 季德十品 對德十一品 文督十二品 武督十三品 佐軍十四品 振武十五品 剋虞十六品. 自恩率以下 官無常員. 各有部司 分掌衆務. 內官有 前內部 穀內部 內㯮部 外㯮部 馬部 刀部 功德部 藥部 木部 法部 後宮部. 外官有司軍部 司徒部 司空部 司寇部 點口部 外舍部 綢部 日官部 市部. 長吏三年一交代. 都下有方 各爲五部. 曰上部 前部 中部 下部 後部. 部有五巷 士庶居焉. 部統兵五百人. 五方各有方鎭一人 以達率爲之 方佐貳之. 方有十郡 郡有將三人 以德率爲之 統兵一千一百人以下七百人以上.	官有十六品 左平五人一品 達率三十人二品 恩率三品 德率四品 杆率五品 奈率六品 已上冠飾銀華. 將德七品 紫帶 施德八品 皂帶 固德九品 赤帶 季德十品 靑帶 對德十一品 文督十二品 皆黃帶 武督十三品 佐軍十四品 振武十五品 剋虞十六品 皆白帶 自恩率以下 官無常員. 各有部司 分掌衆務. 內官有 前內部 穀內部 內㯮部 外㯮部 馬部 刀部 功德部 藥部 木部 法部 後宮部. 外官有司軍部 司徒部 司空部 司寇部 點口部 客部 外舍部 綢部 日官部 市部. 長吏三年一交代 都下有萬家 分爲五部 曰上部 前部 中部 下部 後部 部有五巷 士庶居焉. 部統兵五百人. 五方各有方領一人 以達率爲之 方佐貳之. 方有十郡 郡有將三人 以德率爲之. 統兵一千二百人以下 七百人以上(『북사』 백제전).
	②	隋書云 百濟官有十六品 長曰左平 次大率 次恩率 次德率 次杆率 次奈率 次將德 次施德 次固德 次季德 次對德 次文督 次武督 次佐軍 次振武 次剋虞. 五方各有方領二人 方佐貳之. 方有十郡 郡有將.	官有十六品 長曰左平 次大率 次恩率 次德率 次杆率 次奈率 次將德 服紫帶 次施德 皂帶 次固德 赤帶 次李德 靑帶 次對德 以下皆黃帶 次文督 次武督 次佐軍 次振武 次剋虞 皆用白帶. 其冠制並同 唯奈率以上飾以銀花. 長史三年一交代. 畿內爲五部 部有五巷 士人居焉. 五方各有方領一人方佐貳之(『수서』 백제전).
	③	唐書云 百濟所置內官曰 內臣佐平 掌宣納事 內頭佐平 掌庫藏事 內法佐平 掌禮儀事 衛士佐平 掌宿衛兵事 朝廷佐平 掌刑獄事 兵官佐平 掌外兵馬事.	所置內官曰內臣佐平 掌宣納事 內頭佐平 掌庫藏事 內法佐平 掌禮儀事 衛士佐平 掌宿衛兵事 朝廷佐平 掌刑獄事 兵官佐平 掌在外兵馬事(『구당서』 백제전).

『북사』의 찬자는『주서』백제전의 기록을 토대로 하면서도『수서』백제 전에 전하는 '長史三年一交代', '方佐貳之 方有十郡'이란 문구를 추가로 첨입하여 Ⅶ-①의『북사』기록을 찬술하였음을 알 수 있다. 직관지 찬자는『구당서』백제전의 기록을 그대로 전재하여 외관조에 기술하였고, 『북사』와『수서』의 기록은 일부 내용을 생략하거나 또는 개서하여 인용하였음을 확인할 수 있다. Ⅶ-①, ②의 외관조 기록과『북사』·『수서』백제 전의 기록을 비교하면, 밑줄 친 부분을 직관지 찬자가 생략하고 인용하였음을 살필 수 있다. 밑줄 친 부분은 모두 의관(衣冠)과 관련된 기록에 해당한다. 결국 직관지 찬자는 두 사서에서 관제와 관련된 내용만을 발췌하여 외관조에 기술하였다고 볼 수 있는데, 이 과정에서 일부 글자를 개서한 자취를 발견할 수 있다. Ⅶ-①의『북사』기록에는 객부(客部)가 전하나, 외관조에서는 이것이 보이지 않는다. 또한『북사』에는 '內掠部 外掠部', '分爲五部', '五方各有方領一人'이라고 전하나, 외관조의 기록에는 '內原部 外原部', '各爲五部', '五方各有方鎭一人'이라고 전한다. 직관지 찬자가『북사』의 기록 가운데 일부 글자를 개서(改書)하거나 잘못 인용하였음을 반영한다.[196]

직관지 찬자는 중국 사서에 전하는 고구려와 백제 관련 관제 기록을 외관조에 인용한 다음, 중국 사서에 보이지 않고 본국고기(本國古記)에 전하는 고구려와 백제 관명(官名)을 소개하였는데, 이것들 가운데 백제의 관제인 '북문두(北門頭)'를 제외하고 나머지는 모두『삼국사기』에서 관련된 기록을 찾을 수 있다. 〈표 7〉은 본국고기에 보이는 고구려와 백제 관명과 이것들의 출처를 정리하여 제시여 정리한 것이다.

---

196) 기존에 박수정, 2016 앞의 논문, 104~108쪽에서 중국 사서에 전하는 고구려·백제 관제 기록에 대해 자세하게 살핀 바 있어 참조된다.

<표 7> 본국고기에 보이는 고구려·백제 관명과 그 출처 일람

국가	관명	출처(『삼국사기』)
고구려	좌보 (左輔)	고구려본기제2 대무신왕 8년 2월, 10년 정월, 11년 7월, 고구려본기제3 태조왕 71년 10월, 80년 7월, 차대왕 2년 2월과 7월, 고구려본기제4 신대왕 즉위년, 2년 정월 기록.
	右輔 (우보)	고구려본기제2 대무신왕 8년 2월, 10년 정월, 11년 7월, 고구려본기제3 태조왕 71년 10월, 90년 9월, 94년 10월, 차대왕 2년 3월, 고구려본기제4 신대왕 2년 정월 기록.
	대주부 (大主簿)	고구려본기제3 차대왕 2년 7월, 고구려본기제5 봉상왕 3년 9월 기록.
	국상 (國相)	고구려본기제4 신대왕 2년 정월, 15년 9월, 고구려본기제4 고국천왕 13년 4월, 산상왕 7년 8월, 고구려본기제5 동천왕 4년 7월, 중천왕 7년 4월, 서천왕 2년 7월과 9월, 봉상왕 3년 9월, 9년 8월, 미천왕 즉위년, 을파소열전, 명림답부열전, 창조리열전 기록.
	구사자 (九使者)	고구려본기제5 동천왕 20년 10월, 밀우·유유열전 기록.
	중외대부 (中畏大夫)	고구려본기제3 차대왕 2년 10월, 고구려본기제4 고국천왕 13년 4월, 을파소열전 기록.
백제	좌보	백제본기제1 다루왕 10년 10월, 21년 3월 기록.
	우보	백제본기제1 온조왕 2년 3월, 41년 정월, 다루왕 7년 2월, 다루왕 19년 10월, 백제본기제2 고이왕 9년 2월, 14년 2월 기록.
	좌장 (左將)	백제본기제2 고이왕 7년 4월, 13년 8월, 14년 2월, 백제본기제3 아신왕 2년 정월, 4년 8월, 7년 2월, 백제본기제4 성왕 원년 8월, 백제본기제6 의자왕 9년 8월 기록.
	상좌평 (上佐平)	신라본기제5 태종무열왕 7년 7월, 백제본기제3 전지왕 4년 정월, 비유왕 3년 10월, 백제본기제4 문주왕 즉위년, 백제본기제6 의자왕 19년 2월 기록.

직관지 찬자는 본국고기(本國古記)에 보이는 고구려와 백제 관제를 외관조에 기입하였다고 밝혔다. 그런데 외관조에 제시된 고구려와 백제 관제 대부분이 『삼국사기』에서 찾을 수 있으므로, 직관지 찬자가 『삼국사기』 고구려·백제본기의 원전으로 추정되는 『구삼국사』 고구려·백제기록을 참조하였음이 분명하다고 보인다. 다만 여기서 문제는 직관지 찬자가 이것들 이외의 다른 전승자료에서 고구려와 백제 관제에 관한 정보를 획

득하였는가의 여부에 관해서이다. 백제 관제인 북문두(北門頭)가 『삼국사기』에 전하지 않기 때문에 직관지 찬자가 『구삼국사』 이외의 고기(古記)를 참조하였음은 확실시된다고 하겠다.

『삼국사기』 백제본기의 찬자가 『구삼국사』 이외의 고기류(古記類)를 참조하여 백제본기를 찬술하였고, 또한 고구려 역사를 서술한 『해동고기』의 존재도 알려진 바 있다.[197] 게다가 필자는 앞에서 지리지 삼국유명미상지분(三國有名未詳地分)조에 전하는 고구려지명의 분석을 통해 지리지 찬자가 『구삼국사』 이외에 『신집』을 기본원전으로 하는 어떤 전승자료를 참조하였다는 사실을 규명한 바 있다. 따라서 직관지 찬자가 『구삼국사』 이외에 고구려·백제사를 기술한 어떤 고기류에 전하는 고구려·백제 관제를 발췌하여 외관조에 편입하였을 가능성도 완전히 배제할 수 없을 것이다.[198] 그러나 이렇다고 하더라도 고구려·백제 관제 가운데 대부분은 『구삼국사』에서 발췌하여 기입하였을 가능성이 높다는 사실 자체는 부인하기 어려운 바, 본국고기에 결국 『구삼국사』가 포함되었다고 볼 수 있고, 이러한 측면에서 본국고기는 특정한 서명(書名)이라기 보다는 본국, 즉 우리나라에 간행된 옛 기록 또는 전승자료라고 해석하는 것이 타당하다고 판단된다.[199]

직관지 찬자는 고구려와 백제 관제 이외에 궁예가 설치한 관제도 외관조에 소개하였다. 직관지 찬자는 궁예가 설치한 관제를 기술하고, 세주로서 각 관제에 대응되는 고려 관제를 제시하는 한편, 일부 관제는 직장(職

---

197) 전덕재, 2018 앞의 책, 277쪽 및 453~454쪽.

198) 박수정, 2016 앞의 논문, 109쪽에서 본국고기와 고구려본기의 전거자료가 일치하지 않을 가능성이 있다는 견해를 제출한 바 있어 참조된다.

199) 이강래, 1996 「삼국사기와 고기」 『삼국사기전거론』, 민족사, 115~123쪽에서 三韓古記와 더불어 本國古記는 冊名이 아니라 '我邦의 古記'란 의미로 해석하여 주목된다.

掌)을 세주로 제시하기도 하였다. 고려 초기에도 태봉의 관제를 그대로 계승하여 활용하였기 때문에 외관조에서 소개한 관제 가운데 일부를 『고려사』에 전하고 있음을 확인할 수 있다.[200] 『고려사』에 전하는 태봉 관제에 대해서는 추후에 자세하게 검토할 계획이기 때문에 여기서는 더 이상 논급하지 않을 것이다. 다만 태봉에서 설치한 흥문감(興文監)을 외관조에서 소개한 태봉의 관제에서 찾을 수 없는 사실, 그리고 외관조에 제시한 태봉의 관제 모두 『고려사』에 전하지 않는 사실[201] 등을 감안하건대, 직관지 찬자가 『태조실록』을 비롯한 고려에서 찬술된 전승자료 및 금석문 등에서 발췌하여 외관조에 기입하였을 가능성은 낮다고 판단된다. 현재로서 태봉 관제를 일괄하여 정리한 어떤 고기류에 전하는 내용을 외관조에 인용하였다고 보는 것이 무리가 없다고 보이는데, 이에 대한 구체적인 논증은 추후의 과제로 남겨두고자 한다.

직관지의 찬자는 고구려와 백제의 관제에 대해 알려주는 자료가 거의 전하지 않기 때문에 외관조에 중국 사서와 『삼국사기』, 일부 고기류에 전하는 고구려와 백제 관제를 간략하게 소개하였음을 살필 수 있다. 대체로 중국 사서에 전하는 고구려와 백제 관련 기록을 그대로 인용하면서, 일부 글자를 개서하거나 오기하였음을 확인할 수 있고, 고구려와 백제 관제 가운데 중국 사서에 전하지 않는 것을 본국에 전해지는 고기류에서 임의로 발췌하여 외관조에 고구려·백제 관제라고 소개하였음을 살필 수 있는데, 그들이 비록 본국고기에 보이는 것이라고 하였지만, 대다수는 『삼국사기』

---

200) 외관조에 제시한 태봉의 官制 가운데 『고려사』에 廣評省, 義刑臺, 納貨府, 調位府, 內奉省, 元奉省, 物藏省에 관한 정보가 전하고, 이와 더불어 태봉의 官階로 제시한 것이 鄕職의 명칭으로 전한다.

201) 외관조에 전하는 태봉의 官制 가운데 匡治奈, 徐事, 外書, 大龍部, 壽春部, 奉賓部, 禁書省, 南廂壇, 水壇, 飛龍省, 史臺, 植貨府, 障繕府, 珠淘省에 관한 정보를 『고려사』에서 찾을 수 없다.

고구려·백제본기의 원전인 『구삼국사』에서 발췌하여 외관조에 기입하였음을 밝힐 수 있었다. 한편 직관지 찬자가 태봉 관제에 대해 일괄로 전하는 고기류를 참조하여 태봉의 관제를 외관조에 소개하고, 여기에 각 관제에 대응되는 고려의 관제와 일부 관제의 직장(職掌)을 세주로 제시하였음을 엿볼 수 있다. 고구려와 백제 관제에 대한 전승자료가 매우 영세한 상황이었기 때문에 외관조의 고구려와 백제 관제에 대한 기술은 매우 소략한 정도에 그쳤다고 평가할 수 있고, 이러한 이유 때문에 외관조의 고구려·백제 관제 기록은 고구려와 백제 관제에 대한 연구의 기초적인 자료로서 널리 활용되지 않고 있는 실정이라고 말할 수 있다. 다만 한 가지 고려 중기에 태봉의 관제에 대한 전승기록이 적지 않게 남아 있었을 가능성이 높음에도 불구하고, 외관조에 매우 소략하게 기술한 점은 상당한 아쉬움으로 남는데, 직관지 찬자가 태봉의 관제에 대해 자세하게 소개하지 않은 이유에 대해서는 추후에 심층적인 검토가 필요할 것으로 사료된다.

열전의 원전과 찬술

2

김유신열전의 원전과 그 성격

1. 김유신열전의 원전과 찬술

김유신열전의 원전을 추적하고자 할 때, 우선 김유신열전의 기록과 신라본기의 기록을 상호 비교 검토할 필요가 있을 것이다. 이와 관련하여 우선 다음의 기록을 주목할 필요가 있다.

> 이는 본기(本記)에서 진평왕 12년에 기술한 것과 같은 사건이나 내용상
> 약간 차이가 있다. 모두가 고기(古記)에서 전하는 것이므로 두 가지를 모
> 두 남겨 둔다(『삼국사기』 열전제1 김유신상).

이 기록은 642년(선덕왕 11)에 신라가 대야성(大耶城)을 백제에게 빼앗기고 김춘추가 군사적인 도움을 요청하기 위하여 고구려에 들어갔다가

구사일생으로 살아 돌아온 일화를 소개한 다음에 기술한 『삼국사기』 찬자의 세주(細注)이다. 동일한 일화는 신라본기 선덕왕 11년 겨울 기록에 전한다. 따라서 위의 기록에 전하는 본기(本記)는 신라본기를 가리키고, 진평왕 12년은 선덕왕 11년의 오기(誤記)라고 볼 수 있다. 결국 『삼국사기』 찬자는 세주로서 신라본기 선덕왕 11년 겨울 기록과 김유신열전의 기록이 동일한 사실을 기술한 것임에도 불구하고 그 내용이 다르지만, 모두 고기(古記)에 전하기 때문에 두 가지 기록을 모두 남겨두겠다고 밝힌 것으로 이해할 수 있다. 『삼국사기』 찬자가 김유신열전을 찬술하면서 참조한 고기(古記)는 바로 김유신행록을 가리킨다고 이해하는 것이 일반적이다.[1]

한편 김유신열전과 신라본기의 기록을 상호 비교한 결과, 신라본기 기록 가운데 김유신열전의 기록과 매우 유사한 것을 여럿 발견할 수 있다. 이와 같은 사례를 모아 정리한 것이 〈표 1〉이다.

〈표 1〉 김유신열전과 신라본기의 기록이 유사한 사례 일람

	연대	신라본기	김유신열전
I-①	선덕왕 13년 (644)	秋九月 王命庾信爲大將 領兵伐百濟 大克之 取城七.	(善德王) 十三年爲蘇判. 秋九月 王命爲上將軍 使領兵伐百濟加兮城省熱城同火城等七城 大克之 因開加兮之津.
I-②	선덕왕 16년 (647)	春正月 毗曇廉宗等謂女主不能善理 因謀叛擧兵 不克.	(善德王) 十六年丁未 是善德王末年 眞德王元年也. 大臣毗曇廉宗 謂女主不能善理 擧兵欲廢之 王自內禦之. …… 於是 督諸將卒奮擊之 毗曇等敗走 追斬之 夷九族.
I-③	진덕왕 3년 (649)	秋八月 百濟將軍殷相率衆來 攻陷石吐等七城. 王命大將軍庾信 將軍陳春竹旨天存等出拒之. 轉鬪經旬不解 進屯於道薩城. 庾信謂衆曰 今日必有百濟人來諜 汝等佯不知 勿敢誰何. 乃使狗于軍中	(眞德王 太和) 二年(649) 秋八月 百濟將軍殷相 來攻石吐等七城. 王命庾信及竹旨陳春天存等將軍 出禦之. 分三軍爲五道 擊之. 互相勝負 經旬不解 至於僵屍滿野 流血浮杵. 於是 屯於道薩城下 歇馬餉士 以圖再擊. 時有水鳥東飛 過庾信之幕 將士見之 以爲不祥. 庾信曰 此不足怪也. 謂衆曰 今日必有百濟人來諜 汝

1) 이강래, 2006 「『삼국사기』 열전의 자료계통」 『한국고대사연구』 42; 2007 『삼국사기 형성론』, 신서원, 281~283쪽.

		曰 堅壁不動 明日待援軍 然後決戰. 諜者聞之 歸報 殷相. 相等謂有加兵 不能 不疑懼. 於是 庾信等進擊 大敗之. 殺虜將士一百人 斬軍卒八千九百八十級 獲戰馬一萬匹 至若兵仗 不可勝數.	等佯不知 勿敢誰何. 又使徇于軍中曰 堅 壁不動 待明日援軍至 然後決戰. 諜者聞 之 歸報殷相. 殷相等謂有加兵 不能不疑 懼. 於是 庾信等一時奮擊 大克之. 生獲 將軍達率正仲士卒一百人 斬佐平殷相達 率自堅等十人及卒八千九百八十人 獲馬 一萬匹鎧一千八百領 其他器械稱是.
I-④	문무왕 4년 (664)	三月 百濟殘衆據泗沘山城 叛 熊州都督發兵 攻破之.	麟德 元年 甲子(664) 三月 百濟餘衆 又 聚泗沘山城反叛 熊州都督發所管兵士攻之 累日霧塞 不辨人物 是故不能戰 使伯山 來告之 庾信授之陰謀以克之.

I-①의 경우, 신라본기에서는 김유신을 대장군(大將軍)으로, 김유신열전에서는 상장군(上將軍)으로 임명하였다는 언급이 다를 뿐이고 내용은 대동소이하다. 김유신열전의 기록이 더 자세하므로 신라본기의 기록은 김유신열전의 기록을 축약하여 기술한 것이라고 보아도 무방할 것이다. 다만 신라본기 선덕왕 11년 겨울 기록에 김유신이 대장군이었다고 전하므로,[2] 『삼국사기』 본기의 찬자가 김유신열전의 기록을 신라본기에 첨입하면서 이를 참조하여 상장군을 대장군으로 고쳐 기술한 것으로 짐작된다. 신라본기 선덕왕 16년 정월과 진덕왕 원년 10월, 진덕왕 3년 8월, 문무왕 4년 3월 기록을 김유신열전의 기록과 비교하여 보건대, 두 기록에 전하는 내용과 표현 등이 거의 일치하는 것을 살필 수 있다. 대체로 신라본기의 기록이 김유신열전에 전하는 기록을 요약하여 서술한 인상을 받을 수 있는데, 이에서 『삼국사기』 본기의 찬자가 김유신열전 또는 그 원전인 김유신행록의 기록을 축약하여 신라본기에 첨입하였다는 결론을 도출할 수 있다.[3]

---

2) 多 王將伐百濟以報大耶之役 乃遣伊飡金春秋於高句麗以請師. …… 臧怒其言之不遜 囚之別館 春秋潛使人告本國王. 王命大將軍金庾信 領死士一萬人赴之. 庾信行軍過漢江 入高句麗南境 麗王聞之 放春秋以還(『삼국사기』 신라본기제5 선덕왕 11년).

3) 전덕재, 2018 『삼국사기 본기의 원전과 편찬』, 주류성, 100~102쪽 및 181~182쪽.

한편 동일한 사건을 기술한 것임에도 불구하고 신라본기와 김유신열전에 전하는 기록의 내용과 표현 등이 차이가 나는 사례를 다수 발견할 수 있다. 앞에서 642년 겨울에 김춘추가 군사적 지원을 요청하기 위해 고구려에 들어갔다가 구사일생으로 돌아온 일화를 기록한 신라본기 선덕왕 11년 겨울 기록과 김유신열전의 기록이 내용상에서 약간의 편차를 보인다는 사실을 언급한 바 있다. 〈표 2〉는 신라본기와 김유신열전에서 동일한 사건을 기술한 것임에도 불구하고, 서술 내용이 차이가 나는 사례들을 정리한 것이다. Ⅱ-①의 신라본기에서 김유신을 부장군(副將軍)이라고 밝혔지만, 김유신열전에서는 중당당주(中幢幢主)라고 기술하였고, 또한 김유신이 적진에 뛰어들어 싸운 장면에 대한 묘사도 차이가 있음을 엿볼 수 있다. 이외에 〈표 2〉에서 보듯이 660년 백제 정벌 관련 내용, 661년에 북한산성(北漢山城)을 침략한 고구려·말갈군을 격퇴한 내용,[4] 661년 옹산성전투 관련 내용, 662년 평양에 주둔한 소정방에게 군량을 공급한 사실과[5] 신라군이 귀환할 때에 고구려군과 싸워 크게 승리한 내용, 663년 두

---

4) 한편 『삼국유사』 권제1 기이제2 태종춘추공조에도 김유신이 神術을 써서 漢山城을 침략한 고구려·말갈군을 물리쳤다는 내용이 전한다. 그런데 김유신열전에는 김유신이 佛寺에 나아가 제단을 설치하고 기도하였더니, 마침 하늘의 변괴가 있었다고 전하는 반면, 『삼국유사』의 기록에는 星浮山에 제단을 설치한 다음, 신술을 쓰니, 홀연히 큰 항아리만한 광채가 단 위로부터 나와, 이내 별이 되어 북쪽으로 날아갔다고 전하여 차이를 보인다. 이러한 측면에서 『삼국유사』 기록의 원전은 김유신행록이라고 보기는 어려울 것이다. 일연은 김유신행록 이외의 다른 전승자료에서 한산성전투와 관련된 기록을 인용하여 『삼국유사』에 기술한 것으로 이해된다. 신라본기에는 동타천이 지극한 정성으로 하늘에 빌었더니, 변괴가 나타났다고 기술되어 있는 반면, 김유신열전과 『삼국유사』 김유신조에는 동타천이 아니라 김유신이 기도드렸더니, 변괴가 나타났다고 전하는데, 이를 통해 김장청이 김유신행록을 찬술하면서 동타천의 행위를 김유신의 행위로 부회하였음을 상정해볼 수 있을 것이다(박찬흥, 2018 「김유신 관련 사료를 통해 본 시기별 인식」 『동양고전연구』 72, 131~132쪽).

5) Ⅱ-⑤의 신라본기에서는 구체적인 날짜를 다 밝혔음에 반하여, 김유신열전에서는 그렇게 하지 않았음을 확인할 수 있다. 또한 김유신열전에는 유신 등이 양오에 다다라 한 노인을 만나 물었더니 적국의 소식을 상세하게 전해주었다는 내용이 전하나, 신라본기에서 이에 관한 기록을 찾을 수 없었다. 한편 동일한 내용이 『삼국유사』 권제1 기이제2 태종춘추공조에도 보이는데, 여기에서는 古記에 전하는 기록을 인용하였다고 밝혔다. 그런데 여기

릉이성〔豆陵尹城; 두율성(豆率城)〕과 임존성전투(任存城戰鬪) 관련 내용이 신라본기와 김유신열전에 모두 전하지만, 신라본기와 김유신열전의 서술이 서로 달랐음을 확인할 수 있다. 따라서 Ⅱ-①~⑦의 김유신열전 기록을 신라본기 기록의 원전이라고 보기 어려울 것이다. 대체로 신라본기의 기록은 『구삼국사』 신라 관련 기록이 원전이고, 김유신열전의 기록은 김유신행록에 전하는 기록이 원전이라고 봄이 합리적이라고 판단된다.

그런데 김유신열전에는 신라본기 및 다른 인물의 열전에 전하지 않고 오직 김유신열전에만 전하는 기록이 다수 존재한다. 예를 들어 김유신이 무예를 수련하는 과정에 대해 서술한 내용,[6] 서현(舒玄)과 만명부인(萬明夫人)의 혼인담, 대야성(大耶城) 탈환 관련 기록, 조미갑과 관련된 일화, 668년 고구려를 정벌할 때에 문무왕이 김유신을 왕경(王京; 경주)에 머물도록 하게 한 내용, 고구려 정벌 후에 남한주(南漢州)에서 문무왕이 김유신 조부(祖父)의 업적과 김유신의 공적을 언급한 후에 태대서발한(太大舒發翰)과 식읍(食邑) 500호(戶)를 사여하였다는 내용, 김유신의 죽음과 관련된 일화 및 김유신의 유언에 관한 기록 등이 이에 해당한다.

에 '또한 군사를 일으켜 당군과 합치고자 유신이 먼저 然起와 兵川 두 사람을 보내 합칠 기일을 묻자, 당나라 소정방이 난새와 송아지 두 가지 그림을 그린 물건을 돌려보냈다.'고 전하는 것을 확인할 수 있다. 신라본기와 김유신열전에 김유신이 소정방에게 보낸 인물들이 裂起와 仇近 등이라고 전하는 것과 차이를 보인다. 이러한 측면에서 『삼국유사』의 기록은 『구삼국사』나 김유신행록이 아니라, 이와는 별도의 전승자료, 즉 古記에서 인용한 것이라고 봄이 합리적이라고 판단된다. 종래에 『삼국유사』 태종춘추공조에 전하는 김유신 관련 기록의 원전은 김유신행록이라고 이해하는 견해(박현숙, 2018 『『삼국유사』 기이편 태종춘추공조의 내용 구성과 신이성』 『신라문화제학술논문집』 39, 82쪽)가 제기되었다. 그러나 북한성과 연기 관련 기사를 통해 알 수 있듯이, 김유신 관련 기록 가운데 대부분은 김유신행록이 아니라 이와는 별도의 전승자료에 전하는 기록이 원전이었을 가능성이 높다고 짐작된다. 추후에 이에 대해서 자세하게 살필 예정임을 밝혀두는 바이다.

6) 김유신열전에 김유신이 15세에 花郎이 되었고, 그의 무리를 龍華香徒라고 불렀으며, 17세부터 무예를 수련하였다고 전하는데, 이를 통해 김장청이 김대문이 지은 『화랑세기』에 전하는 김유신 관련 기록을 참조하여 김유신행록을 찬술하였음을 상정해볼 수 있다.

〈표 2〉 신라본기와 김유신열전의 서술이 차이가 나는 기록 일람

	연대	신라본기	김유신열전
II-①	진평왕 51년 (629)	秋八月 王遣大將龍春·舒玄 副將軍庾信 侵高句麗娘臂城. 麗人出城列陣 軍勢甚盛 我軍望之 懼 殊無鬪心. 庾信曰 吾聞振領而裘正 提綱而網張 吾其爲綱領乎. 乃跨馬拔劒 向敵陣直前 三入三出 每入或斬將或搴旗 諸軍乘勝 鼓噪進擊 斬殺五千餘級 其城乃降.	建福四十六年 己丑(629) 秋八月 王遣伊飡任永里·波珍飡龍春·白龍·蘇判大因·舒玄等 率兵攻高句麗娘臂城. 麗人出兵逆擊之 吾人失利 死者衆多 衆心折衄 無復鬪心. 庾信時爲中幢幢主 進於父前 脫冑而告曰 我兵敗北 吾平生以忠孝自期 臨戰不可不勇. 盖聞振領而裘正 提綱而網張 吾其爲綱領乎. 迺跨馬拔劍跳坑 出入賊陣 斬將軍 提其首而來. 我軍見之 乘勝奮擊 斬殺五千餘級 生擒一千人. 城中兇懼無敢抗 皆出降.
II-②	무열왕 7년 (660)	六月二十一日 …… 又命太子與大將軍庾信·將軍品日·欽春〈春 或作純〉等率精兵五萬 應之. 王次今突城 …… 九月三日 …… 定方以百濟王及王族臣寮九十三人·百姓一萬二千人 自泗沘乘船廻唐.	太宗大王 七年 庚申 夏六月 …… 太子來告大王 率將士行至沙羅之停. …… 唐人諜知我有備 虜百濟王及臣寮九十三人·卒二萬人 以九月三日 自泗沘泛船而歸.
II-③	무열왕 8년 (661)	五月九日〈一云十一日〉高句麗將軍惱音信與靺鞨將軍生偕合軍 來攻述川城 不克. 移攻北漢山城 列抛車飛石 所當陴屋輒壞. 城主大舍多陁川 使人擲鐵蒺藜於城外 人馬不能行. …… 城主冬陁川能激勵少弱以敵强大之賊 凡二十餘日. 然糧盡力疲 至誠告天. 忽有大星落於賊營 又雷雨以震 賊疑懼 解圍而去.	高句麗·靺鞨謂新羅銳兵皆在百濟 內虛可擣 發兵水陸並進 圍北漢山城. 高句麗營其西 靺鞨屯其東 攻擊浹旬 城中危懼 忽有大星落於賊營 又雷雨震擊 賊等疑駭 解圍而遁. 初 庾信聞賊圍城 曰人力旣竭 陰助可資. 詣佛寺設壇祈禱 會有天變 皆謂至誠所感也.
II-④	문무왕 원년 (661)	八月 大王領諸將 至始飴谷停留. □使來告曰 百濟殘賊 據甕山城遮路不可前. 大王先遣使 諭之 不服. 九月十九日 大王進次熊峴停 集諸摠管大監 親臨誓之. 二十日 進軍圍甕山城. 至二十七日 先燒大柵 斬殺數千人遂降之.	時 有司報 前路有百濟殘賊 屯聚甕山城遮路 不可直前. 於是 庾信以兵進而圍城 使人近城下 與賊將語曰 而國不龔 致大國之討. 順命者賞 不順命者戮 今汝等獨守孤城欲何爲乎. 終必塗地 不如出降. 非獨存命 富貴可期也. 賊高聲唱曰 雖蕞爾小城 兵食俱足 士卒義勇 寧爲死戰 誓不生降. 庾信笑曰 窮鳥困獸 猶知自救 此之謂也. 乃揮旗鳴鼓攻之. 大王登高見戰士 淚語激勵之 士皆奮突 鋒刃不顧. 九月二十七日 城陷 捉賊將戮之 放其民.

II-⑤	문무왕 2년 (662)	春正月 …… 王命庾信 與仁問·良圖等九將軍 以車二千餘兩 載米四千 石·租二萬二千餘石 赴 平壤. 十八日 宿風樹村 冰滑道險 車不得行 並 載以牛馬. 二十三日 渡 七重河至蒜壤. 貴幢弟 監星川·軍師述川等遇賊 兵於梨峴 擊殺之. 二月 一日 庾信等至獐塞 距 平壤三萬六千步. 先遣 步騎監裂起等十五人 赴 唐營. 是日 風雪寒沍 人 馬多凍死. 六日 至陽隩 庾信遣阿飡良圖·大監仁 仙等致軍粮 贈定方.	(661년) 十二月十日 與副將軍仁問·眞服· 良圖等九將軍 率兵載糧 入高句麗之界. 壬戌(662년)正月二十三日 至七重河 人皆 恐懼 不敢先登. 庾信曰 諸君若怕死 豈合 來此. 遂自上船而濟 諸將卒相隨渡河. 入高句麗之境 慮麗人要於大路 遂自險隘 以行 至於蒜壤. 庾信與諸將士曰 …… 宜 同心協力 無以一當百 是所望於諸公者 也. 諸將卒皆曰 願奉將軍之命 不敢有偸 生之心. 乃鼓行向平壤. 路逢賊兵 逆擊克 之 所得甲兵甚多. 至障塞之險 會 天寒烈 人馬疲憊 往往僵仆. 庾信露肩執鞭 策馬 以前驅. 衆人見之 努力奔走 出汗不敢言 寒. 遂過險 距平壤不遠 庾信曰 唐軍乏食 窘迫 宜先報之. 乃喚步騎監裂起曰 …… 而難其人 汝可行否. 裂起曰 …… 雖死之 日 猶生之年. 遂與壯士仇近等十五人詣平 壤 見蘇將軍 庾信等領兵致資糧 已達近 境. 定方喜以書謝之. 庾信等行抵楊隩 見 一老人問之 具悉敵國消息 賜之布帛 辭不 受而去. 庾信營楊隩 遣解漢語者仁問·良 圖及子軍勝等達唐營 以王旨饒軍糧.
II-⑥	문무왕 2년 (662)	定方得軍粮便罷還. 庾 信等聞唐兵歸 亦還渡瓢 川. 高句麗兵追之 廻軍 對戰 斬首一萬餘級 虜小 兄阿達兮等 得兵械萬數.	定方以食盡兵疲 不能力戰 及得糧 便廻 唐. 良圖以兵八百人 泛海還國. 時 麗人伏 兵 欲要擊我軍之歸路. 庾信以鼓及桴 繫 羣牛腰尾 使揮尾有聲 又積柴草燃之 使煙 火不絶 夜半潛行至瓠河 急渡岸休兵. 麗 人知之來追 庾信使萬弩俱發 麗軍且退. 率勵諸幢將士分發 拒擊敗之 生擒將軍一 人 斬首一萬餘級.
II-⑦	문무왕 3년 (663)	五月 …… 王領金庾信 等二十八〈一云三十〉將 軍 與之合攻豆陵〈一作 良〉尹城·周留城等諸城 皆下之. 扶餘豊脫身走 王子忠勝·忠志等率其 衆降. 獨遲受信據任存 城 不下. 自冬十月二十 一日 攻之不克 至十一 月四日 斑師至舌〈一作 后〉利停 論功行賞有差.	龍朔三年癸亥 百濟諸城 潛圖興復 其渠 帥據豆率城 乞師於倭爲援助. 大王親率庾 信·仁問·天存·竹旨等將軍 以七月十七日 征討 次熊津州 與鎭守劉仁願合兵 八月十 三日 至于豆率城. 百濟人與倭人出陣 我 軍力戰大敗之 百濟與倭人皆降. 大王謂倭 人曰 惟我與爾國隔海分疆 未嘗交構 但結 好講和 聘問交通 何故今日與百濟同惡 以 謀我國. 今爾軍卒在我掌握之中 不忍殺之 爾其歸告爾王. 任其所之. 分兵擊諸城降之 唯任存城 地險城固 而又粮多 是以攻之 三旬不能下 士卒疲固厭兵. 大王曰 今雖 一城未下 而諸餘城保皆降 不可謂無功 乃 振旅而還. 冬十一月二十日至京 賜庾信田 五百結 其餘將卒賞賜有差.

이러한 기록들은 모두 김유신행록에서 인용한 것이었음은 물론이다.

『삼국사기』찬자가 김유신행록에 전하는 내용을 산략(刪略)하여 김유신열전을 찬술하였다고 언급하였는데, 구체적인 실례와 관련하여 다음의 기록들이 주목된다.

Ⅲ-① 多十月 百濟兵圍茂山甘勿桐岑三城. 王遣庾信率步騎一萬以拒之 苦戰氣竭. 庾信麾下丕寧子及其子擧眞入敵陣 急格死之 衆皆奮擊 斬首三千餘級(『삼국사기』신라본기제5 진덕왕 원년)

Ⅲ-② (眞德王 元年) 多十月 百濟兵來圍茂山甘勿桐岑等三城 王遣庾信 率步騎一萬拒之 苦戰氣竭. 庾信謂丕寧子曰 今日之事急矣 非子 誰能激衆心乎. (a) 丕寧子拜曰 敢不惟命之從. 遂赴敵 子擧眞及家 奴合節隨之 突劍戟 力戰死之. 軍士望之 感勵爭進 大敗賊兵 斬首 三千餘級(『삼국사기』열전제1 김유신상).

Ⅲ-③ 眞德王元年 丁未 百濟以大兵來攻茂山甘勿桐岑等城 庾信率步騎 一萬拒之. 百濟兵甚銳 苦戰不能克 士氣索而力憊. 庾信知丕寧子 有力戰深入之志 召謂曰 歲寒然後 知松栢之後彫. 今日之事急矣 非子 誰能奮勵出奇 以激衆心乎. 因與之飮酒 以示殷勤. (a) 丕寧 子再拜云 今於稠人廣衆之中 獨以事屬我 可謂知己矣 固當以死報 之. 出謂奴合節曰 …… 言畢 卽鞭馬橫槊 突賊陣 格殺數人而死. 擧眞望之欲去 …… 卽以劍擊折合節臂 奔入敵中戰死. 合節曰 私 天崩矣 不死何爲 亦交鋒而死. 軍士見三人之死 感激爭進 所向挫 鋒陷陣 大敗賊兵 斬首三千餘級(『삼국사기』열전제7 비녕자).

Ⅲ-① 기록과 Ⅲ-② 기록을 비교하면, 전자는 후자의 기록을 축약한

것임을 쉽게 인지할 수 있다. 따라서 신라본기 기록의 원전은 김유신열전의 기록이라고 보아도 무방할 것이다. III-② 기록과 III-③ 기록을 비교하면, 후자가 보다 내용이 자세할 뿐만 아니라 밑줄 친 (a)부분이 표현상에서 약간 차이를 보이고 있음을 살필 수 있다. 이외의 나머지 III-②의 기록은 III-③ 기록을 축약하여 서술하였다고 볼 수 있다. 그런데 『삼국사기』 찬자가 후자의 밑줄 친 (a)부분을 압축하여 전자의 밑줄 친 (a)부분처럼 기술하는 것 자체가 그리 어려운 일이 아니라고 생각되기 때문에, III-③과 III-② 기록의 원전은 동일한 것이었다고 주장하여도 이견이 없지 않을까 한다. III-③ 기록에 10월이라는 정보가 전하지 않기 때문에 III-② 기록의 원전이 III-③ 기록이라고 보기 어렵지만, 김유신열전 기록의 원전이 김유신행록에 전하는 기록인 사실과 『삼국사기』 찬자가 김유신행록의 기록 가운데 일부는 김유신열전에 축약하여 인용하는 경우도 있었을 가능성이 높다는 점, III-③과 III-② 기록의 원전이 동일한 것이었다고 짐작되는 점 등을 두루 감안하건대, 김유신열전과 비녕자열전의 원전이 김유신행록이었다고 추론하여도 문제가 없을 것이다. 이러한 추정에 잘못이 없다면, III-② 기록은 김유신행록의 기록을 산략(刪略)하여 찬술한 대표적인 사례로 제시할 수 있을 것이다.[7]

김유신행록의 기록을 산략한 또 다른 사례를 발견할 수 있는데, 이것을 제시하면 다음과 같다.

> 후에 지소부인(智炤夫人)이 머리를 깎고 거친 옷을 입고 비구니(比丘尼)가 되었다. 때에 대왕(大王)이 부인(夫人)에게 말하기를, '지금 중앙과 지방이 평안하고 군신(君臣)이 높은 베개를 베고 자며 근심이 없는 것은 곧

---

7) 高寬敏, 1996 『三國史記の原典的研究』, 雄山閣, 158쪽.

태대각간(太大角干)의 공이다. 생각컨대 부인이 집안을 잘 다스려 조심하고 훈계함이 서로 짝하여 숨은 공이 컸으므로 과인이 그 덕에 보답하려는 마음을 일찍부터 하루라도 잊은 적이 없다. 이에 해마다 남성(南城)의 조(租) 1천 석을 사여한다.'고 하였다(『삼국사기』 열전제3 김유신하).

위의 기록만을 가지고 '대왕(大王)'이 구체적으로 누구인가를 알기 어렵다. 그런데 신라본기 성덕왕 11년(712) 가을 8월 기록에 '김유신의 처를 부인(夫人)으로 봉하고 해마다 조(租) 1천 석을 사여하도록 하였다.'고 전하고 있어, 대왕이 성덕왕임을 알 수 있다. 김유신행록에 지소부인(智炤夫人)의 행적과 더불어 성덕왕이 지소부인을 부인(夫人)으로 봉하고 김유신과 지소부인의 공적을 언급하면서 해마다 남성의 조 1천 석을 사여한다고 기술하였을 것인데, 『삼국사기』 찬자가 위의 기록만을 발췌하여 김유신열전에 첨입하면서 대왕이 누구인가를 알 수 없게 되었다고 이해된다. 이밖에도 김유신행록에 전하는 내용을 축약하여 발췌한 경우가 적지 않았을 것으로 짐작되나,[8] 김유신행록이 전하지 않으므로 더 이상 고구(考究)하기 어렵다고 하겠다.

『삼국사기』 찬자가 김유신행록을 주요 저본자료로 활용하면서도 이것 이외의 저본자료를 활용하여 김유신열전을 찬술하였음을 확인할 수 있다. 우선 그들이 참조한 대표적인 자료가 바로 김유신비(金庾信碑)였다. 김유신열전에 문무대왕이 673년 7월 1일에 김유신이 사망하자, 그를 금

---

[8] 종래에 신라본기 문무왕 즉위년조에 전하는 김춘추(태종무열왕)와 문희(문명왕후)의 혼인 관련 기록은 김유신행록의 기록을 축약하여 인용한 것이었고, 『삼국유사』 권제1 기이제2 태종춘추공조에 전하는 김춘추와 문희와의 혼인 관련 기록은 김유신행록이 아니라 별도의 전승자료에서 인용한 것이라고 이해한 견해가 제기되어 참조된다(이문기, 2018 『『삼국유사』 기이편 김유신조의 재음미』 『신라문화제학술논문집』 39, 14~20쪽).

산원(金山原)에 장사지내고 유사(有司)에게 명하여 비(碑)를 세우도록 하였다고 전하므로, 김유신비는 673년 무렵에 건립되었을 것으로 짐작된다. 『삼국사기』 찬자는 김유신비에 김씨가 '헌원(軒轅)의 후예이며 소호(少昊)의 자손이다.'라고 전하고, 또한 여기에 김유신의 아버지는 '소판(蘇判) 김소연(金逍衍)이다.'라고 전한다고 언급하였다. 이밖에 그들이 김유신비에 전하는 기록을 김유신열전에서 인용하여 첨입하였다는 증거를 더 이상 발견할 수 없다.

김유신열전에 전하는 내용 가운데 김유신행록이 아니라 별도의 전승자료를 토대로 하여 찬술한 대표적인 것으로서 김유신의 둘째 아들인 원술(元述)과 그의 적손(嫡孫) 윤중(允中), 그리고 윤중의 서손(庶孫) 김암(金巖)에 관한 기록을 들 수 있다. 원술에 관한 일화를 기술한 부분에서 문무왕을 법민왕(法敏王)이라고 표기하였다. 이외의 김유신열전에서 태자(太子) 법민(法敏)이라는 표현을 발견할 수 있지만, 법민이 즉위한 이후에는 문무왕 또는 문무대왕이라고 표현하였음을 확인할 수 있다. 법민왕이라는 표현은 오직 원술에 관한 일화를 기술한 기록에만 보이고 있는 것이다. 한편 김유신에 관한 행적을 기술한 부분에서는 연대를 표기할 경우, 반드시 '~王~年'으로 표기하거나 신라 또는 당나라의 연호를 사용하였음에 반하여 원술에 관한 일화를 기술한 부분에서는 '을해년(乙亥年)'이라는 표현만을 사용하였음을 확인할 수 있다. 이와 같은 사실들을 감안하건대, 원술에 관한 일화를 기록한 부분의 원전이 김유신행록이었을 가능성은 낮지 않을까 한다.[9] 만약에 원술에 관한 일화를 김유신행록

---

9) 『삼국사기』 잡지제1 악 신라악조에 '笳舞는 奈密王 때에 지은 것이다. …… 芋引은 智大路王 때의 사람인 川上郁皆子가 지은 것이다. …… 政明王 9년(689)에 新村에 행차하여 잔치를 베풀고 음악을 연주하게 하였다.'라고 전하는데, 이것들은 김대문이 지은 『樂本』이나 또는 이것을 전거로 삼아 찬술한 어떤 전승자료에서 인용한 것으로 이해된다. 여기서

에서 인용한 것이라고 본다고 할 때, 신라본기에 일부 행적이 전하는 김유신의 맏아들 삼광(三光)의 전기를 김유신열전에 싣지 않은 사실을 합리적으로 설명하기가 쉽지 않다는 점을 통해서도 이와 같은 추정을 보완할 수 있을 것이다.

원술에 관한 일화를 기록한 부분의 원전이 김유신행록이 아니었으므로, 마찬가지로 김유신의 적손 윤중(允中) 및 윤중의 서손(庶孫) 김암(金巖)의 행적과 일화를 기록한 부분의 원전 역시 김유신행록으로 보기 어려울 것이다.[10] 신라본기에 성덕왕 24년(725) 4월에 이찬 윤충(允忠)이 중시에 임명되었고, 성덕왕 31년(732)에 그의 관등이 각간(角干)이었다고 전한다. 현재 윤중과 윤충은 동일 인물로 이해하는 것이 일반적이다.[11] 그런데 『삼국사기』 찬자는 세주(細注)로서 윤중을 윤충이라고도 부른다고 기술하지 않았는데, 이를 통해 그들이 윤충과 윤중을 동일인물로 인식하지 않았음을 엿볼 수 있다. 한편 김암의 행적을 기술하면서, 그

주목되는 것은 奈密王이란 왕명과 더불어 智證王과 神文王의 王諱를 왕명으로 표현하였다는 점인데, 이것은 아마도 김대문의 『악본』에서도 역시 마찬가지였다고 보인다. 한편 종래에 奈密王이라는 왕명이 전하는 열전제4 사다함전과 열전제7 김흠운전의 원전이 김대문이 지은 『花郎世記』에 전하는 기록이었다고 이해한 견해가 제되었다(이강래, 2006 앞의 논문; 2007 앞의 책, 289쪽). 한편 김대문이 지은 『鷄林雜傳』에서 소지마립간을 毗處王이라고 표현하였다. 이처럼 김대문이 자신이 지은 저술에서 奈密王, 智大路王, 政明王, 毗處王이란 왕명을 사용하였음을 염두에 둔다면, 문무왕의 王諱를 王名(法敏王)으로 표현한 사실이 발견되는 원술 관련 김유신열전 기록의 원전이 김대문이 지은 『鷄林雜傳』 이었을 가능성도 전혀 배제하기 어렵지 않을까 하는 것이 필자의 판단이다. 추후에 이에 대해 보다 자세하게 검토할 예정임을 밝혀둔다.

10) 황형주, 2002 『『삼국사기·열전』 찬술과정의 연구-자료적 원천의 탐색-』, 성균관대 박사학위논문, 92~96쪽에서 김인문열전과 김양열전에서 行狀에서의 표기법으로서 입전대상자를 公이라고 높여 불렀고, 두 사람의 죽음을 '薨'이라고 표현한 사실을 주목하여, 두 사람 열전의 원전이 행장이라고 주장하였다. 김인문열전과 김양열전에 후손에 관한 언급이 없는 것으로 보건대, 두 사람의 행장에도 역시 후손에 관한 기술이 없었을 가능성이 높다고 짐작된다. 김장청 역시 행장에서 주인공의 후손에 관하여 언급하지 않은 전통을 따라 김유신행록에 후손들의 전기를 첨부하지 않은 것으로 판단된다.

11) 이기백, 1974 「신라 집사부의 성립」 『신라정치사회사연구』, 일조각, 163~164쪽.

가 양(良)·강(康)·한주태수(漢州太守)를 역임하였다고 기술하였는데, 이 것은 이들 3주 예하 군의 태수를 역임한 사실을 압축하여 표현한 것으로 이해된다. 『삼국사기』 찬자는 원술과 윤중, 김암의 행적 및 일화를 정리한 전승자료를 기초로 하여 각기 별도의 열전을 구성할 수 있었지만, 이들이 모두 김유신의 직계 후손이라는 공통점을 지녔기 때문에 김유신열전에 부기(附記)하여 입전(立傳)한 것으로 이해된다.

김유신열전 가운데 김유신행록에 전하는 기록이 원전이 아닌 또 다른 사례로서 김유신열전 말미에 기술되어 있는 다음의 기록을 들 수 있다.

〔대력(大曆) 14년(혜공왕 15; 779)〕 여름 4월에 회오리바람이 강하게 일어나 유신의 무덤으로부터 시조대왕릉(始祖大王陵)에 이르렀는데, 티끌과 안개로 캄캄하여 사람을 분간할 수 없었다. 능을 지키는 사람이 들으니, 그 속에서 울고 슬퍼하며 탄식하는 듯한 소리가 났다. 혜공대왕이 그 말을 듣고 두려워하여 대신(大臣)을 보내 제사를 드려 사과하고, 이어 취선사(鷲仙寺)에 밭 30결을 바쳐 명복을 빌게 하였다. 이 사찰은 유신이 고구려, 백제 두 나라를 평정하고 세운 것이었다(『삼국사기』 열전제3 김유신하).

위의 기록만이 전한다면, 시조대왕릉이 마치 신라의 시조인 혁거세왕릉으로 오해하기 쉽고, 또한 혜공대왕이 왜 두려워하여 대신을 보내 제사하면서 사과하였는가에 대해서 명확하게 알기 어렵다. 그런데 이와 관련된 설화가 『삼국유사』 권제1 기이제2 미추왕 죽엽군조에 전하고 있다. 이에 따르면, 갑자기 회오리바람이 유신공의 무덤에서 일어났는데, 그 가운데 말을 탄 장군 모습을 한 자를 갑옷을 입은 40명 가량의 군사가 따라서 죽현릉〔竹現陵; 미추왕릉(味鄒王陵)〕으로 들어갔으며, 이후 죽현릉에서 김유신의 혼령이 지난 경술년(庚戌年; 770)에 그의 자손이 억울하게 죽임을 당하였다고 하소연하면서 멀리 다른 곳으로 옮겨 가는 것을 허락해 달라고 하자, 미추왕이 김유신 혼령의 청을 들어주지 않으매, 회오리바람이 다시 무덤으로 되돌아갔다고 한다.[12] 또한 혜공왕은 이 소식을 듣고 대신(大臣) 김경신(金敬信)을 보내 김유신의 무덤에 가서 사과하게 하였고, 취선사에 밭 30결을 하사하여 유신공의 명복을 빌게 하였다고 한다. 김유신열전의 기록은 미추왕 죽엽군조에 전하는 설화를 축약하여 서술한 것이라고 이해할 수 있다. 미추왕 죽엽군조를 통해 시조대왕은 바로 혜공왕대에 김씨의 시조로 삼은 미추왕을 가리키며, 혜공대왕은 경술년(770년)에 김융의 반란에 연류되어 김유손의 후손들이 화를 당한 것에 대해 사과한 것임을 알 수 있다.

『삼국사기』 잡지제1 악(樂) 삼죽(三竹)조에 '고기(古記)에 이르기를, "신문왕 때에 동해 바다 안에서 홀연히 작은 산이 나타났는데, 모습이 거북이 머리를 닮았고, 그 위에 한 줄기 대나무가 있어 낮에는 나뉘어 둘이 되고, 밤에는 합하여 하나가 되었다. 왕이 사람을 시켜 베어다가 적(笛)을 만들어, 이름을 만파식적(萬波息笛)이라 지었다."고 하였다. 비록 이러한 설이 있으나 괴이하여 믿을 수 없다.'고 전한다. 만파식적의 유래와 관련된 설화가 『삼국유사』 권제2 기이제2 만파식적조에 전한다. 두 기록을 비교하면, 악지의 기록은 이 설화의 요점만을 발췌하여 인용하였음을 쉽게 인지할 수 있다.[13] 이를 통해 『삼국사기』 찬자가 고려 중기에 만파

---

12) 『삼국사기』 신라본기에 혜공왕 6년(770) 8월에 金融이 반란을 일으켰다가 목 베여 죽임을 당하였다고 전한다. 경술년, 즉 770년에 김융의 반란에 김유신의 후손들이 연류되어 화를 당하였다고 보이며, 이 설화는 김유신의 후손들이 이에 항의한 사건과 관련이 있다고 이해되고 있다(이기백, 1958 「신라 혜공왕대의 정치적 변혁」 『사회과학』 2; 1974 『신라정치사회연구』, 일조각, 232쪽).

13) 송방송, 1981 「삼국사기 악지의 음악학적 연구-사료적 성격을 중심으로-」 『한국음악연

식적의 유래를 서술하고 있는 전승자료를 고기(古記)라고 이해하였음을 알 수 있다. 악지의 찬자는 고기의 기록을 괴이하여 믿을 수 없다고 평가하였는데, 아마도 이러한 이유 때문에 그들이 고기의 전문(全文)을 악지에 기술하지 않은 것으로 이해된다. 동일한 맥락에서 미추왕 죽엽군조에 전하는 김유신 영혼과 관련된 설화 역시 고기(古記)에 전하였고,『삼국사기』찬자는 고기의 기록을 괴이하여 믿을 수 없다고 생각하여 그 전문을 김유신열전에 전재하지 않은 것으로 보인다. 다만 혜공왕이 대신을 보내 김유신묘에 치제(致祭)하고, 취선사에 밭 30결을 바쳐 명복을 빌게 하였던 것은 역사적 사실이었기 때문에 그에 관해서는 비교적 소상하게 인용하여 기술하였다고 짐작된다. 이러한『삼국사기』찬자의 태도는 김유신행록에 양사(釀辭)가 많아 기록할한 것만을 취하여 전(傳)을 지었다고 언급한 것과 맥락을 같이하는 측면으로서 유의된다고 하겠다.

마지막으로『삼국사기』찬자가 김유신열전을 찬술할 때에 신라본기 및 가락국기(駕洛國記), 개황력(開皇曆) 등을 참조하였음을 확인할 수 있다. 이와 관련하여 다음의 기록을 주목할 필요가 있다.

金庾信 王京人也. (ㄱ) 十二世祖首露 不知何許人也 以後漢建武十八年 壬寅 登龜峰 望駕洛九村 遂至其地開國. (ㄴ) 號曰加耶 後改爲金官國. (ㄷ) 其子孫相承 至九世孫仇亥 或云仇次休 於庾信爲曾祖. (ㄹ) 羅人自 謂少昊金天氏之後 故姓金. 庾信碑亦云 軒轅之裔 少昊之胤. 則南加耶始 祖首露與新羅同姓也(『삼국사기』열전제1 김유신상).

위의 기록에 김유신의 12세조(世祖)가 수로(首露)이고, 수로의 9세손

구』11, 134~135쪽.

(世孫)이 구해(仇亥)라고 전하는데, 『삼국사기』 잡지제3 지리1 양주(良州) 김해소경조 및 『삼국유사』 권제2 기이제2 가락국기조에 전하는 김유신의 세계와 일치한다.[14] 그러나 가락국기에 김유신의 증조가 구형왕(仇衡王)이라고 전하기 때문에 (ㄱ) 기록의 원전을 가락국기라고 보기 어렵다. 가락국기에 광무제(光武帝) 건무(建武) 18년 임인년(壬寅年; 기원 42) 3월에 9간(干)들이 구지(龜旨)에서 수로왕(首露王)을 맞이하여 나라를 세워 대가락(大駕洛) 또는 대가야(大伽耶)라고 불렀다고 전하는 것을 보건대, 가락국기를 참조하여 '登龜峰 望駕洛九村'이라고 서술하였을 가능성을 완전히 배제하기 어렵다. 한편 『삼국유사』 왕력에 '임인(기원 42) 3월에 (수로가) 알에서 태어나 이 달에 즉위하여 158년간 다스렸다. 금알에서 나왔으므로 성이 김씨이다. 개황력(開皇曆)에 실려 있다.'고 전하므로, 개황력을 참조하여 '登龜峰 望駕洛九村'이라고 서술하였을 가능성도 충분히 상정해볼 수 있을 것이다.

여기서 주목되는 것은 『삼국사기』 찬자가 수로에 대해 '어떤 사람인지를 모른다[不知何許人也]'고 기술하였다는 사실이다. 『삼국사기』 찬자가 가락국기와 개황력을 참조하였음이 분명하기 때문에 그들이 수로왕설화에 대해 인지하고 있었음이 분명한데, 『삼국사기』 악지의 찬자가 만파식적설화에 대해 괴이하여 믿을 수 없다고 언급하였음을 감안하건대, 『삼국사기』 열전의 찬자도 수로왕설화의 내용을 만파식적설화와 비슷하게 생각하였고, 이에 따라 수로에 대해서 '不知何許人也'라고 기술한 것으로 이해된다.

---

14) 『삼국사기』 잡지제3 지리1 양주 김해소경조에 '시조 수로왕으로부터 10世 仇亥王에 이르러 양나라 中大通 4년, 신라 법흥왕 19년(532)에 백성들을 거느리고 와서 항복하였다.'라고 전하고, 가락국기에 首露-居登王-麻品王-居叱彌王-伊尸品王-坐知王-吹希王-銍知王-鉗知王-仇衡王-武力-舒玄-庾信으로 世系가 이어졌다고 전한다.

가락국기와 개황력에는 수로왕이 나라를 세우고 가락국(駕洛國) 또는 가야국(伽耶國)이라는 국호를 사용하였다고 전하기 때문에 (ㄴ) 기록은 이들 자료에서 인용한 것이라고 보기 힘들다. 신라본기 탈해이사금 21년 8월, 파사이사금 8년 7월, 15년 2월, 17년 7월, 18년 정월, 27년 8월 기록에 가야(加耶)라는 표현이 보이고, 탈해이사금 즉위년 기록에 금관국(金官國)이 처음 나오며,[15] 파사이사금 23년 8월 기록과[16] 법흥왕 19년 기록에도 그것이 전한다.[17] 비록 금관국이란 표현이 신라본기에 먼저 나오긴 하지만,『삼국사기』찬자는 초기 기록에 가야가 자주 보이고, 법흥왕 19년(532) 신라에 항복할 때에 국호를 금관국이라고 불렀음을 주목한 다음, 신라본기나 또는 이것의 원전인『구삼국사』의 기록을 참조하여, 수로왕이 나라를 세우고 나라 이름을 가야라고 불렀다가 후에 금관국으로 고쳤다고 기술한 것으로 짐작된다. (ㄷ)에서 금관국의 마지막왕을 구해(仇亥)라고 표현하였는데, 신라본기 법흥왕 19년 기록에서 금관국의 마지막왕을 구해라고 언급하였음이 확인되기 때문에 신라본기 또는 이것의 원전인『구삼국사』의 기록을 참조하여 이와 같이 서술하였다고 보아도 무방하다. 다만 세주(細注)로서 구해를 혹은 구차휴(仇次休)라고도 이르렀다고 하였는데, 가락국기와 신라본기에 이러한 정보가 전하지 않기 때문에『삼국사기』찬자가 이들 이외의 또 다른 전승자료를 참조하였음을 이

---

15) 脫解本多婆那國所生也 其國在倭國東北一千里. 初 其國王娶女國王女爲妻 有娠七年乃生 大卵. 王曰 人而生卵 不祥也 宜棄之. 其女不忍 以帛裹卵幷寶物 置於櫝中 浮於海 任其所 往. 初至金官國海邊 金官人怪之不取. 又至辰韓阿珍浦口 是始祖赫居世在位三十九年也 (『삼국사기』신라본기제1 탈해이사금 즉위년).

16) 音汁伐國與悉直谷國爭疆 詣王請決. 王難之 謂金官國首露王年老多智識 召問之. 首露立議 以所爭之地 屬音汁伐國(『삼국사기』신라본기제1 파사이사금 23년 가을 8월).

17) 金官國主金仇亥 與妃及三子 長曰奴宗 仲曰武德 季曰武力 以國帑寶物來降. 王禮待之 授 位上等 以本國爲食邑 子武力仕至角干(『삼국사기』신라본기제4 법흥왕 19년).

를 통해 엿볼 수 있다. (ㄹ)은 『삼국사기』 찬자가 직접 첨입한 부분에 해당한다. 여기서 수로를 남가야(南加耶)의 시조라고 언급한 점이 유의되는데, 『삼국사기』 찬자가 대가야(大加耶)를 염두에 두고 수로왕이 세운 가야를 남가야(南加耶)라고 표현한 것으로 이해된다.

이상에서 『삼국사기』 찬자가 김유신행록을 주요 저본자료로 삼고, 이외에 고기(古記)로 분류할 수 있는 다양한 전승자료에 전하는 김유신과 그의 후손 관련 행적 및 일화를 추가로 뒷부분에 부기(附記)하는 한편, 김유신비와 가락국기, 개왕력(開皇曆; 개황록(開皇錄)), 신라본기 또는 『구삼국사』 등을 참조하여 김유신열전을 찬술하였음을 살펴보았다. 이외에 『삼국사기』 찬자는 필요한 경우 자신들이 직접 추가로 일부 내용을 첨입한 것도 여럿 발견할 수 있다. 나아가 세주로서 인명(人名)의 이표기(異表記)를 제시하거나[18] 만노군(萬弩郡)이 고려의 진주(鎭州)이고, 유신의 태를 묻은 고산(高山)을 지금(고려)까지 태령산(胎靈山)이라고 부른다고 소개하였으며, 김유신열전에 전하는 기록과 신라본기에 전하는 기록이 동일한 사건을 기술한 것임에도 불구하고 내용이 서로 다르지만, 고기(古記)에 전하기 때문에 두 기록을 모두 남겨 둔다는 사실을 밝히기도 하였다. 그리고 마지막으로 『삼국사기』 찬자는 김유신을 칭송하는 내용의 사론(史論)을 추가하여 최종적으로 김유신열전의 찬술을 마무리하였다.

『삼국사기』 찬자가 김유신열전을 찬술하면서 저본자료에 전하는 내용이나 표현 등을 가감(加減)한 경우가 더 있었을 가능성이 높고, 또한 일부 표현을 개서(改書)하였을 가능성도 충분히 예상해볼 수 있으나, 김유신행록을 비롯하여 김유신열전의 찬술에 활용한 저본자료가 전하지 않은

---

18) 세주로서 仲常을 혹은 忠常이라고, 欽純을 혹은 欽春이라고도 부른다고 하였다.

상황이기 때문에 더 이상 고구하기 어렵다고 하여도 과언이 아니다.[19] 향후 이에 대한 연구가 진전된다면, 이에 대한 이해도 한층 더 심화될 것으로 믿어 의심치 않는다.

2. 김유신행록의 편찬시기와 편찬 태도

앞에서 김유신열전의 기록 가운데 대부분은 김유신행록에 전하는 기록이 원전이었음을 살펴보았는데, 그렇다면 김장청이 언제 김유신행록을 편찬하였고, 어떠한 태도를 가지고 그것을 찬술하였을까가 궁금하다. 김유신행록이 전하지 않기 때문에 이에 대해 고구(考究)하기가 쉽지 않은 것이 사실이지만, 김유신열전 가운데 김유신행록이 원전인 기록들을 분석하면 이와 관련된 약간의 단서를 찾을 수 있을 것으로 기대된다.

김유신열전에서 김장청이 김유신행록 10권을 찬술하였다고 언급하였을 뿐이고, 그 시기가 언제인가에 대해 분명하게 밝히지 않았다.[20] 김장

---

19) 신라본기 문무왕 즉위년 기록과 김유신열전, 김유신비에는 김유신의 아버지 舒玄의 관등이 蘇判으로 전하나 신라본기 태종무열왕 즉위년 기록에는 角湌, 『삼국유사』 권제1 기이제2 김유신조에는 角干으로 전하여 차이를 보인다. 김장청은 김유신행록을 찬술하면서 서현의 관등이 각찬(각간)으로 전하는 전승자료를 활용하지 않았다고 이해할 수 있다. 한편 『삼국유사』 권제1 기이제2 김유신조에 제54 景明王 때에 유신을 興虎大王(興武大王)으로 추봉하였다고 전하고 김유신열전의 기록에는 興德大王이 김유신을 興武大王으로 追封하였다고 전하여 차이를 보인다. 뒤에서 살펴보았듯이 김유신을 흥무대왕으로 추봉하였다는 기록의 원전이 경명왕대 이전에 찬술한 김유신행록의 기록이었을 가능성이 높다는 점을 감안한다면, 『삼국유사』의 기록은 오류라고 이해하는 것이 합리적이라고 판단된다. 한편 『동국통감』 권11 을묘년 홍덕왕 10년 2월과 『동사강목』 권제5상 신라 홍덕왕 10년 을묘년 2월 기록에 김유신을 追封하여 흥무대왕이라고 하였다고 전하는데, 홍덕왕 10년 2월에 김유신을 흥무대왕으로 추봉하였다는 구체적인 근거를 찾기 어렵기 때문에 『동국통감』 등에 전하는 기록을 그대로 신뢰할 수 있을지에 대해서는 신중할 필요가 있다고 판단된다.

20) 김장청이 김유신의 玄孫이었다고 전한다. 玄孫은 손자의 손자를 가리키는 용어이기 때문에 김장청이 8세기 후반 또는 9세기 초반에 생존한 인물이라고 볼 수도 있다. 그러나 '玄'

청이 김유신행록을 편찬한 시기를 고구하고자 할 때 우선 김장청의 관직이 집사랑(執事郎)이었음을 유의할 필요가 있을 것이다. 『삼국사기』 잡지제7 직관(상) 집사성조에 경덕왕이 집사성의 사(史)를 낭(郎)으로 고쳤다가 혜공왕이 다시 사로 되돌렸다고 전한다. 흥덕대왕릉비에 집사랑(執事郎)이 보이는데, 혜공왕대 이후에 집사성(집사부)의 사(史)를 다시 낭(郎)으로 고쳐 불렀음을 알려준다.[21] 그러면 집사성의 사(史)를 다시 낭(郎)으로 고쳐 부른 시기는 언제였을까?

『삼국사기』 신라본기제10 원성왕 5년 9월 기록에 자옥(子玉)을 양근현소수(楊根縣小守)로 임명하려고 하니, 집사사(執事史) 모초(毛肖)가 자옥은 문적출신(文籍出身)이 아니므로 지방관을 맡길 수 없다고 논박한 내용이 전하는데, 이를 통해 적어도 원성왕 5년(789) 9월 이후에 집사사(執事史)를 다시 집사랑(執事郎)으로 개칭하였음을 엿볼 수 있다. 경문왕 12년(872)에 제작한 황룡사구층목탑사리함기에 상당(上堂), 전병부대감(前兵部大監), 창부경(倉部卿), 집사시랑(執事侍郎), 내성경(內省卿) 등의 관직명이 보인다. 문성왕 17년(855)에 제작된 창림사무구정탑지에 집사시랑이란 관직명이 보이므로, 전대등(典大等)을 집사시랑으로 개칭한 시기는 문성왕 17년 이전으로 보아야 한다.[22] 나머지는 모두 경

字에 '아득히 멀다'란 뜻이 있고, 현손은 먼 후손을 가리키는 표현으로 사용되기도 하였음을 감안하건대(단국대학교 동양학연구소, 2006 『한한대사전』 9, 309쪽 및 321쪽), '玄孫'이라는 표현만을 근거로 하여 김장청의 생존시기를 추적하는 것은 문제가 있지 않을까 한다.

21) 흥덕대왕릉비에 漢式으로 개정된 관명이 다수 보인다. 중앙 행정관서의 관직명을 전면 개정한 것은 경문왕과 헌강왕대였으므로 능비를 건립한 시기는 경문왕대 또는 헌강왕대로 이해하는 것이 옳을 듯싶다. 이와 관련하여 이기동, 1978 「나말여초 근시기구와 문한기구의 확장-중세적 측근정치의 지향-」 『역사학보』 77; 1984 『신라골품제사회와 화랑도』, 일조각, 240쪽에서 872년 이후 얼마 지나지 않은 시기에 흥덕대왕릉비를 건립하였을 것이라고 추정하여 주목된다.

22) 원성왕 14년(798)에 건립된 영천청제비 정원명에 典大等이 보인다. 따라서 원성왕 14년

덕왕대 관직명을 개정하기 이전에 사용하던 명칭이었다. 그런데 중화(中和) 9년, 즉 헌강왕 10년(884) 9월 19일에 건립한 보림사보조선사탑비에 김언경(金彦卿)이 전병부시랑(前兵部侍郎)이었다고 전한다. 이에서 경문왕 12년(872)에서 헌강왕 10년(884) 사이에 병부대감을 다시 병부시랑으로 개칭하였다고 추정해볼 수 있다.[23] 헌강왕 10년 이후 『삼국사기』 기록과 금석문에서 병부시랑을 역임한 관리들에 관한 기록을 다수 확인할 수 있다.[24] 또한 봉암사지증대사탑비에 중화(中和) 신축년(헌강왕 7; 881)에 헌강왕이 전안륜사(前安輪寺) 승통(僧統) 준공(俊恭)과 숙정(대)사[肅正(臺)史] 배율문(裵聿文)을 보내 사찰의 경계를 표정(標定)케 하고, 이어 봉암(鳳巖)이라고 명명하게 하였다고 전하는데, 숙정대(肅正臺)는 사정부(司正府)를 한식(漢式)으로 개칭한 것에 해당한다.

이밖에 신라탐후사박인범원외(新羅探候使朴仁範員外; 『계원필경(桂苑筆耕)』 권10)에 박인범이 885년(헌강왕 11) 이전에 원외(랑)[員外(郎)]였다고 전하고,[25] 제참산신문(祭巉山神文; 『계원필경』 권20)에는

에서 문성왕 17년(855) 사이에 전대등을 집사시랑으로 개칭하였다고 이해할 수 있다. 흥덕왕 4년(829)에 執事部를 執事省으로 개칭하였는데, 아마도 이때에 전대등을 집사시랑으로 개칭하였을 가능성이 높다고 보인다. 다만 헌강왕대에 員外郎이란 관직명을 널리 사용한 것으로 보건대, 흥덕왕 4년에 執事部 舍知와 史를 員外郎, 郎으로 개칭하였을 가능성은 높지 않다고 추정된다.

23) 참고로 『삼국사기』 잡지제7 직관(상) 병부조에서 兵部大監을 경덕왕이 侍郎으로 고쳤다가 혜공왕이 다시 大監으로 되돌렸다고 하였다.

24) 『삼국사기』 열전제6 최치원조에 헌강왕 11년(885)에 최치원이 귀국하자, 헌강왕이 그를 侍讀兼翰林學士 守兵部侍郎 知瑞書監事로 삼았다고 전한다. 또한 『삼국사기』 신라본기제11 진성왕 7년 기록에 兵部侍郎 金處誨를 당나라에 보내 旌節을 바치게 하였으나 바다에 빠져 익사하였다고 전하고, 신라본기제12 경애왕 4년 2월 기록에 兵部侍郎 張芬 등을 後唐에 보내 조공하였다고 전한다. 이밖에 태자사낭공대사백월서운탑비와 정토사법경대사자등탑비에서 찬자인 최언위의 관직이 守兵部侍郎·前守兵部侍郎이었다고 하였고, 흥덕대왕릉비에서도 병부시랑이란 관직명을 발견할 수 있다.

25) 최치원은 헌강왕 11년(885)에 귀국하여 정강왕 원년(886)에 당나라에 있을 때에 지은 작품을 간추려 왕에게 文集을 만들어 바쳤는데, 이것이 바로 『桂苑筆耕』이다. 따라서 박인

김인규(金仁圭)가 884년(헌강왕 10)에 창부원외랑(倉部員外郎)이었다고 전하고 있다.[26] 『삼국사기』 직관지에서 창부원외(倉部員外)에 관한 정보를 찾을 수 없다.[27] 당나라 호부(戶部)의 속사(屬司)인 창부(倉部)에 낭중(郎中), 원외랑(員外郎), 주사(主事) 등의 관직이 있었다.[28] 경덕왕 때에 창부(倉部) 대사(大舍)를 낭중(郎中)으로 개칭하였으므로, 아마도 경덕왕 때에 사창(司倉)으로 개명(改名)하였다고 전하는 조사지(租舍知)를 경문왕 12년 이후 어느 시기에 원외랑으로 개명한 것이 아닌가 한다. 박인범의 관직이 원외였다고 전하는데, 병부의 노사지(弩舍知)를 한식(漢式)으로 사병원외(司兵員外)로 개명하였음을 감안하건대, 박인범은 어떤 행정관서의 원외에 임명되었다고 이해된다. 이와 같은 여러 자료들을 통해 경문왕 12년(872)에서 헌강왕 10년(884) 사이에 다시금 중앙관직과 행정관서의 명칭을 한식(漢式)으로 개칭하였음을 엿볼 수 있다.[29] 이에 따른다면, 경문왕 12년에서 헌강왕 10년 사이에 집사사(執事史)를 집사랑(執事郎)으로 다시 개칭하였다고 짐작할 수 있으므로, 집

범이 원외란 관직에 임명된 시기는 헌강왕 11년(885) 이전이라고 볼 수 있다.

26) 維年月日 新羅國入淮南使檢校倉部員外郎守翰林郎賜緋銀魚袋金仁圭 淮南入新羅兼送國信等使前都統巡官承務郎殿中侍御史內供奉賜緋魚袋崔致遠等 謹以淸酌牲牢之奠 敬□懸于嵬山大王之靈(『桂苑筆耕』卷20 祭嵬山神文).
최치원의 글과 시를 통해 入淮南使 김인규 일행이 최치원을 招致하기 위하여 揚州에 도착한 것은 884년 7월 무렵이었고, 8월경에 揚州를 떠나 10월에 中國 山東省 靑島市 내의 膠南市 大珠山鎭 안에 위치한 대주산 아래에서 배를 타고 귀국하려다가 풍랑이 일어 실패하였으며, 이후 한동안 曲浦에서 머물다가 마침내 885년 3월에 신라에 귀국하였음을 확인할 수 있다. 따라서 김인규가 창부원외랑에 임명된 것은 적어도 884년(헌강왕 10) 7월 이전이라고 이해된다(전덕재, 2011 「신라 경문왕·헌강왕대 한화정책의 추진과 그 한계」『동양학』50, 76~77쪽).

27) 한편 『삼국사기』 신라본기제12 경애왕 4년 2월조에 後唐에 파견된 사신단의 일원으로 倉部員外郎 李忠式이 포함되었다고 전한다.

28) 倉部郎中 一人 員外郎 一人 主事 二人 令史 十二人 書令史 二十三人 計史 一人 掌固 四人(『大唐六典』권3 尙書戶部).

29) 이에 대한 보다 자세한 내용은 전덕재, 2011 앞의 논문, 66~74쪽이 참조된다.

사랑에 임용된 김장청이 김유신행록을 찬술한 시기 역시 경문왕 12년 (872) 이후로 보지 않을 수 없다.

김장청이 경문왕대 또는 그 이후 시기에 김유신행록을 찬술하였음을 시사해주는 증거로서 문무왕이 김유신에게 668년에 태대서발한(太大舒發翰)이란 관등을 수여하였다고 전하는 김유신열전의 기록을[30] 들 수 있다. 이벌찬을 각간(角干), 서불한(舒弗邯)으로도 부르지만, 서발한(舒發翰)으로 표기한 경우를 김유신열전과 김양(金陽)·효녀지은열전(孝女知恩列傳)에서 발견할 수 있다.[31] 한편 최치원이 지은 성주사낭혜화상탑비에 위흔(魏昕; 김양)의 관등이 서발한(舒發韓)으로 전하고, 886년(정강왕 1) 이후에 최치원이 작성한 화엄경사회원문(華嚴經社會願文)에도 김임보(金林甫)의 관등이 서발한(舒發韓)이었다고 전한다. 김양열전을 살펴보면, 여기에 보이는 지명이 모두 경덕왕대에 개정된 지명에 해당하였음을 알 수 있다.[32] 『삼국사기』 신라본기 하대의 기록에 전하는 지명을 조사한 결과, 대체로 헌안왕대까지 본래의 지명과 경덕왕대 개정 지명을 함께 사용하다가 경문왕과 헌강왕대에 주로 경덕왕대 개정 지명을 사용하는 경향을 보이고, 다시 진성여왕대부터 본래의 지명을 널리 사용하였음을 살필 수 있다. 한편, 금석문에 보이는 지명을 조사한 결과, 문성왕 17년(855)에 작성된 창림사무구정탑지에서 경덕왕대 개정 지명을 사용한 이래 경

---

30) 文武大王旣與英公破平壤 還到南漢州 謂羣臣曰 …… 羣臣曰 誠如王旨. 於是 授太大舒發翰之職 食邑五百戸. 仍賜輿杖 上殿不趨(『삼국사기』 열전제3 김유신하).

31) 『삼국사기』 잡지제7 직관(상)에서 이벌찬, 大角干, 太大角干을 혹은 舒發翰, 大舒發翰, 太大舒發翰이라고도 부른다고 하였고, 열전제4 김양조에서 金陽을 舒發翰으로 追贈하였다고 하였으며, 열전제8 효녀지은조에서 孝宗郎이 第三宰相 舒發翰 仁慶의 아들이라고 하였다.

32) 김양열전에 지명으로 固城郡, 中原, 武州, 鵝洲(鵝洲의 오기), 南原, 鐵冶縣, 大丘 등이 전한다. 경덕왕대에 남원소경을 남원경으로 고쳤다고 추정되기 때문에 김양열전에 전하는 지명이 모두 경덕왕대에 개정된 것이라고 주장하여도 이견이 없을 듯하다.

문왕과 헌강왕대에도 이와 같은 흐름이 계속 이어졌음을 확인할 수 있다. 따라서 경덕왕대 개정 지명만이 전하는 김양열전은 경문왕대 이후에 찬술되었을 가능성이 높다고 볼 수 있다. 이처럼 김양열전을 비롯하여 서발한(舒發翰)이라는 관등 명칭이 전하는 자료들이 모두 경문왕대 이후에 찬술된 것이므로, 서불한(舒弗邯)을 서발한(舒發翰 또는 舒發韓)으로 표기하기 시작한 시기를 경문왕대 이전으로 소급하기가 쉽지 않을 것이다. 따라서 태대각간과 태대서발한이라는 표현이 모두 전하는 김유신행록의 찬술 시기 역시 경문왕대 이전으로 소급할 수 없지 않을까 한다.

김유신열전에서 오늘날 경남 합천에 해당하는 지명을 대량주(大梁州) 또는 대량성(大梁城)이라고 표기하였음을 발견할 수 있다. 그런데『삼국사기』신라본기 진성여왕 2년 2월 기록에서 대야주(大耶州)란 표현을 발견할 수 있고,[33] 또한 효공왕 5년 8월 기록에서도 대야(大耶)라고 표기하였음을 확인할 수 있다.[34] 이처럼 진성여왕대 이래 대야(大耶)라는 지명을 사용하였음을 염두에 둔다면, 대량주(大梁州)라는 표기가 전한다고 추정되는 김유신행록은 진성여왕대 이후에 찬술되었다고 보기가 곤란하지 않을까 한다. 이상의 검토를 종합하여 보건대, 김장청이 김유신행록을 찬술한 시기는 경문왕 12년에서 헌강왕대 사이였다고 정리하는 것이 합리적이라고 이해할 수 있겠는데,[35] 보다 구체적으로 필자는 중앙관직

---

33) 時有無名子 欺謗時政 構辭榜於朝路. 王命人搜索 不能得. 或告王曰 此必文人不得志者所爲 殆是大耶州隱者巨仁耶 王命拘巨仁京獄 將刑之(『삼국사기』신라본기제11 진성왕 2년 2월).

34) 後百濟王甄萱攻大耶城不下 移軍錦城之南 奪掠沿邊部落而歸(『삼국사기』신라본기제12 효공왕 5년 가을 8월).

35) 『삼국사기』잡지제3 지리1 康州條에서 '江良郡은 본래 大良州〈良은 耶라고도 적었다〉이었는데, 경덕왕이 改稱하였다.'고 전한다. 앞에서 필자는 잡지제3~5 지리1~3의 新羅志의 원전은 漢化政策을 추진한 9세기 후반 경문왕 또는 헌강왕대에 찬술되었을 가능성이 높음을 살핀 바 있다. 이에 따른다면, 경문왕 또는 헌강왕대에 江良郡의 본래 이름을 大耶郡이 아니라 大良郡이라고 표기하였다고 추론할 수 있다. 따라서 大耶州가 아니라

과 행정관서의 명칭을 적극적으로 한식(漢式)으로 개정한 헌강왕대에 김
장청이 김유신행록을 찬술하였을 가능성에 더 무게를 두고자 하는 입장
이다.

전에 필자는 경문왕과 헌강왕대에 한화정책을 적극 추진하였음을 밝힌
바 있다.[36] 그런데 김유신행록에 전하는 기록이 원전으로 보이는 김유신
열전의 기록에서 이와 같은 시대적 상황을 반영하였음을 시사해주는 표
현을 발견할 수 있다. 김유신열전에서 김유신의 할아버지 무력(武力)의
관직이 신주도행군총관(新州道行軍摠管), 아버지 김서현의 관직이 대량
주도독안무대량주제군사(大梁州都督安撫大梁州諸軍事)라고 기술하였
음을 확인할 수 있다. 진흥왕과 진평왕대에 김무력과 김서현은 각기 남천
군주(南川軍主), 대야(성)군주[大耶(城)軍主]에 임명되었던 것으로 이해
된다.[37] 신주도행군총관, 대량주도독안무대량주제군사 등은 모두 당나
라에서 임시로 편성한 행군군단의 사령관 등에게 수여한 직임과 매우 유
사한 것에 해당한다.[38] 김장청이 김무력과 김서현의 관직을 당나라 제도

大梁州 또는 (大)良州라고 표현한 지명이 전하는 김유신행록 역시 경문왕 또는 헌강왕대
에 편찬되었을 가능성이 높지 않을까 한다.

36) 전덕재, 2011 앞의 논문.

37) 561년(진흥왕 22)에 건립된 진흥왕순수비 창녕비에 上州軍主, 下州軍主, 新州軍主가 아
니라 甘文軍主, 比子伐軍主, 漢城軍主라고 전하고, 569년(진흥왕 28)에 건립된 진흥왕순
수비 북한산비에 南川軍主가 전하고 있다. 이것은 중고기에 州治名을 관칭하여 '~軍主'
라고 부르는 것이 관례였음을 알려준다. 신라본기 진흥왕 15년 7월 기록에 武力이 新州
軍主라고 전하나, 이것은 후대에 개서한 것으로 이해되고, 당시에 신주의 주치가 남천이
었다고 추정되므로(강봉룡, 1998 「신라 지방통치체제 연구」, 서울대학교 박사학위논문,
100~109쪽), 진흥왕 15년 당시 무력의 정확한 직임은 南川軍主였다고 볼 수 있다. 김서
현이 大梁州都督이었다고 전하는데, 中代에 비로소 州의 장관을 摠管 또는 都督이었다고
부르기 시작하였으므로, 진평왕대에 김서현의 정확한 직임은 大耶(城)軍主였다고 봄이
합리적이다.

38) 예를 들어 660년 백제를 정벌할 때에 蘇定方을 神丘道行軍大摠管에 임명하였음을 확인
할 수 있고, 이밖에도 고구려를 정벌할 때에도 장군을 '~道行軍摠管'에 임명하였음을 다
수 발견할 수 있다. 한편 『삼국사기』 신라본기제6 문무왕 8년 6월 12일 기록에 劉仁軌의

를 참고하여 이와 같이 부회한 것으로 봄이 합리적이라고 판단된다. 이외에도 진례(進禮), 웅주(熊州) 등 경덕왕대 개정 지명을 사용한 경우를 발견할 수 있는데,[39] 이것 역시 경문왕과 헌강왕대에 경덕왕대 개정 지명을 널리 사용한 추세와 관련하여 주목할 필요가 있을 것이다.

한편 김유신열전에서 관직명을 달리 표현하거나 동일한 사건을 기술한 것임에도 불구하고 표현을 달리하는 기록들을 발견할 수 있다.

> IV-① 백제왕 명농(明穠; 성왕)이 가량(加良)과 더불어 관산성(管山城)을 공격하여 왔다. …… 신주군주(新州軍主) 김무력(金武力)이 주(州)의 군사를 거느리고 나아가 교전함에 비장(裨將)인 삼년산군(三年山郡) 고간(高干) 도도(都刀)가 급습하여 백제왕을 죽였다. 이에 모든 군사가 승세를 타고 크게 승리하여, 좌평(佐平) 4명 및 군사 2만 9천 6백 명의 목을 베었고, 한 마리의 말도 돌아가지 못하였다(『삼국사기』 신라본기제4 진흥왕 15년 7월).
>
> IV-② 할아버지 무력(武力)은 신주도행군총관(新州道行軍摠管)에 임명되어 일찍이 군사를 이끌고 가서 백제왕과 그 장수 네 사람〔百濟王及其將四人〕을 사로잡고 1만여 명의 목을 베었다(『삼국사기』 열전제1 김유신상).

직함이 '遼東道安撫副大使遼東行軍副大摠管兼熊津道安撫大使行軍摠管右相檢校太子左中護上柱國樂城縣開國男'이라고 전한다. 또한 고구려본기제10 보장왕 25년 9월 기록에 당 고종이 男生을 '特進遼東都督兼平壤道安撫大使'에, 12월 기록에 李勣을 '遼東道行軍大摠管兼安撫大使'에 임명하였다고 전한다.

39) 김유신열전(상)에 648년(진덕여왕 2)에 進禮 등 9城을 공격하여 9천여 명의 목을 베고 600명을 포로로 잡았다고 전하는데, 본래 백제의 進仍乙郡을 경덕왕대에 進禮郡으로 개칭하였다. 김유신열전(하)에 麟德 원년(664) 甲子 3월에 백제의 남은 무리가 또 사비성에 모여 반란을 일으키자, 熊州都督이 자기 휘하의 병력을 출동시켰다는 기록이 전한다. 여기서 웅주도독은 熊津都督을 가리키는데, 김장청이 웅주도독으로 개서한 것으로 이해된다.

IV-③ 문무대왕이 이미 영공(英公)과 더불어 평양을 격파하고, 남한주
(南漢州)로 돌아와 여러 신료들에게 이르기를, '옛날 백제 명농왕
(明穠王; 성왕)이 고리산(古利山)에 머물며 우리나라를 치려고 도
모하였을 때, 유신의 조부(祖父)인 무력(武力) 각간(角干)이 장수
가 되어 맞아 쳐 승세를 타서 그 왕과 재상(宰相) 네 사람, 사졸들
〔其王及宰相四人與士卒〕을 사로잡아 그 침입을 좌절시켰다.'고
하였다(위의 책, 김유신하).

위의 기록들은 모두 554년 관산성전투의 상황을 전하는 것이다. 그런
데 IV-①에서 좌평(佐平)이라고 표현한 것을, IV-②에서 장수(將), IV-
③에서는 재상(宰相)이라고 개서하였음을 알 수 있다. 한편, IV-③ 기
록 다음에 '또 그 아버지 서현(舒玄)은 양주총관(良州摠管)에 임명되어
여러 번 백제와 싸워 그 예봉을 꺾어 변경을 침략하지 못하게 하였다.'라
고 기술되어 있다. 신라는 문무왕 5년(665)에 상주(上州)와 하주(下州)
의 땅을 나누어 삽량주(歃良州)를 두었고, 경덕왕대에 양주(良州)로 고
쳤다.[40] 김서현이 595년(진평왕 17)에 김유신을 낳은 점을 고려하건대,
665년 이후에 김서현이 양주(삽량주)총관을 역임하였다고 보기가 쉽지
않다. 따라서 양주총관은 바로 대량주총관(大良州 또는 大梁州摠管)을
잘못 표기한 것이라고 봄이 합리적이다. 앞에서 김서현이 대량주도독안
무대량주제군사(大梁州都督安撫大梁州諸軍事)라고 언급한 것과 대비
된다. 이밖에 성덕왕이 지소부인(智炤夫人)에게 언급한 말 가운데 태대
각간(太大角干)이 보이는데, IV-③ 기록 다음에 문무왕이 김유신에게

---

40) 文武王五年 麟德二年 割上州·下州地 置歃良州. 神文王七年 築城 周一千二百六十步. 景
德王改名良州 今梁州(『삼국사기』 잡지제3 지리1 양주).

태대서발한(太大舒發翰)과 식읍(食邑) 500호(戶)를 사여하였다는 내용이 전한다. 즉 태대각간을 태대서발한이라고 달리 표현한 것이다. 문무왕이 668년에 남한주(南漢州)에서 군신들에게 언급한 내용에 대해 전하는 기록의 저본자료는 Ⅳ-② 기록 및 성덕왕이 지소부인(智炤夫人)에게 남성(南城)의 조(租) 1천 석을 사여하였다고 전하는 기록, 대량주(大梁州)나 대량성(大梁城)이란 표현이 들어간 김유신행록에 전하는 기록들의 그것과 분명하게 달랐다고 볼 수밖에 없다.[41]

　김유신행록에서 인용하였다고 보이는 김유신열전의 기록 가운데 또 하나 이질적인 성격을 지녔다고 짐작되는 것으로서 642년 겨울에 김춘추가 군사적 지원을 요청하기 위해 고구려에 들어갔다가 구사일생으로 돌아온 일화를 기술한 것을 들 수 있다. 김유신행록에서 인용하였다고 보이는 김유신열전의 기록에 전하는 관등표기를 보면, 대부분 '~찬(飡)'이었음을 확인할 수 있다. 다만 김유신의 셋째 아들 원정(元貞)의 관등이 해간(海干)이라고 전하는 경우와 위의 기록에서 춘추와 함께 고구려로 들어간 훈신(訓信), 대매현인(代買縣人) 두사지(豆斯支)의 관등이 사간(沙干)이라고 전하는 경우뿐이다. 더구나 대매현은 『삼국사기』 지리지에 전하지 않아 정확한 위치를 고증하기 어렵다. 이와 같은 자료적 특징을 염두에 둔다면, 사간이라는 관등 표기가 전하는 위의 기록 역시 '~찬(飡)'이라고 관등을 표기하고 있는 다른 기록들과 그 기본원전이 달랐다고 이해하는 것이 자연스럽다고 하겠다. 이밖에 김장청이 다양한 전승자료를 기초로 하여 김유신행록을 찬술하였을 것으로 짐작되지만, 김유신행록이 전하지 않는 상황에서 더 이상 추적하기가 어렵다고 하겠다.

---

41) 김장청은 김유신행록을 찬술하면서 경문왕대 이후에 將帥를 宰相으로, 太大角干을 太大舒發翰으로 改書한 저본자료를 활용한 것으로 이해된다.

한편 김장청이 개서하였는지, 김장청이 참조한 저본자료의 찬자가 개서하였는지 정확하게 확인할 수 없지만, 중대 이후에 저본자료의 일부 표현을 개서하였음을 발견할 수 있다. 김유신열전에서 김서현이 595년(진평왕 17) 이전에 만노군태수(萬弩郡太守)에 임명되었다고 전하는데, 신라가 군에 태수(太守)라는 지방관을 파견한 것은 중대 초였다.[42] 진평왕대에는 군(郡)의 중심촌에 당주(幢主) 또는 나두(邏頭)를 파견하였는데, 당시 김서현은 금물노(今勿奴) 또는 만노당주[萬弩幢主; 만노나두(萬弩邏頭)]에 임명되었지만, 중대 이후에 이것을 만노군태수(萬弩郡太守)에 임명되었다고 개서하였다고 볼 수 있다. 김유신열전에 영휘(永徽) 5년(654)에 진덕대왕이 사망하고 후사(後嗣)가 없자, 유신이 재상(宰相) 알천(閼川)과 논의하여 이찬 김춘추(金春秋)를 맞이하여 즉위하게 하였다고 전한다. 당시 알천은 상대등(上大等)에 재임하고 있음에도 불구하고 재상이라고 표현한 것이다. 이것 역시 중대 이후에 상대등을 재상으로 개서하였다고 봄이 자연스럽다.

김유신열전에 662년 봄에 김유신 등이 군량을 싣고 가서 평양성 근처에 주둔하고 있는 소정방(蘇定方)의 당군(唐軍)에게 공급한 다음, 돌아오는 길에 표하(瓢河)를 건넜다고 전하는 기록이 보인다. 그런데 695년(효소왕 4) 무렵에 건립한 김인문비(金仁問碑)에 김유신과 김인문 등이 호로수(瓠盧水)를 건넜다고 전하고, 신라본기 문무왕 11년조에 전하는 답설인귀서(答薛仁貴書)에서는 호로하(瓠瀘河)를 건넜다고 하였다. 답

---

42) 『삼국사기』 신라본기 문무왕 원년 9월 기록에 上州摠管 品日이 오늘날 충북 청주시 상당구 문의면에 해당하는 一牟山郡의 太守 大幢 및 충북 옥천군 이원면으로 비정되는 沙尸山郡의 太守 哲川 등과 함께 군사를 이끌고 雨述城을 쳐서 1천 명의 목을 베었고, 백제의 達率 助福 등이 무리와 함께 모의하여 항복하자, 조복에게 급찬의 관등을 수여한 다음, 그를 경북 안동시에 해당하는 古陁耶郡의 太守로 삼았다고 전한다. 중대 초부터 군에 태수를 파견하였음을 입증해주는 자료들이다.

설인귀서에서 고구려(高句麗)를 고려(高麗)라고 표현하였음을 발견할 수 있는데, 이를 통해 후대에 답설인귀서의 내용을 개서하지 않았음을 엿볼 수 있다.[43] 따라서 답설인귀서는 671년 당시에 김유신 등이 고구려에서 돌아올 때에 건넌 강을 호로하(瓠瀘河)라고 불렀음을 알려주는 유력한 증거자료로 이해할 수 있다. 한편 『자치통감(資治通鑑)』 권202 당기(唐紀)18 고종(高宗) 함형(咸亨) 4년(673) 윤5월 기록에 이근행(李謹行)이 고구려부흥군을 호로하(瓠瀘河)의 서쪽에서 물리쳤다고 전한다.[44] 동일한 사건에 대한 기록이 『신당서(新唐書)』 권110 열전33 류배루〔劉裴婁; 인궤(仁軌)〕조와 『책부원귀(冊府元龜)』 권358 장수부(將帥部) 입공(立功)제11 기록에도 보이고 있다.[45] 이밖에 신라본기 문무왕 13년 9월 기록에 '당나라 군사가 말갈·거란군사와 더불어 북쪽 변방을 쳐들어 왔는데, 무릇 아홉 번 싸워 우리 군사가 이겨 2천여 명의 목을 베었고 당나라 군사 가운데 호로(瓠瀘)·왕봉(王逢) 두 강에 빠져 죽은 자가 이루 셀 수 없었다.'고 전한다. 이상에서 소개한 자료들을 통해 662년에 김유신 등이 고구려에서 돌아올 때에 건넌 강을 당시에 호로하(瓠蘆河; 瓠瀘河) 또는 호로수(瓠瀘水)라고 불렀음을 살필 수 있다.[46]

---

43) 신라본기의 다른 기록에서는 高麗가 아니라 高句麗로 표기하였다. 당시 중국 사서에서는 대체로 高麗라고 표기하는 것이 일반적이었고, 『삼국사기』 본기의 찬자는 중국 사서의 기록을 신라본기에 인용하면서 高麗를 高句麗로 개서하였다.

44) 閏五月 燕山道摠管右領軍大將軍李謹行 大破高麗 叛者於瓠蘆河之西 俘獲數千人 餘衆皆犇新羅(『資治通鑑』 권202 唐紀18 高宗 咸亨 4년).

45) 咸亨五年爲雞林道大總管 東伐新羅 仁軌率兵絶瓠蘆河 攻大鎭七重城破之(『新唐書』 권108 列傳33 劉裴婁).
劉仁軌爲檢校帶方州刺史兼熊津道行軍長史 …… 咸亨五年爲雞林道大總管 東伐新羅 仁軌徑度瓠蘆河 破其北方大鎭七重城 以功進爵爲公幷子姪三人並授上柱國州黨榮之. …… 李謹行爲燕山道總管右領軍大將軍 咸亨四年 大破高麗叛徒於瓠蘆河之西 俘獲數千人 自是平壤餘衆 走投新羅(『冊府元龜』 권358 將帥部 立功第11).
한편 고구려본기 寶藏王 咸亨 4년 기록에서는 瓠瀘河로, 『新唐書』 高麗傳에는 發盧河로 전하기도 한다. 發은 瓠를 잘못 표기한 것으로 보인다.

그런데 신라본기 문무왕 2년 2월 기록에서는 김유신 등이 고구려에서 돌아올 때에 건넌 강을 과천(瓠川)이라고 표기하였다. 한편 신라본기 흥덕왕 3년 4월 기록에 '한산주(漢山州) 표천현(瓢川縣)의 요망한 사람이 스스로 이르기를, "빨리 부자가 될 수 있는 비법을 가지고 있다."라고 하니, 많은 사람들이 그 말에 홀렸다.'고 전한다. 이 기록을 주목하건대, 과천(瓠川)은 표천(瓢川)을 전사과정(轉寫過程)에서 오기(誤記)한 것으로 짐작된다. 마찬가지로 표하(瓢河)와 표천(瓢川)은 같은 강을 가리킨다고 보이는데,[47] 신라본기 흥덕왕 3년 4월 기록을 통해 9세기 전반 흥덕왕대에 호로고루 근처를 흐르는 임진강을 표하(瓢河) 또는 표천(瓢川)이라고 불렀음을 추론할 수 있다. 결과적으로 670년대에 호로고루 근처를 흐르는 임진강을 호로수(瓠盧水) 또는 호로하(瓠濾河; 瓠蘆河)라고 부르다가, 9세기 전반 흥덕왕대에 표천〔瓢川; 표하(瓢河)〕이라고 불렀다고 정리할 수 있겠는데, 이에 따른다면, 김유신열전의 기록에 전하는 표하(瓢河)의 경우, 기본원전에는 본래 호로하〔瓠盧(濾)河〕라고 기술되어 있었으나 9세기 전반 무렵에 이것을 표하(瓢河)라고 개서(改書)하였고, 김장청이 이와 같이 개서한 표현을 그대로 수용하여 김유신행록에 반영하였다고 이해할 수 있지 않을까 한다.[48]

김유신열전(중)에 용삭(龍朔) 3년(663) 7월 17일에 문무대왕이 (백제부흥세력의) 정벌에 나서 웅진주(熊津州)에 이르러 주둔하고 있던 유인원(劉仁願)과 군사를 합쳐 8월 13일에 두율성(豆率城)에 이르렀다고 전

---

46) 호로하는 경기도 연천군 장남면 원당리에 위치한 瓠濾古壘 근처를 흐르는 임진강을 가리키는 것으로 이해된다.

47) 손흥호, 2019 「9세기 전반 신라의 사회변동과 지방사회」『대구사학』135, 18~19쪽.

48) 신라본기 문무왕 2년 2월 기록의 기본원전에도 瓠盧(濾)河라고 기술되어 있었으나, 후대에 이것을 瓠川, 즉 瓢川이라고 개서한 것을 인용하였다고 이해할 수 있음은 물론이다.

한다. 신라본기에 신문왕 6년(686) 2월에 사비주(泗沘州)를 군(郡)으로 삼고, 웅천군(熊川郡)을 주(州)로 삼았다. 따라서 위의 기록은 적어도 신문왕 6년 이후 웅진성(熊津城) 또는 웅진(熊津)을 웅진주로 개서하였음을 엿보게 해주는 자료라고 볼 수 있다. 한편 중고기에 사부지(徙夫智), 수을부(首乙夫)를[49] 중대에 입종(立宗), 숙흘종(肅訖宗)으로 고쳐서 표기하였고,[50] 금석문과 『일본서기』에 전하는 관등 표기를 조사한 결과, 진덕여왕대 이전에는 급찬 이상의 관등을 '~간(干)'이라고 표기하다가 진덕여왕대 이후에 이르러 '~찬(飡)'으로 표기하였음을 알 수 있다.[51] 따라서 중대에 사부지(徙夫智)를 입종(立宗), 수을부(首乙夫)를 숙흘종(肅訖宗)으로 개서(改書)하였을 뿐만 아니라 진덕여왕대 이전의 김유신열전에 보이는 '~찬(飡)'이라는 관등 표기 역시 중대에 개서한 것이라고 볼 수 있을 것이다. 이밖에도 김유신행록의 기록이 원전으로 짐작되는 김유신열전의 기록 가운데 중·하대의 어떤 신라인 또는 김장청이 개서한 표현이 더 있었을 것으로 짐작되지만, 더 이상 고구하기 어렵다. 이에 대해서는 차후의 과제로 남겨두고자 한다.

지금까지 김유신행록의 편찬시기와 김장청의 편찬 태도의 일면을 살펴보았다. 이상의 검토에 따른다면, 김장청은 경문왕 또는 헌강왕대에 김유

---

49) 울진봉평신라비에 徙夫智, 울주 천전리서석에 徙夫知가 나오는데, 이가 바로 立宗이다. 진평왕 10년(588) 12월에 弩里夫가 사망하자, 이찬 首乙夫가 상대등에 임명되었는데, 일반적으로 수을부는 肅訖宗을 가리킨다고 보고 있다.

50) 중고기 금석문과 『삼국사기』 신라본기 기록에 異斯夫(伊史夫智), 居柒夫(居柒夫智), 弩里夫, 首乙夫 등이 전하는 반면, 중대의 기록에 貞宗, 宣宗, 萬宗 등이 보이고, 『冊府元龜』 卷975 外臣部 襃異第3에 開元 16년(성덕왕 27; 728) 7월 丙辰에 신라 金興光(성덕왕)이 從弟 金嗣宗을 당에 사신으로 파견하였다는 기록이 전한다. 이와 같은 기록들을 통해 중대에 들어 인명에서 '夫' 대신 '宗'을 두루 사용하였음을 짐작해볼 수 있다. 이러한 경향에 맞추어 중고기에 '~夫'를 칭하던 인명을 중대에 들어 '~宗'으로, 즉 異斯夫를 苔宗, 居柒夫를 荒宗, 弩里夫를 世宗, 首乙夫를 肅訖宗 등으로 개칭한 것으로 이해된다.

51) 전덕재, 2018 앞의 책, 39~42쪽.

신비와 『화랑세기』를 비롯하여 다양한 전승자료를 수집한 다음, 김유신의 행적이나 그와 관련된 일화를 시간 흐름에 따라 배열하고, 일부 내용이나 표현을 개서(改書)함으로써 김유신행록을 완성하였다고 정리할 수 있다. 『삼국사기』 찬자가 김유신행록에 자못 양사(釀辭)가 많다고 언급한 것으로 보건대, 김장청은 유교적 합리주의 사관에 입각하여 김유신행록을 찬술하지 않았을 뿐만 아니라 비록 신이(神異)한 내용이라고 하더라도 저본자료에 전하는 내용을 크게 개서하거나 산삭(刪削)하지 않고 그대로 전재(轉載)하려고 노력하였다고 평가할 수 있을 것이다.[52] 이와 같은 태도는 김유신행록의 기록이 원전으로 짐작되는 김유신열전의 기록에서 동일한 지명과 관등·관직을 서로 다르게 표기한 경우를 여럿 발견할 수 있는 사실을 통해서도 다시금 뒷받침할 수 있다.

김장청은 김유신행록에서 김유신의 신이한 능력과 행적 및 그의 영웅적인 행동을 부각시켜 김유신을 현창(顯彰)하려 하였을 것으로 짐작해볼 수 있다. 이와 같은 추정은 김유신이 참전한 전쟁에서 한 번도 패배하지 않았다고 서술한 것을 통해서 보완할 수 있다. 그리고 신라 하대에 전통적인 김씨 왕실의 후손들이 김유신의 후손들을 신김씨(新金氏)라고 불러 차별 대우하였는데, 김장청이 김유신의 영웅적인 면모와 더불어 그가 장수(將帥)로서 삼국통일에 커다란 공을 세웠을 뿐만 아니라 멸사봉공(滅私奉公)의 정신으로 신라국가의 보존과 안녕을 위해 헌신하였음을 다시

---

52) 종래에 신이한 내용이 전하는 『삼국유사』 권제1 기이제2 김유신조의 白石 관련 설화의 원전이 김유신행록에 전하는 기록일 가능성이 높다고 이해한 견해가 제기되었다(이기백, 1987 「김대문과 김장청」 『한국사시민강좌』 1, 일조각, 107쪽). 이에 반해 『삼국유사』 권제1 기이제2 김유신조에 전하는 기록의 대부분은 김유신행록에서 인용한 것이라고 보기 어렵다고 주장하면서, 백석 관련 기록의 원전 역시 김유신행록보다 상대적으로 늦은 시기에 편찬된 김유신 가문의 家乘類였을 것이라고 이해한 견해가 제기되기도 하였다(이문기, 2018 앞의 논문).

금 상기시킴으로써 김유신계의 정치적인 위상을 제고시키려 의도하였을 가능성도 충분히 고려할 필요가 있지 않을까 한다. 현재 김유신행록이 전하지 않기 때문에 김장청의 역사인식이나 김유신행록의 편찬 의도 및 편찬 태도 등에 대해 더 이상 추적하기가 난망하다고 볼 수 있는데, 향후 새로운 자료가 발굴되거나 획기적인 방법론이 새로 개발된다면, 이에 대한 연구와 이해가 크게 진전될 것으로 기대된다.

2장

신라 인물 열전의 원전과 편찬

1. 상·중고기 인물 열전의 원전과 그 성격

1) 상고기 인물 열전의 원전과 성격

『삼국사기』열전에 입전(立傳)된 신라 상고기(上古期)의 인물은 거도 (居道), 석우로(昔于老), 물계자(勿稽子), 박제상(朴堤上), 백결선생(百 結先生) 등이다. 백결선생열전의 내용은 백결선생이 대악(碓樂)을 지은 유래를 설명한 것이다. 열전에는 선생이 대악을 지은 시기에 대해 언급하 지 않았지만, 『삼국사기』잡지제1 악(樂) 신라악(新羅樂)조에서 선생이 자비왕 때에 그것을 지었다고 하였다. 현재 열전의 원전을 정확하게 고구 (考究)하기 어렵다. 다만 김대문(金大問)이 『악본(樂本)』을 찬술하였음을 염두에 둔다면, 이것이 백결선생열전의 원전이거나 또는 『악본』의 기록을 기본원전으로 하는 고기(古記)가 백결선생열전의 원전일 가능성이 높지 않을까 한다.

거도에 관한 정보는 열전 이외에 다른 기록에서 찾을 수 없다. 거도열전과 관련된 것이 바로 이사부열전이다. 여기에 '(이사부가) 지도로왕(智度路王) 때 연변관(沿邊官)이 되었는데, 거도의 꾀〔居道權謀〕를 답습(踏襲)하여 마희(馬戲)로 가야(加耶)〈또는 가라(加羅)라고도 하였다〉를 속여 취하였다.'고 전한다. 거도가 탈해이사금대(脫解尼師今代)에 변관(邊官)이 되었다고 언급하였는데, 이사부가 연변관(沿邊官)이 되었다고 언급한 것과 상통(相通)한다. 게다가 둘 다 서로 마희(馬戲)를 활용하여 주변의 나라를 침략하여 취하였다는 사실도 공통적이다. 이와 같은 측면을 두루 감안한다면, 거도가 우시산국(于尸山國)과 거칠산국(居柒山國)을 병합한 사실과 이사부가 가야를 취한 사실은 본래 하나의 전승자료에 전하였을 가능성이 높지 않았을까 한다. 이 전승자료와 관련하여 지증왕을 지도로왕(智度路王)이라고 표기한 점이 유의된다.

신라본기에 지증왕의 이름은 지대로(智大路)이고, 세주(細注)에서 지대로(智大路)는 지도로(智度路) 혹은 지철로(智哲老)라고도 하였다고 전한다. 이사부열전에서 왕휘(王諱)를 이용한 왕명을 사용하였음을 확인할 수 있다. 그런데 『삼국사기』 잡지제1 악 신라악조에서 우인(芋引)은 지대로왕(智大路王) 때의 사람인 천상욱개자(川上郁介子)가 지은 것이라고 하였다. 『삼국사기』에서 지증왕의 경우 왕휘를 이용한 왕명(王名)은 오직 이사부열전과 악지에만 보일 뿐이고, 다른 기록에서는 지증왕이라고 적기하였다. 신라악조의 원전이 김대문이 지은 『악본』에 전하는 기록이라고 보기 어렵지만,[1] 『악본』에 신라악조에 전하는 여러 노래의 명칭과 그 유래에 대한 내용이 전하였다고 봄이 합리적이라는 측면에서 김대문

이 『악본』에서 지증왕을 지대로왕(智大路王)이라고 표기하였다고 이해하여도 무방하지 않을까 한다.[2)]

『삼국사기』 찬자가 이차돈의 순교 관련 기록을 김대문(金大問)이 지은 『계림잡전(鷄林雜傳)』에서 인용하여 신라본기에 첨입하였는데, 여기에서 소지마립간을 비처왕(毗處王)이라고 표기하였다. 신라본기 소지마립간 즉위년조의 세주(細注)에 소지(炤智)를 또는 비처(毗處)라고도 하였다고 전하는데, 이것과 이사부열전에서 세주에 전하는 지증왕의 휘(諱)를 사용하여 지도로왕(智度路王)이라고 표기한 것이 어떤 연관성을 지니고 있지 않을까 하는 생각이다. 『악본』에서 지증왕을 왕휘(王諱)를 사용하여 지대로왕(智大路王)이라고 표기하였을 가능성이 높고, 『계림잡전』에서 소지마립간의 이명(異名)인 비처왕(毗處王)을 사용한 사실, 그리고 『계림잡전』이 여러 가지 잡다한 전승자료를 취합하여 기술한 것일 가능성이 높은 점, 이사부열전에서 지증왕을 왕휘(王諱)를 사용하여 지도로왕(智度路王)이라고 표기한 사실, 여기에다 거도열전에서 탈해이사금 때에 벼슬에 나아가 간(干)이 되었다고 전하여 석우로와 박제상열전에서 조분(助賁), 첨해(沾解), 나물(奈勿), 실성(實聖)을 모두 '~왕(王)'이라고 표기한 것과 대비된다는 점 등을 두루 고려하여 보건대, 거도열전과 이사부가 가야를 취하였다는 기록의 원전은 『계림잡전』에 전하는 기록이었다고

---

1) 『삼국사기』 잡지제1 樂 新羅樂條에 '德思內는 河西郡의 음악이고, 石南思內는 道同伐郡의 음악이다.'라고 전한다. 잡지제3 지리1 양주조에 屈阿火縣을 경덕왕대에 河曲縣 또는 河西縣으로, 刀冬火縣을 경덕왕대에 道同縣으로 개칭하였다고 전하므로, 신라악조의 원전은 적어도 경덕왕대 이후에 정리된 전승자료였음을 확인할 수 있다. 김대문은 성덕왕대에 활동하였다고 알려졌기 때문에 『악본』 역시 지명을 漢式으로 개정한 경덕왕 16년(757) 이전에 찬술되었다고 짐작되므로 신라악조의 원전이 『악본』에 전하는 기록일 가능성은 낮다고 보지 않을 수 없다.

2) 이강래, 2006 「『삼국사기』 열전의 자료계통」 『한국고대사연구』 42; 2007 『삼국사기 형성론』, 신서원, 288~289쪽.

추론하는 것이 전혀 억측만은 아니지 않을까 한다.

이사부열전에는 이사부가 가야를 취하였다는 기록 이외에 이사부의 우산국(于山國) 정복과 도살성(道薩城)·금현성(金峴城) 공략 기록이 함께 전한다. 신라본기 지증왕 13년 6월 기록에는 우산국이 귀복(歸服)하여 해마다 토산물을 바치다가 불복하자, 이사부가 우산국을 정복하였다고 전하고, 이사부열전에는 우산국을 병합하려고 계획하였다(謀幷于山國)가 우산국을 정복하였다고 전하여 차이를 보인다. 다만 하슬라주(何瑟羅州)를 아슬라주(阿瑟羅州)라고 표기한 것 이외에 우산국 정복 기사는 두 자료에 전하는 것이 동일하다. 한편 진흥왕 11년(550)에 이사부가 도살성과 금현성을 공격하였다는 기록은 신라본기 진흥왕 11년 기록에 전하는 것과 이사부열전의 기록이 서로 차이가 있다.[3] 이에 따른다면, 신라본기 기록의 원전은 이사부열전 또는 이것의 전거자료라고 보기는 힘들다고 하겠다.

더구나 이사부가 지증왕 6년 2월에 실직주군주(悉直州軍主)에 임명되었다는 사실, 진흥왕 2년 3월에 병부령(兵部令)에 임명되어 중앙과 지방의 군사에 관한 일을 맡은 사실, 진흥왕 6년 7월에 국사(國史)의 편찬을 건의한 사실, 진흥왕 23년 9월에 대가야(大加耶)를 정벌한 사실에 대해 신라본기에만 전하고 이사부열전에는 전하지 않는다. 신라본기에 전하는 이와 같은 이사부의 행적이 이사부열전에 전하지 않은 이유는 『삼국사기』 찬자가 이사부열전을 찬술할 때에 그들이 참조한 전거자료에 이와 같은

---

3) 신라본기 진흥왕 11년 기록에는 이 해 정월에 백제가 고구려 도살성을, 3월에 고구려가 백제 금현성을 공격하여 함락시켰고, 이사부가 두 성을 공략한 후에 甲士 1천 명을 머물러 지키게 하였다고 전함에 반하여 이사부열전에는 단지 진흥왕 11년에 백제와 고구려가 각기 도살성과 금현성을 공격하여 함락시켰고, 이사부가 두 성을 공격하여 빼앗은 후에 갑사에게 머물러 지키게 하였으며, 이후 다시 고구려가 금현성을 공격하자, 이사부가 이를 물리쳤다는 내용이 더 전하고 있다.

내용들이 전하지 않았던 것에서 찾을 수 있을 것이다. 이러한 측면과 아울러 이사부가 가야를 취하였다는 기록의 원전이 『계림잡전』에 전하는 기록일 가능성이 높다는 점을 염두에 둔다면 이사부열전 기록의 원전이 『계림잡전』에 전하는 기록일 가능성을 완전히 배제할 수 없을 것이다. 물론 이사부가 도살성과 금현성을 공략하여 차지하였다는 기록의 원전이 『계림잡전』에 전하는 기록과 이것 이외의 이사부와 관련된 또 다른 전승자료에 전하는 기록이었을 가능성 모두를 고려할 필요가 있다고 생각되지만, 비록 후자일 경우라고 하더라도 우산국 관련 기록의 원전은 『계림잡전』에 전하는 기록이었을 가능성이 높다는 사실만은 부인하기 어렵다는 것이 필자의 판단이다. 다만 우산국 관련 기록에 경덕왕대에 개정한 명주(溟州)라는 지명이 보이므로, 거기에 『계림잡전』 편찬 이후에 부회된 내용이 포함되었다는 사실을 명심할 필요가 있음을 지적하여 두고자 한다.

신라본기에 실성이사금 원년(402) 3월에 나물왕의 아들 미사흔(未斯欣)을 왜에 볼모로 보냈고, 실성이사금 11년(412)에 나물왕의 아들 복호(卜好)를 고구려에 볼모로 보냈으며, 눌지마립간 2년(418) 정월에 왕의 동생 복호가 고구려에서 나마(奈麻) 제상(堤上)과 함께 돌아왔고, 가을에 왕의 동생 미사흔(未斯欣)이 왜에서 도망쳐 돌아왔다고 전한다. 이러한 내용은 박제상열전에도 동일하게 전하나, 다만 제상의 관등이 나마였다는 사실과 월(月)에 관한 자세한 정보는 전하지 않는다. 이러한 사실을 주목하건대, 신라본기 기록의 원전이 박제상열전의 기록이라고 볼 수 없을 것이다. 다만 신라본기와 박제상열전 기록의 원전이 동일하였는데, 『삼국사기』 찬자가 그것을 참조하여 박제상열전을 찬술하면서 제상의 관등이 나마였다는 사실과 아울러 월(月)에 관한 정보를 생략하였을 가능성은 충분히 상정해볼 수 있다. 박제상열전에 삽량주(歃良州)라는 지명이 나오는데, 신라는 문무왕 5년(665)에 상주(上州)와 하주(下州)의 땅을 분할하여 삽량주를 설치하였다.[4] 따라서 박제상열전의 원전은 삽량주를 양주(良州)로 개칭하기 이전인 중대에 정리된 전승자료였을 것으로 짐작된다.

박제상열전 말미에 '이전에 미사흔이 돌아올 때 6부에 명하여 멀리까지 나가 맞이하게 하였고, 만나게 되자 손을 잡고 서로 울었다. 마침내 형제들이 술자리를 마련하고 마음껏 즐길 때 왕은 노래와 춤을 스스로 지어 자신의 뜻을 나타냈는데, 지금[고려] 향악의 우식곡(憂息曲)이 그것이다.'라고 전한다. 잡지제1 악 신라악조에 '우식악(憂息樂)은 눌지왕 때 지은 것이다.'라고 전하는데, 여기에서는 그 유래에 대해서 설명하지 않았다. 아마도 『악본』에 눌지왕이 우식악(우식곡)을 지은 유래를 설명한 내용이 전하였을 가능성이 높다는 점에서, 박제상열전 말미에 전하는 기록은 『악본』에 전하는 기록 또는 이것을 기초로 하여 정리한 전승자료에 전하는 기록이 원전일 가능성이 높지 않을까 한다.

한편 『삼국유사』 권제1 기이제2 나물왕 김제상조에 제상(堤上)의 성(姓)이 김씨(金氏), 복호가 보해(寶海), 미사흔이 미해(美海)로, 미해가 왜에 볼모로 간 시기가 나밀왕(那密王; 나물왕) 36년, 보해를 고구려에 볼모로 보낸 시기가 눌지왕 3년(419)이라고 전하여 박제상열전에 전하는 기록과 차이를 보일 뿐만 아니라 그 서술 내용도 상당히 편차가 있음을 확인할 수 있다.[5] 따라서 『삼국유사』 찬자가 참조한 전승자료는 신라본기 및 박제상열전 기록의 원전과 별개의 계통이었다고 봄이 합리적이다.

---

4) 文武王五年 麟德二年 割上州·下州地 置歃良州. 神文王七年 築城 周一千二百六十步. 景德王改名良州 今梁州(『삼국사기』 잡지제3 지리1 양주).

5) 『日本書紀』 卷9 仲哀天皇(神功皇后 攝政前紀) 9년조에 新羅王 波沙寐錦이 微叱己知波珍干岐를 왜에 볼모로 보냈다고 전한다. 여기서 파사매금은 실성왕, 微叱己知波珍干岐는 미사흔을 가리키므로(전덕재, 2010 「6세기 금석문을 통해 본 신라 관등제의 정비과정」 『목간과 문자』 5, 75~79쪽), 신라본기와 박제상열전의 기록이 보다 정확한 정보를 전한다고 볼 수 있다.

『삼국유사』에서 제상을 삽라군(歃羅郡) 태수(太守)라고 언급하였을 뿐만 아니라 여기에 경덕왕대에 개정한 지명인 고성(高城)이 나오는 점 등을 감안하건대, 일연(一然)이 참조한 전승자료는 박제상열전의 원전보다 훨씬 더 후대에 정리된 전승자료였다고 이해할 수 있다.

신라본기에 석우로에 관해 나해이사금 14년 7월, 조분이사금 2년 7월, 4년 7월, 15년 정월, 16년 10월, 첨해이사금 3년 4월 기록에 전한다. 우로가 포상팔국(浦上八國)의 난을 진압하였다는 내용을 기술한 나해이사금 14년 7월 기록을 제외하고 나머지는 모두 석우로열전에 전하는 것인데, 표현 또는 기년상에서 약간의 편차를 발견할 수 있다.[6] 석우로열전에 첨해왕 때에 우로가 사량벌국(沙梁伐國)을 정벌하였다고 전하나, 신라본기에서 이에 관한 정보를 찾을 수 없다. 이와 같은 여러 사실들을 참조하건대, 신라본기 기록과 석우로열전의 원전은 달랐다고 봄이 합리적이다. 일반적으로 신라본기 이사금시기 기록의 기본원전은 『국사(國史)』였다고 추정하고 있으므로,[7] 『국사』의 찬자인 거칠부(居柒夫) 등이 참조한 석우로 관련 전승자료와 『삼국사기』 찬자가 석우로열전 찬술을 위해 참조한 전승자료는 계통이 서로 다르다고 볼 수밖에 없는데, 후자에서 감

---

6) 신라본기 조분이사금 4년 7월 기록에 '伊湌于老與倭人戰沙道 乘風縱火焚舟 賊赴水死盡'이라고 전하나, 열전제5 석우로조에는 '(助賁王) 四年 七月 倭人來侵 于老逆戰於沙道 乘風縱火 焚賊戰艦 賊溺死且盡'이라고 전하고, 또한 신라본기 조분이사금 16년 10월 기록에 '高句麗侵北邊 于老將兵出擊之 不克 退保馬頭柵. 其夜苦寒 于老勞士卒 躬燒柴煖之 群心感激'이라고 전하는 반면, 석우로조에는 '(助賁王) 十六年 高句麗侵北邊 出擊之不克 退保馬頭柵. 至夜士卒寒苦 于老躬行勞問 手燒薪爩暖熱之 羣心感喜如夾纊'이라고 전하여서 두 자료에 보이는 표현이 약간 차이가 있음을 발견할 수 있다. 한편 신라본기에서는 첨해이사금 3년 4월에 우로가 왜인에게 죽임을 당하였다고 하였으나 석우로열전에서는 첨해왕 7년에 우로가 왜인에게 죽임을 당하였다고 전하여 차이를 보인다.

7) 高寬敏, 1994 「三國史記新羅本紀の國內原典」 『古代文化』 46-9·10; 1996 『三國史記の原典的研究』, 雄山閣에서 법흥왕대까지의 신라본기 기록의 基本原典이 『國史』와 관련이 깊다고 구체적으로 논증한 이래, 대부분의 학자들이 이를 수용하였다.

문국(甘文國)을 토벌하고 그 땅을 군현(郡縣)으로 삼았다고 언급한 사실
을 주목한다면, 『삼국사기』 찬자가 참조한 전승자료는 신라에서 현제(縣
制)를 실시한 이후 시기, 즉 중대 또는 그 이후에 정리한 것이라고 이해
할 수 있다. 이밖에 석우로열전에서 세주(細注)로 우로가 혹은 각간(角
干) 수로(水老)의 아들이라고 전한다고 언급한 것을 통해 석우로와 관련
된 또 다른 전승자료의 존재를 엿볼 수 있다. 석우로열전에서 우로의 행
적을 연대순으로 정리하였음을 살필 수 있다. 이를 통해 『삼국사기』 열전
의 찬자가 참조한 전승자료는 우로의 주요 행적을 정리한 행장(行狀)의
성격을 지녔음을 추정해볼 수 있다.[8]

물계자(勿稽子)란 이름을 신라본기에서 찾을 수 없다. 다만 신라본기와
물계자열전에 공통적으로 전하는 사실이 포상팔국의 난에 관한 것인데,
두 기록의 서술이 차이가 있음을 확인할 수 있다. 신라본기에서는 나해이
사금 14년 7월에 포상팔국이 모의하여 가라(加羅)를 침범하자, 왕이 태
자(太子) 우로(于老)와 이벌찬 이음(利音)에게 명하여 6부의 군사를 거느
리고 가서 구원하게 하였다고 전하는 반면, 물계자열전에는 막연하게 나
해이사금 때에 포상팔국이 함께 모의하여 아라국(阿羅國)을 치자, 이사
금이 왕손(王孫) 날음(捺音)으로 하여금 이웃의 군(郡)과 6부의 군사(近
郡及六部軍)를 거느리고 가서 구원하게 하였다고 전하였던 것이다. 신
라본기 기록의 기본원전이 『국사』에 전하는 기록이었다고 보이므로, 『삼

---

8) 종래에 석우로열전의 전승은 본래 동해안의 于柚村 지방에 퍼져 있던 민간전승이었을 것
으로 이해한 견해가 제기되었다(이기동, 1985 「우로전설의 세계」 『한국 고대의 국가와 사
회』, 역사학회; 1997 『신라사회사연구』, 일조각, 41쪽). 그러나 우로가 나해이사금의 아들
이면서 舒弗邯을 역임하였을 뿐만 아니라 『일본서기』 권9 仲哀天皇(神功皇后 攝政前紀) 9
년 12월조에 宇流助夫利智干, 즉 우로에 관한 일화가 전하는 것을 염두에 둔다면, 석우로
열전의 기본원전이 동해안에 널리 퍼져 있던 민간전승이었을 가능성은 낮다고 봄이 합리
적이지 않을까 한다.

국사기』찬자가 물계자열전을 찬술하기 위해 참조한 전승자료는 『국사』의 찬자가 참조한 전승자료와 계통이 다른 것이었다고 이해할 수 있다.

한편 『삼국유사』 권제5 피은제8 물계자조에서 나해왕 17년 임진(壬辰)에 보라국(保羅國)·사물국(史勿國) 등 8국이 신라의 변경을 침략하자, 왕이 태자 내음(㮈音)과 장군(將軍) 일벌(一伐) 등에게 명하여 군사를 거느리고 막게 하였다고 하였다. 포상팔국이 침략한 곳이 신라의 변경이고, 그 시기도 나해왕 17년이라고 전하여서 신라본기 및 물계자열전의 기록과 차이를 보인다. 이에 따른다면, 『삼국유사』 찬차인 일연(一然)이 참조한 전승자료는 물계자열전의 원전과 또 다른 계통이라고 볼 수 있다. 이를 통해 적어도 3가지 이상의 계통이 다른 포상팔국과 관련된 전승자료가 존재하였음을 추론할 수 있다. 이 가운데 가장 원형에 가까운 것은 신라본기 기록의 원전이었고, 『삼국유사』 기록이 가장 늦게 정리된 전승자료에서 인용한 것으로 이해된다.[9]

이상에서 상고기 인물 열전의 원전을 살펴보았다. 거도열전과 이사부열전 가운데 일부 기록의 원전이 김대문의 『계림잡전』이었고, 백결선생열전의 원전은 『악본』에 전하는 기록이거나 여기에 전하는 기록을 기초로 하여 새롭게 정리한 전승자료였을 가능성이 높았음을 검토하여 보았다. 이밖에 『삼국사기』 열전의 찬자는 『국사』의 찬자가 참조한 전승자료와 계통이 다른 별도의 전승자료를 근거로 하여 석우로와 물계자, 박제상열전

---

9) 이에 대한 자세한 논증은 전덕재, 2010 「물계자의 피은과 그에 대한 평가」 『신라문화제학술논문집』 31, 222~232쪽이 참조된다. 한편 물계자열전에서 포상팔국이 아라를 침략하자, 尼師今이 王孫 㮈音으로 하여금 이웃의 군과 6부의 군사를 거느리고 가서 구하게 하였다고 전하는데, 일반적으로 '王'이라고 표현하였음을 감안하건대, 열전에서 '尼師今'이 명하였다고 기술한 점이 유의된다. 김대문이 이사금의 뜻을 풀이하여 설명한 점을 염두에 둔다면, 왕이 아니라 이사금이라는 표현을 사용한 것이 김대문이 아닐까 하는 의문을 가져볼 수 있다. 여기에서 한 걸음 더 나아가 물계자열전의 원전이 『계림잡전』에 전하는 기록일 가능성도 한번 상정해볼 수 있지 않을까 한다.

을 찬술하였으며, 『삼국유사』 찬자는 『삼국사기』 본기와 열전의 찬자가 활
용한 저본자료와 계통이 다른 전승자료를 참조하여 기이편 나물왕 김제
상조 및 피은편 물계자조를 찬술하였음을 확인할 수 있다. 진흥왕대 이
전 신라본기 기록의 원전이 『국사』였음을 염두에 둔다면, 상고기 인물 열
전의 원전은 『국사』를 찬술할 때에 참조한 전승자료와 계통이 다른 것이
었을 뿐만 아니라 그것은 대체로 중대에 정리한 것이었다고 정리할 수 있
다. 이와 더불어 『국사』 또는 『삼국사기』 열전의 찬자가 참조한 전승자료
와 계통이 다르면서도 후대에 부회된 내용이 많이 첨입된 상고기 인물 관
련 전승자료가 고려 후기까지 전래되었고, 일연이 이러한 것들을 취합하
여 『삼국유사』에 첨입하였음을 확인할 수 있었다.[10)]

2) 중고기 인물 열전의 원전과 찬술

『삼국사기』 열전에 입전된 중고기(中古期)의 인물은 이사부(異斯夫),
거칠부(居柒夫), 사다함(斯多含), 김후직(金后稷), 귀산(貴山), 해론(奚
論), 눌최(訥催), 설계두(薛罽頭), 설씨녀, 실혜(實兮), 검군(劍君), 죽
죽(竹竹), 비녕자(丕寧子) 등이다. 이 가운데 설계두, 설씨녀, 실혜, 검
군에 대한 언급은 열전 이외에 신라본기를 비롯한 『삼국사기』에서 찾을
수 없고, 『삼국유사』에서도 역시 마찬가지이다. 검군이 화랑(花郎) 근랑
(近郎)의 낭도였기 때문에 검군열전의 원전이 김대문이 지은 『화랑세기
(花郎世記)』의 근랑(近郎) 관련 기록에 전하는 것일 가능성을 상정해볼

---

10) 『삼국유사』 권제1 기이제2 지철로왕조에서 이사부를 朴伊宗, 우산국을 島夷라고 표기하
  였는데, 이를 통해 고려 후기에 부회된 내용이 포함된 이사부의 우산국 토벌 관련 전승자
  료가 존재하였음을 확인할 수 있다.

수 있으나, 확증하기 위해서는 자료의 보완이 필요하기 때문에 더 이상의 추측은 자제하고자 한다. 설씨녀와 실혜열전은 고려 중기까지 전승된 고기(古記)가 원전으로 추정되지만, 현재로서 그것의 성격을 더 이상 고구(考究)하기 어려운 실정이다. 설계두열전의 경우도 설계두와 관련된 전승자료를 참고하여 찬술하였다고 추정될 뿐이고, 원전에 대한 더 이상의 추적은 곤란하다.[11]

한편 신라본기에 김후직이 진평왕 2년(580) 2월에 이찬으로서 병부령(兵部令)에 임명되었다고 전하고, 김후직열전에는 단지 진평왕 때에 관직에 나아가 이찬이 되고, 곧이어 병부령에 임명되었다고 전한다. 즉 김후직열전에 구체적으로 진평왕 2년 2월에 후직이 병부령에 임명되었다는 표현이 보이지 않는 것이다. 따라서 『삼국사기』 찬자가 김후직열전의 기록을 참조하여 신라본기에 김후직이 진평왕 2년 2월에 병부령에 임명되었다고 서술하였다고 보기 힘들다. 이밖에 김후직에 관한 정보를 신라본기를 비롯한 『삼국사기』에서 더 이상 찾을 수 없다. 이러한 측면에서 김후직열전의 원전 역시 설씨녀와 실혜열전의 경우와 마찬가지로 김후직의 행적을 간략하게 정리한 전승자료였다고 봄이 자연스럽다고 하겠다.[12]

거칠부와 귀산, 해론, 눌최, 죽죽, 비녕자는 신라본기에 전하는데, 주목되는 사항으로서 『삼국사기』 본기의 찬자가 신라본기를 찬술하면서 이들 열전이나 또는 이것들의 원전을 참조하였다는 사실을 들 수 있다. 효

---

11) 황형주, 2002 「『삼국사기·열전』 찬술과정의 연구−자료적 원천의 탐색−」, 성균관대학교 박사학위논문, 62쪽에서 설계두 사후에 당나라 문사가 설계두에 관한 기록을 私傳으로 찬술하여 문집에 수록하였던 것을 『삼국사기』 찬자가 입수한 다음, 이것을 전거로 삼아 설계두열전을 찬술하였다고 이해하는 견해를 제기하였다.

12) 『신증동국여지승람』 권21 경상도 경주부 인물조에 김후직의 무덤을 사람들이 墓諫이라고 불렀다고 전한다. 신라 당대부터 이와 같이 불렀는가를 확인할 수 없지만, 만약에 그렇다고 한다면, 김후직열전의 원전은 墓諫의 유래를 기술한 전승자료와 관계가 깊다고 추정해볼 수 있지 않을까 한다.

율적인 논지전개를 위해 신라본기의 기록 및 이것과 관련된 열전에 전하는 기록을 정리한 것이 〈표 1〉이다.

〈표 1〉 중고기 신라본기의 기록과 중고기 인물의 열전에 전하는 기록의 비교

연대	신라본기	열전
진흥왕 12년 (551)	王命居柒夫等侵高句麗 乘勝取十郡.	十二年 辛未 王命居柒夫及仇珍大角飡·比台角飡·耽知迊飡·非西迊飡·奴夫波珍飡·西力夫波珍飡·比次夫大阿飡·未珍夫阿飡等八將軍 與百濟侵高句麗. 百濟人先攻破平壤 居柒夫等乘勝取竹嶺以外高峴以內十郡(『삼국사기』 열전제4 거칠부).
진평왕 24년 (602)	秋八月 百濟來攻阿莫城. 王使將士逆戰 大敗之 貴山箒項死之.	眞平王 建福十九年 壬戌 秋八月 百濟大發兵 來圍阿莫〈一作英〉城. 王使將軍波珍干乾品·武梨屈·伊梨伐·級干武殷·比梨耶等 領兵拒之 貴山·箒項 幷以少監赴焉. 百濟敗退於泉山之澤 伏兵以待之. 我軍進擊 力困引還. 時武殷爲殿 立於軍尾. 伏猝出 鉤而下之. 貴山大言曰 吾嘗聞之師曰 士當軍無退 豈敢奔北乎. 擊殺賊數十人. 以己馬出父 與箒項揮戈力鬪. 諸軍見之奮擊 橫尸滿野 匹馬隻輪無反者. 貴山等金瘡滿身 半路而卒. 王與羣臣迎於阿那之野 臨尸痛哭 以禮殯葬 追賜位貴山奈麻·箒項大舍(위의 책, 귀산).
진평왕 33년 (611)	冬十月 百濟兵來圍椵岑城百日. 縣令讚德固守 力竭死之 城沒.	建福二十七年 庚午 眞平大王選爲椵岑城縣令. 明年 辛未 冬十月 百濟大發兵 來攻椵岑城一百餘日. …… 讚德憤恨之 謂士卒曰 三州軍帥見敵勢不進 城危不救 是無義也. 與其無義而生 不若有義而死. 乃激昂奮勵 且戰且守. 以至粮盡水竭 而猶食屍飮尿 力戰不怠. 至春正月 人旣疲 城將破 勢不可復完. 乃仰天大呼曰 吾王委我以一城 而不能全 爲敵所敗. 願死爲大厲 喫盡百濟人 以復此城. 遂攘臂瞋目 走觸槐樹而死. 於是 城陷 軍士皆降(『삼국사기』 열전제7 해론).
진평왕 40년 (618)	北漢山州軍主邊品謀復椵岑城 發兵與百濟戰. 奚論從軍赴敵力戰 死之 論讚德之子也.	至建福三十五年 戊寅 王命奚論爲金山幢主 與漢山州都督邊品興師襲椵岑城 取之. 百濟聞之 擧兵來 奚論等逆之. 兵旣相交 奚論謂諸將曰 昔 吾父殞身於此. 我今亦與百濟人戰於此 是我死日也. 遂以短兵赴敵 殺數人而死. 王聞之 爲流涕 贈卹其家甚厚. 時人無不哀悼 爲作長歌吊之(위와 동일).
진평왕 46년 (624)	冬十月 百濟兵來圍我速含·櫻岑·歧岑·烽岑·旗懸·穴柵等六城. 於是 三城或沒或降. 級飡訥催合烽岑櫻岑旗	眞平王 建福四十一年 甲申 冬十月 百濟大擧來侵 分兵圍攻速含·櫻岑·岐岑·烽岑·旗懸·冗柵等六城 王命上州·下州·貴幢·法幢·誓幢五軍 往救之. …… 先是 國家欲築奴珍等六城而未遑 遂於其地 築畢而歸. 於是 百濟侵攻愈急 速含·岐岑·冗柵三城 或滅或降 訥催以三城固守 及聞五軍不救而還 慷慨流涕 謂士卒曰 陽春

	懸三城兵堅守 不克死之.	和氣 草木皆華 至於歲寒 獨松栢後彫. 今 孤城無援 日益阽危 此誠志士義夫盡節揚名之秋 汝等將若之何. 士卒揮淚曰 不敢惜死 唯命是從. …… 至是 城陷賊入 奴張弓挾矢 在訥催前 射不虛發 賊懼不能前. 有一賊 出後 以斧擊訥催 乃仆 奴反與鬪俱死. 王聞之悲慟 追贈訥催職級湌(『삼국사기』열전제7 눌최).
선덕왕 11년 (642)	八月 …… 是月 百濟將軍允忠領兵 攻拔大耶城 都督 伊湌品釋·舍知竹 竹·龍石等死之.	善德王時爲舍知 佐大耶城都督金品釋幢下. 王十一年 壬寅 秋八月 百濟將軍允忠領兵 來攻其城. …… 品釋不聽 開門. 士卒先出 百濟發伏兵 盡殺之. 品釋將出 聞將士死 先殺妻子而自刎. 竹竹收殘卒 閉城門自拒 舍知龍石謂竹竹曰 今兵勢如此 必不得全 不若生降以圖後效. 答曰 君言當矣 而吾父名我以竹竹者 使我歲寒不凋 可折而不可屈 豈可畏死而生降乎. 遂力戰 至城陷 與龍石同死. 王聞之 哀傷 贈竹竹以級湌 龍石以大奈麻 賞其妻子 遷之王都(위의 책, 죽죽).
진덕왕 원년 (647)	冬十月 百濟兵圍 茂山·甘勿·桐岑三城. 王遣庾信率步騎一萬以拒之 苦戰氣竭. 庾信麾下 丕寧子及其子擧 眞入敵陣 急格死之 衆皆奮擊 斬首三千餘級.	眞德王 元年 丁未 百濟以大兵來攻茂山·甘勿·桐岑等城 庾信率步騎一萬拒之. 百濟兵甚銳 苦戰不能克 士氣索而力憊. 庾信知丕寧子有力戰深入之志 召謂曰 …… 言畢 卽鞭馬橫槊 突賊陣 格殺數人而死. 擧眞望之欲去 合節請曰 …… 卽以劍擊折合節臂 奔入敵中戰死. 合節曰 私天崩矣 不死何爲 亦交鋒而死 軍士見三人之死 感激爭進 所向挫鋒陷陣 大敗賊兵 斬首三千餘級(위의 책, 비녕자).

　　신라본기 진흥왕 12년 기록과 거칠부열전의 기록을 대조하여 보면, 신라본기의 기록은 거칠부열전의 기록을 축약하여 정리한 것이었음을 쉽게 인지할 수 있다. 거칠부열전에 진흥왕 12년(551)에 왕이 거칠부를 비롯한 8명의 장군에게 백제와 더불어 고구려를 침략하도록 명하였다고 전한다. 당시 거칠부의 관등은 파진찬이었고, 장군으로 임명된 사람 가운데 구진(仇珍)은 대각찬[大角湌; 대각간(大角干)], 비태(比台)는 각찬[角湌; 각간(角干)]이었으므로, 진흥왕이 고구려를 침략하도록 명하였을 때에 구진 또는 비태가 장군 가운데 가장 높은 지위였을 것으로 짐작된다. 이럼에도 불구하고 신라본기에는 왕이 거칠부 등에게 고구려를 침략하도록 명하였다고 기술되어 있는데, 이를 통해 『삼국사기』 본기의 찬자가 거

칠부열전 또는 이것의 전거자료에 전하는 기록을 축약하여 신라본기에 첨입하였음을 엿볼 수 있음은 물론이다.[13]

신라본기와 거칠부열전에 진흥왕 6년(545)에 거칠부가 문사(文士)들을 모아 『국사』를 편찬하고, 진지왕 원년(576)에 상대등에 임명된 사실이 모두 전하나, 기술한 내용이 동일하다고 보기 어렵기 때문에[14] 『삼국사기』 본기의 찬자가 거칠부열전의 기록을 참조하여 이와 같은 정보를 신라본기에 첨입하였다고 이해하기 어렵고, 신라본기의 원전, 즉 『구삼국사』 기록에 그러한 내용들이 기술되어 있었을 가능성이 높다고 판단된다. 거칠부열전에서 거칠부의 가계와 행적, 78세에 사망한 사실 등을 기술하였음을 살필 수 있다. 이러한 사실을 근거로 거칠부열전의 원전은 거칠부의 행적을 정리한 행장(行狀)의 성격을 지닌 전승자료였다고 추정해볼 수 있다.

신라본기 진평왕 24년 8월 기록에는 단지 아막성전투에서 귀산(貴山)·추항(箒項)이 죽었다고만 언급하였는데, 두 사람의 행적에 대한 자세한 내용이 귀산열전에 나온다. 『삼국사기』 본기의 찬자가 귀산열전이나 이것의 원전을 참조하여 신라본기에 아막성전투에서 귀산·추항이 죽었다는 사실을 첨입하였다고 이해하여도 이견이 없을 것이다. 다만 백제본기 무왕 3년 8월 기록에도 아막성전투에 관한 기록이 전하는데, 귀산열전의 기록과 내용상 차이가 있음을 확인할 수 있다.[15] 따라서 백제본

---

13) 이에 대한 보다 자세한 내용은 이강래, 2006 앞의 논문; 2007 앞의 책, 273~274쪽 및 전덕재, 2018 『삼국사기 본기의 원전과 편찬』, 주류성, 98쪽이 참조된다.

14) 신라본기 진흥왕 6년 7월 기록에 異斯夫가 『국사』의 편찬을 건의하였다고 전하나, 거칠부열전에는 이에 관한 언급이 보이지 않는다. 신라본기 진지왕 원년 기록에는 거칠부를 상대등에 임명하고, 國事를 위임하였다(委以國事)고 전하나, 거칠부열전에는 상대등이 되어 군사와 국가의 일을 맡았다(以軍國事務自任)고 전하여 차이를 보인다. 따라서 신라본기 두 기록의 원전이 거칠부열전의 기록이라고 보기 어렵다.

15) 백제본기에는 '武殷子貴山大言曰 吾嘗受教於師曰 士當軍無退 豈敢奔退以墜師教乎. 以馬授父 卽與小將箒項 揮戈力鬪以死'라고 전함에 비해, 귀산열전에는 '貴山大言曰 吾嘗聞之

기의 기록과 귀산열전의 원전은 달랐다고 볼 수 있는데, 백제본기 기록은 『구삼국사』의 백제 기록이 원전으로 추정되고, 귀산열전의 원전은 귀산의 행적을 기술한 신라의 전승자료로 이해된다.

신라본기 진평왕 33년 10월 및 40년 기록과 해론열전의 기록을 비교하면, 신라본기의 기록이 해론열전의 기록을 축약하여 서술한 것임을 쉽게 인지할 수 있다. 마찬가지로 『삼국사기』 본기의 찬자가 해론열전이나 이것의 원전에 전하는 기록을 참조하여 신라본기를 찬술하였다고 봄이 합리적일 것이다.[16] 신라본기 진평왕 46년 10월 기록과 눌최열전의 기록을 비교하면, 약간의 차이를 발견할 수 있다. 신라본기에는 혈책(穴柵)이라고 기술되어 있음에 반해, 눌최열전에는 용책(冗柵)으로 기술되어 있어 차이를 보인다. 전사과정(轉寫過程)에서 무엇인가 착오가 생긴 것으로 이해된다. 한편 신라본기에는 '(6성 가운데) 3성이 함락되거나 혹은 항복하였다. 급찬 눌최는 봉잠·앵잠·기현성의 3성 군사와 합하여 굳게 지켰다〔三城或沒或降 級湌訥催合烽岑·櫻岑·旗懸三城兵堅守〕.'고 전하나, 눌최열전에는 '이에 백제의 침공이 더욱 급박하여져서 속함, 기잠, 혈책의 3성이 함락되거나 또는 항복하였다. 눌최가 3성을 굳게 지켰다〔於是 百濟侵攻愈急 速含·岐岑·冗柵三城 或滅或降 訥催以三城固守〕.'고 전하여 차이를 보인다. 그러나 눌최열전의 기록을 가지고 함락되거나 항복한 3성의 이름을 유추할 수 있고, 눌최가 죽은 후에 급찬의 관등을 추증받은 점을 염두에 둔다면, 『삼국사기』 본기의 찬자가 눌최열전

師曰 士當軍無退 豈敢奔北乎. 擊殺賊數十人 以己馬出父 與箒項揮戈力鬪 諸軍見之奮擊 橫戶滿野 匹馬隻輪無反者. 貴山等金瘡滿身 半路而卒'이라고 전하여 차이를 보인다.

16) 신라본기 진평왕 40년 기록에는 北漢山州軍主 邊品, 해론열전에는 漢山州都督 邊品이라고 전하여 차이를 보인다. 이에서 『삼국사기』 본기의 찬자는 해론열전의 기록을 그대로 인용하지 않고, 단지 해론에 관한 정보만 해론열전을 참조하여 신라본기에 첨입하였음을 엿볼 수 있다.

이나 이것의 원전을 참조하여 눌최와 관련된 기록을 나름대로 편집하여 신라본기에 첨입하였다고 추정하여도 이견이 없을 것으로 판단된다. 해론열전과 눌최열전의 원전은 해론의 부자(父子)와 눌최의 순국(殉國)을 정리한 전승자료였을 것인데, 이 가운데 가잠성현령(椵岑城縣令), 한산주도독(漢山州都督)이란 표현이 나오는 해론열전의 원전은 현제(縣制)를 실시하고 주(州)의 장관을 총관(摠管) 또는 도독(都督)이라고 부른 중대 이후에 찬술되었다고 이해할 수 있다.[17]

　신라본기 선덕왕 11년 8월 기록과 죽죽열전의 기록을 비교하면, 신라본기의 기록이 죽죽열전의 기록을 축약하여 기술한 것임을 쉽게 인지할 수 있다. 그런데 죽죽열전에는 품석의 관등이 이찬이었다는 언급이 전하지 않기 때문에 『삼국사기』 찬자가 죽죽열전이나 이것의 원전을 참조하여 신라본기에 대야성전투에 관한 기록을 첨입하면서도 품석의 관등이 이찬이라고 전하는 또 다른 전승자료를 참조하였다고 추론할 수 있다. 물론 죽죽열전의 원전에 품석이 이찬이었다는 기술이 있었으나, 『삼국사기』 찬자가 죽죽열전을 찬술하면서 이러한 사실을 생략하였을 가능성도 완전히 배

---

17) 종래에 진평왕대부터 行政村을 縣으로 재편하는 작업을 전개하다가 신문왕 5년(685) 무렵에 전국적으로 縣制를 확대 실시하였다고 보는 견해(김창석, 2007 「신라 현제의 성립과 기능」『한국고대사연구』 48, 128~136쪽)가 제기되었다. 『삼국사기』 잡지제9 직관(하) 외관조에 '都督은 9명이었다. 지증왕 6년(505)에 異斯夫를 悉直州軍主로 삼았다. 문무왕 원년(661)에 摠管으로 고쳤다가 원성왕 원년(785)에 都督으로 고쳤다.'고 전한다. 이에 따르면, 州의 장관 명칭이 軍主에서 摠管으로, 摠管에서 都督으로 바뀌었다고 이해할 수 있다. 그런데 『삼국사기』 신라본기에서 태종무열왕 5년(658)까지 州의 장관을 軍主라고 부르다가 태종무열왕 7년(660)부터 주의 장관을 摠管이라고 불렀다는 사실을 확인할 수 있다. 또한 문무왕 3년(663) 이후에 주의 장관을 摠管 또는 都督이라고 불렀음을 알려주는 기록을 다수 발견할 수 있다. 혜공왕대에 제작된 사천 선진리비에 주의 장관을 總官(摠管)이라고 불렀다고 전하기도 한다. 이에 따르면 직관지의 기록에서 문무왕 원년에 군주를 총관으로 고쳤다고 언급한 것은 그대로 믿기 어렵고, 문무왕 3년부터 혜공왕대까지 주의 장관을 총관 또는 도독이라고 불렀다고 볼 수 있을 것이다. 직관지에 원성왕 원년에 총관을 도독이라고 개칭하였다고 전하는 것은 결국 원성왕 원년부터 주의 장관을 단지 도독이라고만 부른 사실을 반영한 것이라고 봄이 합리적일 것이다.

제할 수 없을 것이다. 어느 것이 옳다고 단정하기 어렵기 때문에 여기서는 두 가지 가능성을 모두 제시하는 선에서 그치고자 한다. 죽죽열전에서 품석을 대야성도독이라고 표현하였으므로, 죽죽열전의 원전은 주의 장관을 총관 또는 도독이라고 부른 중대 이후에 찬술된 전승자료였다고 이해할 수 있다. 한편 신라본기 진덕왕 원년 10월 기록과 비녕자열전의 기록을 비교하여 보건대, 신라본기 기록이 비녕자열전의 기록을 축약하였음을 쉽게 인지할 수 있다. 그런데 비녕자열전에 '10월'에 관한 언급이 없기 때문에 신라본기 기록의 원전이 비녕자열전이라고 단정하기 어렵다. 앞에서 살핀 바와 같이 비녕자열전의 원전은 김유신행록이었다. 따라서 신라본기의 찬자는 김유신열전 또는 이것의 원전인 김유신행록의 기록을 참조하여 진덕왕 원년 10월 기록을 찬술하였다고 봄이 합리적일 것이다.

이상에서 『삼국사기』 본기의 찬자가 신라본기를 찬술하면서 거칠부와 귀산, 눌최, 해론, 죽죽, 비녕자열전이나 그 원전에 전하는 기록을 인용하였거나 참조하였음을 살펴보았다. 그런데 필자는 전에 신라본기 선덕왕 13년 9월, 16년 정월, 진덕왕 3년 8월 기록의 원전이 김유신열전 또는 김유신행록에 전하는 기록이었음을 살핀 바 있는데,[18] 이에서 『삼국사기』 본기의 찬자가 중고기 신라본기 기록을 찬술하면서 중고기 인물의 열전이나 또는 이것들의 원전에 전하는 기록을 적극적으로 활용하였음을 추론할 수 있을 것이다. 그런데 이러한 경향과 달리 『삼국사기』 본기의 찬자가 신라본기를 찬술하면서 참조하지 않은 것이 바로 사다함열전 또는 이것의 원전이었다.

신라본기 진흥왕 23년(562) 9월 기록에 '전공(戰功)을 논함에 사다함이 으뜸이었으므로, 왕이 좋은 토지와 포로 200명을 상으로 주었으나 사

---

18) 전덕재, 2018 앞의 책, 100~102쪽.

다함이 세 번이나 사양하였다. 왕이 굳이 주므로 이에 받아 포로는 속량(贖良)하고, 토지는 군사들에게 나누어 주니, 나라 사람들이 이를 아름답게 여겼다.'고 전한다. 그런데 사다함열전에서는 '군사가 돌아오자, 왕은 공을 책정하여 가라(加羅) 사람 300명을 (사다함에게) 주었다. 이를 받아서 다 놓아 주고 한 사람도 남겨 놓지 않았다. 또 전지(田地)를 사여하였으나 굳이 사양하였다. 왕이 강권하므로 알천(閼川)의 쓸모없는 땅만을 주도록 청할 따름이었다.'고 전하여 신라본기의 기록과 차이를 보이고 있음을 확인할 수 있다. 이에서 『삼국사기』 본기의 찬자가 신라본기를 찬술하면서 사다함열전이나 이것의 원전을 전혀 참조하지 않았음을 엿볼 수 있는데, 사다함이 화랑이었기 때문에 사다함열전의 원전은 김대문이 지은 『화랑세기』에 전하는 기록이었을 것으로 짐작된다.[19] 이를 뒷받침해 주는 자료가 사다함열전에 전하는 '나밀왕(奈密王)'이란 왕호이다.

『삼국사기』에서 나밀왕(奈密王)이라고 표기한 왕호는 사다함열전과 김흠운열전, 그리고 잡지제1 악 신라악조에만 전한다. 신라악조에서 '가무(笳舞)는 나밀왕(奈密王) 때에 지은 것이다.'라고 전하고, 사다함열전에서 사다함이 나밀왕(奈密王) 7세손, 김흠운열전에서 흠운이 나밀왕(奈密王) 8세손이라고 전한다. 앞에서 신라악조의 원전은 김대문이 지은 『악본(樂本)』이라고 보기 어렵지만, 신라악조에 전하는 향악의 명칭 및 그와 관련된 유래에 대한 기록이 『악본』에 전하였을 가능성이 높다고 언급한 바 있다. 이에서 나밀왕이라는 왕호(王號)를 김대문이 사용하였음을 추론할 수 있다. 한편 『삼국사기』 찬자는 김흠운열전 말미에 기술한 사론에서 화랑의 유래와 그 성격에 대해 언급하고, 이어 김대문이 200여 명에 이르는 화랑의 전기를 찬술하였음을 기술한 다음, '흠운(歆運) 같

---

19) 이강래, 2006 앞의 논문; 2007 앞의 책, 289쪽 및 전덕재, 2018 앞의 책, 111~112쪽.

은 자는 또한 낭도(郞徒)로서 능히 왕사(王事)에 목숨을 바쳤으니, 그 이름을 욕되게 하지 않은 자라고 할 수 있다.'라고 부기(附記)하였음을 살필 수 있다. 실제로 김흠운열전에서 흠운이 화랑 문노(文努)의 낭도였다고 밝히고 있음을 확인할 수 있다. 이처럼 『삼국사기』 찬자가 김흠운열전의 말미에 서술한 사론(史論)에서 김대문이 『화랑세기』를 저술하였음을 언급한 점에 유의하건대, 『화랑세기』에 전하는 기록이 바로 김흠운열전의 원전일 가능성이 높다고 보아도 잘못은 아닐 것이다.[20] 마찬가지로 나밀왕(奈密王)이라는 왕호가 기술되어 있는 사다함열전의 원전 역시 『화랑세기』에 전하는 기록이라고 봄이 합리적이라고 판단된다.

『삼국사기』 열전 가운데 『화랑세기』에 전하는 기록이 원전인 사례를 또 하나 발견할 수 있는데, 그것이 바로 관창열전이다. 신라본기 태종무열왕 7년(660) 7월 9일 기록에 '좌장군(左將軍) 품일(品日)이 아들 관장(官狀)〈또는 관창(官昌)이라고도 하였다〉을 불러 말 앞에 세우고 여러 장수들을 가리키며 말하기를, "내 아들은 나이 겨우 열 여섯이나 의지와 기백이 자못 용감하니, 오늘의 싸움에서 능히 삼군(三軍)의 모범이 되리라"라고 하였다. 관장이 '예'하고는 갑옷 입힌 말을 타고 창 한 자루를 가지고 적진에 달려 들어갔다.'고 전한다. 그런데 관창열전에는 '관창(官昌)〈또는 관장(官狀)이라고도 하였다〉은 신라 장군 품일의 아들이다. …… 황산벌에 이르러 양쪽의 군대가 서로 대치하자, 아버지 품일이 (관창에게) 말하기를, "너는 비록 어린 나이지만, 뜻과 기개가 있으니, 오늘이 바로

---

20) 『삼국사기』 신라본기제8 신문왕 3년 2월과 효소왕 즉위년 기록에는 金欽運(또는 金欽雲) 이라고 전하는데, 김흠운열전에서 金歆運이라고 표기한 것과 차이를 보인다. 신라본기에서 金欽運을 金歆運이라고도 쓴다고 세주로서 언급하지 않았는데, 이를 통해 『삼국사기』 본기의 찬자가 신라본기를 찬술하면서 『화랑세기』의 김흠운 관련 기록을 참조하지 않았음을 엿볼 수 있다.

공명(功名)을 세워 부귀를 취할 수 있는 때이니 어찌 용기가 없을손가?"
라고 하였다. 관창이 '예'하고는 곧바로 진격하여 말을 달려갔다.'고 전하
여 차이를 보인다. 신라본기에서 관장(官狀), 계백(堦伯)이라고 표기한
반면, 관창열전에서는 관창(官昌), 계백(階伯)이라고 표기한 사실, 신라
본기와 관창열전에 전하는 기록의 내용이 상이한 점을 염두에 둔다면, 신
라본기 기록이 관창열전 원전에 전하는 기록이라고 보기 어려울 것이다.
관창 역시 화랑 출신이었다는 점에서 관창열전의 원전 역시 『화랑세기』에
전하는 기록이었을 것으로 이해된다. 신라본기 기록과 『화랑세기』가 원전
으로 추정되는 사다함열전, 관창열전, 김흠운열전에 전하는 기록이 서로
상이하였다는 사실을 통해 『삼국사기』 찬자가 열전을 찬술할 때에 『화랑
세기』에 전하는 기록을 적극 활용한 반면, 신라본기를 찬술할 때에는 전
혀 참조하지 않았다고 정리하여도 무방할 듯싶다.[21]

중고기 인물의 열전 가운데 사다함열전의 원전은 김대문(金大問)이 지
은 『화랑세기』, 비녕자열전의 원전은 김유신행록이었음을 살필 수 있었
다. 이외의 인물 열전의 원전은 각 인물의 행적을 정리한 전승자료였다고
볼 수 있는데, 이 가운데 검군열전의 원전은 『화랑세기』였을 가능성도 배
제할 수 없으나 단정하기 어려운 경우에 해당한다. 한편 죽죽열전과 해론
열전의 원전은 중대 이후에 정리된 전승자료였음이 확인된다. 『삼국사기』
본기의 찬자는 중고기의 신라본기를 찬술하면서 거칠부열전, 귀산열전,
해론열전, 눌최열전, 비녕자열전, 김유신열전이나 또는 이것들의 원전에
전하는 기록을 참조하였음에 반하여, 신라본기에 동일한 사건에 관한 기
록이 전함에도 불구하고 사다함열전 또는 이것의 원전인 『화랑세기』에 전
하는 기록을 전혀 참조하지 않은 사실과 대조되어 주목된다. 이와 더불어

21) 전덕재, 2018 앞의 책, 111~112쪽.

설계두열전과 실혜열전, 설씨녀열전, 검군열전, 김후직열전 및 이것들의 원전에 전하는 기록을 『삼국사기』 본기의 찬자가 신라본기에 전혀 반영하지 않았음을 확인할 수 있었다.

『삼국사기』 본기의 찬자는 『구삼국사』 신라 기록을 원전으로 하여 중고기의 신라본기를 찬술할 때에 중고기 인물의 열전 또는 이들 원전에 전하는 기록을 축약하거나 일부 내용만을 발췌하여 신라본기에 첨입하였는데, 신라본기와 열전의 기록이 서로 중복되는 것을 피하기 위한 배려로 이해된다. 또한 이를 통해 중고기 신라본기 기록이 상대적으로 풍부하지 않았기 때문에 열전 또는 이것의 원전에 전하는 기록을 신라본기에 반영하였다고 볼 수 있는 여지도 전혀 없지 않다고 하겠다. 이러한 측면은 『삼국사기』 본기의 찬자가 『국사』가 원전인 상고기 신라본기 기록 또는 비교적 기록이 풍부한 중·하대 신라본기 기록을 찬술하면서 열전이나 이것의 원전에 전하는 정보를 적극 활용하지 않은 사실과 대비되어 주목된다. 이밖에 열전 또는 이것의 원전에 전하는 기록이 신라본기의 기록과 내용상에서 차이가 나더라도 세주(細注)로서 그에 관한 사항을 특별하게 부기하지 않았음을 살필 수 있는데, 이러한 태도는 『삼국사기』 열전의 찬자가 중고기 인물의 열전을 찬술할 때에 신라본기와 잡지에 전하는 기록을 적극 고려하지 않았음을 시사해주는 측면으로 유의된다고 하겠다.

2. 중·하대 인물 열전의 원전과 찬술

『삼국사기』 열전에 입전된 중·하대 인물은 김인문, 김양, 장보고, 녹진, 강수, 설총, 최치원, 취도, 관창, 김흠운, 김영윤, 열기, 소나, 필부, 향덕, 성각, 김생, 솔거, 효녀지은 등이다. 앞에서 관창열전과 김흠운열전의 원전은 김대문의 『화랑세기』에 전하는 기록일 가능성이 높다고 언급하였다. 『삼국사기』에서 성각(聖覺)과 솔거(率居), 김생(金生), 김영윤(金令胤)에 관한 기록은 오직 열전에만 전하는 것이다. 이밖에 『삼국유사』와 중국 사서에도 전하지 않는다. 성각열전은 현재 성각과 관련된 일화를 기술한 전승자료가 원전이었다고 추정할 수 있을 뿐이고, 그에 대한 더 이상의 추적은 불가능하다.

김생과 솔거열전의 원전 역시 이와 마찬가지였다고 볼 수 있다. 다만 『삼국사기』 찬자는 두 사람의 열전에서 그들의 행적만이 아니라 자신들이 직접 두 사람과 관련된 사항을 추가적으로 보입(補入)한 점이 특징적이다. 김생열전에서는 김생이 예서(隸書)와 행서(行書), 초서(草書)를 씀에 있어 입신(入神)의 경지였다고 칭송하고, 지금〔고려〕까지도 그의 친필을 서로 전하여 귀하게 여긴다고 서술하였을 뿐만 아니라 고려시대에 홍관(洪灌)이 김생이 쓴 행서와 초서 글씨 한 권을 가지고 가서 송나라 사람들에게 보여주었으나 믿으려 하지 않았다는 일화를 추가로 소개하기도 하였다. 아울러 김생열전의 말미에 요극일전(姚克一傳)을 부기(附記)하였는데, 요극일이 김생에 미치지 못하였다고 평가한 점이 이채롭다. 솔거열전에서는 솔거가 그린 황룡사벽화에 얽힌 일화와 더불어 그의 대표적인 작품을 소개하고, 그의 작품들이 신화(神畵)로 칭송받았음을 언급하였다.

김영윤에 관한 정보는 신라본기에 전하지 않지만, 그의 조부(祖父)인 김흠춘(金欽春), 아버지인 반굴(盤屈)에 관한 기록을 신라본기에서 찾을 수 있다. 김영윤열전에서 김영윤의 조부를 김흠춘(金欽春)이라고 표기하였는데, 신라본기 태종무열왕 7년(660) 6월 21일 기록을 제외한 신라본기 기록에 흠순(欽純)이라고 기술되어 있는 것과 대조된다. 한편 신라본기 태종무열왕 7년 7월 7일 기록에 반굴에 관한 일화가 보인다. 김영윤 열전과 이 기록에 전하는 내용을 비교하면, 신라본기에 흠순(欽純)과 계백(堦伯), 열전에 흠춘(欽春)과 계백(階伯)이라고 전하는 것 이외에 내용과 표현상에서 크게 차이가 없음을 확인할 수 있다.[22] 그러나 두 사람의 표기가 달랐기 때문에 김흠운열전의 기록이 신라본기 기록의 전거가 되었다고 보기는 어려울 것이다.

김영윤열전에서 흠춘이 진평왕 때에 화랑이 되었고, 문무대왕대에 총재(冢宰)에 임명되어 윗사람을 충성으로 섬기고 백성들에게는 관대하여 나라 사람들이 모두 현상(賢相)이라고 칭하였다고 언급한 사실을 기술하였는데, 이것은 김대문의 『화랑세기』에서 인용하였을 가능성이 높다고 보이며,[23] 반굴에 관한 일화 역시 마찬가지였을 것으로 짐작된다. 다만 김영윤에 관한 일화 역시 『화랑세기』에서 인용한 것인지의 여부에 대해서는 확실하게 말할 수 없다. 김영윤이 실복(悉伏)이 지휘한 고구려 유민의 반란을 진압하는 과정에서 전사하자, '왕(신문왕)이 이를 듣고 슬퍼하여 눈물을 흘리면서 말하기를, "그러한 아버지가 없었으면 이런 자식이 있을 수 없다. 그 의로운 공이 가상하다."고 하고는 벼슬과 상을 후하게 추증하였다.'고 김영윤열전에 전하는 것을 참고하건대, 그러하였을 가능성에 좀 더 무게를 두고 싶은 것이 필자의 판단이다. 만약에 원전이 『화랑

---

22) 신라본기 태종무열왕 7년 7월 7일 기록에 '百濟將軍堦伯 擁兵而至 …… 將軍欽純謂子盤屈曰 爲臣莫若忠 爲子莫若孝 見危致命 忠孝兩全. 盤屈曰 謹聞命矣 乃入陣 力戰死'라고 전하고, 김영윤열전에는 '秋七月 至黃山之原 値百濟將軍階伯 戰不利. 欽春召子盤屈曰 爲臣莫若忠 爲子莫若孝 見危致命 忠孝兩全. 盤屈曰 唯 乃入賊陣 力戰死'라고 전한다.

23) 김흠운열전의 말미에 부기한 史論에서 『삼국사기』 찬자는 金大問이 '賢佐忠臣이 이로부터 나왔고, 良將勇卒이 이로부터 생겨났다.'고 언급하였다고 밝혔는데, 김흠춘을 현좌충신과 양장의 대표적인 사례로서 들 수 있다는 사실을 통해 흠춘에 관한 기록은 『화랑세기』에서 인용한 것이라는 추정을 뒷받침할 수 있을 것이다.

세기』에 전하는 기록이 아니라면, 『삼국사기』 찬자는 『화랑세기』와 더불어 영윤에 관한 일화를 정리한 전승자료를 참조하여 김영윤열전을 찬술하였다고 이해할 수 있다.

『삼국사기』에서 효녀지은에 관한 이야기는 오직 열전에만 나온다. 한편 『삼국유사』 권제5 효선제9 빈녀양모조에 효녀지은열전에 전하는 것과 비슷한 이야기가 서술되어 있다. 동일 인물에 관한 일화를 기술한 것임에도 불구하고 두 기록의 서술 내용은 차이가 있다. 예를 들어 효녀지은열전에서는 지은(知恩)이 한기부(韓歧部) 백성(百姓) 연권(連權)의 딸로서 나이가 32세라고 전하나 빈녀양모조에서는 빈녀(貧女)가 분황사(芬皇寺) 동리(東里)에 살며 나이가 20세 좌우라고 전하여 차이를 보이는 것이다. 이에 따르면, 고려시대에 두 가지 이상의 계통이 다른 지은(知恩) 관련 전승자료가 존재하였다고 볼 수 있을 것이다. 효녀지은열전에 지은이 사는 곳이 한기부이고, 그 마을을 효양방(孝養坊)이라고 칭하였다고 전함에 반하여, 빈녀양모조에 빈녀가 사는 곳이 분황사 동리이고, 그녀가 사는 방(坊)에 정문(旌門)을 세워 효양(孝養) 마을이라고 불렀다고 전하므로 전자의 원전이 후자의 원전보다 더 이른 시기에 찬술되었다고 이해할 수 있지 않을까 한다.

김인문과 김양열전의 경우, 두 사람의 시기별 행적을 비교적 일목요연하게 정리한 행장(行狀)의 성격을 지닌 전승자료가 원전으로 추정된다.[24] 현재 김인문비(金仁問碑)의 일부가 남아 있고, 또한 그에 관한 기록이 신라본기와 김유신열전 등에 적지 않게 전하고 있다. 김인문열전과

---

24) 황형주, 2002 앞의 논문, 92~96쪽.
　　황형주는 김인문열전과 김양열전에서 행장에서의 표기법으로서 입전대상자를 公이라고 높여 불렀고, 두 사람의 죽음을 '薨'이라고 표현한 사실을 주목하여, 두 사람 열전의 원전이 행장이라고 주장하였는데, 충분히 공감되는 바라 하겠다.

김인문비 잔편(殘片)의 기록을 비교한 결과, 서로 비슷한 내용을 전한다고 추정되지만, 『삼국사기』 찬자가 김인문열전을 찬술할 때에 김인문비를 적극 참조하였다는 증거는 찾기 어렵다. 한편 신라본기와 김유신열전에 전하는 김인문 관련 기록과 김인문열전의 기록이 동일한 사건을 기술하였음에도 불구하고 내용이나 표현상에 차이가 남을 발견할 수 있다. 예를 들어 문무왕 2년 2월에 김유신과 김인문 등이 평양에 주둔한 당군에게 식량을 제공하고 돌아오는 길에 표하(瓢河; 과천(瓠川)) 근처에서 고구려군의 공격을 받았는데, 신라본기 문무왕 2년 2월 기록에서는 이 싸움에서 신라군이 크게 이겨 1만여 명을 목 베고 소형(小兄) 아달혜(阿達兮) 등을 사로잡았으며, 병기 1만여 개를 획득하였다고 전하고, 김유신열전에는 장군 한 사람을 사로잡았고, 1만여 명의 목을 베었다고 전한다. 이에 반해 김인문열전에는 1만여 명을 목 베고 5천여 명을 포로로 잡아 돌아왔다고 전하여 차이를 보인다. 또한 신라본기 문무왕 8년 7월 16일 기록에 문무왕이 고구려정벌을 위해 한성주(漢城州)에 행차(行次)하였다고 전하는 반면, 김인문열전에는 668년에 문무대왕이 인문과 함께 군사 20만을 거느리고 출동하여 북한산성(北漢山城)에 이르렀다고 전하여 차이를 보였다. 이밖에 김인문열전에 다른 기록에 보이지 않는 내용이 적지 않게 전하고 있음을 확인할 수 있다. 이를 통해 김인문과 관련된 여러 사항을 기술한 전승자료가 존재하였음을 엿볼 수 있음은 물론이다.

김인문열전의 기록 가운데 일부는 중국 사서의 기록을 참조하였음을 엿볼 수 있는데, 대표적인 사례로서 674년에 당 고종이 문무왕의 관작을 박탈하고 김인문을 신라왕으로 삼아 귀국시키려 하였다는 기록을 들 수 있다. 다만 김인문이 고종에게 간곡히 사퇴하였으나 들어주지 아니하여 드디어 귀국길에 올랐다는 내용은 김인문열전에만 보이고 다른 기록에서 찾을 수 없다. 이와 같은 여러 측면들을 두루 고려하건대, 『삼국사기』 찬자는 신라본기의 원전인 『구삼국사』 신라 기록과 김유신행록 등을 참조하지 않고, 김인문의 행적을 정리한 행장(行狀)의 성격을 지닌 전승자료를 전거로 삼아 김인문열전을 찬술하였다고 봄이 합리적이라고 판단된다.

한편 『삼국사기』 찬자는 김인문열전 말미에 인문이 일곱 번 당에 들어가 그 조정에 숙위한 월일을 계산하면 무릇 22년이 되었고, 양도(良圖) 해찬(海湌) 역시 당나라에 여섯 번 들어갔고, 서경(西京)에서 죽었는데, 그 행적의 시말은 전해지지 않는다고 부기(附記)하였다. 고구려 인물의 경우 고구려본기의 기록을 적극 활용하여 입전(立傳)한 사실을 확인할 수 있는 것과[25] 달리 『삼국사기』 찬자는 신라본기와 김유신열전(김유신행록)에 양도(良圖)의 행적에 대한 기록이 적지 않게 전하고 있음에도 불구하고 이들 기록을 적극 활용하여 열전에 양도를 입전하지 않았음을 엿볼 수 있는데, 이에서 신라 인물의 경우 그에 관한 행적을 정리한 전승자료가 존재하지 않으면 열전에 입전(立傳)하지 않았음을 추론할 수 있다.[26]

김양과 관련된 기록은 신라본기에도 여럿 전하지만, 김양열전에 전하는 기록과 대비할 때, 내용과 표현이 서로 다르기 때문에[27] 신라본기 기

---

25) 乙巴素列傳, 密友·紐由列傳, 明臨答夫列傳, 倉助利列傳은 고구려본기의 기록을 전거자료로 삼아 찬술한 사례에 해당하다.

26) 종래에 양도를 立傳하지 않은 이유를 그가 불교에 대한 독실한 태도를 가졌기 때문이었다고 이해한 견해(김복순, 2004 「신라의 유학자−「삼국사기」 유학자전을 중심으로−」 『신라문화제학술논문집』 25, 235쪽 및 이강래, 2006 앞의 논문; 2007 앞의 책, 285쪽)와 더불어 그가 최치원, 설총, 강수에 필적할 만한 유학자가 아니었기 때문이라고 보는 견해(이기백, 1987 「김대문과 김장청」 『한국사시민강좌』 1, 일조각, 98~99쪽)가 제기되어 참조된다.

27) 신라본기 희강왕 즉위년 기록에 '於是 侍中金明阿湌利弘裴萱伯等奉悌隆 阿湌祐徵與姪禮徵及金陽奉其父均貞 一時入內相戰'이라고, 김양열전에는 '陽與均貞之子阿湌祐徵·均貞妹壻禮徵 奉均貞爲王 入積板宮 以族兵宿衛'라고 전하는데, 전자에는 禮徵이 우징의 조카〔姪〕로, 후자에는 우징의 아버지 均貞의 妹壻로 기술되어 있어 차이를 보인다. 또한 신라본기 민애왕 2년 윤정월 기록에 '晝夜兼行 十九日至于達伐之丘 王聞兵至 命伊湌大昕大阿湌允璘嶷勛等 將兵拒之. 又一戰大克 王軍死者過半. 時 王在西郊大樹之下 左右皆散 獨

록의 전거자료가 김양열전 또는 이것의 원전에 전하는 기록이었다고 보기 어렵다. 이와 더불어 김양열전에 신라본기에 전하지 않는 내용이 다수 전하고 있음을 확인할 수 있다. 이와 같은 사실들을 감안한다면, 김양열전은 김양의 행적을 정리한 전승자료를 토대로 하여 찬술되었다고 이해하여도 이견이 없을 것이다.

한편 신라본기에 문성왕 4년 3월에 김양의 딸을 왕비로 삼았고, 문성왕 9년에 김양이 시중에 임명되었다고 전하지만, 김양열전에는 이에 관한 정보가 전하지 않는다. 이는 『삼국사기』찬자가 김양열전을 찬술할 때에 신라본기 또는 이것의 원전인 『구삼국사』신라 기록을 참조하지 않고, 다만 김양의 행적을 정리한 전승자료를 전거로 삼았음을 시사해주는 측면으로서 유의된다고 하겠다. 『삼국사기』찬자는 김양열전에 김양의 사촌(四寸)인 김흔(金昕)의 전기(傳記)를 부기하였는데, 김흔의 행적을 간략하게 기술하고, 그가 대중(大中) 3년(849) 8월 27일에 47세의 나이로 사망하였으며, 아들이 없어 그의 부인이 장례를 치르고 후에 비구니가 되었다고 기술한 사실을 참조하건대, 김흔의 행적을 간략하게 정리한 전승자료가 존재하였다고 봄이 자연스럽지 않을까 한다.

중·하대 인물의 열전에 전하는 기록과 관련이 있는 내용이 신라본기에도 전하는데, 신라본기의 기록과 관련이 있는 열전의 기록을 정리한 것이 〈표 2〉이다.

I-①의 경우, 신라본기에는 문무왕 2년 정월에 당군에게 제공하기 위

立不知所爲 奔入月遊宅 兵士尋而害之'라고, 김양열전에는 '(開成) 四年(839) 正月十九日 軍至大丘 王以兵迎拒 逆擊之 王軍敗北 生擒斬獲 莫之能計. 時 王顚沛逃入離宮 兵士尋害之'라고 전하는데, 전자에는 김양 등이 지휘한 군대가 '達伐之丘'에 이르렀고, 민애왕이 숨은 곳이 '月遊宅'이라고 기술되어 있음에 반해, 후자에는 각기 '大丘', '離宮'으로 기술되어 있어 차이를 보인다. 이밖에 신라본기와 김양열전의 기록이 다른 사례를 여럿 발견할 수 있다.

〈표 2〉중·하대 신라본기와 인물 열전에 전하는 기록의 비교

번호	신라본기	열전
I-①	(文武王) 二年 春正月 王命 庾信與仁問·良圖等九將軍 以車二千餘兩 載米四千石· 租二萬二千餘石 赴平壤. … … 二月一日 庾信等至獐塞 距平壤三萬六千步. 先遣步 騎監裂起等十五人 赴唐營.	文武王元年 …… 送軍資平壤. 王命大角干金庾 信 輸米四千石·租二萬二千二百五十石. 到獐塞 風雪沍寒 人馬多凍死. 麗人知兵疲 欲要擊之. 距唐營三萬餘步而不能前 欲移書而難其人. 時 裂起以步騎監輔行 進而言曰 某雖駑蹇 願備行 人之數. 遂與軍師仇近等十五人 持弓劍走馬 麗 人望之 不能遮閼 凡兩日致命於蘇將軍. 唐人聞 之 喜慰廻書. 裂起又兩日廻 庾信嘉其勇 與級飡 位(『삼국사기』열전제7 열기).
I-②	(太宗武烈王) 七年 十一月一 日 高句麗侵攻七重城 軍主 匹夫死之.	太宗大王以百濟·高句麗·靺鞨轉相親比 爲脣齒 同謀侵奪. 求忠勇材堪綏禦者 以匹夫爲七重城 下縣令. …… 以冬十月 發兵來圍七重城 匹夫守 且戰二十餘日. …… 匹夫與上干本宿·謀支·美齊 等 向賊對射. 飛矢知雨 支體穿破 血流至踵 乃 仆而死(위의 책, 필부).
I-③	(文武王) 十一年 春正月 發 兵侵百濟 戰於熊津南 幢主 夫果死之. (神文王) 四年 十一月 安勝 族子將軍大文 在金馬渚謀 叛 事發伏誅. 餘人見大文誅 死 殺害邑吏 據邑叛. 王命將 士討之 逆鬪 幢主逼實死之.	後咸亨二年辛未(671년) 文武大王發兵 使踐百 濟邊地之禾. 遂與百濟人 戰於熊津之南. 時 夫 果以幢主戰死 論功第一. 文明元年甲申(684) 高 句麗殘賊據報德城而叛 神文大王命將討之 以 逼實爲貴幢第監. …… 及對陣 獨出奮擊 斬殺數 十人而死(위의 책, 취도).
I-④	(憲德王) 十四年 春正月 以 母弟秀宗爲副君 入月池宮 〈秀宗或云秀升〉. …… 三 月 熊川州都督憲昌 以父周 元不得爲王 反叛. …… 戮宗 族黨與凡二百三十九人 縱 其民. 後 論功爵賞有差 阿飡 祿眞授位大阿飡 辭不受.	(憲德王) 十四年 國王無嗣子 以母弟秀宗爲儲貳 入月池宮. …… 後 熊川州都督憲昌反叛 王擧兵 討之. 祿眞從事有功 王授位大阿飡 辭不受(『삼국 사기』열전제5 녹진).
I-⑤	(文武王) 十三年 春正月 拜 强首爲沙飡 歲賜租二百石.	文武王曰 强首文章自任 能以書翰致意於中國 及麗·濟二邦 故能結好成功. …… 則强首之功 豈可忽也. 授位沙飡 增俸歲租二百石(『삼국사 기』열전제6 강수).
I-⑥	(景德王) 十四年 春 穀貴民 饑. 熊川州向德 貧無以爲養 割股肉飼其父.	天寶十四年乙未 年荒民饑 加之以疫癘 父母飢 且病 母又發癰 皆濱於死. 向德 日夜不解衣 盡 誠安慰 而無以爲養 乃割髀肉以食之. 又吮母癰 皆致之平安(『삼국사기』열전제8 향덕).

| I-⑦ | (文武王) 十五年 秋九月 …… 靺鞨入阿達城劫掠 城主素那逆戰 死之. | 素那雄豪有父風 百濟滅後 漢州都督都儒公請 大王 遷素那於阿達城 俾禦北鄙. 上元二年乙亥春 阿達城太守級飡漢宣 敎民以某日齊出種麻 不得違令. 靺鞨諜者認之 歸告其酋長. 至其日 百姓皆出城在田 靺鞨潛師猝入城 剽掠一城 老幼狼狽 不知所爲. 素那奮刃向賊 大呼曰 爾等知新羅有沈那之子素那乎 固不畏死以圖生 欲鬪者曷不來耶. 遂憤怒突賊 賊不敢迫 但向射之. 素那亦射 飛矢如蜂 自辰至酉 素那身矢如猬 遂倒而死(『삼국사기』열전제7 소나). |

해 쌀 4천 석과 조(租) 2만 2천여 석을 수레에 싣고 갔다고 전하는 반면, 열기열전에는 문무왕 원년에 쌀 4천 석과 조(租) 2만 2천 2백 5십 석을 싣고 갔다고 전하여 차이가 남을 알 수 있다. 또한 전자에는 김유신이 열기 등을 평양에서 3만 6천보 떨어진 곳에서 당군영에 보냈다고 전하는 반면, 후자에는 3만여 보라고 전하여 차이를 보이고 있음을 확인할 수 있다. 이처럼 신라본기와 열기열전의 기록이 상이하였으므로, 신라본기 기록의 원전이 열기열전의 기록이라고 보기 힘들 것이다.

종래에 열기열전의 원전이 바로 김유신행록이었다고 이해하는 견해가 제기되었다.[28] 그러나 김유신열전에 '유신이 말하기를, "당나라 군대의 식량 부족이 심할 터이니, 마땅히 먼저 알려야겠다."고 하고는 보기감(步騎監) 열기(裂起)를 불러 이르기를, "내가 젊어서 그대와 놀 때 너의 뜻과 절의를 알았다. 지금 소장군(蘇將軍)에게 소식을 전해야 하겠는데, 적당한 사람을 찾기가 어렵다. 네가 가지 않겠는가?"라고 하였다. (열기가) "제가 비록 어리석으나 외람되이 중군직(中軍職)을 맡았고, 하물며 장군께서 시키신다면 비록 죽는 날도 살아 있는 때와 같다고 여기겠습니다."라고 하고는 드디어 힘센 군사 구근(仇近) 등 15명을 데리고 평양으로 갔다.'고 전한다. 그런데 열기열전에는 '당나라 군영과의 거리는 3만여 보

---

28) 高寬敏, 1996 앞의 책, 156~158쪽.

가량 떨어져 있었는데, 더 전진할 수 없어 편지를 보내고자 하였으나 마땅한 사람을 찾지 못하였다. 그때 열기는 보기감으로서 행군에 참여하고 있었는데, 앞에 나아가 말하기를, "저는 비록 우둔하고 느리지만 파견에 참여하고 싶습니다."라고 하여, 드디어 군사 구근 등 15인에 끼어 활과 큰 칼을 가지고 달려갔다.'고 전한다. 김유신열전의 원전이 김유신행록이라는 사실 및 두 열전에 전하는 열기 관련 기록이 완전히 상이한 점을 고려한다면, 열기열전의 원전이 김유신행록이라고 보는 것은 신중할 필요가 있지 않을까 한다. 열기열전의 경우도 다른 인물열전과 마찬가지로 그 원전은 열기에 관한 행적을 기술한 전승자료였다고 봄이 자연스럽다고 하겠다. 열기열전의 말미에 구근과 김유신의 아들 원정(元貞) 사이에 얽힌 일화를 소개하였는데, 여기에 김유신을 태대각간(太大角干)이 아니라 대각간(大角干)이라고 지칭한 것을 보건대,[29] 구근에 관한 일화 역시 김유신행록에서 인용한 것이 아니었을 가능성이 높다고 판단된다.

 I-②의 신라본기에는 필부(匹夫)를 군주(軍主)라고 전하나, 필부열전에는 칠중성현령(七重城縣令)이라고 전하여 차이를 보인다. 신라본기의 원전과 필부열전의 원전이 동일하지 않았음을 이를 통해 엿볼 수 있다. I-③의 신라본기 기록에는 문무왕 11년 정월에 당주(幢主) 부과(夫果)가 죽었다고 전하는 반면, 취도열전에는 단지 문무왕 11년에 부과가 당주로서 전사하였다고 전한다. 한편 다른 신라본기 기록에는 부과의 막내 동생인 핍실(逼實)이 당주였다고 전하고, 취도열전에는 귀당제감(貴幢弟監)

---

29) 『삼국사기』 열전제3 김유신(하)조에 '後에 智炤夫人이 머리를 깎고 거친 옷을 입고 比丘尼가 되었다. 때에 大王[聖德王]이 夫人에게 말하기를, "지금 중앙과 지방이 평안하고 君臣이 높은 베개를 베고 자며 근심이 없는 것은 곧 太大角干의 공이다. 생각컨대 夫人이 집안을 잘 다스려 조심하고 훈계함이 서로 짝하여 숨은 공이 컸으므로 과인이 그 덕에 보답하려는 마음을 일찍부터 하루라도 잊은 적이 없다. 이에 해마다 南城의 租 1천 석을 사여한다."고 하였다.'고 전하는데, 여기서 김유신을 태대각간이라고 칭하였음을 살필 수 있다.

이었다고 전하여 차이를 보인다. 신라본기 기록들의 원전이 취도열전의 기록이라고 보기 어렵다. I-④의 신라본기에서는 수종(秀宗)을 저이(儲貳)로 삼았다고 하였으나, 녹진열전에서는 부군(副君)으로 삼았다고 하였다. 신라본기 기록에 아찬 녹진이 김헌창 반란을 진압할 때에 공을 세워 대아찬을 수여하였으나 사양하고 받지 않았다고 전하는데, 녹진열전에도 동일한 기록이 전한다. 다만 열전에서 녹진의 관등이 본래 아찬이었다는 정보를 찾을 수 없다. 녹진열전의 원전에 녹진이 아찬이었다는 언급이 있었거나, 아니면『삼국사기』본기의 찬자가 녹진이 본래 아찬이었다고 전하는 전승자료와 녹진열전의 원전을 참조하여 신라본기의 기록을 찬술하였을 가능성을 상정해볼 수 있다. 어떠한 경우라고 하더라도 녹진의 행적을 기술한 전승자료가 존재하였다는 사실만은 부인하기 어렵다.

I-⑤의 강수열전에서 구체적인 연대를 밝히지 않고 문무왕이 사찬의 관등을 수여하고 세조(歲租) 200석(石)으로 녹봉(俸祿)을 올려주었다고 언급한 반면, 신라본기에서는 구체적으로 문무왕 13년 정월에 강수에게 사찬의 관등을 수여하고 세조 200석을 주었다고 하였다. 따라서『삼국사기』본기의 찬자가 강수열전 또는 이것의 원전을 참조하여 신라본기에 강수에게 사찬의 관등과 세조 200석을 수여한 사실을 첨입하였다고 보기 어렵다고 하겠다. 다른 인물의 경우와 마찬가지로 강수열전의 원전 역시 강수의 행적을 정리한 전승자료였다고 짐작해볼 수 있다. 강수열전의 말미에 신라(新羅) 고기(古記)에 문장으로는 강수(强首), 제문(帝文), 수진(守眞), 양도(良圖), 풍훈(風訓), 골답(骨沓)이 유명하다고 전한다고 언급하면서, 제문 이하의 행적이 전하지 않아 전기를 세울 수 없다고 하였다. 신라 고기에 제문 등의 행적에 대해 자세하게 기술하였다고 볼 수 없다는 점에서 고기(古記)는 단순하게 신라의 옛 기록 정도로 이해하는 것

이 타당하지 않을까 한다.

한편 I-⑥의 신라본기에는 향덕이 다리 살을 베어 그 아버지에게 먹였다고 전하는 반면에 향덕열전에는 '부모가 굶주리고 병이 났으며, 어머니는 종기가 나서 거의 죽게 되었다. 향덕이 밤낮으로 옷을 벗지 않고 정성을 다하여 편안히 위로하였으나 봉양할 것이 없어 자신의 넓적다리 살을 떼어내어 먹게 하고, 또 어머니의 종기를 입으로 빨아 모두 완쾌시켰다.'고 전하는데, 두 기록의 내용이 약간 차이가 있음을 엿볼 수 있다. 한편 『삼국유사』 권제5 효선제9 향득사지할고공친(向得舍知割股供親) 경덕왕대(景德王代)조에 향덕(向德)을 향득(向得)이라고 표기하고, 향덕열전의 내용을 간략하게 소개하고 있음을 확인할 수 있다. 다만 향득(향덕)이 사지라는 정보는 『삼국사기』에 전하지 않으므로, 향덕열전의 찬술에 참조한 전승자료 이외에 향덕과 관련된 또 다른 전승자료가 존재하였음을 이를 통해 추정해볼 수 있다. 이밖에 I-⑦의 신라본기에 문무왕 15년 (675) 9월에 성주(城主) 소나(素那)가 아달성(阿達城)에서 말갈(靺鞨)과 싸우다가 죽었다고 전함에 비해, 소나열전에는 백제 멸망 후에 한주도독 (漢州都督) 도유(都儒)가 소나를 아달성에 천거하였고, 상원(上元) 2년 (675) 봄에 소나가 아달성에서 말갈과 싸우다가 죽었다고 전한다. 두 기록에 아달성전투의 발발 시점에 대해 다르게 전하고, 후자에 소나가 성주였다는 표현이 전하지 않은 점을 참조하건대, 신라본기 문무왕 15년 9월조의 소나 관련 기록과 소나열전의 원전은 동일한 것이 아니었고, 소나열전의 원전 역시 소나에 관한 행적을 정리한 전승자료였다고 봄이 합리적일 것이다.

중·하대 인물의 열전에 전하는 기록과 신라본기에 전하는 기록을 상호 비교한 결과, 『삼국사기』 본기의 찬자가 신라본기를 찬술할 때에 녹진열전 또는 이것의 원전을 참조하였을 가능성만을 살필 수 있을 뿐이고, 나머지의 경우는 신라본기 기록의 원전이 열전의 기록으로 보기 어렵다는 사실을 확인할 수 있었다. 이와 같은 경향은 중·하대 신라본기의 기록과 김유신열전에 전하는 기록을 비교하여 검토할 때에도 엿볼 수 있었다.[30] 또한『삼국사기』본기의 찬자는 열전이나 이것의 원전을 거의 참조하지 않고 신라본기를 찬술하였고, 열전의 찬자는 비록 신라본기에 어떤 인물의 행적이 전한다고 하더라도 고구려의 인물처럼 신라본기의 기록을 적절하게 편집하여 열전에 그 인물을 입전(立傳)하지 않았음을 살필 수 있었다.『삼국사기』본기의 찬자가 주요 전거자료로 삼은『구삼국사』신라 기록이 비교적 풍부하였을 뿐만 아니라『구삼국사』기록에 열전에 입전된 인물에 관한 기록이 전하고 있었기 때문에 신라본기를 찬술할 때에 중·하대 인물의 열전에 전하는 기록에 별로 주의를 기울이지 않았고, 나아가 열전 또는 이것의 원전에 전하는 자료를 신라본기에 보입하지 않은 것으로 이해된다.

---

30) 신라본기 문무왕 4년(664) 3월 기록에 '백제의 남은 적들이 泗沘山城에 의지하여 반란을 일으키자, 熊州都督이 군사를 일으켜 쳐서 깨트렸다(百濟殘衆據泗沘山城叛 熊州都督發兵 攻破之).'고 전한다. 그리고 열전제3 김유신열전(하)에 '麟德 元年(문무왕 4; 664) 3월에 백제의 남은 무리가 또 사비성에 모여 반란을 일으키자, 熊州都督이 자신이 관할하는 병력을 출동시켜 공격하였는데, 여러 날 동안 안개가 끼어 사람과 물건을 분별하지 못하여 이 때문에 싸울 수 없었다. 伯山을 시켜 (그 사연을) 고하니, 유신이 은밀한 계책을 주어 이기게 하였다(麟德元年甲子三月 百濟餘衆又聚泗沘城反叛 熊州都督發所管兵士攻之 累日霧塞 不辨人物 是故不能戰. 使伯山來告之 庾信授之陰謀以克之).라고 전한다. 두 기록에서 熊津都督을 모두 熊州都督이라고 표현하였는데, 이를 근거로 하여 전자의 기록은 후자의 기록을 요약한 것임을 추론할 수 있다. 이러한 측면에서 신라본기 문무왕 4년 3월 기록은 중대의 신라 기록 가운데 김유신열전의 기록이 원전인 사례에 해당한다고 볼 수 있다. 이외에 중대의 신라본기 기록에서 김유신열전의 기록이 원전인 사례를 찾을 수 없다.

3. 설총·최치원·장보고열전의 원전과 찬술

설총열전은 세 개의 단락으로 구분할 수 있다. 첫 번째 단락은 설총의 조부(祖父) 및 부친인 원효(元曉)에 대한 소개, 그의 성품과 행적에 대한 매우 간략한 설명, 설총이 지은 글이 전해지는 것이 없고, 남쪽 지방에 그가 지은 비명(碑銘)이 있으나 마멸되고 떨어져나가 읽을 수 없다고 언급한 내용으로 이루어졌다. 두 번째 단락은 설총이 신문왕에게 이야기한 화왕계(花王戒)와 그와 관련된 내용을 기술한 부분이고, 세 번째 단락은 설총의 아들 설판관(薛判官; 설중업(薛仲業))에 관한 일화와 고려 현종 13년(1021)에 설총을 홍유후(弘儒侯)로 추증한 내용, 설총이 당나라에 유학하였는지 정확하게 알 수 없다는 언급 등으로 구성되었다.

첫 번째와 세 번째 단락은 『삼국사기』 찬자가 어떤 전승자료에서 인용한 것이 아니라 그들이 설총에 관한 전승자료에 전하는 내용을 참조하여 직접 보입(補入)한 것으로 이해할 수 있다. 『삼국유사』 권제4 의해제5 원효불기(元曉不羈)조에 원효의 조부가 잉피공(仍皮公) 또는 적대공(赤大公)이고, 아버지는 담날(談捺) 내말(乃末)이며, 스스로 소성거사(小姓居士)로 자처하였다고 전한다. 설총열전에는 설총의 증조부에 대한 언급이 없고, 소성거사의 표기도 달랐음을 알 수 있는데,[31] 이에서 『삼국사기』 찬자가 일연이 참조한 전승자료와 별도의 전승자료를 참조하였음을 살필 수 있다. 한편 고선사서당화상비(高仙寺誓幢和尙碑)에 대력(大曆) 연간(年間; 766~780) 봄에 원효대사의 손자인 한림(翰林) 중업(仲業)이 일본에 사신으로 가자, 일본의 상재(上宰)가 중업이 원효대사의 현손(賢孫)인 것을 알고 매우 기뻐하였다는 내용이 전한다. 또한 『속일본기(續日

---

31) 설총열전에서는 小性居士라고 표기하였다.

本紀)』권36 광인천황(光仁天皇) 보구(寶龜) 11년(780) 정월조에 김유신의 후손 김암(金巖) 등과 함께 대판관(大判官) 나마(奈麻) 살중업〔薩仲業; 설중업(薛仲業)〕이 신라 사신단의 일원으로 일본에 파견되었다고 전하고 있다.

설판관의 이름을 알지 못한다고 기술한 것에서 『삼국사기』 찬자가 고선사서당화상비를 보지 못하였음을 살필 수 있다. 고려 중기까지 일본 진인(眞人), 즉 상재(上宰)가 지어서 중업에게 준 시(詩)와 그 서문(序文)이 전하였는데, 『삼국사기』 찬자는 이것들과 관련된 이야기를 '세전(世傳)'이라고 표현하고, 진인이 지은 시의 서문만을 설총열전에 소개하였던 것이다. 화왕계에 얽힌 일화의 원전은 정확하게 고구하기 어렵다. 다만 김대문의 『계림잡전』에서 여러 가지 설화와 일화를 소개하였을 가능성이 높다는 점을 감안하건대, 화왕계에 얽힌 일화 역시 『계림잡전』에 소개되어 있었을 가능성을 완전히 배제할 수 없다는 것이 필자의 판단이다.

『삼국사기』 찬자는 설총열전의 말미에 최승우(崔承祐), 최언위(崔彦撝), 김대문(金大問)에 관한 간략한 전기(傳記)를 부기(附記)하였다. 전기의 내용은 이들의 간략한 이력 및 저술을 소개한 것으로 이루어졌다. 이와 더불어 박인범(朴仁範), 원걸(元傑), 거인(巨仁), 김운경(金雲卿), 김수훈(金垂訓) 등이 겨우 글이 전하는 것이 있으나 역사에서 행적을 잃었으므로 전기를 세우지 못한다고 언급하였다. 이들 가운데 거인에 관한 일화가 신라본기 진성왕 2년 2월 기록에 전하지만, 『삼국사기』 찬자는 열전에 이 기록에 전하는 내용에 대해 전혀 언급하지 않았다. 『삼국사기』 찬자가 신라 인물의 경우, 원칙적으로 신라본기에 전하는 기록을 전거로 삼아 열전에 입전(立傳)하지 않는다는 원칙을 고수하였음을 이를 통해서도 다시금 확인할 수 있다. 마찬가지로 신라 인물의 경우, 그의 행적을 정리한 전승자료가 존재하지 않은 경우에는 전기를 세우지 않았음을 새삼 상기할 수 있음은 물론이다.

최치원열전은 4단락으로 구분할 수 있다. 첫 번째 단락은 최치원의 자(字)와 출신(出身) 부(部), 성품 및 도당유학(渡唐留學)과 빈공과(賓貢科) 급제, 그 이후의 이력과 행적을 소개한 부분이다. 숭복사비(崇福寺碑)에서 최치원의 아버지 이름이 견일(肩逸)이라고 밝혔다.『삼국사기』찬자는 숭복사비를 보지 않아 아버지의 이름을 모른다고 서술하였다고 이해할 수 있다. 한편 첫 번째 단락에서 893년 이후에 최치원이 당에 사신으로 파견되었으나 그 시기를 알 수 없다고 언급하면서, 실제로 최치원이 당나라에 사신으로 파견되었음을 입증할 수 있는 증거자료로서 최치원이 지은 상태사시중장(上太師侍中狀)의 전문을 인용하여 제시한 점이 유의된다.[32]『삼국사기』찬자는 태사시중(太師侍中)이 누구인가를 알 수 없다고 언급하였는데, 현재 895년 8월 이후 최치원이 상태사시중상을 찬술하였고, 태사시중은 이극용(李克用)이었음이 확인되었다.[33]『삼국사기』찬자가 상태사시중상이 실린 전승자료가 무엇인지를 밝히지 않았기 때문에 현재로서 이것이 실린 문헌을 고구(考究)할 수 없다. 신라본기 진성왕 8년(894) 2월 기록에 최치원이 시무 10여 조를 올리자, 왕이 기꺼이 그것을 받아들이고 최치원을 아찬으로 삼았다고 전하나, 최치원열전에는 이에 관한 언급이 보이지 않는다. 이로 보아,『삼국사기』찬자는 최치원의 행적을 간략하게 정리한 전승자료를 기초로 하여 첫 번째 단락을

---

32) 신라본기 진성왕 7년 기록에 '遣兵部侍郎金處誨 如唐納旌節 沒於海'라고 전하고, 최치원 열전에 '唐昭宗景福二年 納旌節使兵部侍郎金處誨沒於海'라고 전한다.『삼국사기』본기의 찬자가 신라본기를 찬술할 때에 후자의 기록을 인용하여 첨입하였을 가능성이 높다고 판단된다.

33) 장일규, 2008『최치원의 사회사상 연구』, 신서원, 429쪽.

찬술하였을 가능성이 높다고 판단된다.

　두 번째 단락은 최치원이 관직에서 물러난 이후에 유유자적(悠悠自適)하며 생활한 사실과 경주 남산을 비롯하여 그가 유오(遊娛)하던 장소, 말년에 해인사(海印寺)에 숨어 살면서 친형인 승려 현준(賢俊) 및 정현사(定玄師)와 교류하며 생을 마감한 사실 등을 소개한 부분이다. 세 번째 단락은 강동(江東)의 시인 나은(羅隱)이 최치원이 문재(文才)가 있음을 인정하고 교류한 사실, 최치원과 같은 해에 과거에 합격한 고운(顧雲)과 친하게 지낸 사실 및 고운이 최치원에게 지어 준 송별시를 소개한 내용, 『신당서』예문지(藝文志)에 전하는 최치원에 관한 기록을 그대로 인용한 내용, 문집 30권이 전하고 있다는 사실 등에 관해 기술한 부분이다. 여기에서 『삼국사기』찬자는 최치원의 글이 중국인들에게도 널리 인정받았음을 강조하려고 의도한 것으로 이해된다. 네 번째 단락은 최치원이 고려 태조에게 편지를 보내 문안을 드렸다는 사실과 그의 제자들이 개국 초기에 적지 않게 등용된 사실, 그리고 고려 현종이 최치원에게 내사령(內史令)이란 관직과 문창후(文昌侯)라는 시호를 추증한 사실을 언급한 내용으로 구성되었다. 『삼국사기』찬자는 최치원의 행적을 정리한 전승자료, 상태사시중상, 고운이 지은 송별시(送別詩), 『신당서』예문지, 최치원과 관련된 여러 사항을 기술한 전승자료 등을 두루 참조하여 최치원열전을 찬술하였다고 볼 수 있는데, 『삼국사기』열전 가운데 찬자의 편찬 태도와 그 과정을 가장 적실하게 엿볼 수 있는 사례로서 주목된다고 하겠다.

　마지막으로 장보고열전은 『삼국사기』찬자가 두목(杜牧)이 지은 장보고정년전(張保皐鄭年傳)을 인용하여 찬술하였음을 밝힌 경우에 해당한다. 그런데 장보고열전의 기록을 면밀히 조사하면, 두목의 『번천문집(樊川文集)』에 실려 있는 장보고정년전의 기록 일부를 생략하고 인용하면서도『신당서』신라전에 전하는 장보고 관련 기록도 부분적으로 발췌하여 첨입하였을 뿐만 아니라[34] 일부 구절〔今謂之莞島〕은 찬자 자신이 직접 추가하여 보입(補入)하였음을 확인할 수 있다.『삼국사기』찬자는 두목의『번천문집』에 실린 장보고정년전이 신라전기(新羅傳記)에 전하는 것과 자못 다르다고 언급하였는데,『삼국사기』찬자가 열전을 찬술할 때에 신라본기와 김양열전 등에 전하는 장보고 관련 기록을 의식하면서도 적극 참조하지 않았음을 시사해주는 측면으로 유의된다고 하겠다.

한편『삼국유사』권제2 기이제2 신무대왕·염장·궁파조에 염장이 장보고를 살해한 내용이 자세하게 기술되어 있다. 고려 중기에 이와 같은 내용을 기술한 전승자료가 존재하였을 가능성이 높음에도 불구하고,『삼국사기』찬자가 신라본기 기록과 이러한 전승자료를 기초로 하여 열전에 장보고를 입전(立傳)하지 않고, 두목의『번천문집』과『신당서』신라전에 전하는 장보고 관련 기록을 토대로 입전한 이유는 중국측의 문헌에 장보고의 의용(義勇)이 중국인들에게 널리 칭송받았던 사실이 기술되어 있었던 것에서 찾을 수 있다. 이러한 추정은 김유신열전의 말미에 기술한 사론에서 '비록 을지문덕의 지략과 장보고의 의용이 있다고 할지라도 중국의 기록이 아니었던들 모두 없어져서 알지 못하였을 것이다.'라고 언급한 것을 통해 뒷받침할 수 있다. 최치원열전에서 중국에서 최치원의 명성이 자자했던 사실을 높이 평가한 것처럼, 비록 신라에서 반역자로 인식되어 고려인들에게 잊혀진 인물이었을 지라도 중국측의 문헌에 소개되어 칭송받은

---

34) 예를 들어 장보고열전에 전하는 '淸海新羅海路之要', '若與保皐所負何如', 宋祁曰 嗟乎 不以怨毒相甚 而先國家之憂 晉有祁奚 唐有汾陽·保皐 孰謂夷無人哉' 등은『신당서』신라전에서 인용한 대표적인 사례이다. 장보고열전의 전거자료와 立傳의 목적에 대한 자세한 내용은 윤재운, 2004 「『삼국사기』장보고열전에 보이는 장보고상」『신라문화제학술논문집』25가 참조된다.

장보고에 관한 전기를 『삼국사기』에 실어 그의 의용(義勇)을 후세의 전범으로 삼으려고 의도하지 않았을까 여겨진다.

이상에서 살핀 바에 따르면, 『삼국사기』 찬자는 설총열전은 김대문(金大問)의 『계림잡전』, 설총과 그의 아들 설중업(薛仲業) 관련 전승자료를 참조하여 찬술하였고, 최치원열전을 찬술할 때에 국내의 최치원 관련 전승자료와 상태사시중상, 고운의 송별시, 그리고 『신당서』 예문지에 전하는 최치원 관련 기록을 두루 참조하였다고 정리할 수 있다. 그리고 장보고열전은 두목(杜牧)의 『번천문집(樊川文集)』에 전하는 장보고정년전을 주요 저본으로 삼고, 『신당서』 신라전에 전하는 장보고 관련 기록을 참조하여 찬술하였음을 확인할 수 있다. 세 사람의 열전을 통해 『삼국사기』 찬자가 국내의 전승자료가 아니라 중국 문헌이나 사서에 신라 인물에 관한 기록이나 전기가 존재하는 경우, 그것을 열전의 찬술에 적극 반영하였음을 엿볼 수 있는데, 이와 같은 편찬 태도는 을지문덕, 흑치상지와 같은 고구려·백제 인물을 열전에 입전한 사실을 통해서도 뒷받침할 수 있다. 한편 금석문에 열전에 기록된 인물에 대한 정보가 전함에도 불구하고 『삼국사기』 열전의 찬자들은 그와 같은 자료를 적극 취합하여 열전의 찬술에 활용하지 않았는데, 그들이 문헌에 전하는 전승자료를 중심으로 열전을 찬술하였음을 시사해주는 측면으로서 유의된다고 하겠다.

3장

고구려·백제 인물 열전의 원전과 찬술

1. 온달·도미·계백열전의 원전과 성격

온달과 도미는 열전 이외의 다른 『삼국사기』 기록에 보이지 않는다. 물론 『삼국유사』와 중국 사서에서도 이들에 관한 기록을 찾을 수 없다. 따라서 온달과 도미열전의 원전은 이들의 행적을 정리한 전승자료였다고 이해할 수밖에 없다. 『삼국사기』 백제본기에서 아차성(阿且城)이라는 표현은 책계왕 즉위년과 개로왕 21년 9월 기록에서만 찾을 수 있다. 현재의 서울시 광진구에 위치한 아차산성에서 '북한산(北漢山)', '북한산성(北漢山城)' 등의 명문이 새겨진 기와편들이 발견되었다.[1] 신라에서 아차산성을 북한산성이라고 불렀음을 알려주는 증거이다. 그런데 백제본기 개

---

1) 윤성호, 2019 「아차산성 출토 명문기와를 통해 본 신라 하대의 북한산성」 『한국사학보』 74, 297~306쪽.

루왕 5년 2월과 비류왕 24년 9월, 개로왕 15년 9월 기록에 북한산성(北漢山城) 또는 북한성(北漢城)이라는 표현이 보이고 있음을 살필 수 있다.[2] 백제에서 아차산성을 북한산성이라고 불렀을 가능성은 적고, 당시에는 아차성이라고 불렀으나, 통일신라시대 사람들이 본래 아차성이라고 기술되어 있었던 것을 북한산성 또는 북한성으로 개서한 것으로 이해된다. 구체적으로 김대문이 『한산기(漢山記)』를 찬술하면서 아차성을 북한산성으로 개서하였을 가능성이 높고, 『구삼국사』 찬자가 이것을 그대로 수용하였으며, 『삼국사기』 찬자는 이것을 그대로 인용하였던 것으로 이해된다.[3] 이에 따른다면, 아차성이라는 표현이 보이는 기록의 원전은 『구삼국사』 백제 기록이 아니라, 이것과 별개의 전승자료라고 봄이 합리적일 것이다.

이와 같은 추정은 책계왕 즉위년조에 '대방왕(帶方王)'이라는 표현이 보이는 것을 통해서도 뒷받침할 수 있다.[4] 백제본기 고이왕 13년 8월 기록에 낙랑태수(樂浪太守)와 더불어 삭방태수(朔方太守)란 표현이 보이는데,[5] 이것은 대방태수를 가리키는 것이다. 이외에 백제본기의 다른 기록에서 낙랑태수란 표현을 더 발견할 수 있다.[6] 이를 통해 백제본기의 원전인 『구삼국사』 백제 기록에서 한군현의 지배자를 낙랑태수, 대방태수

---

2) 築北漢山城(『삼국사기』 백제본기제1 개루왕 5년 봄 2월); 內臣佐平優福據北漢城叛 王發兵討之(『삼국사기』 백제본기제2 비류왕 24년 9월); 葺雙峴城 設大柵於靑木嶺 分北漢山城士卒 成之(『삼국사기』 백제본기제3 개로왕 15년 겨울 10월).

3) 전덕재, 2018 『삼국사기 본기의 원전과 편찬』, 주류성, 436~441쪽.

4) 高句麗伐帶方 帶方請救於我. 先是 王娶帶方王女寶菓爲夫人. 故曰 帶方我舅甥之國 不可不副其請. 遂出師救之 高句麗怨 王慮其侵寇 修阿且城·蛇蛇城 備之(『삼국사기』 백제본기제2 책계왕 즉위년).

5) 魏幽州刺史毌丘儉與樂浪太守劉茂·朔方太守王遵伐高句麗 王乘虛 遣左將眞忠 襲取樂浪邊民 茂聞之怒 王恐見侵討 還其民口(『삼국사기』 백제본기제2 고이왕 13년 가을 8월).

6) 백제본기 온조왕 8년 7월과 분서왕 7년 10월 기록에 낙랑태수란 표현이 전하고 있다.

라고 표기하였음을 엿볼 수 있다. 그런데 책계왕 즉위년조에서만 대방태수가 아니라 대방왕이라고 표기하였으므로, 이것의 원전과 백제본기 기록의 전거자료가 달랐다고 이해하는 것이 합리적이다. 백제본기 기록의 원전이 『구삼국사』 백제 기록이었다고 이해되기 때문에 결과적으로 책계왕 즉위년조는 『삼국사기』 찬자가 당시 전승된 고기류에 전하는 기록에서 인용하였다고 볼 수 있을 것이다.

한편 백제본기 개로왕 21년 9월 기록은 크게 두 개의 단락으로 나눌 수 있다. 첫 번째 단락은 고구려 장수왕이 백제의 한성(漢城)을 공격하여 함락시켰다고 전하는 부분이고, 두 번째 단락은 고구려 장수왕이 도림(道琳)을 백제왕 근개루(近蓋婁)에게 보내 토목공사를 자주 하게 하여 백제 백성들을 곤핍하게 만든 다음. 백제 북성(北城)과 남성(南城)을 공격하여 함락시키고 근개루(近蓋婁)를 아차성(阿且城) 아래에서 죽였다는 내용이다. 두 번째 단락에서 개로왕을 근개루로 표현한 것으로 보아, 첫 번째 단락과 그 원전이 달랐음을 추론할 수 있다. 『구삼국사』 백제 기록에서 개로왕(蓋鹵王)이라고 표기하였을 가능성이 높은 점을 염두에 둔다면, 개로왕을 근개루(近蓋婁)라고 표기한 두 번째 단락은 『삼국사기』 찬자가 『구삼국사』와는 별도의 전승자료에서 인용하여 첨입하였다고 이해하는 것이 합리적이라고 볼 수 있다.[7]

그런데 온달열전에서 온달이 죽은 곳이 아단성(阿旦城)이라고 전하여 주목된다. 아단성은 아차성(阿且城)을 전사(轉寫)하는 과정에서 생긴 착오로 보이고, 동일한 성을 가리킨다고 이해하는 것이 합리적이라고 판단

---

7) 高寬敏, 1996 『三國史記の原典的研究』, 雄山閣, 24~25쪽에서 첫 번째 단락은 『구삼국사』에 전하는 기사, 두 번째 단락의 기사는 백제본기의 보조원전으로 활용된 古記에 전하는 기사였다고 이해하였다.

된다.[8] 그런데 아차성이라는 표현이 들어간 책계왕 즉위년조와 개로왕 21년 9월 기록의 두 번째 단락의 원전이 『구삼국사』가 아니라 이것과 별도의 전승자료, 즉 고려 중기까지 전해진 고기(古記)였음을 살핀 바 있다. 온달열전의 원전 역시 『구삼국사』 찬자가 전혀 활용하지 않은 고기의 하나였고, 『삼국사기』 찬자가 이것을 기초로 하여 온달열전을 찬술하였다고 이해할 수 있을 것이다.[9] 온달열전에서 영양왕(嬰陽王)을 양강왕(陽岡王; 양원왕), 북제(北齊) 무제(武帝)를 후주(後周; 북주) 무제로 잘못 기술하였음을 확인할 수 있는데,[10] 고기로 전해지는 과정에서 역사적 사건과 인물에 대한 서술에서 오류가 생긴 것으로 짐작된다.

도미열전에 개루왕(蓋婁王)이 보인다. 일반적으로 개루왕은 개로왕을 가리키는 것으로 이해하고 있다.[11] 백제본기 개로왕(蓋鹵王) 즉위년조에서 개로왕을 혹은 근개루(近蓋婁)라고도 하였다고 전한다. 『일본서기』에서 근초고왕(近肖古王)과 근구수왕(近仇首王)을 초고왕(肖古王; 속고왕(速古王)], 귀수왕(貴首王)이라고 표기하였음을 염두에 둔다면, 근개루왕을 개루왕이라고 표현하는 것이 전혀 이상하다고 보기 어렵다. 앞에서 개로왕을 근개루라고 전하는 백제본기 개로왕 21년 9월 기록의 두 번째 단락의 원전이 『구삼국사』 찬자가 참조하지 않은 고기였음을 살핀

---

8) 전상우, 2018 「6세기 후반 고구려의 대외정책 변화와 신라 아단성 공격」 『한국고대사연구』 89, 194~195쪽.

9) 『삼국사기』 잡지제1 제사조에 '又云 高句麗常以三月三日 會獵樂浪之丘 獲猪鹿 祭天及山川'이라고 전하는데, 이것은 온달열전의 원전인 고기에 전하는 기록(高句麗常以春三月三日 會獵樂浪之丘 以所獲猪鹿 祭天及山川神)을 거의 그대로 인용한 것으로 이해된다.

10) 정구복 외, 2012 『개정증보 역주 삼국사기』 4(주석편하), 한국학중앙연구원출판부, 769 ~770쪽.

11) 양기석, 1986 「『삼국사기』 도미열전 소고」 『이원순교수화갑기념사학논총』, 교학사, 4~6쪽. 한편 박대재, 2007 「『三國史記』 都彌傳의 世界-2세기 백제사회의 계층분화와 관련하여-」 『선사와 고대』 27에서는 개루왕을 초고왕의 아버지로서 2세기에 즉위한 개루왕이라고 이해하는 견해를 제기하기도 하였다.

바 있다. 마찬가지로 개로왕을 개루왕이라고 전하는 도미열전의 원전 역시『구삼국사』찬자가 참조하지 않은 고기의 하나였고,『삼국사기』찬자가 이것을 기초로 하여 도미열전을 찬술하였다고 이해할 수 있지 않을까 한다.

계백에 관한 기사는 신라본기 태종무열왕 7년 7월 7일과 백제본기 의자왕 20년 기록, 그리고 관창열전과 김영윤열전에 전한다. 그런데 신라본기와 백제본기에서는 '堦伯'이라고 표기하였고, 관창열전과 김영윤열전, 계백열전에서는 '階伯'이라고 표기하여 차이를 보인다. 여기다가 계백이 황산벌에 나가기 전에 가족을 모두 죽인 사실과 계백이 백제 병사들에게 각자 용기를 다하여 싸워 이겨 국은(國恩)에 보답하자고 역설한 내용은 다른 기록에 전하지 않는다. 이와 같은 측면들을 고려하건대, 계백열전의 원전은『구삼국사』찬자가 신라와 백제 기록을 찬술할 때에 전혀 참조하지 않은 전승자료였다고 봄이 합리적이다. 도미열전의 원전과 마찬가지로 계백열전의 원전 역시 고기의 형태로 전승되다가『삼국사기』찬자가 이를 기초로 계백열전을 찬술하였다고 짐작된다.

2. 고구려본기가 원전인 인물 열전의 찬술

을파소열전의 원전은 고구려본기 고국천왕 12년 9월, 13년 4월과 10월, 산상왕 7년 8월 기록이다. 을파소열전에서 고국천왕(故國川王)을 국천왕(國川王)이라고 표기하였고, 어비류(於界留)와 좌가려(左可慮) 자식의 악행(惡行) 및 이들과 4연나(四椽那)가 반란을 일으켰다가 진압된 사실을 전하는 고국천왕 12년 9월과 13년 4월 기록의 앞부분을[12] '沛者

於畀留評者左可慮等 皆以外戚擅權 多行不義 國人怨憤. 王怒欲誅之 左可慮等謀反 王誅竄之'라고 압축하여 기술하였음을 살필 수 있다. 그리고 고국천왕 13년 4월 기록의 '遂下令曰' 이하의 기사 및 10월 기록을 단지 '冬十月'만을 생략하고 그대로 인용한 다음, 마지막에 산상왕 7년 8월 기록에 전하는 을파소 사망 관련 기사를 그대로 전재하였음을 확인할 수 있다. 결국『삼국사기』찬자는 을파소의 등용 배경이 된 사건에 대해 기술한 고구려본기의 기록을 간략하게 요약하여 제시한 다음, 을파소에 관해 기술한 고구려본기의 기록을 그대로 전재(轉載)하여 을파소열전을 찬술하였다고 정리할 수 있다.

밀우·유유열전의 원전은 고구려본기 동천왕 20년 8월과 10월 기록이다. 8월 기록은 위나라 유주자사(幽州刺史) 관구검(毋丘儉)이 위군(魏軍)을 이끌고 고구려를 침략하여 맞서던 고구려군을 크게 물리쳤다는 내용이고, 10월 기록은 관구검이 환도성(丸都城)을 공격하여 함락시키고 사람들을 죽인 다음, 장군 왕기(王頎)를 보내 동천왕을 쫓게 하자, 동천왕이 남옥저를 거쳐 북옥저까지 도망갔다가 위기를 넘겼다는 내용이다. 이때 밀우가 동천왕을 위해 자신을 희생하였고, 유유는 위나라 장수를 죽여 고구려가 위군을 무찌르는 데에 크게 기여한 바 있었다.『삼국사기』 찬자는 동천왕 20년 8월과 10월 기록에 전하는 관구검이 고구려를 침략하여 마침내 환도성을 함락시켰다는 사실을 앞부분에서 간략하게 압축하여 제시하고〔東川王二十年 魏幽州刺史毋丘儉 將兵來侵 陷丸都城〕, 이어 밀우와 유유의 활약상에 대해 기술한 10월 기록을 거의 그대로 전

---

12) 十二年 秋九月 中畏大夫沛者於畀留·評者左可慮 皆以王后親戚 執國權柄. 其子弟幷恃勢驕侈 掠人子女 奪人田宅 國人怨憤. 王聞之 怒欲誅之, 左可慮等與四椽那謀叛. 十三年 夏四月 左可慮等聚衆攻王都 王徵畿內兵馬 平之(『삼국사기』고구려본기제4 고국천왕).

재하여 밀우·유유열전을 찬술하였음을 살필 수 있다.

창조리열전의 원전은 고구려본기 봉상왕 3년 9월, 5년 8월, 9년 정월 기록이다. 봉상왕 3년 9월 기록에 '남부(南部) 대사자(大使者) 창조리(倉助利)를 국상(國相)에 임명하고, 관계(官階)를 올려 대주부(大主簿)로 삼았다.'고 전하는 것을 창조리열전에서는 단지 '봉상왕 때에 국상에 임명되었다〔烽上王時 爲國相〕'고 간략하게 기술하였다. 또한 봉상왕 3년 8월 기록에 '慕容廆來侵 至故國原見西川王墓 使人發之 役者有暴死者 亦聞壙內有樂聲 恐有神乃引退'라고 전하는 것을 창조리열전에서는 '時 慕容廆爲邊患'이라고 매우 간략하게 표현하였음을 살필 수 있다. 『삼국사기』 찬자는 8월 기록의 '恐有神乃引退' 이후에 전하는 기사 및 봉상왕 9년 8월 기록을 창조리열전에 인용하였는데, 두 기록을 비교한 결과, 일부 구절을 생략하거나 또는 일부 표현이나 글자를 개서하였음을 확인할 수 있다.[13] 이러한 측면은 『삼국사기』 찬자가 을파소열전과 밀우·유유열전을 찬술하면서 고구려본기의 기록을 그대로 전재한 것과 대비되는 창조리열전의 특징적인 면모로서 유의된다고 하겠다.

명림답부열전 역시 고구려본기에 전하는 기록이 원전인데, 『삼국사기』 찬자가 고구려본기에 전하는 기록 가운데 일부 내용만을 인용하여 찬술한 사례로서 주목된다. 고구려본기 차대왕 20년 10월과 신대왕 즉위

---

13) 고구려본기 봉상왕 5년 8월 기록에 '慕容氏兵馬精强', '相國倉助利對曰', '王以高奴子爲新城太守', '善政有威聲 慕容廆不復來寇'라고 전하는 것을 창조리열전에서는 '慕容氏兵强', '倉助利對曰', '王以爲新城太守', '慕容廆不復來'로 개서하였음이 확인된다. 또한 봉상왕 9년 8월 기록에 '王發國內男女年十五已上', '驅饑餓之人', '今國相盖欲謗寡人', '冀無復言', '且畏及害 退與羣臣同謀 廢之. 迎乙弗爲王 王知不免 自經 二子亦從而死'라고 기술되어 있는 것을 창조리열전에서는 '王發國內丁男年十五已上', '驅飢餓之人', '今相國盖欲謗寡人', '冀無後言', '退與羣臣謀廢之. 王知不免 自縊'로 개서하였음을 살필 수 있다. 한편, 미천왕 즉위년조에 300년 9월에 창조리가 侯山 북쪽으로 사냥나간 봉상왕을 폐하여 별실에 가두어 두고 군사로 주위를 지키게 하였다는 내용이 전하지만, 『삼국사기』 찬자는 창조리열전에서 이에 대해 전혀 언급하지 않았다.

년 기록에 연나(椽那) 조의(皂衣) 명림답부(明臨答夫)가 무도(無道)하여 폭정을 일삼은 차대왕(次大王)을 시해였다는 내용이 전한다. 또한 신대왕 2년 정월 기록에 명림답부를 국상으로 임명하고, 관계를 올려 패자(沛者)로 삼았으며, 중앙과 지방의 일을 관장하고 아울러 양맥부락(梁貊部落)을 통령(統領)하게 하였다고 전한다. 그리고 8년 11월 기록에 한나라 군대가 쳐들어오자, 명림답부의 건의를 받아들여 성을 굳게 지켜 대항하다가 마침내 한나라 군사가 굶주리고 돌아갈 때에 명림답부가 한군(漢軍)을 공격하여 크게 무찔렀다는 내용이 전하고, 그리고 15년 9월 기록에서 명림답부가 113세의 나이로 죽자, 질산(質山)에 장사지내고, 수묘(守墓) 20가(家)를 두었다고 하였다.

『삼국사기』 찬자는 명림답부가 신대왕 때에 국상에 임명되었다는 사실만을 간단하게 언급한 다음, 신대왕 8년 11월과 15년 9월 기록을 거의 그대로 전재하여 명림답부열전을 찬술하였음을 확인할 수 있다. 그런데 여기서 흥미로운 사실은 신대왕 8년 11월 기록에 단지 한나라가 대병을 이끌고 우리에게로 향하였다〔漢以大兵嚮我〕고 전하는 것을 명림답부열전에서는 '한(漢)의 현토군태수(玄菟郡太守) 경림(耿臨)이 대병(大兵)을 이끌고 우리를 공격하였다〔漢玄菟郡太守耿臨發大兵欲攻我〕'고 개서(改書)하였다는 점이다. 고구려본기 신대왕 4년 기록에 '한나라 현토태수 경림이 침략해와서 우리 군사 수백 명을 죽였다.'고 전한다.[14] 『삼국사기』 찬자는 신대왕 8년 11월에 고구려를 침략한 한나라 군대를 신대왕 4년에 고구려를 침략한 한나라 현토군태수 경림이 이끄는 군대라고 생각

---

14) 漢玄菟郡太守耿臨來侵 殺我軍數百人. 王自降乞屬玄菟(『삼국사기』 고구려본기제4 신대왕 4년). 이 기록의 원전은 『후한서』 고구려전에 전하는 기록〔建寧 二年 玄菟太守耿臨討之 斬首數百級 伯固降服 乞屬玄菟云〕이다.

하여, 명림답부열전에 위와 같이 기술한 것으로 이해된다.[15]

그런데 『삼국사기』 찬자는 명림답부열전에서 명림답부가 차대왕을 시해하였다는 사실을 전혀 언급하지 않았음을 확인할 수 있다. 『삼국사기』 찬자는 명림답부가 죽자, 신대왕이 스스로 애통해 하며 7일 동안 정사를 돌보지 않았을 뿐만 아니라 마침내 질산에 예로써 장사지내고 수묘 20가를 두었다는 사실을 주목하여 그를 역신(逆臣)이 아니라 충신(忠臣) 또는 현상(賢相)으로 인식하여 그의 전기를 충신·현상편에 배치하면서 고의로 그가 차대왕을 시해하였다는 내용을 수록하지 않았다고 추론할 수 있지 않을까 한다. 명림답부열전은 『삼국사기』 찬자가 고구려본기의 기록을 전거로 삼으면서도 어떠한 태도로 열전을 찬술하였는가를 엿볼 수 있는 하나의 사례로서 유의된다고 하겠다.

3. 을지문덕·개소문·흑치상지열전의 원전과 찬술

을지문덕열전과 개소문열전은 고구려본기와 중국 사서의 기록을 전거로 삼아 찬술한 경우에 해당한다. 논지전개의 편의를 위해 을지문덕열전의 기록을 제시하면 다음과 같다.

乙支文德 (ㄱ) 未詳其世系 資沈鷙有智數 兼解屬文. (ㄴ) 隋開皇中 煬帝下詔征高句麗. (ㄷ) 於是 左翊衛大將軍宇文述出扶餘道 右翊衛大將軍于仲文出樂浪道 與九軍至鴨淥水 文德受王命 詣其營詐降 實欲觀其虛實. (ㄹ) 述與仲文 先奉密旨 若遇王及文德來則執之. …… 旣恃驟勝 又逼羣

---

15) 이홍직, 1971 「삼국사기 고구려인전의 검토」 『한국고대사의 연구』, 신구문화사, 251쪽.

議 逐進東 濟薩水 去平壤城三十里 因山爲營. (ㅁ) 文德遺仲文詩曰 神策
究天文 妙算窮地理 戰勝功旣高 知足願云止. 仲文答書諭之. (ㄹ) 文德又
遣使詐降 …… 初度遼 九軍三十萬五千人 及還至遼東城 唯二千七百人
(『삼국사기』 열전제4 을지문덕).

위의 기록에서 (ㄱ) 부분은 『삼국사기』 찬자가 직접 작문(作文)한 것이
다. (ㄴ) 부분은 찬자가 고구려본기 영양왕 22년 2월 기록을 그대로 전재
한 것인데, 다만 개황(開皇)은 문제 때의 연호이므로, 이것은 대업(大業)
의 오류라고 볼 수 있다. (ㄷ) 부분은 영양왕 23년 6월 기록 가운데 '左翊
衛大將軍宇文述 出扶餘道 …… 王遺大臣乙支文德 詣其營詐降 實欲
觀虛實'의 기사를 축약하여 간략하게 정리한 것에 해당한다.[16] (ㄹ)은 영
양왕 23년 6월과 7월 기록에서 일부는 생략하고, 일부는 표현을 개서하
여 인용한 부분이다.[17] (ㅁ)의 밑줄 친 부분은 '여우중문시(與于仲文詩)'
를 소개한 것인데, 고구려본기에 전하지 않기 때문에 『삼국사기』 찬자는
『수서』 권60 열전제25 우중문전에 전하는 것을 인용하여 제시하였다. 고
구려본기 영양왕 23년 6월과 7월 기록의 원전은 『자치통감(資治通鑑)』
권181 수기(隋紀)5 양제(煬帝) 대업 8년 6월과 7월 기록으로 확인된다.

---

16) (ㄷ)의 밑줄 친 부분은 『수서』 권61 열전제24 우문술전에서 인용한 것이다.

17) 예를 들어 영양왕 23년 6월과 7월 기록에서 '且仲文此行 固知無功. 何則 古之良將能成功
   者 軍中之事 決在一人. 今人各有心 何以勝敵. 時 帝以仲文有計畫 令諸軍諮稟節度 故有此
   言. 由是', '秋七月', '將軍天水王仁恭爲殿 擊我軍却之 來護兒聞述等敗 亦引還. 唯衛文昇
   一軍獨全'을 을지문덕열전에서는 생략하였고, 이 기록에 '若遇王及文德來者 必擒之', '仲文
   逐聽文德還 旣而悔之', '濟鴨綠水而去', '仲文議以精銳追文德', '將軍仗十萬之衆', '與諸將
   渡水追文德', '我軍四面鈔擊', '右屯衛將軍辛世雄戰死'로 전하는 것을 『삼국사기』 찬자가
   을지문덕열전을 찬술하면서, '若遇王及文德來則執之', '逐聽文德歸 深悔之', '逐濟鴨綠而
   歸', '仲文謂以精銳追文德', '將軍仗十萬兵', '度鴨綠水追之', '文德出軍 四面鈔擊之', '殺右
   屯衛將軍辛世雄'으로 개서하였음을 확인할 수 있다.

결과적으로 『삼국사기』 찬자는 고구려본기를 편찬하면서 『자치통감』의 기록을 그대로 전재한 다음, 고구려본기의 기록을 일부 문장을 생략하거나 일부는 표현을 개서하여 인용하고, 『수서』 우중문열전에 전하는 을지문덕의 '여우중문시'를 추가로 보입(補入)하여 을지문덕열전을 찬술하였다고 정리할 수 있다.[18]

을지문덕열전의 주요 원전은 고구려본기의 기록이지만, 개소문열전의 경우는 이와 사정이 약간 다르다. 『삼국사기』 찬자는 중국 사서 및 고구려본기에 전하는 개소문 관련 기록을 적절하게 편집하여 개소문열전을 찬술하였음이 확인되기 때문이다.

(ㄴ-㉠) 蓋蘇文〈或云蓋金〉 姓泉氏. 自云生水中 以惑衆. (ㄷ-㉠) 儀表雄偉 意氣豪逸. (ㄴ-㉡) 其父東部〈或云西部〉大人大對盧死 蓋蘇文當嗣 (a) 而國人以性忍暴 惡之 不得立. (b) 蘇文頓首謝衆 請攝職 如有不可 雖廢無悔. 衆哀之 遂許. 嗣位而凶殘不道, (ㄱ-㉠) 諸大人與王 密議欲誅 事洩. (ㄴ-㉢/ㄷ-㉡) 蘇文悉集部兵 若將校閱者 幷盛陳酒饌於城南 (ㄷ-㉢) 召諸大臣共臨視. (ㄴ-㉣) 賓至 盡殺之 凡百餘人. 馳入宮弑王 (ㄷ-㉣) 斷爲數段 棄之溝中. (ㄴ-㉤) 立王弟之子臧爲王 自爲莫離支 其官如唐兵部尙書兼中書令職也. (ㄷ-㉤) 於是 號令遠近 專制國事 (c) 甚有威嚴. 身佩五刀 左右莫敢仰視. 每上下馬 常令貴人武將伏地而履之. 出行必布隊伍 前導者長呼 則人皆奔迸 不避坑谷 國人甚苦之. (ㄹ-①-㉠) 唐

18) 종래에 이홍직, 1971 앞의 논문, 245쪽에서 고구려본기 영양왕 23년 기록은 『자치통감』의 글을 그대로 옮겨 놓은 것이며, 을지문덕전은 『隋書』의 우중문전과 우문술전에 의한 것임을 알 수 있다고 언급하였다. 『수서』 권60 열전제25 우중문전과 권61 열전제26 우문술전에 전하는 기록과 『자치통감』에 전하는 기록이 일치하는 경우가 적지 않았음을 살필 수 있지만, 그러나 『자치통감』 기록의 내용이 더 풍부하기 때문에 『수서』 우중문전과 우문술전의 기록이 『자치통감』 기록의 원전이었다고 보기 어렵다.

太宗聞蓋蘇文弑君而專國 欲伐之. 長孫無忌曰 蘇文自知罪大 畏大國之
討 設其守備. 陛下姑爲之隱忍 彼得以自安 愈肆其惡 然後取之 未晩也.
帝從之. (ㄹ-②) 蘇文告王曰 聞中國三敎並行 而國家道敎尙缺 請遣使於
唐求之. 王遂表請. 唐遣道士叔達等八人 兼賜道德經. 於是 取浮屠寺館
之. (ㄹ-①-ⓒ) 曾 新羅入唐 告百濟攻取我四十餘城 復與高句麗連兵 謀
絶入朝之路. (d) 小國不得已出師 伏乞天兵救援. …… 太宗曰 蓋蘇文弑
其君 賊其大臣 殘虐其民. 今又違我詔命 不可以不討. (ㅁ) 又遣使蔣儼諭
旨 蘇文竟不奉詔 乃以兵脅 使者不屈 遂囚之窟室中. (ㅂ) 於是 太宗大擧
兵親征之事 具句麗本紀. 蘇文至乾封元年死(『삼국사기』 열전제9 개소
문).

　위의 기록에서 (ㄱ)은 『구당서』 고려전, (ㄴ)은 『신당서』 고려전, (ㄷ)은
『자치통감』 권196 당기(唐紀)12 태종(太宗) 정관(貞觀) 16년 11월 기록,
(ㄹ-①)은 중국 사서에 전하는 기록이 원전인 고구려본기의 기록, (ㄹ-
②)는 고구려 자체의 전승자료에 전하는 기록이 원전인 고구려본기의 기
록, (ㅁ)은 『구당서』 권185상 열전제135 장엄전(蔣儼傳)에 전하는 기록
에서 인용한 것이다. 그리고 (ㅂ)은 『삼국사기』 찬자가 직접 작문(作文)한
부분이다.
　(ㄷ-㉠)의 경우, 『자치통감』에서는 '狀貌雄偉 意氣豪逸'이라고 기술하
였으나 개소문열전에서는 '儀表雄偉 意氣豪逸'이라고 개서하였다. 개소
문열전에서는 『신당서』 고려전의 기록을 인용하여 개소문이 동부대인(東
部大人)이라고 기술하면서도, 『구당서』 고려전 및 고구려본기 영류왕 25
년 정월 기록을 참조하여 세주(細注)로 '혹운서부(或云西部)'라고 밝혔
다. (ㄴ-ⓒ)의 밑줄 친 (a) 부분은 『신당서』 고려전의 '自云生水中以惑

衆 性忍暴. 父爲東部大人 大對盧死 蓋蘇文當嗣 國人惡之'에서 밑줄 친 부분만을 발췌하여 편집한 것이다. 그리고 (ㄴ-ⓒ)의 밑줄 친 (b) 부분은 『신당서』고려전의 '頓首謝衆 請攝職 有不可 雖廢無悔 衆哀之 遂嗣位 殘凶不道'를 약간 개서하여 인용한 것에 해당한다. (ㄱ-㉠)의 경우, 『구당서』고려전에 '諸大臣與建武 議欲誅之 事洩'로 전하는 것을 개소문열전에서는 '諸大人與王 密議欲誅 事洩'이라고 약간 개서하였다.

   (ㄴ-ⓜ)의 경우, 『신당서』고려전에 '更立建武弟之子藏爲王 自爲莫離支 專國 猶唐兵部尙書·中書令職云'이라고 전하는 것을 개소문열전에서는 '立王弟之子藏爲王 自爲莫離支 其官如唐兵部尙書兼中書令職也'라고 약간 개서하여 서술하였고, (ㄷ-ⓜ)의 (c)의 밑줄 친 부분〔甚有威嚴〕은 『자치통감』에 '狀貌雄偉 意氣豪逸'이라고 전하는 것을 약간 편집하여 서술한 사례에 해당한다. (ㄹ-①-㉠)은 고구려본기 보장왕 2년 윤6월 기록을 일부 내용을 축약하고, 일부 표현을 개서하여 서술한 것인데, 고구려본기 기록의 원전은 『자치통감』권197 당기13 태종 정관 17년 윤6월 기록이다. 그리고 (ㄹ-①-ⓒ)은 고구려본기 보장왕 2년 9월과 3년 정월 기록을 인용한 것인데, 이 기록의 원전은 『자치통감』권197 당기 13 태종 정관 17년 9월과 18년 정월 기록이 원전이다. 다만 (ㄹ-①-ⓒ)의 밑줄 친 (d) 부분〔小國不得已出師〕은 고구려본기 기록에 전하지 않고, 『삼국사기』찬자가 직접 작문하여 보입(補入)한 것에 해당한다. (ㄹ-②)는 고구려본기 보장왕 2년 3월 기록을 약간 축약하고 일부 표현을 개서하여 인용한 것인데, 고구려본기의 기록은 중국 사서에 전하지 않기 때문에 고구려 자체의 전승자료에 전하는 기록이 원전인 것으로 이해된다. 『삼국사기』찬자는 645년에 당 태종이 고구려를 정벌하였다가 실패한 이야기는 고구려본기에 자세히 전한다고 언급한 다음, 『자치통감』을 비롯한

중국 사서에 전하는 것을 참조하여 개소문이 건봉(乾封) 원년(666)에 사
망하였다고 서술하였다.[19]

   을파소와 창조리, 을지문덕의 경우와 달리 고구려본기에 개소문 관련
기록이 일목요연하게 전하지 않기 때문에『삼국사기』찬자는『자치통감』
과 고구려본기 기록을 주요 전거로 하면서도『구당서』와『신당서』고려
전,『구당서』권185상 열전제135 장엄전에 전하는 기록을 참조하여 개소
문열전을 찬술하였다고 정리할 수 있다.[20] 이에 반해 오직 중국 사서에
전하는 기록만을 전거로 삼아 찬술한 경우가 바로 흑치상지와 남생, 헌성
열전이다.『구당서』와『신당서』에 흑치상지 전기가 전하는데,『삼국사기』
찬자는 후자(권110 열전제35 제이번장(諸夷藩將) 흑치상지)에 전하는
기록을 부분적으로 발췌하여 흑치상지열전을 찬술하였음을 확인할 수 있
다. 대체로 백제에서 부흥운동을 전개한 사실 및 당나라에서 억울하게 죽
게 된 사연, 그리고 그의 올곧은 성품을 기술한 내용은 거의 그대로 전재
하고, 당나라에서의 활약상에 대해서는 거의 인용하지 않았음을 살필 수
있다. 한편 개소문의 아들 남생의 전기는『신당서』권110 열전제35 천남
생전(泉男生傳)이 원전인데,『삼국사기』찬자는 일부 문장을 생략하고,
일부 표현을 개서하여 인용하였음이 확인된다.[21]

---

19)『자치통감』권201 唐紀17에서 高宗 乾封 元年(666) 5월에 泉蓋蘇文이 사망하였다고 하였
   고,『구당서』권5 본기제5 고종(하)에서는 건봉 원년 6월에 막리지 개소문이 사망하였다
   고 하였다. 그리고『신당서』고려전에도 乾封 원년에 개소문이 죽었다고 전한다.

20) 황형주, 2002「『삼국사기·열전』찬술과정의 연구-자료적 원천의 탐색-」, 성균관대 박사
   학위논문, 49~52쪽에서는『삼국사기』찬자가『자치통감』과『신당서』고려전의 기록을 중
   심적인 자료로 삼고, 거기에『구당서』고려전과 장엄전의 개소문 관련 기록, 고구려본
   기의 도교 유입에 관한 기록을 취하여 개소문열전을 찬술하였다고 주장하였다.

21)『삼국사기』찬자는 남생의 전기를 찬술하면서『신당서』천남생전에 전하는 기록 가운데
   '詔所過州縣傳 舍作鼓吹 右羽林將軍李同 以飛騎仗廷寵', '使浮屠信城内間 引高麗鋭兵 潛',
   '齎手制金皿', '賜寶器宮侍女二馬八十 儀鳳二年 詔安撫遼東并置州縣招流冗 平歛賦罷力役
   民悦其寛', '帝為舉哀贈并州大都督 喪至都 詔五品以上官 哭之 謚曰襄勒 碑著功', '帝有之'

『삼국사기』찬자는『구당서』고려전에 전하는 헌성(獻誠)에 대한 전기와『신당서』권110 열전제35 천헌성전을 적절하게 편집하여 남생의 아들 헌성의 전기를 찬술하였다.

> 獻誠 (ㄴ) 天授中以右衛大將軍兼羽林衛. 武后嘗出金幣 (ㄱ) 於文武官內擇善射者五人 (ㄴ) 中者以賜之. (ㄱ) 內史張光輔先讓獻誠爲第一 獻誠後讓右王鈐衛大將軍薛吐摩支 摩支又讓獻誠. 旣而 (ㄴ) 獻誠奏曰 陛下擇善射者 然多非華人 臣恐唐官以射爲恥 不如罷之. 后嘉納. 來俊臣嘗求貨 獻誠不答. 乃誣其謀叛 縊殺之. 后後知其冤 贈右羽林衛大將軍 以禮改葬 (『삼국사기』열전제9 헌성).

(ㄱ)은『구당서』고려전에서, (ㄴ)은『신당서』천헌성전에서 인용한 것에 해당한다. 다만『신당서』천헌성전에 '然皆非華人'이라고 전하는 것을『삼국사기』찬자는 '然多非華人'이라고 약간 개서하여 인용하였다.『구당서』고려전에 '所得者多非漢官'이라고 전하는 것을 참조하여, 이와 같이 개서한 것으로 짐작된다. 흑치상지와 남생, 헌성열전은 주로 중국 사서에 전하는 기록만을 전거로 삼아 찬술한 것이 공통점인데,『삼국사기』찬자는 중국 사서의 기록 가운데 일부를 생략하고, 일부 표현을 약간 개서하여 인용하였음이 확인되고, 헌성열전의 경우는『구당서』와『신당서』에 전하는 기록을 적절하게 편집하여 찬술하기도 하였다.

등의 문장을 생략하였음을 알 수 있다. 또한『신당서』에 高藏이라고 전하는 것을 '王'으로 개서하는 한편, '與契丹靺鞨兵內附 遣子獻誠訴諸朝'를 '與契丹靺鞨兵附唐 遣子獻誠訴之'로 개서하였음이 확인된다.

4장

궁예·견훤열전의 원전과 찬술

1. 궁예열전의 원전과 그 성격

궁예열전의 기록은 궁예의 행적을 중심으로 정리한 것으로 볼 수 있는데, 여기에 전하는 기록 가운데 신라본기와 『고려사』 태조세가, 그리고 『고려사절요』에 전하는 기록과 관련이 있는 것이 적지 않음을 확인할 수 있다. 따라서 궁예열전의 원전 및 그 성격을 검토하기 위해서는 궁예열전의 기록과 신라본기 및 『고려사』 태조세가 등에 전하는 기록과의 비교 검토가 우선 요구된다고 할 수 있다.

진성왕 5년은 기년상으로 891년에 해당하고, 경복(景福) 원년 임자(任子)는 892년에 해당한다. 『삼국사기』 연표에서는 신해년(辛亥年), 즉 891년에 '궁예가 처음으로 일어나 도적에게 의탁하였다.'라고 기술하였다. 궁예가 북원적(北原賊) 양길(梁吉)에게 의탁한 사실을 연표에서 이

<표 1> 『삼국사기』 신라본기와 궁예열전의 기록 비교

번호		신라본기	궁예열전
I	①	〔진성왕 5년(891)〕冬十月 北原賊帥梁吉遣其佐弓裔 領百餘騎 襲北原東部落及溟州管內酒泉等十餘郡縣.	景福 元年 壬子(892) 投北原賊梁吉 吉善遇之 委任以事. 遂分兵 使東略地. 於是 出宿雉岳山石南寺 行襲酒泉奈城鬱烏御珍等縣 皆降之.
	②	〔진성왕 8년(894) 10월〕弓裔自北原入何瑟羅 衆至六百餘人 自稱將軍. 〔진성왕 9년〈895〉 8월〕弓裔擊取猪足狌川二郡 又破漢州管內夫若鐵圓等十餘郡縣.	乾寧 元年(894) 入溟州 有衆三千五百人 分爲十四隊······ 是以 衆心畏愛 推爲將軍. 於是 擊破猪足狌川夫若金城鐵圓等城 軍聲甚盛 浿西賊寇來降者衆多.
	③	〔효공왕 3년(899) 7월〕北原賊帥梁吉忌弓裔貳己 與國原等十餘城主謀攻之. 進軍於非惱城下 梁吉兵潰走.	(乾寧) 四年 丁巳(897) ······ 時 梁吉猶在北原 取國原等三十餘城有之. 聞善宗地廣民衆 大怒 欲以三十餘城勁兵襲之. 善宗潛認 先擊大敗之.

와 같이 표현한 것으로 이해된다.[1] 그런데 궁예열전에는 궁예가 북원적 양길에게 의탁한 것이 892년으로 전한다. 이와 더불어 신라본기에는 궁예가 891년 10월에 북원(北原) 동부(東部) 부락(部落) 및 명주(溟州) 관내의 주천(酒泉) 등 10여 군현을 습격하였다고 전함에 반하여 궁예열전에는 892년에 치악산 석남사(石南寺)에 머물면서 주천(酒泉)·나성(奈城)·울오(鬱烏)·어진(御珍) 등의 현을 습격하였다고 전하여 차이를 보인다.

진성왕 8년과 9년은 기년상으로 894년과 895년에, 건녕(乾寧) 원년은 894년에 해당한다. 그런데 궁예열전에서는 894년에 궁예가 그를 따르는 무리들의 추대로 장군(將軍)이 된 다음, 저족(猪足)·성천(狌川)·부약(夫若)·금성(金城)·철원(鐵圓) 등의 성을 공격하여 격파하였다고 전하는 반면, 신라본기에는 894년 10월에 궁예가 스스로 장군(將軍)이라고 칭하

---

1) 한편 『삼국유사』 권제1 왕력에 궁예가 大順 庚戌(890)에 처음으로 北原賊 良吉에게 投託하였다고 전한다.

고, 895년 8월에 궁예가 저족과 성천 2군을 공격하여 취하였으며, 또한 한주(漢州) 관내의 부약(夫若)·철원(鐵圓) 등의 성을 공격하여 격파하였다고 전한다. 한편 효공왕 3년은 기년상으로 899년에 해당하고, 건녕(乾寧) 4년은 897년에 해당한다. 그런데 신라본기에는 899년(효공왕 3) 7월에 양길이 비뇌성전투에서 패배하였다고 전하는 반면, 궁예열전에는 897년에 양길이 30여 성의 경병(勁兵)을 거느리고 궁예를 습격하자, 궁예가 미리 이를 알고 먼저 공격하여 크게 양길을 물리쳤다고 전한다.[2] 이처럼 신라본기와 궁예열전에 전하는 기록을 비교한 결과, 기년(紀年)이 서로 다르고, 서술 내용도 차이가 있음을 발견할 수 있다. 일반적으로 신라본기의 원전이 『구삼국사』 신라 기록이었다고 이해되고 있으므로, 궁예열전의 원전은 『구삼국사』와는 별도의 전승자료였다고 볼 수 있을 것이다.

그런데 궁예열전과 신라본기, 『고려사』 태조세가에 전하는 기록에서 기년이나 서술 내용이 서로 다른 사례를 여럿 발견할 수 있다. 대표적인 사례들을 제시하면 다음과 같다.

〈표 2〉 『삼국사기』 신라본기와 궁예열전, 『고려사』 태조세가 기록 비교

번호		신라본기	궁예열전	『고려사』 태조세가
II	①	(효공왕 4년(900) 10월) 國原菁(青)州槐壤賊帥淸吉莘萱等 擧城投於弓裔.	(光化) 三年 庚申(900) 又命太祖伐廣州忠州唐城青州〈或云青川〉槐壤等 皆平之. 以功授太祖阿湌之職.	(光化) 三年 庚申(900) 裔命太祖 伐廣忠青三州及唐城槐壤等郡縣 皆平之 以功授阿粲.
	②	(효공왕 9년(905) 7월) 弓裔移都於鐵圓.	天祐 二年 乙丑(905) 入新京 修葺觀闕樓臺 窮奢極侈. …… 善宗以強盛自矜 意欲并吞 令國人呼新羅爲滅都 凡自新羅來者 盡誅殺之.	天祐 二年 乙丑(905) 裔還都鐵圓. (天祐) 三年 丙寅(906) …… 裔以土地益廣 士馬漸强 意欲并吞新羅 呼爲滅都 自新羅來附者 並皆誅殺.

2) 종래에 신라본기와 궁예열전에 전하는 기록의 기년이 다른 사실에 주목하여 두 기록이 별개

효공왕 4년은 기년상으로 900년에 해당한다. 따라서 II-①의 신라본기, 궁예열전, 태조세가의 기록에 전하는 기년은 동일하다고 볼 수 있다. 신라본기에는 국원(國原), 청주(青州), 괴양(槐壤)의 도적 우두머리 청길(清吉)과 신훤(莘萱) 등이 성을 바쳐 궁예에게 투항하였다고 전한다. 그런데 이와 달리 궁예열전과 『고려사』 태조세가에는 궁예가 태조에게 명하여 광주(廣州)·청주(青州)·충주(忠州)·당성(唐城)·괴양(槐壤) 등(의 군현)을 공격하게 하여 평정하였다고 전한다. 다만 전자에서는 태조 왕건이 공으로 수여받은 관등이 아찬(阿湌)이라고 표기한 반면, 후자에서는 아찬(阿粲)이라고 표기하여서 차이를 보인다. 비록 아찬의 관등 표기가 다르다고 하더라도, 궁예열전과 『고려사』 태조세가 기록의 원전은 서로 계통이 같은 것이고, 이와는 달리 신라본기 기록의 원전, 즉 『구삼국사』 신라 기록과는 계통이 달랐다고 이해할 수 있다.

효공왕 8년과 9년은 기년상으로 904년, 905년에 해당하므로, 철원으로 천도한 사실에 대해서는 신라본기 및 궁예열전과 『고려사』 태조세가에 전하는 기록이 서로 통한다고 볼 수 있다. 다만 신라본기에는 궁예가 도읍을 철원으로 옮겼다고 전하는 반면, 궁예열전에는 '새 수도로 들어가 대궐(大闕)과 누대(樓臺)를 수리하였는데, 극히 사치스럽게 하였다.'고 전하고, 『고려사』 태조세가에는 '궁예가 다시 철원을 도읍으로 삼았다.'고 전하여서 세 기록의 서술 내용이 편차가 있음을 발견할 수 있다. 한편 신라본기에는 궁예가 신라를 멸도(滅都)라고 부르게 하였다는 언급이 전하지 않고, 궁예열전에는 905년에, 『고려사』 태조세가에는 천우(天佑) 3년

의 전투를 전하는 것으로 이해한 견해가 제기되었다(이재범, 2007 『후삼국시대 궁예정권 연구』, 혜안, 68~71쪽). 그러나 현재 두 기록은 동일한 사건에 대하여 기술한 것으로 이해하는 것이 일반적이다(이도학, 2015 『후삼국시대 전쟁 연구』, 주류성, 89~95쪽; 홍창우, 2017 「『삼국사기』 후고구려·태봉 관련 기록의 계통 검토」 『한국고대사탐구』 27, 377~378쪽).

병인(906)에 그렇게 하였다고 전하여 차이를 보인다. II-②의 신라본기, 궁예열전, 태조세가의 기록을 서로 비교하여 검토한 바에 따른다면, 신라 본기와 궁예열전, 『고려사』 세가의 원전이 각기 서로 달랐다고 말하여도 이견이 없을 것이다.

궁예열전에 주량(朱梁) 건화(乾化) 원년 신미(911)에 '태조로 하여금 군사를 거느리고 금성(錦城) 등을 치게 하였다. 금성을 나주(羅州)로 개 칭하고, 그 공을 논하여 태조를 대아찬(大阿飡) 장군(將軍)으로 삼았다.' 고 전한다. 그런데 『고려사』 태조세가에는 '천복(天復) 3년 계해(903) 3월 에 (태조가) 수군(水軍; 주사(舟師))을 거느리고 서해로부터 광주(光州) 경계에 다다라 금성군(錦城郡)을 공격하여 함락시키고, 10여 군현을 쳐 서 취하였다. 이로 인하여 금성을 나주로 개칭하였다. …… 좌우의 신하 가 (태조를) 주목하게 되었고, 궁예도 역시 기특하게 여겨 관계(官階)를 올려 알찬(閼粲; 아찬)으로 삼았다.'고 전한다. 그리고 '양(梁) 개평(開 平) 3년 기사(909)에 태조는 궁예가 날로 교만하고 포악해지는 것을 보 고 변방(곤외(閫外))에 뜻을 두었다. 때마침 궁예가 나주가 걱정이 된다 고 하여 드디어 태조에게 가서 지키도록 명령하고 관계를 올려 한찬(韓 粲; 대아찬) 해군대장군(海軍大將軍)으로 삼았다.'고 전한다.

궁예열전에는 금성(錦城)을 차지하여 나주(羅州)로 개칭한 시기가 911 년이라고 전함에 반하여 『고려사』 태조세가에는 903년 3월이라고 전하여 차이를 보였으며, 또한 『고려사』 태조세가에서 903년에 궁예가 태조에게 알찬(閼粲; 아찬)의 관계를 수여하였다가 909년에 관계를 올려 한찬(韓 粲; 대아찬) 해군대장군(海軍大將軍)으로 삼았다고 하였으나, 궁예열전 에서는 911년에 태조를 대아찬(大阿飡; 한찬(韓飡)) 장군(將軍)으로 삼 았다고 하여, 두 자료에 전하는 정보가 달랐음을 확인할 수 있다. 나주와 관련된 기록의 비교를 통해서도 궁예열전과 『고려사』 태조세가의 원전이 달랐음을 다시금 상기할 수 있음은 물론이다. 궁예열전과 『고려사』 태조세가의 원전이 달랐다는 사실을 왕창근(王昌瑾) 관련 기록의 비교를 통해서도 뒷받침할 수 있다.

〈표 3〉 『삼국사기』 궁예열전과 『고려사』 태조세가에 전하는 왕창근(王昌瑾) 관련 기록의 비교

궁예열전	『고려사』 권1 세가1 태조 정명(貞明) 4년
先是 有商客王昌瑾 自唐來寓鐵圓市廛. 至貞明四年戊寅 於市中見一人 (ㄱ) 狀貌魁偉 鬢髮盡白. 着古衣冠 左手持瓷椀 右手持古鏡. 謂昌瑾曰 能買我鏡乎. (ㄴ) 昌瑾卽以米換之 其人以米俵街巷乞兒而後不知去處. 昌瑾懸其鏡於壁上 日映鏡面 有細字書. 讀之 (ㄷ) 若古詩. 其略曰 …… 昌瑾初不知有文 及見之 謂非常 遂告于王. 王命有司 與昌瑾物色求其鏡主 不見. (ㄹ) 唯於勃颯寺佛堂有鎭星塑像 如其人焉. 王嘆異久之. …… (ㅁ) 宋含弘等相謂曰 今 主上虐亂如此 吾輩若以實言 不獨吾輩爲葅醢 波珍湌亦必遭害. 迺飾辭告之.	貞明四年(918) 三月 唐商客王昌瑾 忽於市中見一人 (ㄱ) 狀貌瓌偉 鬢髮皓白 頭戴古冠 被居士服 左手持三隻梡 右手擎一面古鏡方一尺許. 謂昌瑾曰 能買我鏡乎. (ㄴ) 昌瑾以二斗米買之. 鏡主將米沿路 散與乞兒而去 疾如旋風. 昌瑾懸其鏡於市壁 日光斜映 隱隱有細字可讀. (ㄷ) 其文曰 …… 凡一百四十七字. 昌瑾初不知有文 及見之 謂非常 獻于裔. 裔令昌瑾物色求其人 彌月竟不能得. (ㄹ) 唯東州勃颯寺熾盛光如來像前 有塡星古像 如其狀 左右亦持梡鏡. 昌瑾喜 具以狀白 裔歎異之 …… (ㅁ) 三人相謂曰 王猜忌嗜殺 若告以實 王侍中必遇害 吾輩亦且不免矣. 乃詭辭告之.

〈표 3〉은 궁예열전과 『고려사』 태조세가에 전하는 왕창근 관련 기록 가운데 서로 다른 서술 내용을 비교하여 제시한 것이다. 궁예열전에서는 거울에 쓰여진 글자를 줄여서 제시한 반면, 『고려사』 태조세가에서는 147자를 모두 제시하였다. 아마도 궁예열전의 원전에는 전문이 실려 있었지만, 『삼국사기』 찬자가 그것을 줄여 궁예열전에 제시하였다고 볼 수 있다. 거울에 쓰여진 글자를 풀이한 두 기록의 서술 내용도 대동소이하였음을 발견할 수 있다. 그러나 (ㄷ)을 제외한 (ㄱ)~(ㅁ)의 밑줄 친 부분을 비교하면, 두 기록의 서술 내용이 서로 달랐음을 쉬이 인지할 수 있다. 이

것은 궁예열전과『고려사』태조세가의 원전이 분명하게 달랐던 것에서 비롯되었다고 말할 수 있다.

<표 4>『삼국사기』궁예열전과『고려사절요』의 왕건의 정변 관련 기록 비교

궁예열전	『고려사절요』태조 원년 6월 기록
夏六月 (ㄱ) 將軍弘述白玉三能山卜沙貴 此洪儒裴玄慶申崇謙卜知謙之少名也. 四人密謀 夜詣太祖私第. (ㄴ) 言曰 今主上 淫刑以逞 殺妻戮子 誅夷臣寮 蒼生塗炭 不自聊生. 自古廢昏立明 天下之大義也. 請公行湯武之事. 太祖作色拒之曰 …… 予實否德 敢効殷周之事乎. (ㄷ) 諸將曰 時乎不再來 難遭而易失. 天與不取 反受其咎. 今政亂國危 民皆疾視其上如仇讎. 今之德望 未有居公之右者. 況王昌瑾所得鏡文如彼 豈可雌伏 取死獨夫之手乎. (ㄹ) 夫人柳氏聞諸將之議. 迺謂太祖曰 以仁伐不仁 自古而然. 今聞衆議 妾猶發憤 況大丈夫乎. 今羣心忽變 天命有歸矣. 手提甲領進太祖.	六月乙卯 (ㄱ) 騎將洪儒裴玄慶申崇謙卜智謙等密謀 夜詣太祖第 將言推戴之意. (a) 不欲令夫人柳氏知之 謂柳氏曰 園中豈有新瓜乎 可摘來. 柳氏知其意 出從北戶 潛入帳中. 於是 (ㄴ) 諸將曰 今王 政僭刑濫 殺妻戮子 誅夷臣僚 民墜塗炭 疾之如讎 桀紂之惡無以加也. 廢昏立 明天下之大義 請公行殷周之事. 太祖作色拒之曰 …… (b) 恐後世將以爲口實 古人云 一日爲君 終身爲主. 況延陵季子 有國 非吾節也. 乃去而耕焉 吾豈過季子之節乎. (ㄷ) 諸將曰 時難遭而易失 天與不取 反受其咎. 國中民庶受毒痛者 日夜思欲復之. 且權位重者 皆遭殺戮 今之德望 未有居公之右者 衆情所以望於公也. 公若不從 吾等死無日也. 況王昌瑾鏡文如彼 豈可違天 死於獨夫之手乎. (ㄹ) 柳氏出 謂太祖曰 擧義代虐 自古而然 今聞諸將之議 妾猶憤發 況大丈夫乎. 手提甲領 以被之.

한편 궁예열전에서는 왕건이 정변을 일으켜 궁예를 축출한 내용을 비교적 상세하게 기술한 반면,『고려사』태조세가에는 이에 관한 서술이 매우 소략하게 전한다. 다만『고려사절요』에 이에 관해 매우 상세하게 전하고 있음을 확인할 수 있다. 궁예열전과『고려사절요』에 전하는 기록을 비교하여 제시한 것이 <표 4>이다.

(ㄱ)~(ㄹ)은 궁예열전과『고려사절요』에 전하는 기록 가운데 동일 사실을 기술한 것인데, 두 기록의 서술 내용이 차이가 있음을 분명하게 확인할 수 있다. (ㄷ)의 궁예열전 기록은『고려사절요』의 기록을 약간 축약하여 제시하였다고 볼 수도 있지만, 그러나 궁예열전에 전하는 '時乎再

在來', '今政亂國危 民皆疾視其上如仇讐'는『고려사절요』에 보이지 않기 때문에 단정하기 어렵다. 『고려사절요』 기록의 (a), (b)의 밑줄 친 부분은 궁예열전에 전하지 않는 것에 해당한다. 그런데 『고려사절요』의 기록에서 정주인(貞州人) 신혜왕후(神惠王后) 유씨(柳氏) 관련 기사는 『고려사』 권88 열전1 후비 신혜왕후 유씨조에서 그대로 인용하였음이 확인되고, 태조(太祖)와 제장(諸將)의 대화 내용은 『고려사』 권92 열전5 홍유(洪儒)조에 전하는 기록을 약간 축약하거나 거의 그대로 인용한 것임을 확인할 수 있다.[3] 따라서 궁예열전과 『고려사절요』 및 『고려사』 열전에 전하는 왕건의 정변 관련 기록의 서술 내용이 다르다는 것은 곧 궁예열전과 『고려사』 열전 기록의 원전이 달랐음을 반영하는 것임은 물론이다.

현재 『고려사』 태조세가에 전하는 기록의 원전은 고려 현종 18년 (1027) 무렵에 황주량(黃周亮) 등이 편찬한 칠대실록(七大實錄) 가운데 하나인 『태조실록(太祖實錄)』에 전하는 기록으로 이해되고 있다.[4] 『고려사절요』와 『고려사』 열전 태조대의 기록 역시 마찬가지였을 것으로 짐작

---

3) 『고려사』 권92 열전5 洪儒條에 '弓裔末年 與裵玄慶·申崇謙·卜智謙 同爲騎將密謀 夜詣太祖第 言曰 自三韓分裂 群盜競起 今王奮臂大呼 遂夷滅草寇 三分遼左 據有大半, 立國定都 將二紀餘 今不克終 縱虐太甚 淫刑以逞 殺妻戮子 誅夷臣僚, 民墜塗炭 疾之如讐 桀·紂之惡 無以加也, 廢昏立 明天下之大義 請公行殷周之事'라고 전하나, 『고려사절요』에는 단지 '諸將曰 今 王政僭刑濫 殺妻戮子 誅夷臣僚 民墜塗炭 疾之如讐 桀紂之惡無以加也, 廢昏立 明天下之大義 請公行殷周之事'라고 전한다. 한편 '太祖作色拒之曰' 이하에서는 '略無所遺'란 구절만을 제외하고, 『고려사절요』의 기록은 거의 그대로 열전 홍유조의 기록을 전재한 것임을 확인할 수 있다.

4) 김광철, 2013 「고려 초기 실록 편찬」 『석당논총』 56에서 조선시대에 『고려사』 찬자들이 七代實錄을 기초로 하여 『고려사』를 찬술하였을 뿐만 아니라 황주량 등이 현종 18년 무렵에 七代實錄을 완성하였을 것이라는 견해를 제기하였다. 아울러 여기에서 황주량 등이 편찬한 『太祖實錄』이 『고려사』의 찬술에 적극 활용되었다고 추정한 바 있어 주목된다. 한편 최근에 현종 4년부터 七大實錄을 다시 편찬하기 시작하였으나, 현종대에 실록의 편찬작업이 완벽하게 이루어지지 않아, 이것을 七大事跡이라고 불렀다가 덕종대에 칠대사적을 보완하는 작업에 착수하여 덕종 3년(1034)에 『태조실록』을 완성하였다는 견해를 제기하였다(김갑동, 2019 「고려의 7대사적과 태조실록」 『사학연구』 133).

된다. 한편 『삼국사기』 신라본기의 원전은 『구삼국사』 신라 기록으로 이해되고 있다. 그런데 이상의 검토를 통해 궁예열전의 원전은 『구삼국사』와 『태조실록』에 전하는 기록이 아니었음을 살필 수 있었다. 궁예열전에서 신라본기와 『고려사』 태조세가에 전하지 않는 기록이 다수 전하는 사실을 확인할 수 있는데, 출생에서 북원적(北原賊) 양길(梁吉)에게 의탁하기까지의 행적, 896년에 승령현(僧嶺縣)과 임강현(臨江縣)을 공격하여 취하고, 897년에 인물현(人物縣)이 항복한 사실, 898년에 송악성(松岳城)을 수즙(修葺)하고, 양주(楊州)와 견주(見州)를 정벌하였으며, 처음으로 팔관회(八關會)를 개최한 사실, 901년에 고구려가 나당(羅唐)에 패망한 것에 대해 복수하겠다고 언급하고, 흥주(興州) 부석사(浮石寺)에서 신라왕의 화상(畵像)을 칼로 찌른 사실, 선종(善宗)이 스스로 미륵불을 자처하며 불경을 짓고 불법을 강설한 사실, 915년에 부인(夫人) 강씨(康氏)를 간통하였다고 무고로 죽이고, 관료와 백성들에게 이르기까지 패악(悖惡)을 저지른 사실 등이 바로 그에 해당한다.

신라본기 효공왕 15년(911) 기록에 '궁예가 나라 이름을 태봉(泰封)으로 고치고, 연호를 수덕만세(水德萬歲)라 하였다.'고 전하고, 또한 신덕왕 3년(914) 기록에 '궁예가 수덕만세를 정개(政開) 원년으로 고쳤다.'고 전한다. 궁예열전에서 '주량(朱梁) 건화(乾化) 원년 신미(911)에 연호 성책(聖冊)을 수덕만세로 바꾸어 원년으로 하고, 국호를 태봉으로 고쳤다.'고 전하고, 건화 4년 갑술(914)에 '수덕만세를 정개로 바꾸어 원년으로 칭하였다.'고 전한다. 아마도 『삼국사기』 본기의 찬자가 신라본기를 찬술하면서 궁예열전이나 또는 이것의 원전에 전하는 기록을 인용하여 첨입한 것으로 추정된다.[5] 궁예열전에 천우(天佑) 원년 갑자(904년)에 궁예

---

5) 전덕재, 2018 『삼국사기 본기의 원전과 편찬』, 주류성, 183~184쪽.

가 설치한 광평성(廣評省)을 비롯한 행정관서 및 정광(正匡)을 비롯하여 9개의 관계(官階)를 설치한 사실이 전하는데,[6] 동일한 내용을 『삼국사기』 잡지제9 직관(하) 고구려·백제직관 기록에서 확인할 수 있다. 여기에서 904년에 행정관서와 관계를 설치하였다고 언급하지 않았던 바, 『삼국사기』 잡지의 찬자가 직관(하) 고구려·백제직관조를 찬술하면서 궁예열전에 전하는 기록을 첨입하였다고 봄이 합리적이지 않을까 한다.[7]

궁예열전의 원전이 『구삼국사』 및 『태조실록』이 아니었을 뿐만 아니라 궁예열전에 다른 자료에 보이지 않는 기록이 다수 전하는 사실, 그리고 신라본기와 직관(하) 고구려·백제직관조에 전하는 기록 가운데 일부가 궁예열전의 기록이 원전이었음을 염두에 둔다면, 궁예열전의 원전은 시기에 따른 궁예의 행적을 일목요연하게 정리한 전기류(傳記類)의 성격을 지닌 저술(著述)이었을 가능성이 높다고 판단하여도 이견(異見)이 없지 않을까 한다.[8] 궁예열전 기록을 보면, 연도를 당나라와 후량(後梁; 주량(朱梁))의 연호를 사용하여 표시하였음을 알 수 있다. 태조가 고려를 건국한 918년 이전의 『고려사』 세가에서도 역시 마찬가지이다. 연대 표기에서 월(月)은 대체로 생략하였음을 살필 수 있지만, 궁예열전에 반드시 연호(年號)와 연간지(年干支)가 함께 기술되어 있다는 사실을 통해서도 다

---

6) 궁예열전의 행정관서 설치 기록에 細注로 '今~'라고 적기하였다. 여기서 '今'은 『삼국사기』를 편찬한 시기를 가리키므로, 세주는 『삼국사기』 찬자가 첨입한 것으로 이해할 수 있다.

7) 종래에 태봉 관제는 『구삼국사』에 전하는 것을 인용하였다고 이해한 견해가 제기되었다(이정훈, 2006 「구삼국사의 편찬 시기와 그 배경」 『역사와 실학』 31, 60~66쪽).

8) 이와 관련하여 궁예와 관련된 여러 기록을 분석하여, 후고구려의 주체적인 시각과 인식에 기반을 둔 전승자료가 존재하였을 가능성이 높다고 이해한 견해가 제기되어 주목된다(홍창우, 2017 앞의 논문). 한편 황형주, 2002 『『삼국사기·열전』 찬술과정의 연구』, 성균관대학교 박사학위논문, 14~26쪽에서 궁예와 견훤열전의 원전이 『구삼국사』 궁예전과 견훤전이라고 주장하였으나, 『구삼국사』에 열전이 존재하였을 가능성이 낮기 때문에 그대로 수용하기 어렵다.

시금 『삼국사기』 찬자가 시간의 흐름에 따른 궁예의 행적을 정리한 전기류를 기초로 하여 궁예열전을 찬술하였음을 상기할 수 있음은 물론이다.

맨 앞부분에 '弓裔 新羅人也', 맨 뒷부분에 '弓裔起自唐大順二年 至朱梁貞明四年 凡二十八年而滅'이라고 기술한 곳 이외에 궁예열전에서 '궁예(弓裔)', '예(裔)'라고 표기한 것을 발견할 수 없고, 궁예를 지칭할 때에 '선종(善宗)'으로 적기하였음을 확인할 수 있다. 이러한 측면은 신라본기와 『고려사』 세가에 '선종(善宗)'이 하나도 보이지 않는 대신, 진성왕 5년(891)에서 경명왕 2년(918)까지의 신라본기 기록에서는 궁예를 지칭할 때에 '궁예(弓裔)'라고 표기한 사실 및 918년 이전 『고려사』 세가에서 '예(裔)'라고 표기한 것과 대비되어 주목된다고 하겠다. 『삼국사기』 찬자가 궁예열전을 찬술하면서 임의로 선종(善宗)으로 통일하였다고 보기보다는 그 원전에 전하는 표현을 그대로 인용하였다고 봄이 자연스럽다. 여기다가 궁예열전에서 궁예를 '왕(王)' 또는 '주상(主上)'이라고 표현한 사례를 발견할 수 있다.[9] 이는 궁예열전의 원전이 궁예가 태봉의 왕이었다는 사실을 전제로 하여 찬술되었음을 추론하게 해주는 자료로 이해할 수 있다. 이와 같은 점들 역시 궁예열전의 원전이 궁예의 행적을 체계적으로 정리한 전기류의 성격을 지닌 저술이었음을 보완해주는 사항으로 유의된다고 하겠다.

그러면 궁예열전의 원전은 언제 찬술되었을까? 진성왕 5년(891)부터 경명왕 2년(918)까지의 신라본기 기록에 전하는 지명을 조사하면, 태봉

---

9) 昌瑾初不知有文 及見之 謂非常 遂告于王. 王命有司 與昌瑾物色求其鏡主 不見. 唯於勃颯寺佛堂有鎭星塑像 如其人焉. 王嘆異久之 命文人宋含弘·白卓·許原等解之. …… 宋含弘等相謂曰 今主上虐亂如此 吾輩若以實言 不獨吾輩爲葅醢 波珍飡亦必遭害. 迺飾辭告之. 王 凶虐自肆 臣寮震懼 不知所措. 夏六月 將軍弘述·白玉三·能山·卜沙貴 此洪儒·裴玄慶·申崇謙·卜知謙之少名也. 四人密謀 夜詣太祖私第 言曰 今主上 淫刑以逞 殺妻戮子 誅夷臣寮 蒼生塗炭 不自聊生. 自古廢昏立 明天下之大義也 請公行湯武之事(『삼국사기』 열전제10 궁예).

또는 고려에서 개명(改名)한 지명으로 효공왕 4년 10월 기록에 전하는 청주〔菁州; 청주(靑州)의 오기〕와 효공왕 14년 기록에 전하는 나주(羅州)만을 찾을 수 있다. 그런데 궁예열전에는 태봉 또는 고려에서 개명한 지명으로서 죽주(竹州), 승령현(僧嶺縣), 양주(楊州), 견주(見州), 광주(廣州), 충주(忠州), 청주(靑州), 흥주(興州), 공주(公州), 나주(羅州) 등을 발견할 수 있다.[10] 『고려사』 지리지에 신라의 금산군(錦山郡)을 태봉때에 나주로, 신라의 한주(漢州), 중원경(中原京), 서원경(西原京)을 태조 23년(940)에 광주, 충주, 청주(淸州)로, 신라의 개산군(介山郡), 한양군(漢陽郡), 내소군(來蘇郡), 급산군(炭山郡), 웅주(熊州)를 고려 초에죽주(竹州), 양주(楊州), 견주(見州), 흥주(興州), 공주(公州)로, 신라의동량현(㠉梁縣)을 고려에서 승령현(僧嶺縣)으로 개명하였다고 전한다. 현재 죽주 등의 지명을 개정하였다고 전하는 고려 초는 태조 23년(940)을 가리키는 것으로 이해되고 있다.[11] 따라서 궁예열전은 적어도 태조 23년(940) 이후에 찬술되었음이 확실시된다고 하겠다.

　한편 신라본기와 궁예열전에서는 송악군(松岳郡) 또는 송악(松岳)이라고 표기하였음에 반하여, 918년 이전 『고려사』 태조세가의 기록에서는송악군(松嶽郡) 또는 송악(松嶽)이라고 표기하였다. 예전의 하남 선리에서 발견된 명문와(銘文瓦)에서 '松岳'이라는 명문(銘文)을 발견할 수 있다. 선리 채집 명문와(銘文瓦)들은 8세기 후반에서 10세기 중·후반 사이에 제작된 것이라고 한다.[12] 이러한 사실과 『삼국사기』 지리지에서 송악

---

10) 궁예열전에 仁物縣이 보이는데, 『삼국사기』 지리지에는 이에 관한 정보가 전하지 않고, 『고려사』 지리지에 '德水縣은 본래 高句麗 德勿縣〈仁物縣이라고도 한다〉이다.'라고 전한다. 덕수현을 인물현이라고 부른 것은 태봉 또는 고려로 추정된다.

11) 박종기, 2002 『지배와 자율의 공간, 고려의 지방사회』, 푸른역사, 118~123쪽; 윤경진, 2012 『고려사 지리지의 분석과 보정』, 여유당, 292~301쪽.

군(松岳郡)이라고 표기하였음을 염두에 둔다면, 신라에서는 일반적으로 송악군(松岳郡)이라고 표기하였다가 고려에서 일반적으로 송악군(松嶽郡)이라고 표기하였다고 볼 수 있는데, 아마도 황주량 등이 『태조실록』을 편찬하면서 그들이 전거로 삼은 자료에 송악군(松岳郡)이라고 전하는 것을 일괄하여 송악군(松嶽郡)으로 개서(改書)한 것이 아닐까 한다.

또한 궁예열전에서는 관등을 표기할 때, '~찬(湌)'으로 표기하였으나 『고려사』 태조세가에서는 예외 없이 '~찬(粲)'으로 표기하였음을 확인할 수 있다.[13] 앞에서 『고려사』 태조세가에 전하는 기록은 현종 18년(1027) 무렵에 황주량(黃周亮) 등이 편찬한 칠대실록(七大實錄) 가운데 하나인 『태조실록』에 전하는 기록이 원전이었다고 언급한 바 있다. 아마도 『태조실록』을 편찬할 때에 신라의 관등 표기를 일괄적으로 '~찬(粲)'으로 개서한 것으로 짐작된다. 이에 따른다면, 송악군(松岳郡) 및 관등을 '~찬(湌)'이라고 표기하였을 것으로 보이는 궁예열전의 원전은 현종 18년(1027) 이전에 찬술되었다고 판단할 수 있을 것이다.

천복(天福) 5년(태조 23; 940)에 건립된 지장선원낭원대사오진탑비(地藏禪院朗圓大師悟眞塔碑)에서 구족달(仇足達)의 관등을 사찬(沙湌), 민규(閔規)의 관등을 알찬(閼湌)이라고 표기하였음을 확인할 수 있다. 그리고 천복 6년(태조 24; 941)에 건립된 경청선원자적선사능운탑비(境淸禪院慈寂禪師凌雲塔碑)에 '상사찬(上沙湌)'이라고 표기한 관등이 전한다. 또한 천복 9년(혜종 1; 944)에 새긴 흥녕사징효대사보인탑비(興寧寺澄曉大師寶印塔碑)의 음기(陰記)에서 소판(蘇判), 아찬(阿湌), 한

---

12) 김규동·성재현, 2011 「선리 명문와 고찰」『고고학지』 17, 국립중앙박물관, 565쪽 및 575~577쪽.

13) 다만 『고려사』 권88 열전1 后妃條에 태조의 제22비 信州院夫人 康氏가 信州人 阿湌 起珠의 딸이라고 전하는 사실을 확인할 수 있다.

찬(韓飡), 해찬(海飡), 일철(길?)찬[一哲(吉?)飡], 사간(沙干), 아간(阿干), 일길간(一吉干)이란 관등 표기를 발견할 수 있다. 반면에 천복 8년(태조 26; 혜종 즉위년; 943)에 건립된 정토사법경대사자등탑비(淨土寺法鏡大師慈燈塔碑)에서 사찬(沙粲), 아찬(阿粲)이라는 관등 표기를 발견할 수 있고, 광덕(光德) 2년(광종 1년; 950)에 건립된 대안사광자대사비(大安寺廣慈大師碑)에서 사찬(沙粲), 현덕(顯德) 5년(광종 9; 958)에 건립된 옥룡사동진대사보운탑비(玉龍寺洞眞大師寶雲塔碑)에서 알찬(閼粲)이라는 관등 표기를 확인할 수 있다.[14] 고려 초기의 금석문을 통해 광종대 이전에는 '~飡(湌)' 또는 '~粲'이라고 표기하다가 광종대 이후에는 대체로 '~粲'이라고 표기하는 것이 관행이었음을 추론할 수 있다.[15] 이와 같은 관등 표기의 추이를 감안한다면, 궁예열전의 원전은 광종대나 그 이전 시기에 찬술되었다고 추정해볼 수도 있다.

그런데 앞에서 신라 중·하대에 관등을 '~粲(餐)'이라고 표기하기도 하였음을 살핀 바 있다. 또한 황룡사구층목탑사리함기(皇龍寺九層木塔舍利函記)를 비롯한 하대의 여러 금석문에서 관등을 '~干'이라고 표기한 사례를 적지 않게 발견할 수 있다. 궁예열전과 견훤열전에서 관등을 표기할 때 예외 없이 '~飡'으로 표기하였음을 확인할 수 있다. 이를 주목하여 『삼국사기』 열전의 찬자가 궁예열전의 원전에 일부 관등이 '~粲(餐)' 또는 '~干'이라고 표기되어 있었던 것을 '~飡'으로 일괄 개서하였다고 추론하는 것이 가능하다. 만약에 이러한 추론에 잘못이 없다고 한다면, 단

---

14) 『冊府元龜』 권975 外臣部 褒異條에 '(開元 二十三年〈735〉) 聞十一月 壬辰 新羅王遣從弟 大阿飡金相來朝 死於路 帝深悼之 贈衛尉卿'이라고 전하고, 최치원이 지은 聖住寺朗慧和尙塔碑에서 韓粲, 謝不許北國居上表에서 大阿餐이란 관등 표기를 발견할 수 있다. 이러한 기록들을 통해 중·하대에 관등을 '~粲(餐)'으로도 표기하였음을 엿볼 수 있다.

15) 광종 峻豊 4년(963; 광종 14) 9월 18일에 작성된 古彌縣西院鐘銘에 '沙干'이란 관등명이 보인다. 광종대에 관등을 '~干'이라고도 표기하였음을 알려주는 사례로서 주목된다.

지 관등 표기의 추이만을 감안하여 궁예열전의 원전이 광종대나 또는 그 이전 시기에 찬술되었다고 추정하는 것은 문제가 있다고 볼 수 있다.

『삼국사기』 신라본기에서는 관등을 '~湌'이라고 표기하였다.[16) 현재 신라본기의 원전은 『구삼국사』로 이해하는 것이 일반적이다. 현종대에 『태조실록』을 편찬하면서 신라의 관등을 '~飡'으로 일괄 통일하여 표기하였던 바, 인종대에 『삼국사기』 찬자들이 신라의 관등을 일괄하여 '~湌'으로 통일하였다고 추정하기가 쉽지 않을 것이다. 『삼국사기』 열전에서 관등을 '~干'으로 표기한 사례를 여럿 발견할 수 있는데,[17) 『삼국사기』 찬자가 관등을 일괄하여 '~湌'으로 통일하여 표기하지 않았음을 엿보게 해주는 측면으로 유의된다. 이에 따른다면, 다양한 신라 관등의 표기를 일괄하여 '~湌'으로 통일하여 표기한 주체는 『삼국사기』 찬자가 아니라 『구삼국사』 찬자라고 보아도 무방하지 않을까 한다.

고려 광종대 이전에 대체로 신라의 관등을 '~湌'이라고 표기하였고, 『구삼국사』 찬자들이 관등을 '~湌'으로 통일하여 개서(改書)하였을 가능성이 높은 점을 감안하건대, 궁예열전의 원전에는 관등이 '~湌'으로 표기되어 있었을 가능성이 높고, 『삼국사기』 찬자는 이 원전의 표기를 그대로 인용하였다고 추정하여도 이견이 없을 것이다. 궁예열전에 고려 초기에 개명된 지명이 다수 전한다. 따라서 궁예열전의 원전이 고려 초기에 개명된 지명이 거의 전하지 않는 『구삼국사』보다 이른 시기에 편찬되었다고 말하기 어려울 것이다. 이러한 사실과 궁예열전의 원전에서 관등을 '~湌'이라고 표기하였을 가능성이 높은 점 등을 염두에 둔다면, 궁예열전

---

16) 신라본기 실성이사금 즉위년조에 阿干, 경순왕 9년 12월조에 匝干이라는 표현이 전할 뿐이고, 나머지는 모두 '~湌'으로 표기하였다.

17) 김유신열전에 沙干과 海干, 一吉干이, 귀산열전에 阿干, 波珍干, 級干이 전한다.

의 원전이 정리된 시점은 『구삼국사』 편찬 시기에서 그리 멀지 않은 때였다고 봄이 타당하지 않을까 한다. 현재 학계에서 『구삼국사』는 대체로 광종대(949~975)에 편찬되었다고 이해하고 있다.[18] 이러한 학계의 통설을 존중한다면, 궁예열전의 원전은 광종대에서 『태조실록』을 편찬한 현종 18년(1027) 이전 시기 사이에 찬술되었다고 보아도 무방할 것이다. 다만 현재로서 정확하게 어느 시기라고 딱 잘라 언급하기 어려운데, 향후에 이에 대한 검토가 심층적으로 이루어지기를 기대해볼 수밖에 없다.

2. 견훤열전의 원전과 찬술

궁예열전과 마찬가지로 견훤열전의 원전에 대해 검토하기 위해서는 무엇보다도 먼저 『삼국사기』 신라본기와 『고려사』 태조세가에 전하는 기록을 비교 검토하는 것이 요구된다고 하겠다. 신라본기 진성왕 6년(892) 기록에 완산적(完山賊) 견훤(甄萱)이 그 주(州)에 근거하여 스스로 후백제(왕)라 칭하였다고 전한다. 그런데 견훤열전에서는 '당(唐) 소종(昭宗) 경복(景福) 원년(892) …… 한 달 사이에 무려 5천 명에 이르자, 드디어 무진주(武珍州)를 습격하여 스스로 왕이 되었으나 아직 감히 공공연히 왕을 칭하지 못하였다. …… 견훤이 서쪽으로 순행하여 완산주(完山州)에 이르니, 그 백성들이 환영하고 위로하였다. …… 드디어 후백제왕

---

18) 末松保和, 1966 「舊三國史と三國史記」『靑丘史草』 2, 笠井出版印刷社, 1~5쪽에서 國初에서 穆宗代 사이에 『구삼국사』를 편찬하였다고 이해하는 견해를 제기하였고, 정구복, 1993 「고려 초기의 삼국사 편찬에 대한 일고」『국사관논총』 45, 185~188쪽; 1999 『한국중세사학사』 I, 집문당, 47~48쪽에서 광종대에 監修國史였던 金廷彦이 『구삼국사』를 편찬하였을 것으로 추정하였다. 한편 이정훈, 2006 앞의 논문에서는 현종 4년(1013) 무렵에 『구삼국사』를 편찬하였다고 주장하였다.

을 칭하고 관직을 마련하니, 이때가 바로 당나라 광화(光化) 3년(900)이고 신라 효공왕 4년이었다.'고 전한다. 신라본기에서는 892년에 견훤이 완산주에 근거하여 스스로 후백제왕이라고 칭하였다고 전하는 반면, 견훤열전에서는 892년에 무진주를 차지하고 왕이라고 칭한 다음, 900년에 완산주에 들어가 후백제왕이라고 칭하였다고 전하여 차이를 보인다. 후자가 정확한 실상을 전한다고 이해되지만, 신라본기의 원전에 위와 같이 기술되어 있었을 가능성이 높다는 점에서, 두 기록의 원전 내용이 달랐다는 사실은 부인할 수 없을 것이다.[19]

918년에 왕건(王建)이 고려를 건국한 이후에 견훤열전에 전하는 기록과 유사한 것들을 신라본기뿐만 아니라 『고려사』 태조세가의 기록에서도 발견할 수 있다. 그런데 동일한 사건을 기록한 것임에도 불구하고 세 자료에 전하는 표현과 내용이 서로 다른 경우를 여럿 발견할 수 있다.

〈표 5〉의 Ⅲ-①의 신라본기와 견훤열전, 태조세가에 전하는 '아자개'를 다르게 표기하였음을 확인할 수 있다. 한편 Ⅲ-④의 신라본기와 견훤열전, 태조세가에서 928년 11월에 견훤이 공격하여 함락시킨 성을 각기 무곡성(武谷城), 부곡성(缶谷城), 오어곡성(烏於谷城)이라고 달리 표기하였음을 살필 수 있다. 이에서 Ⅲ-①, ④의 신라본기와 견훤열전, 태조세가의 원전이 달랐음을 추론할 수 있다.

Ⅲ-②의 신라본기와 견훤열전, 태조세가에 전하는 경애왕 2년, 동광

---

19) 『삼국유사』 권제2 기이제2 후백제 견훤조에서 견훤이 무진주를 습격하여 스스로 왕이 되었으나 감히 왕이라고 공공연히 칭하지 못하고, 스스로 '新羅西南都統行全州刺史兼御史中承上柱國漢南郡開公'라고 칭하였던 시기가 龍化(龍紀의 오기) 元年(889)이었으며, 혹은 景福 元年 壬子라고도 한다라고 하였다. 또한 여기에 42년 庚寅(930)에 견훤은 古昌郡을 치려고 군사를 일으켰다는 기록도 전한다. 견훤이 건국한 지 42년이 되는 해가 경인년(930)이라고 한다면, 건국연대는 889년이라고 볼 수 있다. 따라서 一然은 『삼국유사』를 편찬하면서 견훤이 889년에 起義하였다고 전하는 또 다른 전승자료를 참조하였음을 엿볼 수 있다.

<표 5> 『삼국사기』 신라본기와 견훤열전, 『고려사』 태조세가 기록 비교

번호		신라본기	견훤열전	『고려사』 태조세가
III	①	(경명왕 2년(918) 7월) 尙州賊帥阿玆盖 遣使降於太祖.	甄萱 尙州加恩縣人也. 本姓李 後以甄爲氏. 父阿慈介 以農自活 後起家爲將軍.	(태조 원년(918) 9월) 甲午 尙州賊帥阿字盖 遣使來附 王命備儀迎之.
	②	(경애왕 2년(925) 11월) 後百濟主甄萱以姪眞虎質於高麗.	(同光) 三年(925) 冬十月 萱率三千騎 至曹物城. 太祖亦以精兵來 與之确. 時萱兵銳甚 未決勝否. 太祖欲權和以老其師 移書乞和 以堂弟王信爲質 萱亦以外甥眞虎交質.	(태조 8년(925) 10월) 遣征西大將軍庾黔弼 攻百濟. 乙亥 王自將 及甄萱戰于曹物郡 黔弼引兵來會. 萱懼乞和 以外甥眞虎爲質 王亦以堂弟元尹王信交質 以萱十年之長 稱爲尙父.
	③	(경애왕 3년(926) 4월) 眞虎暴死. 萱謂高麗人故殺 怒擧兵 進軍於熊津. 太祖命諸城 堅壁不出.	〔동광(同光) 4년(926)〕 眞虎暴卒. 萱聞之 疑故殺 卽囚王信獄中.	(태조 9년(926) 4월) 庚辰 甄萱質子眞虎病死 遣侍郎弋萱送其喪 甄萱謂我殺之 殺王信 進軍熊津. 王命諸城 堅壁不出.
	④	(경순왕 2년(928) 11월) 甄萱攻陷武谷城.	(天成 3년(928) 11월) 萱選勁卒攻拔缶谷城 殺守卒一千餘人 將軍楊志明式等生降.	(태조 11년(928) 11월) 甄萱選勁卒攻拔烏於谷城 殺戍卒一千 將軍楊志明式等六人出降 王命集諸軍于毬庭 以六人妻子 徇諸軍棄市.

(同光) 3년, 태조 8년은 기년상으로 모두 925년에 해당하나, 견훤열전과 『고려사』 태조세가에는 10월, 신라본기에는 11월이라고 전하여, 월에 대한 정보가 차이가 있음을 발견할 수 있다. 견훤열전에서는 태조가 견훤에게 서신(書信)을 보내 화친을 청하면서 당제(堂弟) 왕신(王信)을 볼모로 보내자, 견훤 역시 외생(外甥) 진호(眞虎)를 볼모로 보냈다고 전한다. 그런데 『고려사』 태조세가에는 견훤이 두려워서 화친을 청하면서 외생 진호를 볼모로 보내자, 태조 역시 당제 원윤(元尹) 왕신을 볼모로 보냈으며, 견훤이 10년 연상이어서 상보(尙父)로 칭하였다고 전한다. 두 기록이 전혀 상반된 내용을 전하는데, 본래 견훤열전의 기록에 전하는 것이 사실

이었지만, 황주량 등이 『태조실록』을 편찬하면서 태조의 입장을 두둔하는 내용으로 개서(改書)한 것으로 이해된다. 신라본기에서 태조 왕건이 후백제에 왕신을 볼모로 보냈다는 언급은 찾을 수 없고, 단지 거기에 견훤이 고려에 조카 진호를 볼모로 보냈다고 전할 뿐이다. 고려인들이 『구삼국사』를 편찬하면서 태조 왕건이 먼저 화친을 청하면서 왕신을 볼모로 보냈다는 사실을 생략하고, 견훤이 진호를 고려에 볼모로 보낸 사실만을 기록한 것으로 이해되는데, 이에 따라 후백제가 고려에 진호를 볼모로 보내 먼저 화친을 청한 것처럼 오해할 수 있는 여지를 남겼음은 물론이다.

한편 그 다음해에 갑자기 진호가 죽었는데, 이에 대해 III-③의 견훤열전에는 견훤이 고려에서 고의로 진호를 죽였다고 생각하여 왕신을 감옥에 가두었다고 전하는 반면, 신라본기에는 견훤이 고려인들이 진호를 고의로 죽였다고 여기고, 이에 분노하여 군사를 일으켜 웅진(熊津)으로 진군하였다고 전한다. 한편 태조세가에서는 고려에서 시랑(侍郎) 익선(弋宣)을 보내 견훤에게 (진호의) 시신을 보내자, 견훤은 고려에서 그를 죽였다고 말하며, 왕신을 죽이고 웅진으로 진군(進軍)하였다고 언급하였다. 견훤열전에서는 왕신을 감옥에 가두었다고 언급하였을 뿐이고 군사를 일으켰다는 언급은 없다. 반면에 『고려사』 태조세가에서는 왕신을 죽이고 군사를 일으켰다고 언급하였고, 신라본기에서는 왕신을 어떻게 하였다고 언급하지 않고 군사를 일으켜 웅진으로 진군하였다고만 하였다. 『구삼국사』를 편찬하면서 견훤이 왕신을 죽였다는 내용을 일부러 생략하였을 가능성이 높다는 점을 감안한다면, 신라본기의 기록은 『고려사』 태조세가의 기록을 약간 축약하여 기록한 것이라고 이해할 수 있는 여지도 없지 않다고 하겠다.

이상에서 III의 신라본기와 견훤열전, 『고려사』 태조세가에 전하는 기록이 편차가 있음을 확인할 수 있었는데, 이러한 현상은 신라본기 기록의 원전인 『구삼국사』 신라 기록, 『고려사』 태조세가 기록의 원전인 『태조실록』에 전하는 내용과 『삼국사기』 찬자가 견훤열전을 찬술하면서 활용한 전거자료에 전하는 내용이 서로 달랐던 것에서 비롯되었다고 이해할 때 합리적으로 설명할 수 있음은 물론이다. 이밖에 927년 후백제의 신라(新羅) 왕도(王都) 침략 사건에 대한 서술의 비교 검토를 통해서도 신라본기와 견훤열전, 『고려사』 태조세가에 전하는 기록의 원전이 같지 않았음을 다시금 상기할 수 있다.

〈표 6〉 신라본기·견훤열전·태조세가의 후백제의 신라 왕도 침략 서술 비교

신라본기	견훤열전	『고려사』 태조세가
(경애왕 4년(927) 9월) 甄萱 侵我軍於高鬱府 王請救於 太祖 命將出勁兵一萬往 救. 甄萱以救兵未至 (a) 以 冬十一月 掩入王京. 王與 妃嬪宗戚 遊鮑石亭宴娛 不覺賊兵至 倉猝不知所爲. (b) 王與妃奔入後宮 宗戚 及公卿大夫士女四散 奔走 逃竄. 其爲賊所虜者 無貴 賤皆駭汗匍匐 乞爲奴僕而 不免. 萱又縱其兵 剽掠公 私財物略盡 入處宮闕 乃 命左右索王. 王與妃妾數 人在後宮 (c) 拘致軍中 逼 令王自盡 强淫王妃 縱其 下亂其妃妾. (d) 乃立王之 族弟權知國事 是爲敬順王 (『삼국사기』 신라본기제12 경애왕 4년)	天成 二年(927) 秋九月 萱攻取近品城 燒之. 進 襲新羅高鬱府 逼新羅郊 圻. 新羅王求救於太祖. (a) 冬十月 太祖出師援 助. 萱猝入新羅王都. 時 王與夫人嬪御出遊鮑石 亭 置酒娛樂. 賊至 狼狽 不知所爲 (b) 與夫人歸 城南離宮. 諸侍從臣寮及 宮女伶官 皆陷沒於亂兵. 萱縱兵大掠 (c) 使人捉 王 至前戕之. 便入居宮 中 强引夫人亂之. (d) 以 王族弟金傅嗣立 然後虜 王弟孝廉·宰相英景. 又 取國帑珍寶兵仗子女百 工之巧者 自隨以歸(『삼 국사기』 열전제10 견훤).	〔태조 10년(927)〕九月 甄萱 攻燒近品城 進襲新羅高鬱府 逼至郊畿. 新羅王遣連式告 急 王謂侍中公萱 大相孫幸 正朝聯珠等曰 新羅與我同 好已久 今有急 不可不救. 遣 公萱等 以兵一萬赴之. (a) 未 至 萱猝入新羅都城. 時羅王 與妃嬪宗戚 出遊鮑石亭 置 酒娛樂 忽聞兵至 倉卒不知 所爲. (b) 王與夫人 走匿城南 離宮 從臣伶官宮女 皆被陷 沒. 萱縱兵大掠 入處王宮 令 左右 索王 (c) 置軍中 逼令自 盡. 强辱王妃 縱其下 亂其嬪 妾. (d) 立王表弟金傅爲王 虜 王弟孝廉 宰臣英景等 盡取 子女百工兵仗珍寶以歸(『고 려사』 권1 세가1 태조 10년)

신라본기에는 927년 9월에 견훤이 고울부(高鬱府)를 침략하였다고 전하는 반면, 견훤열전과 『고려사』 태조세가에는 견훤이 근품성과 고울부를

공격하고, 이어 신라 교기[郊圻 또는 교기(郊畿)]를 핍박하였다고 전하여 차이를 보인다. 그리고 신라본기와 태조세가에는 고려 태조가 구원병 1만을 보냈다고 전하는 반면, 견훤열전에는 이에 관한 언급이 보이지 않는다. 이와 관련된 기록 가운데 태조세가에 전하는 것이 가장 상세하였음을 확인할 수 있다.

한편 (a)의 밑줄 친 부분을 비교하면, 신라본기에는 후백제군이 11월에 갑자기 왕경(王京)으로 쳐들어갔다고 전하는 반면, 견훤열전에는 10월에 신라왕도(新羅王都), 태조세가에는 9월에 신라도성(新羅都城)을 갑자기 침입하였다고 전한다. 세 기록에 전하는 월(月)에 대한 정보 및 침입한 곳에 대한 표기가 서로 달랐음이 주목된다. (b)의 밑줄 친 부분을 비교하면, 경애왕이 숨은 곳을 신라본기에서는 후궁(後宮), 견훤열전과 태조세가에서는 성남이궁(城南離宮)이라고 표기하였음을 살필 수 있다. 또한 (c)의 밑줄 친 부분의 신라본기와 태조세가 기록에는 경애왕을 핍박하여 자진(自盡)하게 하였다고 전하는 반면, 견훤열전에서는 왕을 잡아오게 하여 앞에 이르자 왕을 죽였다고 전하여 차이를 보인다. 이밖에 경순왕을 신라본기와 견훤열전에서는 경애왕의 족제(族弟)라고 표현한 반면, 태조세가에서는 경애왕의 표제(表弟)라고 표현하였다.[20] 이처럼 927년에 후백제가 신라 왕경을 침입한 사실을 기술한 신라본기와 견훤열전, 태조세가에 전하는 기록이 서로 달랐다는 사실을 통해 『삼국사기』 찬자가 견훤열전을 찬술할 때, 『구삼국사』나 『태조실록』을 활용하지 않고, 견훤과 관련된 별도의 전승자료를 참조하였음을 다시금 입증할 수 있다.

견훤열전에는 후백제와 신라와의 관계보다 후백제와 고려와의 관계를

---

20) 참고로 927년 12월에 견훤이 태조 왕건에게 보낸 서신에서는 경순왕을 景明王의 表弟이자 憲康王의 外孫이라고 표현하였음을 확인할 수 있다.

기술한 내용이 압도적으로 많다. 이에 따라 견훤열전과 『고려사』 태조세가에서 동일한 사건을 기술한 내용을 적지 않게 발견할 수 있다. 그런데 두 자료에 전하는 기록을 비교할 때, 어떤 내용은 서로 비슷한 측면이 있으나, 어떤 내용은 서로 전혀 다른 정보를 전하는 경우를 발견할 수 있다. 또한 전반적으로 태조세가에 전하는 정보가 많은 편이지만, 일부는 견훤열전에 더 많은 정보가 전하는 경우도 없지 않았다.

924년 7월에 일어난 조물성전투(曹物城戰鬪)에 관한 내용,[21] 928년 8월에 견훤이 장군 관흔(官昕)에게 무리를 거느리고 양산(陽山)에 성을 쌓게 하자, 태조가 왕충(王忠)을 보내 공격하게 하니, 관흔이 물러나 대야성(大耶城)을 지켰다는 내용,[22] 927년 12월과 928년 정월에 견훤과 왕건이 주고받은 서신의 내용,[23] 932년에 일길찬[24] 상귀(相貴)가 염주(鹽州)와 백주(白州), 정주(貞州)의 배 100척을 불사르고 저산도(猪山島)에서 기르는 말 300필(匹)을 취하여 돌아왔다는 내용, 신검(神劒)이 능환(能奐)의 건의를 받아들여 정변을 꾀한 내용에 대한 견훤열전과 『고

---

21) 견훤열전에는 須彌强을 보내 大耶·聞詔 2성의 군사를 징발하여 조물성을 공격하게 하였다고 전하는 반면, 태조세가에는 須彌康과 良劍을 보내 조물성을 공격하게 하였다고 전하여 약간 차이를 보인다.

22) 다만 견훤열전에서는 命旨城將軍 王忠, 大耶城이라고 기술한 반면, 태조세가에서는 命旨城元甫 王忠, 大良城이라고 기술하였다.

23) 『고려사』 권1 세가1 태조 10년(927) 12월조와 11년 정월조에 견훤과 왕건이 주고받은 서신의 전문이 기술되어 있다. 견훤열전에 '宗社丘墟', '左將金樂', '赴卿本道', '恒慮足下', '金城窘忽', '侵害於生民', '以爲非有元輔之忠純', '陸擊則電馳電擊', '破靑川之時'로 전하는 것을 『고려사』에서는 '社稷丘墟', '左相金樂', '赴京本道', '但慮足下', '金城窘迫', '侵害於生靈', '以謂非有元輔之忠純', '陸戰則電馳電擊', '破靑州之時'로 개서하였음을 확인할 수 있다. 견훤열전에 '時 新羅君臣以衰季 難以復興 謀引我太祖結好爲援. 甄萱自有盜國心 恐太祖先之. 是故 引兵入王都作惡. 故十二月日奇書太祖曰'이라고 전하는 것을 참조하건대, 『삼국사기』 찬자가 『고려사』 태조세가의 원전인 『태조실록』에서 견훤과 왕건이 주고받은 서신을 그대로 인용하였다기보다는 다른 전승자료에서 이것을 인용하여 견훤열전에 첨입하였다고 보는 것이 합리적이라고 판단된다.

24) 견훤열전에서는 一吉湌, 태조세가에서는 一吉粲이라고 달리 표기하였다.

려사』태조세가의 서술은 표현상에 약간 차이가 있긴 하지만, 대체로 상통(相通)한다고 보아도 이의가 없을 것이다.

한편『고려사』태조세가가 아니라『고려사』열전에 견훤열전에 전하는 것과 비슷한 기록이 전하고 있어 주목된다.〈표 7〉은 견훤열전에 전하는 박영규(朴英規) 관련 기록과『고려사』박영규열전에 전하는 기록을 비교한 것이다.

〈표 7〉『삼국사기』견훤열전과『고려사』박영규열전에 전하는 기록 비교

견훤열전	『고려사』박영규열전
(ㄱ) 甄萱壻將軍英規密語其妻曰 大王勤勞四十餘年 功業垂成. 一旦以家人之禍失地 投於高麗. 夫貞女不事二夫 忠臣不思二主. 若捨己君 以事逆君 則何顔以見天下之義士乎. 況聞高麗王公 仁厚勤儉 以得民心 殆天啓也. 必爲三韓之主 盍致書以安慰我王 兼殷勤於王公 以圖將來之福乎. 其妻曰 子之言 是吾意也. (ㄴ) 於是 天福元年(936년) 二月 遣人致意 遂告太祖曰 若擧義旗 請爲內應 以迎王師. 太祖大喜 厚賜其使者而遣之. 兼謝英規曰 若蒙恩一合 無道路之梗 則先致謁於將軍 然後升堂拜夫人. 兄事而姊尊之 必終有以厚報之. 天地鬼神 皆聞此言. …… (ㄷ) 謂英規 前王失國後 其子無一人慰藉者. 獨卿夫妻 千里嗣音 以致誠意 兼歸美於寡人 其義不可忘. 仍許職左丞 賜田一千頃. 許借驛馬三十五匹 以迎家人 賜其二子以官.	朴英規 昇州人 娶甄萱女 爲萱將軍. 及神劒爲逆 萱來投. (ㄱ) 英規密語其妻曰 大王勤勞四十餘年 功業垂成 一旦以家人之禍失地 投於高麗 夫貞女不事二夫 忠臣不事二主. 若舍吾君 以事賊子 則何顔以見天下之義士乎. 況聞高麗王公 仁厚勤儉 以得民心 殆天啓也. 必爲三韓之主 盍致書以安慰我王 兼致慇懃於王公 以圖將來之福乎. 其妻曰 子之言 是吾意也. (ㄴ) 太祖 十九年 二月 英規遂遣人歸款 且曰 若擧義兵 請爲內應 以迎王師. 太祖大喜 厚賜其使令歸 報英規曰 若蒙君惠 道路無梗 則先謁將軍 升堂拜夫人 兄事而姊尊之 必終有以厚報之. 天地鬼神 悉聞此言. 九月 太祖討神劒 滅百濟 (ㄷ) 謂英規曰 自萱失國遠來 其臣子無一人慰籍者. 獨卿夫婦 千里嗣音 以致誠意 兼歸款於寡人 義不可忘. 授以佐丞 賜田千頃 以驛馬三十五匹 迎致家人 官其二子(『고려사』권92 열전5 박영규).

『삼국사기』견훤열전과『고려사』박영규열전의 기록을 비교하면, 밑줄친 부분의 경우, 표현상 약간 상이(相異)하다는 사실을 확인할 수 있다. 이를 주목하건대,『고려사』찬자가 견훤열전, 또는 이것의 원전에 전하는 기록을 전거자료로 삼아 박영규열전을 찬술하였다고 단정하기 어려울 것

으로 판단된다. 이럼에도 불구하고 박영규와 관련된 견훤열전의 기록과
『고려사』 박영규열전에 전하는 기록의 원전은 매우 밀접한 관련성을 지녔
다는 사실만을 부인할 수 없을 것이다. 이에서 『삼국사기』와 『고려사』 찬
자가 견훤열전과 박영규열전을 찬술할 때, 내용이 대동소이한 박영규 관
련 전승자료를 참조하였다고 추론할 수 있음은 물론이다.

그런데 견훤열전에서는 건화(乾化) 2년(912)에 견훤이 궁예와 덕진포
(德津浦)에서 싸웠다고 하였으나, 『고려사』 태조세가에는 양(梁) 개평(開
平) 3년 기사(己巳; 909)에 덕진포(德眞浦)에서 견훤이 이끄는 군사와
왕건이 지휘한 궁예군사가 싸웠다고 전하여 차이를 보인다. 그리고 견훤
열전에는 정명(貞明) 4년(918) 8월에 견훤이 일길찬(一吉湌) 민각(閔郤)
을 보내 (태조의 즉위를) 칭하(稱賀)하였고, 마침내 공작선(孔雀扇) 및
지리산죽전(智異山竹箭)을 헌상하였다고 전하나, 태조세가에서는 918
년 8월에 일길찬(一吉粲) 민각을 보내 즉위를 축하하였고, 920년 9월에
아찬(阿粲) 공달(功達)을 보내 공작선(孔雀扇) 및 지리산죽전(智異山竹
箭)을 헌상하였다고 하였다. 이러한 기록들을 견훤열전과 태조세가에 상
이하게 전하는 대표적인 사례로 들 수 있다. 견훤열전에 935년 3월에 신
검(神劍)이 부왕(父王)인 견훤을 폐위시키고 금산사(金山寺)에 유폐한
다음, 스스로 대왕(大王)이라고 칭하면서 국내에 대사면령을 선포하고
교서를 발표한 내용이 전하나, 『고려사』 태조세가에는 이에 관한 내용이
전하지 않는다. 반면에 일리천전투에 관한 기록은 견훤열전보다 『고려사』
태조세가에 훨씬 자세하게 전하여 대비된다.

이상에서 견훤열전에 전하는 기록의 원전 가운데 일부가 『고려사』 열전
을 찬술할 때에 참조한 전거자료의 내용과 대동소이한 것이 존재하긴 하
였지만, 그러나 대부분 기록의 경우는 『고려사』 태조세가의 원전, 즉 『태

조실록』에 전하는 기록을 원전으로 보기 어렵다는 사실을 살필 수 있었다. 그렇다면 『삼국사기』 찬자는 어떤 전거자료를 활용하여 견훤열전을 찬술하였을까가 궁금하다. 견훤열전의 내용은 사론(史論)을 제외하고, 크게 4단락으로 구분할 수 있다. 첫 번째 단락은 견훤의 출생과 성장, 세력의 구축과 후백제의 건국과정을 다룬 부분이다. 두 번째 단락은 900년 건국 이후 오월(吳越)에 사신을 파견한 사실부터 918년 왕건이 궁예를 축출하기까지의 내용을 다룬 부분인데, 대야성(大耶城)과 금성(錦城), 덕진포(德津浦)에서 신라 및 궁예군사와 싸운 사실만을 매우 간략하게 서술한 점이 특징적이다. 세 번째 단락은 고려 건국 이후부터 935년 이전까지 주로 고려와의 관계를 집중적으로 다룬 부분인데, 925년과 926년 인질교환 사실과 이를 둘러싼 갈등, 927년 후백제의 신라 왕도 침략과 공산전투에 관한 사항 및 927년 12월과 928년 정월에 견훤과 왕건이 주고받은 서신을 소개한 것이 이 단락의 주요한 내용이다. 네 번째 단락은 935년 신검(神劍)의 정변과 견훤의 고려 투항, 936년 일리천전투, 후백제의 멸망과 핵심 지도자에 대한 처벌과 포상 등에 대해 기술한 부분이다.

견훤열전의 내용 가운데 세 번째와 네 번째 단락이 압도적인 비중을 차지하는데, 이 가운데 927년 후백제의 신라 왕도 침략 및 공산전투에 관한 기록, 견훤과 왕건이 주고받은 서신 관련 내용, 후백제의 내분 및 멸망을 다룬 부분이 견훤열전 기록 전체의 66.6%를 차지하였음을 확인할 수 있다.[25] 한편 견훤의 출생과 성장, 후백제의 건국과정을 다룬 첫

---

25) 史論을 제외한 견훤열전 기록은 모두 3,716자인데, 이 가운데 927년 후백제의 신라 왕도 침략 및 공산전투에 관한 기록이 199자, 견훤과 왕건이 주고받은 서신(1,027자; 27.6%)과 그와 관련된 기록(55자)이 1,082자, 후백제의 내분 및 멸망을 다룬 기록이 1,193자이다. 따라서 이들 기록이 견훤열전의 기록에서 차지하는 비율은 66.6%[(2,474÷3,716)×100=66.6]가 된다.

번째 단락은 견훤열전의 전체 기록 가운데 11%를 차지한다.[26] 결과적으로 견훤열전 기록 가운데 견훤의 출생과 성장, 후백제의 건국과정, 그리고 후백제의 신라 왕도 침략 및 견훤과 왕건이 주고받은 서신 관련 기록, 후백제의 내분과 멸망 관련 기록이 거의 78% 가량 차지하였음을 살필 수 있다.

궁예열전에는 후고구려, 즉 태봉의 정치운영 및 궁예가 설치한 행정관서에 대한 내용이 전하는 반면, 견훤열전에는 '관직을 두어 직무를 나누었다(設官分職)'고 전하지만, 구체적으로 어떤 행정관서와 관계(官階)를 설치하였는가에 관한 정보는 전하지 않는다. 또한 궁예와 마찬가지로 연호를 사용하였을 가능성이 높지만,[27] 이에 관한 정보도 전하지 않을 뿐만 아니라 견훤의 통치행위를 엿볼 수 있는 기록도 거의 찾아보기 어려운 형편이다. 더구나 충청과 호남지역에 위치한 호족들이 견훤에게 귀복(歸服)하였을 것으로 짐작되지만, 이에 관한 정보도 견훤열전에 거의 전하지 않는다. 더구나 900년 후백제를 건국한 이후부터 918년 이전까지 견훤이 신라를 강하게 압박하였을 뿐만 아니라 궁예와 치열하게 항쟁하였을 가능성이 높았음에도 불구하고 견훤열전에는 901년에 대야성(大耶城)을 공격하였다가 함락시키지 못한 사실, 910년에 금성(錦城)이 궁예에 투항한 것에 대해 분노하여 보병과 기병 3천 명을 거느리고 포위 공격한 사실, 912년에 덕진포(德津浦)에서 궁예군과 싸운 사실 등 단 세 개

---

26) 첫 번째 단락의 총 글자수는 408자로서, 견훤열전 기록 가운데 11%를 차지한다.

27) 신호철, 2016「후삼국의 정립과 후백제의 멸망」『신라에서 고려로』(신라 천년의 역사와 문화 연구총서 07), 경상북도문화재연구원, 220~221쪽에서 전북 남원시 산내면 입석리 실상사 조계암터의 片雲和尚 浮屠 銘文(創祖洪陟弟子 安峰創祖 片雲和尚浮屠 正開十年 庚午歲建)에 전하는 '正開'를 후백제의 연호로 이해하는 견해를 제기하였다. 이에 따른다면, 정개 10년 경오는 910년에 해당하고, 정개 원년은 견훤이 전주로 천도한 후 백제라는 국호를 사용한 901년이라고 이해할 수 있다.

의 기록만이 소개되어 있을 뿐이다. 이를 통해 900년 후백제 건국 이후부터 918년까지 견훤의 활약상을 기술한 자료가 인멸되었음을 추정해볼 수 있을 것이다.

918년 이후의 견훤열전 기록에서 견훤의 행적과 통치행위, 후백제의 정치적 추이 등에 관해 기술한 내용을 찾기 어렵고, 주로 고려와의 관계를 다룬 것 또는 후백제의 내분 및 멸망을 기술한 것이 대부분을 차지하고 있음을 발견할 수 있다. 이와 관련된 기록은 대체로 후백제 자체의 전승자료에서 인용하였다기보다는 고려인이 찬술한 전승자료에서 인용하였을 가능성이 높다고 짐작된다. 그렇다고 후백제 자체의 전승자료를 전혀 인용하지 않았던 것은 아니었다. 견훤열전에서 후백제가 900년과 918년, 925년 오월(吳越) 및 후당(後唐)에 사신을 보내, 견훤이 오월과 후당으로부터 검교태보(檢校太保), 중대부(中大夫), 검교태위겸시중판백제군사(檢校太尉兼侍中判百濟軍事) 등의 관작을 수여받았다는 기록을 확인할 수 있다.[28] 또한 천성(天成) 2년(927)에 거란의 사신 사고(裟姑) 등 35인이 내빙(來聘)하자, 견훤이 장군 최견(崔堅)에게 이들을 송환토록 하였는데, 북으로 가다가 풍랑을 만나 당(唐)의 등주(登州)에 이르러 모두 살륙(殺戮)되었다는 기록도 전하고 있다. 이와 관련된 정보를 현재 『고려사』와 중국 사서에서 찾을 수 없는 바, 이러한 기록들은 후백제 자체의 전승자료에서 인용하여 서술한 것으로 보는 것이 합리적이지 않을까 한다.

앞에서 견훤열전의 박영규 관련 기록의 원전은 『고려사』 박영규열전의

---

28) 견훤열전에 900년에 '오월에 사신을 보내 조공하니, 吳越王이 답하는 사신을 보내 檢校太保의 직을 덧붙여 주었고, 나머지 관직은 전과 같았다.'고 전하므로, 900년 이전에 견훤이 오월에 사신을 파견하였음을 엿볼 수 있다.

전거자료와 매우 밀접한 관련이 있음을 살핀 바 있다. 또한 견훤열전에서 견훤의 출생과 성장, 후백제의 건국과정, 견훤과 왕건이 주고받은 서신, 후백제의 내분 및 멸망과 관련된 기록이 거의 78%를 차지하였을 뿐만 아니라 918년 이후 견훤열전의 기록 가운데 후백제와 고구려와의 관계에 대한 내용이 중심을 이루었음을 확인할 수 있었다. 여기다가 견훤의 통치행위와 후백제의 정치적 추이를 엿볼 수 있는 내용을 견훤열전에서 찾을 수 없는 점 등을 두루 감안한다면, 『삼국사기』 찬자들이 견훤열전을 찬술할 때 활용한 전거자료가 견훤의 행적을 일목요연하게 정리한 전기류와 같은 성격을 지닌 전승자료일 가능성은 높다고 보기 어렵지 않을까 한다.

종래에 견훤열전이 견훤 개인에 대한 기록(열전)임에도 불구하고 견훤 중심이라기보다는 왕건이나 고려 중심의 기록이 대부분이었다는 점을 주목하여, 『삼국사기』 찬자가 신라말·고려초의 역사를 종합적으로 기술한 『구삼국사』 또는 『태조실록』 등과 같은 자료에서 견훤에 관계되는 내용을 발췌하여 견훤열전을 편찬하였을 것이라는 견해를 제시하였다.[29] 그러나 앞에서 견훤열전과 신라본기, 『고려사』 태조세가에 전하는 기록을 상호 비교하여, 『삼국사기』 찬자가 『구삼국사』 또는 『태조실록』에 전하는 견훤 관련 기록을 적극 활용하지 않았음을 살핀 바 있기 때문에 이와 같은 견해에 쉽게 동의하기 어렵다.[30] 『삼국사기』 찬자는 『구삼국사』와 『태조실록』 이외의 고려 중기까지 전해진 다양한 견훤 관련 전승자료를 적극 활용하여 견훤열전을 찬술하였다고 볼 수 있는데, 견훤의 출생과 성장 및 후백제의 건국과정을 간략하게 기술한 전승자료, 견훤의 가계와 신검의

---

29) 신호철, 1993 『후백제 견훤정권 연구』, 일조각, 180쪽.

30) 이강래, 2006 「『삼국사기』 열전의 자료계통」 『한국고대사연구』 42; 2007 『삼국사기 형성론』, 신서원, 313쪽에서 열전의 찬자는 신라본기에 활용되지 않은 자료를 수용하였다고 주장하였다.

정변 및 견훤의 고려에의 투항과정을 정리한 전승자료, 그리고 후백제가 오월과 후당, 거란 등과 교섭한 사실을 정리한 전승자료 등이 견훤열전을 찬술할 때에 주요한 전거자료로 활용되었을 것으로 추정된다.[31]

일연(一然)은 삼국사본전(三國史本傳)을 주요 전거로 삼고, 『이제가기〔李磾家記(또는 이비가지(李碑家記))〕』, 고기(古記)에서 인용한 기록을 추가하여 『삼국유사』 권제2 기이제2 후백제 견훤조를 찬술하였다. 또한 이외에 후백제 견훤조에 『고려사』 태조세가에 전하는 기록과 유사한 것이 추가로 보이는 점을 참고하건대,[32] 일연이 『태조실록』의 기록을 참조하였음을 확인할 수 있다. 그리고 일부는 출처를 밝히지 않은 전승자료에서 인용한 사례도 발견된다. 삼국사본전을 『구삼국사』 견훤열전으로 이해하는 견해도 있으나,[33] 『삼국사기』 견훤열전을 가리킨다고 보는 것이 일반적이다.[34] 한편 『이제가기』는 일종의 가계보(家系譜)로서 견훤의 가계와 관련된 내용을 주로 서술한 것이고,[35] 고기(古記)는 견훤의 출생 설화를

---

31) 한편 견훤열전에서 『삼국사기』 찬자는 신검이 왕위를 차지한 것은 본심이 아니라 협박에 의한 것이라고 판단하여 사형을 면제시켜 준다고 언급하면서, 세주로서 '또는 삼형제가 모두 목 베어졌다고도 한다(一云 三兄弟皆伏誅).'라고 소개하였는데, 이에서 그들이 견훤열전 찬술에 적극 활용한 전승자료 이외에 또 다른 전승자료를 참조하였음을 엿볼 수 있다.

32) 『삼국유사』 권제2 기이제2 후백제 견훤조에 전하는 "以其國來降者信康爲衛前(태조세가에는 '以先降人信康爲衛官'이라고 전함)", "太祖曰 非不欲討之 待其時也(태조세가에는 '王初欲待時而動 憐其固請 乃從之'라고 전함)" "忽白雲狀如劒戟 起我師向彼行焉(태조세가에는 '忽有白雲 狀如劒戟 起我師上 向賊陣行'이라고 전함)" 등은 견훤열전에 전하지 않는 것이다. 일연이 『태조실록』에 전하는 기록을 참조하여 약간 개서한 것으로 이해된다.

33) 三品彰英, 1979 『三國遺事考證』(中), 塙西房, 260~261쪽.
三品彰英은 三國史本傳은 『구삼국사』 견훤열전을 가리킨다고 이해한 다음, 이에 근거하여 『구삼국사』도 『삼국사기』와 마찬가지로 기전체 사서였다고 주장하였다. 그러나 『구삼국사』가 지와 표, 열전 등을 모두 구비한 기전체 사서였는가에 대해서는 매우 회의적이다. 이에 대해서는 추후에 자세하게 검토할 예정이다.

34) 신호철, 1993 앞의 책, 189~191쪽; 이강래, 2001 『『삼국유사』 '후백제 견훤'조의 재검토』 『후백제 견훤정권과 전주』, 주류성, 264~273쪽.

35) 신호철, 1993 앞의 책, 184쪽.

기술한 것으로 확인된다. 『삼국사기』 찬자는 견훤열전을 찬술하면서 이와 같은 자료를 전혀 참조하지 않았다.[36] 그러나 이와 같은 자료들이 고려 후기까지 전승되었음을 염두에 둔다면, 고려 중기에 견훤과 관련된 다양한 전승자료가 전해졌다고 추론해볼 수 있고, 『삼국사기』 찬자들은 여러 전승자료 가운데 비교적 신뢰할만한 내용을 발췌, 인용하여 견훤열전에 반영한 것으로 이해할 수 있다.

견훤열전에서 관등을 '~粲'으로 표기한 사례를 하나도 발견할 수 없다. 한편 견훤열전에 양검(良劒)은 강주도독(康州都督), 용검(龍劒)은 무주도독(武州都督)이라고 전하나, 『고려사』 태조세가에는 양검은 청주성주(菁州城主), 용검은 광주성주(光州城主)라고 전한다. 양검과 용검에 관한 정보는 935년에 신검이 정변을 일으켜 견훤을 금산사(金山寺)에 유폐시키고 금강(金剛)을 죽였다는 내용을 서술한 부분에 전한다. 그런데 이 부분에 이찬(伊湌) 능환(能奐)이 파진찬(波珍湌) 신덕(新德)·영순(英順) 등과 함께 신검에게 정변을 권하였다는 기록이 보인다. 관등을 '~湌'이라고 표기한 사실과 신라에서 주(州)의 장관을 도독(都督)이라고 불렀다는 점, 태조 23년(940)에 고려에서 무주(武州)를 광주(光州)로 개칭하였다는 점 등을 두루 감안하건대, 이 부분의 원전은 적어도 『태조실록』이 편찬된 현종 18년(1027) 이전에 정리된 것이었다고 볼 수 있다. 한편 견훤열전에 태조 23년에 개정한 경산(京山), 염주(鹽州), 백주(白州), 양주(楊州)와 같은 지명이 보인다. 따라서 견훤열전의 전거자료가 된 전승자료들이 고려에서 개정한 지명이 거의 보이지 않는 『구삼국사』 편찬 이전

---

36) 김상기, 1974 「견훤의 가계에 대하여」 『동방사논총』, 서울대학교출판부, 198쪽에서 『李磾家記』는 李磾(고려 中末期人?)의 私撰系譜的인 기록인 듯하며, 이는 『삼국사기』 견훤열전에 보이는 '本姓李 後以甄爲氏 父阿慈介'의 이야기에 부회하여 꾸며진 것으로 推察되는 만큼 전혀 신뢰성을 가지지 못한 것이라고 언급하였다.

에 찬술된 것이라고 추정하기가 쉽지 않을 것이다. 결과적으로 견훤열전의 전거가 되었던 대부분의 전승자료는 광종대에서 현종 18년(1027) 사이에 찬술된 것이었다고 정리할 수 있지만,[37] 구체적으로 언제 찬술된 것인가를 더 이상 고구(考究)하기 어려운 실정이다. 추후에 이에 대하여 보다 심층적으로 검토할 것을 약속하여 두는 바이다.

---

[37] 견훤 관련 일부 전승자료는 후백제 또는 광종대 이전 시기의 고려에서 찬술되었을 가능성을 완전히 배제할 수 없는데, 이에 대한 보다 구체적인 검토는 추후의 과제로 남겨두고자 한다.

결론

　이상 본문에서 『삼국사기』 잡지 및 열전의 원전과 그 성격, 각각의 편찬
과정을 살펴보았다. 제사지와 악지, 색복지, 지리지, 직관지, 열전 원전
과 그 성격, 그리고 잡지 및 열전의 편찬과정에 대하여 본문에서 살핀 내
용을 요약 정리하는 것으로서 본서를 마무리하고자 한다.

　제사지(祭祀志)와 신라본기에 전하는 시조묘(始祖廟), 신궁(神宮), 오
묘(五廟) 관련 기록을 비교 검토한 결과, 내용이 서로 달랐음을 확인할
수 있는데, 이를 통해 제사지의 찬자가 활용한 저본자료가 신라본기의 저
본자료인 『구삼국사(舊三國史)』의 기록이 아니었음을 엿볼 수 있다. 『삼
국사기』 지리지를 찬술할 때, 지리지 찬자가 '第四葉光宗', '第十一葉文
宗'이라고 표현하였음을 확인할 수 있다. 이를 참조하건대 왕명을 '第~
代~王'이라고 표현한 제사지의 시조묘, 신궁, 오묘, 사직단 기록은 제사
지 찬자가 직접 기술한 것이라기보다는 신라의 전승자료에 전하는 기록

을 인용하였을 가능성이 높다고 볼 수 있다. 신라의 전승자료는 시조묘와 신궁의 창립, 오묘의 시정(始定)에 대해 간략하게 정리한 내용이었고, 그것은 사직단이 설치된 선덕왕대(宣德王代)에서 오묘를 다시 개정한 애장왕대 사이에 찬술된 것으로 추정되는 바, 결국 제사지 찬자는 서두(序頭)에 '按新羅宗廟之制'라고 직접 기술한 다음, 그것을 이어 선덕왕대에서 애장왕대 사이에 시조묘와 신궁, 오묘, 사직단의 시정(始定)에 대해 기술한 신라의 전승자료에 전하는 내용을 인용하여 제사지에 첨입하였다고 이해할 수 있다.

　제사지의 대·중·소사 기록의 세주(細注)에 제사를 지낸 곳의 군·현뿐만 아니라 제사를 주관하는 주·군이 전하고 있고, 또한 경덕왕대 개정 지명과 이전 본래의 지명이 모두 보이고 있으며, 일부 지명의 읍격이 지리지에 전하는 것과 다르게 전하고 있는 사실 등을 근거로 하여 세주의 지명은 제사지의 찬자가 직접 기입한 것이 아니라, 그들이 참조한 전거자료에 전하는 것을 그대로 인용하였음을 추론할 수 있다. 아울러 세주의 지명을 분석한 결과, 대·중·소사 기록의 원전이 청해진을 설치한 흥덕왕 3년(828)에서 청해진이 혁파된 문성왕 13년(851) 사이에 찬술되었음을 확인할 수 있다. 또한 제사지에 전하는 내용이 『당육전(唐六典)』상서예부(尙書禮部)조에 전하는 당나라의 국가제사에 관한 내용과 유사한 사실을 통해 제사지의 원전은 예부 예하의 전사서(典祀署)에서 각종 국가제사에 관한 사항을 규정한 매뉴얼 가운데 가장 기초적인 내용을 담은 것이었을 가능성이 높다는 사실을 유추할 수 있다.

　한편 신라에서 풍백(風伯)과 우사(雨師), 오묘(五廟) 등의 제사를 대·중·소사로 구분하지 않았지만, 오묘와 교제(郊祭), 대·중·소사 및 별도의 규정에 의거한 제사에 대한 내용을 분리하여 정리하였을 가능성이 낮다는 점에서 대·중·소사에 관해 기록한 전승자료에 오묘와 교제, 별도의 규정에 의거한 제사 등에 관한 내용이 포함되어 있었다고 봄이 합리적이라고 판단된다. 결국 제사지 찬자는 흥덕왕 3년(828)에서 문성왕 13년(851) 사이에 신라 오묘와 교제, 대·중·소사, 별도의 규정에 의거한 제사에 관해 전사서에서 간략하게 정리한 전승자료 등을 신라 제사 기록의 기본 골격으로 삼은 다음, 필요한 부분마다 찬자의 견해를 적절하게 제시하고, '一本'이라고 표현된 전승자료에 전하는 제장(祭場)의 이칭(異稱) 및 소사(小祀)를 지낸 장소에 대한 이설(異說) 등을 세주로 제시함으로써 신라 제사 관련 기록을 완비하였다고 정리할 수 있을 것이다.

제사지의 찬자는 고구려와 백제 제사에 관한 기록이 불비(不備)하였기 때문에 고구려와 백제 제사에 대해서는 주로 중국 사서에 전하는 기록을 인용하여 소개하였는데, 중국 사서의 기록을 인용하는 과정에서 일부 기록을 적절하게 편집하거나 개서(改書)하였음을 확인할 수 있다. 한편 제사지 찬자가 고구려와 백제 제사 기록을 찬술할 때에 활용한 고기(古記)는 해동고기(海東古記) 또는 고구려와 백제 역사에 대해 기술한 『구삼국사』와는 별도의 사서였을 가능성이 높다고 판단된다.

악지(樂志)는 신라악, 고구려악, 백제악에 대하여 기술한 내용으로 구성되었고, 다시 신라악의 경우는 삼현(三絃), 즉 현금(玄琴)과 가야금(加耶琴), 비파(琵琶)에 대해 기술한 부분, 삼죽(三竹) 및 향악(鄕樂)에 대해 서술한 부분으로 나눌 수 있다. 악기에 대하여 서술한 부분에서는 앞에 중국 문헌을 활용하여 악기의 개요(槪要)를 소개하고. 이어 주로 고기(古記)를 인용하여 악기의 유래와 전승에 대하여 설명하였다. 개요 부분에서 중국의 문헌인 『금조(琴操)』, 『풍속통(風俗通)』, 『석명(釋名)』의 기록을 인용하였다고 하였지만, 악지의 찬자는 『금조』 등에 전하는 원문(原

文)을 직접 인용한 것이 아니라 『초학기(初學記)』에서 인용한 것을 그대로 옮겨 기술하였음을 확인할 수 있다.

현금(玄琴)의 유래와 전승에 대해서는 신라고기(新羅古記)를 인용하여 소개하였다. 신라고기에 '나왕(羅王)' 또는 '나인(羅人)'이라는 표현이 전하는데, 이를 근거로 그것은 고려 초에 찬술되었음을 추론할 수 있다. 가야금(加耶琴)의 유래와 전승에 대해서는 나고기(羅古記)를 인용하였다. 나고기와 비슷한 기록이 『삼국사기』 신라본기 진흥왕 12년 3월과 진흥왕 13년 기록에도 전한다. 나고기와 신라본기의 기록을 비교한 결과, 두 자료의 원전이 달랐음을 확인할 수 있고, 나고기 또는 신라본기 기록의 원전 가운데 하나가 김대문(金大問)이 지은 『악본(樂本)』이었을 것으로 추정된다. 악지에서 나고기에 이어 우륵(于勒) 12곡의 명칭을 소개하였다. 우륵 12곡에 전하는 지명이 가야에서 사용한 것이었던 것으로 보건대, 이와 관련된 기록의 원전은 신라의 전승기록이나 『악본』이었을 가능성이 높다고 판단된다.

악지의 찬자는 삼죽의 개요를 기술한 다음, 만파식적(萬波息笛)의 유래를 기술한 고기(古記)의 기록을 인용하였다. 그런데 만파식적의 유래와 관련된 설화가 『삼국유사』 권제2 기이제2 만파식적조에 전한다. 악지의 찬자는 『삼국유사』에 전하는 설화의 내용을 괴이(怪異)하여 믿을 수 없다고 평가하고, 단지 이 설화의 요점만을 발췌하여 인용하였음을 살필 수 있다. 악지의 찬자는 삼죽에 대한 서술에 이어 향악(鄕樂)의 곡명, 정명왕(政明王; 신문왕) 9년(689)과 애장왕 8년(807)에 연주한 악무(樂舞), 최치원(崔致遠)이 지은 향악잡영(鄕樂雜詠) 5수를 신라의 음악으로 소개하였다. 회악(會樂)을 비롯한 향악의 곡명과 관련된 기록의 원전은 경문왕 또는 헌강왕 때에 정리한 전승자료였던 것으로 확인된다. 악지의 찬자가 정명왕 9년과 애장왕 8년에 연주한 악무에 관한 기록을 고기(古記)에서 인용하였다고 밝혔지만, 현재로서 고기의 성격을 더 이상 추적하기 어렵고, 향악잡영 5수가 실린 문헌에 대한 정보 역시 마찬가지이다.

악지의 찬자는 고구려와 백제 음악에 대해서 우리나라의 전승자료가 없었기 때문에 주로 『통전(通典)』, 『책부원귀(冊府元龜)』, 『북사(北史)』에 전하는 기록을 인용하여 소개하였다. 『통전』에 전하는 고구려와 백제 음악 관련 기록의 원전은 『구당서(舊唐書)』 악지에 전하는 기록, 『책부원귀』에 전하는 고구려 음악 관련 기록의 원전은 『수서(隋書)』 고려전에 전하는 기록, 『북사』에 전하는 백제 음악 관련 기록의 원전은 『수서』 백제전에 전하는 기록임을 확인할 수 있다. 악지에서 찬자가 직접 첨입(添入)한 세주(細注)는 단 1개만을 발견할 수 있는데, 이에서 악지의 찬자가 다양한 전거자료를 활용하여 악지를 서술하지 않았음을 추론할 수 있다.

잡지 가운데 색복지(色服志)의 경우, 김부식(金富軾)이 찬술한 것으로 확인된다. 김부식은 법흥왕 때에 6부인 복색의 존비제도(尊卑制度)를 제정한 사실에 대해 기술한 전승자료와 신라본기에 전하는 의복 관련 기록을 두루 참조하여, 색복지 서두에 신라 복식의 변천에 대하여 개괄하였다. 그리고 신라의 의복이 고려시대까지 그대로 계승된 사실과 관련된 내용을 색복지에 직접 첨입(添入)하였다.

김부식은 색복지에서 신라의 의관(衣冠)과 관련하여 두 가지 자료를 소개하였다. 하나는 법흥왕 때에 제정한 공복제(公服制)와 관제(冠制) 관련 규정이고, 다른 하나는 흥덕왕 9년(834)에 내린 신분에 따른 의관 규정과 관련된 하교(下敎)이다. 공복제와 관제 규정 관련 기록의 기본원전은 의복령(衣服令) 조문(條文)이었고, 다만 의복령 가운데 공복제와 관제에 관한 규정만이 다른 전승자료에 기술되어 고려시대까지 전해졌으며, 김부식이 이를 색복지에 인용하면서, 공복제와 관제 규정 모두 법흥왕 때에 제정된 것이라고 부기(附記)한 것으로 이해된다.

이어서 김부식은 색복지에 흥덕왕 9년(834)에 내린 하교를 그대로 전재하여 제시하였다. 김부식은 이외에 거기지(車騎志), 기용지(器用志), 옥사지(屋舍志)에서도 역시 흥덕왕 9년에 내린 하교의 원문을 그대로 전재하기도 하였다. 흥덕왕 9년에 내린 교령(敎令)의 기본원전, 즉 구장(舊章)은 신문왕대에 골품에 따른 색복과 기용, 옥사에 관한 규정을 개정한 법령이거나 또는 이것을 개정한 교령이었던 것으로 추정된다.

김부식은 색복지에서 고구려와 백제의 의복을 상고(詳考)할 수 없기 때문에 중국 사서에 전하는 기록을 인용한다고 밝혔다. 고구려의 의복에 대해서는 『북사』와 『신당서』, 『책부원귀』에 전하는 기록을 인용하여 설명하였다. 이 가운데 『북사』 기록은 『위서(魏書)』 고구려전, 『주서(周書)』와 『수서』 고려전에 전하는 기록을 적절하게 편집한 내용이었음을 살필 수 있다. 한편 『책부원귀』 기록은 『통전』에 전하는 기록을 인용한 것이었고, 『통전』 기록의 원전은 『양서(梁書)』 고구려전에 전하는 기록이었으며, 『양서』의 찬자는 『삼국지』 위서 동이전 고구려조에 전하는 기록을 전거로 하여 고구려 의복 관련 기록을 찬술한 것으로 확인된다. 백제 의복에 대해서는 『북사』와 『수서』, 『구당서』, 『통전』에 전하는 기록을 인용하여 소개하였는데, 이 가운데 『북사』와 『통전』 기록의 원전은 『주서』 백제전에 전하는 기록이었다.

『삼국사기』 지리지 가운데 신라지(新羅志)의 기재 형식을 보면, 맨 앞에 표제(標題) 읍호(邑號)를 제시한 다음, 이어 본래의 읍호와 경덕왕대(또는 헌덕왕대)에 개명(改名)한 사실을 언급하고, 마지막으로 고려 인종 때의 해당 지명을 적기한 것으로 확인된다. 본래의 읍호 부분에 여러 추가 정보가 제시되어 있는데, 이것과 관련된 신라본기, 열전에 전하는 기록을 상호 비교한 결과, 거의 일치하지 않았던 것으로 확인된다. 이것은 신라본기의 저본자료인 『구삼국사』의 기록 및 열전의 찬술에 활용된 여러 저본자료에 전하는 내용과 신라지의 찬자가 활용한 저본자료, 즉 원전의 내용이 판연하게 차이가 났던 것에서 비롯되었다고 볼 수 있다. 헌덕왕대에 취성군(取城郡)과 그 영현(領縣)을 개명한 사실, 기성현(岐城縣)·반남현(潘南縣)을 군(郡)으로 승격시킨 사실 등이 포함된 신라지의 저본자료, 즉 신라지의 원전은 본기(本紀)와 같은 형식이 아니라 후대의 읍지(邑誌) 또는 지리지(地理志)와 같은 형식으로 구성되었다고 추정되며, 여러 가지 정황을 두루 감안하건대, 그것은 한화정책(漢化政策)을 강력하게 추진한 9세기 후반 경문왕 또는 헌강왕대에 찬술되었을 가능성이 높다고 판단된다.

신라지의 찬자는 일차적으로 경덕왕대에 개명(改名)한 사실을 중심으로 하여 찬술된 신라지의 원전을 저본으로 하여 신라지의 표제 읍호와 본래의 읍호 및 이와 관련된 추가 정보를 서술하여 신라지의 기본 골격을 구성한 다음, 지방의 간략한 읍지류(邑誌類)와 고기류(古記類) 등을 참조하여 새로운 정보를 추가로 첨입(添入)하거나 또는 일부 내용을 직접 개서(改書)하였음을 확인할 수 있다. 나아가 다양한 자료를 참조하여 지명의 이표기(異表記) 또는 별칭(別稱) 등을 세주(細注)로서 제시하고, 이어 경덕왕대 또는 헌덕왕대에 개명한 사실을 적시한 다음, 고려 인종대에 해당하는 지명을 기재하여 신라지를 완성하였다.

신라지는 삼국 초기부터 고려 인종대까지의 지명 변천을 일목요연하게 살필 수 있는 유일무이한 사료로 평가받고 있다. 이뿐만 아니라 추상적인 명칭을 관칭(冠稱)한 주〔상주(上州)·하주(下州)·신주(新州)〕에서 주치명(州治名)을 관칭한 주로의 변천과정과 그 시점, 중고기 주치(州治)의 변동 양상과 군현 및 소경(小京)의 개편 현황 등을 밝히는 데에 귀중한 정보를 제공하고 있다. 나아가 거기에 왕도(王都) 및 일부 주와 소경, 군현에 쌓은 성곽(城郭)의 축조 시점과 그 규모를 알려주는 소중한 정보도 전하고 있어 주목된다. 이밖에 금관국(金官國), 대가야(大加耶) 등의 왕계(王系)와 역사(歷史), 그리고 통일신라와 고려 초기의 가야소국에 대한 인식 등을 살필 수 있는 자료가 신라지에 전할 뿐만 아니라 신라의 지방 소국(小國) 정복(征服)과 병합(倂合), 지방에 대한 지배방식(支配方式)과 그 변화 등을 살필 수 있는 내용이 적지 않게 전하고 있음을 확인할 수 있다. 이러한 측면에서 신라지는 신라본기와 더불어 신라사 연구에 있어서 절대적인 가치를 지닌 자료라고 평가하여도 지나치지 않을 것이다.

신라지의 원전에 상식적으로 납득하기 어려운 내용이 다수 포함되어 있었다고 보이는데, 대표적인 사례로서 고령군(古寧郡; 경북 상주시 함창읍)을 가야소국(加耶小國)과 연결시킨 기록, 나이군(奈已郡; 경북 영주)이 본래 백제의 영토였다고 언급한 기록, 법흥왕 때에 아시량국(阿尸良國; 경남 함안)을 정복하여 군(郡)으로 편제하였다고 전하는 기록, 신라가 탕정군(湯井郡; 충남 아산)을 주(州)로 편제하였다고 전하는 기록 등을 들 수 있다. 신라지의 찬자는 신라지의 원전(原典)에 전하는 내용을 철저하게 검증하지 않고 신라지에 그대로 인용하여 기술하였던 것이다. 이밖에 주와 관련된 기록들 역시 여러 가지 문제점을 지니고 있기 때문에 이것들을 사료로서 이용할 때에도 세심한 주의가 필요함은 물론이다. 한편 신라지에서 신라지의 찬자가 잘못 검증한 경우도 여럿 발견할 수 있는데, 문소군(聞韶郡; 경북 의성군 금성면)이 고려시대에 의성부(義城府)

에 합속(合屬)되었음에도 불구하고 의성부로 비정된다고 서술한 사실, 문소군의 영현(領縣)인 진보현(眞寶縣)이 고려시대의 의성부에 해당함에도 불구하고 보성(甫城; 청송군 진보면)으로 비정된다고 서술한 점, 오늘날 경주시 안강읍과 강동면, 토함산과 양북면 일대를 망라하는 대성군(大城郡)이 고려시대에 경주(慶州)가 아니라 청도군(淸道郡)에 합속되었고, 동안군(東安郡; 울산광역시 울주군 서생면)이 고려시대에 울주(蔚州)가 아니라 경주에 합속되었다고 적기한 점 등이 이에 해당한다. 이처럼 신라지에 그 원전에서 비롯된 오류가 다수 발견되고, 나아가『삼국사기』신라지 찬자가 잘못 고증한 사례도 여럿 산견(散見)되므로, 신라지를 사료로서 이용할 때에 각별한 주의가 요망된다고 하겠다.

『삼국사기』지리지의 찬자는 고구려지의 서문(序文)에서 고구려본기와『구삼국사』고구려 기록의 기본원전인『신집(新集)』과는 별개의 고구려 자체의 전승자료를 주로 활용하여 고구려의 천도(遷都) 현황에 대하여 서술하였고,『양서』고구려전과『괄지지(括地志)』의 기록을 존중하여 국내성(國內城)을 불이현(不而縣)이라고 서문의 세주(細注)에서 밝혔다. 백제지 서문에서는『북사』와『통전』,『구당서』와『신당서』백제전에 전하는 기록을 인용하여 백제의 지리적 위치를 설명한 다음, '고전기(古典記)', 즉『자치통감』을 비롯한 중국의 여러 사서 및 국내의 여러 서적〔書籍; 서책(書冊)〕에 전하는 기록을 인용하여 백제의 천도 현황을 기술하였다.

지리지의 찬자는 신문왕 9년에서 성덕왕대 전반 사이에 정리된 저본자료를 백제지의 기본 골격으로 삼은 다음, 신라지와 기타 여러 읍지류와 고기류 등을 참조하여 여러 지명의 이칭(異稱)이나 별칭(別稱), 이표기(異表記) 등을 세주(細注)로 첨입하고, 마지막으로 신라지에 나령군(奈

靈郡)이 본래 백제 나이군(奈巳郡)이었다고 전하는 사실을 참조하여, 말미에 나이군을 추가하여 백제지를 완성하였다. 고구려지 한산주조의 원전은 대체로 신문왕 9년(689)과 성덕왕대 전반 사이 군·현의 영속관계를 반영하는 내용이었고, 지리지 찬자가 거기에다 경덕왕과 헌덕왕대, 태봉에서 새로이 편제한 군·현에 대한 정보를 추가하여 고구려지 한산주조를 찬술하였으며, 우수주와 하슬라주조의 원전 역시 신문왕 9년에서 성덕왕대 전반 사이 영속관계의 내용을 토대로 하여 찬술되었던 것으로 보인다. 결국 지리지 찬자는 신문왕 9년에서 성덕왕대 전반 사이에 찬술된 고구려지의 원전을 기본 골격으로 삼은 다음, 다양한 자료를 참조하여 고구려 지명의 이칭이나 별칭, 이표기 등을 세주로 제시하고, 한산주조에 경덕왕과 헌덕왕대, 태봉에서 새로 편제한 군·현에 대한 정보를 추가로 첨입하여 고구려지를 완성하였다고 정리할 수 있다.

한편 지리지의 찬자는 법흥왕대 이전 기록에 보이는 신라지명은 주로 『국사(國史)』를 기본원전으로 하는 『구삼국사』 신라 기록과 내용이 거의 비슷하면서도 편년적 체계를 갖춘 전승자료에서, 중고기 이후부터 경순왕대까지의 기록에 전하는 지명은 실록류의 어떤 사서에서 인용하면서도 『구삼국사』 신라 기록을 참조하였고, 이밖에 백제 관련 전승자료 및 잡지와 열전, 또는 이들 자료의 전거자료에 전하는 신라의 지명을 인용한 것으로 보인다. 이와 더불어 그들은 『신집(新集)』을 기본원전으로 하는 어떤 전승자료와 『구삼국사』 고구려 기록에 전하는 고구려의 지명, 『구삼국사』 신라 기록 및 『자치통감』, 『신당서』 등의 중국 사서에 전하는 여러 고구려지명을 삼국유명미상지분(三國有名未詳地分)조에 제시하고, 아울러 『구삼국사』 백제 기록에서 그 위치를 상고(詳考)하기 어려운 백제지명들을 추려서 삼국유명미상지분조에 소개한 다음, 고기류(古記類)와 신라측의 전승자료, 중국 사서에 전하는 백제지명 가운데 그 위치를 상고하기 어려운 것들을 찾아 추가하여 소개하였다. 마지막으로 지리지의 찬자는 여러 지방의 읍지류와 고기류, 다양한 전승자료에 전하나 그 위치를 상고 (詳考)할 수 없는 지명들을 인용하여 삼국유명미상지분조를 완성하였다.

지리지 찬자는 삼국유명미상지분조 뒤에 당군(唐軍)이 667년 2월에서 9월 사이에 압록강 이북의 여러 고구려성에 대해 기술한 이른바 '목록(目錄)'을 소개하고, 이어 당(唐)이 664년(문무왕 4) 무렵에 백제고지에 설치한 1도독부 7주 51현에 대해 기술한 다음, 가탐(賈耽)의 고금군국지 (古今郡國志)에 전하는 '발해국의 남해부(南海府), 압록부(鴨淥府), 부여부(扶餘府), 책성부(柵城府)의 네 부는 모두 고구려의 옛 땅이었다. 신라 천정군(泉井郡)으로부터 책성부에 이르기까지 무릇 39역이 있었다.'는 기록을 제시하고 지리지의 서술을 마무리하였다.

『삼국사기』 잡지제7 직관(상)에서는 서문(序文)을 맨 앞에 제시하고, 이어 17관등, 상대등(上大等), 대각간(大角干), 태대각간(太大角干)에 대해 기술한 다음, 그 다음에 집사성(執事省)을 비롯한 중앙행정관부를 소개하였다. 이어서 직관(중)에서 내성(內省)과 동궁관(東宮官) 예하의 내정관부(內廷官府)에 대하여 설명하였다. 직관지의 찬자는 중대에 널리 사용된 관등 표기를 그대로 수용하였거나 또는 중대에 정리한 어떤 전승자료에 전하는 17관등의 명칭을 그대로 인용하여 직관지의 본문에 제시하였다. 그리고 『삼국사기』 신라본기와 잡지, 열전에 전하는 관등 표기 및 『수서』 신라전, 『태조실록(太祖實錄)』에 전하는 관등 표기를 세주(細注)로 관등의 이표기(異表記) 또는 별칭(別稱)으로 소개하는 한편, 우벌찬(于伐飡), 잡판(迊判), 살찬(薩飡), 대나말(大奈末)과 나말(奈末), 한사(韓舍)라는 관등 표기가 전하는 다양한 전승자료를 참조하여 세주에 그것들을 이벌찬, 잡찬, 사찬, 대나마와 나마, 대사의 이표기 또는 별칭으로 제시하였다.

『삼국사기』 잡지 직관(중)에는 내성(內省)과 어룡성(御龍省)을 비롯한 115개의 관부가 소개되어 있다. 종래에 내성과 어룡성의 장관이 사신(私臣)이었다는 사실에 주목하여, 내사정전(內司正典)부터 마리전(麻履典)까지 70개의 관부는 내성에서, 세택(洗宅)부터 침방(針房)까지 34개의 관부는 어룡성에서, 동궁아(東宮衙)부터 용왕전(龍王典)까지 9개 관부는 동궁관(東宮官)에서 관할하였다고 이해한 견해가 제기되었다. 그러나 어룡성 이전에 나열한 관부들과 그 이후에 나열한 관부들의 기능이 뚜렷하게 구분되었다는 증거를 찾을 수 없기 때문에 이러한 견해는 그대로 수용하기 어렵고, 내성이 관할하는 관부와 동궁관이 관할하는 관부로 크게 구분하는 것이 합리적이라고 판단된다.

직관(중)과 신라본기에 전하는 기록을 서로 비교한 결과, 내용이 서로 다른 사례를 다수 발견할 수 있다. 이는 직관지의 찬자가 직관(중)을 찬술할 때에 신라본기에 전하는 기록을 참조하지 않았음을 시사해주는 측면으로 주목된다. 직관(중)에 내정관부 관직의 정원 변동에 대한 정보가 전하지 않는데, 이에서 직관(중)을 편찬할 때에 활용한 저본자료가 왕교(王敎) 또는 왕교를 집성(集成)한 격(格)이 아니었음을 추론할 수 있다. 더구나 직관(중)에 전하는 세주(細注)를 살펴보면, 동궁관 예하의 급장전(給帳典)을 '일운(一云) ○전(○典)'이라고 언급한 세주 이외의 나머지는 모두 직관지 찬자가 간단하게 부연 설명한 것에 해당한다. 이를 통해 직관지 찬자가 저본자료 이외에 별도로 참조한 전승자료가 거의 존재하지 않았음을 엿볼 수 있다.

직관지 찬자가 내정관부에 대해 일괄 정리한 어떤 전승자료를 참조하여 직관(중)을 찬술하였다고 정리할 수 있는데, 문성왕 17년(855) 무렵에 한식(漢式)으로 개정한 지명을 널리 사용한 사실, 직관(중)에 원곡양전(源谷羊典)을 흥덕왕 4년(829)에 설치하였다고 전하는 사실 등을 감안하건대, 직관(중)을 찬술할 때에 저본자료로 활용된 신라의 전승자료는 흥덕왕 4년에서 문성왕 17년 사이에 정리되었을 가능성이 높다고 볼 수 있다. 결국 직관지 찬자는 흥덕왕 4년에서 문성왕 17년 사이에 정리한 어떤 전승자료에 전하는 내정관부 관련 기록을 대체로 인용하여 직관(중)의 기본 골격을 삼은 다음, 상문사(詳文師)조에 '後置學士'를, 왜전(倭典)조에 '已下十四官員數闕' 등을 추가로 첨입하고, 세주를 달아 직관(중)을 완성하였던 것으로 이해된다.

직관지 찬자는 신라본기 또는 그것의 원전에 전하는 중앙행정관부 관련 기록을 전혀 참조하지 않았을 뿐만 아니라 신라본기의 원전과 직관(상) 중앙행정관부 기록의 전거자료가 서로 달랐음이 확인된다. 직관(상) 중앙행정관부 기록의 전거자료에는 사원성전들과 집사성(執事省)을 비롯한 일반 중앙행정관부에 대한 정보가 일괄로 정리되어 있었고, 직관지 찬자는 직관(상) 중앙행정관부 기록을 찬술하면서 이러한 성격을 지닌 전거자료와 이와는 별도의 전승자료에 전하는 육부소감전(六部少監典), 식척전(食尺典), 직도전(直徒典), 고관가전(古官家典) 등에 대한 내용을 거의 그대로 인용하였음을 살필 수 있다.

직관(상) 중앙행정관부 기록의 전거자료, 즉 원전(原典)을 찬술한 찬자는 흥덕왕 4년(829) 이후에서 헌안왕 즉위년(857) 사이에 왕교(王敎) 또는 왕교를 집성(集成)한 격(格)에 전하는 정보를 기초로 하여 집사성을 비롯한 중앙행정관부에 대해 정리한 전승자료, 사원성전에 대해 정리한 전승자료, 그리고 위화부(位和府)와 영창궁성전(永昌宮成典)에 대해 정리한 전승자료를 바탕으로 각 관부 책임자의 품질(品秩)과 기타 여러 측면을 두루 고려하여 관부를 배열하고, 처음 설치할 때의 관부 및 관직의 명칭, 자료 환경 등을 두루 감안하여 표제어를 제시하여 직관(상) 중앙행정관부 기록 원전의 기본 골격을 마련하였다. 그리고 그들은 여기에 관직에 대한 관등규정만을 정리한 문서를 참조하여 각 관부에 대한 관등규정을 추가로 첨입(添入)하여 직관(상) 중앙행정관부 기록의 원전을 완성하였던 것으로 추정된다.

직관지 찬자는 직관(상) 중앙행정관부 기록의 원전을 대체로 인용하여 직관(상)의 기본 골격으로 삼은 다음, 중앙행정관부 기록의 원전과 별도의 전승자료에 전하는 신문왕대 또는 그 이전에 폐지된 육부소감전, 식척전, 직도전, 고관가전에 관한 내용을 말미에 추가로 첨입하고, 이어 직관(상)에 원전 이외의 단편적인 전승자료와 고기류에 전하는 관부의 이칭(異稱), 관직 명칭과 정원, 관직 개정 시기에 대한 이설(異說), 전읍서경(典邑署卿) 등의 연혁에 대해 부연 설명한 내용 등을 보주로 제시하여 직관(상) 중앙행정관부 기록을 완성하였다고 볼 수 있다.

『삼국사기』 직관(하) 무관조는 시위부(侍衛府), 제군관(諸軍官), 범군호(凡軍號), 금(衿), 군관화(軍官花), 정관(政官)에 대해 기술한 내용으로 구성되었다. 무관조 맨 앞에 기술한 것은 시위부에 관한 내용이다. 시위부에 관한 내용에서는 시위부의 구성과 설치 연대, 장군(將軍)을 비롯한 시위부에 배속된 군관(軍官)과 졸(卒), 군관과 졸의 정원(定員), 군관에 대한 관등규정 등에 대하여 기술하였다. 이와 같은 구성 방식은 직관(상)에 전하는 중앙행정관부 기록의 그것과 동일한 것이다. 게다가 직관지 찬자가 무관조를 기술할 때에도 직관(상)의 중앙행정관부 기록을 찬술할 때와 마찬가지로 신라본기에 전하는 시위부 관련 기록을 참조하지 않았음을 확인할 수 있다. 따라서 시위부 관련 기록의 원전은 직관(상) 중앙행정관부 기록의 원전이 찬술된 시점, 즉 흥덕왕 4년(829) 이후에서 헌안왕 즉위년(857) 사이에 찬술되었을 가능성이 높다고 판단되며, 직관지 찬자는 시위부 관련 기록의 원전을 그대로 전재(轉載)하여 무관조에 첨입하였던 것으로 이해된다.

　무관조 범군호(凡軍號) 6정(停) 기록 원전의 찬자는 6정군단의 연혁에 대해 기술한 전승자료를 기초로 하여 6정 기록 원전의 기본 골격을 구성하고, 이어 일부 정군단의 명칭을 상주정(上州停), 하주정(下州停), 신주정(新州停)으로 개서(改書)한 다음, 정군단이 위치한 지역명을 관칭(冠稱)한 정군단의 명칭을 표제어로 제시하고, 마지막으로 금색(衿色)에 관한 정보를 추가로 첨입하여 6정조 원전을 정리한 것으로 보인다. 한편 9서당(誓幢)조의 기본원전은 군단에 관한 사항을 규정한 법전류와 직관지류 등과 같은 전승자료였다고 보이고, 이밖에 범군호 기록 원전의 찬자는 경덕왕 16년 이전 중대의 어느 시기에 삼천당(三千幢)을 진흥왕 5년에 설치하였다고 전하는 전승자료, 10정을 삼천당이라고도 불렀다고 전하는 전승자료 및 10정에 관해 정리한 전승자료 등을 두루 참조하여 10정 기록의 원전을 찬술하였을 뿐만 아니라 5주서(州誓)와 군사당(軍師幢)을 비롯한 여러 군단에 대해 소개한 전승자료에 전하는 내용을 그대로 인용하여 범군호조의 23개 군단에 대해 설명한 부분의 원전을 찬술한 것으로 짐작된다. 결국 범군호 기록 원전의 찬자는 23군호의 개별 명칭을 나열한 전승자료에 전하는 내용을 범군호 기록 원전(原典)에 그대로 전재한 다음, 여기에 열거되어 있는 각각의 군단에 관한 사항을 여러 전승자료를 참조하여 정리함으로써 원전을 완성하였다고 볼 수 있다.

　한편 무관 제군관조의 원전은 장군(將軍)과 대관대감(大官大監), 대대감(隊大監), 제감(弟監), 소감(少監), 화척(火尺)에 대해 기술한 전승자료, 군사당주·감(軍師幢主·監) 및 대장척당주(大匠尺幢主)·대장대감(大匠大監)에 대해 기술한 전승자료 또는 이들 군관과 더불어 감사지(監舍知)에 대해 기술한 전승자료, 보기당주(步騎幢主)·보기감(步騎監) 및 착금기당주(著衿騎幢主)·착금감(著衿監)에 대해 기록한 전승자료 또는 전자와 후자에 관해 각기 기술한 계통이 같은 전승자료, 비금당주(緋衿幢主)·비금감(緋衿監) 및 사자금당주(師子衿幢主)·사자금당감(師子衿幢監)에 대해 기재한 전승자료, 흑의장창말보당주(黑衣長槍末步幢主)에 대해 기술한 전승자료, 법당주(法幢主)·법당감(法幢監), 법당두상(法幢頭上)·법당벽주(法幢辟主), 삼천당주(三千幢主)·삼천감(三千監)·삼천졸(三千卒), 삼무당주(三武幢主), 만보당주(萬步幢主), 개지극당감(皆知戟幢監)에 대해 기술한 각각의 전승자료 등에 기초하여 찬술되었음이 확인된다. 무관조 원전의 찬자는 선덕왕(宣德王) 3년(782)에서 헌덕왕대 사이에 여러 군관에 대해 정리한 다양한 전승자료에 전하는 내용을 대체로 전재(轉載)하여 제군관 기록 원전의 기본 골격으로 삼은 다음, 여기에 군관직의 관등규정, 금(衿)의 착용 여부에 대해 기록한 전승자료를 참조하여 군관의 관등규정과 금의 착용 여부 등을 추가로 첨입하여 제군관 기록의 원전을 완성한 것으로 보인다.

직관지 찬자는 23군단의 명칭을 나열한 부분과 23개 각각의 군단에 대해 설명한 부분을 정리한 원전에 전하는 내용을 대체로 전재(轉載)하여 범군호 기록의 기본 골격으로 삼은 다음, 신삼천당(新三千幢)에 '衿色未詳'이라고 추가로 직접 기술하고, 이밖에 다른 전승자료를 참조하여 일부 군단의 이칭(異稱)을 보주로서 소개함으로써 범군호조를 완비하였다. 한편 그들은 제군관 기록의 원전에 전하는 내용을 대체로 전재(轉載)하고,

장군 관련 기록에 별도의 전승자료에 전하는 '至景德王時 熊川州停加置三人'이라는 문구를 추가로 첨입하여 제군관 기록을 마무리한 것으로 확인된다.

직관지 찬자는 무관조에 시위부(侍衛府), 제군관(諸軍官), 범군호(凡軍號)에 관한 기록에 이어 금(衿), 군관화(軍官花), 정관(政官)에 대하여 기술하였다. 제군관조에서 대부분의 군관이 금(衿; 옷깃)을 착용하였다고 언급하였고, 범군호조에서 군단의 금색(衿色), 즉 깃발의 색깔에 대한 정보를 밝혔다. 이러하였기 때문에 직관지 찬자는 금(衿)조에서 단지 『서전(書典)』과 『시경(詩經)』, 『사기(史記)』, 『한서(漢書)』, 『주례(周禮)』 등에 전하는 관련 자료를 인용하여 군관마다 옷에 붙인 금(衿) 및 군단의 깃발을 가리키는 금의 개념에 대해 설명하고, 이어 신라에서 형상이 반달 모양인 깃발의 색깔을 달리하여 군단을 구별하였던 사실과 더불어 계(罽)를 군복 위에 붙였으나, 그것의 길고 짧은 제도는 알 수 없다는 내용만을 간략하게 기술하는 데에 머물렀다.

군관화조는 두 개의 단락으로 나눌 수 있다. 첫 번째 단락은 대장군(大將軍)과 상장군(上將軍), 하장군(下將軍)을 비롯한 각급 군관의 화(花)의 길이와 너비, 재원(財源)에 대해 설명한, 즉 각급 군관의 화(花)의 규정에 대해 소개한 부분이고, 두 번째 단락은 화의 의미와 특징에 대해 설명한 부분이다. 무관조에 전하는 군관화에 대한 규정을 어느 시기에 정비한 것인지 단정하기 어렵지만, 군관화 규정의 변천에 대한 언급이 전하지 않은 것으로 보건대, 직관지 찬자가 참조한 군관화에 대한 전거자료는 특정한 시기에 정비한 규정을 정리한 법전류 또는 특정한 시기에 반포한 왕교(王敎)를 기초로 하여 찬술된 전승자료였을 가능성이 높다고 판단된다. 직관지 찬자는 군관화조 원전에 전하는 내용을 그대로 전재(轉載)한

다음, 화(花)의 의미와 특징에 대해 설명하는 내용을 추가로 첨입하고, 동시에 또 다른 전승자료에 전하는 대장척당주화에 대한 자료를 세주(細注)로서 제시하여 군관화조를 완성한 것으로 이해된다.

직관(하) 무관 정관(政官)조에서 일부 승관직(僧官職)의 정원을 진덕왕 원년(647)에 늘렸다거나 또는 원성왕 3년(787)에 혜영(惠英)·범여법사(梵如法師)를 소년서성(少年書省)으로 임명하였다고 하였다. 이것을 참조하건대, 정관조 원전은 정확하게 찬술한 시기를 알 수 없으나 왕교(王敎)나 왕교를 집성(集成)한 격(格) 등에 근거하여 정리하였을 가능성이 높다고 볼 수 있다. 직관지 찬자는 정관조의 원전을 그대로 전재한 다음, 여기에 정법전(政法典; 정관)과 관련된 또 다른 전승자료를 참조하여 세주로서 정관과 국통(國統)의 이칭(異稱)을 추가로 기술함으로써 정관조 기록을 완비하였다.

외관조 지방관에 관한 기록의 원전은 헌덕왕 14년(822)에서 문성왕 4년(842) 또는 늦어도 문성왕 17년(855) 사이에 찬술되었고, 직관지 찬자는 여기에 전하는 내용을 외관조에 인용한 다음, 다른 전승자료에 전하는 지방관의 이칭(異稱)을 세주(細注)로 첨입(添入)함으로써 지방관에 관한 기록을 완비하였다. 신라는 선덕왕 3년(782)에 패강진을 관할하는 군정기관(軍政機關)으로서 패강진전(浿江鎭典)을 설치하였고, 직관지 찬자는 이러한 이유 때문에 패강진전에 관한 기록을 외관조에 배치한 것으로 이해된다. 패강진전에 관한 기록의 저본자료는 패강진 두상(頭上)을 도호(都護)로 개칭(改稱)하기 이전 시기, 즉 문성왕 17년에서 경문왕 12년(872) 사이에 찬술된 것으로 보이며, 직관지 찬자는 원전에 전하는 기록을 외관조에 그대로 인용한 것으로 이해된다.

경위와 외위, 고구려·백제 관등을 견준 기록의 기본원전은 문무왕 13

년과 14년, 신문왕 6년에 내린 교령(敎令)이었고, 후에 교령을 집성(集成)하여 편찬한 격(格)에 이것들을 그대로 적기하였으며, 흥덕왕 4년(829)에서 문성왕 17년(855) 사이에 격문(格文)에 전하는 교령 가운데 외위 및 고구려·백제 관등을 경위와 견준 기록들만을 발췌하여 정리한 것이 바로 경위와 외위, 고구려·백제 관등을 견준 기록의 원전이었고, 직관지 찬자는 이것을 외관조에 인용하면서 일부 기록을 개서한 것으로 추정된다.

직관지 찬자가 설치 시점과 위계의 높고 낮음을 알 수 없다고 기술한 관제의 출전(出典)을 조사한 결과, 『삼국사기』와 신라인들이 찬술한 전승 자료, 그리고 금석문이었음을 알 수 있었다. 이들 관제 가운데 대부분은 신라의 관제였지만, 일부는 태봉(泰封)의 관제였고, 일부는 당나라에 사신으로 갔던 사람들이 당으로부터 수여받은 비실직(非實職) 관함(官銜)이었음이 확인된다. 직관지 찬자가 태봉과 당으로부터 수여받은 관함을 신라의 미상관제(未詳官制)로 제시한 사실을 통해, 그들이 신라 관제에 대한 이해가 깊지 않았음을 엿볼 수 있을 뿐만 아니라 그들이 저본자료에 전하는 기록을 대체로 인용하여 직관지를 편찬하였음을 추론할 수 있다.

마지막으로 직관지 찬자는 고구려와 백제의 관제에 대해 알려주는 자료가 거의 전하지 않았기 때문에 중국 사서와 『삼국사기』, 일부 고기류에 전하는 고구려와 백제 관제 관련 기록을 외관조에 간략하게 소개하였다. 직관지 찬자는 『수서(隋書)』 고려전, 『신당서(新唐書)』 고려전과 천남생 열전(泉男生列傳), 『책부원귀(冊府元龜)』 외신부(外臣部) 관호(官號)조에 전하는 고구려 관제를 외관조에 소개하였다. 이 가운데 『책부원귀(冊府元龜)』 기록은 『후한서(後漢書)』 고구려전 및 『주서(周書)』와 『수서』 고려전에 전하는 기록을 토대로 하여 기술되었음이 확인되었다. 이어 직관지 찬자는 『북사(北史)』와 『수서』, 『구당서(舊唐書)』 백제전에 전하는 백제 관제를 외관조에 제시하였다. 이 가운데 『북사』 기록은 『주서』 백제전에 전하는 백제 관제 기록을 토대로 하면서도 『수서』 백제전에 전하는 백제 관련 기록 가운데 일부를 추가한 내용이었음을 확인할 수 있다.

이밖에 직관지 찬자는 본국고기(本國古記)에 전하는 고구려와 백제 관제를 외관조에 소개하였다. 외관조에 소개된 고구려와 백제 관제 대부분이 『삼국사기』에서 찾을 수 있는 바, 그들은 고구려·백제본기의 원전으로 추정되는 『구삼국사(舊三國史)』 고구려와 백제 기록을 참조하였다고 볼 수 있다. 다만 외관조에 백제 관제로 소개한 북문두(北門頭)에 관한 정보가 백제본기에 전하지 않으므로, 직관지 찬자가 『구삼국사』 이외의 고기(古記)를 참조하였음을 추론할 수 있다. 이에 따른다면, 외관조의 고구려와 백제 관제 기록을 찬술할 때에 참조한 본국고기는 특정한 서목(書目)이라기보다는 『구삼국사』를 비롯한 우리나라의 여러 고기류를 가리키는 표현으로 봄이 합리적이라고 판단된다. 한편 직관지 찬자는 궁예열전의 기록에 전하는 태봉관제(泰封官制)를 외관조의 마지막 부분에 첨입하였는데, 궁예열전 기록의 기본원전은 태봉의 관제를 일괄로 정리한 고기류였던 것으로 추정된다.

『삼국사기』 찬자는 김유신열전을 찬술할 때에 김장청(金長淸)이 지은 김유신행록의 기록을 그대로 전재(轉載)하거나 또는 일부 내용을 발췌 인용하여 김유신열전의 골격을 구성하였다. 이외에 그들은 신라본기와 가락국기(駕洛國記), 개황력[開皇曆; 개황록(開皇錄)], 김유신비를 참조하여 김유신의 세계(世系)에 대해 서술하는 한편, 고기(古記)로 분류할 수 있는 전승자료에 전하는 김유신 영혼과 관련된 일화를 간략하게 축약하여 김유신열전에 보입(補入)하였을 뿐만 아니라 김유신의 둘째 아들인 원술(元述), 김유신의 적손(嫡孫)인 윤중(允中), 윤중의 서손(庶孫)인 김암에 관한 행적을 정리한 전승자료를 활용하여 이들의 전기(傳記)를 김유신열전에 부기(附記)하였음을 확인할 수 있다. 그리고 인명의 이표기(異表記) 또는 어떤 사안에 대한 부가적인 설명을 세주(細注)로서 제시하고, 김유신을 칭송하는 사론(史論)을 추가하여 김유신열전의 찬술을 마무리하였다.

경문왕 12년(872)에서 헌강왕 10년(884) 사이에 집사사(執事史)를 다시 집사랑(執事郞)으로 개칭하였으므로, 집사랑에 임명된 김장청이 김유신행록을 편찬한 것은 경문왕대 또는 헌강왕대였다고 이해할 수 있다. 이때 신라는 한화정책(漢化政策)을 추진하였는데, 이러한 시대적 상황에 맞추어 김장청은 김유신의 할아버지와 아버지의 관직을 한식(漢式)으로 부회, 윤색하였을 뿐만 아니라 일부 지명을 경덕왕대 개정 지명으로 개서(改書)하였음을 살필 수 있다. 김유신행록의 기록이 원전인 김유신열전의 기록을 분석한 결과, 김장청이 『화랑세기(花郞世記)』를 비롯한 다양한 저본자료를 참조하였음을 확인할 수 있는데, 이 가운데 일부는 중대 이후에 일부 지명이나 용어를 개서한 저본자료가 포함되었음이 유의된다고 하겠다.

『삼국사기』 찬자가 김유신행록에 자못 양사(釀辭)가 많다고 언급한 것으로 보건대, 김장청은 유교적 합리주의 사관에 입각하여 김유신행록을 찬술하지 않았을 뿐만 아니라 비록 신이(神異)한 내용이라고 하더라도 저본자료에 전하는 내용을 크게 개서(改書)하거나 산삭(刪削)하지 않고 그대로 전재하였다고 이해할 수 있다. 이와 같은 태도는 김유신행록의 기록이 원전(原典)으로 추정되는 김유신열전의 기록에서 동일한 지명과 관등·관직을 다르게 표기한 사실을 통해서도 입증할 수 있다. 김장청은 신이한 능력과 멸사봉공의 정신으로 국가의 보존과 안녕을 위해 헌신한 김유신을 현창(顯彰)하는 김유신행록을 찬술함으로써 하대에 들어 몰락의 길을 걸었던 김유신후손들의 정치적 위상을 제고시키려고 의도한 것으로 짐작된다.

『삼국사기』 찬자는 상고기(上古期)의 인물인 거도(居道)의 전기(傳記)를 김대문(金大問)이 지은 『계림잡전(鷄林雜傳)』에 전하는 기록을 전거로 삼아 찬술하였고, 이사부열전 전체 혹은 일부 역시 그 원전이 『계림잡전』에 전하는 기록이었을 가능성이 높다고 보인다. 백결선생열전(百結先生列傳)의 원전은 『악본(樂本)』에 전하는 기록이거나 여기에 전하는 기록을 기초로 하여 새롭게 정리한 전승자료였다고 짐작된다. 『삼국사기』 찬자는 『국사(國史)』의 찬자가 참조한 전승자료와 계통이 다른 별도의 전승자료를 전거로 삼아 석우로(昔于老)·물계자(勿稽子)·박제상열전(朴堤上列傳)을 찬술하였는데, 이 가운데 석우로·박제상열전의 원전은 중대 이후에 새롭게 정리한 것이었음을 확인할 수 있다. 이밖에 『삼국유사』 찬자 일연(一然)은 『삼국사기』 본기와 열전의 찬자가 활용한 저본자료와 계통이 다르면서 후대에 부회(附會)된 내용이 많이 추가된 전승자료를 참조하여 기이편(紀異篇) 나물왕(奈勿王) 김제상(金堤上)조 및 피은편(避隱篇) 물계자(勿稽子)조를 찬술하였음이 유의된다.

중고기 인물의 열전 가운데 사다함열전(斯多含列傳)의 원전은 김대문이 지은 『화랑세기』였고, 비녕자열전(丕寧子列傳)의 원전은 김유신행록(金庾信行錄)이었으며, 이외의 중고기 신라 인물의 열전은 개별 인물의 행적을 정리한 전승자료였을 가능성이 높다고 보인다. 다만 검군열전(劍君列傳)의 원전은 『화랑세기』에 전하는 기록일 가능성도 완전히 배제할 수 없고, 죽죽(竹竹)과 해론열전(奚論列傳)의 원전은 중대 이후에 정리되었음이 확인된다.『삼국사기』본기의 찬자는 신라본기 중고기의 기록을 찬술하면서 거칠부(居柒夫)·귀산(貴山)·눌최(訥催)·비녕자(丕寧子)·죽죽(竹竹)·김유신열전(金庾信列傳)이나 또는 이것들의 원전에 전하는 기록을 참조하였음에 반하여, 사다함열전 또는 이것의 원전인『화랑세기』에 전하는 기록을 전혀 참조하지 않은 사실과 대비되어 주목된다.『삼국사기』본기의 찬자는『구삼국사』신라 기록을 주요 전거로 삼아 신라본기를 찬술하면서, 중고기 인물 열전이나 이들 원전에 전하는 기록을 축약하거나 일부 내용만을 발췌하여 첨입하였는데, 이것은 신라본기와 열전의 기록이 서로 중복되는 것을 피하기 위한 배려로 이해된다. 이밖에 열전 또는 이것의 원전에 전하는 기록이 신라본기의 기록과 내용상에서 차이가 있는 경우, 세주(細注)로서 그에 관한 사항을 특별하게 부기(附記)하지 않았는데, 이를 통해『삼국사기』찬자가 열전을 찬술할 때에 신라본기에 전하는 기록을 적극 참조하지 않았음을 엿볼 수 있다.

『삼국사기』찬자는 중·하대 인물 열전 가운데 설총열전은 김대문의『계림잡전』, 설총(薛聰)과 그의 아들 설중업(薛仲業) 관련 전승자료를 참조하여 찬술하였고, 최치원열전을 찬술할 때에 국내의 최치원 관련 전승자료와 상태사시중장(上太師侍中狀), 고운(顧雲)의 송별시(送別詩), 그리고『신당서(新唐書)』예문지(藝文志)에 전하는 최치원 관련 기록을 두루 참조하였음을 확인할 수 있다. 아울러 장보고열전(張保皐列傳)은 두목(杜牧)의『번천문집(樊川文集)』에 전하는 장보고정년전(張保皐鄭年傳)을 주요 저본으로 삼고,『신당서』신라전에 전하는 장보고 관련 기록을 참조하여 찬술하였으며, 관창(官昌)과 김흠운열전(金歆運列傳)의 원전은『화랑세기』에 전하는 기록이었음을 살필 수 있었다. 한편 김영윤열전(金令胤列傳)의 경우는『화랑세기』또는 이것과 김영윤의 행적을 정리한 전승자료가 원전이었고, 강수를 비롯한 나머지 중·하대 인물 열전의 원전은 개별 인물의 행적을 정리한 전승자료였다고 볼 수 있는데, 이것 가운데 김인문과 김양열전의 원전은 행장(行狀)의 성격을 지닌 전승자료였음이 주목된다.

신라본기와 중·하대 인물 열전에 전하는 기록을 상호 비교한 결과, 『삼국사기』 본기의 찬자는 신라본기 기록의 원전에 전하는 기록이 풍부하였기 때문에 열전이나 이들 원전의 기록을 거의 참조하지 않고 신라본기를 찬술하였음을 알 수 있었고, 열전의 찬자는 비록 신라본기에 어떤 인물의 행적이 적지 않게 전하더라도 고구려의 인물처럼 신라본기의 기록을 저본으로 삼아 열전에 입전한 경우를 찾을 수 없었다. 이를 통해 『삼국사기』 열전의 찬자는 개별 인물의 행적을 정리한 전승자료가 존재하는 경우에 한하여, 열전에 입전하였음을 엿볼 수 있음은 물론이다. 『삼국사기』 열전의 찬자는 김유신과 김인문열전을 찬술할 때에 이들과 관련된 전승자료에 전하는 내용을 산략(刪略)하였음을 확인할 수 있으나, 이들 이외의 인물의 열전을 찬술하면서 원전의 내용을 산략하였다는 구체적인 증거를 찾을 수 없었다. 이밖에 금석문에 열전에 기록된 인물과 관련되는 내용이 전함에도 불구하고 『삼국사기』 열전의 찬자들은 이와 같은 자료를 적극 취합하여 열전에 거의 반영하지 않았음을 엿볼 수 있는데, 그들이 문헌에 전하는 전승자료를 중심으로 열전을 찬술하였음을 시사해주는 측면으로 유의된다고 하겠다.

『삼국사기』 찬자는 고려 중기까지 전해진 온달(溫達)과 도미(都彌) 관련 고기(古記)를 활용하여 온달과 도미열전을 찬술하였다. 을파소(乙巴素)와 밀우(密友)·유유(紐由), 명림답부(明臨答夫), 창조리열전(倉租利列傳)의 원전은 『삼국사기』 고구려본기에 전하는 기록이었는데, 『삼국사기』 찬자는 열전을 찬술할 때에 일부 기록은 그대로 전재하면서도 일부 기록은 발췌 인용하거나 또는 일부 문장이나 표현을 개서하였음을 확인할 수 있다. 특히 명림답부열전에서 명림답부가 차대왕(次大王)을 시해하였다는 사실을 고의로 생략한 반면, 창조리열전에서 창조리가 봉상왕(烽上王)을 시해(弑害)한 사실을 비교적 상세하게 기술하여 주목되는데, 이러한 측면은 『삼국사기』 찬자가 명림답부를 현상(賢相)으로, 창조리는 역신(逆臣)으로 평가한 것과 관련이 깊다고 판단된다.

『삼국사기』 찬자는 『자치통감』의 기록이 원전인 고구려본기의 기록을 주요 저본으로 삼고, 여기에 『수서』 우중문열전에 전하는 을지문덕(乙支文德)이 지은 '여우중문시(與于仲文詩)'를 추가로 보입(補入)하여 을지문덕열전을 찬술하였다. 한편 고구려본기에 연개소문(淵蓋蘇文) 관련 기록이 일목요연하게 전하지 않기 때문에, 『삼국사기』 찬자는 『구당서』와 『신당서』 고려전, 『자치통감』 권196 당기12 태종(太宗) 정관(貞觀) 16년 11월 기록, 『구당서』 장엄열전(蔣儼列傳) 및 고구려본기에 전하는 개소문 관련 기록을 적절하게 편집하여 개소문열전을 편찬하였음을 확인할 수 있다. 이밖에 흑치상지열전(黑齒常之列傳)은 『신당서』 흑치상지열전에 전하는 기록을, 남생(男生)의 전기는 『신당서』 남생열전에 전하는 기록을 축약한 것임을 알 수 있고, 헌성(獻誠)의 전기는 『구당서』 고려전에 전하는 헌성 관련 기록과 『신당서』 헌성열전에 전하는 기록을 적절하게 편집하여 찬술한 사례에 해당한다.

궁예열전의 기록과 신라본기 및 『고려사』 태조세가에 전하는 기록을 대조한 결과, 기년이나 내용상에서 편차를 보이고 있음을 확인할 수 있다. 이를 통해 『삼국사기』 찬자가 신라본기의 원전인 『구삼국사』 신라 기록 및 『고려사』 태조세가 기록의 원전인 『태조실록』을 참조하여 궁예열전을 찬술하지 않았음을 엿볼 수 있다. 궁예열전에서 다른 자료에 전하지 않는 내용을 다수 확인할 수 있는 점, 연도를 당나라와 후량(後梁)의 연호를 사용하여 표시한 점, 궁예열전에서 궁예를 시종일관 선종(善宗)이라고 표현한 사실 등을 두루 참조하건대, 궁예열전의 원전은 시간의 흐름에 따라 궁예의 행적을 정리한 전기류의 성격을 지닌 전승자료였다고 짐작해 볼 수 있다. 『구삼국사』의 편찬 시기와 관등 표기의 추이를 염두에 둔다면, 궁예열전의 원전은 대체로 광종대에서 『태조실록』을 편찬한 현종 18년(1027) 이전의 어느 시기에 찬술된 것으로 추론할 수 있다.

견훤열전의 기록을 신라본기 및 『고려사』 태조세가의 기록과 비교 검토한 결과, 『삼국사기』 찬자가 『구삼국사』 신라 기록이나 『태조실록』을 적극 활용하지 않았음을 살필 수 있다. 견훤열전에서 견훤의 출생과 성장, 후백제의 건국과정, 견훤이 왕건과 주고받은 서신, 후백제의 내분 및 멸망과정을 기술한 부분이 압도적인 비중을 차지하고, 거기에 견훤의 통치행위와 후백제의 정치적 추이를 엿볼 수 있는 내용이 전하지 않는 점을 두루 참조하건대, 『삼국사기』 찬자가 견훤의 행적을 일목요연하게 정리한 전기류와 같은 전승자료가 아니라 견훤과 관련된 다양한 전승자료를 전거로 삼아 견훤열전을 찬술하였을 가능성이 높다고 볼 수 있다. 이때 견훤의 출생과 성장 및 후백제의 건국과정을 간략하게 기술한 전승자료, 견훤의 가계와 신검(神劍)의 정변 및 견훤의 고려에의 투항과정을 정리한 전승자료, 그리고 후백제가 오월(吳越) 및 거란 등과 교섭한 사실을 정리한 전승자료 등이 견훤열전을 찬술할 때에 주요한 전거자료로 활용된 것으로 추정된다. 한편 견훤열전을 찬술할 때에 참조한 전승자료들은 광종대에 『구삼국사』를 편찬한 사실 및 관등 표기의 추이를 감안하건대, 대체로 광종대에서 현종 18년(1027) 사이의 어느 시기에 정리되었을 가능성이 높다고 짐작된다.

　이상이 본문에서 살핀 핵심 내용이다. 『삼국사기』 찬자는 제사와 음악, 색복, 지리, 직관에 관해 기술한 신라의 전승자료가 남아 있었기 때문에 제사지(祭祀志)와 악지(樂志), 색복지(色服志)·거기지(車騎志)·기용지(器用志)·옥사지(屋舍志), 지리지(地理志), 직관지(職官志)를 편성할 수 있었던 반면, 고대의 율령이 전하지 않았기 때문에 형법지(刑法志)를 편성하지 못하였을 뿐만 아니라 토지 및 경제와 관련된 내용을 정리한 전승자료가 없었기 때문에 식화지(食貨志)도 잡지(雜志)에 편제하지 못한 것으로 추정된다. 이밖에 역(曆)과 천문(天文), 오행(五行), 경적(經籍)과 관련된 내용을 정리한 전승자료가 불비(不備)하였기 때문에 천문지(天文志), 역지(曆志), 오행지(五行志), 경적지(經籍志) 또는 예문지(藝文志) 등도 독립적인 편목으로 설정하여 잡지에 포함시키지 못한 것으로 이해된다.

　『삼국사기』 찬자가 제사지를 편찬할 때에 활용한 저본자료는 시조묘(始祖廟)와 신궁(神宮), 종묘(宗廟) 등에 대하여 간략하게 정리한 전승자료, 전사서(典祀署)에서 각종 국가 제사에 관한 기초적인 사항을 간략하게 정리한 매뉴얼과 같은 성격의 전승자료였다. 악지를 편찬할 때에는 주로 고기류를 저본자료로 활용하였고, 색복지를 찬술할 때에는 의복령(衣服令)의 조문(條文) 가운데 일부를 발췌하여 기술한 전승자료 또는 교령(敎令)을 전거로 삼았음을 확인할 수 있다. 거기(車騎)·기용(器用)·옥사지(屋舍志)는 흥덕왕 9년(834)에 내린 왕교(王敎), 즉 교령(敎令)으로 구성되었다. 또한 지리지를 편찬할 때에는 읍지(邑誌)나 지리서(地理書) 형식의 다양한 전승자료를 주요 전거자료로 활용하였고, 삼국유명미상지분(三國有名未詳地分)조를 찬술할 때에는 『구삼국사』와 중국 사서, 읍지류와 고기류, 다양한 전승자료를 두루 활용하였음을 살필 수 있다. 한 편 직관지를 찬술할 때에는 직원령(職員令)이 아니라 왕교(王敎)나 격(格)에 전하는 정보를 바탕으로 하여 각 관부에 대하여 기술한 전승자료를 활용하였는데, 직관지에 직장(職掌)에 관한 사항이 누락된 것은 이러한 이유 때문이었다. 직관지 무관조와 외관조의 원전 역시 주로 왕교나 격을 기초로 하여 정리한 전승자료였고, 미상관제(未詳官制)를 기술할 때에는 신라본기, 관제와 관련된 다양한 전승자료 및 금석문을 활용하였던 것으로 밝혀졌다.

『삼국사기』 찬자가 지리지를 편찬할 때에 상대적으로 체계적, 종합적으로 정리된 저본자료를 활용하였다고 말할 수 있고, 나머지 잡지의 경우는 단편적이거나 소략한 내용을 지닌 전승자료를 전거자료로 활용할 수밖에 없었다. 특히 제사지와 악지, 색복지의 전거자료가 매우 부실하였던 것으로 확인된다. 흥덕왕 9년(834)에 반포한 하교(下敎)를 인용한 것 이외에 제사지와 악지, 색복지의 내용이 지리지와 직관지에 비해 상대적으로 소략한 것은 바로 이러한 이유에서 비롯되었다고 말할 수 있다. 직관지의 경우, 다른 잡지에 비해 전거자료가 상대적으로 충실하다고 말할 수 있지만, 그러나 관위령이나 직원령이 전하지 않았고, 게다가 잡지의 찬자들이 신라의 관직에 대한 이해도가 낮은 편이어서 직관지의 내용을 더 충실하게 채우지 못한 감이 없지 않아 아쉬움이 남는다.

신라본기와 잡지에 전하는 기록을 비교 검토한 결과, 동일한 사실을 기술한 것임에도 불구하고 서술 내용이나 표현이 상이(相異)한 경우를 다수 발견할 수 있다. 이것은 잡지의 찬자가 신라본기의 기록을 거의 참조하지 않고, 주로 저본자료에 의거하여 잡지를 찬술하였음을 시사해주는 측면으로 유의된다. 전반적으로 단편적이고 소략한 전거자료에 근거하여 잡지를 편찬하였기 때문에 잡지의 내용이 불만족스럽다고 평가할 수 있지만, 그러나 현재 잡지의 기록이 신라의 여러 제도를 연구할 때에 가장 기초적인 사료로서 활용되고 있고, 이에 기초한 연구를 통해 신라사 이해의 폭을 크게 넓힐 수 있었다는 사실만은 부인하기 어렵지 않을까 한다.

한편 잡지의 찬자는 고구려와 백제 관련 자료가 전하지 않기 때문에 잡지를 찬술하면서 주로 중국 사서에 전하는 고구려·백제 관련 기록을 인용하였다. 우리나라의 고기(古記)를 인용한 경우도 있었지만, 그 내용은 매우 소략한 편이었다. 『삼국사기』 찬자는 고구려와 백제 관련 기록이 고려 중기까지 거의 전하지 않았기 때문에 불가피하게 중국 사서에 전하는 기록을 발췌하여 잡지에 소개하는 정도에 만족할 수밖에 없었던 것으로 이해된다. 다만 고구려본기와 백제본기의 원전으로 추정되는 『구삼국사』 고구려와 백제 기록에 단편적인 내용이 전하는 경우가 있었지만, 잡지의 찬자는 이러한 내용을 거의 참조하지 않았음이 확인된다. 신라본기의 기록을 참조하지 않은 경우와 동일한 맥락에서 이해할 여지가 있지 않을까 한다. 아무튼 잡지의 찬자가 중국 사서에 전하는 고구려와 백제 관련 기록을 잡지에 소개하였기 때문에 잡지에 전하는 고구려와 백제 관련 기록은 신라 관련 기록에 비해 사료로서의 활용 가치는 매우 낮다고 평가할 수 있음은 물론이다.

『삼국사기』 찬자는 김유신을 비롯한 신라 인물의 전기를 찬술할 때에 김유신행록(金庾信行錄), 『계림잡전(鷄林雜傳)』, 『화랑세기(花郎世記)』, 각 인물의 행적을 정리한 행장(行狀) 또는 전승자료를 저본자료로 활용하였다. 신라 인물의 경우, 신라본기에 그 인물에 대한 기록이 다수 보인다고 하더라도, 그 인물의 행적을 정리한 전승자료가 존재하지 않으면, 열전에 입전(立傳)하지 않았다. 또한 그들은 열전을 찬술할 때에 중고기 인물 열전 또는 이것의 원전에 전하는 기록을 요약하여 신라본기에 첨입한 사례를 발견할 수 있지만, 상고기와 중대·하대 인물 열전이나 그 원전에 전하는 기록을 요약하여 신라본기에 첨입한 경우는 거의 발견할 수 없었다. 여기다가 열전을 찬술하면서 신라본기에 전하는 기록을 거의 참조하지 않았다는 사실도 확인할 수 있었다. 다만 최치원과 장보고열전을 찬술할 때에 국내의 전승자료뿐만 아니라 중국 사서에 전하는 기록을 활용하기도 하였다. 특히 장보고열전의 경우는 국내의 전승자료를 완전히 무시하고 두목(杜牧)의 『번천문집(樊川文集)』과 『신당서(新唐書)』 신라전의 기록을 참조하여 주목을 끌었다.

『삼국사기』 열전의 찬자가 신라본기나 이것의 원전 기록을 참조하지 않고, 개별 인물의 행적을 정리한 전승자료, 『계림잡전』, 『화랑세기』, 김유신행록, 고기류 등을 참조하여 신라 인물의 열전을 찬술함으로써, 『삼국사기』를 통해 신라 인물 및 신라 역사에 관한 보다 풍부한 정보를 획득할 수 있을 뿐만 아니라 특정 인물에 관한 다양한 계통의 전승자료가 존재하였음을 파악할 수 있다. 또한 『삼국사기』 찬자들이 『구삼국사』를 저본자료로 삼아 신라본기를 찬술하고, 열전을 찬술할 때에는 『구삼국사』 이외의 전승자료를 활용하였음을 엿볼 수 있는데, 이러한 태도는 고려 중기까지 신라 인물과 역사에 관한 자료가 비교적 많이 전하지 않은 상황에서 『삼국사기』 찬자가 나름 『삼국사기』에 되도록 많은 정보를 담으려고 노력하였음을 시사해주는 측면으로 유의된다고 하겠다.

그러나 이사부(異斯夫)와 거칠부(居柒夫)의 사례에서 볼 수 있듯이 신라본기에 열전에 입전된 인물과 관련된 정보가 다수 전함에도 불구하고, 이것들을 전혀 활용하지 않고 열전을 찬술함으로써 각 인물의 생애와 활동을 체계적, 종합적으로 정리한 전기(傳記)의 성격을 갖추지 못한 경우도 없지 않아 나름 비판을 받을 소지도 없지 않다는 느낌이다. 게다가 문헌자료 이외에 금석문과 고기류 등을 폭넓게 활용하지 않아 보다 많은 정보를 열전에 담지 못한 점도 지적하지 않을 수 없다. 이밖에 『삼국사기』 찬자들이 불교 승려를 열전에 입전하지 않은 사실에 대해서도 결코 간과할 수 없을 것이다. 이것은 『삼국사기』 찬자들이 불교에 대해 크게 배려하지 않았음을 시사해주는 측면으로 유의되기 때문이다.

고구려와 백제 인물 열전 가운데 온달(溫達)과 도미(都彌), 계백열전(階伯列傳)만이 개인의 행적이나 일화를 정리한 전승자료, 즉 고기(古記)에 의거하여 찬술되었을 뿐이고, 나머지는 고구려본기 또는 중국 사서에 전하는 기록을 주요 전거로 삼아 찬술한 경우에 해당하였다. 이러한 측면은 『삼국사기』 찬자가 신라 인물열전을 찬술할 때에 신라본기에 전하는 기록을 전혀 참조하지 않은 사실과 대비되어 주목된다. 고려 중기에 신라 인물에 비하여 고구려와 백제 인물의 행적이나 일화를 정리한 전승자료가 거의 전해지지 않았기 때문에 삼국 인물 간의 균형을 맞추기 위해 불가피하게 이와 같은 방안을 강구하였던 것으로 판단된다. 고구려와 백제 인물 열전의 원전이 상당수 고구려본기와 중국 사서에 전하는 기록이었기 때문에 신라 인물 열전에 비해 고구려·백제 인물 열전에 전하는 기록의 사료로서의 가치는 그리 높다고 평가하기 어렵다고 볼 수 있다.

본서에서 제사지와 악지, 색복지, 직관지 원전과 그 편찬과정을 고대 중국·일본 율령 조항과 『당육전(唐六典)』 및 『구당서』·『신당서』·『고려사』 예(예의)지·악지·직관(백관)지·병지·여복지에 전하는 기록과 세밀하게 비교 검토하면서 고찰하지 못하였다. 여기다가 『고려사』 지리지, 『경상도지리지』, 『세종실록지리지』, 『동국여지승람』 등 조선시대에 편찬된 지리서에 전하는 정보와 『삼국사기』 지리지에 전하는 정보와의 세밀한 비교 검토를 바탕으로 지리지의 원전과 그 편찬과정을 천착하지 못하였다. 이 밖에 열전의 원전과 편찬과정을 검토할 때에 『삼국유사』와 기타 문헌자료에 전하는 다양한 기록과의 비교 검토를 활발하게 진행하지 못하여 개별 인물과 관련된 다양한 전승자료에 대한 정보를 풍부하게 탐색하지 못한 측면도 지적하지 않을 수 없다. 이와 같은 본서의 한계는 추후의 연구로서 극복되리라고 기대하며, 본서가 향후 『삼국사기』에 대한 종합적인 이해를 위한 기초적인 작업으로서 널리 활용되기를 바라 마지않는다.

1. 단행본

高寬敏, 1996 『三國史記の原典的硏究』, 雄山閣

국립민속박물관, 2006 『중국대세시기』 I (형초세시기·초학기·동경몽화록·
    세화기려보)

기요하라노 나츠노저 · 이근우역, 2014 『令義解譯註』(上), 세창출판사

기요하라노 나츠노저 · 이근우역, 2014 『令義解譯註』(下), 세창출판사

김태식, 1993 『가야연맹사』, 일조각

김태식, 2014 『사국시대의 사국관계사』, 서경

나희라, 2003 『신라의 국가제사』, 지식산업사

노태돈, 1999 『고구려사연구』, 사계절

末松保和, 1954 『新羅史の諸問題』, 東洋文庫

박종기, 2002 『지배와 자율의 공간, 고려의 지방사회』, 푸른역사

濱田耕策, 2002 『新羅國史の硏究』, 吉川弘文館

서의식, 2010 『신라의 정치구조와 신분편제』, 혜안

신호철, 1993 『후백제 견훤정권 연구』, 일조각

양주동, 1965 『증정고가연구』, 일조각

俞鹿年編著, 1992 『中國官制大辭典』上, 黑龍江人民出版社

윤경진, 2012 『고려사 지리지의 분석과 보정』, 여유당

이강래, 1996 『삼국사기 전거론』, 민족사

이강래, 2007 『삼국사기 형성론』, 신서원

이강래, 2011 『삼국사기 인식론』, 일지사

이기동, 1984 『신라 골품제사회와 화랑도』, 일조각

이기동, 1997『신라사회사연구』, 일조각

이기백, 1974『신라정치사회사연구』, 일조각

이도학, 2015『후삼국시대 전쟁 연구』, 주류성

이문기, 1997『신라병제사연구』, 일조각

이영호, 2014『신라 중대의 정치와 권력구조』, 지식산업사

이인철, 1993『신라정치제도사연구』, 일지사

仁井田陞, 1997『唐令拾遺補』, 東京大學出版會

장일규, 2008『최치원의 사회사상 연구』, 신서원

전덕재, 1996『신라육부체제연구』, 일조각

전덕재, 2009『신라 왕경의 역사』, 새문사

전덕재, 2018『삼국사기 본기의 원전과 편찬』, 주류성

정구복, 1999『한국중세사학사』I, 집문당

井上秀雄, 1974『新羅史基礎硏究』, 東出版

주보돈 등, 2011『흥무대왕 김유신 연구』, 경인문화사

주보돈, 2018『김춘추와 그의 사람들』, 지식산업사

曾資生原著者·陶希聖編校者, 1979『中國政治制度史』(第四册 隋唐時代), 啓業
　　　　書局

채미하, 2008『신라 국가제사와 왕권』, 혜안

2. 논문

강봉룡, 1998「신라 지방통치체제 연구」, 서울대학교 박사학위논문

강진원, 2015「『삼국사기』 제사지 고구려조의 전거자료와 기술 태도」『역사와
　　　　현실』98

강진원, 2017「신라 하대 종묘와 烈祖 元聖王」『역사학보』234

高寬敏, 1993「『三國史記』百濟本紀の國內原典」『大阪經濟法科大學アジア研究所年報』5

高寬敏, 1994「『三國史記』新羅本紀の國內原典」『古代文化』46-9 · 10

권준희, 2001 「신라 복식의 변천 연구」, 서울대학교 대학원 의류학과 박사학위논문

권준희, 2002 「삼국시대 품급별 복색제도의 제정시기에 관한 연구」『한복문화』5-1

김갑동, 2019 「고려의 7대사적과 태조실록」『사학연구』133

김광철, 2013 「고려 초기 실록 편찬」『석당논총』56

김규동 · 성재현, 2011 「선리 명문와 고찰」『고고학지』17, 국립중앙박물관

김기웅, 1981 「삼국사기의 거기 「신라조」고-고분벽화와 출토유물을 중심으로-」『신라문화제학술발표논문집』2

김나경, 2020 「신라 오묘제 수용의 의미」『한국고대사연구』97

김동욱, 1981 「삼국사기 색복조의 신연구」『신라문화제학술발표논문집』2

김동욱, 1971 「흥덕왕 복식 금제의 연구-신라 말기 복식 재구를 중심으로-」『동양학』1

金侖禹, 1987 「신라시대 대성군에 관한 고찰-신라 왕도 주위의 소재 군현에 대한 일고찰-」『신라문화』3 · 4合

김복순, 2004 「신라의 유학자-『삼국사기』유학자전을 중심으로-」『신라문화제학술논문집』25

김복순, 2008 「김유신활동(595~673)의 사상적 배경」『신라문화』31

김상기, 1974 「견훤의 가계에 대하여」『동방사논총』, 서울대학교출판부

김수미, 2009 「신라 김유신계의 정치적 위상과 추이」『역사학연구』35

김정기, 1981 「삼국사기 옥사조 신연구」『신라문화제학술발표논문집』2

김창석, 2007 「신라 현제의 성립과 기능」『한국고대사연구』 48

김태식, 1994 「함안 안라국의 성장과 변천」『한국사연구』 86

김태식, 1995 「『삼국사기』 지리지 신라조의 사료적 검토-원전 편찬 시기를
　　　　중심으로-」『삼국사기의 원전 검토』, 한국정신문화연구원

김태식, 1996 「대가야의 세계와 도설지」『진단학보』 81

김태식, 1997 「삼국사기 지리지 고구려조의 사료적 검토」『역사학보』 154

김호동, 2011 「김유신의 추숭에 관한 연구」『신라사학보』 22

김희만, 2017 「『삼국사기』 직관지 미상조와 편찬자의 역사인식」『신라문화』 49

남동신, 2002 「나말여초 전환기의 지식인 최치원」『강좌 한국고대사』 8(고대
　　　　인의 정신세계), 가락국사적개발연구원

남재우, 2003 「안라국의 발전과 권역」『안라국사』, 혜안

노중국, 1995 「『삼국사기』의 백제 지리관계 기사 검토」『삼국사기의 원전 검
　　　　토』, 한국정신문화연구원

賴瑞和, 2006 「論唐代的檢校官制」『漢學研究』 24-1

末松保和, 1936 「新羅六部考」『京城帝國大學創立十週年紀念論文集「史學篇」』

末松保和, 1954 「新羅幢停考」『新羅史の諸問題』, 東洋文庫

木村誠, 1976 「6世紀における骨品制の成立」『歷史學研究』 428

木村誠, 1983 「統一新羅の王畿について」『東洋史研究』 42-2

武田幸男, 1965 「新羅の骨品體制社會」『歷史學研究』 299

武田幸男, 1981 「中古 新羅의 軍事的 基盤」『민족문화논총』 1

武田幸男, 1984 「中古新羅の軍事的基盤: 法幢軍團とその展開」『東アジア史に
　　　　おける國家と農民』(西嶋定生博士還曆記念), 山川出版社

박대재, 2007 「『三國史記』 都彌傳의 世界-2세기 백제사회의 계층분화와 관
　　　　련하여-」『선사와 고대』 27

박수정, 2016 『『삼국사기』 직관지 연구』, 고려대학교 박사학위논문

박승범, 2015 「김유신의 생애와 역사적 의의-그 가계와 활동을 중심으로-」
　　　『동양고전연구』 61

박찬흥, 2018 「김유신 관련 사료를 통해 본 시기별 인식」 『동양고전연구』 72

박현숙, 2018 「『삼국유사』 기이편 태종춘추공조의 내용 구성과 신이성」 『신라
　　　문화제학술논문집』 39

박홍국, 2002 「永泰二年 奉聖寺銘 蠟石製 蓋 小考」 『불교고고학』 2

三池賢一, 1971 「新羅內廷官制考(上)」 『朝鮮學報』 61

三池賢一, 1972 「新羅內廷官制考(下)」 『朝鮮學報』 62

서영대, 1985 「『삼국사기』와 원시종교」 『역사학보』 105

서의식, 2010 「진국의 변전과 '진왕'의 사적 추이」 『역사교육』 114

선석열, 2001 「신라사 속의 가야인들-김해김씨와 경주김씨-」 『한국고대사
　　　속의 가야』, 혜안

손흥호, 2019 「9세기 전반 신라의 사회변동과 지방사회」 『대구사학』 135

송방송, 1981 「삼국사기 악지의 음악학적 연구-사료적 성격을 중심으로-」
　　　『한국음악연구』 11

신동하, 1995 「삼국사기 고구려본기의 인용자료에 대한 일고」 『삼국사기의 원
　　　전 검토』, 한국정신문화연구원

신숙, 2017 「신라 흥덕왕 교서에 보이는 공예장식과 국제교역」 『한국고대사탐
　　　구』 25

신종원, 1984 「삼국사기 제사지 연구-신라 사전의 연혁·내용·의의를 중심
　　　으로-」 『사학연구』 38

신형식, 1981 「『삼국사기』 지의 분석」 『삼국사기 연구』, 일조각

신호철, 1995 「후백제 견훤 연구(Ⅰ)-관계문헌의 예비적 검토-」 『백제논총』 1

신호철, 2016 「후삼국의 정립과 후백제의 멸망」『신라에서 고려로』(신라 천년
　　　의 역사와 문화 연구총서 07), 경상북도문화재연구원

양기석, 1986 「『삼국사기』 도미열전 소고」『이원순교수화갑기념사학논총』, 교
　　　학사

양정석, 2007 「營繕令을 통해 본 『삼국사기』 옥사조」『한국사학보』 28

余昊奎, 2002 「新羅 都城의 空間構成과 王京制의 성립과정」『서울학연구』 18,
　　　서울학연구소

奧田尙, 1976 「任那日本府と新羅倭典」『古代國家の形成と展開』, 吉川弘文館

오정환, 2012 「조선시대 『자치통감』과 『자치통감강목』의 간행과 유통에 관한
　　　연구」, 중앙대학교 석사학위논문

유혜영, 2015 「琴操의 편찬동기와 사회문화적 가치」『중국문화연구』 25

윤선태, 2000 「신라 통일기 왕실의 촌락지배 −신라 고문서와 목간의 분석을
　　　중심으로−」, 서울대학교 박사학위논문

윤선태, 2000 「신라의 사원성전과 금하신」『한국사연구』 108

윤성호, 2019 「아차산성 출토 명문기와를 통해 본 신라 하대의 북한산성」『한
　　　국사학보』 74

윤재운, 2004 「『삼국사기』 장보고열전에 보이는 장보고상」『신라문화제학술
　　　논문집』 25

이강래, 1987 「백제의 '比斯伐'考」『최영희선생화갑기념한국사학논총』, 탐구당

이강래, 1989 「삼국사기와 고기」『용봉인문논총』 17 · 18合

이강래, 1996 「新羅 '奈已郡'考」『신라문화』 13

이강래, 1997 「『삼국사기』 원전론과 관련한 '本記'와 '本紀' 문제」『전남사학』 11

이강래, 2001 「『삼국유사』 '후백제 견훤'조의 재검토」『후백제 견훤정권과
　　　전주』, 주류성

이강래, 2006 「『삼국사기』 열전의 자료계통」『한국고대사연구』 42

이강래, 2007 「삼국사기론, 그 100년의 궤적」『삼국사기 형성론』, 신서원

이기동, 1976 「신라 하대의 패강진-고려왕조의 성립과 관련하여-」『한국학보』 4

이기동, 1978 「나말여초 근시기구와 문한기구의 확장-중세적 측근정치의 지
　　　향-」『역사학보』 77

이기동, 1978 「新羅金入宅考」『진단학보』 5

이기동, 1985 「우로전설의 세계」『한국 고대의 국가와 사회』, 역사학회

이기백, 1958 「신라 혜공왕대의 정치적 변혁」『사회과학』 2

이기백, 1974 「신라 집사부의 성립」『신라정치사회사연구』, 일조각

이기백, 1987 「김대문과 김장청」『한국사시민강좌』 1, 일조각

이문기, 1996 「신라의 문한기구와 문한관」『역사교육논집』 21

이문기, 2004 「금관가야계의 시조출자전승과 칭성의 변화」『신라문화제학술
　　　논문집』 25

이문기, 2006 「『삼국사기』 잡지의 구성과 전거자료의 성격」『한국고대사연구』 43

이문기, 2016 「『삼국사기』 '법당 관칭 군관' 기사의 새로운 이해: 신라 법당의
　　　재검토를 위하여」『역사교육논집』 60

이문기, 2018 「신라 법당 연구의 진전을 위한 기초적 검토」『신라사학보』 42

이문기, 2018 「신라 법당의 신고찰」『대구사학』 131

이문기, 2018 「『삼국유사』 기이편 김유신조의 재음미」『신라문화제학술논문
　　　집』 39

이병도, 1976 「임둔군고」『한국고대사연구』, 박영사

이상해, 1995 「삼국사기 옥사조의 재고찰」『건축역사연구』 4-2

이수훈, 1990 「신라 승관제의 성립과 기능」『부대사학』 14

이영호, 1993 「신라 성전사원의 성립」『신라문화제학술발표논문집』 14

이우태, 1991 『신라 중고기의 지방세력 연구』, 서울대학교 박사학위논문

이은창, 1981 「신라의 기용에 관한 연구-제사용기와 사치용기를 중심으로-」
　　　　『신라문화제학술발표논문집』 2

이인철, 1988 「신라 법당군단과 그 성격」 『한국사연구』 61 · 62합

이인철, 1993 「신라 내정관부의 조직과 운영」 『신라정치제도사연구』, 일지사

이인철, 1998 「지방·군사제도의 재편성」 『한국사』 9(통일신라), 국사편찬위원회

이정훈, 2006 「구삼국사의 편찬 시기와 그 배경」 『역사와 실학』 31

이현혜, 2010 「옥저의 기원과 문화 성격에 대한 고찰」 『한국상고사학보』 70

이현태, 2006 「新羅 中代 新金氏의 登場과 그 背景」 『한국고대사연구』 42

이홍직, 1971 「삼국사기 고구려인전의 검토」 『한국고대사의 연구』, 신구문화사

임기환, 2000 「4~7세기 고구려 관등제의 전개와 운영」 『한국 고대의 신분제
　　　　와 관등제』, 아카넷

임기환, 2002 「고구려 왕호의 변천과 성격」 『한국고대사연구』 28

임기환, 2006 「고구려본기 전거자료의 계통과 성격」 『한국고대사연구』 42

장사훈, 1981 「삼국사기 악지의 신연구」 『신라문화제학술발표논문집』 2

전덕재, 1997 「신라 하대 진의 설치와 성격」 『군사』 35

전덕재, 2000 「6세기 초반 신라 6부의 성격과 지배구조」 『한국고대사연구』 17

전덕재, 2000 「7세기 중반 관위규정의 정비와 골품제의 확립」 『한국 고대의
　　　　신분제와 관등제』, 아카넷

전덕재, 2001 「신라 중고기 주의 성격 변화와 군주」 『역사와 현실』 40

전덕재, 2005 「신라 중앙재정기구의 성격과 변천」 『신라문화』 25

전덕재, 2006 「태봉의 지방제도에 대한 고찰」 『신라문화』 27

전덕재, 2007 「향악의 성격 고찰을 통한 신라문화의 정체성 연구」 『대구경북
　　　　학 연구논총』 4

전덕재, 2007「중고기 신라의 지방행정체계와 군의 성격」『한국고대사연구』48

전덕재, 2009「신라의 한강유역 진출과 지배방식」『향토서울』73

전덕재, 2010「물계자의 피은과 그에 대한 평가」『신라문화제학술논문집』31

전덕재, 2011「신라 경문왕·헌강왕대 한화정책의 추진과 그 한계」『동양학』50

전덕재, 2012「고대 의성지역의 역사적 변천에 관한 고찰」『신라문화』39

전덕재, 2013「상고기 신라의 동해안지역 경영」『역사문화연구』45

전덕재, 2013「신라 하대 패강진의 설치와 그 성격」『대구사학』113

전덕재, 2014「신라의 동북지방 국경과 그 변천에 관한 고찰」『군사』91

전덕재, 2014『삼국사기』신라본기 상고기 기록의 원전과 개찬」『동양학』56

전덕재, 2015「봉덕사의 위치와 그 성격」『신라문화제학술발표논문집』36

전덕재, 2015『삼국사기』신라본기 중고기 기록의 원전과 완성」『역사학보』226

전덕재, 2015『삼국사기』신라본기 중·하대 기록의 원전과 완성」『대구사학』120

전덕재, 2016『삼국사기』고구려본기의 원전과 완성-광개토왕대 이전 기록
            을 중심으로-」『동양학』64

전덕재, 2016『삼국사기』고구려본기의 원전과 찬술-장수왕대 이후 기록을
            중심으로-」『백산학보』105

전덕재, 2016『삼국사기』백제본기 기록의 기본원전과 개찬」『역사와 담론』80

전덕재, 2016『삼국사기』백제본기의 원전에 대한 검토: 중국 사서와 국내
            자료 인용 기록을 중심으로」『사학지』53

전덕재, 2016「신라의 북진과 서북 경계의 변화」『한국사연구』174

전덕재, 2017「신라 기악백희의 종류와 전승-구나무를 중심으로-」『사학지』55

전덕재, 2018『삼국사기』의 기록을 통해 본 신라 왕경의 실상: 문무왕대 이후
            신라본기와 잡지, 열전에 전하는 기록을 중심으로」『대구사학』132

전상우, 2018「6세기 후반 고구려의 대외정책 변화와 신라 아단성 공격」『한

　　　　국고대사연구』 89

田中俊明, 1982「『三國史記』中國史書引用記事の再檢討」『朝鮮學報』 104

전혜실·강순제, 2013「흥덕왕 복식제도 원전 고찰 및 복식」『복식』 63-5

정구복, 1993「고려 초기의 삼국사 편찬에 대한 일고」『국사관논총』 45

정구복, 2012「삼국사기 해제」『개정증보 역주 삼국사기』 1(감교원문편), 한국
　　　　학중앙연구원출판부

정덕기, 2017「신라 중고기 공복제와 복색존비」『신라사학보』 39

井上秀雄, 1961「三國史記地理志の史料批判」『朝鮮學報』 21·22合

井上秀雄, 1968「三國史記の原典をもとめて」『朝鮮學報』 48

井上秀雄, 1974「新羅兵制考」『新羅史基礎研究』, 東出版

주보돈, 1991「이성산성 목간의 출토와 도사」『경북사학』 14

주보돈, 2007「김유신의 정치지향-연구의 활성화를 기대하며-」『신라사학
　　　　보』 11

채미하, 2008「백제 가림성고-『삼국사기』 제사지 신라조의 명산대천제사를
　　　　중심으로-」『백제문화』 39

채미하, 2015「신라 왕실의 김유신에 대한 인식 변화와 그 推尊」『한국사학보』 61

최홍조, 2004「신라 애장왕대의 정치변동과 김언승」『한국고대사연구』 54

최희준, 2011「신라 중대의 당 사신 영접 절차와 운용」『한국사연구』 153

河野剛彦, 2017「唐代の異民族授官における非實職官の授與について」『學習
　　　　院大學人文科學論文集』 63, 學習院大學文學部

홍승우, 2011「한국 고대 율령의 성격」, 서울대학교 박사학위논문

홍승우, 2015「『삼국사기』 직관지의 전거자료와 신라의 관제 정비 과정」『신라
　　　　문화』 45

홍승우, 2015「『삼국사기』 직관지 무관조의 기재방식과 전거자료」『사학연구』 117

홍창우, 2017「삼국사기」후고구려·태봉 관련 기록의 계통 검토」「한국고대
　사탐구」27

황형주, 2002「『삼국사기·열전』찬술과정의 연구-자료적 원천의 탐색-」,
　성균관대학교 박사학위논문

Vladimir M.Tikhonov, 1995「『삼국사기」김유신조가 내포하는 의의」「이화
　사학연구」22

* 부기: 본문 출처

본서에 실린 글은 필자가 여러 학술지에 발표하였던 논고를 수정, 보완한 다음, 미발표 원고를 추가하여 구성한 것이다. 수정, 보완한 내용에 대하여 일일이 본서에서 밝히지 않았다. 기존 논고와 차이가 있는 경우, 본서의 내용이 필자의 소견임을 밝혀둔다. 이미 발표한 논고의 제목과 학술지는 다음과 같다.

제1부

전덕재, 2017 「『삼국사기』 지리지의 원전과 편찬-신라지를 중심으로-」 『대구사학』 129

전덕재, 2018 「『삼국사기』 지리지의 원전과 찬술에 대한 고찰-고구려지와 백제지, 삼국유명미상지분조를 중심으로-」 『백산학보』 110

전덕재, 2018 「『삼국사기』 직관지의 원전과 찬술에 대한 고찰-중앙행정관부 기록을 중심으로-」 『한국사연구』 183

전덕재, 2019 「『삼국사기』 제사지의 원전과 편찬」 『한국고대사연구』 94

전덕재, 2019 「『삼국사기』 직관지 무관조의 원전과 찬술에 대한 고찰-제군관 · 범군호 기록을 중심으로-」 『한국문화』 86

전덕재, 2019 「『삼국사기』 직관지의 원전과 편찬-외관과 패강진전, 외위, 미상관제 기록을 중심으로-」 『역사문화연구』 70

제2부

전덕재, 2020 「『삼국사기』 김유신열전의 원전과 그 성격」 『사학연구』 139

전덕재, 2020 「『삼국사기』 궁예 · 견훤열전의 원전과 편찬」 『역사와 경계』 116

전덕재, 2020 「『삼국사기』 신라 인물 열전의 원전과 편찬」 『동양학』 81

전덕재, 2021 「『삼국사기』 고구려·백제 인물 열전의 원전과 편찬」 『한국고대사를 바라보는 다양한 시선: 문헌, 문자, 물질』(송기호 교수 정년기념논총), 진인진.

* 〈표〉일람

(백제 관제)

ㄴ

ㄷ